U0524031

Review of Customs Law

海关法评论

第 13 卷

Volume XIII

陈 晖 主编

法律出版社
LAW PRESS·CHINA
北京

图书在版编目（CIP）数据

海关法评论. 第 13 卷 / 陈晖主编. -- 北京：法律出版社，2025. -- ISBN 978-7-5244-0367-8
Ⅰ. D912.204-53
中国国家版本馆 CIP 数据核字第 2025HX4823 号

海关法评论（第 13 卷）
HAIGUANFA PINGLUN(DI-13 JUAN)

陈　晖 主编

策划编辑　魏艳丽
责任编辑　魏艳丽
装帧设计　汪奇峰　臧晓飞

出版发行	法律出版社	开本	A5
编辑统筹	法商出版分社	印张 18.75	字数 489 千
责任校对	晁明慧	版本	2025 年 6 月第 1 版
责任印制	胡晓雅	印次	2025 年 6 月第 1 次印刷
经　　销	新华书店	印刷	保定市中画美凯印刷有限公司

地址：北京市丰台区莲花池西里 7 号（100073）
网址：www.lawpress.com.cn　　　　　　　销售电话：010-83938349
投稿邮箱：info@lawpress.com.cn　　　　　客服电话：010-83938350
举报盗版邮箱：jbwq@lawpress.com.cn　　　咨询电话：010-63939796
版权所有·侵权必究

书号：ISBN 978-7-5244-0367-8　　　　　　定价：78.00 元
凡购买本社图书，如有印装错误，我社负责退换。电话：010-83938349

海关法评论

（第13卷）

主　　办：上海市法学会海关法研究会、上海海关学院海关法研究中心

主　　编：陈　晖

执行主编：朱秋沅

责任编辑：王　珉

撰 稿 人：（以姓氏拼音为序）

陈昌燕	陈　丹	陈　晖	陈开旌	陈淑国	崔　晨
封海滨	冯锦祥	高玲龙	高卫萍	高云龙	官　锐
官志兵	何　锋	胡涛立	胡文华	黄　迪	黄　山
黄跃飞	金华捷	李虹瑶	黎灵述	李庆增	李　涛
李　繇	李振宁	林　俭	林燕芳	林　勇	刘昌胤
刘　娟	刘天翔	刘晓光	刘阳中	马天慧	毛怡冰
潘晓婷	秦希扬	邵　丹	师　华	苏　铁	孙飞镝
孙　静	孙蓉蓉	孙晓晖	孙一鸣	唐亚青	童大骄
王传斌	王洪波	王丽婷	王　珉	王楠贺	王宇龙
武守群	吴征宇	肖　春	许玲玲	徐　枫	徐珊珊
许　鑫	杨业宏	杨　作	叶　倩	叶　显	应　卓
俞　悦	曾　鹏	张　鹏	赵安俞	赵德铭	郑　敏
周弋淇	祝晓峰				

译 校 人：（以姓氏拼音为序）

　　　　　王　珉　郑继正　朱秋沅

主编絮语

海关与学术

——21世纪国际海关学术建构与贡献

陈 晖[*]

[摘 要] 海关在执法活动过程中存在对存在物及其规律的学科化论证,海关学术近20年发展迅速。2005年成立的国际海关大学联盟以及2006年世界海关组织推出的"海关学术研究和发展伙伴计划",不断致力于提高海关学术水平。海关实践需要学术和理论的指导,海关学术研究具有其独立的研究对象和研究工具并亟待创新发展。中国海关全面深化改革为海关学术提供了源源不断的资源,立足中国海关实践,迫切需要提炼概括具有中国特色、世界影响的标识性学术概念、学术范畴,不断增强我国海关学术话语体系的说服力、感染力、影响力。

[关键词] 海关;学术;世界海关组织

何为学术?学术对应英文词是"academic"或"science"。"academic"来源于古希腊柏拉图学院"academy",是探索世界本原和

---

[*] 陈晖,上海海关学院校长,上海市法学会海关法研究会会长,教授。

知识的地方,是古希腊人对抽象精神世界的好奇与探索,是对存在物及其规律的学科化论证。正是对自然世界的规律的学科化论证,才诞生出数学、几何学、物理、化学、天文学等自然科学。近代以来,自然科学随着技术发明与应用而不断兴起,产生现代意义的科学"science",科学也逐渐从哲学中分离,并压倒哲学,成为支配和改变世界的主要力量。

海关由来已久,"海关"英文一词为"customs"。海关为何与"custom"(习惯)搭界,一种解释是海关征税时间过于久远,无法考证,已成为习惯,因此海关被叫作"customs"。时代变迁,时间轮换,科学进步,海关职责与任务没有本质的变化。"海关"系指"负责海关法的实施、税费的征收并负责执行与货物的进口、出口、移动或储存有关的其他法律、法规和规章的政府机构"[《关于简化和协调海关制度的国际公约》(以下简称《京都公约》)],对照此定义,古代海关和现在海关本质上没有什么不同。

海关是一国政法的执法机构,学术是对存在物及其规律的学科化论证,这二者有关联吗?换句话讲,海关在执法活动过程中,即在征收税费、海关监管、查缉走私、海关统计、检验检疫过程中,是否存在对存在物及其规律的学科化论证呢?这一问题,以前少有人好奇并提出,因为长久以来,人们认为,海关不过是"看门人",寻个认真负责的保安看门即可,有何科学可言。进入21世纪,这一切开始发生改变,标志性事件是2005年成立国际海关大学联盟(the International Network of Customs Universities, INCU),以及2006年世界海关组织(World Customs Organization, WCO)推出的"海关学术研究和发展伙伴计划"[the Partnership in Customs Academic Research and Development (PICARD) program],特别是后者致力于提高海关学术水平。海关和学术搭上边,海关学术近20年发展迅速。

学术开端

INCU 的创始人之一 David Widdowson 在纪念 INCU 创立 10 周年

时,写了篇纪念文章 10 Years of Promoting the Academic Standing of the Customs Profession(WCJ,Volume 9,Number 2),他回顾 INCU 创立之初时说,创立 INCU 的初衷是提高海关职业的学术水平。有意思的是,当他最早建议设置一个海关专业研究生学位教育,他的同事质疑是否有必要开设研究生教育去教海关关员去查验行李物品。事实上,进入21 世纪后,海关已经不仅是查验行李物品那么简单。随着经济全球化、新技术的应用、全球公共安全和国际贸易的需要,对海关专业性和技术性要求越来越高。换句话说,海关也是一门技术活,海关科学化或学科化显得越来越迫切。20 世纪 90 年代,德国明斯特大学、澳大利亚堪培拉大学已经开设海关专业教育。在意识到开展海关学术的必要性后,INCU 开展了和 WCO 的合作,共同制定了海关职业标准、开展海关专业的国际认证、创立海关学术刊物、建立海关学术系列论坛活动。

INCU 和 WCO 各有所长,INCU 可以发挥学术影响和专长,WCO 则发挥制定政策的影响力。Widdowson 先生特别以"海关"一词为例说明,随着时代发展,已经越来越难界定什么是海关了。他专门写了篇文章 The Changing Role of Customs: Evolution or Revolution?(WCJ,Volume 1,Number 1),指出,随着边境管理职责的发展,相关管理部门的职责在发生变化,传统海关在消亡。WCO 在努力维护边境管理变化带来的海关对促进经济发展,特别是贸易便利化的支持,面对一些国家海关已经把移民局职责整合到传统海关,超出了 WCO 成员职责范围,WCO 在现有框架内无法进行改革或革新来应对这种变化的,但 INCU 可以发挥学术影响力作用,组织全球 100 多个国家的学者进行前沿趋势研究,为海关适应新的变化来服务。由此可见,海关做海关的事情,学术做学术的事情。学术可以做海关、政府部门、国际组织做不了的事情,而这些事情形而上显得十分重要,事关海关未来发展。

2005 年成立的 INCU,开启了海关学术之门,也是科学之门。

科学架构

学术由一些基本要素构成,包括研究对象、研究学者、研究工具、研究平台、学术刊物、学术活动等,最终形成学术共同体,形成成熟的研究对象的学科化论证体系,学科专业因此成型,逐步走向科学化道路。毫无疑问,海关科学的形成也必须具备这些要素,Mikhail Kashubsky 和 Juha Hintsa 的文章 Customs Capacity Building through Partnership in Customs Academic Research and Development(PICARD):Achievements and Future Directions(WCJ Volume 14,Number 2)详细记录海关学术如何组合形成这些要素并实现科学化的这一进程。

世界海关组织 PICARD 计划于 2006 年 3 月在第一次 PICARD 大会上推出,在当时国际上没有制定海关职业标准,没有将海关作为公认学术范围,没有国际海关学术项目、没有国际海关学术期刊、没有海关国际学术会议进行学术交流等。PICARD 计划目的就是提高海关职业和海关相关研究水平,它包括海关研究和海关专业化两个支柱,具体目标是提高海关职业的学术水平、海关实践者的专业化水平、为海关和学术之间搭建合作框架、鼓励海关领域学术研究、鼓励国家在海关领域的教育、鼓励海关和研究机构之间的教育科研合作等。PICARD 计划实施至今,先后制定了 PICARD2020、PICARD2030 战略文件,建立起海关学术的基本要素,初步形成了世界范围内的海关学术共同体。

INCU。为提高海关职业的学术水平,2005 年成立了 INCU,INCU 现在有来自 80 多个国家和地区的 340 个成员,包括海关机构、研究机构、私营企业和个人,它已经成为国际认可的、有声誉的海关研究、教育非政府间机构,2015 年因为在促进贸易便利化方面的贡献受到时任世界贸易组织(World Trade Organization,WTO)秘书长 Azevêdo 的肯定。2009 年,WCO 和 INCU 签订合作备忘录,在打造世界一流的海关培训、教育、能力建设和研究方面开展合作。

PICARD 大会。为搭建海关学术研究平台,加强海关和研究机构之间的学术交流和联系，2006年3月在世界海关组织布鲁塞尔总部举办了第一次PICARD大会，PICARD大会每年举办一次，已经成为海关学术界的盛会，截至2022年12月，PICARD大会一共举办了17届。2008年第三届PICARD大会在上海举办，并出台了海关职业标准。每届PICARD大会都有一个主题，其中，数据分析、数字海关、安全、气候变化、电子商务、海关管理、非法贸易、税收事务等备受关注。PICARD大会的成功之处还在于学术研究对于海关政策的成功影响上。

WCJ刊物。2007年3月第二届PICARD大会上创办了World Customs Journal（WCJ）刊物，改变了国际上无专门海关学术刊物的尴尬局面。刊物的目标是成为海关适应新的战略环境、国际社会加深对海关了解的有价值参考出版物。WCJ一年出版两期，截至2023年已出版17卷34期，关注WCO和各国海关关联的重要问题，例如，贸易便利化、能力建设、供应链安全、国际金融危机的影响等，成为公认的国际权威海关学术期刊和INCU旗舰出版物。

PICARD咨询委员会。2008年3月，PICARD咨询委员会（PICARD Advisory Group，PAG）成立，其职责是为海关职业标准提供建议、为每年举办的PICARD大会做准备、跟踪和解决PICARD计划中出现的问题等。咨询委员会创始委员中有两位国际海关学术界知名专家，一位是David Widdowson，曾在澳大利亚海关服务21年，有35年的专业领域工作经历，获得海关管理博士学位，他是INCU的主席，是WCO PICARD专家咨询委员会委员，澳大利亚查尔斯顿大学海关和税收研究中心的首席执行官。另一位是Michael Wolffgang，他也是INCU创始人之一，是德国明斯特大学法学院法学教授、海关与国际贸易研究院院长，他研究欧盟海关法、增值税法、出口管制法，在国际海关法研究领域享有盛誉。除咨询委员会外，2015年又成立了（the PICARD Scientific Board，PSB），由海关和学术专家以及承办PICARD大会的成员组成，其任务是评审和挑选PICARD大会论文。

海关职业标准。2008年第三届PICARD大会制定了海关职业标准，2009年被WCO理事会采纳。2019年，该标准修改并被WCO认可。海关职业标准立足国际标准并反映当代社会需要。它为海关职业招聘、内部培训提供了标准,也为学术发展提供标准,私营企业也可以据此设计职业标准。海关职业标准第一次在国际标准上认可了海关的独立学术地位,并确立了海关职业的标准,也成为海关本科、研究生教育的学术标准。

大学课程认证。和海关职业标准同步相互补充,WCO 和 INCU 共同制定了指南,对大学本科、研究生教育海关课程开展论证,目标是这些课程和海关职业标准相一致。WCO 论证指南 2009 年在 WCO 理事会上被采纳,2013 年、2019 年先后修改。上海海关学院海关管理本科专业、公共管理硕士研究生项目先后于 2018 年、2023 年通过了论证。

学术主题

海关科学必须有自己的研究领域。每届 PICARD 大会都有一个主题,这个主题是经过专家委员会商议确定的,可以被认为是具有研究价值和实践价值的学术主题,对我们观察海关学术研究主题和研究对象具有重要意义。已举办的 17 届 PICARD 大会的主题如下(见表1)。

表 1 已举办的 17 届 PICARD 大会主题

会议	2006 年至 2022 年会议所突出的主题及议题
第 17 届 PICARD 会议(2022 年 12 月)	海关政策、运营与管理相关的任何研究主题
第 16 届 PICARD 会议(2021 年 12 月)	COVID-19 疫情的经济影响与海关措施、疫情中汲取的海关经验教训、数据分析技术应用
第 15 届 PICARD 会议(2020 年 11 月)	疫情下海关保障供应链连续性的作用与经验、海关促进可持续发展(人民、繁荣、地球)、组织绩效评估
第 14 届 PICARD 会议(2019 年 10 月)	大数据分析、边境协调合作、跨境电商、特殊经济区、边境技术、保护主义抬头

续表

会议	2006年至2022年会议所突出的主题及议题
第13届PICARD会议 (2018年10月)	商业环境安全、数据分析、贸易便利化、跨境电商、海关互联互通、第四次工业革命中的海关
第12届PICARD会议 (2017年9月)	数据分析、贸易便利化、安全保障、海关—税收协作
第11届PICARD会议 (2016年9月)	数字海关、安全保障、税收与其他财政收入问题、非法贸易
第10届PICARD会议 (2015年9月)	全球价值链(GVC)与海关程序的关联、税收问题、走私活动
第9届PICARD会议 (2014年9月)	WTO《贸易便利化协定》对海关的影响、海关数字化转型困境、海关在供应链安全与非法贸易防控中的角色
第8届PICARD会议 (2013年9月)	区域一体化发展对海关的影响、WCO经济竞争力"一揽子"计划(ECP)、海关专业化建设:《PICARD 2020战略文件》实施路径
第7届PICARD会议 (2012年9月)	海关管理的新兴风险、区域经济一体化与优惠贸易安排对海关服务的影响、海关战略人力资源管理
第6届PICARD会议 (2011年9月)	协同边境管理、海关绩效评估、经济安全与减贫、廉政建设
第5届PICARD会议 (2010年11月)	海关—企业合作、绩效评估、海关税收征管、哥本哈根会议后气候变化对国际贸易与海关管理的影响
第4届PICARD会议 (2009年9月)	经济危机对海关和国际贸易的影响、区域贸易协定对海关和贸易的影响、气候变化和环境保护对海关和贸易的影响
第3届PICARD会议 (2008年5月)	基于WCO与INCU共同制定的PICARD海关专业标准而开展的试点项目、海关相关学术研究与教育项目、海关战略目标实现的学术支持需求、提高捐助机构对海关研究的了解与关注

续表

会议	2006年至2022年会议所突出的主题及议题
第2届 PICARD 会议（2007年3月）	制定海关战略管理者专业标准、首发《世界海关学刊》(主题:21世纪的海关)并讨论第2期内容、供应链安全创新研究研讨、提供学术机构加入国际海关院校联盟(INCU)的机会
第1届 PICARD 会议（2006年3月）	评估现有海关领域研究、探索学术机构与WCO的合作机制、海关专业化建设需求、海关学科发展路径、国际标准化学术课程认证体系构建

梳理17届 PICARD 大会主题,我们不难发现其大概可以分为以下四类。

一是国际政治、经济、社会环境变化对海关的影响。如第4届大会主题"经济危机对海关和国际贸易的影响、区域贸易协定对海关和贸易的影响、气候变化和环境变化对海关的影响";第5届大会主题之一"在后哥本哈根时代气候变化对国际贸易和海关管理的影响";第7届大会主题之一"区域经济一体化和优惠贸易协定对海关的影响";第8届大会主题之一"区域一体化协定对海关发展、执行和管理的影响";第9届大会主题之一"WTO贸易便利化协定对海关意味着什么";第13届大会主题之一"海关和第四次工业革命";第14届大会主题之一"保护主义的主导地位";第16届大会主题之一"新冠疫情对经济的影响和海关措施""海关从新冠疫情吸取的经验";等等。①

---

① 代表性论文: Andrew Grainger, *Supply Chain Security: Adding to a Complex Operational and Institutional Environment*, WCJ, Volume 1, Number 2; Andrew Grainger, *The Unforeseen Cost of Brexit-Customs*, WCJ, Volume 10, Number 2; Hans-Michael Wolffgang and Edward Kafeero, *Old Wine in New Skins: Analysis of the Trade Facilitation Agreement vis-à-vis the Revised Kyoto Convention*, WCJ, Volume 8, Number 2; Hans-Michael Wolffgang, Gennadiy Brovka and Igor Belozerov, *The Eurasian Customs Union in transition*, WCJ, Volume 7, Number 2。

二是海关涉及相关领域和问题。如第 5 届大会主题之一"海关和商业伙伴关系";第 6 届大会主题之一"边境协调管理";第 9 届大会主题之一"海关在供应链安全和打击非法贸易中的角色";第 10 届大会主题"全球价值链和海关手续、税收和财政收入以及走私之间的关系";第 11 届大会主题之一"安全""税收和其他收入""非法贸易";第 12 届大会主题之一"贸易便利化""安全""海关税收合作";第 13 届大会主题之一"贸易便利化""跨境电子商务";第 14 届大会主题之一"边境协调与合作""跨境电子商务""特殊经济区"。[1]

三是海关自身建设。如第 5 届大会主题之一"海关和收入征收";第 6 届大会主题之一"海关表现评估";第 7 届大会主题之一"海关管理中出现和变化的风险""海关战略层面人力资源管理";第 9 届大会

---

[1] 代表性论文:David Widdowson, *Border Protection and Trade Facilitation-Are the Two Compatible?* David Widdowson, *International Trade Facilitation: The Customs Imperative.* David Widdowson, *Managing the Border: A Transformational Shift to Pre-export Screening*, WCJ, Volume 10, Number 2. David Widdowson, Geoff Short, Bryce Blegen and Mikhail Kashubsky, *National Committees on Trade Facilitation*, WCJ, Volume 12, Number 1. David Widdowson, Bryce Blegen, Geoff Short, Gareth Lewis, Eduardo GarciaGodos and Mikhail Kashubsky, *Single Window in the Context of the WTO Trade Facilitation Agreement*, WCJ, Volume 13, Number 1. Andrew Grainger, *Customs and Trade Facilitation: From Concepts to Implementation*, WCJ, Volume 2, Number 1. Andrew Grainger, *Developing the Case for Trade Facilitation in Practice*, WCJ, Volume 5, Number 2. Andrew Grainger, Roel Huiden, Boriana Rukanova and Yao-Hua Tan, *What is the Cost of Customs and Borders across the Supply Chain? ... and How to Mitigate the Cost through Better Coordination and Data Sharing*, WCJ, Volume 12, Number 2. Hans-Michael Wolffgang and Edward Kafeero, *Legal Thoughts on How to Merge Trade facilitation and Safety & Security*, WCJ, Volume 8, Number 1. Frank Heijmann, Yao-Hua Tan, Boriana Rukanova and Albert Veenstra, *The Changing Role of Customs: Customs Aligning with Supply Chain and Information Management*, WCJ, Volume 14, Number 2. Ewa Gwardzińska, *The Role of Customs Brokers in Facilitating International Trade*, WCJ, Volume 8, Number 1。

主题之一"海关中数字两难境地";第11届大会主题之一"数字海关";第12届大会主题之一"数字分析";第13届大会主题之一"数字分析";第14届大会主题之一"大数据分析";第16届大会主题之一"数字分析"。①

四是海关学术的科学化。如第1届大会主题"海关领域研究现状""探讨海关领域如何成为学术研究范围""探讨学术项目论证如何标准化和被国际接受";第2届大会主题之一"为战略管理层建立一套职业标准";第3届大会主题之一"最新学术研究和教育项目以及未来和海关相关的研究能力""海关确认的研究需要和研究领域以帮助实现战略目标"。②

以上主题进一步论证了海关研究的三层逻辑。海关的底层逻辑是国际经济贸易,中间层逻辑是国家对经济贸易的管控,表层才是海

---

① 代表性论文:David Widdowson, *Managing Customs Risk and Compliance: an Integrated Approach*, WCJ, Volume 14, Number 2. David Widdowson, Bryce Blegen, Mikhail Kashubsky and Andrew Grainger, *Review of Accredited Operator Schemes: an Australian Study*, WCJ, Volume 8, Number 1. David Widdowson, *The Changing Role of Customs: Evolution or Revolution?* WCJ, Volume 1, Number 1. David Widdowson, *The Role of Capacity Building in Achieving Consistent Application of International Instruments*, WCJ, Volume 2, Number 2. Andrew Grainger, *Customs Management in Multinational Companies*, WCJ, Volume 10, Number 2. Hans-Michael Wolffgang, *Emerging Issues in European Customs Law*, WCJ, Volume 1, Number 1 - 2; Volume 2, Number 1. Hans-Michael Wolffgang, Achim Rogmann and Kerstin Harden, *Why the Future Revised Kyoto Convention Should Contain Comprehensive Rules of Customs Debt*, WCJ, Volume 14, Number 2. Hans-Michael Wolffgang and Kerstin Harden, *The New European Customs Law*, WCJ, Volume 10, Number 1. Eric Pickett, Hans-Michael Wolffgang, *The European Commission's Proposal for a Modernised Union Customs Code: A Brief Introduction*, WCJ, Volume 17, Number 2. Albert Veenstra, Frank Heijmann, *The Future Role of Customs*, WCJ, Volume 17, Number 2。

② 代表性论文:David Widdowson, *10 Years of Promoting the Academic Standing of the Customs Profession*, WCJ, Volume 9, Number 2. Mikhail Kashubsky and Juha Hintsa, *Customs Capacity Building through Partnership in Customs Academic Research and Development (PICARD): Achievements and Future Directions*, WCJ, Volume 14, Number 2。

关。当底层的国际经济贸易形势发生改变时,首先影响中间层国家对进出口贸易管制政策的调整,并进而影响表层海关执行政策和法律行为的变化。① 我们看到,近20年来PICARD大会主题都围绕这三类关系召开:"国际政治、经济、社会环境变化对海关的影响"是在底层逻辑上探讨,"海关涉及相关领域和问题"是在中间层逻辑上探讨,"海关自身建设"是在海关表层逻辑上探讨,而海关学术的科学化则是通过开展学科化论证,企图找到规律性东西,并进行学理化阐释,实现科学化。要实现海关学术科学化,必须从三层逻辑上把握海关的科学规律,近20年PICARD大会学术研究,眼光来回往返在三层逻辑间,探讨变化和影响,也是在探索海关科学规律。

研究对象

学科独立性的重要标志是有独立的研究对象,也正是其特有的研究对象才和其他学科相区别。海关科学的研究对象毫无疑问是海关,按照《京都公约》的规定,海关是"负责海关法的实施、税费的征收并负责执行与货物的进口、出口、移动或储存有关的其他法律、法规和规章的政府机构",在这一中规中矩的海关定义背后,海关内涵和外延有什么深刻科学含义,能否让它摆脱没有技术含量的"看门人"的知识浅薄,成为科学呢?

David Widdowson 在 *The Changing Role of Customs: Evolution or Revolution?*(WCJ,Volume 1,Number 1)一文中指出,传统意义上海关执行广泛的边境管理职责,从税收、贸易守法和便利、禁止物品的封锁、文化遗产的保护到执行知识产权保护法律,并在进出口时经常代表其他政府机构履行职责。发展中国家的职责主要聚焦在进出口税收,而发达国家主要关注禁限物品的进出口和边境安全。但近几十年来,海关的角色发生了显著改变,代表某国政府机构的核心职能的,可

---

① 参见陈晖:《贸易合规与海关涉外法律:海关法律关系的三层逻辑》,载陈晖:《奔向那片海:海关法随想录》,法律出版社2023年版,第191页。

能不在另一国职责范围内,因此现在已经很难清晰地界定海关的角色。这反映了海关所处环境的改变,以及政府优先关切的相应改变,这些改变包括出现了宽体客机、船舶集装箱、电子商务、不断增加的国际贸易协定复杂性,以及技术进步对贸易和运输方式的革命性改变。传统海关被视为"守门人",海关对贸易交易的干预被认为理所当然,但现在社会不再接受海关为干预而干预的观念,而是干预仅是例外,即干预有合理理由,干预基于风险确定。"9·11"事件后,供应链安全主导了惯常思维,其危险是牺牲贸易便利来加强管控。世界贸易组织、世界海关组织和其他国际组织通过制定全球标准,如WTO《贸易便利化协定》、WCO《京都公约》《全球贸易安全与便利标准框架》,来适应边境管理性质的改变。

Frank Heijmann, Yao-Hua Tan, Boriana Rukanova 和 Albert Veenstra 在 The Changing role of Customs: Customs Aligning with Supply Chain and Information Management (Volume 14, Number 2) 中指出,自世界海关组织(WCO)制定标准框架,引入供应链监管和经授权经营者计划以来,绝大多数国家接受和采纳了该标准框架,但实践中供应链监管有很多问题需要探索。海关执行财政措施和保障跨境货物的安全,同时,海关通过执行促进贸易的措施来提高国家经济的竞争力。海关具有双重角色:拦截检查货物和允许货物不受非必要干扰的通关。海关须有效率和有效果地完成任务。荷兰海关推出了"移动边境"(Pushing Boundaries)理念,帮助海关审视所有具体措施,实现海关最终目标。自计划推出以来,海关执法力量没有增加反而减少,而国际贸易不断增加。海关实现了100%监控,但不用打开每一个集装箱检查。为实现这个目标,海关在三个方面进行了创新:自动检测;信息的收集、评价、选择、确定;根据风险区分黄色、绿色、蓝色不同等级的通关流程。海关的具体措施还包括提前申报、边境协调管理、数据分析、视频监控、无人机、区块链技术运用等。所有以上创新均需要跨学科的支持,鹿特丹管理学院开设了"海关和供应链守法"硕士研究生项目,该项目由三个领域支柱构成,即海关立法和程序;供应链管理;信息技术和守法。该硕士项目获得欧盟和 WCO 的 PICARD 专业论证,通过该项目,我们可以看到海关学科建设的重要意义。

对于未来海关的发展和角色定位,Albert Veenstra 和 Frank Heijmann 在 The Future Role of Customs(WCJ, Vol. 17, Issue 2)中指出,尽管国际贸易和海关发生了很大变化,但海关基本运行方式没有改变,即基于申报获取的信息进行有针对性的干预,采用数字化管理和风险分析方法。电子商务和低价值运输货物的爆炸式增长,给海关提出了严峻的挑战。环境问题、公平贸易和暴力冲突,导致出现了很多对国际贸易的新的限制措施,海关被赋予了额外的职责。这给海关提出一个新的课题,即海关在未来国际贸易中还能否发挥有效的作用。海关履行传统职能的工具包括接受申报、风险分析、征税放行、暂缓放行监管、简化手续、核实申报、情报信息、惩罚没收货物等。海关面临来自电子商务和因环境破坏、走私、供应链中体面工作所引起的社会保护两方面的挑战,海关这些工具对贸易便利化和支持国际贸易增长发挥了实质性作用。文章以欧盟控制氟化气体、碳边境调节机制和禁止强迫劳动产品三个领域立法为视角,分析了海关新的职能三种情形下很大的不同。控制氟化气体赋予海关更多职责,碳边境调节机制从海关运行角度建立起了基本框架,但赋予海关的职责有限,禁止强迫劳动产品尽管涉及货物跨境流动,却没有涉及海关机制。三项立法揭示了海关的优点和不足,要求海关不仅要在边境上监管,而且要在生产和商业行为上管控,这要求相关机构和海关合作。海关需要发展新的监管工具,包括对公司审计、实验室化学分析来确定原产地,建立系统为基础的监管,这也意味着在边境执法不再是最佳的选择。建立在交易基础上的海关监管被建立在系统基础上的海关监管所替代,供应链中的物理干预减少到最小,通关后措施放大到最大。

面对当前地缘政治转移、社会经济不平等和气候危机加速等影响,海关处在应对边境安全和贸易便利的最前沿,信任是海关面临的最大挑战。世界海关组织新任秘书长 Ian Saunders 在七国集团峰会(Group of Seven Summit)上发表文章 Trust in customs,[1]指出对海关的信任包括三个方面:一是相信海关无论遇到何种情形都能确保供应链运行;二是相信海关依赖的数字基础设施会有效工作,不会对个人隐私产生消极影响;三是相信海关随着电子商务的发展能适应新的经济形势。传统海关主要应对自然灾害和恐怖主义对供应链的安全,2005年世界海关组织制定了《全球贸易安全与便利标准框架》。新冠疫情发生后,世界海关组织制定了《关于自然灾害管理和供应链通畅的指南》,帮助其成员重点应对自然灾害、疫情以及冲突、气候变化带来的挑战。此外,世界海关组织还建立了数据模型、电子商务工具包等。

研究工具

学科成熟的一个重要标志是有了特定研究对象后,须有相关理论作为基础以及有针对性的研究方法。回顾近 20 年来海关学术研究,其研究理论和方法基本聚焦在社会学、经济学、管理学和法学等传统学科理论和方法在海关领域的应用上。

海关经济理论(economic theory of customs)。词源上,关税"tariff"一词源于古希腊"tèlos",意思是目的、结束、最终支付,源于拉丁语"teloneum",意思是税费,其源于低地德语"tol"。今天"toll"一词在英裔美国人英语中意思是路桥费。现在国际贸易中征收关税,是和 20 世纪初海关法理论家 Karl Lamp 提出的海关领域税或海关经济税概念相关的。海关经济理论是建立海关联盟或关税联盟的基础,根据该理论,征收关税和商品直接进入经济流通环节相关。也就是说,一旦外国商品进入国内流动环节,就产生了国内价格波动,就有权力征

---

[1] See Ian Saunders, *Trust in Customs*, *The Global Governance Project*, https://www.globalgovernanceproject.org/trust-in-customs/.

收关税。如果对没有进入经济流通环节的运输、存储、使用商品征收关税,就违反了海关经济理论。海关经济理论可以追溯到 1923 年国际联盟(League of Nations)制定的关于简化海关手续的国际公约,该公约是 1973 年《京都公约》的前身。一国海关手续的框架就反映了这一原则。①

海关债(customs debt)。海关债是一国海关法的核心,根据海关经济理论,基础性的概念和原理是,只有货物实际上进入一国关境经济循环并参与市场和同类国内产品进行竞争,才会产生海关债以及对海关税收的评估。海关债法是进口出口通关手续的决定性因素,直接影响货物进口出口是否产生海关权利义务和海关手续暂停还是暂缓,并帮助支持海关确定相关税收。海关债和办结海关手续直接相关,在办结每一个海关手续时都要回到海关债是否解决这样的问题。此外,海关债产生的时间还决定着海关估价和相关税率,在有的国家还影响国内税如增值税等。海关债的基本原则包括海关债的产生、进口海关债和出口海关债、正常海关债和非正常海关债、禁限货物待遇、海关债产生时间地点、海关债债务人、海关债的消灭等。②

硬法和软法(hard law vs soft law)。硬法是指法律上有约束力义务,这些义务明确,或通过司法或颁布详细规定确定下来,且授权专门机构解释和执行法律。软法是指没有法律约束力但有实践效果的行为规则。根据软法中"软"的字面意思,软法被误认为是软弱、不可信赖、没有约束力或联想到其他消极的内涵意义,软法也被经常批评是软弱的,不容易执行。事实上,软法更好地适应了多样性以及非国家间的灵活性。软法这种特征在贸易便利化中发挥了十分重要的作用。贸易便利化涉及国家,还涉及私营企业、国际组织、非政

---

① See Hans-Michael Wolffgang, *Emerging Issues in European Customs Law*, WCJ, Volume 1, Number 1.

② See Hans-Michael Wolffgang, Achim Rogmann and Kerstin Harden, *Why the Future Revised Kyoto Convention Should Contain Comprehensive Rules of Customs Debt*, WCJ, Volume 14, Number 2.

府组织等等。例如,《京都公约》包括标准条款、过渡条款和建议条款,这些条款是原则性的、建议性的和源于实践的,而不是明确的、强制的,加上该公约没有规定争端解决机制来处理实施、解释、执行问题,其被认为是软法。事实上,WTO贸易便利化协定中也包含很多软法因素,协定和公约是硬法和软法的混合体。[①] 由于硬法规定了国家的国际法义务,且有国内法确保执行,有争端解决机制保证执法,贸易便利化和安全相关规定应由硬法来规定。贸易便利化和供应链安全是一个硬币的两个方面,应在WCO框架下将《京都公约》和《全球贸易安全与便利标准框架》整合成为一个包含争端解决机制在内的硬法。[②]

主题分析和扎根理论。主题分析是一种定性分析方法,是演绎、归纳与推理的结合,具体指的是在资料中寻找反复出现的现象以及可以解释这些现象的重要概念,并将具有相同属性的资料归于同一类别,以一定的概念命名。在主题分析中,需要对原始数据进行系统性的编码和归类,揭示重要概念、主题和模式,进而深入理解并研究问题。在研究未来海关发展时,Albert Veenstra和Frank Heijmann运用主题分析方法,以欧盟控制氟化气体、碳边境调节机制和禁止强迫劳动产品三个领域立法为范本,将海关、主管机关、守法和边境作为第一层次编码,将监管、许可证件、海关申报、自由流通、价值、重量、商品编码、原产地、证明、查验作为第二层次编码,通过对第一层次和第二层次编码在三个领域立法的比较分析,得出未来海关应发展新的工具,用以系统为基础的监管代替以交易为基础的监管。[③] 此外,还有和主

[①] See Hans-Michael Wolffgang and Edward Kafeero, *Old Wine in New Skins: Analysis of the Trade Facilitation Agreement vis-à-vis the Revised Kyoto Convention*, WCJ, Volume 8, Number 2.

[②] See Hans-Michael Wolffgang and Edward Kafeero, *Legal Thoughts on How to Merge Trade Facilitation and Safety & Security*, WCJ, Volume 8, Number 1.

[③] See Albert Veenstra, Frank Heijmann, *The Future Role of Customs*, WCJ, Volume 17, Issue 2.

题分析十分相似的扎根理论,都是基于相同的解释主义根基,都遵循理论抽样和分析过程中的不断比较,通过描述、解释、联系,建立可以准确描述现象的叙事性分析或者理论,在分析路径上,主题分析自上而下,而扎根理论自下而上。

社会经济学方法。在社会经济领域,对诸如国家、城市、组织层面的复杂社会现象,如可持续发展、生活质量、服务质量进行评估通常运用问卷调查和序数测量尺度(ordinal measurement scale)进行。对复杂现象进行精准评估是很困难的,解决的办法是采用多准则决策方法(multi-criteria decision-making methods)。具体方法有层次分析方法(analytic hierarchy process,AHP)、模糊层次分析方法(FUZZY AHP)、数据包络分析(data envelopment analysis)、技术排序偏好理论(technique for order preference by similarity to ideal solution,TOPSIS)、模糊技术排序偏好理论(FUZZY TOPSIS)、质量功能展开(quality function deployment,QFD)、模糊质量功能展开(FUZZY QFD)等。Andrew Grainger 采用访谈法,通过和9个跨国公司高级关务经理的访谈,发现跨国公司海关管理聚焦在物流支持、供应链管理和守法合规三个领域,它的主要精力也集中在控制成本、合规守法、提高战略能力上。[1] Thi Thu Hien Phan、Sangeeta Mohanty 采用层次分析法对越南报关行业情况进行了评估分析,通过和10个有5年以上报关工作经验的高级管理人员的半结构化访谈,运用层次分析方法对相关因素进行排序分析,研究显示职业条件、贸易合规和职业化是最重要的义务因素,和海关保持信任以及适应性是最关键的因素,直接影响报关服务质量。[2]

---

[1] See Andrew Grainger, *Customs Management in Multinational Companies*, WCJ, Volume 10, Number 2.

[2] See Thi Thu Hien Phan, Sangeeta Mohanty, *Assessment of Customs Brokerage Performance in Vietnam: A Study of the Analytic Hierarchy Process (AHP)*, WCJ, Volume 18, Number 1.

致敬未来

学术研究的起步总是艰难的，特别是对于一个新兴的学科专业领域而言。INCU 的创始人 David Widdowson 先生在回忆 INCU 2005 年创始经过时，用"卑微的"（humble）这个词来形容开始之不易。说到"humble"这个词，不禁让人想起有关爱因斯坦的一个小故事。

1922 年，爱因斯坦在前往东京的路上，得知自己获得了诺贝尔物理学奖。在东京，他住在一家叫帝国酒店的旅馆。一天，一名酒店员工去爱因斯坦的房间送东西，但爱因斯坦发现自己身无分文，无法给这名员工小费。于是，爱因斯坦将自己署名的一张写有一句德文的便笺给了这位酒店员工。便笺翻译成英文是，"A calm and humble life will bring more happiness than the pursuit of success and the constant restlessness that comes with it"。翻译成中文是，"如果你的生活平静而谦虚，这带给你的快乐要多于你对成功的追寻，因为后者会带给你无尽的不安"。这里，爱因斯坦也用了"humble"这个词。爱因斯坦还给了这名员工另一张便笺，上面写着"Where there's a will, there's a way"，翻译成中文是"有志者事竟成"。95 年后，这两张便笺放在了耶路撒冷的拍卖会上，前面那张幸福便笺起拍价是 2000 美元，大约 25 分钟后，就被人拍走了，这名匿名的竞拍者出价 130 万美元，第二张便笺最后超过了 20 万美元。这个故事很好地诠释了什么是"相对论"，它也告诉我们应该如何看待学术研究和生活。

当今世界面临百年未有之大变局。海关是一国门户，也是主权象征，海关进出境监管活动涉及面广，是国家宏观经济管理活动的重要组成部分，也是国际贸易流动管理的重要环节。由于海关连接国际国内两个市场，经济活动中最活跃的实践问题往往最先反映到海关实践活动中。随着新技术的运用、贸易方式的改变，海关也遇到前所未有的挑战，海关实践需要学术和理论的指导，而传统的理论学说往往失灵，这时就需要用新的理论和新的标准来衡量已有的解释理论和解释体系，甚至需要创新的理论来回答实践提出的问题，并以此解决实践中的突出问题。

中国是世界第一大货物贸易国,也是世界第一大制造国,中国海关是世界上最大的海关,面临的海关监管任务也最为繁重,面临的贸易方式最为复杂,守护国门安全的任务最为艰巨。中国海关以智慧海关建设、"智关强国"行动为总抓手,聚焦完善海关守护国门安全机制,聚焦优化海关促进开放发展机制,聚焦健全海关法规制度,聚焦完善海关落实全面从严治党制度机制,到2035年,海关监管体制机制将更加成熟更加定型,智慧海关建设达到世界先进水平,海关治理能力现代化基本实现,"智关强国"作用充分彰显。

党的二十届三中全会《中共中央关于进一步全面深化改革、推进中国式现代化的决定》指出:"创新马克思主义理论研究和建设工程,实施哲学社会科学创新工程,构建中国哲学社会科学自主知识体系。"中国海关全面深化改革为海关学术提供了源源不断的资源,立足中国海关实践,迫切需要提炼概括具有中国特色、世界影响的标识性学术概念、学术范畴,不断增强我国海关学术话语体系的说服力、感染力、影响力。

海关学术,正当其时。

Customs and Academia
—The Construction and Contribution of International Customs Academia in the 21 st Century

CHEN Hui

[**Abstract**] Customs undertakes disciplinary argumentation of existing objects and the laws concerned in its law enforcement activities, and customs academia has experienced rapid development over the past two decades. The International Network of Customs Universities

(INCU), established in 2005, and the Program for International Customs Academic Research and Development (PICARD program) launched by the World Customs Organization (WCO) in 2006, have continuously striven to elevate the level of customs academia. Customs practices require academic and theoretical guidance, and customs academic research possesses its own independent research objects and tools, in urgent need of innovation and development. China Customs' initiative to deepen the reform comprehensively provides a steady stream of resources for customs academic research. Based on the practices of China Customs, there is an urgent need to refine and generalize distinctive academic concepts and categories with Chinese characteristics and global influences, thus constantly enhancing the persuasiveness, appeal, and influence of China Customs academic discourse system.

[**Key words**]　customs; academia; World Customs Organization

目录 Contents

中国式现代化与海关法治

3 以中国式现代化统领智慧海关建设
　　——以社会主义法治为视角 // 苏　铁

19 中国式现代化背景下直属海关法治现代化探析
　　——以福州海关为蓝本 // 许　鑫　林　俭　官志兵

27 治理现代化视野下智慧海关建设的法治
　挑战与回应 // 童天骄

38 中国式现代化视阈下司法裁判监督海关行政执法的
　理念嬗变与路径协同
　　——以海关行政处罚纠纷的司法审查衔接
　　　机制为视角 // 刘天翔

60 关于完善海关执法依据体系的几点思考 // 杨　作

72 完善"两法衔接"的法治海关实践路径
　　——以不起诉后追缴走私等值价款案件为例 // 封海滨

85 浅析中国海关特殊监管区域的实践特征与优化路径
　　——基于中西自由区学术研究的分析视角 // 陈昌燕

涉外法治与国际海关法

99 贸易合规与海关涉外法律：海关法律关系的三层逻辑 // 陈　晖

115 美国单边出口管制和经济制裁：航运业的法律风险与合规问题 // 赵德铭　孙一鸣

135 议美国对华加征关税的原产地解决方案 // 徐珊珊　潘晓婷

153 涉外安全视域下国门安全法律体系的构建 // 王　珉　周弋淇

国门安全与海关法

173 《海关法》修订视野下对进出境禁止性、限制性规定的理解 // 王丽婷　崔　晨

198 《海关法》修订及其与出入境检验检疫法律法规衔接研究 // 王传斌

211 深度融合背景下海关进出境禁限管理范围初探 // 南京海关《海关法》课题研究小组

232 海关检验检疫执法"行刑衔接"存在的问题及对策 // 李　涛　孙晓晖　武守群

243 逃避商检罪相关要件要素之法律分析 // 刘阳中

255 逃避商检行为罪与罚的若干思考 // 陈开旌　郑　敏

265 跨境电商网购保税进口食品安全智慧监管研究
——基于对某直属海关跨境电商进口食品监管的调研分析 // 何　锋　冯锦祥　叶　显　陈　丹

进出口税收法律问题

281 海关对"应税货物"强制执行制度的思考
——兼议对第三人利益的保护 // 李 鼷 肖 春

293 海关现代化下自贸港国际旅游消费税制设计
的探析 // 唐亚青 林 勇 黎灵述 许玲玲

海关法专题研究

307 海关行政处罚裁量基准的制定 // 陈淑国

319 智慧海关视阈下优化海关行政执法的思考
——借鉴综合行政执法改革 // 李虹瑶

335 新发展格局下关于优化海关跨境电商监管的
思考 // 徐 枫 马天慧

352 擅自抵押海关监管货物之法律效力辨析及应对 // 王洪波

371 关于"轻微首违不罚"制度在海关行政执法中理解
与适用 // 祝晓峰

383 海关进口食品投诉举报处置困境之分析与
探索 // 俞 悦 应 卓

393 翡翠毛料完税价格认定及监管模式之探究 // 邵 丹 杨业宏

405 涉海关行政非诉执行程序研究 // 李庆增

海关刑事法律问题

425 粤港澳反走私综合治理与边境行政互助
合作研究 // 广州海关缉私局龙鹏工作室

459 走私犯罪中洗钱犯罪的行为类型及其界定 // 刘晓光　金华捷

475 走私葡萄酒的真假性鉴定及税款计核问题探析 // 高卫萍　孙　静

知识产权海关保护

493 也谈"智关强国""智慧海关"视角下知识产权海关保护的法治化新发展 // 叶　倩

513 "智关强国"建设背景下海关知识产权保护制度的完善
　　——以专利权担保与调查为切入点 // 吴征宇

判例研究

531 沧州渤海新区 Z 公司、陈某松、陈某平走私普通货物案
　　——犯罪工具的等值款项替代性没收 // 林燕芳

域外视野

547 《SPS 协定》下中国暂停日本水产品进口措施合法性分析 // 师　华　赵安俞

565 《海关法评论》稿约

569 上海市法学会海关法研究会介绍

570 上海海关学院海关法研究中心介绍

CONTENTS

Chinese-style Modernization and Customs Rule of Law

3   Steering the Course for "Smart Customs Development" with "Chinese Path to Modernization"
    —From the Perspective of the Socialist Rule of Law // SU Tie

19 Analysis on the Modernization of Law-based Governance in Regional Customs under the Background of Chinese Modernization
    —A Case Study of Fuzhou Customs // XU Xin   LIN Jian   GUAN Zhibing

27 Legal Challenges and Responses to the Smart Customs Development from the Perspective of Modernization of Governance // TONG Tianjiao

38 The Idea Evolution and Path Coordination of Judicial Supervision of Customs Administrative Law Enforcement from the Perspective of Chinese Path to Modernization
    —From the Perspective of the Judicial Review Linkage Mechanism for Customs Administrative Penalty Disputes // LIU Tianxiang

60 Thoughts on Improving the System of Legal Basis for Customs Law Enforcement // YANG Zuo

72 The Practice Path of Improving the Connection of Criminal Justice and Administrative Law Enforcement
—Taking the Case of Recovering the Equivalent Value of Smuggling Goods after Non-prosecution as an Example // FENG Haibin

85 Analysis on Practices and Optimizations of Special Customs Control Zones in China
—From the Academic Perspective of Chinese and Western Free Zones // CHEN Changyan

Rule of Law in Foreign Affairs and International Customs Law

99 Trade Compliance and Foreign-related Customs Laws: The Three-Tier Logic of Customs Legal Relationships // CHEN Hui

115 Unilateral Export Controls and Economic Sanctions by the United States: Legal Risks and Compliance Issues Faced by the Shipping Industry // ZHAO Deming SUN Yiming

135 Analysis of Countermeasures Against the U. S. Tariff Increases Based on Rules of Origin // XU Shanshan PAN Xiaoting

153 Construction of the Legal System of National Gateway Security from the Perspective of Foreign-related Security
// WANG Min ZHOU Yiqi

Border Security and Customs Law

173 Understanding of Prohibitive and Restrictive Regulations on Imports and Exports from the Perspective of the Amendment to the Customs Law // WANG Liting CUI Chen

198 A Study on the Revision of Customs Law and Its Connection with Laws and Regulations on Entry-Exit Inspection and Quarantine // WANG Chuanbin

211 A Probe into the Scope of Customs Control over Prohibited and Restricted Imports and Exports under the Backdrop of In-depth Integration // Nanjing Customs Research Group on Customs Law

232 Problems and Countermeasures of the "Connection between Administrative Enforcement and Criminal Justice" in Customs Inspection and Quarantine Law Enforcement // LI Tao SUN Xiaohui WU Shouqun

243 Legal Analysis of the Relevant Elements of the Crime of Evading Commodity Inspection // LIU Yangzhong

255 Some Reflections on the Crime and Punishment of Evading Commodity Inspection // CHEN Kaijing ZHENG Min

265 A Study on the Intelligent Supervision over Safety of Bonded Import Food by Online Shopping through Cross-Border e-Commerce
—Based on the Research and Analysis of the Cases from Regional Customs // HE Feng FENG Jinxiang YE Xian CHEN Dan

Legal Issues of Import and Export Taxation

281 Reflections on the Customs Enforcement Measures for Dutiable Goods
—Also Discussion on the Protection of the Interests of the Third Party // LI You XIAO Chun

293 Analysis on the Design of Consumption Tax System for International Tourism in Free Trade Port under Customs Modernization // TANG Yaqing LIN Yong LI Lingshu XU Lingling

Specific Research on the Customs Law

307 Formulation of Discretion Standards for Customs Administrative Penalty // CHEN Shuguo

319 Thoughts on Optimizing Administrative Law Enforcement of China Customs from the Perspective of Smart Customs Initiative
—Learning from the Reform of Administrative Law Enforcement // LI Hongyao

335 Thoughts on Optimizing Customs Control over Cross border e-Commerce under the New Development Pattern // XU Feng MA Tianhui

352 Analysis of Legal Effect of Unauthorized Mortgage of Goods under Customs Control // WANG Hongbo

371 Understanding and Application of the "Impunity for Minor First Violation" in Customs Administrative Law Enforcement // ZHU Xiaofeng

383 Analysis and Exploration of the Difficulties for Customs in Handling Complaints and Reports Regarding Import Food Safety // YU Yue YING Zhuo

393 A Probe into Determination and Control of Customs Value of Rough Jadeite // SHAO Dan YANG Yehong

405 A Study on Administrative Non-litigation Enforcement Procedure of the Customs // LI Qingzeng

Customs Criminal Law Issues

425 A Study on Comprehensive Anti-Smuggling Governance and Border Administrative Mutual Assistance Cooperation with Hong Kong and Macao // Longpeng Studio of Anti-Smuggling Bureau, Guangzhou Customs

459 Types and Definitions of Money Laundering in Smuggling Crimes
// LIU Xiaoguang JIN Huajie

475 Analysis of Authenticity Identification and Tax Accounting Problems in Cases of Wine Smuggling // GAO Weiping SUN Jing

Customs Protection of Intellectual Property Rights

493 Outlook on New Development of the Rule of Law in Customs IPR Protection in the Context of "Building a Strong Nation with Smart Customs" and "Smart Customs Development" // YE Qian

513 Development of the Initiative to "Build a Strong Nation with Smart Customs"
—Starting from Patent Guarantee and Investigation // WU Zhengyu

Case Study

531 Case of Smuggling Ordinary Goods by Company Z, Chen X Song, and Chen X Ping in Cangzhou Bohai New Area
—Substitutive Confiscation of the Equivalent Amount of Criminal Tools // LIN Yanfang

Overseas Horizon

547 Analysis on the Legality of China's Suspension of Japanese Seafood Imports under the SPS Agreement // SHI Hua ZHAO Anyu

海关法评论(第13卷)

中国式现代化与海关法治
Chinese-style Modernization and Customs Rule of Law

以中国式现代化统领智慧海关建设

——以社会主义法治为视角

苏 铁[*]

[摘 要] 中国式现代化是结合中国国情提出的现代化道路。中国特色社会主义法治道路必将形成和拓展于中国式现代化进程之中。法治现代化必将助推和保障中国式现代化的实现。打造智慧海关是全面推进中国特色社会主义现代化海关的主要抓手。通过实现高效监管和优质服务,方能达到"智关强国"的既定目标,促进国家高质量发展和高水平对外开放。通过对智慧海关进行广义解读,以中国式现代化统领智慧海关建设必然使海关现代化得以全面深入发展,同时对海关法治建设产生深刻的塑造作用。

[关键词] 中国式现代化;智慧海关;推进策略;法律思维

在国家进程研究领域,现代化是一种文明的发展状态;在哲学社会科学中,它是人类文明形态的演变过程并表现为一个理论范式。两者的共同之处在于指向社会经济转变的历史过程与结果状态,本意彰显社会结构和生产关系的深刻变化。党的二十大报告对"中国式现代化"的内涵和本质进行了深刻的阐述,丰富和发展了当今世界现代化

---

[*] 苏铁,退休干部,原宁波海关一级总监,上海市法学会海关法研究会顾问。

理念,同时提出在法治轨道上全面建设社会主义现代化国家,彰显了法治建设在中国式现代化中的重要地位。建设智慧海关应是中国海关现代化未来的发展方向。在这一宏大的发展进程中,必然以中国式现代化为统领,以法治为保障加以全面推进。

一、深刻理解中国式现代化提出的时代背景和法治特征

(一)时代背景

中国式现代化的提出基于中国改革开放以来的社会发展和经济转型大背景,是在对西方现代化模式进行深刻反思之后得出的重大结论。中国现代化发展战略走的是新型工业化道路,即以工业化带动信息化、信息化提升工业化。中国社会经济发展由此进入了一个新阶段,突出表现为:对内搞活,国家逐步实行市场经济改革;对外开放,深度和广度越来越大,由此推动了经济结构的全面调整和产业快速升级。随着中国国际地位的提高,纷繁的国际事务对中国的正反影响也日益加深。一方面,需要面对骤变的"百年未有之大变局"并加强对国际规则的认知和应对能力;另一方面,需要通过现代化集聚各方实力来维护国家利益和形象,同时,探索一种既能推动现代化,又能维护国家政治安全和稳定的发展路径。

党的十八大以来,党对全面建设社会主义现代化国家在认识上不断深化、在实践中不断丰富。党的二十大报告提出要以中国式现代化全面推进中华民族伟大复兴,对中国式现代化的内涵意蕴、主要特点、内容结构、部署要求等进行了系统阐述,明确了一个核心要义、五大中国特色、九个方面的本质要求,揭示了中国式现代化内部要素的内在规定性、必然性和联系性,由此构成了理解"中国式"之意涵的三个重要维度,具有强烈的"中国之治"的鲜明特征。可以说,中国式现代化更加注重把握国家发展的整体性和稳定性,具有更加突出创新性和内涵丰富性等特质,不仅具有各国现代化的"共同特征",集中在经济、科技、生态、民生等物质性层面,更重要的是反映"中国特色"的制度性层面,即社会主义国家治理体系和治理能力现代化。中国式现代化擘画

了未来国家波澜壮阔的发展愿景,正如习近平总书记深刻指出的,中国式现代化是强国建设、民族复兴的康庄大道。① 新时代最大的政治就是以中国式现代化全面推进强国建设、民族复兴伟业。全面把握中国式现代化的中国特色及科学内涵,深刻领会这一论断的政治性、理论性、针对性、指导性,有助于我们提高政治站位,紧紧围绕新征程中党的中心任务,以更加坚定的信心、更加宽泛的视野重新审视中国海关现代化发展脉络和未来,统筹发展和安全,扎实推进智慧海关建设。

(二) 法治特征

习近平总书记深刻指出,"法治是人类文明的重要成果,一个现代化国家必然是法治国家"。② 社会主义法治的精髓在于把法律作为社会治理的基础和保障。一是国家治理需要法治保障。国家治理是现代化进程中必须要面对的问题。法治是现代国家治理的基础,是实现公正、公平和公开的重要手段。二是社会进步需要法治引领。随着社会进步,人们的文化素质也在逐步提高。法治的引领可以规范社会的行为规范,加强社会道德建设,提高人们的文明素质。三是经济现代化需要法治保护。现代化不仅是经济发展的现代化,也包括社会制度的现代化。经济发展需要一个稳定的法治环境,以保障企业和个人的合法权益,维护市场经济秩序的公平竞争,以及吸引外资、促进国际贸易等。因此,现代化的中国必须建立在法治基础之上。而法治的核心是以宪法为基础,通过法律、法规、司法等手段来保障公民的权利,规范社会行为,维护国家治理秩序。

为充分发挥法治固根本、稳预期、利长远的保障作用,党的二十大报告以专章的形式首次将法治单列进行了论述和部署。中国式法治现代化为中国特色社会主义法律制度增添了新内涵,展现了新范式。总体上,中国式现代化本质要求:一是构建以法治为基本依托的中国

---

① 参见习近平:《中国式现代化是强国建设、民族复兴的康庄大道》,载《求是》2023年第16期。
② 《习近平法治思想概论》编写组编:《习近平法治思想概论》,高等教育出版社2021年版,第178页。

式现代化运行体系,把总体布局构筑在坚实的法治基础之上;二是着力强化法治现代化的功能使命,构建完备健全的法律体系以及相应的法律制度,防止形成新的政策合成谬误。

在海关现代化建设中同样需要依靠法治来规范海关的行为,这也蕴含着海关法治创新发展的新机遇。为此,海关必须准确把握中国式现代化所期许的法治功能与定位,不断完善自身法治建设,做到重大业务推进和改革于法有据、海关立法和改革决策相衔接。

二、智慧海关涵义及目标构建

海关现代化是中国式现代化的重要组成部分,必须将其置于强国建设、民族复兴期盼的新时代国家治理现代化的总范式下进行理解和把握。海关现代化是一个渐进的历史过程。在中国式现代化的统领下,应紧紧围绕主要矛盾和中心任务,主要抓手就是扭住智慧海关这个"牛鼻子"。以建设智慧海关为抓手打造世界一流的现代化海关,以海关现代化服务中国式现代化。

围绕中国式现代化本质特征,科学把握智慧海关建设的实践内涵。毫无疑问,中国式现代化规模将超过现有发达国家人口的总和,其面临的困难和挑战前所未有,可谓人类历史上难度最大的现代化。海关现代化是中国式现代化的重要组成部分,而放眼世界,中国海关业务门类最具多样性、业务体量最大、监管任务最重,队伍亦最为庞大,必须将其置于中国式现代化的总范式下进行把握,以建设智慧海关为抓手打造世界一流的现代化海关,以海关现代化服务中国式现代化。

(一)对智慧海关的理解

从词义学[①]意义加以理解,智慧并非指单一的知识(经验或见识),而是指一种更深刻的运用。"慧"在深受佛教影响的中国传统文

---

① 作为语言学中词汇学的一门分支学科,词义学是以语言中词的词汇意义作为研究对象,主要研究词义的本质和特点、构成的因素、发展的原因、类型和趋势,等等。

化语境中显得博大精深,更为精妙。《说文解字》云:慧,儇也。从心彗声。《康熙字典》解释:柔质受谏曰慧。"慧",心性明悟,本意是聪明、敏锐,禀赋具有深刻的洞察力。

狭义上的智慧海关(Intelligent Customs,IC)指的是利用信息技术手段,突出科技赋能,实现管理的自动化、信息化、智能化。尽管科技进步可给智慧海关带来巨大的发展空间,但它并不代表智慧海关本意。广义上智慧海关的(Smart Customs,SC)应是从社会管理学加以理解,指的是驾驭整个系统的睿智水平以及高超智慧表现。世界海关组织(World Customs Organization,WCO)多次重申海关应有智慧要义并赋予"SMART"各字母具体含义,"S"代表安全(secure),"M"代表可测量(measurable),"A"代表自动化(automated),"R"代表风险管理(risk management-based),"T"代表技术驱动(technology-driven)。可见,智慧举措之多义并非可由科技完全取代。

为便于对 SC 形成一个完整的、统一的认知,首先,需要引用心理学家荣格的集体潜意识理论,将 SC 拟人化,建立海关集体人格。① 在特定的法律制度下,海关被视为一种独立的法律主体,即一个拥有自己的行为能力、资信、名称等基本属性的"人"。将海关看作集体人格的概念对于现代法律制度来说非常重要,因为它可以为海关自身提供一种法律上的保护,使它们能够在法律框架下开展活动,并独立地承担责任和义务。其次,捕捉 SC 最基本含义,即是机灵、精明练达(shrewd and sophisticated),透彻感知、善于判断把握机会并快速反应,反映以人为本等特征,善于从多个方面来考虑找到最佳解决方案。

SC 强调的是理解力、判断力和洞察力,检视在"两个大局"中定位自身的历史方位和发展方向,至少包含以下(仅用英文字母 S 归纳表述)几个方面的特质。(1)保持敏感性(sensitive)。在积极服务国家重大战略和元首外交方面(如人类命运共同体、共建"一带一路"、

---

① 集体人格,是指秉持了一定精神价值观的人群,长期共聚,久而久之有了一定的行为习惯,由此产生的集体无意识。

"中+东欧合作"),能够主动提出积极有效的贯彻落实建议和方案,既做好监管又做足配套服务;在推动高质量发展方面,能够提高站位,主动融合时机,有效解决效率、公平、安全和持续发展等重大关联问题。(2)具有敏捷、睿智(swift)的特质。对时局保持敏锐察觉,完善方式方法,因时因势推进工作。特别注重提高及时妥善处置复杂国内国际经贸形势变化的能力,建立以海关为中心的相关部门互动机制。(3)高效简洁(simple and speed)。形成谋划、部署、执行、检查、反馈的完整管理闭环。一是简化流程,做到全流程无缝对接(seamless),将通关时间稳固在合理区间内;二是减损制度性成本,给广大企业提供稳定的经营核算预期。(4)严厉打击走私(stern and strong)。在维护口岸秩序方面,面对新形势能够部署新战法,持续保持打击走私高压态势。在现行缉私体制下,规避职权泛在化,最大限度发挥海关组织推动、协调管理查缉走私的作用,以取得全社会最大程度的认同。(5)具有开放性及感知心(sociable and sympathetic)。能够与海关利益相关方(stakeholders)[①]保持紧密的联系,将内部"响应、呼应、反应"三应机制扩大到社会层面,倾听、理解并赞同他人的想法。(6)不断钻研与学习(study)。海关作为政治机关必须把对党忠诚作为最高政治原则,始终走在第一方阵,从深层次激发广大关员"铸忠诚、担使命、守国门、促发展、齐奋斗"的使命担当,为推进中国式现代化提供坚强思想保证、强大精神力量,激励关员学习和探索,增长知识和技能,当好让党放心、让人民满意的国门卫士。

中国式现代化与 SC 的关系在于,中国式现代化需要提高管理效率、管理水平和服务质量;作为中国式现代化在海关领域的具体实践,SC 有助于推动中国式现代化建设向更高水平迈进。这实质上就是一个"智关强国"的过程。通过加快建设 SC,推进关检业务全面深度融合,破除目前"线条管理"模式与"分段运行"机制冲突,发挥海关行政

---

① 管理学意义上的利益相关者(stakeholders)是组织外部环境中受组织决策和行动影响的任何相关者。

执法和技术执法优势,在更高层次上推进全国通关一体化。唯如此,才能科学精准防范风险,主动服务超大规模经济体量及做好新业态监管;才能打造国际最佳实践,更好参与和引领国际规则、标准制定,实现海关治理能力现代化,综合发挥其制度体系、政策手段、管理能力的叠加效应。由此,推进外贸从低端数量价格竞争向高端质量价值优势的战略性转移,提升综合创新能力;推进粗放型经贸向集约型的经贸战略性转移,提升综合盈利能力;推动产业集群的生成、区域经济产业分布合理化程度提高和效能不断增长,发展内生动能实际发生转换;推进全球治理能力建设,提升制度规则话语权能力。最终,全面助推高质量发展,落实全面建设社会主义现代化国家这个首要任务,促进国家永续性发展。

(二)智慧海关建设目标和困境

1. 建设目标

SC建设的总体目标框架应是一个开放的复杂的系统性工程,具有多样性和适配性特征。新一轮海关现代化要以中国式现代化的本质要求为根本遵循,顺势而为,乘势而上,挖掘内生性发展潜力,大力推进海关治理体系和治理能力现代化。根据中国式现代化现实需要,大力拓展现代海关制度,以深化关检融合为起点,以推进卓越治理为目标,围绕海关治理能力现代化,打造具有世界一流水准的海关监管与服务体系。其中,特别强调综合运用现代信息及通信等科学技术手段,突出技术迭代之应用,感测、分析、整合海关各运行系统的关键信息,满足实时透彻的需求感知、精准智能的监管防控、快速持续的服务改进之需要。通过对海关各项业务实施综合性、统筹性、协同性管理,促进规范化、标准化、数字化、智能化水平显著提高,在守护国门安全、助推高质量发展、高水平开放、服务中国特色大国外交等重要领域有实质性突破。

通过加快建设SC,融入新发展格局,发挥海关行政执法和技术执法优势,才能科学精准防范风险,主动顺应数字时代,服务超大规模贸易量及新业态监管;才能打造国际最佳实践,实现海关治理能力现代化,更好参与和引领国际规则、标准制定,进而综合发挥其制度体系、政策手段、管理能力的叠加效应。由此,适应由大国海关向强国海关转变的需要,努力做到以下"四个转型"。

一是全面实现从单纯管控型到把关服务型的转变。立足"全体人民共同富裕",制度设计应始终以"惠民"为导向,围绕"便民"上下加以展开,让海关改革发展成果更多更公平地做到全面"惠民"。如果以往海关工作重点是保证"细查细验",那么 SC 则需要从传统的执法严管型向把关服务型转变,不仅注重"客户导向",为广大进出口企业提供便利化的通关服务,更应关注各个层次利益相关者差异性现实诉求。

二是尽快实现从传统监管到风险管理的过渡。以风险管理为先导,聚焦"滞、瞒、逃、骗、害"等五方面风险,进行全面的业务制度创新,形成全领域、全渠道、全链条、全要素风险防控体系。其关键在于在贸易规模海量级、变化因素复杂化的前提下,防止新的激进改革举措不慎所造成的次生灾害的叠加。目前,亟须重新审视借鉴美国的经验及教训,坚持问题和目标双导向,通过对企业、货物、信息的综合分析,化解潜在的安全隐患(包括对进出口货物的安全性、质量、知识产权、环保等方面),走出效率低下且成本高昂的困境。

三是积极探索从单一职能到综合管理的跃进。传统海关职能主要是对有形货物的监管。SC 则应拓展职能,加大针对无形贸易、服务贸易、知识产权保护等实施监管和提供服务。立足"物质文明和精神文明相协调",满足人民美好生活需要,一方面,通过海关打造一流的监管制度和流程,确保供应链产业链安全,满足消费及产业升级需要,厚植全民物质基础;另一方面,积极发展对外文化贸易,不断深化国家服务业扩大开放综合试点示范。通过海关与其他相关部门协同共治,实现贸易强国之夙愿。

四是探索实现从关境内到关境外的跨越。长期以来,海关管理手段仅仅是在关境内施展,而 SC 则需要将目光放到关境之外,通过加强与其他国家海关部门协作,形成海关政策互通局面,为建立全球贸易安全体系,保障全球贸易安全和畅通提供中国海关方案。

2. 困境与堵点

总体上,以中国式现代化要求来衡量,尚存在明显短板和"瓶颈",对 SC 概念理解过狭窄,对科技则依赖过重。制度创新方面没有针对高质量发展的现实需要加以重新安排,关键是缺乏对制度创新及对人的积极性发挥有所建树,从而制约了智慧治理水平的全面提升。

一是技术堆积有余,全局谋划不足。综合来看,现行 SC 主要面临着两大风险。其一,外生性风险。作为管理要素较为集中的物理空间和实践场域,海关面临的风险具有新颖性和规模递增性等特点。然而,就 SC 的治理逻辑、运作机制和方式方法而言,大多均以确定性为逻辑内核,即利用各式数字技术寻找清晰的海关治理因果关系。这意味着 SC 的治理体系和治理能力难以承受可能的遮蔽性、突发性的风险扰动。其二,内生性风险。建立在代码、数据、系统和平台基础之上的唯一考量无形中构成了风险源头。尤其是随着技术的迭代升级,新的数字技术在旧有的智能系统上嵌套组合,会使 SC 变得臃肿不堪,从而加剧了自身的脆弱性。一味追求"技治主义"模式根本无法应对和处置不确定的、复杂的和随时变化的潜在风险。

二是顶层设计可期,基层治理不足。历史上,海关在推进电子口岸、"单一窗口"建设上曾干过"小马拉大车"的活,以及在重大结构性业务改革中出现"在高速路上换轮子"的现象,这均为典型的蛮力有余、慧根不够的表现。虽然近年来,海关总署出台了一系列文件政策对 SC 的发展思路进行了制度化和规范化的顶层设计,面向整体治理运转的智慧治理平台亦日趋成熟。但相比之下,实践显示,无序的技术下沉却异化成为基层治理的"数字负担",基层智慧平台成为基层绩效指标的新型"录入工具",使得基层智慧治理效能和效益较弱,从而导致"指尖上的形式主义"。其中的主要原因在于相应的制度、规则、观念等 SC 的关键要素并未随之同步下沉,限制了技术手段在海关基层场域实际效能的有效发挥。

三是海关主导强势,企业参与不足。尽管理论上认为,数字化公众参与和政府治理效能之间具有显著的正相关关系,但从目前的形势来看,SC公众参与感较低,出现了海关热忱高涨,企业却对此冷漠无视的现象。打造以人为本的SC路途漫漫。海关始终牢牢把持各类应用项目的定义权、建设权,公众参与机会和渠道较少,无法实质性地进入SC建设的讨论中去。于是乎,有可能造成SC"麦当劳化",滑入"悬浮式"海关治理结构。欲避免自身陷入改革目标漫射和技术迭代的代际论焦虑中难以自拔,迫切需要建立一个真正的公众参与机制。

四是科技理念先进,统筹建设不足。尽管从H883到H2018直至"新一代",海关主体系统实现了一个窗口一体办理,但关检合并后,海关企业信息大量增加,新情况陆续出现,各项作业系统纷纷更新迭代,业务数据被分隔在各个不同的系统中。目前,总署各司局尚在使用或正在开发准备使用的系统尚有90余个,分属十几个主管业务司局。由于互联互通不足,数据不同步、丢失问题时有发生,原有信息归集系统无法获取新的相关信息,"信息孤岛"情况依旧严重。各业务领域普遍存在操作不便、相互孤立等问题,不同系统入口、不同业务功能、不同操作逻辑,造成一线工作人员作业烦琐、效率较低。

三、智慧海关因应策略

(一)在道的层面,以海关法治的现代化保障智慧海关建设

《山海经注》:"道,从也。"《前汉·董仲舒传》:"道者所由适于治之路也。"法治是现代化的核心,是实现中国式现代化的必要条件。海关法治现代化是推进海关现代化的重要制度动力,也是推动SC建设的必要条件和基本保障。作为中国式现代化内在价值具体体现,海关法治现代化建设应大力解决海关在法治理念、制度、机制、保障等方面与高质量发展不相适应的诸多问题,维系海关发展最普遍、最稳定的规律、法则。以法治思维端正改革方向的正确性、路径的科学性、方式的恰当性,唯如此,才能确保SC在法治轨道上顺利运行。

在SC建设整个阶段,海关法治现代化是指海关在依法履职的基础上,一方面,坚持问题导向,聚焦海关执法领域的突出矛盾和问题,

海关法治现代化亟待积极回应和深化落实一系列新课题新任务,将法治理念贯穿于其管理和服务中,建立起完善的法律体系和法律制度,强化法律监督和法律保障,以推进海关工作的规范化、法制化和科学化;另一方面,始终与时代发展的主题相呼应,具有与时俱进的品格。此外,认真研究和批判借鉴世界各国海关法治建设的有益经验和优秀成果,诸如,依法而治、正当程序、权利推定、权力制约、契约规定、税收法定、罪刑法定、疑罪从无等法治理念,彰显海关法治现代化的开放性、包容性和科学性。

然而,现实问题是中国海关规章层面的建设不尽如人意。根据有关部门披露,目前海关执行 7 部国家法律,外加 3 部法规,海关总署法规司评估的 69 件规章中,20% 需要修订,30% 需要废止。由此可见,海关法律制度建设依旧任重道远。

在海关法律法规建设上,以实现 SC 内在的优化协同高效运行机理为目标,梳理关检法律、行政法规和规章中存在的职权、概念、监管制度和措施、法律责任等方面相关规定不一致的情形,分析可能造成的执法统一性影响与风险,探索提出加强海关法规和制度的建设优化路径。重点围绕机构之治、制度之治与程序之治三重基本要义,加快推动重点立法项目进程,完善海关法律法规架构,并根据国内外形势变化和经济社会发展的需要,及时修改和完善海关法规和制度,确保法律法规的完备性、连贯性和适用性。同时,推进与系统外各项法律制度的衔接配套,构建系统完备、科学规范、运行高效的法规制度体系;发挥海关法规制度引领作用,强调法律框架前瞻性布局,保证预留空间和接口。

一是完善海关法组织架构体系,全面规范其结构体系、法律地位、职责权限、冲突解决等问题。二是加强制度建设关键是提高制度设计的严密性、协调性、执行管理的统一性、协同性。完善海关行政行为法制体系,充分吸收政府治理现代化的改革成果制定出台限制海关行政成本的法律规范。三是完善海关行政程序法制体系,在总结实践经验的基础上,大篇幅出台适应正当法律程序理念的法条。四是增加法律的透明度、扩大知情权。不断完善海关政务公开机制,制定顺应时代潮流的政务公开以及数据使用规章。同时,完善权力运行的制约监督体系,让权力在阳光下运行。完善行政救济法制,形成更加有力的法治保障体系。五是适度延展海关法律执行边界,进行必要的外延性拓展。涉外性是海关法律的一个重要特征,因为海关是国家的前沿阵地,承担着国家边境管理、进出口监管等重要职责。这些职责不仅涉及国内经济、安全和社会稳定,也关系中国在国际贸易、国际安全等方面的利益。因此,海关法律具有涉外性的特点,部分条款的执行应当延伸到关境之外。

在加强法治意识培育上,突出培养关员及管理相对人的法治理念和法治信仰,坚定中国特色社会主义法治道路自信。引导关员深刻理解中国式法治现代化的基本性质、主要特征及其时代走向,把当代中国法治价值观念转化为推动中国式海关法治现代化的内生动能,运用法治思维方式、法治程序、法治精神,提升思考分析问题和解决处置问题的能力。

(二)在理的层面,深入推进海关管理制度的现代化

《皇极经世》曰:"天下之数出于理,违理则入于术,世人以数而入于术,故失于理也。"在涉外领域依旧,制度创新与否直接影响交易成本、资源配置效率和政策效果。唯有强化海关制度创新供给才能顺应形势变化,满足实践需要。海关制度的现代化表现在它具有强大的系统性、整体性和协调性,能够保障国家贸易强国战略,促进高质量共建"一带一路"取得更大进展、确保产业链供应链韧性和安全有促进性的作用;表现在它最终能助推优化口岸营商环境,引领国际海关监管新潮流。

1. 在管理理念方面,SC 应与第二大经济体的地位相适应,积极主动吸收世界主要经济体海关的成功经验,具备全球化视野,使之更具有改革气质,领先国际前沿的特质。① 当以客户导向、风险管理、创新

---

① 参见苏铁:《海关法法典化:底层逻辑 价值取向 层级架构》,载陈晖主编:《海关法评论》第 12 卷,法律出版社 2023 年版。

技术、合作共赢和全球化视野为基本理念,不断提高通关效率和安全性,促进国际贸易的健康发展,应对国际贸易和海关监管的日益复杂化的挑战,在促进国家高水平开放的进程中动态提升自身监管能力。不言而喻,建设 SC 的深意还在于,对内能够激活内生动力,保持改革的穿透力;对外能够盘活外在资源,调动国内外更多的积极因素参与到此行列中来。

促进人与自然和谐生存是中国式现代化的必然要求。这决定了推进"绿色海关"现代化是海关监管创新的重要方向。这不仅有助于实现经济社会可持续发展和环境保护的目标,有助于提升海关的服务能力,还决定了海关管理水平能否达到新的飞跃。因此,海关管理理念必须与时俱进,关键在于进一步加强法律、政策和技术方面"绿色"的研究。对此,不仅应明晰对进出口货物的环保要求及监管标准,防范阻止臭氧耗损物质、有毒化学品、有害废弃物和濒危物种等非法贸易物品和动植物进出口,还应同步完善海关估价、归类、原产地确认、通关程序等方面鼓励支持绿色经济、循环经济发展的专业举措。

2. 在管理制度方面,现代化海关制度需要在创新监管执法理念的基础上,根据市场需求和国家法律法规的变化,融合全链条监管、全过程防控、全方位服务、全领域协同要求,不断改进海关系列管理制度,促成改革的系统集成与协调联动。改进的重点在于:加大服务国家区域经济发展战略等极具中国特色的海关监管制度和监管模式创新;促进贸易便利化,改进通关便利化的"二步申报"制度,细化以涵养纳税遵从度为目标的"主动披露"制度;综合运用关税和非关税措施,更加注重海关政策调整的灵活性,充实政策工具箱,增加储备的适配性、多样性及完整性。同步加强操作制度的适应性建设,保证制度运行的简化高效和顺畅性;优化信用管理,大力实施"合规管理",实质性推进经认证经营者(Authorized Economic Operation, AEO)制度;树立诚信守法便利、失信违法惩戒的导向,构建规范、高效、诚信的执法环境,完善多层次的合作机制,完善协同共治格局及制度,共同推动海关制度的现代化。

3. 在内部管理方面,优先考量的是如何推进职能实现方式现代化这一根本性变革问题,当借助以数据为核心的智慧创新,另辟蹊径。当务之急是保证海关资源管理机制与智能化政务办公机制和一体化通关管理格局高度匹配,使人、财、物等各类资源动态调整,财、物精准配置到岗到人,由此推动海关行政管理实现高效目标。同时,SC 既要实现行政管理无纸化、智能化,又要打破几十年一成不变的管理体制,充分考虑区域业务的密集度和相似结合度,进行海关系统自身管理层次布局和机构整合。破解直属海关业务职能处室在"中心—现场"架构中的窘境,使管理半径和层级高效有序。为实现科学管理和人性化管理,增强职业归属感,SC 还亟待建立革命化、正规化、专业化的海关队伍和配套功勋荣誉制度。

4. 在推进海关国际合作方面,应树立开放合作的战略思维,适度调整外事工作人事和规划管理格局,从根本上提升中国经济的国际竞争力,形成参与国际经济合作和竞争的新优势,用更坚实的海关力量支持中国企业投入全球新一轮的资源配置中。海关国际合作重点是更多地在国际谈判舞台占据主导地位,最大限度地贡献中国海关智慧、提出中国海关方案,服务中国特色大国外交和元首外交,进而在全球逐渐构建中国式现代化的话语体系、逻辑范式和叙事方式。海关务实性国际合作,就是优先将"智慧海关"相关试点项目落到实处,提升中国海关的国际影响力。

(三)在术的层面,持久稳健推进海关监管机制创新和查验手段的现代化

"思通造化,策谋奇妙"。为提高海关监管效率和准确性,打造全领域、全方位、全链条的监管机制,进一步完善智能监管、精准监管、高效监管、顺势监管,需通过数字赋能,穿透若干业务场景,实现通关和管理数字化、智能化与协同化,不断提升监管查验效率和效能。

1. 牵引式推进监管机制创新。推进监管机制改进和模式创新(Re-engineering)要点在于数据驱动替代流程驱动。整合人员流、单证流、货物流等信息资源,以智能应用为重点,运用大数据平台建立预测

性的监管风险分析模型,实现对高风险目标智能感知、智能识别、精准锁定。以此,构建开放包容、互联互通、技术领先为标志的智能监管作业机制,提高海关监管的透明度、公正性,使海关监管更加精准、高效、便利、安全。

2. 颠覆式推进监管流程创新。海关监管流程的现代化在于将前中后监管要素串联为一体,更加有效地运用智能化、数字化的监管模式。通过打通在建的智慧监管平台和智慧风控平台,集成通关作业、口岸监管、属地查检、后续稽查等职能,实现统一风险研判和布控;升级全国海关监控指挥平台,构建覆盖海关各层级的全链条闭环管理流程,最终实现全国便利化和安全化的统一。

3. 断代式推进查验手段创新。广泛运用大数据、远程信息处理技术和云计算等新技术手段,积极推进5G、物联网(IoT)、人工智能、机器人、无人机、增强现实(Augmented Reality, AR)眼镜等高新技术、尖端设备在查验(检验、检疫)环节的实际应用。通过视频实时录制、信息自动识别,对重点敏感、疑似侵权、危险品等高风险货物等自动比对数据库,即时自动提示查验关员,达到提升实际监管效能的目的。

四、结语

SC建设的终极目的是守好国门,使监管效率得到大幅提升,能够更准确地预防和打击违法行为;促进发展,围绕构建新发展格局这个战略任务来推动经济高质量发展,扩大高水平对外开放。现代化的中国必然是法治中国。智慧海关的实现离不开海关法治的现代化。为彰显海关法治保障的特别意义,需大力突出法治的主体性与自觉性,以往的认知和认识范式亟待改进。通过把握要义,厘清逻辑,明晰路径,我们一定能够以良法善治保障SC建设,在法治轨道上推进SC行稳致远。

Steering the Course for "Smart Customs Development" with "Chinese Path to Modernization"

—From the Perspective of the Socialist Rule of Law

SU Tie

[**Abstract**]　Chinese path to modernization (CPM) is the very course of modernization that suits China's national conditions. The modernization of the rule of law constitutes an important part of the CPM, and the socialist path of rule of law with Chinese characteristics will be formed and expanded in the process of CPM. Building a smart customs is the main starting point for comprehensively promoting the modernization of socialist customs with Chinese characteristics. Only by achieving effective and efficient control and excellent services, can we achieve the set goal of "building a strong nation with smart customs" and thus promote high-quality development and high-level opening-up. Through the broad interpretation of smart customs, this paper argues that the construction of smart customs under the framework of CPM will inevitably lead to the advancement of customs modernization on all fronts and exert profound effects on the enhancement of rule of law in Customs.

[**Key words**]　Chinese path to modernization; smart customs; promotion policy; legal thinking

中国式现代化背景下直属海关法治现代化探析

——以福州海关为蓝本

许 鑫 林 俭 官志兵[*]

[摘　要]　党的二十大报告深刻阐释了中国式现代化的创新理论,其中,法治现代化既是中国式现代化的重要内容,也是中国式现代化的本质要求。直属海关作为海关系统承上启下的重要一环,坚持战斗力标准,夯实法治海关建设基础,奋力探索法治现代化路径,具有重要的现实意义。

[关键词]　中国式现代化;法治现代化;战斗力

党的二十大擘画了以中国式现代化推进中华民族伟大复兴的宏伟蓝图,明确到2035年基本实现国家治理体系和治理能力现代化,全过程人民民主制度更加健全,基本建成法治国家、法治政府、法治社会。直属海关在海关系统上乘海关总署,下启隶属海关,是深化法治

---

[*]　许鑫,上海特派办副主任、党委委员、一级巡视员,时任福州海关副关长、党委委员、一级巡视员;林俭,福州海关所属榕城海关邮局办事处主任,时任福州海关法规处副处长、三级调研员;官志兵,福州海关教育处综合业务科科长,时任福州海关所属榕城海关驻福清办事处法制科科长。

海关建设的重要力量。福州海关坚持战斗力标准,提升法治战斗力,对探索推进法治建设、法治现代化路径,具有一定启示作用。

一、战斗力是直属海关法治现代化的重要标尺

习近平总书记指出,法律是治国之重器,法治是国家治理体系和治理能力的重要依托。① 这充分表明,法治不仅是战斗力、有战斗力,而且是中国式现代化的核心战斗力之一。法治要形成战斗力、提升战斗力,必须"要把尊法放在第一位",通过厚植法治信仰,增强法治意识、提高法治素养,努力让人民群众在每一项法律制度、每一个执法决定、每一宗司法案件中都感受到公平正义。而法治战斗力,就是建立在"守法者得利,违法者受罚"的司法、执法过程中,建立在管用有效、已定必行的法制体系上。

海关总署党委历来高度重视法治建设,关注专业执法、为民执法、促进法律效果和社会效果相统一、推进执法统一性建设,将实现依法合规列为打造先进的、在国际上最具竞争力的海关监管体制机制的首要目标。② 海关总署法规司在学习宣贯习近平法治思想、《海关法》等重点领域立法、法治建设规划和权责清单编制、复议应诉、推行"枫桥经验"以及创建"法治经纬"党建品牌等方面,为海关法治战斗力提升做了示范。福州海关党委认为法治在"战斗力"标准中举足轻重,坚持高标准落实依法把关;提出只有熟悉掌握法律规定、监管要求和具体规定,才能正确履职、有效把关;多做利长远的基础工作,加快完善业务规章制度,强化制度的刚性落实,建设靠制度管人、管事、管权的法治海关。③ 关区法治部门立足职能定位,在能力提升、职责履行等方面

---

① 参见习近平:《关于〈中共中央关于全面推进依法治国若干重大问题的决定〉的说明》,载新华网,http://www.xinhuanet.com//politics/2014-10/28/c_1113015372.htm。
② 参见俞建华:《在2022年全国海关年中工作会议上的讲话》,载《海关内部情况通报》2022年第25期。
③ 参见石正进:《在榕城海关工作座谈会上的讲话》,载《福州海关内部情况通报》2022年第23期。

做优做强,在提升干部队伍法治素养上持续用力。因此,法治战斗力是海关战斗力的有机组成部分,具有厚植法治信仰与提升战斗力并行、严谨专业与开拓创新并举、顾当前与利长远并重等特征,对推进法治现代化可以起到标尺、引领等重要作用。

二、客观分析直属海关法治现代化优势"短板"

（一）基本情况

以福州海关为例,业务体量在全国海关系统位居中游,形成机关(法规处)、基层(隶属海关设4个法制科,未设置法制部门的隶属海关设1名法制联络员)两级法治工作架构,搭建福州海关法律党员服务先锋队、普法讲师团、法律小组、公职律师4个法治专业团队,拥有专兼职法治工作人员百余人。

（二）优势长板

法治思想资源得天独厚。福建省是习近平法治思想的重要孕育地和实践地,习近平总书记在福建省工作17年半,开创性地提出一系列重要法治理念、推进一系列重大法治实践。比如,习近平总书记强调"大力营造一个法制化、按国际惯例办事的投资软环境"、福州"3820"战略工程、"离岸金融"、投资项目审批"一栋楼办公"等,推动打造良好的营商环境。[1] 特别是针对偷渡走私频发,把治理偷渡走私工作列为社会治安综合治理重点工作,调动各部门齐抓共管,健全完善长效机制,有效遏制偷渡走私,为关区工作高质量发展擘画了法治蓝图,留下了法治宝藏。

法治现代化基础日渐厚实。立法有声。深度参与海关总署组织的《海关法》修订、海关法治规划草拟及立法后评估等专项工作,成为海丝中央法务区建设工作领导小组成员单位,通过两个办法(规章制度管理办法、规范性文件管理办法)、一个系统(规章制度管理应用)实

---

[1] 参见罗东川:《发挥习近平法治思想重要孕育地和实践地优势 奋力推进新时代法治强省建设》,载《学习时报》2022年8月22日,第A1版。

现"以制度和科技管制度",首创关区基层立法联系点、机构改革后首版岗位操作手册。执法有位。案件集体审议、复议诉讼应对等机制有力,法制审核、法律论证、合同审查等实效明显,首创"法融国门"党建品牌三级联创、践行"枫桥经验"工作室,海关总署年度考核法治工作客观指标获"优秀"等次,福州市绩效管理"依法行政"指标考核连续三年满分。普法有为。党委理论学习中心组学法制度化,积极加入省"蒲公英普法志愿者联盟",打造"福关法苑""福关律说"2个特色普法阵地和福建农林大学科教实践基地,关区部分单位和个人分获全国"七五"普法工作先进单位、全国法治政府建设工作先进个人、全省"七五"普法中期先进集体和先进个人、全国海关系统和福州市优秀公职律师等高阶荣誉。

(三)问题"短板"

从政治层面强化法治建设不足。一些基层海关法治建设的政治站位不够高,从"国之大者"、从政治上来检视、考量法治建设工作的能力不足,对法治引领服从服务政治引领认识不深刻,有时沉迷于就法论法的技术细节,在建章立制、规范性文件及制度审查等方面还需要进一步增强政治敏锐性。

制度刚性落实管理不到位。福州关区制度刚性落实调研显示,2021年以来,总署审计和自查发现问题88%属于制度上有明确管理规定、执行要求或具体操作规范,12%属于不符合政治宏观性要求或制度上总体原则性要求,既有制度执行主体责任意识、监控分析机制、问题整改落实、业务结合部职责边界等因素,也映射了福州关区法治条线制度管理不完善、合法性审查机制不健全、立改废不及时、不到位等短板。

依法行政水平有待提高。关员法治素养不平衡,存在重经验和习惯作法、轻权力来源和法律依据等经验主义自由主义行为,法定程序时限、执法尺度存在不规范、不统一问题;隶属海关在办理政府信息公开申请、进口食品投诉举报和税收征管时,存在有执法疏漏和差错,特别是职业打假人引发的复议诉讼案件较多,引发控告、信访等情事风险较大;精通国际法律,熟悉世界贸易组织(World Trade Organization, WTO)、世界海关组织(World Customs Organization,WCO)、《区域全面经济伙伴关系协定》(Regional Comprehensive Economic Partnership, RCEP)等机构及其贸易规则,通晓外语的专业化高端化海关法治人才稀缺,涉外海关法治研究滞后。

基层法治建设不够均衡。目前,设置法制科的4个隶属海关(办事处)法治力量作用发挥与改革发展、基层执法需求匹配度不高,未设置法制科的隶属海关相应职责由综合业务科承担,客观上人力不足;相当数量公职律师、法律专业人才散落于非法治岗位,作用发挥不充分。而受疫情防控影响,近年来关区法治专项调研较少,对基层法治建设全貌摸得不透,帮助隶属海关解决困难和问题办法不多、实效不强。

三、推进直属海关法治现代化的路径探索

直属海关作为海关系统承上启下、上下贯通的中间环节,在海关法治现代化中十分关键。福州海关以党建为引领,强政治本色、亮法治底色、显海关特色,积极构建法治战斗力标准评价考核体系,奋力探索一条法治现代化路径。

(一)强政治本色,打造政治坚定的法治铁军

坚持以政治标准统领法治战斗力标准体系。把学习贯彻习近平法治思想置于法治战斗力标准首位,督促关区法治条线落实"第一议题"制度,深查细挖政治上认识不清晰、行动不自觉、制度不健全等风险隐患,建立健全首先从政治上审视法治问题机制,提升从法治迷雾中把握政治逻辑能力,立法、建章立制、辅助决策、合法性审查、复议诉讼等环节摒弃"唯技术论",敢于对偏离政治要求、欠缺政治考量的制度规范、决策主张鲜明表态,确保方向不偏离、引领不移位。

坚持推动党建引领与法治引领深度融合。始终牢记"没有脱离政治的业务,也没有脱离业务的政治",将党建与法治深度融合成效纳入战斗力指标体系,牢固树立党建引领意识,构建党建引领保障促进法

治引领作用发挥工作机制,总结推广"法融国门"党建品牌三级联创经验成果,打造党建示范(培育)品牌、"四强"支部、"党建与业务深度融合"品牌等法治党建品牌矩阵。

(二)亮法治底色,打造业务精通的法治劲旅

亮明主业意识,以法治树立"严明的国门卫士形象"。坚持依法把关是海关工作的基本准则和生命线,坚守为民用权、为民执法、为民服务,以关区法治条线、公职律师、法律小组和法律顾问为主体,以立法研究、执法规范、普法服务、案件审理、争议化解、模拟法庭为重点,打造关区法治建设特色学习品牌,内引外联补齐涉外海关法治研究短板,使权责清单编制、"三项制度"推行、合法性审查、复议诉讼监督等成为厚植法治信仰、提升法治战斗力的过程,让执法严明为国门卫士添彩。

亮明主场意识,以法治打造"最好的营商环境"。坚持法治海关是践行"三实"文化、实施"三应"机制的重要载体,把法治精神、法治触角贯穿海关执法全领域全过程,开展全覆盖法治工作调研和一线执法质量检查,探索法制机构设置、需求重点帮扶、问题直报清零等解决方案,鼓励支持隶属海关按需有序建立践行"枫桥经验"工作室,创新推广基层立法联系点、执法风险提示、涉案企业合规第三方监督评估等生动实践,指导推动职能部门和事业单位健全法制审核、法治宣传等机制,广泛凝聚"遇事找法、解决问题用法、化解矛盾靠法"共识,引导全体关警员做社会主义法治的忠实崇尚者、自觉遵守者、坚定捍卫者。

(三)显海关特色,打造联通内外的法治枢纽

立足发展安全第一线,发挥好法治服务保障作用。坚决贯彻习近平总书记"统筹发展和安全"的重要指示,①从法治视角深刻认识海关职能定位,用法治思维和法治方式做好"促发展""保安全"两篇文章。服务高质量发展层面,向前一步、想深一层,为重大政策创新、

---

① 习近平:《关于〈中共中央关于制定国民经济和社会发展第十四个五年规划和二〇三五年远景目标的建议〉的说明》,载新华网,http://www.xinhuanet.com/politics/2020-11/03/c_1126693341.htm。

重点项目推进、突出问题破解等提供法治调研、审核、监测、评估多元化优质服务,让法治化成为关区营商环境最亮标签,力促外贸保稳提质。保障高标准安全层面,从严从紧、从细从实,为疫情防控安全、监管打私行动、重大风险查改等提供源头治理、执行落实、自控纠错全流程法治保障,把制度刚性落实作为检验法治战斗力重要标准,力保安全万无一失。

立足双循环交汇枢纽,发挥好法治规范引领作用。坚决贯彻习近平总书记"统筹推进国内法治和涉外法治"的重要指示,①以参与海丝中央法务区总体建设为契机,将培育一批精通国际法律、贸易规则、通晓外语的专业化高端化法治队伍纳入关区人才发展规划和干部教育培训计划,②为关区涉外海关法治建设奠基启航。深度服务"海上福建"发展战略,加强国际新规则、外贸新业态、海关新业务研究,组建熟悉RCEP、跨境电商、技术性贸易措施交涉应对等关级法律专业团队,组织前沿课题研究和风险处置实战,为进一步完善反制裁、反干涉、反制"长臂管辖"等做好法律政策储备。

Analysis on the Modernization of Law-based Governance in Regional Customs under the Background of Chinese Modernization
—A Case Study of Fuzhou Customs

XU Xin　LIN Jian　GUAN Zhibing

[**Abstract**] The modernization of law-based governance plays as both an important component and an essential requirement of Chinese

---

① 习近平:《坚持统筹推进国内法治和涉外法治——关于全面依法治国的迫切任务》,载《习近平法治思想学习纲要》,人民出版社、学习出版社2021年版,第117~126页。
② 参见尹力:《深入学习贯彻党的十九届六中全会精神 以法治建设为保障推进新发展阶段新福建建设》,载《民主与法制》2022年第6期。

modernization, which is profoundly elucidated in the report of the 20th National Congress of the Communist Party of China. It is of great practical significance for the regional customs, as an important link connecting the top and the bottom in the structure, to consolidate the foundation of the development of law-based customs by adhering to the political standards, and strive to explore the path to modernization of law-based governance.

[**Key words**] Chinese modernization; modernization of law-based governance; combat effectiveness

治理现代化视野下智慧海关建设的法治挑战与回应

童天骄[*]

[摘　要]　智慧海关建设的价值内核是海关权力行使与数据处理及算法应用深度融合的治理，即"数治"，在提升信息化、智能化、数字化过程中主要有三方面的法治挑战：信息化系统面临的工具主义迷思、智能化应用导致程序弱化、数字化监管权责模糊倾向。对此，需要在法治维度进行回应，既要注重技术与行政的结合，更需要重视数治与法治的融合，将数治纳入法治框架，包括对数治进行制度规则约束，对法治系统进行"工具改造"，在场景应用中回归程序正义，明晰权责关系与监督，更好地保障行政相对人的程序权利，切实发挥法治的引领、规范和保障作用。

[关键词]　智慧海关；数治；法治；治理体系；治理能力现代化

建设智慧海关是深入践行习近平总书记提出的建设"智慧海关、智能边境、智享联通"重要指示要求的重要内容，是建设贸易强国、推进高水平开放、高质量发展的必然要求，是加强数字政府建设、服务网

---

[*]　童天骄，宁波海关隶属甬江海关综合业务一科科长。

络强国、数字中国建设的题中应有之义。① 作为海关治理体系和治理能力现代化的必要支撑,对构建安全稳定畅通的国际供应链,促进数字时代经贸发展与互联互通,实现协调、包容、合作共赢、共同繁荣的发展愿景具有重要意义。

在本次《海关法》的修订中,增加了智慧海关建设的内容,2023年11月10日,海关总署向社会公布《中华人民共和国海关法(修订草案征求意见稿)》,其第10条规定,"海关加强现代科学技术应用,推进国际贸易'单一窗口'平台、专业技术机构等建设,提升海关信息化、数字化、智能化水平",②首次从立法层面为智慧海关建设提供了法治保障。随着智慧海关建设的深入,数字技术在海关广泛应用,势必对传统海关法治带来挑战,如何回应挑战、协同推进现代化,已成为一个重要的法治课题。

一、智慧海关建设的价值内核——数治

事无不知谓之智,智周万物谓之慧。智慧海关,依靠管理理念的创新和先进技术手段的运用,破解海关改革发展中遇到的难题,实现海关自身的现代化。建设智慧海关,既包含智能技术、设备的应用,也包含创新思维、科学方法和现代治理理念的引入,智能技术是手段,核心在于治理,即新的治理理念、治理结构、治理模式和治理方法。其价值内核就是海关权力行使与数据处理及算法应用深度融合的治理,即"数治"(governance by data)。③ 作为海关权力与数据处理及算法应用深度融合的治理技术,已成为海关治理现代化的基本事实,也符合风

---

① 参见《答好建设智慧海关这道"必答题"》,载《中国国门时报》2023年3月28日,第1版。

② 根据《海关法(修订草案征求意见稿)》修订对照表的简要说明,新增该条款的主要理由,一是为更好发挥科技对海关监管的支持和促进作用,大幅提升科技创新应用水平,助力智慧海关建设,推进海关治理能力现代化建设,作出本条规定。二是"单一窗口"是《全球贸易安全与便利标准框架》规定的重要内容,因此本条增加了"单一窗口"建设的内容。

③ 参见马长山:《数智治理的法治悖论》,载《东方法学》2022年第4期。

险管理的理念和趋势。

（一）智慧海关建设是治理体系、治理能力现代化的必经之路

世界海关组织引领国际海关界聚焦海关现代化建设，积极倡导"为无缝链接的贸易、旅行和运输打造智能边境"。海关现代化注重边境安全和通关便利的再平衡，促进贸易繁荣、防控跨境风险。其中，安全是前提，便利是核心，智慧是方向。这一理念也被纳入世界海关组织《战略规划（2022—2025）》，成为引领国际海关现代化优先战略要点，世界海关组织2022年的主题即为拥抱数字文化、打造海关数据生态，提升海关数字化变革。智慧海关建设作为引领海关发展格局、治理模式突破的关键变量，是提升海关制度创新和治理能力、建设社会主义现代化海关的重要路径。海关处于国内国际的交汇处，在国际规则重构的背景下，建设智慧海关，实现海关治理能力现代化，能更好参与和引领国际规则、标准制定，进而提升国际规则制定的话语权。

（二）智慧海关建设是提升贸易便利化水平的生动实践

贸易便利化是指通过程序和手续的简化、适用法律和规定的协调、基础设施的标准化和改善以促进贸易发展，其实质是对国际贸易制度和手续的简化和协调，加速要素的跨境流通。通过智能化促进贸易便利化是世界贸易组织（World Trade Organization, WTO）《贸易便利化协定》推进海关现代化的三个重点之一；世界海关组织（World Customs Organization, WCO）2021版《全球贸易安全与便利标准框架》也强调通过广泛使用智能化设备以优化海关监管、提升贸易便利化水平。近年来，在充满不确定性的环境中，中国贸易便利化发展依然保持了良好势头，根据北京睿库贸易安全及便利化研究中心发布的2023版《中国贸易便利化年度报告》，2021~2022年度中国贸易便利化指数得分为86.23，较上一年度平稳上升。海关秉承并实践智慧海关、智能边境、智享联通的"三智理念"，在推进监管流程现代化和简约化时，始终充分考虑全面利用技术手段并充分发挥其潜力，采取一系列贸易便利化举措，比如，深化国际贸易"单一窗口"建设，推动部门间信息共享、业务协同和流程优化，打造"一站式"便企利民服务平台等，以实现

贸易便利化的目标。[①] 这是推动贸易便利化的优质实践，符合高质量发展高水平开放的发展方向。

(三)智慧海关建设与风险管理和控制的目标存在高度耦合

在现代风险社会中，海关的治理目标已从传统的进出口秩序维护和修复，逐步转向风险预防和调控。海关需要针对各种不确定的风险进行未雨绸缪式的调控，以便高效、精准地维护贸易安全与秩序。基于"数治赋能"理念，海关治理现代化对各种数据的需求不断增大，大数据与算法技术结合而成的数治，与海关风险管理和控制的目标存在高度耦合。智慧海关建设，通过技术对海关权力的赋能效应，在数治技术的支持下，大数据、智能算法、自动化决策等要素得到广泛运用，进而可以扩展治理管辖领域的一系列治理难题，是海关代表的公权力利用大数据及相应技术进行风险管理的实践。

二、智慧海关建设面临的法治挑战

智慧海关建设是一个开放的复杂的系统性工程，是人与资源、技术相互结合的全新数治实践，在治理现代化和风险管理的现实需求下，遵循信息化、数字化、智能化三个方向，数治与法治在实现技术与价值、手段与目的之间相互促进的同时，法治所要求的权力制约、程序理性等价值也面临着挑战。

(一)信息化系统面临的工具主义迷思

1.充分运用与过度依赖系统的冲突。信息化作为一种管理手段和工具，将海关业务流程数据化，业务场景从传统的线下纸面审批流转升级到线上系统操作，按照信息主导、效率优先的原则，创新管理手段，通过数治赋能，实现流程再造。这一过程也有挑战，一方面，信息化的制度设计从顶层到基层、从理念到实践并非一蹴而就。信息化的过程是一个从点到链、从链到面，从独立系统到集约合成的过程，这期

[①] 世界海关组织副秘书长 Ricardo Trevino Chapa 在为《中国贸易便利化年度报告》(2023)所作的推荐序言。

间,难以避免出现局部信息化、系统不联动的情况,行政行为常常对应多个信息化系统,通关、查检、保税、企管等不同类别的业务应用系统趋同化又相互独立、无法一体联动,尚未形成整体效应。另一方面,当业务过度依赖信息化系统,系统一旦调整或失灵,将会制约行政目标的实现。

2.工具主义影响价值理性。信息化是将信息技术作为赋能的工具,关注技术手段和工具价值,法治是对海关行政权力行使设定的规范和价值框架,目的在于对权力的行使进行约束和理性化规范,侧重价值系统,二者是相互影响的,工具需要在法治价值框架内运行,法治价值才能借由工具实现。[①] 信息化通过设定算法的伦理和法律规则等方式内嵌到信息化系统中,这一过程需要通过信息化路径开展,因此,不可避免地存在工具主义对价值理性的影响,法治中的裁量弹性被压缩,价值判断也被动减少了,容易造成信息化下的机械行政。

同时,由于技术赋能,行政行为更加公开透明,比如,根据行政处罚公开及政府信息公开原则,海关的大量行政处罚决定书上网公示,信息化应用使得在线查询非常方便,在提升海关公信力和权威性的同时,无形中对行政行为提出更高要求,一旦有差错,瑕疵也容易放大,需要法治的控制技术及工具进行相应规范。

(二)智能化应用导致程序弱化

1.流程再造衍生数据安全风险。智能化本质上是海关行政权力的技术应用,借助大数据、AI、物联网等智能技术手段,降低人工参与度。以一定的模型架构和数据结构为基础,进行信息传递和数据共享,实现系统智能化。同时,基于风险管理理念,会将风险评估预警嵌入智能系统的运行过程。比如,各国海关都在致力于打造"单一窗口",理想的"单一窗口"允许参与贸易和运输的各方在单一信息入口提交标准化信息和单证的设施,以满足所有与进出口和过境有关的监

---

① 参见朱仁显、樊山峰:《智慧政府的内在意蕴与建设进路》,载《中国社会科学文摘》2022年第12期。

管要求,向所有利益攸关方提供共享服务,并充分运用风险管理技术,利用有关货物、贸易商和供应链的预先信息进行风险分析,实现风险管理。① 这符合兼顾贸易便利与安全的现代化流程再造的趋势,但是大量智能技术手段应用于系统架构,贸易实际和监管需求不断发展变化,系统基于需求导向,一直处于更新扩展状态,稳定性受到影响,增加了操作故障风险;同时,大量用于风险评估的数据可能会引起隐私泄露、商业秘密泄露和数据保护问题,增加了安全风险。

2. 行政程序弱化趋势。智能化追求便利,通过数据和算法驱动的福利分配,提升海关行政行为的便利性,降低管理成本;可以更精准地测算相对人的基本情况,标识与评估各种变量与约束性条件,进而导向一种具体情境考量与动态反思平衡的实践理性。如在加工贸易业务办理场景中,以大数据智能分析代替企业计划性报备手续,实施"多手段、少手续"的隐形监管和"低干预、高效能"的精准监管。在账册设立(变更)、单耗申报、账册报核等业务场景下采取"视同已报备"便利措施,加工贸易企业报核准备时间大幅压缩。

当算法代替审批,简便也意味着程序弱化。随着智能化程度不断增强,海关行政行为的考量、决断和个案处理交给平台和算法,开发、运维环节的问题,通常难以被察觉,往往都是实际运用中出现问题才会显现出来,响应滞后。这一定程度上使行政程序弱化,主动发现和纠错机会减少,行政行为容易陷入被动,由此增大了行政失误和争议的风险。

(三) 数字化监管权责模糊倾向

1. 权责机制模糊化。数字化基于信息化,由数字设备采集信息,人工操作作为辅助,容易导致行政权泛化。数字化是大数据分析赋能业务。大数据分析技术,是对规模庞大的数据进行检索和分析,其特点是数据量巨大,数据类型繁多,分析速度超快,确保数据真实性等。

---

① 参见 David Widdowson,Bryce Blegen:《世界贸易组织〈贸易便利化协定〉背景下的单一窗口》,载《海关与经贸研究》2021 年第 3 期。

法治强调权责对应,有权必有责。而海关基于数据和算法而进行的行政行为,特别是基于数据分析和算法计算而作出的自动化决定,有可能使原本清晰的权力——责任机制模糊化。作为控制行政权力行使的权责制度、行政问责制度,都受到数字化技术的冲击。

目前,海关与地方政府、企业及第三方机构等进出口相关方数据共享共用基础性平台。比如,报关单位备案纳入"多证合一"改革,将有关涉及市场主体登记、备案等各类证、照(信息采集、记载公示、管理备查类的一般经营项目涉企证照事项)以及企业登记信息能够满足政府部门管理需要的涉企证照事项,进一步整合到营业执照上。在新申请办理市场监管部门市场主体登记的企业,只要在经营范围中添加了"货物进出口、技术进出口、进出口代理、报关企业"等相关内容,就可以同步勾选报关单位备案,提交一次申请即可实现全网通办,无须到现场提交纸面材料,海关会对市场监管和商务部共享的备案信息进行主动验核。然而在实践中,企业提交申请,海关未收到共享备案信息的情况时有发生,需要再次通过国际贸易"单一窗口"进行备案,办理时间被动延长。这种数字化共享平台的行政行为一旦发生争议,各方权责并不清晰。此外,如果系统基于大数据分析,做出了错误的指令和行为,导致的后果谁来承担,因系统故障导致的行政失误如何追责?大数据共享和利用应当按照何种标准和程序规则进行,法律责任机制应该如何设计等制度和实践问题,都亟须在法治维度进行回应。

2. 对相对人私权的挑战。随着信息技术的不断完善,大数据分析技术在海关领域的应用十分广阔,可以全面、快速、精准地整合查找,协助海关充分发掘所获取数据的价值,实现对工作中各项风险因素的把控与管理,针对不确定的因素和风险,进行未雨绸缪式的预先调控和风险管理,提升海关的风险抵御能力。根据"风险评估+动态监管+智能预警处理"安全智能化监测预警与控制体系,通过全链条、多维度的集成风险管理,可以提升预警及快速反应处置能力,实现精准布控,数字技术驱动,对于秩序行政的效率、精准、威慑性具有促进作用。

在治理效果上,全链条的风险管理卓有成效,但在一定程度上可能消解传统行政程序所强调的"权力—权利"竞争性结构。数字化技术与海关行政行为相结合,通过数据监控分析对企业异常经营情况提前预警,指导企业自主核实、提前整改。在发现企业违规情事时,对企业生产经营全过程实现"监控回放",快速验证企业历史生产经营情况,准确判断问题原因。当数字化的监控延伸到前后诸环节,受制约范围扩大,企业合规成本和流程增加,甚至不特定的商业机会等非法定权利也可能受到影响。

在治理边界上,多维度强化了海关的行政权,公权力边界的扩张可能减损私权利,行政相对人的隐私权等受到挑战。比如,企业管理领域,通过在进出口企业嵌入企业数据采集客户端,实时抓取企业资源计划/仓库管理系统(ERP/WMS)数据,将企业原始数据与海关监管数据、政府及公共管理数据、第三方数据进行整合、比对、验证,从而将海关监管最大限度地顺势嵌入企业生产经营和国际贸易物流,在提升企业信用和合规管理水平的同时,在实施数据共享整合比对验证的过程中,设定抓取的范围可能不完全精准,抓取偏差、抓取重复或抓取非必要数据,不可避免给行政相对人造成损失。

三、法治价值的回归与调整

数治本质上仍是行政权的行使方式,因此必须将其纳入法治的约束框架,避免以技术应用为核心的实践进路,达成技术与价值的统一。[①] 在推进智慧海关建设的过程中,既要注重技术与行政的结合,更需要重视数治与法治的融合,将数治纳入法治框架,保障行政相对人的程序权利,切实发挥法治的引领、规范和保障作用。

(一)对数治进行制度规则约束

推进智慧海关建设,不是简单的系统升级,而是通过全方位、系统化的重塑,统筹利用各方资源,提升治理能力和治理水平现代化水平。

[①] 参见王锡锌:《数字法治政府建设的底层逻辑及展开路径》,载《数字法治》2023年第2期。

对海关采集分析信息等数据处理活动进行法律控制。在当下的数治实践中,受数据赋能效应的激励,传统行政法比例原则对数据处理行为的控制效用递减。法治作为规则之治,要求行政法从海关数据处理的正当性基础、权限合法性、内容合法性、程序合法性等方面,面向数治的现实场景,对作为数治基础的数据处理活动提供有效的制度指引。及时修订和清理现行立法中与智慧海关建设不相适应的条款,将经过实践检验行之有效的做法及时上升为制度规范,加快完善与智慧建设相适应的法律法规框架体系。

(二)对法治系统进行"工具改造"

通过法治工具系统与数治技术的协同演进,不断发展和改进智慧海关法治系统。通过法治方式对数据的采集、处理、共享、应用、责任、救济等环节进行规范,将其纳入法治框架。类似地,对于所面临的算法"黑箱"、算法可理解性等问题,也可以通过对"算法"的法律规制而加以解决。依法依规推进技术应用、流程优化和制度创新,消除技术歧视,保障个人隐私,维护市场主体和人民群众利益。建立智慧便捷、公平普惠的服务体系,让海关劳动成果和社会价值更受认可。

(三)在场景应用中回归程序正义

对管理相对人参与权的技术化限制,将进一步加剧行政权——相对方权利的结构关系失衡。在智慧海关的数治场景中,作为海关行政权力行使基础的大数据,要求不同部门的数据共享,这实际上会导致调查、决定、执行等行政职能的融合。尽管以机器语言作为载体的数据集、代码、算法无法公开,但基于保障知情权,当行政相对人对数字行政系统的处理结果提出异议,须履行对系统规则、处理过程、处理记录和处理结果说明和解释的义务,贯彻公开、公正、参与原则,实现智慧海关的法治价值功能。

(四)明晰权责关系与监督

明确各种法律关系的属性及其相互关系,可以为海关数治行政的归责逻辑。根据数治的技术特性和权力属性,遵循法治价值的指引,在推进智慧海关建设的同时对技术和机制进行转型升级。强调对智慧海关"数字赋能"的同时,注重对管理相对人的"数字赋权"。注重智慧海关系统运行的安全与合规,避免陷入数治依赖,因人因地因时制宜,顾及技术应用的现实性。推动技术应用监督制度化、法治化,对数治进行常态化和全过程的监督,约束和防范技术滥用行为,确保智慧海关运作中的责任可追溯、损害可救济。

四、结语

智慧海关建设非一日之役,只有把智慧海关的理念和要求体现到当前和今后一个时期的海关法治工作中,方能有效解决从传统海关向智慧海关转变中的法治问题,为智慧海关建设做好法治保障,更直接、更有效服务于智关强国建设大局。

Legal Challenges and Responses to the Smart Customs Development from the Perspective of Modernization of Governance

TONG Tianjiao

[Abstract] The core value of smart customs development lies in the integration of customs enforcement with data processing and algorithm application, which is referred to as "digital governance" in enhancing informatization, intelligence, and digitization. In this process, there are three main legal challenges: the instrumentalism myth faced by information systems, the weakening of procedures caused by intelligent applications, and the tendency of ambiguous power and responsibility in digital supervision. It is necessary to respond from the perspective of the rule of law, by emphasizing not only the combination of technology and administration but also the integration of digital governance and the rule of law. This includes incorporating digital governance into the framework of the rule of law, imposing institutional and regulatory constraints on digital governance, promoting "tool transformation" of the legal system, restoring procedural justice in scenario applications, clarifying power and responsibility relationships while strengthening oversight, better safeguarding the procedural rights of an interested person, and effectively leveraging the guiding, normative, and safeguarding roles of the rule of law.

[**Key words**] smart customs; digital governance; rule of law; governance system; modernization of governance

中国式现代化视阈下司法裁判监督海关行政执法的理念嬗变与路径协同

——以海关行政处罚纠纷的司法审查衔接机制为视角

刘天翔[*]

[摘　要]　海关作为国家进出关境的监督管理机关,其作出的行政处罚决定对违法行为人以减损利益或者增加义务的方式予以惩戒,亦应当契合行政处罚法的立法理念和制度规则的变化。立足于海关行政处罚案例的样本数据,以司法数据为基础分析海关行政处罚领域的现实困境和应然变革,回应法律修订中关于"首违免罚"、行政执法"三项制度"和行刑衔接制度等相关内容。同时,基于中国式现代化背景下实现司法正义价值的现实需要,立足于生产生活和社会治理发生的一系列深刻变革,依托司法裁判监督海关行政执法的职能,防范行政执法与司法衔接中的互动不足和制度缺位等问题。探索比例原则等法律原则对海关执法行为的规制,构建和完善行政处罚协调对接机制,并对海关自由裁量权的监督制约模式进行有益探索,强化对行政处罚权的控制和行政相对人利益的

---

*　刘天翔,上海市黄浦区人民法院审判员。

保护。

[关键词] 海关管理;行政处罚;司法审查;机制保障

在加快推进中国式现代化的时代背景下,注重物质文明和精神文明相协调,着力推动和实现行政执法和司法裁判的高质量发展,完善执法与司法的互动衔接机制,重塑司法服务模式和监督保障职能,成为助推法治政府建设的重要方式。《行政处罚法》的修订也立足于加强"放管服"改革的现实背景,对行政处罚制度进行全面优化和重构,推进国家治理体系和治理能力现代化。由于行政处罚权谦抑与行政相对人权利保护的立法理念转型,海关行政处罚立场亦产生联动变化,贯彻严格执法和合理保护相结合原则,契合加快推进现代化建设背景下行政执法与司法良性互动的现实需求。本文以中国裁判文书网收录的62件海关行政处罚案例①为分析样本,立足于行政处罚的惩戒目的和制裁性质,通过分析研究相关数据,总结归纳案件的审理样态、变化趋势和现实困境,有效应对并解决海关行政执法和司法实践中的突出问题。

一、现状描摹:海关行政处罚案件的审理样态与数据检视

样本案例均为2016年7月1日至2022年6月30日审理的海关行政处罚案例,其中包括一审行政案件37件、二审行政案件25件,涉及分布于全国不同地区的直属海关(部分作为复议机关)15个、隶属海关27个(见表1),被予处罚的个人29个、单位26个。

---

① 笔者在中国裁判文书网的全文检索一栏中输入"海关行政处罚"、案件类型选择"行政案件"、案由为"海关行政管理(海关)"、文书类型为"判决书"、裁判日期为2016年7月1日至2022年6月30日为检索条件,由于该网站检索引擎算法原因,上述检索结果包含部分无关案例,笔者在逐一甄别后,已将不相关案例予以剔除(数据截至2022年6月30日)。

表 1　样本数据涉及的海关分布

类型	海关名称
直属海关	广州海关、深圳海关(3)、合肥海关、青岛海关、大连海关、厦门海关(3)、贵阳海关(3)、长沙海关、重庆海关(2)、南宁海关、上海海关(3)、杭州海关、拱北海关、黄埔海关(3)、汕头海关
隶属海关	天河车站海关、罗湖海关、阜阳海关、深圳湾海关(2)、庄河海关、黄岛海关、闸口海关(6)、海沧海关(2)、东渡海关、钦州海关、深圳机场海关、皇岗海关(4)、洋山海关、吴淞海关(2)、惠州海关(2)、上海浦东国际机场海关(5)、梧州海关、大榭海关(2)、孟连海关(2)、乌鲁木齐机场海关(2)、布吉海关、大鹏海关、天津新港海关、镇江海关、文锦渡海关(2)、台州海关、南沙海关(2)

注：表中括号内数字表示本海关涉及案件数，未标注数字的表示本海关涉及的案件仅为1件。

(一) 处罚种类集中化，罚款数额普遍较高

行政处罚种类包括警告、通报批评、吊销许可证件、责令停产停业、行政拘留以及法律、行政法规规定的其他行政处罚等。海关行政处罚类型主要集中于财产罚，其中罚款（不包含并处罚款）22件、没收违法所得6件、没收非法财物27件，另有涉及警告处罚的案件7件（见图1）。由于进出口贸易牵涉的运输工具、货物、行李物品、邮递物品和其他物品价值相对较大，海关根据处罚幅度规定作出的罚款数额亦普遍较高，最高达300万元。上述涉及罚款处罚的行政案件中，5万元以下罚款8件，5万~10万元罚款6件，10万~50万元罚款14件，50万~100万元罚款4件，100万元以上罚款2件（见图2）。行政相对人的违法目的主要是为追求经济利益，海关行政处罚往往通过制裁使其利益受损或者增加支出的方式以示惩戒，处罚种类和处罚幅度亦与违法事实、性质、情节以及社会危害程度相当。

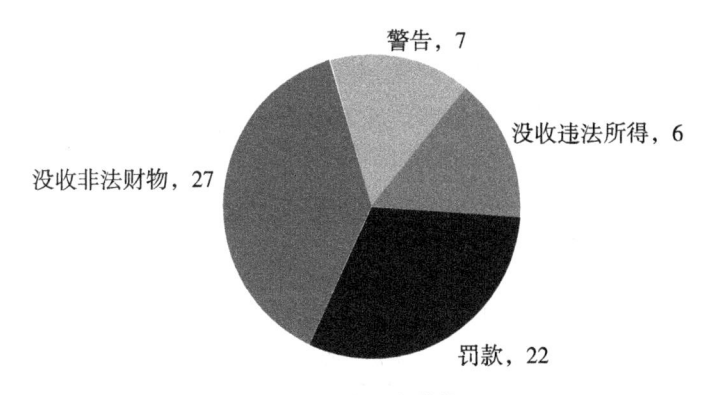

图1 财产罚案件数

警告，7
没收违法所得，6
罚款，22
没收非法财物，27

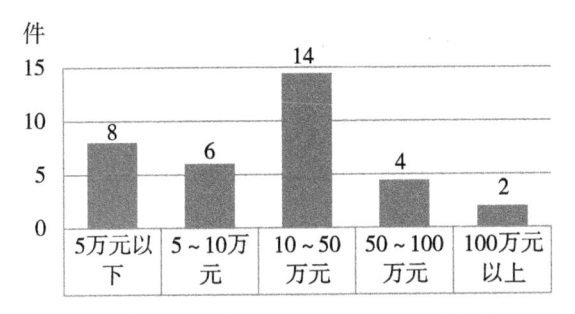

图2 不同罚款幅度分别对应的案件数量

罚款幅度	案件数
5万元以下	8
5~10万元	6
10~50万元	14
50~100万元	4
100万元以上	2

(二) 走私行为多样化，涉嫌逃避海关监管

在上述案件中，因涉嫌走私被先予刑事立案侦查后作出撤案决定并移交海关行政处理的11件，占17.74%，所涉及的具体罪名包括走私普通货物、物品罪以及走私国家禁止进出口的货物、物品罪等。部分单位和个人主观上存在逃避海关监管、偷逃应纳税款、逃避国家有关进出境的禁止性或者限制性管理的故意，客观上以藏匿、伪装、瞒报、伪报或者其他方式，运输、携带、邮寄有关货物、物品进出境，违反《海关法》等相关法律的强制性规定，符合认定走私行为的主客观要件。部分当事人甚至针对单证、账册、印章以及电子数据等采取变造、伪造手段，致使海关监管的货物、物品脱离监管。走私货物、物品数量

巨大且种类繁多，上述案件涉及的走私货物、物品包括柴油913.62吨、冷冻鳕鱼1,437,263.7千克、铝制散热片514,099千克、增塑剂154,687.31千克、琥珀项链和手链2.62千克、翡翠原石2.80千克、装饰用半透明纸20票、废旧轮胎18条等(见表2)。

表2 案件涉及的走私货物、物品类型及数量

货物类型	数量	货物类型	数量
柴油	913.62吨	篷布用着色色母料	229,546.21千克
冷冻鳕鱼	1,437,263.7千克	琥珀项链和手链	2.62千克
铝制散热片	514,099千克	翡翠原石	2.80千克
增塑剂	154,687.31千克	装饰用半透明纸	20票
高密度聚乙烯	933,916.72千克	废旧轮胎	18条
线型低密度聚乙烯	2,814,748.67千克	履带式挖掘机	2辆
聚丙烯	193,637.31千克	XS223JE型压路机	1辆

(三)商品归类混乱化，申报不实行为频发

税收监督是海关依法监管的重要内容，上述案件中涉及偷逃税款共9件，查明偷逃税款总额达15,940,922.2元，其中1万元以下的2件、1万~10万元的2件、10万~50万元的5件(见图3)。为确保海关税收国别化差别待遇政策得到实施，海关必须对进出口货物的原产地等信息进行鉴别。纳税义务人应当按照《进出口税则》规定的目录条文和归类总规则等，对其所申报货物进行商品归类，并归入相应的税则号列。上述因商品归类错误、通关申报不实被予以行政处罚的案件14件，占全部案件的22.58%。对于各项应当申报的项目不予申报或者申报内容与实际不符，尤其涉及相关进出口货物的税则号列、价格、原产地、最终目的地以及规格、价格等项目，应当依照相关规定分别予以行政处罚。部分进出口公司因受到进口关税配额证等方面限制，企图按照税率较低的进口商品进行缴税，以一般贸易方式向海关进行申报，申报价格、商品编号、出口退税率与实际进口货物类型不符。涉嫌申报不实的违法行为，可能影响海关统计的准确性，亦对海

关监管秩序、国家税款征收以及出口退税管理造成不利影响。

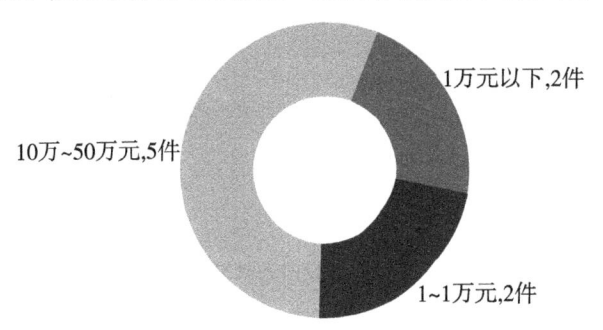

图3 偷逃税款数额范围对应的案件数

（四）海外代购常态化，主观牟利意图明显

根据规定，携带总值5000元以内的自用物品入境，海关予以免税放行。部分旅客因抱有侥幸心理选走绿色无申报通道，所携带超量消费品远远超过个人自用进境物品的免税限额，包括香奈儿品牌化妆品51件、苹果手机6Plus 3台、阿迪达斯运动鞋23双、喜宝奶粉9盒、卡地亚戒指3只等。旅客单次入境携带超量商品数量最多达上百件，明显超过自用、合理范围，依法应当申报并缴纳相应税款。部分旅客利用其航空公司飞行员的职业便利多次携货入境，甚至有旅客长期自行经营淘宝店铺，海外代购牟利的主观意图明显。上述涉及海外代购的案件6件，占9.68%。

（五）外汇管理复杂化，超额货币拒交核验

为维持国际收支平衡和汇价水平稳定，国家实施外汇管制，限制居民个人携带超量外币出境。部分旅客在未取得出境许可证的情况下，出于赚取汇率差或者其他目的，拒绝如实申报，涉嫌将超量货币置于行李箱中携带出境，未主动交由海关验核并办理有关手续。上述案件涉及的超额货币币种多样，包括美元（超额85,105元）2件、欧元（超额195,000元）1件、港币（超额1,269,790元）5件、日元（超额20,796,848元）2件、澳门币（超额834,250元）3件（见图4），均属于限制进出境的货币类型。其中，个人单次携带外币现钞出境最高超过规定限额的 30 倍,严重影响国家的外汇管理秩序和金融交易安全。

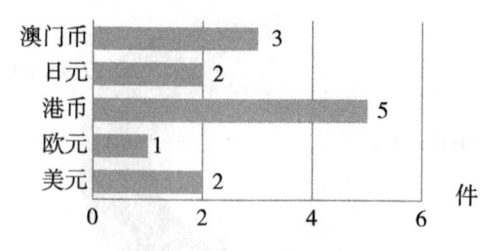

图 4　超额携带外币币种及案件数量

二、问题溯源:行政处罚领域的现实困境与应然变革

海关作为国家的进出关境监督管理机关,有权对发生于其管辖范围内违反海关监管规定的行为,以及法律、行政法规规定由其处罚的违法行为实施行政处罚。《行政处罚法》的修订内容涉及技术规则和立法理念等方面的适度调整,海关领域的行政处罚亦应产生理念嬗变和制度调适,避免产生对当事人利益的过度减损和义务的不当增加。此外,随着数字经济的迅猛发展趋势,海关行政执法权运行机制目前尚未与数字经济跨部门、跨区域、跨领域的深度融合性相契合,[①]治理资源需要进行有效整合,以契合中国式现代化发展的现实需要。

(一)行政处罚与刑事制裁的衔接受限

海关在违法行为查处过程中可能存在行政案件转化为刑事案件的情况,当事人的主观意图以及货物价值状态可能影响案件的性质界定,也成为取证的重点方向。司法审查的数据显示,海关行政执法涉及的内容广泛多样、情况多变复杂,同时,海关行政执法具有明显的实践性、专业性和地域性特征,现行法律规范对于海关领域的规制内容相对笼统。在执法实践中,客观证据的锁定存在一定盲区,办案初期往往不易对刑事案件或者行政案件的性质作出准确界定,导致违法事实的调查取证手段、方式和权限等受到一定限制,侦办难度进一步增

---

① 参见孙跃:《数字经济司法治理的目标及其实现路径》,载《学术探索》2022 年第 9 期。

加。由于货物的多样性以及其他不可控因素影响,案件办理和取证过程可能困难重重。目前,行政处罚与刑事制裁之间的协调对接机制不够完善,海关办理走私等相关案件时受到执法手段和方式的限制,难以积极应对和解决数字经济背景下行政执法领域出现的新情况、新问题。

(二)海关自由裁量权存在失当风险

根据法律、法规赋予的职责权限,海关在监管过程中具有一定的自由裁量权,作出行政处罚决定时可以根据违法行为的事实、情节、性质和社会危害程度等因素,在法定处罚种类和幅度内进行选择。海关自由裁量权的行使和支配存在一定的失当风险,在未充分考虑违法行为的具体方式和危害后果的情况下,可能产生重责轻罚或者轻责重罚的不当后果。海关工作人员在行使行政职权的过程中如果超越相应的职责和权限范围,或者不当利用支配权力使自由裁量权产生一定程度的扩张和滥用,则与法律的授权目的相悖,亦降低海关监督管理的权威度和公信力。现阶段,涉及海关行政执法的标准规范和尺度控制仍然存在较为明显的差异,尤其不同关区对于同类案件的处理口径具有一定的区别,甚至不能排除"人情案""态度案"存在,难以形成类案处理的共识性参考标准。由于数字经济发展具有无边界性特征,对于海关行政执法的裁量基准提出量化的要求,海关行政执法裁量基准的规范化建设有待完善,通过消除数据隔阂、实现资源共享,可以打破行业监管的时间和空间范围限制。

(三)"一事不二罚"原则呈现适用局限

海关行政违法行为的类型复杂繁多,甚至在同一案件中呈现两个或者两个以上复数违法行为的交错与牵连,在对违法行为的定性、分析与处理等方面可能造成执法障碍。在行政执法的实践中,贯彻禁止双重处罚理念,注重对行政相对人基本权利的维护和保障,适用"一事不二罚"原则的本质即避免采用相同或者类似的措施,对于个人的同一违法行为予以多次制裁和惩戒。《行政处罚法》的规定对禁止双重处罚进行了操作层面的细化,虽然解决了"二罚"规则的准用问题,但对于"一事"标准的判断依然是本条款遗留下的立法制度空白。[①] 复数违法行为中的几

---

① 参见吕楠楠:《新〈行政处罚法〉背景下税务行政处罚的理念嬗变与制度调适》,载《税务研究》2021年第5期。

个行为是否属于同一违法行为判断,关系"一事不二罚"原则的适用,《行政处罚法》关于"一事"判断规则的缺失,可能造成海关行政执法的困境。此外,部分涉及海关行政执法的条文规范缺乏针对性、明确性、共识性的解释,不同关区的工作人员在执法实践中长期根据倾向性理解贯彻执行,导致行政相对人对处理结果产生质疑。

(四)行政管理秩序中牵涉主观因素考量

根据《行政处罚法》的规定,当事人有证据足以证明没有主观过错的,不予行政处罚。法律、行政法规另有规定的,从其规定。上述条文增加对行政相对人处罚阻却事由的主观因素方面考量,强调公正文明执法,实际上主观无过错证据结果并非对当事人的责任阻却,只是处罚阻却。与此相对应,在行政处罚中为海关增加证据审查和证明度判断的工作要求。主观无过错的举证责任虽然由行政相对人承担,但判断是否达到"足以证明"程度,通常采用司法实践中的证据认定标准,即针对行政相对人所提供的主观证据,海关执法人员需要形成普遍的内心确信,在此种情况下相应的证据才具有可采性,是否可以适度降低证明度中的内心确信标准目前尚存在一定的争议。海关行政处罚种类和幅度的确定还受到相关人员"习惯执法"思维和个人倾向因素影响,针对相同或者类似违法情节可能作出差异化处理结果,亦导致行政复议和行政应诉工作产生被动。

三、模式探索:海关行政执法与刑事司法的机制衔接

根据《海关法》的相关规定,国家实行联合缉私、统一处理、综合治理的缉私体制,各有关行政执法部门查获的走私案件,应当给予行政处罚的,移送海关依法处理;涉嫌犯罪的,应当移送海关侦查走私犯罪公安机构或者地方公安机关办理。但由于刑事制裁和行政处罚在惩戒性质、立法理念以及处罚程度等方面存在差异,[1]两种执法手段之间有待建立协调对接机制,避免削弱刑法的打击犯罪功能,亦减少对海

---

[1] 参见楼佳蓉:《走私刑事移送行政处罚案件执行难问题及应对》,载《中国口岸科学技术》2020年第5期。

关缉私行政执法工作产生不利影响。

(一)海关行政执法与刑事司法的比较

1. 行政执法与刑事司法的区别①(见表3)

表3 海关行政执法与刑事司法的不同点

不同点	海关行政执法	海关刑事司法
法律属性	行使海关法律规范赋予的行政权力,履行法律赋予海关的职责,以海关名义进行行政处罚,由海关对外承担责任	缉私部门作为独立执法主体行使刑事执法权,对执法活动独立承担责任
行为性质	针对违反法律、行政法规、部门规章违法行为,解决行政违法与行政处罚问题	针对危害程度严重的犯罪行为,解决犯罪与刑罚问题
归责要件	一般不要求所有案件均以当事人主观上有过错为要件,有的案件只要客观上对行政管理产生危害性,即具有当罚性	以行为人的主观心理态度为归责要件,包括罪过(犯罪的故意或过失)以及犯罪目的和动机等因素
制裁效果	针对行为人的经济方面如作出没收或罚款等财产罚,或者暂停、吊销或者撤销等资格罚以及警告等申诫罚,一般不影响行为人的人身自由	法律结果较行政执法更为严厉,可能影响到行为人的人身自由
法律依据	《海关法》、《行政处罚法》、《海关行政处罚实施条例》、最高人民法院《关于行政诉讼证据若干问题的规定》等法律、行政法规和部门规章以及有关的司法解释	《刑法》、《刑事诉讼法》、最高人民法院《关于执行〈中华人民共和国刑事诉讼法〉若干问题的解释》等法律、规章、司法解释等
强制措施	对走私犯罪嫌疑人可以采取扣留强制措施,对涉案货物、物品、运输工具等可以扣留强制措施	可以依法对嫌疑人采取拘传、取保候审、监视居住、拘留和逮捕等强制措施,对物品采取扣押措施

---

① 参见陈淑宽、陈宽:《海关行政执法和刑事执法的衔接问题研究》,载陈晖主编:《海关法评论》(第6卷),法律出版社2016年版。

2. 行政执法与刑事司法的联系(见表4)

表4　海关行政执法与刑事司法的共同点

相同点	海关行政执法与海关刑事司法之间的联系
可以相互转换	行政执法部门办理行政案件时认为涉嫌构成走私罪的,应当移送刑事执法部门处理。刑事案件经侦查认为不构成犯罪或者情节显著轻微不予追究刑事责任而撤销案件,以及经检察院审查不起诉、或者经法院审理免除刑罚、或者作出判决但需作出行政处罚的,应当交由行政执法部门处理
保护客体重合	行政执法涉及进出口许可证管理制度、关税管理制度等对外贸易管理制度。此外,还涉及海关具体监管制度,如针对手续性违规等违反海关监管规定的行为。刑事执法保护的客体是社会主义市场经济秩序,但本质上是国家的对外贸易和进出口物品的管理制度和税收秩序
定性标准接近	一般而言,刑事执法要求按照犯罪构成学说强调构成要件,行政执法认定走私行为往往借鉴犯罪构成学说,两者区分标准基本同一,在许多情况下取决于量的因素或者是否为特定物品,界定走私犯罪还是走私行为,决定启动刑事还是行政执法程序
证据形式趋同	两种执法手段中有较多的共同形式,在执法实践中对部分证据的要求是一致的,如书证,包括银行单证、财务记账凭证、运输单据、偷逃税款核定证明书等,既可以用于行政执法,也可以用于刑事执法
处罚可以折抵	违法行为构成犯罪,人民法院判处拘役或者有期徒刑时,行政机关已经给予当事人行政拘留的,应当依法折抵相应刑期。违法行为构成犯罪,人民法院判处罚金时,行政机关已经给予当事人罚款的,应当折抵相应罚金

(二)不同执法方式的协调依据与实践需求

基于数字经济迅猛发展和法治化营商环境建设需要,推进行政执法与刑事司法相衔接,是深化行政执法体制改革的重要内容。海关缉私部门同时承担行政执法和刑事执法的职能,充分发挥上述两种执法手段的优势和作用,需要依托相关法律规范的准确适用,并推进对应配套措施的健全和完善,有效防范和应对执法风险。海关设立专门侦查走私犯罪的机构,按照《刑事诉讼法》的规定履行侦查、拘留、执行逮捕和预审等职能,根据职责范围和个案情况采取相应的措施。对于违法情节轻微、危害后果不大且尚不构成犯罪的案件,往往倾向于不予刑罚,由海关对行政相对人予以没收走私货物、物品及违法所得,同时可以并处相应罚款。

海关行政执法和刑事司法所依托的法律基础以及适用的法律原则相同或者近似,构成两者之间进行有机衔接和机制互动的主要根基。新修订的《行政处罚法》第27条增加规定,对依法不需要追究刑事责任或者免予刑事处罚,但应当给予行政处罚的,司法机关应当及时将案件移送有关行政机关。《海关行政处罚实施条例》规定,实施走私行为,应当没收走私货物及违法所得,可以并处罚款。针对无法没收或者不便没收的物品、运输工具以及货物等,则由海关部门追缴相应的等值价款。根据现行立法的理念贯彻和目标导向,行政处罚的实施机关与司法机关之间可以通过工作机制方面的协调配合,立足于案件信息移送、证据材料接收、处理结果通报等机制,防止"以行代刑"或者"以刑代行"。①

(三)海关行政处罚与刑事制裁手段的对接

1. 坚持刑事优先原则。即通常先根据刑事诉讼程序对违法行为人的刑事责任予以审查、定性和追究,再由执法机关按照行政处理程序对于相应的行政责任予以认定和判断。在涉及"刑行交叉"的海关行政处罚案件中,坚持贯彻刑事优先原则,不仅承认和区分不同法律责任的相对独立性,而且对于违法行为人所造成的整体法律后果予以全面规制,体现刑事处罚的社会防卫功能,避免由于海关行政执法的单一性和局限性而产生相应的风险。刑罚系国家保护法益与维持秩序的最后手段,具有制裁性、严厉性和惩戒性特点,相较于行政处罚手段,其对于社会和个人产生的影响更为深远,因而刑法应当注重保持谦抑性,其界限是内缩的而非扩张的。海关作为国家进出境监管机

---

① 胡建淼:《〈行政处罚法〉修订的若干亮点》,载《中国司法》2021年第5期。

关,在作出行政处罚的过程中,应当从法治理念的视角审视执法行为、执法手段和执法理念,体现刑罚最后性司法手段的职能定位。

2. 合理界定法律属性。准确理解和适用相关法律依据,对于走私犯罪和走私违规行为之间的界限予以严格区分,针对不同的行为采取相应特定措施,切实保护行政相对人的合法权益。在刑事案件和行政案件之间及时办理转换手续,保证执法程序的合法性和妥当性。在证据转换方面,刑事案件中提供和获取的证据一般可以直接作为行政处罚的证据进行使用,不过对于言词证据需要进行重新制作;通过行政程序收集的证据并不必然作为刑事证据使用,鉴定结论以及有关书证、物证、视听资料等一般无须转换。如果刑事案件根据实际需要转换为行政案件,已经对犯罪嫌疑人采取的刑事强制措施需要立即予以解除,采取刑事扣押手段的运输工具、货物和物品等也应当解除扣押;在行政案件转换为刑事案件的过程中,由于两种程序存在特征差异,针对运输工具、货物以及物品所采取的强制措施应当进行适当转换。

3. 发挥数据资源优势。数字经济作为新的生产力,是经济发展和社会管理的强大引擎,对于社会发展产生"倍增、放大、叠加"的重要作用。通过破解监管行业之间以及行政执法与司法审查之间的数据隔阂,可以有效促进海关行政处罚与刑事制裁手段的对接,尤其在性质判定、证据转换、事实查明等方面实现执法数据资源共享,消除不同执法方式和手段之间固有的壁垒。依托数据赋能,通过行政处罚和刑事制裁的双重手段加强海关监督管理,契合市场高效运行的价值导向、逻辑机理和实现模式,①倡导自由、平等、守信的契约精神,防范行政权力的滥用,为各类市场主体平等发展创造充足公平的市场空间。

4. 健全统筹兼顾机制。行政执法人员在办案思路、证据调取、事实询问等方面需要积累经验,提升案件甄别水准,发现涉嫌犯罪行为后及时予以移交。进一步完善绩效考核标准和内部评价指标,将拒不

---

① 参见石佑启、陈可翔:《法治化营商环境建设的司法进路》,载《中外法学》2020年第3期。

移送刑事案件的责任予以明确,严格查办走私犯罪案件,并将行政执法部门移交刑事案件作为办案线索的重要来源。注重查阅和审视刑事执法案卷,考量其中反映的材料移交行政处罚的必要性和可能性,并根据实际情况采取刑事制裁措施,利用刑事制裁的威慑力,加强对涉案违法所得以及货物、物品的扣押追缴。在尚未达到刑事处理标准的情况下,对于海关违法行为人通过行政处罚的方式予以权益惩戒和经济制裁,依法追究其相应的行政责任。

四、路径完善:中国式现代化时代背景下的海关执法行为规范

在行政处罚中,海关自由裁量权是指海关行政执法部门在《海关法》等法律规定的执法原则和幅度范围内,遵循公正合理原则,自行选择行政处罚的具体种类和数量,并由此作出具体行政行为。[①] 由于海关承担监管、征税、缉私、统计等重要职责,其自由裁量权的行使限度在一定程度上影响法治化营商环境的构建,有必要加以监督和规制,建立权责统一、权威高效的行政执法体制。推进海关业务标准化、规范化建设,着力形成有序衔接、互相制约、环环相扣的系统业务流程,全面规范海关各业务环节的工作职责和执法标准。

(一)探索行政比例原则的规制功能与均衡价值

比例原则作为行政法上的"皇冠原则",强调兼顾行政目标的实现和保护相对人的权益,如果行政目标的实现可能对相对人的权益造成不利影响,则这种不利影响应被限制在尽可能小的范围和限度之内。比例原则着眼于法益的均衡,其在海关行政处罚领域的适用有利于规制自由裁量权的行使,通过适用适当性、必要性和均衡性三个子原则,监督和制约海关监管部门作出处罚的幅度,保证对于公民权利的侵害适度和合乎比例。根据《行政处罚法》的规定,设定和实施行政处罚必须考虑违法事实的情节和社会危害程度,新修订的条款增加对当事人

---

① 参见曾虎:《关于海关对"申报不实"行为实施处罚的若干争议性问题研究》,载陈晖主编:《海关法评论》第3卷,法律出版社2013年版。

行政处罚主观因素考量,以及"首违免罚"规则的设置均在技术层面体现了比例原则。构建类型化比例原则审查标准体系,是弥补比例原则空洞性缺陷的必然要求,是公正实现能动主义下司法监督功能的现实需要。在实施海关行政处罚的过程中,发挥行政比例原则的规制与均衡功能,注重行政处罚的目的正当性以及处罚种类与幅度选择的妥当性,以确保对行政相对人的个人自由限制不超出必要的限度。

海关监管部门应保证所确定的处罚幅度轻重合适,过罚相当,避免处罚结果的畸轻或者畸重。实现过罚相当的前提是对违法行为的性质作出准确界定,对于具有明显主观故意并采用申报不实方式,以偷逃税款或者逃避海关监管的行为,应当定性其属于走私行为;如果违法行为人申报不实系由于疏忽大意或者对于海关归类方法不熟悉,应当将其定性为违反海关监管规定行为。上述两种行为性质存在明显差异,处罚幅度也有所不同,海关在作出行政处罚决定时应当对此作以准确辨别。行政相对人违反监管规定,海关部门必须根据所查处的违法行为性质选择必要的措施予以处罚,保证处罚幅度的合法性和妥当性。海关行政处罚裁量基准设定,应当立足于实际情况,考虑违法行为的性质、情节、事实以及社会危害程度等因素,全面分析后作出综合性评价。在法定的处罚幅度范围内,按照一定比例再进行细分,确定与违法行为最为契合的处罚幅度。

(二)依托海关行政处罚的数据信息与科技赋能

针对海关监管,数字经济的跨界融合性对其提出新的要求。由于数字经济具有技术性、包容性和灵活性特征,海关行政执法也应当通过调整执法手段和方式,建立数字改革赋能的监督管理模式,顺应经济新形态下行政执法方式改革的客观要求。海关行政处罚往往涉及对行政相对人切身利益的减损,极易造成当事人的抵触心理和消极情绪,救济渠道不畅、沟通交流不足亦可能导致矛盾进一步激化。海关监管部门可以依托大数据技术,实现执法资源的优化配置和整合,定期分析海关执法数据中反映的突出问题,畅通异议反馈机制,纠正行政执法瑕疵。通过线上线下相结合的方式定期召开联席会议,突破不同关区之间的时间和空间范围限制,共同研究有关趋势性、普遍性、突出性问题。坚持法律价值判断,依法纠错、平衡利益、讲清道理,深化海关行政纠纷的实质解决和多元调处,减少海关行政处罚数据资源的隔阂,进一步加强行政执法的标准化、规范化建设。

数字经济作为当前计算机网络、通信技术与经济融合的全新经济形态,被时代赋予新的发展功能。为保证海关行政处罚过程取证行为的客观真实,可以适时引入"区块链"存证技术。区块链技术可以全面记录全链路所有环节的信息和线索,便利对有关质疑环节的追溯和拆解,提高行政执法行为的高效性和透明度。同时,加强司法审查力度,监督海关执法行为,相关联动机制的完善需要建立在数据共享的基础上,发挥数据共享和双向流动功能。海关行政执法可以为司法裁判中的事实认定和法律适用提供大数据层面的决策支持,海关执法部门也可以从中突出监管与执法重点并规范行政执法行为。通过监督行政自由裁量权的行使,规范海关行政处罚行为,实现政治建关、改革强关、依法把关、科技兴关、从严治关。同时,依托完善的配套机制落地见效,可以维护市场主体的合理诉求和正当权益,顺应经济发展新业态,推进优化法治化营商环境。

(三)健全行政裁量基准的示范效能与指引作用

由于裁量权的行使贯穿海关行政处罚的不同环节,根据其执法内容和工作特点的区分,海关自由裁量权的实践运用涉及性质判断、幅度裁量、情节认定、方式选择和效果执行等方面。市场经济体制解决途径的盲目性,突显行政责任的正当性和自由裁量权存在的必要性,过度规则化的行政管理必将导致效率低下和程序冗杂。[1]

对海关行政处罚自由裁量权进行必要限制,铲除依附于权力行使的各种利益关系,确保行政执法达到预期的目标。海关行政处罚的裁量基准实质上是对事实认定、程序判断、幅度选择和法律适用等方面

---

[1] 参见曹艳华、魏曦:《对行政自由裁量权基准的反思——一起海关行政诉讼案件引发的思考》,载陈晖主编:《海关法评论》第5卷,法律出版社2015年版。

的细化，要求语言表达严密、逻辑联系清晰，在执法实践中不能与相关规范的立法原意相悖或者产生明显歧义。通过制定裁量基准有利于规制自由裁量权、防止行政权力滥用，海关缉私部门可以充分发挥执法能动性，准确适用裁量基准，通过业务培训引导、典型案例示范等方式，避免简单机械执法。不同关区的执法人员在对行政相对人作出处罚决定时，应当充分考虑处罚的种类和幅度是否符合裁量基准，避免受到过多的主观判断因素影响。

在事实认定方面，明确海关行政处罚的证明标准，对证据的审核、认定方法作出规定，依法审查不同证据之间的客观联系以及与待证事实之间的关系。在法律适用方面，促进海关执法人员准确理解和适用抽象法律概念，形成执法共识，通过对海关总署定期公布的批复、判例精神执行，弥补规制"短板"，使得海关行政执法的法律依据保持严密性、稳定性与连续性。在执法程序方面，将散见于《行政处罚法》《海关法》《海关办理行政处罚案件程序规定》中有关具体执法行为期限的条文进行规范梳理，将相应环节的具体操作程序进行明确。在处罚种类和幅度方面，根据当事人的主观恶性以及行为的社会危害程度等对有关行为予以界定，并根据合理性原则设定与违法行为相适应的处罚幅度。在处罚金额确定方面，针对不同情节的违法行为制定处罚标准，依照当事人违法情节和现实表现加减罚款金额，进而作出合理的行政处罚决定。

（四）加强海关行政处罚的程序保障与监督管控

行政处罚具有相对完备的执法程序，尤其听取陈述申辩、说明理由等程序规定开创我国行政立法的先河，极大改变长期存在的"重实体轻程序"的固有观念。在继续保留原有程序制度的基础上，现行《行政处罚法》增设三项行政执法程序制度，即行政执法公示、执法全过程记录和重大执法决定法制审核。"三项制度"聚焦行政执法的源头、过程和结果等不同环节，有利于提高政府的治理效能。海关行政处罚亦应当据此作出倾向性回应，注重对当事人程序权益保障，规范行政处罚权行使限度，实现与《行政处罚法》理念契合与规则对接。在海关执法中加强程序保障和制度规范,控制行政权力的合理行使,加强对于执法行为的事前、事中和事后监督控制,运用程序控制的技术路径实现实体权力规制。海关加强对行政处罚的监督检查,在深化处罚监督的同时通过评议检验行政执法效果,依托考核建立督促、约束、激励机制,促进严格规范公正文明执法。[1]

《行政处罚法》强调罚款、没收违法所得或者没收非法财物拍卖的款项,不得与有关的考核、考评直接或变相挂钩,从法律层面防止行政处罚功能异化。同时,将违反委托规定、未取得执法证件执法、该立案不立案等纳入追责范围,将监督制约运用到海关行政处罚的不同环节。在行政执法公示方面,海关应当在行政处罚领域及时公开行政执法信息,海关执法人员主动表明身份,接受社会监督。对违法行为给予行政处罚的规定、行政处罚裁量基准、电子技术监控设备设置地点等执法信息应当公开,行政处罚的实施机关、立案依据、实施程序和救济渠道等应当公示。在执法全过程记录方面,海关监管部门需要通过文字、音像等记录方式,对行政处罚的启动、调查取证、审核、决定、送达、执行等进行全过程记录并归档保存,实现全过程留痕和可回溯管理。[2] 在重大执法决定法制审核方面,海关行政处罚可能涉及重大公共利益或者个人重大权益、案件情况疑难复杂以及牵涉多个法律关系等,将上述行政处罚案件纳入法制审核之中,也为海关行政处罚的合法性设立有效屏障。

【附录】

最高人民法院关于审理海关行政处罚纠纷案件若干问题的规定
（建议稿）

为正确审理海关行政处罚纠纷案件,根据《中华人民共和国行政

---

[1] 参见黄海华:《新行政处罚法的若干制度发展》,载《中国法律评论》2021年第3期。

[2] 参见赵振华:《新修订的〈行政处罚法〉对行政执法的新要求》,载《中国司法》2021年第4期。

诉讼法》《中华人民共和国海关法》《中华人民共和国行政处罚法》等法律、法规的规定,结合行政审判实际,制定本规定。

第一条 海关作为国家的进出关境监督管理机关,对发生于其管辖范围内违反海关监管规定的行为以及法律、行政法规规定由其处罚的违法行为,有权实施行政处罚。

公民、法人或者其他组织认为海关作出的行政处罚决定侵犯其合法权益,依法提起行政诉讼的,人民法院应当受理。

第二条 公民、法人或者其他组织对海关行政处罚决定不服提起诉讼的,以具有行政处罚权并在法定职权范围内实施行政处罚的海关为被告。

实施行政处罚的海关被撤销或者职权变更的,继续行使其职权的海关是被告。

第三条 被诉海关负责人应当出庭应诉。不能出庭的,应当委托海关相应的工作人员出庭。

人民法院对海关负责人出庭应诉的数据信息进行统计分析,根据实际情况可以定期向相关部门进行反馈。

第四条 人民法院审理海关行政处罚纠纷案件,重点关注海关作出行政处罚是否遵循公正、公开的原则,审查海关所设定和实施的行政处罚是否以事实为依据,是否与违法行为的事实、性质、情节以及社会危害程度相当。

第五条 海关在作出行政处罚决定之前,应当告知当事人拟作出的行政处罚内容及事实、理由、依据,并告知当事人依法享有的申述、申辩、要求听证等权利。

海关作出的行政处罚决定未保障当事人的相关程序性权利的,人民法院经审理后视情况依法予以撤销或者确认违法。

第六条 公民、法人或者其他组织因海关违法给予行政处罚受到损害的,有权提起行政诉讼,依法提出赔偿要求。

第七条 人民法院在审理中发现,涉案违法行为构成犯罪,应当追究刑事责任的,应当将犯罪线索移送有关部门处理,不得允许海关以行政处罚代替刑事处罚。

第八条 人民法院经审查发现不同关区的海关行政执法人员,针对相同或者类似的违法行为作出的行政处罚种类和幅度存在明显差异,可以向海关制发司法建议,建议海关依托数字经济技术以及有关的大数据信息资源,依法制定行政处罚裁量基准,规范行使行政处罚裁量权,行政处罚裁量基准应当向社会公布。

第九条 当事人有下列情形之一,海关未从轻或者减轻行政处罚的,人民法院应当依法撤销处罚决定或者予以确认违法:

(一)主动消除或者减轻违法行为危害后果的;

(二)受他人胁迫或者诱骗实施违法行为的;

(三)主动供述海关尚未掌握的违法行为的;

(四)配合海关查处违法行为有立功表现的;

(五)法律、法规、规章规定其他应当从轻或者减轻处罚的。

第十条 当事人有下列情形之一,海关实施行政处罚的,人民法院应当依法撤销处罚决定或者予以确认违法:

(一)违法行为轻微并及时改正,没有造成危害后果的;

(二)初次违法且危害后果轻微并及时改正的;

(三)当事人有证据足以证明没有主观过错的;

(四)法律、法规、规章规定其他应当不予处罚的。

第十一条 海关不得对行政相对人的同一个违法行为,给予两次以上罚款的行政处罚。同一个违法行为违反多个法律规范应当给予罚款处罚的,按照罚款数额高的规定处罚。

第十二条 人民法院审理海关行政处罚纠纷案件,应当视情采取适当的审理方式,以免泄露涉及国家秘密、商业秘密、个人隐私以及与海关行政执法相关的信息。

第十三条 最高人民法院以前所作出的司法解释及规范性文件,凡与本规定不一致的,按本规定执行。

The Idea Evolution and Path Coordination of Judicial Supervision of Customs Administrative Law Enforcement from the Perspective of Chinese Path to Modernization
—From the Perspective of the Judicial Review Linkage Mechanism for Customs Administrative Penalty Disputes

LIU Tianxiang

[**Abstract**]　Customs, as a regulatory agency responsible for overseeing the entry and exit across the border, are mandated to make administrative penalty decisions to punish those offenders by reducing their benefits or increasing their obligations, according to the legislative concept and institutional rules of the regulations on administrative penalties. Based on sample data of customs administrative penalty cases and judicial data, the paper analyzes the practical difficulties and necessary changes in the field of customs administrative penalty, and responds to relevant legal revisions such as "exemption from punishment for the first violation", "three systems" of administrative law enforcement, and the system of execution linkage. At the same time, based on the practical needs of realizing the value of judicial justice in the context of Chinese path to modernization, this paper looks into a series of profound changes in production, life and social governance, analyzing how to make use of the function of judicial adjudication to supervise customs administrative law enforcement, and prevent such problems as insufficient interaction and institutional gap in the connection between administrative law enforcement and justice. This study explores the regulation of customs law enforcement based on legal principles such as proportionality, establishes and improves mechanisms for coordinating administrative penalties, and investigates the supervision and restraint of customs discretion. The aim is to strengthen the control of administrative penalty powers and protect the interests of persons concerned.

[**Key words**] customs management; administrative sanction; judicial review; mechanism guarantee

关于完善海关执法依据体系的几点思考

杨 作[*]

[摘 要] 总结近年来我国海关执法依据体系的发展和现状,分析其在系统性、整体性、协同性、时效性等方面存在的不足,对照推进中国式现代化对完善海关执法依据体系的新要求,提出分级分类分域完善海关执法依据体系的相关建议。

[关键词] 海关法;中国式现代化;执法依据;法律体系

一、海关执法依据体系的发展和现状

2018年,党和国家机构改革将出入境检验检疫管理职责和队伍划入海关总署,海关的职权范围得到较大扩充,执法依据体系也相应得到扩展。此后,我国海关执法依据体系基本呈现"稳中有变"的态势,迄今形成较为完备的海关执法依据体系,包括8部海关法律、22部海关行政法规(不含《进出口关税条例》,下同)、148部海关规章、2000余部海关总署公告以及数十部其他相关法律法规。

(一)海关法律"稳中求进"

法律是海关执法依据体系的"基石"。现有的8部海关法律中有4

---

[*] 杨作,宁波海关党委第三派驻纪检组成员(正科级)、海关公职律师。

部最早制定于20世纪八九十年代。其中,制定于1991年的《进出境动植物检疫法》自施行以来仅对个别条文进行修改,未进行过系统性修订,基本沿用20世纪八九十年代的体例结构,体现了改革开放初期对外交往的形势和要求;制定于1987年的《海关法》和制定于1989年的《进出口商品检验法》,为适应"入世"需要和履行"入世"承诺,分别于2000年和2002年进行系统性修订,注重与WTO协定等国际规则的衔接;①制定于1986年的《国境卫生检疫法》,于2024年6月进行了系统性修订,总结了新冠疫情等历次重大疫情防控的有效经验做法,将自2025年1月1日起施行。另有4部法律制定于2000年以后,其中,制定于2003年的《海关关衔条例》主要规定海关内部事务;制定于2009年并于2015年进行系统性修订的《食品安全法》体现了食品安全"四个最严"要求;制定于2017年的《船舶吨税法》(已被修改)和制定于2024年4月的《关税法》,则分别体现了税收法定的立法理念。

2020年以来,海关总署着力推动法律制修订工作。《关税法》和《国境卫生检疫法》的制修订工作已经顺利完成;《海关法》修订已经连年被列入国务院立法工作计划;《进出境动植物检疫法》修订工作正在有序推进。②

(二)海关行政法规"小步微调"

行政法规是海关执法依据体系的"四梁八柱"。按照《立法法》第72条第2款的规定,行政法规通常可以就二类事项作出规定:一是为执行法律的规定需要制定行政法规的事项,二是《宪法》第89条规定的国务院行政管理职权的事项。在22部海关行政法规中,这两种情

---

① 2021年4月29日,全国人民代表大会常务委员会对《进出口商品检验法》的个别条款作出修改,取消了海关对其他检验机构的行政许可,并增设海关对其他检验机构的检验结果的"采信制度";同时对《海关法》的个别条款作出修改,取消了"进出口货物收发货人、报关企业注册登记制度"。

② 修改《进出境动植物检疫法》在2020~2023年连续4年被列入国务院"预备提请全国人大常委会审议的法律案",并在2021~2023年连续3年被列入全国人大常委会"预备审议项目"。修改《海关法》在2022~2024年连续3年被列入国务院"预备提请全国人大常委会审议的法律案"。

况兼而有之。其中,"执行法律"的海关行政法规,既包括《进出口商品检验法实施条例》等在法规名称中就注明为"实施"某部法律而制定的"条例"或者"细则",又包括《海关事务担保条例》等虽然在名称中没有"实施"字样,但在条文中表明系"根据"某部法律制定的行政法规。"履行国务院行政管理职权"的海关行政法规,多不以单独的某部法律作为上位法依据,如《国务院关于口岸开放的若干规定》《国际航行船舶进出中华人民共和国口岸检查办法》。

2020年以来,海关行政法规在数量和内容上均保持相对稳定,除《关税条例》已升格为《关税法》以外,仅有《进出口商品检验法实施条例》《海关统计条例》《海关行政处罚实施条例》《海关稽查条例》等4部行政法规的部分条款,结合"放管服"改革进行过个别修订。

(三)海关规章"减量提质"

海关规章是海关执法依据体系的重要组成部分。机构改革前有效的海关规章为113部,机构改革后新增71部检验检疫部门规章,并于2018年5月废止《海关对出口退税报关单管理办法》和《出入境检验检疫标志管理办法》等2部规章,海关规章总数一度多达182部。

2020年以来,尽管海关总署新制定了《海关行政许可管理办法》等18部规章,但随着关检业务深度融合、通关流程再造以及海关规章立法后评估工作的开展,更多的海关规章被陆续整合、优化、废止。截至2024年7月,现行有效的海关规章总数为148部,相比机构改革之初的182部规章总数减少了近1/5。其中,除去新制定的18部规章,实际废止的海关规章多达52部,废止的规章比例超过机构改革之初规章总数的1/4。

在减少数量的同时,海关规章的质量也有着显著提升。一是横向整合,通过类似"法典化"的规章"编纂",将关于进出口水产品、肉类产品、乳制品和出口蜂蜜等4类动植物源性食品的4部规章整合并入《进出口食品安全管理办法》(海关总署令第249号);将关于保税港区、保税物流园区管理的2部规章整合并入《海关综合保税区管理办法》(海关总署令第256号);将关于供港活猪、活羊、活牛、活禽的4部规章整合并入《供港澳食用陆生动物检验检疫管理办法》(海关总署令第 266 号)。二是纵向更新,按照 2021 年修订《行政处罚法》的立法理念,将与海关行政处罚相关的 3 部规章(《海关办理行政处罚案件程序规定》《海关办理行政处罚简单案件程序规定》《海关行政处罚听证办法》)整合形成《海关办理行政处罚案件程序规定》(海关总署令第 250 号)。三是纵横交织,如新制定的《海关报关单位备案管理规定》(海关总署令第 253 号),既纵向替代原《海关报关单位注册登记管理规定》,落实《海关法》取消"进出口货物收发货人、报关企业注册登记制度"的"放管服"改革要求,又横向整合《出入境检验检疫报检企业管理办法》的"报检"制度,实现对报关单位管理制度的重塑。

(四)海关总署公告"小中见大"

海关总署公告是海关执法依据体系中数量最多的一类。按照《海关立法工作管理规定》,在海关执法依据体系中规范性文件①特指海关公告,包括海关总署公告和直属海关公告。② 考虑直属海关公告的效力范围仅限于本直属海关辖区,且数量难以统计,本文仅围绕海关总署公告进行研究。

一方面,海关总署公告具有"小快灵"的特点。一是内容单一,例如,在海关总署 2013 年 1~6 月发布的 74 件公告中,规定特定国家(地区)某种进出口货物检疫要求的 35 件,通报或者解除特定国家(地区)疫情的 16 件,规定与特定国家(地区)相关自贸协定事项的 3 件,规定

---

① 根据《国务院办公厅关于加强行政规范性文件制定和监督管理工作的通知》(国办发〔2018〕37 号),行政规范性文件是除国务院的行政法规、决定、命令以及部门规章和地方政府规章外,由行政机关或者经法律、法规授权的具有管理公共事务职能的组织依照法定权限、程序制定并公开发布,涉及公民、法人和其他组织权利义务,具有普遍约束力,在一定期限内反复适用的公文。

② 根据《海关立法工作管理规定》第 3 条、第 64 条的规定,海关规范性文件包括海关总署规范性文件(海关总署制定并以海关总署公告形式对外发布的涉及行政相对人权利、义务,具有普遍约束力的文件)和直属海关规范性文件(直属海关制定并以直属海关公告形式发布的涉及行政相对人权利、义务,在本直属海关辖区内具有普遍约束力的文件),隶属海关不得制定规范性文件。

与国家（地区）"经认证经营者"（Authorized Economic Operator，AEO）互认事项的3件，规定通关事项的5件，规定其他事项的12件。二是程序简便，按照《海关立法工作管理规定》，海关总署公告在立法程序方面相比海关规章更为简便，便于海关总署及时以公告形式动态调整监管措施。

另一方面，海关总署公告数量庞大。一是"存量"大，海关总署门户网站共公布海关总署公告2374件（不含其他部委牵头发布的联合公告，下同），其中，现行有效公告1992件。二是"增量"大，机构改革前6年（2012～2017年），海关总署每年发布的公告分别为63件、75件、97件、73件、90件和70件，总数仅为468件。机构改革后6年（2018～2023年），海关总署每年发布的公告分别为221件、233件、139件、122件、136件和201件，总数高达1052件，数量呈现"陡增"。

（五）其他相关法律法规"推陈出新"

除了前述主要由海关执行的法律、行政法规、部门规章和总署公告以外，还有很多在部分条款中规定了海关相关事项的法律法规，也是海关执法依据体系的有机组成部分。例如，《出境入境管理法》第6条第3款规定"必要时，出入境边防检查机关可以对出境入境交通运输工具载运的货物实施边防检查，但是应当通知海关"；《对外贸易法》第60条第1款规定"进出口属于禁止进出口的货物的，或者未经许可擅自进出口属于限制进出口的货物的，由海关依照有关法律、行政法规的规定处理、处罚……"据不完全统计，截至2019年年底，这类法律法规有50余部。

2020年以来，多部与海关执法相关的法律法规进行了制修订，并对海关执法提出新要求：一是2020年10月17日颁布的《生物安全法》（已被修改），为防范生物安全风险、维护国家安全提供坚实法律支撑，在多个条文中直接规定海关职责；二是2020年4月29日修订的《固体废物污染环境防治法》，规定"国家逐步实现固体废物零进口"，由海关等主管部门组织实施；三是2020年10月17日颁布的《出口管制法》，规定海关对于出口管制货物的监管职责；四是《立法法》《行政处罚法》《行政复议法》等行政执法领域的"通用"法律法规也先后进行了修改完善。

二、海关执法依据体系存在的不足

党的二十大报告提出"完善以宪法为核心的中国特色社会主义法律体系"。对照党的二十大报告提出的增强"系统性、整体性、协同性、时效性"的立法工作要求,现有的海关执法依据体系存在一定不足。

(一)系统性方面

全面依法治国是一个系统工程。坚持立法的系统性,必须用普遍联系的、全面系统的、发展变化的观点看待和推进立法工作,不能"就法论法"。[①] 具体到海关执法依据体系而言,就是要"跳出海关看海关"。例如,现行《海关法》多次出现"海关监管货物""海关监管区""海关特殊监管区域"等与"海关监管"有关的表述,对于其他行政执法部门在相关区域、对相关货物履行法律职责并未提及,容易造成仅有海关才是在相关区域对相关货物的执法主体的误解,就是系统性不够充分的体现。

(二)整体性方面

整体观念强调任何系统都是一个有机的整体,法律体系应当是完备和统一的。在海关执法依据体系中,系统性方面的问题主要表现如下。一是"授权性条款"的整体性不足,对海关执法权力的授权散见于《海关法》和卫动食商等多部法律。二是"原则性条款"的整体性不足,8部海关法律有不同的历史背景和时代特征,其立法目的、立法理念和原则要求不能完全契合。三是"责任性条款"的整体性不足,例如,现行《进出境动植物检疫法实施条例》仅采用"定额罚"模式,执法实践反映处罚幅度明显畸轻的问题;而现行《海关行政处罚实施条例》尽管采用"定额罚"和"倍数罚"相结合的立法模式,但其适用范围仅

---

① 罗璨:《增强立法系统性整体性协同性时效性》,载《光明日报》2022年11月17日,第6版。

限于"原海关"的行政处罚事项,不能适用于仅违反《进出境动植物检疫法》及其实施条例的情形。

(三)协同性方面

协同性是指系统各个组成部分(子系统)之间的整合协同。① 在立法领域,较为常见的是指不同地域之间的协同立法。② 在海关执法依据体系内部,也存在各个组成部分(子系统)之间的协同,主要表现为关于"另行规定"的"制度接口"。这些"制度接口"能否实际发挥效用,影响着海关执法依据体系的"协同性"。例如,《海关法》第6条规定"海关附近沿海沿边规定地区的范围,由海关总署和国务院公安部门会同有关省级人民政府确定",但是未检索到2000年《海关法》修订后海关总署会同有关部门就这一"范围"发布的规定。

(四)时效性方面

时效性是党的二十大报告新增的立法要求。法律要随着时间发展而发展,也要在实践中进一步完善,"既要适时制定新的法律,也要及时修改和完善现行法律"。③ 海关执法依据体系中的多部法律、行政法规,由于立法时间较早、立法层级较高、修改工作需要履行法定程序等原因,部分内容已经与经济社会的发展要求不符。例如,《海关法》第5条规定"国家实行联合缉私、统一处理、综合治理的缉私体制",其中的"统一处理"原则已经与《海警法》施行后海警机构"对海上有走私嫌疑的运输工具或者货物、物品、人员进行检查,查处海上走私违法

---

① 参见王奇才:《新时代全面依法治国的系统思维》,载《法治现代化研究》2023年第3期。

② 2023年3月5日,王晨同志在十四届全国人大一次会议上所作的《关于〈中华人民共和国立法法(修正草案)〉的说明》中指出,"贯彻国家区域协调发展战略",地方省级、设区的市级人大及其常委会"可以协同制定地方性法规,在本行政区域或者有关区域内实施"。海关作为中央垂直管理的行政机关,依法独立行使职权,与服务和保障国家区域协调发展相关的海关法律规范应以统一的中央立法发布,不涉及地方性法规立法。

③ 中共中央宣传部、中央全面依法治国委员会办公室编:《习近平法治思想学习纲要》,人民出版社、学习出版社2021年版,第81页。

行为"的实际情况不能完全相符。

三、推进中国式现代化对完善海关执法依据体系的新要求

党的二十大报告提出要"以中国式现代化全面推进中华民族伟大复兴"。中国式现代化是人口规模巨大的现代化，是全体人民共同富裕的现代化，是物质文明和精神文明相协调的现代化，是人与自然和谐共生的现代化，是走和平发展道路的现代化。海关作为国家进出关境监督管理机关，担负着服务国家经济社会发展大局，为推进中国式现代化"守国门""促发展"的职责使命。中国式现代化的"五大要素"，每个都与海关履职息息相关，都对完善海关执法依据体系提出更高要求。

（一）面临"机遇"和"挑战"，应当贯彻"以人民为中心的发展思想"

人口规模巨大的现代化，意味着实现现代化的过程中同时面临巨大的"机遇"和巨大的"挑战"。为解决好发展中的新情况新问题，需要在海关执法依据体系中深入贯彻"以人民为中心的发展思想"。在实体性规定方面，应当坚持人民立场、体现人民利益，通过制度供给，更好地满足人民群众日益增长的美好生活需要。在程序性规定方面，应当充分听取人民意见、反映人民意愿，建立切实保障人民权利公平、机会公平、规则公平的法律制度。①

（二）兼顾"效率"和"公平"，应当建立"风险管理"的治理结构

全体人民共同富裕的现代化，意味着实现现代化的过程中必须兼顾"效率"和"公平"，允许一部分人先富起来，先富带后富、帮后富，共同奋斗，共同建设。在海关执法领域兼顾"效率"与"公平"，就是兼顾促进贸易便利化和防范化解重大安全风险。在海关执法依据体系中建立"风险管理"的治理结构，应当结合既有的"合格评定"等风险管

---

① 参见李飞：《立法法与全国人大常委会的立法工作》，载全国人民代表大会网站2018年6月29日，http://www.npc.gov.cn/zgrdw/npc/xinwen/2018-06/29/content_2057107.htm。

理举措,探索构建从信息收集、风险评估、风险预警到风险管理措施的全流程风险管理制度。

(三)提高"硬实力"和"软实力",应当融入"三实"海关文化

物质文明和精神文明相协调,意味着实现现代化的过程中同步提高经济"硬实力"和文化"软实力"。"求实、扎实、朴实"的"三实"海关文化,是海关法治工作的重要引领。在建设完善海关执法依据体系的过程中,应当"实事求是",坚持问题导向、急用先行,围绕业务改革需要和群众急难愁盼,研究丰富立法形式,既做好法律、行政法规等"大块头"的制修订,又做好海关规章、海关总署公告等"小快灵"的立法探索与实践。

(四)坚守"红线"和"底线",应当践行"总体国家安全观"

人与自然和谐共生,意味着实现现代化的过程中严格坚守生态安全"红线"与生物安全"底线"。机构改革后,海关通过防范外来物种入侵、保护濒危动植物、禁止"洋垃圾"入境等举措,切实守护"国门安全"。与生态安全、生物安全有关的法律、行政法规、海关规章、海关总署公告已经成为海关执法依据体系的重要组成部分。同时,《生物安全法》等与海关执法相关的其他法律法规也对海关履职作出了规定,应当坚持系统观念,践行"总体国家安全观",建立更加周延和严密的海关维护生物安全、生态安全的执法依据体系。

(五)服务"请进来"和"走出去",应当统筹国内法治和涉外法治

走和平发展道路,意味着实现现代化的过程中同步做好"请进来"与"走出去"的高水平对外开放。海关处于对外开放的最前沿,必须持续提升制度创新和治理能力建设水平,做到"管得住、放得开、通得快"。在完善海关执法依据体系时,应主动立足于海关涉外职责,统筹国内法治和涉外法治,既做好我国缔结和参与的国际条约、协定的国内法转化;又做好调查研究,从战略高度"提高我国在全球治理体系变革中的话语权和影响力"。[①]

---

① 习近平:《论坚持全面依法治国》,中央文献出版社2020年版,第258页。

四、分级分类分域完善海关执法依据体系

党的二十届三中全会通过的《中共中央关于进一步全面深化改革、推进中国式现代化的决定》提出"坚持以制度建设为主线，加强顶层设计、总体谋划，破立并举、先立后破，筑牢根本制度，完善基本制度，创新重要制度"。完善海关执法依据体系迎来难得的历史机遇，但也绝非一蹴而就。海关执法依据体系既是统一的，也是分层级分类别分领域的，完善海关执法依据体系不应该也不可能平均用力，而是应当结合推进中国式现代化的实践要求，分别有所侧重。

（一）修改完善起"引领"作用的《海关法》，重在做好"主系统"的价值重塑和理念更新

海关执法依据体系是一个法治系统，《海关法》是其中起"引领"作用的重要法律。修改《海关法》已经连续3年被列入《国务院立法工作计划》，关于修改《海关法》的学术研究和理论探讨则自2018年机构改革至今已经持续了7个年头。修改完善《海关法》，使海关执法依据体系规范和保障海关执法，更好地为推进中国式现代化发挥作用，重点是确立与其"引领"地位相适应的价值目标和指导理念，即统筹发展和安全，践行"以人民为中心的发展思想"和"总体国家安全观"。

（二）修改完善起"规范"作用的专门法律、行政法规，重在优化"子系统"的内在周延和互联互通

监管、征税、缉私、统计等各个业务门类的法律法规构成海关执法依据体系的"子系统"，自成体系又互相联系。修改《进出境动植物检疫法》已提上议事日程，制修订《关税法》《国境卫生检疫法》虽已完成但相关配套法规的修改工作尚未启动。在笔者看来，这些专门法律、行政法规的修改完善，重点在各业务"子系统"内部形成相对周延的制度体系，同时，尽可能做好概念用语等的"标准化"，便于形成与其他"子系统"的互联互通，共同形成具备系统性、整体性的海关执法依据体系。

（三）修改完善起"配套"作用的海关规章，重在促进"微循环"的漏洞填补和精细管理

按照《立法法》第91条第2款的规定，海关规章规定的事项应当属于执行法律或者国务院的行政法规、决定、命令的事项。近年来，随着立法后评估工作的推进，海关规章体系越发精练，"一个海关业务领域一部海关规章"的雏形基本显现。作为海关法律、行政法规的配套，海关规章的修改完善应当着眼于更好地承接法律、行政法规对特定业务事项的规定，填补制度漏洞，提升制度精细度。[①]

（四）修改完善起到"支撑"作用的海关总署公告，重在满足"小快灵"的急用先行和持续提升

现行《海关立法工作管理规定》（海关总署令第180号）对于海关总署公告的立项、起草、审查、签发、解释等程序的规定较为简单。目前有效的海关总署公告近2000件，数量远超过农业农村部、商务部等部委的规范性文件数量，[②]且仍在不断新增。考虑海关总署公告"小快灵"的特点应注重以下两方面的内容。一方面，应当严把"进口"，完善海关总署规范性文件的制修订程序，充分发挥海关总署公告对于业务改革的保障作用。另一方面，应当拓宽"出口"：一是探索期限管理制度，例如，可以明确疫情通报类海关总署公告的有效期；[③]二是探索定期评估制度，持续提升海关总署公告对于海关执法工作的支撑和保障作用。

[①] 例如，2021年《进出口商品检验法》修订时增设"采信"制度，2022年配套制定海关规章《海关进出口商品检验采信管理办法》。

[②] 根据《农业农村部现行有效规章和规范性文件目录》（农业农村部公告第522号），截至2022年1月27日，该部有效的规范性文件为231件。根据商务部门户网站公布的《商务部2023年政府信息公开工作年度报告》，截至2023年12月31日，该部有效的规范性文件为1014件。

[③] 例如，《民政部规范性文件制定与审查办法》（民政部令第42号）规定"规范性文件有效期限一般不得超过5年"；《自然资源规范性文件管理规定》（自然资源部令第2号）规定"规范性文件的有效期不得超过五年"；《交通运输部行政规范性文件制定和管理办法》（交办发〔2018〕164号）规定"起草行政规范性文件，一般应当明确行政规范性文件的有效期，有效期自文件施行之日起一般不超过5年"。

(五)在立法工作机制上,重在统筹三组关系

完善海关执法依据体系,还应该统筹三组关系:一是"硬法"和"软法"结合,既注重发挥成文法"硬法"的作用,又注重发挥法治思想、法治理念、法治文化的"软法"浸润;二是"关内"和"关外"结合,既注重修改完善海关法律、海关行政法规、海关规章和海关总署规范性文件,又注重推动与海关执法有关的其他法律法规的修改完善与落地执行;①三是"国内法"与"国际法"结合,既注重在国内法中体现我国缔结或者参加的国际条约、国际协定的理念和要求,又注重积极参与《经修订的京都公约》《国际卫生条例(2005)》等国际规则的制修订和相关研究,主动参与并努力引领与海关执法有关的国际规则制修订。

Thoughts on Improving the System of Legal Basis for Customs Law Enforcement

YANG Zuo

[**Abstract**] This study summarizes the development and current situation of the system of the legal bases for customs enforcement in China in recent years, analyzes its shortcomings in terms of systematicness, comprehensiveness, coordination, and timeliness, and compares these with the new requirements for improving the system as part of Chinese modernization. It then proposes relevant suggestions for enhancing the customs law enforcement basis system through a tiered, categorized, and domain-specific approach.

[**Key words**] customs law; Chinese modernization; enforcement basis; legal system

---

① 例如,海关总署公告2023年第195号发布的《高风险特殊物品卫生检疫准入管理办法》,就是落实《生物安全法》第23条第1款中"国家建立首次进境或者暂停后恢复进境的动植物、动植物产品、高风险生物因子国家准入制度"的相关规定。

完善"两法衔接"的法治海关实践路径

——以不起诉后追缴走私等值价款案件为例

封海滨[*]

[摘 要] 建设法治中国,在法治轨道上全面建设社会主义现代化国家,是中国特色社会主义建设的应有之义,这为解决当前海关行政执法中的各种矛盾和问题指明了方向。从走私刑事案件不起诉后海关行政处罚衔接中的"追缴等值价款"案件,可以总结出实践中的突出问题。以"两法衔接"机制的宪法渊源和实践发展为逻辑起点展开分析,把握公平正义,可以从顶层设计、执法理念、执法程序、执法能力四个方面着手,解决存在的突出问题。

[关键词] 两法衔接;追缴等值价款;海关行政执法;法治海关建设;中国式现代化

建成法治国家、法治政府、法治社会,是中国特色社会主义建设的必由之路,必须在法治轨道上全面建设社会主义现代化国家。作为政府履行行政管理职能的重要机构,海关的行政执法水平直接体现了党和政府治理现代化的水平,法治海关建设任重道远。以不起诉后追缴

---

[*] 封海滨,上海兰迪(深圳)律师事务所高级合伙人,原海关三级专家(法规)。

等值价款案件为例,以"两法衔接"①为考察视角,可以为探求法治海关建设提供若干启示和具体的努力方向。

一、从"两法衔接"考察海关行政执法中"追缴等值价款"案件的突出问题

现行《海关法》第82条对不构成犯罪的走私行为,在实体法上设定了没收走私货物、物品的规定。② 对于实践中因为各种原因导致无法或者不便没收的,《海关行政处罚实施条例》第56条设定了"追缴等值价款"的规定。③ 这条规定在涉及"两法衔接"的刑事不起诉案件退回海关作行政处理时,在执行过程中产生了不少问题。

(一)刑事司法运行顺畅,行政执法落差明显

以某加工贸易走私案件为例,嫌疑单位因为未按规定处理保税料件,造成了偷逃应缴税款的后果。由于涉案保税货物最终大部分是复出口的,计核认定的偷逃税款较少,约30万元人民币,刚刚超过单位犯罪的起刑点。但是,涉案的保税货物本身的价值巨大,超过了人民币1000万元。由于危害结果不大,且嫌疑单位在当地合规运营多年,是具有一定社会贡献的民营企业,综合疫情期间的情况,当地检察院作出了酌定不起诉决定。然而,案件退回海关缉私部门作行政处理时,企业被告知要追缴无法没收的走私货物等值价款1000余万元,企业提出疑问:检察院不起诉是为了救企业,而现在要"罚"企业1000万元,不是把好不容易救回来的企业一枪再毙掉吗?在这个走私刑事案件的"两法衔接"案例中,刑事司法运行较顺畅,较好地落实了政治效果、社会效果、法律效果相统一,而行政执法却产生了过罚不当现象。

---

① 此处"两法衔接",指行政执法与刑事司法的衔接。以下同。
② 《海关法》第82条第2款规定:"有前款所列行为之一,尚不构成犯罪的,由海关没收走私货物、物品及违法所得,可以并处罚款;专门或者多次用于掩护走私的货物、物品,专门或者多次用于走私的运输工具,予以没收,藏匿走私货物、物品的特制设备,责令拆毁或者没收。"
③ 《海关行政处罚实施条例》第56条规定:海关作出没收货物、物品、走私运输工具的行政处罚决定,有关货物、物品、走私运输工具无法或者不便没收的,海关应当追缴上述货物、物品、走私运输工具的等值价款。

而这个现象已经不是个例。当前,走私刑事案件不起诉后作行政处罚时,当事人承担的财产责任往往畸重,与衔接对应的刑事司法阶段处理形成明显的落差。

(二)行政转刑事的衔接制度相对完善,刑事转行政的衔接规范相对不足

当前,"两法衔接"的制度规范、顶层设计,行政处理转刑事司法方向的衔接制度相对完善,具有显著的单向体系特征。例如,当前"两法衔接"过程中最直接的衔接证据转化和采用规则,包括《刑事诉讼法》第54条、《人民检察院刑事诉讼规则》(2019年修订)第64条、《公安机关办理行政案件程序规定》(2020年修正)第63条,全部是针对行政程序到刑事程序的单向转化规定。而刑事程序向行政程序的转化,就海关执法依据而言,目前仅见于海关总署2021年重新公布的《海关办理行政处罚案件程序规定》第21条,规定了刑事办案过程中的证据材料在什么条件下可以作为行政处罚案件证据使用。① 但是,由于种种原因,该条规定在实务中并没有真正解决刑事司法往行政执法转化过程中的证据规则问题,导致不起诉后的行政处理环节,执法人员在收集、转化、运用证据过程中,顾虑重重,不敢或不愿对事实和证据进行实质性重新审查,特别是对存疑不起诉案件,往往直接延续之前的走私定性,不再对疑点进行重新审查和排除,往往容易引发过罚不当的实体处理结果。

(三)衔接刑事不起诉的海关行政执法过程中,存在若干误区

一是将存疑、相对不起诉决定,直接采纳为实体定性结论。进而以构成走私行为作为前提,顺理成章地适用没收走私货物,无法没收或不便没收的,就适用《海关行政处罚实施条例》关于追缴等值价款的规定,作出追缴决定,从而引发过罚不当的案件结果。这种情况,在

---

① 《海关办理行政处罚案件程序规定》第21条规定:"刑事案件转为行政处罚案件办理的,刑事案件办理过程中收集的证据材料,经依法收集、审查后,可以作为行政处罚案件定案的根据。"

"包税走私"案件中,被不起诉人为货主角色时,尤为突出。

二是扩大理解"刑事优先"原则。虽然"刑事优先"原则有其理论基础和实践意义,在一定历史时期发挥了积极的作用,但是,在更加强调高质量发展、强调公平正义的新时代,如果不加发展、不加分析地将刑事处理退回作行政处理的案件,视为依附于公诉机关刑事不起诉案件的附属案件或后续案件,就会出现误区:将公诉机关文书作为裁断依据,将对涉嫌走私罪案件的存疑不起诉,视为已经定性走私,并认为之所以不起诉,仅仅是因为根据刑事诉讼规则不需要追究刑事责任而已。

三是忽视法院、检察院、公安机关分工负责、互相配合、互相制约的刑事诉讼主体地位。具体体现在把检察院的不起诉意见作为事实上的终局裁定予以采纳和适用,造成大量存疑不起诉案件原来存在的走私疑点,虽然在审查起诉阶段实现其程序价值,得到存疑不起诉的结果,但是到了行政处理阶段,却由于"走私了,没有构成犯罪而已"的误区,失去了存在的价值,被行政程序忽视,进而在实体上出现更多、更明显的过罚不当结果。

(四)行政处理规范关于"追缴"的实体规定直接造成过罚不当的后果

法谚有云,任何人不因不法行为获利。这包含任何人不能通过违法犯罪行为获得利益的基础法理。① "追缴走私等值价款"条文的设置,亦体现这一法理。该条规定,确实可以加大惩戒力度,但是在更加强调公平正义、强调惩罚比例原则的法治中国建设的今天,其不合理性逐渐凸显。例如,前文所举案例,当事人造成的国家税款损失仅30万余元,面临要追缴的等值价款却达到千万之巨。又如,共同走私案件中,共同走私的行为人之间,地位和作用有主次之分时,在存在分案处理或有未到案人员的情况下,往往出现部分违法主体需要承担全部走私责任的问题,而责任承担者往往并不是走私的主要获益者。上述

---

① 参见姜涛:《"任何人不因不法行为获利"新解》,载《检察日报》2021年3月31日,第3版。

问题的存在,造成行为人要承担比行为危害性大得多的甚至完全不成比例的财产责任,由此形成了对"过罚相当"基本原则的冲击。

二、从"两法衔接"机制的产生背景和运行现状分析问题成因

矛盾和问题的存在,从表面上看,直接原因是追缴等值价款条文本身的实体内容不适应形势的发展,引发过罚不当的质疑。如果透过表面现象,可以分析并发现其隐性根源;本质上是在"两法衔接"过程中,对于主体定位及分工的认识存在误区,并受"刑事优先"传统理念影响,产生主体规则、行为规则、效力规则认识偏差,导致行政执法阶段的事实认定、证据转化规则发生适用误区,最终影响实体处理结果,产生处罚放大效应,出现越来越多过罚不当现象。

(一)"两法衔接"机制产生背景:宪法渊源和传统理念

"两法衔接"作为解决行政执法与刑事司法体制运行中出现问题的一种机制出现,最初目的是解决二者在各自运行中发生的接合部问题,"坚决克服有案不移、有案难移、以罚代刑现象,实现行政处罚与刑事处罚无缝对接"。① 这在一定程度上就是为了防止行政权力不当扩张。"两法衔接"机制起源于对行政权力与司法权力的再分配和制约平衡的需求,发展于解决行政执法案件向刑事司法案件转化的各项具体要求,体现于刑事诉讼法为代表的法律相关条文、司法解释,以及国务院及相关部门的规范性文件或部门规章中。② 回顾"两法衔接"在我国的实践,其作为一项党和国家战略任务被提出,是在2013年11月12日党的十八届三中全会上。此次会议提出要将"完善行政执法与刑事司法衔接机制"作为全面深化改革的重大问题之一。随后,2014年10月23日党的十八届四中全会明确指出了"两法"衔接中存在的

---

① 《中共中央关于全面推进依法治国若干重大问题的决定》,载中国政府网2014年10月28日,https://www.gov.cn/zhengce/2014-10/28/content_2771946.htm。

② 现行"两法衔接"制度沿革和规范体系的具体现状,参见周秀银:《习近平法治思想下"两法衔接"体系构建研究》,载《政法学刊》2022年第6期;张琳林:《行政执法与刑事司法衔接制度沿革综述与制度展望》,载《新疆警察学院学报》2018年第3期。

问题是"有案不移、有案难移、以罚代刑"等现象,指出要"健全行政执法和刑事司法衔接机制",以"实现行政处罚和刑事处罚无缝对接"。①

可以看出,"两法衔接"的本质,是对我国宪法视野下政治体制架构及其主导下权力分配、运作机制做进一步权力划界、理顺和深层次调整。② "两法衔接"中的司法机关、行政机关的定位和分工,可以在宪法中找到渊源。现有规范体系,也着眼于如何划分、理顺、调整司法权力和行政权力。可以说,对"两法衔接"主体定位和分工的准确把握,就是"两法衔接"机制规范运行的起点。

作为当时历史条件下从根本上解决行政执法领域"有案不移、以罚代刑"执法顽症,有效衔接行政执法与刑事司法的制度解决方案,"两法衔接"体现出其巨大的制度价值。但是在其产生和发展的过程中,由于重刑主义思想影响,加上其产生之初的制度意图是解决前述"应刑不刑"问题,"两法衔接"的制度构建,始终偏好于刑事司法制度,呈现刑事诉讼证据证明要求高、刑事司法措施优先适用、优先追究刑事责任、人民检察院在刑事诉讼中主导行政执法和刑事司法衔接工作等特点。③ 上述特点,成为"两法衔接""刑事优先"传统理念的集中体现。

(二)"两法衔接"运行现状:主体定位和分工的认识误区,与"刑事优先"理念共同作用,产生处罚放大效应

实践表明,正是因为与主体定位和分工密切相关的主体地位规则、行为效力规则没有得到准确的把握,加上刑事司法优先的惯性,导致行政执法环节主体意识弱化。在上述因素的共同作用下,在事实认定、证据转化规则上出现适用误区,最终影响实体处理结果,产生处罚

---

① 练育强:《"两法"衔接视野下的刑事优先原则反思》,载《探索与争鸣》2015年第11期。
② 参见闻志强:《"两法衔接"之功能与价值分析——基于法治中国建设全局视野下的考察》,载《西南交通大学学报(社会科学版)》2016年第1期。
③ 参见周秀银:《习近平法治思想下"两法衔接"体系构建研究》,载《政法学刊》2022年第6期。

放大效应,出现越来越多的过罚不当现象。

1. 衔接主体地位和行为效力规则发生误读、误解

就主体地位来说,根据《刑事诉讼法》第7条的规定,在刑事诉讼程序中,缉私部门与检察院之间是分工负责、互相配合、互相制约的关系。他们不是上下级关系,更不是互相依附关系。从刑事诉讼主体地位规则上看,检察院退回缉私的不起诉案件,作行政处理时,不应当依附于检察院的不起诉决定,更不应当直接适用检察院的结论。

就行为效力而言,以检察院因为存疑等原因作出的相对不起诉决定为依据,得出"检察院认为构成走私罪,转为行政处理时只能按走私定性"的推论,隐含了"构成走私罪"的前提,放大了相对不起诉决定的法律效力,与《刑事诉讼法》第12条规定冲突:"未经人民法院依法判决,对任何人都不得确定有罪。"检察院不起诉决定中关于当事人行为构成犯罪但不需要追究刑事责任的结论,不是法定的有罪依据。

2. 行政主体意识弱化,执法独立性规则被忽视

《行政处罚法》第40条规定了行政处罚必须事实清楚、证据充分的原则。① "两法衔接"刑事案件转行政处理需要给予行政处罚的,亦必须坚持这一原则,必须依法对案件事实、证据进行全面审查,坚持行政执法判断标准的独立性,确实不构成走私或者定性走私存在重大疑问的,不应当按照走私处理。

前文已述,检察院的不起诉决定中关于行为人构成走私罪的意见,根据《刑事诉讼法》第12条的规定,不能作为证明行为人有走私罪的结论直接引用,也就不能由此直接推论行为人构成走私。因此,行政案件的事实来源,应当也必须是在案的证据。必须根据在案证据来全面、综合评价,得出符合证据规则的实体结论。行政处罚必须查明的"事实",应当也只能通过证据证明,不能被不起诉决定"捆"住手

---

① 《行政处罚法》第40条规定:"公民、法人或者其他组织违反行政管理秩序的行为,依法应当给予行政处罚的,行政机关必须查明事实;违法事实不清、证据不足的,不得给予行政处罚。"

脚,预设条件认为此类"刑转行"案件必须定性为走私。应当定性为违规的,就应当依法定性为违规,不受之前刑事程序的限制。这既体现行政权与司法权相分立原则,保持了行政执法判断标准的独立性,又体现了行政执法与刑事司法之间的延续性与关联性,完全符合《刑事诉讼法》《行政处罚法》的要求。

三、以中国式现代化推进法治海关建设,完善"两法衔接"中海关行政执法水平的路径建议

中国式现代化要求在法治轨道上全面建设社会主义现代化国家,推进法治海关建设。以"两法衔接"为切入口,可以通过以下路径,在海关法领域有效实践中国式现代化的愿景。

(一)牢牢把握中国式现代化在海关行政执法领域的落脚点——把握"公平正义"

在宏观方向上,中国式现代化建设要求坚持高质量发展,推进法治中国建设,法治海关建设,有针对性地破解难题,以实现公平、正义为出发点和落脚点,坚持以人民为中心,牢牢把握社会公平正义这一法治价值追求。① 这就是中国式现代化在海关行政执法领域的落脚点。要避免机械执法、过度执法,从而为高质量发展建构规范统一、高效有序以及公平竞争的良好环境。②

在微观问题上,如果说"努力让人民群众在每一个司法案件中感受到公平正义"是司法领域的中国式现代化微观体现,那么,努力让人民群众在每一个行政执法案件中感受到公平正义,在每一个刑事司法行政执法衔接案件中感受到公平正义,同样应该是法治领域中国式现代化的微观体现。

在走私刑事案件不起诉后的"两法衔接"中,应当真正确立公平正

---

① 参见李少文:《中国式现代化的法治内涵及其实践路径》,载《马克思主义研究》2023年第4期。
② 参见彭中礼:《中国式法治现代化的法理意蕴》,载《求索》2023年第3期。

义的价值取向,把宏观、抽象的公平正义落实到具体行政执法行为合法性合理性要求中,最大限度减少刑事不起诉后的在行政处理环节的过罚不当,避免当事人在刑事司法阶段"活"过来,却在行政执法阶段"倒"下去。

(二)着眼行政执法顶层设计现代化,提升"两法衔接"立法层级,构建双向衔接体系

当前,"两法衔接"的法律规范,更多的是在当时的历史条件下,解决涉嫌犯罪的案件止步于行政执法环节的问题,解决"有案不移、有案难移、以罚代刑"的问题。[1] 正是基于适应和解决此问题的需求,出现了前文所述"两法衔接"制度规范的单向体系特征。为此,可以将走私案件"刑行转化"作为突破口,在顶层设计上,构建和完善刑事向行政转化的衔接体系,从而形成双向衔接的完善体系。

当务之急是梳理现有对实践具有较大指导意义的规范性文件,提升立法层级,提升规范适用效果。其中,最紧迫的是构建较高立法层级的两法双向衔接的证据转换和采用规则。对于已经合法收集在案的证据,无论是行政执法收集还是刑事司法收集,确立同等证明力原则、避免双重审查原则,确立科学、规范的证据转化规则。

(三)着眼行政执法理念现代化,正确把握"两法衔接"思维,确立刑事与行政并重的理念

渊源于民事与刑事交叉领域的刑事优先原则,在"两法衔接"的理论和实践中得到广泛认同和具体实施。[2] 刑事优先的传统理念和思维,影响了"两法衔接"的方方面面。诸如刑事严于行政、刑事高于行政、刑事重于行政、刑事优于行政,都是这种传统理念和思维的具体体现。

走私刑事案件不起诉后追缴走私等值价款的实践表明,随着经济

---

[1] 参见周秀银:《习近平法治思想下"两法衔接"体系构建研究》,载《政法学刊》2022年第6期。

[2] 参见练育强:《"两法"衔接视野下的刑事优先原则反思》,载《探索与争鸣》2015年第11期。

社会形势的发展,刑事处罚并不是必然严于行政处罚。在"追缴等值价款"的语境下,行政处罚在财产责任的承担上,甚至远远大于刑事处罚。早在2010年最高人民法院发布的行政审判指导案例"枣庄永帮橡胶有限公司诉山东省枣庄市国家税务局税务行政处罚案"中①就体现出刑事处罚并不是必然重于行政处罚,刑事高于行政或优于行政,不应当成为一成不变的准则。

在推进中国式现代化的今天,在比任何时候都强调公平正义的今天,必须革新理念,以解决追缴等值价款产生的过罚不当问题为突破口,明确确立行政处理不依附于不起诉决定的原则,确立的刑事与行政并重的新思维新理念。要强调独立分析和处理刑事转行政案件,不可直接把"不构成走私犯罪"等同于"不构成走私犯罪就构成走私行为"。通过理念的革新、思维的转变,以公平正义的中国式现代化价值导向,实现走私刑事不起诉案件的"应然"分流;走私刑事存疑的案件,在行政处理阶段,也应当独立审查存疑点。对于经依法实质审查后仍然无法排除合理怀疑的存疑案件,就按照《行政处罚法》的要求,认定不构成违法,从而从根源上防止过罚不当现象的发生。

(四)着眼行政执法能力现代化,提高在法治原则下解决具体问题的能力

按照问题导向的原则,在两法协同得到根本解决之前,要以法治海关建设为方向,实现公平正义为归依,加大对具体、突出问题的解决力度,提升执法能力,以务实的策略,破解立法滞后的枷锁。对于"追缴等值价款"过罚不当这一具体问题,在现有法律规范体系下,在《海关法》修订"追缴"条文之前,确立"追缴等值价款"案件过罚相当的原则和具体减轻、免除追缴的具体适用情况、适用条件,让一线执法有据可依。具体而言,可以规定以下"四减轻"条件。

一是存疑减轻。对于构成走私存在实体疑问的案件,把存疑部分

---

① 江必新主编:《中国行政审判指导案例》第1卷,中国法制出版社2010年版,第69页第14号案例。

排除出追缴等值价款范围。全案存疑,则不追缴;部分存疑则排除部分。这是最重要但是也最挑战执法理念、执法能力、执法自信的适用情形。对于经检察院审查作出存疑不起诉的案件,重点审查事实和证据的疑点内容,如果疑点对走私实体构成合理挑战的,应当实事求是,对存在无法排除的合理怀疑的部分,依法不认定为走私,转而适用违规处罚的规定予以处理,从而从根本上实现走私存疑案件的过罚相当。

二是比例减轻。按照实际造成税款损失占应纳税款比例实施追缴,避免全部追缴。适当扩展现有通关环节低报价格走私"应当没收与偷逃税款占应纳税款比例相对应的走私货物"的适用范围。对于通关环节走私偷逃税款与应纳税款存在数额差异的涉税走私普通货物案件,均可适用比例减轻。实践中经常出现的"包税"型通关走私,经审查证据可以认定货主支付的"包税费"具体包括或概括包括通关税费的,对于货主的处理,可以按照比例没收的原则,追缴实际造成税收损失对应的货值。

三是份额减轻。明确实际通关、闯关走私行为人与货主的责任分担机制,合理确定追缴的份额,避免责任扩大。适用该情形的难点主要是走私行为人与货主没有同时到案或同案件分案处理等情形。按照现行实践,由于准确评价和审查未到案的嫌疑人难度较大,因此,干脆不作评价,针对已经到案的嫌疑人进行全案追缴,由此造成公平正义在很大程度上缺失。因此,可以探索建立分情况、分类型的追缴份额标准,根据已查明的同案主体数量、作用,设定已到案主体责任份额,统一适用,避免出现"先到案全追缴""不到案不追缴"的不合理情况。

四是地位减轻。对于共同走私的多个主体,适用主从犯情节衡量追缴数额。"地位减轻"与"份额减轻"的共同点在于均涉及被追缴主体地位和作用的审查,均着眼于避免对单一主体追缴全案价款。关键区别在于"地位减轻"主要评价被追缴主体在共同走私中的地位和作用,而"份额减轻"主要审查共同走私中被追缴主体的数量。同时,"地位减轻"还有一个更重要的适用对象,就是"间接走私"的追缴。按照间接走私的构成要件和处理原则,间接走私行为人构成单独的走私,与直接走私行为人并不构成共同走私的关系。对于间接走私的现行刑事制裁规定,当前也呈现突出的过罚不当矛盾,不在上述讨论范围,但是伴生的不起诉后追缴等值价款过罚不当问题,也同样突出,亦应考虑对于间接走私案件适用地位减轻的追缴办法,根据具体情节,减轻追缴数额,避免全案追缴。

四、结语

中国式现代化下的法治海关建设,提升海关行政执法质量和水平,可以促进"两法"双向衔接体系的高质量发展,最终提升宪法体系下司法权力、行政权力的运行水平。在更加强调公平正义的新时代,在中国式现代化伟大实践的过程中,期待理论界与实务界共同努力,在解决一个又一个实际问题、难题过程中,最终达成中国式现代化在法治海关建设中成功实现的愿景。

The Practice Path of Improving the Connection of Criminal Justice and Administrative Law Enforcement
—Taking the Case of Recovering the Equivalent Value of Smuggling Goods after Non-prosecution as an Example

FENG Haibin

[Abstract] Developing the rule of law in China and comprehensively building a modern socialist country on the track of the rule of law are the inherent requirements of building socialism with Chinese characteristics. These tasks point out the direction for resolving various contradictions and problems in current customs administrative law enforcement. Based the case of recovering the equivalent value of smuggling goods after non-prosecution, which is enforced by customs as administrative penalties, this study summarizes outstanding problems in practice. The analysis starts from the constitutional origin and practical development of the mechanism concerning the connection of criminal justice and administrative law enforcement. Specific suggestions are put forward to uphold fairness and justice, and solve existing problems from four aspects: top-level design, law enforcement concepts, law enforcement procedures, and law enforcement capabilities.

[**Key words**] connection of criminal justice and administrative law enforcement; recovering the equivalent value of smuggling goods; customs administrative law enforcement; construction of a law-based customs; Chinese path to modernization

浅析中国海关特殊监管区域的实践特征与优化路径

——基于中西自由区学术研究的分析视角

陈昌燕*

[摘　要]　通过着力于世界自由区的历史发展、学术研究的局限性以及方向性思考,运用和结合东西方学者的相关学术研究资料,以及中国海关特殊监管区域的历史实践,尝试阐述自由区在中国的历史发展进程,即中国海关特殊监管区域的实践路径以及六大特征,思考在新时期发展中应坚持和关注的要点。

[关键词]　自由区;中国式现代化;实践特征;海关特殊监管区域

现代意义上的自由区经过60多年的发展,已经遍布全世界,并成为全球供应链中的重要一坏,积极促进了各国的经济发展。

中国的自由区,以狭义而言,用世界海关组织(World Customs Organization,WCO)关于自由区的定义作为限定,严格意义上仅仅包括了海关监管的六种形态的自由区(保税区、出口加工区、保税物流园区、保税港区以及综合保税区和跨境工业区)。从广义上而言,向多功能综合化发展不断升级创新结构且融合了金融、保险、商贸、科

---

* 陈昌燕,金陵海关企管处副处长,海关总署保税业务专家(三级)。

技、口岸等多功能的自由贸易港和自由贸易试验区,是更宽泛的领域。本文仅探讨世界海关组织界定范围内的自由区,即海关特殊监管区域。

本文通过梳理自由区的世界性发展历程,阐述目前西方学界的理论研究局限性,尝试探究在历史实践中形成的中国海关特殊监管区域的实践特征,以丰富该理论研究的现实维度,同时思考如何在新时期坚持自由区的新发展。

一、自由区的世界发展历程

我们谈及自由区的历史研究,不仅仅是研究其在中国的发展历史,因为现代意义的自由区是自由资本逻辑的产物,我们不可避免地要谈到它的起源和发展,离不开西方对其的探索,以及它如何在几次经济发展浪潮中最终在中国诞生和发展,并结合中国的客观实际的一个演变历程。

自由区并不是一个新概念。它们至少和西方文明一样古老,根据有关文献记载,世界上最早有文字记载的开展自由贸易的地方是公元前166年希腊的提洛岛(TILO),很多西方学者称其为第一个自由港的雏形,它是当时整个地中海的国际仓储和贸易中心。12世纪,汉萨同盟(Hansa)开始在北欧开展活动,并在整个欧洲建立了贸易殖民地,也构建了一些自由贸易区域,包括汉堡和伦敦的钢院(Steelyard)。

19世纪,英国和法国殖民者开发了直布罗陀(1705年)、新加坡(1819年)、中国香港(1841年)、亚丁(1853年)和吉布提(1859年)成为自由港或自由贸易区。1923年,墨西哥在北部两个边境建立了自由贸易区墨西哥城和蒂华纳。1934年,美国国会通过了《对外贸易区法》,[①]允许在该国不同地区建立此类区域。这些自由港和自由贸易区

[①] 在1934年,当美国仍然处于大萧条之中时,国会通过了《对外贸易区法》。对外贸易区指的是在美国海关和边境保护局的监督下,由美国对外贸易区委员会授权建立的一个安全区域。1936年,纽约市的布鲁克林区设立了美国第一个对外贸易区。

主要从事有限的商业活动,如转运、储存、包装和再出口。

20世纪二三十年代的全球经济萧条后,各国也提出了对"贸易保护主义"的反思,使得推进更加顺畅的国际贸易以及提高各国的开放政策能够得到世界的广泛共识并得以实现。20世纪50年代末至60年代中期,出现了第一批集贸易和制造功能于一体的自由贸易区。爱尔兰香农自由贸易区1959年成立,号称是第一个"现代"自由贸易区。20世纪60年代后半期和整个70年代是经济特区发展的"黄金时期",发展中国家的出口加工区总数从1970年的11个猛增到1981年的96个(Basile and Germidis,1984:22①)。

根据联合国贸易和发展会议(UN Trade and Development, UNCTAD)提供的数据(2019年),自由区数量从20世纪80年代的不足200个增加到目前140多个国家的5000个。② 绝大部分自由区位于亚洲。自由区有很多种类型,甚至有更加多种用来描述的专业术语,"自由区""特殊经济区""经济区""自由贸易区"等。唯一正式定义和程序性规范自由区的国际公约是《关于简化和协调海关制度的国际公约》,即《经修订的京都公约》(以下简称《京都公约》),是世界海关组织最重要的国际公约之一。《京都公约》专项附约D第2章对自由区定义如下:"自由区"系指缔约方境内的一部分,进入这一部分的任何货物,就进口税费而言,通常视为在关境之外。

我国的自由区发展,始于1965年中国台湾地区高雄市的出口加工区,随着经济全球化进程的深入也在全国各地都有了蓬勃发展,并且作为发展成功的典型案例,作为案例研究(Case Study)在国外的关于自由区的研究论述中被反复提到和研究。

自1990年起,为适应不同发展时期国家外向型经济需要,海关特殊监管区域在中国逐步发展。截至2024年7月,全国有172个海关特

---

① See Basile,A. and Germidis,D. (1984) Investing in Free export Processing Zones. Development Centre of the Organisation for Economic Co-operation and Development.

② See World Fzo Outlook Report 2020, https://www.worldfzo.org/Portals/0/OpenContent/Files/614/WorldFZOOutlookReport2020.pdf.

殊监管区域,其中综合保税区有165个。① 2013年,以上海保税区等在内的4个海关特殊监管区域为载体,上海设立了第一个自贸试验区。截至目前,中国已经分多批次批准了22个自贸试验区。

中国的海关特殊监管区域在推动中国参与高水平开放、稳步扩大制度型开放,打造市场化法治化营商环境,吸引和利用外资并参与国际循环的历程中,发挥了不可或缺的重要作用。

二、自由区的研究历史局限性和反思

现代意义上的自由区被普遍认为是现代自由贸易框架的产物,也是第二次世界大战后在发展中国家广泛建立和发展的。从最早的香农到后来的南美洲和非洲地区、中东地区、亚洲地区以及在中国的发展,自由区在很长的一段时间里都是研究的焦点。世界银行组织、国际劳工组织、联合国等部门都做过专项的研究和分析。

(一)自由区的研究争议

关于自由区对国家经济的发展一直存在争议。新古典经济学认为不发达问题是国家一级的资源分配问题,并提出"最佳干预":旨在纠正资源分配的扭曲,试图创造类似自由贸易的条件(Milner,1988②)。20世纪70年代,联合国工业发展组织③(United Nations Industrial Development Organization, UNIDO)成立专门项目,在爱尔兰香农自由区成功的框架基础上,帮助发展中国家通过建立出口加工区

---

① 参见《170多个海关特殊监管区域贡献全国近五分之一进出口值》,载海关总署网2024年7月31日,http://gdfs.customs.gov.cn/customs/xwfb34/mtjj35/6012957/index.html。

② See Helen V. Milner, *The Political Economy of International Trade*, Annual Review of Political Science 1999 2:1,91–114.

③ 联合国工业发展组织是联合国大会的多边技术援助机构,成立于1966年,1985年6月正式改为联合国专门机构。总部设在奥地利维也纳。其任务是"帮助促进和加速发展中国家的工业化和协调联合国系统在工业发展方面的活动"。其宗旨是通过开展技术援助和工业合作促进发展中国家和经济转型国家的经济发展和工业化进程。

以提高出口生产。① 世界银行在1992年一份题为出口加工区的评估报告②中,表示这些出口加工区不仅在静态评估中体现出对外汇收入和就业的积极影响,他们对持续的政策改革也作出了积极贡献。科利尔(Collier,2007)③将世界上"最底层十亿"人口的存在归咎于50个"失败的国家"。对这些国家来说,唯一的解决办法是"建立一个充满活力的制造业部门,而没有比出口加工区更好的办法了"。这些有利的评价强调自由区在吸引外国投资、创造就业和增加出口方面的正面效应。负面的讨论包括基础设施供应中的过度浪费;碎片化生产;较低的国内增加值;工资不平等(Xiangming Chen,1995)。④

这些基于经济研究的概念框架往往忽略了政治和社会文化因素,甚至忽略了第二次世界大战后其发展的特殊背景。Prebisch 提出基于对全球体系中商品和资本流动的分析,帝国主义使世界许多地区只不过成为制造业原材料的供应商。前殖民地的持续困境和去殖民化后国家的持续繁荣,是因为制成品在出售给生产原材料的国家时,前殖民政权获得了巨额的收益(Prebisch,2009)。⑤ 以加勒比和亚洲的一些前欧洲殖民属地之间的早期贸易关系为例,自由区仍然被设计为生产香蕉或糖等"旧"主食的贸易(Patrick Neveling,2010)。⑥ 中南美洲在独立后占国际分工的格局并没有太大改变。

(二)"西方中心"视角的局限性

全球资本流动需要的不仅是获得跨国界的劳动力通道、资源通

---

① 参见世界出口加工区协会历史,http://www.wepza.org/history。
② See Special Economic Zones, World Bank, eds. T. Farole and G. Akinci.
③ See Collier, Paul, *The Bottom Billion: Why the Poorest Countries Are Failing and What Can Be Done About It*, Oxford University Press, ISBN 0195311450, p. 13, 205.
④ See Chen, X. (1995), *The Evolution of Free Economic Zones and the Recent Development of Cross-National Growth Zones*, International Journal of Urban and Regional Research, 19: 593 - 621.
⑤ See Raúl Prebisch, *Latin America's Keynes*, The Economist, Mar. 5th 2009.
⑥ See Patrick Neveling, *Export Processing Zones / Special Economic Zones*, https://doi.org/10.1002/9781118924396.wbiea2290.

道和市场通道,而且也需要得到保护以免受来自反向流动的侵害,以及经济和社会的分裂。民族国家必须在对全球资本开放国界和阻止某种程度的一体化进程之间进行微妙的平衡。由于西方资本主义文明在开辟出世界历史的同时取得了物质领域和意识形态领域的统治地位,所以它作为世界历史的环节在特定阶段上获得了"绝对权利"。[①] 传统的自由区研究多采用"西方中心"视角,忽略了世界各地民族国家领土的崛起,及其改变全球产业链的框架和世界政治历史格局的可能性。中国海关特殊监管区域的历史实践跳脱出发展中国家在欧美设计的经济架构模型中的从属和支配地位,走出了自己的工业化道路。这拓展了传统的西方中心主义的研究局限性,突破的维度包括但不限于以下内容。

一是在构建时,更关注政治上的独立性。中国的海关特殊监管区域并不是完全"自由"的,它们都受到某种形式和程度的行政管理的影响,设立由国家限定,地方政府成立专门部门实施管理。政策制定会根据经济发展实时修订,但严格遵循各级政府的事权范围限定,以反映不断变化的经济状况。同时,中国提供了高效和稳健的制度环境,这仍然是任何自由区最重要的成功因素之一。

二是在推进中,注重实施架构的多元化和专业化。随着改革深入和经济发展,中国的海关特殊监管区域已经演变成更加多样化和复杂的形式,功能不断丰富。改革以来,中国通过创建灵活变体,以适应快速变化的国际、国家和地方经济条件。为了适应不同时期经济发展和改革开放需要,到 2022 年,从广义而言,中国先后批准了 8 类自由区,分别是保税区(1990 年)、出口加工区(2000 年)、保税物流园区(2003 年)、跨境工业区(2003 年)、保税港区(2005 年)、综合保税区(2006 年)以及以海关特殊监管区域作为重要载体的自由贸易试验区(2013 年)和海南自由贸易港(2018 年)。这在世界其他国家或地区推进自

[①] 参见吴晓明:《"中国方案"开启全球治理的新文明类型》,载《中国社会科学》2017 年第 10 期。

由区的进程中并不多见。

三是在实施中,利用组合比较优势推动集聚发展。充分利用现有要素禀赋所决定的比较优势来选择产业、技术、生产活动,是企业和国家具有竞争力的前提,而且,也是不断积累更为"高级"的生产要素的必要条件(林毅夫、张鹏飞,2006)。① 产业集群的出现以及产业集群内部的企业之间发生相互联系的性质都与国家的经济发展战略有关(林毅夫、李永军,2003)。② 中国超大规模但集中高效的国家治理结构,使政府在调整其产业结构以及制度安排时,能够统筹协调,推动劳动密集型向技术密集型制造业的加速转变。

四是在发展中,实施属地化战略并推动经济带建设。逐步带动形成了较强的国内配套产业链,国产化比例不断提高,海关特殊监管区域内外供应链上的内缘化和本地化趋势明显。注重推动构建几大经济带实现互补优势:如吸纳中国台湾地区的资本和技术;促进中国香港特别行政区的金融服务和交通枢纽;用好大陆(内地)的土地和劳动力以及智力资本,以实现更大规模的属地化集群发展。

三、中国海关特殊监管区域的实践特征

中国的海关特殊监管区域以实践探索丰富了自由区原初的内涵,其发展模式不仅与亚洲其他的发展中国家不同,与日本、韩国等国家主导的"发展型国家"也大相径庭。中国探索出自己的特色道路,并且成为为数不多的成功范例,这给世界上其他发展中国家提供了全新选择。其历史发展路径值得重视,并应研究其特征以促进未来的稳步发展。笔者尝试定义中国海关特殊监管区域的六大实践特征。

---

① 参见林毅夫、张鹏飞:《适宜技术、技术选择和发展中国家的经济增长》,载《经济学(季刊)》2006年第3期。
② 参见林毅夫、李永军:《比较优势、竞争优势与发展中国家的经济发展》,载《管理世界》2003年第7期。

一是探索了中国共产党领导的社会主义的自由区发展。"既有各国现代化的共同特征,更有基于自己国情的中国特色"。因中国地域辽阔、各地差异较大,这种反复试验及不断反馈的机制非常适合采用多样化的政策工具和培育不同的动员组织模式,这让中央政府无论面对何种情况都能找到相应的政策工具。通过结合社会主义和市场经济两大逻辑,在实践中厚植了通往经济社会形态更高阶段的可能因素。[①]

二是探索了规模巨大的自由区发展。2023年海关特殊监管区域进出口值占我国外贸的比重提升到19.2%,以不到全国十万分之五的国土面积,贡献了全国近1/5的外贸进出口值。[②] 2021年,货物贸易进出口规模首次突破6万亿美元。其中,自由贸易试验区进出口增长26.4%,呈现蓬勃发展态势。[③] 海关特殊监管区域作为一种不可或缺的政策工具,在中国成为贸易强国的长期发展中发挥了关键作用,其规模和体量在世界自由区的发展历程中也不多见。

三是探索了以集聚发展为特征构建完整工业体系的自由区发展。依托自由区集聚效应,重点培育和发展成长性好的产业集群,推动关联企业集聚的规模经济效应,形成产业链优势,构建现代工业体系,并依靠技术密集程度更高的产品沿着价值链稳步攀登,与世界上最重要的原材料、高科技和新兴市场建立起物理和经济上的联系。以重庆西永综保区为例,在7.58平方公里的土地上,汇聚了惠普、华硕等多家笔记本电脑生产商,带动1000余家上下游配套企业,全球每生产4台

---

① 参见朱文婷:《世界现代性困境下的中国式现代化:系统结构性应对方案论析》,载《社会主义研究》2022年第6期。

② 参见《170多个海关特殊监管区域贡献全国近五分之一进出口值》,载海关总署网 2024 年 7 月 31 日,http://gdfs.customs.gov.cn/customs/xwfb34/mtjj35/6012957/index.html。

③ 参见《自贸试验区2021年进出口规模增长26.4% 改革开放试验田蓬勃成长》,载中国政府网 2022 年 1 月 7 日,http://www.gov.cn/xinwen/2022-01/17/content_5668626.htm。

笔记本电脑,就有1台出自西永综保区。①

四是探索了更有效率地用好国内国际两种资源的自由区发展。海关特殊监管区域充分利用国内国际两个市场、两种资源规划现代化进程;相继推出增值税一般纳税人改革试点,区内外联动、五大中心建设等,畅通要素循环。随着经济体量增大(如我国经济总量占世界经济总量的比重已达18.5%)和经济结构升级,市场和资源两头在外的国际大循环动能明显减弱,经济发展决定于国内经济循环的特征将日益明显,把实施扩大内需战略同深化供给侧结构性改革有机结合起来,构建新发展格局是经济发展规律在当前阶段的体现。②

五是探索了统筹中西部促进共同发展的自由区发展。海关特殊监管区域的发展关注产业布局,给予政策扶持,引导产业梯度转移和提档升级的同步推进。中西部地区、东北三省74个综合保税区在加工贸易方面表现突出,共实现加工贸易进出口值1.73万亿元,占同期全国综合保税区加工贸易进出口值(2.67万亿元)64.8%。四川、重庆、河南、陕西等地的综合保税区吸引惠普、富士康、三星等一批高端产业及配套制造企业落户,综合保税区进出口值占当地外贸进出口的比重均超过60%,实现了加工贸易向中西部地区梯度转移,也成为所在省市发展外向型经济的重要平台。③

六是探索了发展中国家坚持独立自主发展本国经济的自由区发展。《中共中央关于党的百年奋斗重大成就和历史经验的决议》指出,党领导人民成功走出中国式现代化道路,创造了人类文明新形态,拓展了发展中国家走向现代化的途径,给世界上那些既希望加快发展又希望保持自身独立性的国家和民族提供了全新选择。中国的海关特

---

① 参见《23条举措助综保区高质量发展》,载中国政府网2023年8月19日,https://www.gov.cn/lianbo/bumen/202308/content_6899064.htm。

② 参见林毅夫、付才辉:《中国式现代化:蓝图、内涵与首要任务——新结构经济学视角的阐释》,载《社会科学文摘》2023年第1期。

③ 参见《海关总署关于〈中华人民共和国海关综合保税区管理办法〉》,载海关总署网2022年2月18日,http://pxzhbsq.gxzf.gov.cn/zwgk/zcwj/zcjd/t12940918.shtml。

殊监管区域的发展不仅没有陷入西方构建的体系框架之中,反而以其罕见的发展速度和规模成为全球自由区发展的典范,是对世界自由区现代化理论和实践的重大创新。

四、推动海关特殊监管区域高质量发展的新思考

中国过去40多年的经济飞速崛起,是人类历史上前所未有的"增长奇迹"。中国已无可争议地成为全球经济的重要增长引擎,是国际贸易和投资的引领者。过去几十年的快速增长帮助超过4亿人摆脱了贫困。改革以来涌现的众多经济特区和产业集群无疑是推动中国发展的两个重要引擎。[①]

在如今的产业链重构的布局下,作为引擎的自由区和其带动的产业集群发展无疑要"在面对变化时有坚持、适应或转型的能力",继续推动未来的经济发展,并注入供应链的韧性和可持续性。对此,有几个关注点可以考虑。

一是应专注于促进贸易模式的转变和升级。

2020年9月21日,国务院宣布计划在北京、湖南和安徽省建立三个新的自由贸易试验区。新一批自贸试验区试点重点是技术创新和供应链重组。2023年,国务院印发《全面对接国际高标准经贸规则推进中国(上海)自由贸易试验区高水平制度型开放总体方案》,加快服务贸易开放,率先实施高标准数字贸易规则等。2024年3月,中关村综合保税区通过封关预验收。这是全国首个以"研发创新"为特色的综合保税区。[②] 推动制造业高端化、智能化、绿色化发展,大力发展战略性新兴产业,进一步深化改革以促进新质生产力发展,均是自由区发展应有之义。

[①] See Douglas Zhihua Zeng, *China's Special Economic Zones and Industrial Clusters: Success and Challenges*, World Bank Blogs, April 27, 2011.

[②] 参见《全国首个以"研发创新"为特色的综保区——中关村综合保税区通过预验收》,载中国政府网2024年3月26日,https://www.gov.cn/lianbo/difang/202403/content_6941725.htm。

二是应探索构建差异化发展模型。

多元也会带来稳定。全国不同的特殊监管区域应结合不同发展基础和优势确立发展模型,如江苏省拥有实体经济基础,具备传统制造产业领先的优势,可着力关注战略性新兴产业集群构建;上海和广东拥有更好的金融体系,可以开展金融改革创新升级;福建可以利用积累效应进一步放宽外国投资准入标准,加速投资的流动;海南则可以在"零关税"和简化税制的路上做更多的探索和尝试。

三是应加强与"一带一路"(Belt and Road Initiative,BRI)之间的政策联动效应。

两者之间在促进同样的发展方面存在显著的积极政策联动效应。两者之间的联动应进一步加强,探索"双赢"的政策协同解决方案,最大限度地释放各种政策红利以加快中国贸易的高质量发展。

四是应坚持推动绿色低碳发展。

在欧洲出台"碳关税"、形成绿色壁垒的情况下,实际上会对成本进行重构。原来的成本可能是指劳动力、土地、电力、运输等,现在还要考虑"碳成本"。印度和其他东南亚国家生产工艺是更粗放的,他们也缺少对"碳关税"相应的缓释手段。而我国的新能源优势可以让我们获得更强的成本优势。同时,海关特殊监管区域应支持我们具有全球竞争优势的一些行业的发展,以及逐步积累优势的化工、电气、机械、人工智能、新能源新材料等。

五是应该有自己的文化定义。

随着经济繁荣、社会公正、环境可持续发展,文化被公认为区域可持续发展的第四支柱。可持续的海关特殊监管区域发展需要确定一个区域的特性、价值观和塑造其未来的力量。每个地区都是一个独特的地域,既是一个地理区域,又是一个特定的历史和文化领域。各地区海关特殊监管区域可根据当地文化背景,利用可持续发展原则将文化属性本地化,并成为一种很好的规划工具。

总而言之,中国独特的历史文化奠定了中国特有的发展道路。面对复杂的国内国际形势,中国的海关特殊监管区域应坚持以更开放的姿态、更先进的管理、更稳定的预期,融入开放的世界并走向中国式现代化。

Analysis on Practices and Optimizations of Special Customs Control Zones in China
—From the Academic Perspective of Chinese and Western Free Zones

CHEN Changyan

[**Abstract**] This paper focuses on the historical development of the world's free zones, the limitations of academic research and directional thinkings. It utilizes and combines relevant academic research materials from both Eastern and Western scholars, as well as historical practices from China's special customs control areas. It attempts to elucidate the historical path of the Chinese modernization of free zones and its six practical characteristics, and considers the key points that should be adhered to and prioritized in the development of the new era.

[**Key words**] free zone; Chinese path to modernization; practical features; special customs control area

海关法评论(第13卷)

涉外法治与国际海关法
Rule of Law in Foreign Affairs and International Customs Law

贸易合规与海关涉外法律:海关法律关系的三层逻辑

陈 晖*

[摘 要] 海关法律是调整海关进出境监督管理法律关系的法律,它是建立在国际经济贸易法律关系基础上,基于国家对国际贸易的管理和控制,对进出境货物、物品、运输工具进行监督管理而产生的。海关法律关系的底层是国际经济贸易法律关系,中间层是国家对国际经济贸易管控的法律关系,表层则是海关法律关系。新一轮国际经贸规则重构具有全面性、高标准、强制性、排他性和从边境上到边境内五个新特点。在所谓"核心价值观"支配下,贸易管制措施表现出强化关税和贸易救济措施、在世界贸易组织外拉小圈子、强化对数字经济核心技术出口管制、增设"绿色壁垒"碳关税、"蓝色壁垒"劳工标准、实施域外法适用和"长臂管辖"等六个新的特征。海关涉外法律在主导原则、法律关系要素和司法上表现出五个新的变化。

[关键词] 贸易合规;海关法;涉外法律;法律关系

---

* 陈晖,上海海关学院校长,上海市法学会海关法研究会会长,教授。本文根据作者于 2023 年 6 月 18 日在厦门国家会计学院"首届企业合规建设推进高水平对外开放论坛"上主题演讲整理而成。

引言

海关是进出境监督管理机关,承担着海关监管、进出口关税及其他税费征收管理、出入境卫生检疫、出入境动植物及其产品检验检疫、进出口商品法定检验、海关风险管理、国家进出口货物贸易等海关统计、打击走私、海关国际合作与交流等重要职责和任务。

海关法律是调整海关进出境监督管理法律关系的法律,它是建立在国际经济贸易法律关系基础上,基于国家对国际贸易的管理和控制,对进出境货物、物品、运输工具进行监督管理而产生的。我国现行《海关法》是1987年颁布的,先后于2000年、2013年、2016年、2017年、2021年进行了6次修正。现行《海关法》共有9章102条,包括总则、进出境运输工具、货物、物品、关税、海关事务担保、法律责任等内容。就海关而言,还直接适用《海关关衔条例》《关税法》《国境卫生检疫法》《进出境动植物检疫法》《进出口商品检验法》《食品安全法》,并依据《对外贸易法》《出口管制法》《生物安全法》等法律进行执法。作为国内、国际双循环中的重要联结,海关法律具有很强的涉外性特征。据统计,截至2025年3月1日,我国现有法律305件,其中涉外法律50余件。海关涉及的涉外法律,粗略估计涉及的法律就有20多部。

海关法涉及领域之多、范围之广,特别是在统筹国内法治和涉外法治中的重要性和复杂性,在我国部门法中是少有的,这是由海关是国内国际双循环的连接点所决定的。贸易合规绕不过海关法律,从海关法律理解贸易合规,由于涉及的法律众多,具有一定的复杂性。在法理上有没有一条捷径可以把握这种复杂性呢?笔者认为,从法律关系角度去把握,是有规律可循的。

法律关系是用权利义务的视角去理解社会关系,具体到海关法律中,从法律关系角度理解,不难发现,海关法律关系的底层是国际经济贸易法律关系,中间层是国家对国际经济贸易管控的法律关系,表层则是海关法律关系。当国际经济贸易格局改变,国际经济贸易法律关系发生改变时,首先影响国家对进出口贸易管控法律关系的调整,并进而影响海关法律关系的调整变化。因此,从海关法律关系的底层、中层和表层这三层逻辑关系去把握国际经贸规则的变化,以及贸易管制法律规则和海关涉外法律规则的新特点、新规律,是理解贸易合规的一个重要视角。

一、底层逻辑:国际经贸法律规则的五个新特点

经济全球化经历了三个演进阶段,确立了不同的贸易规则。

第一阶段全球化是货物贸易时代的全球经济规则。率先进行工业革命的西方国家成为生产和制造中心,世界其他国家地区提供原材料和销售市场,形成"一国生产、全球消费"的全球化模式。这一时期的全球化特点就是货物贸易的扩张,财富集聚到一个或几个国家,为保护国家利益,关税壁垒成为国际贸易的主要障碍。为减少贸易保护主义对国际贸易的阻碍,1947年10月达成《关税与贸易总协定》(General Agreement on Tariffs and Trade, GATT),以国民待遇原则和最惠国待遇原则确立了普惠关税制度,其基本宗旨就是"实质性地降低关税与各种贸易壁垒"。从1947年到1973年,GATT经过7轮的市场准入谈判,关税水平显著降低,发达国家下降到3.8%,发展中国家下降到12.3%。各种非关税壁垒也受到约束。

第二阶段全球化是价值链贸易时代的全球贸易规则。20世纪90年代以来,随着出现以互联网为基础的信息技术革命,以及跨洋运输能力的不断提高,实现了在全球范围内配置资源,按照比较优势对技术水平、劳动成本和消费市场进行全球布局,最大限度地节省成本,获取最大经济效益,形成"全球生产、全球消费"的贸易模式,零关税、零壁垒、零补贴("三零")和市场监管一致性成为国际贸易规则的主要特征,除最大限度消除关税和非关税壁垒外,国际市场的统一也显得尤为重要,世界银行的《全球营商环境报告》成为判断一个国家或地区营商环境好坏的重要标准。

第三阶段全球化是数字贸易时代的国际经贸规则。21世纪以来,以互联网、物联网、3D打印、大数据、人工智能、云平台为标志的数字

技术革命兴起,出现了数字经济、数字贸易等与传统货物与服务贸易相区别的新型经济和贸易形态。利用数字化手段推动传统国际贸易和价值链转型升级的新形态不断涌现,全球化组织生产、运输、消费的产业链、供应链、价值链也在悄悄发生改变,全球化生产和消费发生分离,"数字传输+本地生产"成为可能,传统国际贸易规则已经不能适应数字贸易时代的发展,数字贸易规则的制定和协调已经成为亟待解决的问题。

在这样一个因为新技术变革带来的国际贸易方式改变的时代,世界贸易组织(Word Trade Organization,WTO)显然没有跟上时代发展需要,制度功能明显缺位。其原因如下:一是WTO传统谈判方式难以有效达成成效;二是WTO框架仍停留在传统国际贸易一体化阶段,关于数字贸易时代的数字化、低碳化、中小微企业等议题,仍处于诸边谈判进程中或根本未涉及;三是地缘政治因素加剧运行难度,经济效率不再是贸易和投资的主要驱动力,而对共同价值观和地缘战略兼容性的需求越来越多地影响贸易和投资流动。

2016年以来,以《跨太平洋伙伴关系协定》(Trans-Pacific Partnership Agreement, TPP)、《全面与进步的跨太平洋伙伴关系协定》(Comprehensive Progressive Agreement for Trans-Pacific Partnership, CPTPP)、《美墨加协定》(United States-Mexico-Canada-Agreement, USMCA)、《欧日经济伙伴关系协定》(EJEPA)及《全面区域经济伙伴关系协定》(Regional Comprehensive Economic Partnership, RCEP)等为代表的超大型自贸协定(Mega-FTA),正在引领新一轮国际经贸规则重构。这一新的国际经贸规则突出表现为以下五个特点。

一是全面性。

除涉及传统国际贸易消除贸易壁垒,在动植物检验检疫、商品质量、认证等传统经贸议题外,还涉及数字贸易、竞争中立、国有企业、知识产权、补贴政策、公司治理、生态环保、劳工标准、宏观经济政策、投资规则、汇率问题等新议题。

二是高标准。

以关税减让为例,CPTPP将在10年内逐步取消99%的农业和工业品关税。《欧日经济伙伴关系协定》(EU-Japan Economic Partnership Agreement, EJEPA)规定日本从欧盟进口的产品"零关税"率达到94%,而欧盟从日本进口的"零关税"率达到99%。RCEP规定10年内降税到零的货物高达90%。

三是强制性。

TPP、CPTPP、USMCA等区域贸易协定在立法架构上采用分立架构,就纺织品、服装贸易、金融服务等重要议题单独立法,在市场准入、投资、政府采购等领域采取"清单"式,大大提升了国际规则的强制性。此外,这些协定还建立了具有执行力的争端解决机制,设立由缔约方组成的专业委员会负责监督和协调各自领域协议的执行。

四是排他性。

突出地体现在原产地规则和非市场经济条款。原产地标准涉及严苛的区域价值含量及劳动价值含量要求,其中规定了区域价值含量的具体标准,甚至将最低工资等劳工标准纳入其中。非市场经济条款加入了"毒丸条款",排斥所谓"非市场经济国家"。如美墨加协USMCA规定,任何一方和非市场经济国家签订自由贸易协定,将被踢出该协定。

五是从"边境上"转向"边境内"。

传统国际贸易主要聚焦关税和非关税壁垒,主要集中在"边境上",而区域贸易协定将贸易新规则从"边境上"延伸到"边境内",在竞争中立、国有企业、中小企业、贸易便利化、投资政策、知识产权、劳工标准、政府采购、环境产品、数据贸易、电子商务、价值链贸易、监管一致性以及透明度和反腐败等新议题上形成新规则,力求覆盖到市场的所有方面,这些规则的重心从"边境上"措施转向"边境内"政策。

二、中间层逻辑:贸易管制法律规则的六个新特征

传统国际贸易,特别是在WTO规则下,其主基调是自由贸易,贸易管制措施包括关税、贸易救济措施、技术性贸易措施、出口管制、外汇管制等,是作为自由贸易的一种例外而使用。近年来,随着中美贸

易摩擦、新冠疫情、俄乌战争以及地缘政治紧张,在西方出现以所谓"核心价值观"为基础的多边主义合作观,西方国家对国际贸易的管控在不断强化,贸易管制措施被持续放大使用,甚至已经超出 WTO 规则和体系。

美国财政部长耶伦和欧洲银行行长拉加德原本是最坚定的多边主义者,但 2022 年二人分别在彼得森国际经济研究所、大西洋理事会发表演讲,认为当今世界经济效率将不再是贸易和投资流动的主要驱动力,对共同价值观和地缘战略兼容性的需求将越来越多地影响贸易和投资流动。这意味着,无视任何潜在的安全分歧或哲学思想差异的战后经济全球化时代正在接近尾声。耶伦指出,美国应该深化与"严格遵守全球经济体系的运作管理规范和价值观"的国家关系,与"相同核心价值观和原则"伙伴的合作是在重要问题上进行有效合作的关键。

在以"核心价值观"为基础的多边主义合作观支配下,贸易管制措施中的出口管制正成为美欧等西方国家的重要战略武器。美国智库"战略与国际问题研究中心"发布《优化美国出口管制执法方式以维护国家安全》报告,认为,随着核心技术在战略竞争中越来越重要,出口管制已成为美国维护国家利益的重要工具。2022 年 9 月,时任美国国家安全顾问沙利文表示,对俄罗斯的出口管制表明技术出口管制不仅仅是一种防御工具,只要将其稳健、持久和全面的实施,技术出口管制就能够成为美国和盟友的新战略资产。

在意识形态和共同价值观的左右下,贸易管制法律规则出现六个新特征。

一是在 WTO 体系下有针对性地强化关税和贸易救济措施。

首先,使用关税报复性措施。中美贸易摩擦以来,美国根据《对外贸易法》"301 条款",对华分四批使用"301 关税",分别是 340 亿美元清单、160 亿美元清单、2000 亿美元清单、3000 亿美元清单。其中,第一批加征 25% 关税,第二批加征 25% 关税,第三批加征 10% 关税,后提高到 25% 关税,第四批加征 7.5% 关税。

其次,频繁使用两反一保措施。根据世界贸易组织等《世界关税概况》统计,各国普遍实施反倾销措施,美国措施数量最多,覆盖产品最广。截至 2021 年 12 月 31 日,美国共实行 486 条反倾销措施,覆盖 496 项 HS6 位编码的产品品类。中国遭遇的反倾销最多,共遭遇 680 条反倾销措施,覆盖 1085 项 HS6 位编码的产品品类。美国也是实行反补贴措施数量最多的国家,达 170 条,覆盖 384 项 HS6 位编码的产品品类。中国遭遇反补贴最多,达 141 条,覆盖产品 329 项 HS6 位编码的产品品类。

二是在 WTO 外拉小圈子,将中国排除在国际经贸体系外。

区别于特朗普政府,拜登政府大搞政府结盟,脱钩断链,联合盟友共同行动,实施系统、多边的围剿行动。这些小圈子不是区域自由贸易协定,更多的是政治联盟,如建立美国、日本、韩国、中国台湾地区"四方芯片联盟"(CHIP4),针对中国大陆进行芯片封锁;成立"美欧贸易和技术委员会"(TTC),要掌控未来数字经济和数字技术的标准;搞"印太经济框架"(Indo-Pacific Economic Framework, IPEF),包括美国、日本、韩国、印度、澳大利亚、新西兰、东盟十国中七国,将战略重点部署在印度洋和太平洋地区,美国公开声称 IPEF 不是区域贸易协定,不是想申请加入就可以加入;G7 峰会重整旗鼓,2023 年 5 月 19 日至 21 日在日本广岛召开七国集团峰会,美国强调对华"去风险"而非"脱钩",拜登主张有必要重组半导体和重要矿物资源等战略物资的国际供应链,摆脱对中国的过度依赖。

美国"近岸""友岸"计划对我影响逐步显现。美国商务部数据显示,自特朗普政府以来,美国从中国货物进口额占比从 2016 年 10 月的 22.81% 大幅下降到 2023 年 1 月的 15.04%,对加拿大、墨西哥的进口提升 1.94%,至 28.09%,对泰国、马来西亚、菲律宾、越南和中国台湾地区的进口提升 3.04%,至 10.16%。2023 年前 4 个月,中国对东盟、欧盟进出口增长,对美国、日本下降。

三是针对数字经济核心技术,如芯片、关键矿物质等,进行出口管制。

美国通过供应链审查，圈定了四大核心供应链：半导体制造和先进封装、大容量电池、关键矿物和材料、医疗用品和原料药。

2022年8月9日，美国总统签署《芯片和科学法案》，限制3纳米以下的电子设计自动化（Electronic Design Automation, EDA）软件出口中国大陆，禁止美国设备商向中国出售14纳米以下芯片制造设备。8月16日，美国总统签署《通胀削减法案》，对使用来自中国"受关切的外国实体"的原材料或零部件的新电动车不能享受退税，能够获得补贴的汽车必须在美国组装，电池中的材料和关键矿物质，如锂和钴，40%必须来自美国或与美国有自由贸易协定的国家，该比例2027年将达到80%。2023年1月24日，欧洲议会产业暨能源委员会通过了《欧洲芯片法案（草案）》，2023年3月31日，日本宣布将修订《外汇及外国贸易法》相关法令，拟对用于芯片制造的6大类、23项先进芯片制造设备的出口加强管制措施。

四是以气候变化为由，增加新的绿色壁垒——碳关税措施。

碳关税是碳税的一种，是指对在国内没有征收碳税或能源税，存在实质性能源补贴国家的出口商品征收特别的二氧化碳排放关税。

欧盟出台全球首个"碳关税"机制碳边境调节机制（Carbon Border Adjustment Mechanism, CBAM）。2023年4月25日，欧盟理事会通过了CBAM，将在2023年10月1日正式生效，钢铁、水泥、电力、化肥、铝是第一批征收对象，后增加氢，共6类。预计2030年，CBAM将把欧盟碳市场涵盖的所有商品囊括进征税范围。中国是欧盟进口的"碳关税"钢铁、铝产品最大来源国，化肥排名第九，预计受到影响最大。2022年6月，美国《清洁竞争法案》（Clean Competition Act, CCA）草案公布，以美国产品的平均碳排放水平为基准，对碳排放水平高于基准的进口产品和本国产品征收碳税。2022年12月12日，G7正式宣布成立"气候俱乐部"。

五是增加新的蓝色壁垒——劳工标准、强迫劳动，并嵌入供应链体系。

2022年6月21日，美国执行所谓"维吾尔强迫劳动预防法"

（Uyghur Forced Labor Prevention Act, UFLPA），美国海关与边境保护局将根据海关法行使其权力，扣留、排除或扣押和没收该法案范围内的货物，如果进口商能够提供"明确和令人信服的证据"，证明其商品不涉及强迫劳动，则可获得法律豁免权。由于对涉疆商品实行强迫劳动推定，该类商品在5日内被扣留，一旦被认定将被当场销毁。

2022年9月14日，欧盟委员会公布《欧盟市场禁止销售强迫劳动产品条例（草案）》，禁止欧盟经营者参与涉及"强迫劳动"成分产品的经营活动，授权欧盟成员国政府启动对可能含有"强迫劳动"成分的产品及其欧盟经营者的行政调查，海关依据调查结果扣留甚至销毁涉案产品并在欧盟范围内开展禁止"强迫劳动"的统一执法行动。

2023年5月17日，欧盟委员会正式公布了欧盟海关法典改革方案，据称是自1968年欧盟海关同盟成立以来最雄心勃勃、最全面的改革建议，其中一项改革就是增强非传统职能，打击违反欧盟关于气候变化、森林砍伐、强迫劳动等法律法令的非法贸易，捍卫欧盟共同价值观。

六是国内法域外扩张适用，实施"长臂管辖"。

传统一国贸易管制措施仅限制在一国范围内，但以美国为首的西方国家贸易管制措施延伸到本国之外，搞国内法的域外适用、实施"长臂管辖"。

从法理上讲，国家行使域外管辖时受到约束，即所管辖事项和管辖权之间必须存在真实有效的联系，但这种连结点被随意解释和滥用。以美国为例，在属人管辖上，美国1969年《出口管理法》和系列出口管制法规，均禁止任何人将来源于美国的货物和技术出口到被制裁的国家。这实际上是将国籍这一连结点扩展适用于货物和技术。在属地管辖上，突破了传统领土、领空、领海的范围，使用美国金融系统和美元进行交易，客观上对美国造成了影响，美国都有管辖权。考虑美元的世界货币地位以及在国际商业交易中使用的普遍性，这无疑赋予了美国极为宽泛的管辖权。在保护管辖上，如美国基于伊朗发展核技术试图研制核武器的行为危害本国国家安全为由，针对伊朗颁布了

《伊朗核不扩散法》，对发生在美国境外的、涉嫌向伊朗提供"大规模杀伤性武器"的行为实施制裁。在普遍管辖上，美国制定了《全球马格尼茨基人权问责法》，授权美国政府对全世界任何地区从事严重侵犯人权行为的政府官员禁发签证并封存其在美国的资产。

三、表层逻辑：海关涉外法律规则的五个新变化

由于贸易管制措施被放大使用，作为在边境上执行贸易管制措施的海关及海关法律关系发生五个显著新变化，集中体现在海关涉外法律主导原则、海关涉外法律关系要素和海关涉外法律司法上。

一是贸易安全上升为海关涉外法律的主导原则。

贸易便利和贸易安全是自由贸易前进的两个轮子，第二次世界大战以后，贸易便利和自由化一直是国际贸易的主题，2000年以后，重心逐步转向贸易安全。21世纪的前十年，特别是"9·11"事件发生后，美国重点是反恐，特别是防止恐怖主义利用国际贸易渗透，破坏国家安全和公共安全；第二个十年，随着中国等新兴国家的兴起，美国加大了反倾销反补贴、知识产权保护和出口管制，加强了国家经济安全管控，甚至奉行单边主义，以安全为名大肆挑起贸易冲突；第三个十年伊始，新冠疫情肆虐全球，各国纷纷关闭边境，禁止人员往来，全球供应链断裂，国际公共卫生安全成为全球性问题，并成为影响国际贸易的首要因素。

国际贸易中的贸易安全是跨境国际贸易活动中产生的安全，是综合性的安全问题，涉及国民安全、政治安全、军事安全、经济安全、文化安全、社会安全、科技安全、信息安全、生态安全、资源安全、生物安全等，其中重点是经济安全。经济全球化趋势因为贸易保护主义、单边主义等主观因素，或因为疫情等不可抗力等客观因素受阻，贸易安全成为现阶段主导原则。

二是海关涉外法律关系主体范围扩大到供应链以外。

在经济全球化背景下，从事国际贸易是一个复杂的供应链系统，货物的跨境流动涉及很多不同的法律关系和法律主体，调整进出境活

动的海关涉外法律将供应链链条上利益方纳入法律关系主体范围,而贸易管制,特别是出口管制出于保护本国利益的立场,将主体范围进一步扩大,甚至超过了供应链链条覆盖范围,反映了贸易安全主导下的法律关系主体已经超过了贸易便利主导下的法律关系主体范围。

世界海关组织《全球贸易安全与便利标准框架》是第一部将贸易安全放在首位的海关国际法律制度。框架覆盖了供应链上所有主体,规定了"经认证的经营者"(Authorized Economic Operator,AEO),"经认证的经营者"被定义为:"以任何一种方式参与货物国际流通,并被海关当局认定符合世界海关组织或相应供应链安全标准的一方,包括生产商、进口商、出口商、报关行、承运商、理货人、中间商、口岸和机场、货站经营者、综合经营者、仓储业经营者和分销商"。由此可见,标准框架涵盖了供应链上的所有主体。

出口管制法中法律关系的主体范围则要比"经认证的经营者"范围更广,已经从供应链上的主体延伸到供应链以外,甚至是最终用户,即最终使用者,和管制物项有关的所有自然人和法人。美国出口管制法适用范围主要针对美国人、美国商品和一些特定的外国人。当一国企业被认定为"美国人"或涉及来源于美国的产品,都可能使该企业受到美国出口管制法的管辖。我国《出口管制法》主要适用对象不仅包括供应链上各主体,如在货物进出境的主体,包括"发货人"和"代理报关企业","出口经营者",供应链上其他各主体,还包括"最终用户",甚至延伸到"境外的组织和个人"。

三是海关涉外法律关系客体从有形物延伸到服务、技术、数据等无形物。

传统意义上,海关法律关系的客体是进出境运输工具、货物、物品,即"有形物",即使海关职能向非传统职能扩展,例如,对知识产权的边境保护,也是基于知识产权的载体货物或物品进行保护。我国《出口管制法》也是一样,传统意义上的出口管制对象主要集中在两用物项、军品和核材料等,而在贸易安全原则主导下,出口管制法的法律关系客体已经扩展到"无形物",包括信息技术、软件、数据等。

美国出口管制的适用的范围不仅包括实体货物,还包括计算机软件、数据、技术等。美国2018年《出口管制改革法案》对"新兴和基础技术"的界定十分广泛,首先该技术涉及美国的国家安全,其次该技术必须在《国防产品法》及其修正案中所列举的"关键技术"范围之外。法案还专门增加了识别受管制技术的程序。我国《出口管制法》第2条规定,国家对两用物项、军品、核以及其他与维护国家安全和利益、履行防扩散等国际义务相关的货物、技术、服务等物项的出口管制,适用本法。该条同时规定,管制物项包括物项相关的技术资料等数据。

四是海关涉外法律行为由"自由贸易行为"走向"国家管制下的自由贸易行为"。

第二次世界大战以来,经济全球化发展迅猛,以美国为代表的资本主义国家主张贸易自由,并通过GATT和后来的世界贸易组织建立起全球贸易自由的基本规则,规则的核心内容就是消除关税和非关税壁垒,实现货物的自由流动。尽管目前关税和非关税措施被保留,但也受到国际规则的制约。以上关税和非关税措施,都在倡导自由贸易的国际贸易规则的体系范围内,因此都可以被看作鼓励自由贸易的法律行为的法律规则和体系。但是,出口管制法则是在自由贸易以外,加上了基于国家安全的国家管控,虽然从法律上讲是自由贸易规则的例外,实质上已经不受自由贸易规则和体系的约束,海关涉外法律行为由"自由贸易行为"走向"国家管制下的自由贸易行为"。以《出口管制法》为例,对自由贸易行为的管控,一是通过修改"出口"定义,扩大"出口"范围,二是通过规定出口许可制度来实现的。

关于"出口"定义。美国《出口管制改革法案》规定,"export"出口一词,包括:(A)将该物品装运或者运输出美国,包括以任何方式将该物项送出或者带出美国;以及(B)将该物项有关的技术或者原代码放行或者转卖给美国境内的外国人。此外,该法案还对"再出口""转移"进行了界定,并纳入出口管制的范围。我国《出口管制法》中的"出口"不仅包括一般出口,即从境内向境外转移,还包括了过境、转运、通运、再出口,以及从特殊监管区域、保税监管场所向境外出口,以及本国人向外国人提供、出售管制物项。

关于出口许可制度。美国《出口管制改革法案》规定了出口许可证程序。例如,就处理许可证申请来说,要求对拟作出的转运评估,规定了对美国国防工业基础具有重大不利影响的就不得颁发许可证。我国《出口管制法》第 11 条规定,出口经营者从事管制物项出口,应当取得相应的资格。第 12 条规定,国家对管制物项的出口实行许可制度。为敦促国际贸易行为由"自由"走向"国家管制下的自由",第 14 条还规定,出口经营者建立出口管制内部合规制度。

五是海关涉外法律呼吁新的国际多边治理。

海关涉外法律,尤其是出口管制法出于保护国家利益的考虑,在法空间适用原上突破了一国属地管辖原则,域外适用被普遍采用,例如美国《出口管制改革法案》规定管控的物项即使没有经过美国本土,从第二国到第三国,也要受美国《出口管制改革法案》管辖。我国《出口管制法》第 44 条规定,中华人民共和国境外的组织和个人,违反本法有关出口管制管理规定,危害中华人民共和国国家安全和利益,妨碍履行防扩散等国际义务的,依法处理并追究其法律责任。从国内法来看,各国出口管制法的域外适用规定虽然保护了本国国家利益,但也造成了管辖上的混乱,会造成国家和国家之间的法律冲突,破坏法律的稳定性和可预期性。从国际法来看,《关于常规武器与两用产品和技术出口控制的瓦森纳协定》是由美国等西方国家所控制的多边法律,它是一种建立在自愿基础上的集团性出口控制机制。虽然该协定声称不针对任何国家和国家集团,不妨碍正常的民间贸易,也不干涉通过合法方式获得自卫武器的权力,但无论从其成员国的组成还是该机制的现实运行情况看,它具有明显的西方集团性质和针对发展中国家的特点。随着中国等新兴国家的崛起,特别是中国已经成为世界上第一大货物贸易国,世界第二大经济体,以美国为代表的西方国家企图以"国家安全"为借口,用出口管制来限制正常国际贸易的发展,阻碍中国发展。在此背景下,尤其需要突破美国等西方国家的国际"安排",建立起发达国家和发展中国家平等对话和协商机制,以及新的国际多边治理法律体系。

结语

今天,我们面临全球气候变化、地缘政治紧张、多边贸易体制受到挑战、美欧急于贸易脱钩断供、重新平衡供应链、单边制裁、极限施压等这样一个复杂多变的时代,用一个时髦的词概括就是"乌卡时代"(VUCA),即易变性(Volatility)、不确定性(Uncertainty)、复杂性(Complexity)及模糊性(Ambiguity),特别是美国等少数西方国家利用各种借口,对我国企业滥用出口管制措施和无理实施歧视性限制措施,干预正常贸易往来和市场行为,给我国进出口企业带来了巨大的贸易合规风险。

习近平总书记曾引用刘向《说苑·谈丛》中的一句话,"不困在于早虑,不穷在于早豫",要想不陷入困境,就须提前谋划,要想不至于绝境,就须事先预防。习近平总书记提醒我们,要从忧患意识把握新发展理念,进一步扩大开放、维护多边国际贸易秩序。

基于海关涉外法律关系的三层逻辑,要有效应对国际贸易挑战,特别是以美国为首的西方国家贸易管制措施,尤其是频繁使用的出口管制措施对我国的影响,就必须有针对性地在底层逻辑、中间层逻辑、表层逻辑上采取系统性应对措施。

一是在底层逻辑上要始终坚持多边自由贸易规制的立场。在国际经贸规则上坚持经济全球化正确方向,推动贸易和投资自由化便利化,推进双边、区域和多边合作,坚决维护多边贸易秩序,推动 WTO 改革,将数字贸易等新型国际贸易纳入 WTO 体系和制度中,推动建设开放型世界经济,维护自由贸易。如果底层逻辑不变,国际贸易自由化的方向不变,受多边国际规则的规制不变,中间层和表层逻辑会始终受到底层逻辑的约束,就要不出多少花招。

二是在中间层逻辑上要始终反对不受 WTO 约束的贸易管制措施。要积极参与全球治理体系改革和建设,坚定维护以联合国为核心的国际体系,以国际法为基础的国际秩序,反对搞针对特定国家的阵营化和排他性小圈子,反对保护主义、反对"筑墙设垒""脱钩断链",反对单边制裁、极限施压、"长臂管辖",所有贸易管制措施都应受到WTO规则的约束。

三是在表层逻辑上要完善我国以海关法为核心的海关涉外法律体系建设。要形成完备的海关涉外法律规范体系、高效的海关涉外法律实施体系、有力的海关涉外法律保障体系。要在总体国家安全观指导下,制定和实施我国贸易管制措施。要重点建立出口管制法律体系,出口管制反制措施要系统设计,精准实施。实施出口管制措施的目的,是为了防止他国不滥用出口管制措施,维护国家利益,维护国际公平贸易秩序。

Trade Compliance and Foreign-related Customs Laws: The Three-Tier Logic of Customs Legal Relationships

CHEN Hui

[**Abstract**] Customs laws are regulations and statutes that govern the legal relationships arising from customs control over inbound and outbound movements. These laws are based on international economic and trade legal relationships, and they emerge from the control of international trade, including the oversight of goods, items, and means of transport. Customs legal relationships consist of three levels, with legal relationships in international trade as the underlying layer, those in control over international trade as the intermediate layer in, and those of customs as the superficial layer. The new round of restructuring of international economic and trade rules exhibits five new characteristics: comprehensiveness, high standards, compulsion, exclusivity, and the extension from border to border. Under the guidance of so-called "core values", trade control measures have shown six new features: strengthening tariffs and trade remedy measures, forming small circles outside the WTO, tightening export controls on core technologies in digital economy, adding "green barriers" such as carbon tariffs, "blue barriers" like labor standards, and implementing extraterritorial law application and long-arm jurisdiction. Customs foreign-related laws have demonstrated five new changes in dominant principles, elements of legal relationships, and jurisprudence.

[**Key words**]　trade compliance; customs law; foreign-related law; legal relationships

美国单边出口管制和经济制裁：
航运业的法律风险与合规问题

赵德铭　孙一鸣[*]

[摘　要]　航运业被美国主管当局看作美国出口管制、经济制裁风险最大的行业之一。通过透视美国单边出口管制和经济制裁逻辑，结合案例，切实分析航运业在运营过程中面临的美国出口管制和经济制裁风险及挑战，并提出相应的合规建议。

[关键词]　美国；出口管制；经济制裁；航运业

一、引言

自第二次世界大战结束以来，出口管制和经济制裁成为美国打压战略竞争对手、维护霸权地位的两大经济武器。美国政府通过单边以及多边的出口管制机制，扩大并强化对敏感技术、战略物品及其他两用物项的出口管制，管制范围远超出大规模武器以及运载工具的防扩散范畴；通过单边或者多边的经济制裁，针对制裁对象（包括所制裁的国家、地区、实体和个人）采取屏蔽美国经济资源的禁运或者限制性措施。美国单边出口管制与经济制裁措施，完全依据其国内法，以维护国家安全和外交政策为目的。对不同制裁对象，美国采取不尽相同的

---

[*]　赵德铭，博士，北京市环球律师事务所上海分所合伙人；孙一鸣，北京市环球律师事务所上海分所律师助理。

制裁措施,或全面禁运,或对金融、贸易等方面采取清单式制裁。目前,美国出口管制和经济制裁对象的数量日益增加,出口管制与经济制裁的范围也愈加广泛。

国际航运业受到美国出口管制与制裁的影响巨大。根据航运经纪公司 Braemar ACM 2019 年的统计数据,当时全球运营的超大型油船中有 1/5 受到美国制裁的影响,超过 1/6 的苏伊士型油轮和 1/10 的阿芙拉型油轮面临美国的贸易限制。① 在美国制裁的影响下,不仅受制裁国家和地区的航运业承受着巨大的压力,在货物运输、保险和融资方面等也受到极大限制,非制裁国家和地区的航运公司也直接、间接受到美国管制与制裁政策的不利影响,航运公司面临货源减小、纠纷增加、航线调整、合规成本上升等种种不利因素。这些问题对全球航运业的健康发展构成威胁,迫使航运公司为预防风险,化解危机寻找应对策略。而航运企业做好应对措施的前提,是了解美国单边出口管制与经济制裁的逻辑。

二、美国单边出口管制逻辑

(一)法律依据

美国针对军民两用物项②和军用物项的出口管制,法律依据有所不同。

1. 第一部针对军民两用物项的出口管制法是 1979 年颁行的《出口管理法》(Export Administration Act,EAA)。该法至 1994 年已经过期,此后主要是由总统通过《国际紧急经济权力法》(International Emergency Economic Powers Act,IEEPA)每年宣布紧急状态,临时适用 EAA 对应的美国商务部规章——《出口管制条例》(Export Administration Regulation,EAR)。至 2018 年,美国通过了《出口管制

---

① See Sam Chambers, *One in five VLCCs hit by sanctions*, https://splash247.com/one-in-five-vlccs-hit-by-sanctions/, October 14, 2019.

② 根据 EAR 第 730.3 节,军民两用物项指既可以用于商业或民用用途,又可以用于或改用于常规武器或者大规模杀伤性武器等军事目的的物项。

改革法》(The Export Control Reform Act,ECRA),为 EAR 的实施提供长久的法律依据,并另外增加了对新兴与关键性技术的管制要求。

2. 针对军用物项,出口管制的法律规范主要包括《武器出口管制法》(Arms Export Control Act、AECA)及其实施细则《国际武器贸易条例》(International Traffic in Arms Regulation,ITAR)。

(二)美国两用物项出口管制机制

美国出口管制涉及的管理部门有商务部、国务院、国土安全部、司法部、能源部等。其中,军用物项的出口许可与执法部门是国务院下属的国际贸易控制局(Directorate of Defense Trade Controls,DDTC),两用物项的出口授权与执法部门是商务部下属的工业与安全局(Bureau of Industry and Security,BIS)。如果违法案件为刑事案件,则由司法部介入调查、起诉。由于 BIS 所管理的两用物项涉及的物项品类更多、对航运业的影响更大,下文仅论述两用物项的出口管制。两用物项的出口管制,主要通过实施许可或者许可例外授权,管理 EAR 所管辖物项的出口、再出口和再转让①等行为,通过商业管制清单确定所管控的物项种类和管控的具体许可要求或者许可例外授权,通过出口管制黑名单制度针对特定主体实行特别的出口管制措施。

1. 受管控的物项和商业管制清单

受管控的美国物项一般被列入"商业管制清单"(Commerce Control List,CCL),并由 BIS 随时更新。在 CCL 上的物项出口是否需要许可证,取决于物项本身的出口管制编码、最终用户和用途。针对不同的目的国,BIS 设立了不同出口许可要求及许可例外制度,结合 BIS 的"商业国家清单"(Commerce Country Chart,CCC),出口方可以确定出口或者再出口美国物项是否需要许可或者享受许可例外。在 CCL 之外的美国物项,一般属于不具有战略意义的日用品和其他物项,出口或者再出口无须许可证,但是如果目的国属于禁运国,或者最

---

① 根据 EAR 第 734.18(a)(3)节,再转让是指在同一外国境内改变受控物项的最终用户或最终用途。

终用户被列入出口管制黑名单,则出口、再出口该美国物项仍需要向 BIS 申请出口许可证。

2. 出口管制黑名单

根据 EAR,BIS 有权将存在威胁美国国家安全、外交政策利益风险的外国主体(实体或者个人),或者不配合 BIS 核查及执法的外国主体,或者有证据证明违反 EAR 的实体或个人,收录进不同的出口管制黑名单,并施以不同的出口管制措施。

其中,有证据证明违反 EAR 的实体或个人,列入"被拒绝人员清单"(Denied Persons List),全部或者部分剥夺出口和再出口权利,可能不允许买卖美国物项,具体被禁止交易的范围,取决于拒绝令本身的措辞;而威胁美国国家安全、外交政策利益风险的外国主体,则列入"实体清单"(Entity List)的,任何人未经 BIS 许可,不得向该清单上的实体和个人提供美国物项;不配合 BIS 核查或者执法的外国主体,将被列入"待核实清单"(Unverified List),在该主体的具体身份被查清、做出遵守 EAR 以及配合 BIS 执法承诺之前,任何人不得向其提供美国物项;而对于被列入"军事最终用户清单"(Military End User List)的实体和个人,任何人未经许可不得向实体清单上的实体和个人出口、再出口、转让美国特定管制物项。

3. 美国出口管制的域外效力

值得注意的是,EAR 管制对象为美国物项,只要属于 EAR 调整的美国物项,无论相关主体是否美国主体,无论相关主体在何处,其均需遵守 EAR,否则会受到行政或者刑事处罚。

(三) 航运企业的义务

根据 EAR,任何人不能为违反 EAR 的活动提供任何服务和支持。因此,航运企业需要对于所承运的货物以及相关交易进行尽职调查,尽可能避免为违反 EAR 的行为提供航运服务和支持的情况。

三、美国单边经济制裁逻辑

根据美国财政部官方网站的表述,美国的经济制裁主要指利用资产冻结和贸易限制来实现美国单边外交政策和国家安全目标的一种手段。① 近年来,美国利用其美元霸权地位和在世界经济中的主导地位,发动各类经济类制裁措施,日渐频繁。

(一) 美国单边经济制裁的法律依据

美国经济制裁起源于 1917 年的《与敌国贸易法》(Trading With the Enemy Act, TWEA)。该法在修改后允许美国总统在和平时期亦可宣布进入紧急状态,借以对有关国家、实体或个人等制裁目标发动经济制裁措施。鉴于该法赋予总统的权力过大,对总统宣布进入紧急状态的权力没有过多限制,② 1976 年生效的《国家紧急状态法》(National Emergencies Act)规定,只有在战时总统方可依据 TWEA 宣布国家进入紧急状态,而在和平时期,总统需依据 1977 年国会通过的《国际紧急状态经济权力法》(International Emergency Economic Power Act, IEEPA)的规定,只有当外国因素导致的某一局势或者发生的某一事件对美国国家安全、外交政策和经济利益构成"非同寻常的威胁"时,总统方可以行政令方式宣布进入紧急状态,并启动对外制裁措施。③ 美国总统动用 IEEPA 项下的权力,仅需向国会提交报告,却无须国会批准。④ 因此,美国总统在实施制裁时仍有较大自由裁量的权力。在特别情况下,美国国会也会直接制定针对特定国家的经济制裁法,要求美国政府予以执行,例如,《支持乌克兰自由法》《以制裁反击美国敌人法》《古巴资产控制条例》等。美国财政部根据上述法律以及总统在行使经济制裁授权时签发的行政令或者总统授权,制定具体的实施规章。

(二) 美国单边经济制裁机制

美国单边经济制裁的管理涉及美国财政部、司法部、国务院以及

---

① See OFAC, *About OFAC*, https://ofac.treasury.gov/about-ofac.
② See Senate, *Report No. 93-549*, P. 2, https://ia902207.us.archive.org/24/items/senate-report-93-549/senate-report-93-549.pdf, November 19, 1973.
③ 参见 50 U. S. Code 第 35 章。
④ 参见 IEEPA 第 203 和第 204 节。

联邦和各州监管部门。其中，美国财政部下属的海外资产控制办公室（Office of Foreign Assets Control, OFAC）为相关授权和执法的主导机构，美国司法部负责刑事调查和处罚。

美国经济制裁根据其域外效力的大小可以分为初级制裁和次级制裁，而从制裁对象上则可以分为国家制裁、行业制裁和清单制裁等。

1. 初级制裁和次级制裁

如前所述，根据笔者的观察，美国单边经济制裁的目的是阻止制裁对象获得美国的经济资源。如果经济制裁措施仅仅要求"美国人"不向制裁对象提供经济资源，则属于初级制裁；如果经济制裁措施要求非美国人不应向制裁对象提供实质性利益，无论该利益是否属于美国经济资源，则可以列为次级制裁。

初级制裁的范围包括美国人和与美国存在连接点的非美国人。"美国人"的界定因具体制裁规范而异，但主要建立在属人管辖和属地管辖的基础上，[①]通常包括位于世界各地的美国公民、在美享有永久居留权的外国人、根据美国法律设立的实体（包括其外国分支机构）、位于美国境内的任何实体和个人、在少数制裁项目下为美国公司所有或控制的境外子公司。如果初级制裁包括贸易禁运措施，则在贸易禁运制裁项目下拥有美国原产货物的任何美国境内与境外的实体和个人均需要求遵守该贸易禁运措施。

在初级制裁项下，仍有"长臂管辖"的情况。如果非美国人在未获得许可的情况下，利用或者通过任何"美国人""促成、批准或者担保"与被制裁对象的交易，或者该交易与美国有连接点，如在美国境内实施、使用美国的金融支付系统、使用美元结算、在美国转运等，或涉及美国进出口禁运物项，则非美国人同样违反了美国的制裁。

次级制裁无差别地约束所有人。美国政府没有明确界定次级制裁的概念，但是一些法律规范，如《2012年伊朗自由和反扩散法》、针

---

① 参见郭华春：《美国经济制裁执法管辖"非美国人"之批判分析》，载《上海财经大学学报》2021年第1期。

对叙利亚的13582号行政令、针对俄罗斯的14024号行政令(后经第14114号行政令修订),都有类似"任何人如果故意为被制裁实体或个人提供重大的财务、物资、技术或其他支持和服务,也会被制裁"的表述,可以被认为是次级制裁的法律依据。此外,美国政府部门对可能引发次级制裁的情况做了提示。在OFAC提供的特别指定国民清单(Specially Designated Nationals and Blocked Persons List,SDN)中,因触发次级制裁而被列入SDN清单的主体,会被标注"Additional Sanctions Information-Subject to secondary sanctions"字样;而SDN制裁清单中被次级制裁的主体,会被OFAC加上"Secondary sanctions risk"的标识。

2. 国家制裁、行业制裁和清单制裁

美国全面针对国家制裁的情况较少,目前主要包括针对伊朗、叙利亚、朝鲜以及古巴等国所实行的全面禁运。行业制裁是针对某些国家或地区的部分行业实行制裁,如对于俄罗斯的矿业等;清单制裁是将某些实体或个人列入各类OFAC制裁清单上,通常称为精准或者靶向制裁。

常见的清单制裁除了上面提到的SDN清单外,还包括行业制裁识别清单(Sectoral Sanctions Identifications List,SSI);针对金融机构的往来账户或通用账户制裁清单(List of Foreign Financial Institutions Subject to Correspondent Account or Payable-Through Account Sanctions,CAPTA);非SDN菜单式制裁清单(Non-SDN Menu-Based Sanctions List,NS-MBS);非SDN中国军工复合型企业清单(Non-SDN Chinese Military-Industrial Complex Companies List,NS-CMIC)等。值得注意的是,与出口管制清单不同的是,经济制裁清单中的SDN清单和SSI清单上的主体范围还扩展到由一个或多个清单实体单独或合计、直接或间接拥有50%或者以上股权的实体,无论扩展的实体有没有被列入清单,都属于被制裁的实体。

(三)航运企业的义务

就美国经济制裁措施,在华航运企业负有不导致美国人违反初级经济制裁的义务,以及不触犯次级制裁的义务。

四、在华航运企业触犯美国出口管制与经济制裁的风险

鉴于国际航运业是出口物项与经济资源的主要输送工具,美国主管当局视之为美国出口管制、经济制裁(下文合称制裁)风险的重灾区之一,予以重点监管与执法调查。根据美国制裁的上述管理逻辑,航运业在租船、航运等业务环节均可能触发美国制裁风险。

(一)触发美国制裁的情形

对照美国出口管制和经济制裁的逻辑,航运企业触发美国制裁可能有以下几种情形:与受制裁的主体进行交易,运输美国出口管制物项或者为其提供服务,违法使用船上的受控物项,以及租用受管制船舶,等等。

1. 与受制裁的主体交易

受制裁的主体主要被列于各类制裁清单之上,企业可以通过筛查清单获取交易主体是否受到美国制裁的信息。然而由于航运业牵涉的主体众多,如船东、承租人、托运人、收货人、实际接收人等,且各类资本交互投资、股权难以厘清,尤其还存在经济制裁清单中的 SDN 清单和 SSI 清单上的主体范围需适用 50% 股权计算方式,没有被列入清单也有可能属于被制裁的实体等复杂情况,因此,识别出全部受制裁的主体在实践中难度不小。尽管如此,航运企业如果未能识别出受制裁主体并与之交易,仍将受到美国政府的处罚或者制裁。

2. 运输受管控的货物

在承接货物运输的业务中,航运企业仍需判断所承运的货物是否属于美国出口管制或者禁运的货物。但是对于航运企业来说,判断货方所提供的货物是否属于美国出口管制或者禁运货物,挑战很大。航运企业不是货物的出口商,对于货物的来源、详情不甚了解,要求其识别出美国出口管制或者禁运物项比较困难。

然而,这些困难并未引起 OFAC 的同情。以联邦快递(Federal Express,FedEx)起诉美国商务部一案为例,2011 年和 2017 年,FedEx 被 BIS 以协助运输管制物项为由采取过两次执法行动,2019 年 6 月,

FedEx 决定起诉美国商务部,主张由于隐私问题和货物信息的完整性问题,FedEx 难以确定包裹中是否包含受 EAR 管辖的物品,不应当承担无过错责任,而美国的出口管制规定要求公共承运人承担不可能做到的审查义务,违反了美国宪法第五修正案中的正当程序条款。但是美国法院并未支持 FedEx 的主张。败诉后,FedEx 又提起了上诉。上诉法院认为,通过对比 ECRA 中的民事责任和刑事责任条款的用语,可以推断出,承担出口管制的刑事责任必须具有主观故意,但承担出口管制的民事责任(相当于中国法项下的行政责任,笔者注)并没有要求必须存在主观故意,即 ECRA 不禁止在民事处罚中适用无过错责任,因此,美国商务部 BIS 处罚 FedEx 的行为并没有超出其权限,驳回了 FedEx 的上诉。① 上述案件涉及向实体清单上主体交付美国物项,美国法院认为违法行为无须"明知"这一前提。在该案中,EAR 是否存在前后矛盾等法律技术细节尚待讨论,但是可以认为,美国出口管制执法和司法对于航运或者物流企业尽职合规的要求很高。即使该案的收货人不是实体清单上主体,如果 FedEx 对货物进行筛查后,仍运输了未取得许可证的管制物项,FedEx 事先筛查的工作是否可以明确排除其具有"明知"的主观故意进而不承担责任,仍是未知数。

3. 违法使用船上的受控物项

除了所承运的货物可能涉及受控物项,船舶也可能装载受控设备。根据美国出口管制的规定,受控物项只能由特定用户用于特定的范围,设备所有人需要注意管理设备的最终用户和最终用途,防止超出 BIS 的许可范围。在(Nordic Maritime Pte., Nordic)不当使用受控设备一案中,(Reflect Geophysical, Reflect)2011 年 7 月向 BIS 申请到一项原产于美国的海底测量设备再出口的许可证,并将设备安装到俄罗斯国有公司 DMNG 所有的一艘船只上。2012 年 3 月,由于合同纠纷,DMNG 对受控测量设备行使留置权,Reflect 对船舶上的设

---

① See Fed. Express Corp. v. U. S. Dep't of Com. ,486 F. Supp. 3d 69 (D. D. C. 2020),Fed. Express Corp. v. U. S. Dep't of Com. ,39 F. 4th. 756 (D. D. Cir. 2022).

备失去了控制权。随后，Nordic 从 DMNG 处租赁了载有该海底测量设备的船只。2012 年 4 月，Reflect 在发现这一情况后及时向 DMNG、Nordic 和 Nordic 的董事长 Morten Innhaug 发出了一封警告信，告知双方在伊朗水域使用 Reflect 的设备将违反 BIS 签发的再出口许可证的条款，但警告信遭到了 Nordic 的忽视。最终，Nordic 和 Innhaug 因使用受控设备在伊朗领海内为一家伊朗公司进行地质勘测被 BIS 处罚。①

4. 租用受管制船舶

除了运输管制货物或使用船上的管制物项外，船舶本身也可能成为受制裁的主体。租船方在向船东租赁时需要认真审查船舶的具体信息，防止落入美国的制裁范围。在美国公司的 MID-SHIP Group LLC（MID-SHIP）被 OFAC 制裁的案例中，2010 年 2 月和 4 月，MID-SHI 的子公司与多家企业就租船事宜进行了谈判，其中合同的履约方指定的两艘船舶在 2008 年已因对伊朗航运公司制裁被 OFAC 纳入了 SDN 清单。OFAC 审查后认为 MID-SHI 是一家在高风险行业运营的全球领先航运公司，应当可以通过国际海事组织编号和名称识别这些船舶在 SDN 清单内，因此对其处以约 87 万美元的罚款。②

(二)美国单边制裁对航运企业的影响

航运企业一旦被美国制裁后，不但要承担民事或刑事的法律责任，还会面临难以开展业务、难以获得融资和保险、信用评级下降、股价下跌等多项法律责任之外的影响，其影响范围之广、程度之深，甚至已经关乎企业的存续问题。

---

① See BIS, *BIS Fines Singapore Company and its Chairman Over $31 Million for Using U. S. Export Controlled Equipment to Conduct a Seismic Survey in Iranian Waters*, https：//www. bis. doc. gov/index. php/documents/about-bis/newsroom/press-releases/2596-nordic-maritime-press-release-final-08-24-20/file, August 20, 2020.

② See OFAC, *Settlement Agreement between the U. S. Department of the Treasury's Office of Foreign Assets Control and MID-SHIP Group LLC.*, https：//ofac. treasury. gov/recent-actions/20190502, May 2, 2019.

1. 承担的法律责任

(1) 违反出口管制的法律责任

若违反美国出口管制有关规定,违法者的财产面临被扣押和没收的风险,并且可能被处以民事、刑事处罚。根据 ECRA,如果是单位,刑事处罚每次违规最高可达 100 万美元的罚款,如果是个人,刑事处罚可包括最高 20 年的监禁或同时面临监禁与罚款双重处罚。行政罚款最高可达每次违规 30 万美元或交易价值的两倍,以较高者为准。一般来说,行政罚款的最高限额每年都会根据通货膨胀进行调整。此外,相关人员、实体还可能被列入实体清单、被拒绝人员清单等黑名单。以实体清单为例,如果航运企业被列入该清单,将无法再获得受美国管制的物品和技术,也不能承运美国物项,还可能会面临船舶维修、仪器维护、技术更新等方面的困难。

(2) 违反经济制裁的法律责任

若违反美国经济制裁有关规定,违法者的财产面临被冻结和没收的风险,并且可能被处以民事、刑事处罚。就民事和刑事处罚而言,以 IEEPA 的处罚规定为例,民事处罚最高可达 25 万美元或所涉基础交易的金额的两倍,以较高者为准。如果是单位,刑事处罚每次违规最高可达 100 万美元的罚款;如果是个人,刑事处罚可包括最高 20 年的监禁或同时面临监禁与罚款双重处罚。此外,相关人员、实体还可能被列入 SDN 清单等黑名单。如果航运企业被列入 SDN 清单,将无法再与任何美国人(有次级制裁风险标注的,还包括非美国人)进行任何交易,包括不得进行美元收付或者利用美国金融系统;如果航运企业有任何资产在美国境内或被美国人持有或控制,都将被自动冻结;如果企业的子公司符合 50% 股权穿透原则也会被连带加入 SDN 清单,受到同样的制裁。

就航运企业而言,出口管制和经济制裁责任以所承运的货物的相关交易违反 EAR 为前提。但是在实践中,企业需要充分证明其事前已经采取足够的措施仍没有发现该货主或者客户的违反行为,方可能摆脱法律责任与制裁。企业如果没有事先采取合规内控措施,则无从避免违反EAR的法律风险,从而引发被处罚或者被制裁的后果。如果属于蓄意,则可能涉及单位和个人的刑事责任。而一旦违法者被刑事起诉,除了违反出口管制和/或经济制裁的罪名外,多数还伴随欺诈、走私、洗钱和向政府官员做虚假陈述等其他罪名。① 以新加坡公民Kwek Kee Seng(Kwek)被刑事处罚案为例,Kwek在利用空壳公司以美元购买了名为M/T Courageous的油轮,并向朝鲜偷运石油后,被OFAC指控密谋违反IEEPA和密谋实施国际洗钱。目前,Kwek仍在被联邦调查局通缉中,其所购买的油轮作为犯罪人员的财产也被没收。②

2. 其他影响

除了被制裁后直接承担的法律后果外,航运企业的间接损失也可能是灾难性的。

(1)经营被迫终止。美国制裁可能会使企业失去进入美国市场的资格,无法使用美元进行交易,无法与美国实体开展合作,甚至无法在港口停泊。在这种情况下,航运企业可能会失去对已签订合约的履行能力。随着交易终止,企业可能会受到严重的经济损失和信誉损害,甚至面临巨额赔偿。

(2)融资困难。由于美国制裁带来的法律风险和潜在损失,金融机构在审查企业资格时可能会采取更严格的贷款政策。这将导致受制裁的航运企业在寻求船舶融资、运营资金或其他贷款时面临更高的门槛和更多的障碍。受到制裁的航运公司可能会因为融资困难而无法购置新船舶、维护现有船舶或扩大业务规模。这会限制企业的发展潜力,甚至导致企业在竞争中落后,最终影响其市场地位和盈利能力。

(3)保险覆盖范围收缩。由于船舶一旦在海上遇到自然灾害、意

---

① See BIS, *Don't Let This Happen to You*, https://www.bis.doc.gov/index.php/documents/enforcement/1005-don-t-let-this-happen-to-you-1, Published on 20 July 2014 Modified on 28 March 2024.

② See Treasury, *Treasury Targets North Korean Fuel Procurement Network*, https://home.treasury.gov/news/press-releases/jy1000, October 7, 2022.

外事故就可能造成货物的全部灭失,因此,在海上货物运输中保险几乎是必不可少的。而美国制裁可能导致保险公司或船东保赔协会对企业的航运业务采取更为谨慎的保险政策,如收缩海运保险覆盖范围,甚至暂停或取消保险,导致企业被迫承担巨大风险甚至难以开展业务。

(4)上市企业股价下跌。美国制裁可能会给市场带来不确定性甚至恐慌,一旦投资者对受制裁航运公司的信心减弱,可能会纷纷撤回投资。与此同时,其他国家的航运公司可能会抓住这一机会,在全球市场上扩大自己的市场份额。由于市场竞争加剧,受制裁的航运公司可能会面临退出市场或削减业务规模的压力,进一步加剧股价下跌。

(5)信用评级下降。一旦企业被制裁过,很多企业可能迫于美国制裁的"长臂管辖",或者无力从美国复杂的制裁制度中了解企业将来是否还有受制裁的风险,会直接拒绝与企业交易。因此,美国制裁可能导致企业的信用评级下降,在国际市场上的信誉受损,从而影响航运企业在全球范围内的业务拓展和合作。

(6)昂贵的合规成本。如果企业试图与 OFAC 或 BIS 和解,或者想从制裁清单中移除,为遵守美国出口管制和经济制裁规定,航运公司需要投入更多资源确保其合规。这可能包括加强内部审计、员工培训、建立严格筛查制度以确保船舶和货物符合相关法规要求以及向执法机构履行报告义务等。

以俄罗斯寡头 Oleg Deripaska(以下简称 Deripaska)及其控制公司被列入 SDN 清单的影响为例。2018 年 4 月 6 日,OFAC 以 Deripaska 曾是一名俄罗斯高官的代理人并且所拥有的企业属于俄罗斯能源行业为由,将其列入 SDN 清单,同日,其控制的公司 EN + 能源、俄罗斯铝业联合公司(以下简称俄罗斯铝业)和 EuroSibEnergo(以下简称 ESE)也被列入 SDN 清单。随后,这个消息引发了市场一系列的连锁反应:在被列入 SDN 清单的第一个股票交易日,俄罗斯铝业在香港股票交易市场的股价下跌了 50.43%;4 月 11 日,伦敦金属交易所要求,不得在该交易所交易俄罗斯铝业联合公司的原铝,除非交易者能证明交易不违反美国经济制裁政策;4月12日,俄罗斯铝业公告称,穆迪公司和惠誉公司撤销对俄罗斯铝业的评级;5月24日,俄罗斯铝业公告称,在其被纳入SDN清单后,大量的交易伙伴和国际金融机构对与俄罗斯铝业签订的合约表示担忧,除非俄罗斯铝业被移除出SDN清单或获得OFAC新的许可,否则将终止与其业务往来。① Deripaska更是举步维艰,从被纳入SDN名单至2019年3月15日,其净资产减少了81%;因担心美国经济制裁,塞浦路斯的银行关闭了其所拥有的企业在该银行的账户,德国大众搁置了购买其控制的GAZ汽车股份的计划;俄罗斯铝业、ESE和EN+能源为了从SDN清单中除名,进行了重大重组和公司治理重构,将其持股从70%降至44.95%,Deripaska在这些企业中的股东分红也被冻结;因担心美国经济制裁,其联系的绝大部分律师拒绝为其提供法律服务,金融机构也拒绝为他提供向律师支付服务费的汇款服务。② 从上述案件不难看出,美国制裁对企业和个人产生的影响远超法律层面,其间接影响的广泛程度与严重性更加难以估量。

五、航运企业应对美国制裁的方略

企业在面临美国制裁时,应迅速采取有效措施以减轻损失。当然,预防始终胜于治疗,建立健全事先合规内控机制,紧密关注美国出口管制和经济制裁政策的动态变化,才有助于企业尽可能地避免潜在的风险与损失。

(一)被制裁后的救济措施

一旦在华航运企业被制裁,首先应该做的是积极配合美国执法机构的调查,同时寻求制裁法律专家的帮助,积极发掘相关的抗辩点以及避免、减轻责任的情节,争取达成和解协议,将损失降至最低。

---

① 参加孙才华:《美国经济制裁风险防范:实务指南与案例分析》,人民日报出版社2020年版,第160页。
② 参见孙才华:《俄罗斯寡头对美国经济制裁的控诉和反击》,载微信公众号"亦恒说",2019年8月1日。

从 BIS 和 OFAC 发布的众多和解公告中，除了案件有情节较轻等客观原因外，我们还可以识别出以下几点企业促成和解的主观原因：立刻停止执法机构认为的违法行为；主动向执法机构披露违法事实；积极配合执法机构的调查；积极采取补救措施，如解聘有关人员、筛查系统风险；识别问题的根本原因，聘请合规人员，为防止再次发生违规行为采取有效措施；等等。

鉴于被执法者与美国执法当局之间的谈判能力不对等，企业在美国执法部门的威慑之下，通常会被迫选择与监管执法机构达成执法和解，很少会通过向美国法院提起诉讼来挑战执法处罚。而且根据美国行政程序法的规定，美国法院一般情况下尊重美国政府的决定，特别是在政府机构的决定涉及国家安全的情况下，除非政府机构的决定是独断的、任性的、滥用自由裁量权的、违法的。因此，企业很少愿意和美国执法当局在法庭对峙。但这并不能说明提起诉讼是完全不可行的。毕竟，被制裁后企业要承担的代价过高，在无法和解的情况下，如果企业能掌握足够证据，尤其是执法机构违反程序性规定的证据，可以考虑向法院提起诉讼。

埃克森美孚被 OFAC 处罚后通过起诉 OFAC 违反程序性规定并获胜一案可供参考。2014 年 5 月，埃克森美孚与俄罗斯石油公司 PAO Rosneft 签署了 8 份合同，虽然当时 PAO Rosneft 没有被美国制裁，但其合同的签署人、公司的首席执行官 Igor Sechin 在当时已经被 OFAC 列入 SDN 清单。为此，OFAC 认定埃克森美孚与俄罗斯石油公司 PAO Rosneft 所签订的合同违反了《乌克兰相关制裁条例》，向其开出 200 万美元的罚单。埃克森美孚随后向美国法院起诉 OFAC，认为 OFAC 的处罚决定违反了《美国宪法》关于正当程序的规定和美国的行政程序法，理由是在合同签订前，白宫和财政部曾不止一次表示，对俄官员的制裁重点是其个人资产，不限制与其管理的公司开展业务；而 OFAC 在发布的问答中明确了美国人不得与代表公司的被制裁人员签订合同时间是在 2014 年 8 月，也就是在双方合同签订之后。最终，法院认为由于 OFAC 未能公平告知埃克森美孚关于乌克兰制裁的解释,违反了美国宪法第五修正案的正当程序条款,判决埃克森美孚胜诉。①

此外,企业也可以寻求专业机构的帮助。在德国公司(Deutsche Forfait Aktiengesellschaft,DF)被OFAC制裁一案中,DF就通过德国政府和专业团队的帮助成功从制裁清单上移除。DF在被列入SDN清单后,无法收回2013年度的应收账款总额160万欧元,并遭受"公司股本50%的损失",股价从2014年年初的4欧元以上暴跌至0.47欧元,盈利能力因此遭到毁灭性的打击,即将面临破产。为应对OFAC的制裁,DF在得到德国政府支持后,又聘请了一个律师团队,以准备各类文件证据,同时全面调整公司的合规风控机制,主要包括:任命专职合规官,直接向专门管理委员会报告,完善IT系统,使之能够每天对客户进行制裁名单排查,处理SDN清单上的高管离职事宜等;以及聘请了一个顾问团队,专门负责协调与OFAC的沟通,包括各类公关等。在做了充分准备后,DF最终和OFAC达成和解,仅用249天就成功从SDN清单上移除。② 笔者所在的律所亦有将在华企业从实体清单成功移除的案例。

(二)预防性合规措施

从前文讨论可以看出,企业一旦被制裁面临的损失将是巨大的,即使能够和解也要支付不菲的和解费用,因此,提前做好合规预防可能发生的制裁风险对企业来说才是成本最小的解决方案。此外,如果有完善的合规机制,也可以成为日后面临执法时避免、减轻处罚的一项重要依据。

BIS和OFAC都曾经发布过指导企业合规文件,其中BIS发布的《出口管理和合规计划》提到企业搭建合规体系需要有以下几个核心

---

① See Exxon Mobil Corporation v. United States of America, No. 3:2016cv02921 - Document 290 (N. D. Tex. 2021).

② See *OFAC SDN List Removal*:*Deutsche Forfait's Successful De-Listing Petition*, https://ofaclawyer.net/blog/ofac-sdn-list-removal-deutsche-forfaits-successful-de-listing-petition/, October 21, 2014.

要素:管理层承诺不会违反出口管制、对企业可能面临的管制风险进行评估、形成书面制度、定期对员工开展合规培训、建立风险筛查机制、保管好交易的记录、定期进行合规监督与审计、遇到违规及时披露和整改。OFAC发布的《OFAC合规承诺框架》也提供了一个制裁合规计划,包括以下几个组成部分:管理层承诺、风险评估、内部控制、测试和审计以及培训。可以看出两份文件的核心要素几乎是重合的,企业只要把握住这些关键要素建立起完善的合规机制,就可以大幅降低被制裁的风险。下面就如何进行风险评估和通过合同设计降低制裁风险的问题做进一步说明。

1. 风险评估

BIS曾在其网站公布了一些可能引起出口管制风险的行为,[①]其中,航运企业需要关注如下几点:客户或其地址与BIS公布的制裁清单中的一方相似;客户不愿意提供有关物品最终用途的信息;产品的功能不适合买方的业务范围,如为一家小型面包店订购复杂的计算机;所订购的物品与运往国家的技术水平不符,如半导体制造设备运往没有电子工业的国家;客户几乎没有商业背景;交货日期不明确,或者计划将货物运送到偏远的目的地;货运代理公司被列为产品的最终目的地;产品和目的地的运输路线异常;包装与规定的运输方式或目的地不一致;被询问时,买家含糊其词,尤其不清楚所购产品是供国内使用、出口还是转口。如果航运企业发现出现类似上述异常的情况,一定不要选择忽视,而要向客户质疑,如果没有得到合理的回复,应及时停止交易。

OFAC针对违法运输的问题也公布过一份《应对非法运输和规避制裁做法的指南》,其中指出了伊朗、朝鲜和叙利亚等国家常见的欺骗性航运做法,包括:禁用或人为操纵船舶自动识别系统(Automatic Identification System, AIS)、更改船只外观识别信息、伪造货物和船只

---

① See BIS, Red Flag Indicators, https://www.bis.doc.gov/index.php/all-articles/23-compliance-a-training/51-red-flag-indicators.

文件、船对船运输、偏离正常航线、使用假的船旗，所有权和管理架构过于复杂。如果船东发现租船方有上述行为，应及时进行调查，船舶运营方也应当避免出现上述情况以免引起 OFAC 的怀疑。另外，航运企业还应定期对船舶的 AIS 使用记录进行调查，并持续监控 AIS 状态，尤其注意监测在逃避制裁高风险的地区的情况，并积极与物流、船运公司与金融业共享信息，以便及时发现违反美国制裁的行为。

2. 合同中的制裁条款

在合作伙伴牵涉美国出口管制和经济制裁后，航运企业可能会与之产生一系列合同纠纷，例如，受制裁影响，航运公司可能需要对合同内容进行变更，包括调整承运货物、航线、价格等，这可能导致合同双方在重新谈判中产生分歧，进一步影响合同的履行；制裁可能导致原有的航运合同无法继续履行，合同被迫终止，进而引发违约金、赔偿金等相关费用的纠纷；由于不同的国家或地区的法律不同或者某些国家的法院不能就制裁问题进行公正审判，双方为解决合同争议可能会就合同的管辖权产生纷争，等等。

就上述问题，建议航运公司在订立合同时就针对美国制裁的逻辑和风险环境，预先约定相关解决方案。企业也可参考商业组织推荐的相关标准合同条款，如波罗的海国际航运公会（The Baltic and Intrenational Maritime Council, BIMCO）制定的有关制裁条款。需要注意的是，美国的出口管制和经济制裁政策变化频繁，合规计划也因企业的规模、产品或服务、地理位置、交易伙伴等有所不同，因此，航运企业还需注意法规的变化和执法的实时动态，根据自己的情况及时调整合规计划。

与此同时，在华航运企业所订立的美国制裁条款必须同时考虑中国《出口管制法》以及《反外国制裁法》项下的风险，避免出现为了遵守美国制裁而违反中国法，以及被在华企业索赔的责任风险。

六、结语

2023 年，美国利用出口管制和经济制裁作为武器的力度有增无减。2023年,BIS开出的最大罚单为3亿美元,这是迄今为止BIS执法历史上最严重的独立行政处罚;在外国政府的协助下,BIS在世界各地开展了超过1500次最终用途检查,创历年之最。[1] 2023年,OFAC的罚款及和解金额达1,541,380,594.08美元,[2]创下了新的年度纪录,执法总额超过了OFAC此前5年的执法金额之和;最高和解金额为968,618,825美元,也是OFAC历史上最高的和解金额。此外,从美国财政部发布的"Treasury 2021 sanctions review"中公布的数据中还可以看到,2000年至2021年美国已生效的制裁措施累计达到9400多项,比20年前增长了近10倍。[3] 数据见图1。

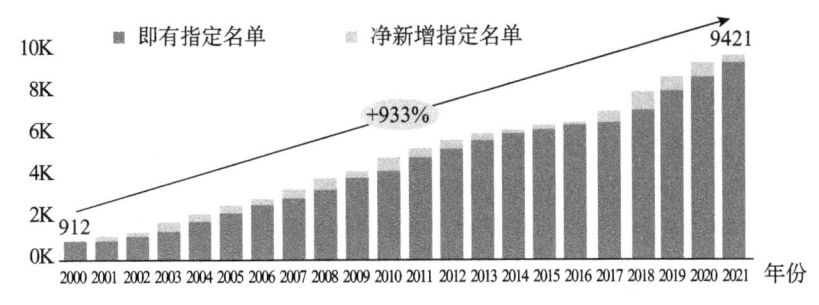

图1 OFAC制裁指定名单

因此,预计未来美国将更加频繁地利用出口管制和经济制裁工具,在华企业也将持续成为OFAC以及BIS的执法重点。虽然美国的出口管制和经济制裁在华并没有法律效力,但是对于依赖美国市场、技术、融资或者美元的航运企业,在采取积极的预防性合规措施之外,已经别无选择。对于国有航运企业而言,这些措施也是防止国有资产

---

[1] See BIS, Export Enforcement: 2023 Year in Review, https://www.bis.doc.gov/index.php/documents/enforcement/3433-bis-export-enforcement-year-in-review-2023-final/file, 29 December, 2023.

[2] See OFAC, 2023 Enforcement Information, https://ofac.treasury.gov/civil-penalties-and-enforcement-information/2023-enforcement-information, 5 August, 2024.

[3] See Treasury, *The Treasury* 2021 *sanctions review*, https://home.treasury.gov/system/files/136/Treasury-2021-sanctions-review.pdf, October 2021.

不当损失的必要步骤。

Unilateral Export Controls and Economic Sanctions by the United States: Legal Risks and Compliance Issues Faced by the Shipping Industry

ZHAO Deming SUN Yiming

[**Abstract**] The shipping industry has been treated by the United States authorities as one of the industries with the highest risks in U. S. export controls and economic sanctions. Based on case studies, the paper analyzes the risks and challenges faced by the shipping industry in the context of U. S. export controls and economic sanctions through summarizing the "logic" of U. S. unilateral export controls and economic sanctions, and proposes corresponding compliance recommendations.

[**Key words**] United States; export control; economic sanctions; shipping industry

议美国对华加征关税的原产地解决方案

徐珊珊　潘晓婷[*]

[摘　要]　企业改变产品"装配地"是否可以被认作"实质性改变"？美国既往判例是否支持该观点并不统一。美国预裁定制度可帮助我国企业利用原产地规则重新布局生产和供应链，应对中美贸易冲突及美对华加征关税，即使出现"去中国化"的不利情况，仍可继续输美占领市场。

[关键词]　中美贸易关系；原产地规则；实质性改变；改变装配地；预裁定

一、美国对华加征关税

（一）特朗普1.0时代对华加征"301关税"

1. "301关税"的四轮加征及复审

美国贸易代表（U.S. Trade Representative, USTR）于2017年8月宣布正式对中国启动301调查[①]，该项调查授权USTR确定中国在技

---

[*]　徐珊珊，中伦律师事务所合伙人、律师、法学博士、美国法硕士LLM。潘晓婷，中伦律师事务所律师、美国法学博士JD、美国法硕士LLM。

[①]　Sections 301-310 of the Trade Act of 1974。"301调查"是美国依据301条款进行的调查，其目的是保护美国在国际贸易中的权利，对其他被认为贸易做法"不合理""不公平"的国家进行报复。根据这项条款，美国可以对它认为是"不公平"的其他国家的贸易做法进行调查，并可与有关国家政府协商，最后由总统决定采取提高关税、限制进口、停止有关协定等报复措施。

术转移、知识产权及创新等领域的作为、政策和做法是否不合理或具歧视性，以及是否对美国商业造成负担或限制。不同于之前的232措施①，此次301调查及其相应的征税仅仅针对中国。在特朗普的第一个任期内，美国已有4次对华关税加征。如表1所示。

表1 特朗普第一个任期内美国4次对华关税加征情况

时间	范围
2018年7月	USTR发布清单一，对价值约340亿美元的中国进口商品征收25%关税，包含818项产品税号，产品包括钢铁产品、铝产品、医用产品、核反应堆、化合物、橡胶制品等
2018年8月	USTR发布清单二，对价值约160亿美元的中国商品加征25%关税，涉及284项产品税号，产品包括聚氯乙烯板、塑料管、铁或钢制露台、凉棚和棚架、农业或园艺机械用旋转式内燃机等
2019年5月	USTR发布清单三，宣布将2000亿美元的中国商品关税从原来的10%上调到25%，涉及5745项产品税号，包括海产品、日用品、水果、农产品等
2019年9月	USTR发布清单四，宣布对1200亿美元的中国进口商品征收7.5%关税，涉及128项产品，产品范围为电机电器、机械设备、电视零部件等，此为清单4A（List 4A）（2019年9月初始税率为15%，2020年2月降至7.5%），剩余价值约1800亿美元的商品（List 4B）因中美达成第一阶段经贸协议而取消

资料来源：See China Section 301 – Tariff Actions and Exclusion Process, https://ustr.gov/issue-areas/enforcement/section-301-investigations/tariff-actions, March 23, 2025 last visited.

在拜登政府执政期间，USTR对上述4轮加征的"301关税"进行了复审，并在2024年5月14日发布了《中国技术转让301条款四年期审查》（Four Year Review of China Tech Transfer Section 301）报告，得出

---

① Section 232 of the Trade Expansion Act of 1962。232条款是美国在1962年颁布的《贸易扩张法》中的条款，该条款是美国政府为平衡进出口贸易的顺逆差，避免国内产业遭受国外竞争压力影响而采取的一种贸易保护措施。

四项结论:(1)"301条款"的措施是有效的;(2)中国并未消除其政策和做法;(3)关税对美国的负面影响较小;(4)"301关税"有效减少了美国从中国的进口。①据此,USTR在2024年5月22日发布了《基于四年审查而提出的修改措施》(Four Year Review Proposed Modifications)的公告,计划对382个HS税号项征收"301关税",涉及新能源汽车、锂电池、芯片、起重机、医疗器械以及关键矿产行业,相关产品在2023年总计贸易额约为180亿美元。②在审阅了1136份公众评论意见后,USTR在2024年9月18日发布了对中国采取的"301关税"的最终决定,保留了5月计划的大部分内容,将相关产品的关税分批于2024年9月27日、2025年1月1日和2026年1月1日上调至25%~100%不等。③

2. 税号排除

在实施"301关税"加征行动后,考虑有可能损害美国的利益,USTR制定了"税号排除"条款,使获批税号下的商品在指定期间内不被加征"301关税"。截至目前,仅剩164项排除,并将于2025年5月31日到期。④

---

① Four-Year Review of Actions Taken in the Section 301 Investigation: China's Acts, Policies, and Practices Related to Technology Transfer, Intellectual Property, and Innovation, https://ustr.gov/sites/default/files/05.14.2024%20Four%20Year%20Review%20of%20China%20Tech%20Transfer%20Section%20301%20(Final)_0.pdf, March 23, 2025 last visited.

② See 89 FR 46252, https://www.govinfo.gov/content/pkg/FR-2024-05-28/pdf/2024-11634.pdf, March 27, 2025 last visited.

③ 2024年9月27日起,电池部件(非锂离子电池)关税提高至25%,电动汽车关税提高至100%,口罩关税提高至不低于25%,锂离子电动汽车电池关税提高至25%,其他关键矿产关税提高至25%;船岸起重机关税提高至25%,太阳能电池(无论是否组装成模块)关税提高至50%,钢铁和铝制品关税提高至25%,注射器和针头关税提高至不低于50%;2025年1月1日起,半导体关税提高至50%;2026年1月1日,锂离子非电动汽车电池关税提高至25%,医用手套关税提高至不低于25%,天然石墨关税提高至25%,永磁体关税提高至25%。See 89 FR 76581, https://www.govinfo.gov/content/pkg/FR-2024-09-18/pdf/2024-21217.pdf, March 27, 2025 last visited.

④ See 89 FR 46948, https://www.govinfo.gov/content/pkg/FR-2024-05-30/pdf/2024-11904.pdf, March 27, 2025 last visited.

此外，USTR还在2024年9月18日发布对中国采取的"301关税"的最终决定时建立了一个可以在2024年10月15日至2025年3月31日申请对从中国进口的在美国国内制造中使用的特定机械进行临时排除的程序，适用于《美国协调关税税则》（HTSUS）第84章和第85章下的317个子目及14个太阳能制造设备。①若获批，排除期限可追溯至2024年9月18日，并一直持续到2025年5月31日。②

（二）特朗普2.0时代对华加征关税

1. 特朗普2.0时代的五轮加征

2025年2月1日，以解决合成阿片类药物供应链问题为由，美国总统特朗普依据《国际紧急经济权力法》《国家紧急状态法》、经修订的《1974年贸易法》等，签署了对中国产品加征10%的额外关税的行政令，自2025年2月4日生效。③2025年3月3日，特朗普签署了行政令修正案，将对中国产品的关税从10%提升到20%，其他内容保持不变。该行政令修正案于3月4日生效。④

2025年4月2日，特朗普签署行政令，宣布自美东时间4月5日对所有输美商品加征10%的"基准关税"；自美东时间4月9日对与美

---

① See 89 FR 76581, https://www.govinfo.gov/content/pkg/FR-2024-09-18/pdf/2024-21217.pdf, March 27, 2025 last visited.

② FAQs for Product Exclusion Process on Temporary Exclusions for Machinery Used in Domestic Manufacturing, https://ustr.gov/sites/default/files/FAQs%20for%20Machinery%20Exclusion%20Process%2001082025.pdf, March 27, 2025 last visited.

③ Imposing Duties to Address the Synthetic Opioid Supply Chain in the People's Republic of China, https://www.whitehouse.gov/presidential-actions/2025/02/imposing-duties-to-address-the-synthetic-opioid-supply-chain-in-the-peoples-republic-of-china, March 23, 2025 last visited.

④ Further Amendment to Duties Addressing the Synthetic Opioid Supply Chain in the People's Republic of China, https://www.whitehouse.gov/presidential-actions/2025/03/further-amendment-to-duties-addressing-the-synthetic-opioid-supply-chain-in-the-peoples-republic-of-china/, March 23, 2025 last visited.

国贸易逆差最大的 57 个国家征收更高、不同水平的"对等关税"。①同日,特朗普还签署了取消中国内地和香港小额关税豁免的行政令,自 2025 年 5 月 2 日按邮政物品价值征收 30% 的关税或者每件邮政物品 25 美元的关税(6 月 1 日后将上升至 50 美元/件)。该关税待遇取代了此前行政令规定的其他关税待遇。②

2025 年 4 月 8 日,特朗普签署了修正案,对中国原产(包括香港和澳门地区)的产品的"对等关税"从 34% 提升到 84%,并将对中国内地和香港小额包裹的关税从 30% 提高到 90% 或者每件邮政物品关税从 25 美元提高到 75 美元(6 月 1 日上调至 150 美元/件),其他内容保持不变。③

2025 年 4 月 9 日,特朗普又签署了修正案,对中国原产(包括香港和澳门)的产品的"对等关税"从 84% 提升到 125%,并将对中国内地和香港小额包裹的关税从 90% 提高到 120% 或者每件邮政物品关税从 75 美元提高到 100 美元(6 月 1 日上调至 200 美元/件),其他内容保持不变。④

---

① Regulating Imports with a Reciprocal Tariff to Rectify Trade Practices that Contribute to Large and Persistent Annual United States Goods Trade Deficits, https://www.whitehouse.gov/presidential-actions/2025/04/regulating-imports-with-a-reciprocal-tariff-to-rectify-trade-practices-that-contribute-to-large-and-persistent-annual-united-states-goods-trade-deficits/, April 24, 2025 last visited.

② Further Amendment to Duties Addressing the Synthetic Opioid Supply Chain in the People's Republic of China as Applied to Low-Value Imports, https://www.whitehouse.gov/presidential-actions/2025/04/further-amendment-to-duties-addressing-the-synthetic-opioid-supply-chain-in-the-peoples-republic-of-china-as-applied-to-low-value-imports/, April 24, 2025 last visited.

③ Amendment to Reciprocal Tariffs and Updated Duties as Applied to Low-value Imports from the People's Republic of China, https://www.whitehouse.gov/presidential-actions/2025/04/amendment-to-recipricol-tariffs-and-updated-duties-as-applied-to-low-value-imports-from-the-peoples-republic-of-china/, April 24, 2025 last visited.

④ Modifying Reciprocal Tariff Rates to Reflected Trading Partner Retaliation and Alignment, https://www.whitehouse.gov/presidential-actions/2025/04/modifying-reciprocal-tariff-rates-to-reflect-trading-partner-retaliation-and-alignment/, April 24, 2025 last visited.

为实施上述行政令，美国海关和边境保护局（CBP）发布了对HTSUS修改的通告及附件，在HTTSUS中新设税号，并对各税号相应的商品说明及注释进行了修改。

2. 有限的豁免产品

对等关税不适用某些商品，包括：(1)受50 USC 1702(b)约束的物品①；(2)已受第232条关税约束的钢和铝制品、汽车和汽车零部件；(3)本行政令附件2列举的铜、药品、半导体和木材制品、某些关键矿物以及能源和能源产品；(4)适用美国协调关税表HTSUS第2栏②规定的税率的商品；(5)所有可能受未来第232条关税约束的商品；(6)加拿大、墨西哥符合USMCA原产地规则的商品；(7)商品中含有美国成分价值（美国成分是指可归因于完全在美国生产或基于实质性改变在美国生产的组件价值），但前提是该美国成分不低于商品价值的20%；(8)可利用321条款清关的小额包裹商品（但不适用中国内地和香港的包裹）。③

---

① 根据50 U.S.C. 1702(b)，总统的国际紧急经济权力授权不能直接或间接规范或禁止的四类商品或行为：(i)任何邮政、电报、电话或其他个人通信，只要不涉及任何有价值的东西的转移；(ii)受美国管辖的个人捐赠旨在减轻人类痛苦的物品，如食品、衣服和药品，除非总统确定（A）此类捐赠将严重损害总统处理其宣布的任何国家紧急状态的能力，(B)此类捐赠是对拟议的接受者或捐赠者的胁迫的回应，或(C)将危及正在从事敌对行动或处于明显即将参与敌对行动的情况下的美国武装部队；(iii)从任何国家进口或向任何国家出口（不论是否出于商业目的），不论以何种格式或何种传播媒介，任何信息或信息材料，包括但不限于出版物、影片、海报、唱片、照片、缩微胶片、缩微平片、磁带、光盘、只读光盘、艺术品以及新闻电讯稿。但不包括受出口管制的信息或信息材料；(iv)往返任何国家旅行通常发生的任何交易，包括供个人使用随身行李，在任何国家的维持生活的行为，包括支付生活费用和购买供个人使用的货物或服务，以及安排或便利此类旅行，包括不定期的空中、海上或陆地旅行。

② USHTS第1列关税适用于与美国有"正常贸易关系"（NTR）的国家/地区。目前处于第2列关税的国家仅有古巴、朝鲜、俄罗斯和白俄罗斯。

③ Regulating Imports with a Reciprocal Tariff to Rectify Trade Practices that Contribute to Large and Persistent Annual United States Goods Trade Deficits, https://www.whitehouse.gov/presidential-actions/2025/04/regulating-imports-with-a-reciprocal-tariff-to-rectify-trade-practices-that-contribute-to-large-and-persistent-annual-united-states-goods-trade-deficits/.

因此,考虑到可适用"301 关税"临时排除程序的产品种类有限,且大部分中国产品都在原须征收的关税税率基础上被加征 145% 的从价税,越来越多的出口企业希望通过改变装配地的方式,从而改变原产地,以期彻底避免美国对华关税的加征。

二、美国原产地规则与"实质性转变"

(一)美国原产地规则

美国贸易和海关法将进口产品的原产国定义为进入美国海关辖区的任何外国物品的制造、生产或生长国。原产地规则(Rule of Origin,ROO)是用来确定进口产品原产地的法律、法规和程序。ROO 有两种类型:一种是非优惠 ROO,另一种是优惠 ROO。CBP 是负责确定原产国的美国机构。由于没有专门针对非优惠 ROO 的美国法律,因此 CBP 主要根据自己的规则和先例在个案基础上作出这些决定。优惠 ROO 与美国对华加征关税的征收无关,本文不做讨论。

在非优惠 ROO 下,适用两个主要标准:首先,完全在一个特定国家生产、生长、制造的商品原产于该国。这就是众所周知的"完全获得"原则。其次,如果一个进口产品由来自一个以上国家的部件组成,则使用"实质性转变"原则来确定原产地。此时原产地是指产品最后一次进行实质性转变,被制成"新的独特"产品的国家。非优惠 ROO 用于确定从享有最惠国待遇的国家进口的货物的原产地;它们是征收关税、解决原产国标签问题、使货物符合政府采购要求以及实施贸易补救措施和贸易制裁的工具。

近期案例显示,非优惠 ROO 及"实质性转变"标准适用于"301 关税"征收。在海关裁定 N299096(2018 年 7 月 25 日),三个来自中国的组件(定子或后壳体,转子或电枢组件以及端盖组件)在墨西哥被组装成成品,直流电动机。CBP 认为在墨西哥进行的制造过程仅仅是简单的组装,所以该直流电动机的原产地是中国,适用"301 关税"应加收

25%的从价税率。①

（二）美国"实质性转变"标准

根据1907年美国最高法院对 *Anhewser Bush Brewing Association v. US* 一案的判决，②当一种产品经过加工后"成为具有独立名称、特征和用途的不同新物品"时，即为发生了"实质性变化"，例如，由零件装配成收音机，由金条加工成金项链等。③今天美国的"实质性转变"标准正是由判例不断演变而来，在大多数情况下，货物的原产地被确定为最后的根据名称、特征或用途的变化而被实质性地转化为新的、独特的商品的地方。

但CBP承认，原产地的确定依据具体的事实，CBP对这些事实的解释可能涉及"固有的主观性质"，对于什么是实质性的转变可能存在相当大的不确定性。CBP在H215657案例中明确提到，没有一个因素是决定性的。④

对于名称改变，一般情况下都不是决定因素，占比较小。特征的改变，是指商品本质的改变使其变成新的独特的商品。用途的改变，是针对商品预先设定的最终用途发生的改变。特征和用途的改变一般都是用以判断是否构成"实质性改变"的关键因素。

除以上一般因素外，CBP还会考虑以下多项因素：与用于制造进口零件、部件或用于制造产品的其他材料的工艺相比，物品制造工艺的性质；与其他组成部分赋予的价值相比，制造过程增加的价值，包括生产成本、资本投资额或所需劳动力；本质特征由制造过程或进口零件或材料的本质特征确定。此外，CBP在具体分析不同案例时，还会

---

① See US Ruling N299096, https://rulings.cbp.gov/ruling/N299096, March 23, 2025 last visited.
② Anhewser Bush Brewing Association v. US, 207 U.S. 556 (1908), 562.
③ 高胜：《论原产地规则中的"实质性改变"标准》，载《广西政法管理干部学院学报》2002年第1期。
④ See US Ruling H215657, https://rulings.cbp.gov/ruling/H215657, March 23, 2025 last visited.

额外考虑一些辅助因素。包括装配操作的难易程度,在某地经生产或装配等操作后增加的价值,商品从生产者端到消费者端的转变,某些电子器件中编程软件的作用等。①

(三)中美贸易摩擦以来"实质性转变"的适用

1. 名称的改变

这一标准主要指零部件失去名称或特征转变成具有新名称的商品。判断的关键在于,转变后的商品不保有原来的零部件的名称,原来的零部件失去自己的名称与最终的商品的名称无法区分,而不是零部件的名称和转变后商品的名称不同。一般而言,在判断是否构成"实质性改变"的考虑因素中,名称的改变被认为是最不重要的一项。② 美国海关裁定 HQ H330862(2023 年 4 月 10 日)中,③CBP 认为,在美国进行的加工的实质是使外国零部件失去了其独立的名称而成为新产品,即由以控制器和键盘为关键部件组成的高度可调工作站可形成实质性改变。

2. 特征的改变

这一标准主要指商品本质的改变。"特征"是指一件事物的"标记、标志或特有品质",商品"本质"的改变标志着"特征"的改变。④

在美国海关裁定 HQ H287548(2018 年 3 月 23 日)⑤,CBP 认为,印刷电路板组件(PCBA)是某些打印机的"本质"。在该案例中,一款单色激光打印机内含有在日本组装的印刷电路板组件,但是该打印机

---

① Vivian C. Jones,"International Trade:Rules of Origin",Congressional research service report,March 3,2020.

② See US Ruling H215657, https://rulings.cbp.gov/ruling/H215657, March 23, 2025 last visited.

③ See US Ruling HQ H 330862, https://rulings.cbp.gov/ruling/H330862, April 24, 2025 last visited.

④ See US Ruling H215657, https://rulings.cbp.gov/ruling/H215657, March 23, 2025 last visited.

⑤ See US Ruling H287548, https://rulings.cbp.gov/ruling/H287548, March 23, 2025 last visited.

在美国组装完成。CBP认为印刷电路板组件和固件"构成了打印机的本质特征",所以在美国的组装过程不足以构成实质性改变,最终CBP认定该激光打印机的原产地是日本。

在美国海关裁定N309711(2020年3月11日)中[1],CBP对一款电缆组件采用了不同的处理方式。在该案例中,一款将病人监护系统和传感器相连的电缆组件内含有在墨西哥生产的印刷电路板组件和在中国生产的导线,CBP认为,原产于中国的导线赋予了该最终电缆组件以本质,因此该电缆组件的原产地应是中国。

可以看出,以上案例实际存在一定冲突,对于哪个零部件是属于本质特征,CBP没有给出更多判断标准,主要还是具体案例具体分析。

3. 用途的改变

这一标准主要指预先设定的最终用途的改变。在美国海关裁定H338116(2024年6月10日),[2]针对一款由美国制造核心组件并在泰国完成最终组装的高精度测绘接收器,CBP关注了其核心零部件的来源及其预先设定的用途。在该案例中,主板、天线、通信模块等关键组件均在美国设计制造,专门用于该GNSS接收器,而泰国的组装过程未对其最终用途产生改变。CBP认为,尽管该设备在泰国完成组装,但由于其核心组件已经预设用于该接收器且功能完整,因此未发生实质性转变,最终认定其原产地为美国。

但在另一个美国海关裁定H309801(2020年4月9日)中,[3]CBP并未强调其预先设定的最终用途。在该案例中,一款原产于韩国的刀片在进口到中国进行进一步加工及手柄组装时,有其预先设定的用途。该手柄在中国生产。但是,刀片"无法被明确识别将作为螺栓切

---

[1] See US Ruling N309711, https://rulings.cbp.gov/ruling/N309711, March 23, 2025 last visited.

[2] See US Ruling HQ H338116, https://rulings.cbp.gov/ruling/H338116, April 24, 2025 last visited.

[3] See US Ruling H309801, https://rulings.cbp.gov/ruling/H309801, March 23, 2025 last visited.

割机的刀片",而"有可能被误认为是其他工具的刀片,比如修枝剪的刀片"此外,因为切割机是以杠杆作用为基础的,所以"螺栓切割机的手柄与刀片具有同等重要的功能"。基于"全部证据综合考量",螺栓切割机的原产地是中国。

许多电子产品含有赋予其关键特性和功能的软件,这些软件是赋予产品原产地的关键因素。在原产地裁决中 CBP 主要关注软件的开发和编写地,而非仅仅是下载地。如美国海关裁定 H034843(2009 年 5 月 5 日),①在这项早先的裁定中,CBP 认为,仅仅安装软件便构成实质性改变,实质性改变发生在"最后三个制造操作的地域,包括固件和应用软件安装和定制的位置"。

但 CBP 在之后的案例中对软件的开发和下载进行了区分,软件的开发地和下载地的重要程度不同。美国海关裁定 H273091(2016 年 6 月 14 日)中,CBP 认为下载并不等于编程。在该案例中,软件在中国开发、在美国下载,但最后一次实质性改变的发生地是中国,所以 CBP 最终认定原产地是中国。

美国海关裁定 H308234(2020 年 6 月 3 日)中,CBP 认为,软件是设备最重要的组成部分,它改变了设备的用途,使之从多种用途到单一用途。当原产于加拿大的软件在加拿大下载并安装入空白 USB 闪存驱动器后,该 USB 闪存驱动器发生了实质性改变。

4. 辅助因素

辅助因素包括装配操作的难易程度、在某地经生产或装配等操作增加的价值、商品从生产者端到消费者端的转变、某些电子器件中编程软件的作用等。

美国海关裁定 N345899(2025 年 3 月 6 日)②中,LED 应急灯中主

---

① See US Ruling H034843, https://rulings.cbp.gov/ruling/H034843. March 23, 2025 last visited.

② See US Ruling N345899, https://rulings.cbp.gov/ruling/N345899, April 15, 2025 last visited.

PCBA 和 LED 灯板(光源)在印度制造外,所有其他组件和材料均来自中国。CBP 认为尽管大量零部件产自中国,但 PCBA(含光源)是本案 LED 应急灯中最重要且关键的组成部分。而在印度实施的组装工序,尤其是电子电路表面组装技术(SMT)过程,复杂且具有实质意义,构成实质性转变。所以 CBP 最终认定原产地是印度,进而确定不适用"301 关税"。

在 CBP 裁决时,复杂的装配工艺仍然是占比较大的考虑因素。在产品组装装配过程中,如步骤非常烦琐,以及有许多熟练工人的参与的话,更可能构成实质性改变。

5. 反规避

2018 年 9 月 13 日,CBP 发布了一项重要裁决,对《北美自由贸易协定》(NAFTA)原产地标记规则和适用于第 301 节关税和贸易救济税产品的原产地规则进行了区分。[①] CBP 确定,进口到墨西哥用于进一步组装成成品(电动机)的中国原产部件(定子和转子)符合根据 NAFTA 标记规则将组装产品标记为墨西哥产品的要求;然而,法院裁定,原产于中国的定子和转子在墨西哥没有"实质性地转变"成电动机,组装好的电动机仍然是中国的产品,仍然受制于 301 关税以及任何潜在的贸易救济税。

此外,除去原有非优惠 COO 运用基于具体事实的"主观性"特征,近年来美国商务部和 CBP 依据《2015 年执行和保护法》(EAPA)[②]和《1930 年关税法》第 1677.j 条[③]的授权不断加大对各类规避"双反"税行为的执法力度。CBP 的 EAPA 统计数据显示,截至 2025 年 4 月 3 日,CBP 共发起了 394 起 EAPA 调查,其中有 371 起案件涉及通过第

[①] See US Ruling N302707, https://rulings.cbp.gov/ruling/N302707, March 23, 2025 last visited.

[②] The Enforce and Protect Act, Title IV, Section 421 of the Trade Facilitation and Enforcement Act (TFTEA) of 2015.

[③] 19 U.S.C. 1677.j.

三国转运的方式规避"双反"税。①例如,2019年3月12日,美国联邦巡回上诉法院发布了一项裁决,确认了贸易法院的调查结果,为美国商务部没有使用"实质性转变测试"来确定原产地提供了合理的解释:美国商务部对原产于中国的一类商品(太阳能电池和太阳能电池板)使用了一种新的"装配地测试"——而不是通常使用的实质性转变测试——来确定商品的原产国。美国商务部认为,中国制造的一些太阳能电池可以在其他地方组装成电池板,而在其他地方制造的一些太阳能电池可以在中国组装成电池板。美国商务部随后认定将太阳能电池组装成电池板的过程并不构成实质性的转变,因为中国太阳能行业已经改变其供应链,这对固有的实质性转变测试是个挑战。②

根据以上判例的判决,基本可以看到在中美贸易摩擦背景下,想要简单地通过改变产品的"组装地",甚至依以往的"实质性"改变标准重构供应链都可能无法回避"301关税"等惩罚性措施的适用。

三、原产地预裁定运用

想要克服以上美国原产地规则"实质性改变"标准的不确定性,美国法角度目前最有力的工具就是预裁定制度。美国的预裁定制度发展较早,也较为完善。预裁定在美国应用极为广泛,几乎涵盖了CBP所有的执法事项,大体上可以分为商品归类、海关估价和原产地确定等三类预裁定。③ 具体分析如下。

---

① Enforce and Protect Act (EAPA) Statistics, https://www.cbp.gov/trade/trade-enforcement/tftea/eapa/statistics, April 24, 2025 last visited.

② In a Ruling on Solar Panels, the Federal Circuit Finds that Commerce Has Broad Discretion to Interpret the Country of Origin of Imports Subject to Antidumping and Countervailing Duties, https://www.cov.com/-/media/files/corporate/publications/2019/03/in_a_ruling_on_solar_panels_the_federal_circuit_finds_that_commerce_has_broad_discretion_to_interpret_the_country_of_origin_of_imports.pdf, March 23, 2025 last visited.

③ 杨欣、王淑敏:《"贸易便利化协定"中的预裁定制度与我国相关立法的完善》,载《国际商务研究》2017年第5期。

(一)向 TFA 的报告①

《美国联邦法规法典》第 19 篇(关税)第 177 部分(行政裁决)详细规定了美国预裁定制度。根据美国向 TFA 提供的报告,②其预裁定制度特点概述如下。

(1)容易获得。CBP 的预先裁决请求可以通过信函或使用电子裁决模板在线提交。③ 裁决是免费发布的。请求必须是书面的。CBP 已经公布所需信息的指南,但不要求提出请求的具体形式。任何进口商、出口商、其他相关方或授权代理人都可以要求 CBP 作出具有约束力的裁决。请求必须用英文书写,并包含与交易相关的事实陈述。同时为申请者提供一个机会,陈述其对交易应如何处理的看法以及立场的依据。当然,与请求相关的任何文件,如照片、图纸、货物样本、发票、合同和产品描述,都是申请的重要内容。申请还应包括保密请求或召开会议讨论的请求。

(2)裁决公开。1983 年美国海关开发了海关裁定在线搜索系统(CROSS 系统)。自 2002 年以来,裁决及预裁定已在海关裁决在线搜索系统(CROSS)上公布。CBP 还通过其知情合规出版物(Informed Compliance Publications)与贸易界沟通,④同时提供所有技术贸易和法律领域的公共外联课程或培训。因此,不仅申请裁决的进口商,其他人也可以搜索与其业务相似事实的裁决,并决定是否在自己的申请中要求更具体的信息。从技术上讲,预先裁定函仅对其中描述的交易具

---

① Communication From the United States, "The role of advance rulings and administrative procedures in TFA implementation", Committee on Trade Facilitation.

② Trade Facility Agreement, https://tfafacility. org/publications-resources/trade-facilitation-agreement #：~：text = The% 20TFA% 20contains% 20provisions% 20for% 20expediting% 20the% 20movement% 2C, authorities% 20on% 20trade% 20facilitation% 20and% 20customs% 20compliance% 20issues, March 23, 2025 last visited.

③ Electronic Ruling (eRuling) Template, https://erulings. cbp. gov/s/, March 23, 2025 last visited.

④ Informed Compliance Publications, https://www. cbp. gov/trade/rulings/informed-compliance-publications, March 23, 2025 last visited.

有约束力。但是,如果CBP确定该商品在所有实质性方面与裁决中描述的商品相同,则该裁决将适用。

(3)具有法律约束力。裁决代表了CBP对其中所述特定交易或问题的官方立场,在修改或撤销之前,对CBP和申请人都具有约束力,保证该裁决将在进口时适用于边境。

(4)保护商业机密。申请人有权要求某些指定信息保密,并且不在公布的裁决中披露。实践中,CBP和请求者经常讨论具体的请求,以平衡在保护机密信息的同时获得法律上充分的预先裁决的需要。此外,如果信息明显属于商业机密,即使请求者没有提出具体的保护请求,CBP也不会披露该信息。

(5)效力稳定。大多数裁决从未被修改或撤销,并且无限期有效,没有固定的到期日。在改变或撤销一项裁决之前,CBP必须在其公报上公布该提案,征求公众意见。在作出最终决定之前,公众有30天的评论期。最终决定公布后,在公布后60天生效。修改或撤销的延迟生效日期给贸易公司适应新规则的时间。

(6)对外充分沟通。进口商在提交裁决请求时,可以书面请求召开会议,讨论其预先裁决请求中的问题。

(7)CBP内部沟通。CBP法规和裁决局发布预先裁决。[1] 除归类预裁定由1980年在纽约成立的商品归类专家组负责外,其他预裁定事项统一由CBP华盛顿总部负责。CBP的内部通信由自动化商业环境(ACE)提供,ACE是贸易界报告进出口和政府决定可否受理的主要系统,也是唯一的窗口。

(8)司法复审。申请人还可以在国际贸易法院(CIT)对预裁定进行司法审查。如果对国际贸易法院的决定不满意,可以向美国联邦巡回上诉法院提出上诉。最后,如果对美国联邦巡回上诉法院的决定不满意,可向美国最高法院上诉。

---

[1] 高扬:《实务:带你了解美国海关行政裁定》,载《中国海关》2017年第9期。

（二）美国联邦法规第19章第177节B部分

美国关于非优惠原产地预裁定的制度主要规定在美国联邦法规第19章第177节的B部分。经笔者查询，的确与如上通报内容相一致：

1. 申请人

申请者：(a)外国商品的制造商，生产商或出口商或美国进口商；(b)美国同类产品的制造商，生产商或批发商；(c)劳工组织或其他工人协会的美国成员，其成员在美国从事类似产品的生产，生产或批发工作，或(d)一个贸易或商业协会，其大多数成员在美国制造，生产或批发类似产品。

可以由列出的个人或组织或由代表该个人或组织的正式授权律师或代理人提出请求。公司提出的请求应由公司官员签署，合伙企业提出的请求应由合伙人签署。

2. 请求书的形式和内容

最终裁定请求应为书面形式，并应包含以下信息：(a)申请人的姓名，申请人的主要营业地点以及根据第177.24条（上一节）的规定授权申请人提出要求的声明；①(b)要求确定原产国的现有商品的描述；(c)物品被宣称为产品的国家或机构；(d)此类进一步的信息将使海关能够确定某件商品是否是特定国家或机构的产品，以及(e)如果适用，要求最终确定的特定采购。

该请求应向华盛顿特区20229西北宾夕法尼亚州大道1300号美国海关与边境保护局总部国际贸易办公室法规与裁定执行主任提交。

3. 议题的口头讨论

根据第177.23条的规定，被授权要求裁决的任何当事方都可以要求对请求中提出的问题进行口头讨论。对问题的口头讨论将受第177.4节的规定约束。②

---

① 19 CFR § 177.24.
② 19 CFR § 177.4: Oral discussion of issues.

4.发布最终裁定

根据申请符合本部分要求的最终裁定,海关将立即签发最终裁定。如果申请不符合本小节的要求,则海关可能拒绝发布最终裁定,也可以发布咨询性裁决。

5.公布最终裁定通知

所有最终裁定的通知应在发布最终裁定之日起60天内在联邦公报中发布。

6.最终裁定的复审

第177.22(d)条中列出的任何利害关系方均可在《联邦公报》上公布最终裁定后的30天内寻求对最终裁定的司法复审,[1]并可以在拒绝裁定后的30天内针对此拒绝裁定寻求司法复审。国际贸易法院具有专属管辖权,可以审查最终裁定或拒绝根据本分节作出的最终裁定。

(三)效果分析

通过美国海关CROSS系统进行数据统计,检索"Section 301",日期范围"2018.3.23—2025.4.12",发现预裁定数量为4730余条,其中原产地预裁定的数量为625条。抽样数量为54条,以下为抽样统计结果(见表2)。

表2 原产地预裁定抽样统计结果

抽样总体	其中申请人为中国内地(大陆)企业的数量及比例	裁定原产地为中国内地(大陆)的数量及比例	讨论实质性改变的数量	裁定发布按照CFR§177的数量
54	6(11.11%)	18(33.33%)	54	54

抽样裁决中只有6个申请人是中国内地(大陆)企业,在抽样预裁

---

[1] 19 CFR§177.22(d)规定,利益相关方是指:(1)外国制造商、生产商或出口商,或美国商品进口商,是本子部分下最终决定的主体;(2)美国同类产品的制造商、生产商或批发商;(3)美国劳工组织或其他工人协会的成员,其成员受雇于美国同类产品的制造、生产或批发;(4)大多数成员在美国制造、生产或批发类似产品的贸易或商业协会。

定中，多数产品被 CBP 认为并非原产于中国。可见，已有许多中国企业已经通过对外投资等方式（如改变申请人国别）对供应链进行了重新布局（如将"实质性改变"的环节布局海外）。

四、结语

中美贸易摩擦让中国企业认真反思应该"走出去"及如何走的问题。研究进口国原产地规则并做好跨境产业链布局筹划，既是在宏观上化解中国因贸易顺差及统计方法不同而带来的贸易摩擦的手段，更是运用法律手段从微观上回避制裁降低成本的方法。

Analysis of Countermeasures Against the U. S. Tariff Increases Based on Rules of Origin

XU Shanshan　　PAN Xiaoting

[**Abstract**]　Whether changing the "place of assembly" of a product can be recognized as a "substantial transformation" remains inconsistent in U. S. precedents and amendments. The U. S. advance ruling system can assist Chinese enterprises in reconfiguring production and supply chains by leveraging rules of origin to address Sino-U. S. trade conflicts and U. S. tariff increases on Chinese goods. Even in the face of unfavorable scenarios such as "de-Sinicization", these measures can help maintain market presence by continuing exports to the U. S.

[**Key words**]　Sino-U. S. trade relations, rules of origin, substantial transformation, changing the place of assembly, advance ruling

涉外安全视域下国门安全法律体系的构建

王 珉 周弋淇[*]

[摘 要] 国门安全法律的高度体系化是完善国家安全法治体系、适应国门安全日益发展的必然要求。通过厘清国门安全法律体系的边界,明晰体系内外部的法律关系,才能形成逻辑融洽、协调衔接的构建路径。国门安全法律的逻辑统一是体系化的内在限定,基于国门安全法律行刑衔接的特征引入风险行政法理论、法益理论,构建互为表里的双层逻辑体系。国门安全法律与其他部门法调整范围的划分是体系化的外在限定,据此明确国门安全法律与传统部门法的界限。结合内外两种路径,可使国门安全法律在动态扩展中明晰其边界,逐渐推进其体系化发展,从而有力推进涉外国家安全机制的健全完善。

[关键词] 国门安全;风险行政法;集体法益;行刑衔接;法律体系化

党的十八大以来,以习近平同志为核心的党中央高度重视国家安全法治建设,目前基本形成以《宪法》为指导、《国家安全法》为基本法、国家安全专门法律为主干、关涉国家安全法律为补充的国家安

---

[*] 王珉,法学博士,上海海关学院海关法律系副教授,上海市法学会海关法研究会副秘书长;周弋淇,大连海关自贸处。

法治体系。① 党的二十届三中全会进一步提出,要完善涉外国家安全机制。② 国门安全作为涉外安全的重要组成部分,在国家安全全局中具有重要地位。构建国门安全法律体系亦是健全国家安全体系的重要环节。前期已有学者通过实证方法就维护国门安全的机制措施进行研究并取得了一定成果,但由于国门安全概念界定模糊,且完整系统的国门安全法律体系尚未形成,故国门安全法律在全面推进国家安全法治布局下定位不明,无法解决口岸监管部门在实际执法过程中对维护国门安全职能理解不足、能力受限的问题。因此,应当通过厘清国门安全法律体系的边界,明晰体系内外部的法律关系,有效构建起国门安全法律体系,从而完善国家安全体制机制,推进涉外国家安全水平进一步提高。

一、国门安全的内涵与国门安全法律体系的构造

国门,是跨境物流、客流、信息流、资金流的交互节点,是国际规则的交汇节点,也是内外部安全环境的交融节点。国门安全是涉外国家安全的重要组成部分。国门安全即口岸安全,是海关、边防检查、海事等口岸监管部门通过保证人及物的合法进出所实现的国家安全。口岸是供人员、货物、物品和交通工具直接出入国(关、边)境的港口、机场、车站、跨境通道等。③ 口岸既是对外开放的门户,又是国家安全的重要屏障。改革开放以来,口岸开放从沿海、沿边不断向内陆扩展,开放规模不断扩大,口岸在经济社会与国家安全中的角色地位日益凸显。

国门安全关乎主权与人权、关联国际与国内,是一种跨越国界的安全、体现国家与个人利益的安全、保障公共秩序与社会发展的安全。

---

① 参见张天培:《中国特色社会主义法律体系完善取得显著进展》,载《人民日报》2022年4月26日,第4版。
② 参见《中国共产党第二十届中央委员会第三次全体会议公报》,载中国政府网2024年7月18日,https://www.gov.cn/yaowen/liebiao/202407/content_6963409.htm。
③ 参见《国务院关于口岸开放管理工作有关问题的批复》(国函〔2002〕14号)。

随着国内格局和国际环境的发展变化,传统意义上的国门安全内涵沿着口岸和安全两个维度不断拓展,其内涵外延比历史上任何时期都更加全面。由于国门安全问题和挑战的复杂性和特殊性,口岸安全问题已上升为国家安全问题,因此,口岸安全问题最初出现在口岸场域内部,但只能在国家全域下解决。相应地,口岸各监管部门的安全维护功能也从狭义的"国门安全"概念拓展到了国家的总体安全。

国门安全法律体系是口岸监管部门为保障国门安全在执法过程中所遵循的法律规范的集合。然而,目前国门安全法律体系性不足,集中体现在国门安全领域内口岸监管部门林立,各监管部门执法所依据的法律规定之间尚未形成有机联系,且缺乏具有统领性的上位法以系统规范国门安全法律体系的基本理念与功能定位。为研究国门安全法律体系的构造,本研究使用归纳法总结口岸监管部门执法的主要法律依据,将研究样本限定于"口岸监管部门主要执法法律集合"(见表1)。由于各口岸部门监管法律规定庞杂,其所依据的行政规章及部门法规主要为上位法指导下的具体监管办法,指导性、概括性不足,故将集合条件限定为法律这一位阶。

表1　口岸监管部门主要执法法律集合

1	《国家安全法》	2	《行政许可法》
3	《行政处罚法》	4	《行政强制法》
5	《治安管理处罚法》	6	《刑法》
7	《著作权法》	8	《商标法》
9	《专利法》	10	《反恐怖主义法》
11	《反外国制裁法》	12	《反有组织犯罪法》
13	《核安全法》	14	《生物安全法》
15	《数据安全法》	16	《对外贸易法》
17	《出口管制法》	18	《港口法》
19	《出境入境管理法》	20	《海上交通安全法》

续表

21	《海关法》	22	《关税法》
23	《船舶吨税法》	24	《进出口商品检验法》
25	《进出境动植物检疫法》	26	《国境卫生检疫法》
27	《食品安全法》	28	《禁毒法》
29	《枪支管理法》	30	《反洗钱法》
31	《邮政法》	32	《产品质量法》
33	《农产品质量安全法》	34	《动物防疫法》
35	《野生动物保护法》	36	《药品管理法》
37	《传染病防治法》	38	《环境保护法》
39	《海洋环境保护法》	40	《放射性污染防治法》
41	《大气污染防治法》	42	《固体废物污染环境防治法》
43	《水污染防治法》	44	《文物保护法》

资料来源:北大法宝网络数据库。

二、国门安全法律体系构建的内部逻辑

领域作为一种学术思想或社会活动的范围,体现了社会空间的各个不同面向。[①] 国门安全法是限定于国门这一社会空间,应对为维护国家安全的实际口岸监管问题而引入的领域法研究视角,[②]因实践性较强导致其发展重具体问题解决而轻理论基础构建,经过几十年发展而形成的庞杂法律法规碎片化特征明显。这与国门安全问题的复杂性高度相关:国门安全领域监管机构林立,政出多门现象较为显著;国门安全涉及学科体系众多,风险类型多样且生成迅猛。同时,这一状况也反映了国门安全法律相关理论仍缺乏融贯性和指导性,未能以一

[①] 参见刘剑文:《领域法学》,北京大学出版社2019年版,第51页。
[②] 参见廉睿、鲁涛、孙长壮:《国家安全法学的场域面向、规范集成与学科归属》,载《情报杂志》2022年第8期。

以贯之的内部逻辑串联起完整的体系。在当今国家安全需求日益凸显、国门安全屏障作用越发增强的情况下,这一状况既不利于国门安全法律理论上的体系化发展,也不利于国门安全执法司法的有效展开,甚至对于出入境的企业和个人构筑起法律壁垒。要改变国门安全法律理论和实践的现实状况,需要基于国门安全法律的本质特征与相关部门法的先进理论,以国门安全风险和国门安全法益作为国门安全法律体系构建的内部逻辑,由此实现国门安全法律的体系化。

(一)国门安全风险

社会转型的加速引发了风险社会的生成。风险社会,是指技术风险的生成以及风险占据政治中心引发争议进而使社会反省制度的正当性。[①] 为有效预防和应对各类公共风险,公共行政将风险规制纳入行政任务之中。行政法作为社会行政关系的调整,在风险社会中承担起为行政风险规制提供法律保障的新功能,风险行政法应运而生。[②]《国家安全法》将国家安全定义为"国家重大利益相对处于没有危险和不受内外威胁的状态,以及保障持续安全状态的能力"。公共风险是危害国家重大利益的重要因素,同时以法治手段保障行政部门风险规制行为也正是保障持续安全能力的必然要求。国门安全法律的立法目的即是通过法律规范口岸监管部门行使公共权力以维护口岸安全,属于行政法范畴,引入风险行政法理论有助于通过识别国门安全风险及其规制方法,厘清国门安全法律的边界,进而优化国门安全法律维护国家安全的实现路径。

《布莱克法律词典》将风险定义为:结果、发生或损失的不确定性;伤害、损害或损失的概率;伤害可能性的存在和程度。[③] 其定义从两个尺度衡量风险,即发生概率与危害程度。风险概念的引入是公共行政的必然要求。传统国门安全风险集中于威胁政治安全、社会安全、文

---

① 参见伊丽莎白·菲舍尔、马原:《风险共同体之兴起及其对行政法的挑战》,载《华东政法大学学报》2012 年第 4 期。
② 参见戚建刚:《风险规制过程合法性之证成——以公共和专家的风险知识运用为视角》,载《法商研究》2009 年第 5 期。
③ See Black's Law Dictionary, 11th edition, Thomson Reuters 2019, p.1589.

化安全、经济安全等风险领域,然而随着新兴技术的发展与国际经贸交流的加深,国门安全风险不断发展演变,传统安全与非传统安全威胁交织叠加,①口岸安全面临的新安全威胁在发生领域、所涉对象等方面具有跨界性并延伸至整个跨境供应链,国门安全风险的外溢效应日趋增加。②(见表2)此种新安全威胁具体表现为:非法移民风险加剧,我国已经逐渐从一个传统移民输出国转变为移民输出和输入混合型国家;"三非"人员对于国门安全维护、边境地区稳定等方面造成巨大隐患;③跨境疫病疫情风险频发,2023年中国海关检出检疫性有害生物7.5万种次,④新冠疫情、非洲猪瘟等实例证明跨境生物风险具有频次密、范围广、危害大的普遍特征;新兴技术带来潜在风险,跨境数据流动蕴含的国家安全问题、AI超大模型诱发的外爆风险⑤逐步生成并日益加剧,亟需国门安全监管法律机制跟进规范;等等。

表2 国门安全风险一览表

风险类型	具体表现
政治安全、军事安全、国土安全风险	走私武器弹药、走私反宣品、跨境恐怖主义活动等
社会安全风险	走私毒品、走私淫秽物品、非法出入境、非法移民等

---

① 参见肖晞:《中国国家安全学的自主知识体系探索》,载《世界经济与政治》2022年第7期。

② 参见王菲易:《国门安全治理的跨界性:双层跨域治理框架》,载《国际安全研究》2022年第4期。

③ 我国边境地区面临的"三非"问题主要包括非法入境、非法居留和非法就业。参见金旺:《我国边境地区"三非"问题法律治理研究》,载《武警学院学报》2019年第11期。

④ 参见《2023年全国海关检出检疫性有害生物7.5万种次:以实际行动服务美丽中国建设》,载海关总署2024年1月23日,http://gdfs.customs.gov.cn/customs/xwfb34/302425/5645448/index.html。

⑤ 参见高奇琦:《从大国协调到全球性机制:人工智能大模型全球治理路径探析》,载《当代世界》2024年第5期。

续表

风险类型	具体表现
文化安全风险	走私文物和艺术品、走私非法出版物等
经济安全风险	走私普通货物物品、走私假币、跨境知识产权侵犯、进出口商品质量问题、跨境洗钱、非法携带现金等
生物安全、生态安全、资源安全、粮食安全、核安全风险	走私珍贵动植物及其制品、走私洋垃圾、走私人类遗传资源材料、跨境疫病疫情、外来有害生物入侵、走私粮食、走私核材料、走私放射性物质等
科技安全、数据安全、网络安全、人工智能安全风险	口岸数据非法跨境传输、智慧口岸数字技术滥用等

随着风险规制成为行政部门的新兴任务，行政法也应为行政部门的风险规制活动提供法律框架。开展风险规制的行政法主要调整行政主体在预防和处置风险过程中所产生的权利义务关系，其对行政法的新发展体现在：行政法的基本原则中引入预防原则和应急原则；行政行为嬗变为行政过程。[1] 这两大发展也成了国门安全法律的核心内容。预防原则是指"各国应尽自己所能采取预防措施，遇有严重或不可逆之损害的威胁时，缺乏科学充分的证据不得作为延迟采取具有成本效益措施的理由"。[2] 自 1969 年由瑞士的《环境保护法》首次提出以来，[3]其适用范围逐步扩大至国际范畴，[4]适用范围也从环境法延伸至食品安全、动植物及其产品检验检疫、卫生检疫等风险监管领域。

---

[1] 参见戚建刚：《风险规制的兴起与行政法的新发展》，载《当代法学》2014 年第 6 期。

[2] 参见联合国《里约环境与发展宣言》。

[3] See Owen Mcintyre & Thomas Mosedale, *The Precautionary Principle as a Norm of Customary International Law*, Journal of Environmental Law, Vol. 9:2, p. 221 – 241 (1997).

[4] 如 WTO《实施卫生与植物卫生措施协定》第 5 条风险评估章节，赋予成员方在实际侵害发生前履行风险评估义务以采取相应卫生检疫措施的权利。

应急原则是指"在某些特殊的紧急情况下,出于国家安全、社会秩序或公共利益的需要,行政机关可以采取没有法律依据或与法律相抵触的措施",①其适用基于危机事件,遵循比例原则与特殊事后程序。我国国门安全法律体系内进出境检验检疫相关法律规定已对接国际规则引入预防原则和应急原则。《生物安全法》②《食品安全法》③《国境卫生检疫法》④《进出境动植物检疫法》⑤等均将这两项原则作为指导行政机关行使风险防控职能的重要原则,明确了各监管部门在不确定性风险前提下的评估和处置要求,同时规定应当健全常规和应急相结合的口岸风险防控体系,划定口岸应急情况范围并制定相应风险应急处置预案。由此可见,预防原则和应急原则实则已深入国门安全立法、执法和司法的实践逻辑之中。此外,就行政法的调整内容而言,传统行政法以行政行为为核心,并依据行政行为的类型区分不同行政法律关系。然而随风险社会出现的大量突发性、不确定性的行政活动产生,传统的行政行为概念无法分析风险规制所带来的一系列新兴行政流程,故行政过程概念得以提出。行政过程理论追求对行政过程进行全面考察,不仅需要考察行政手段的法律依据、要件、效果,还需要考

---

① 参见罗豪才主编:《行政法学》,北京大学出版社1996年版,第34~35页。
② 《生物安全法》在维护国家安全、防范和应对生物安全风险方面,明确提出了风险预防的原则。这一原则体现在防控重大新发突发传染病和动植物疫情、人类遗传资源与生物资源安全管理、防范外来物种入侵与保护生物多样性、防范生物恐怖袭击与防御生物武器威胁等多个方面。该法还明确要求建立统一领导、协同联动、有序高效的生物安全应急制度,以健全完善生物安全风险防控体制。
③ 《食品安全法》在总则中明确,食品安全工作实行预防为主、风险管理、全程控制、社会共治,建立科学、严格的监督管理制度。同时,第七章设专章对食品安全事故处置作出具体规定。
④ 《国境卫生检疫法》规定了国境卫生检疫机关对入境、出境的人员实施传染病监测,并采取必要的预防、控制措施。同时,第五章设专章"应急处置"对于发生重大传染病疫情,需要在口岸采取应急处置措施的情形作出规定。
⑤ 《进出境动植物检疫法》的风险预防措施主要包括禁止进境某些动植物、动植物产品和其他检疫物,对进境的动植物、动植物产品和其他检疫物实施检疫,以及对来自动植物疫区的运输工具进行检疫。该法还在总则中明确规定,当国外发生重大动植物疫情并可能传入中国时,国务院应当采取紧急预防措施。

虑行政手段的组合连结及其产生的新功能,①并参考新公共管理理论将过程区分为事前、事中、事后和反馈。与之相适应,国门安全法律体系内各领域、各层级法律规定也体现出由行政行为立法转向为行政过程立法的趋势。例如,《食品安全法》专设第二章"食品安全风险监测和评估",明确要求国务院卫生行政部门会同国务院食品安全监督管理等部门建立食品安全风险监测和风险评估两项制度,并对风险监测计划制定、实施、调整以及风险评估的具体流程作出规定。又如作为《海关法》下位法的《海关风险管理办法》将海关风险管理行为划分为风险信息收集、风险评估、风险处置三大环节,其立法形式是对传统行政法的突破,也体现出风险行政法理论在国门安全法律体系的适用性。

(二) 国门安全法益

从体系化的视角来看,除立足行政法视角探索国门安全法律体系的边界外,亦可从刑法理论重新审视并重塑国门安全法律的功能定位。法的功能定位是法在特定体系中预期能够发挥的作用。法益理论自近代刑法学发展以来,已然成为构建现代刑法学的理论基石。"法益保护原则"更是现代刑法中的三大原则之一,在刑法立法与刑法解释适用上发挥着重要作用。② 同时,法益理论也并非仅限于刑法、宪法性的定位,存在着先发性概念理论:法益作为一种先法范畴,在立法者制定法律之前便存在。法益的存在并非法制的产物,而是社会本身的产物。法律只能发现它,而不能创造它。③ 其理论的扩展适用也在如个人信息保护④等民刑衔接、行刑衔接问题上得以印证。在行政法层面,国门安全法律通过行政手段监管人或物的非法进出境,以保障跨境物流、客流、信息流、资金流秩序来达到维护国家安全的效果。在

---

① 参见江利红:《以行政过程为中心重构行政法学理论体系》,载《法学》2012 年第 3 期。
② 参见张明楷:《法益保护与比例原则》,载《中国社会科学》2017 年第 7 期。
③ 参见[德]弗兰茨·冯·李斯特:《德国刑法教科书》,徐久生译,法律出版社 2000 年版,第 4、202 页。
④ 参见欧阳本祺:《论数据犯罪的双层法益》,载《当代法学》2023 年第 6 期。

刑法层面,对于人或物非法进出境的规制则集中于《刑法》的走私罪、妨害国(边)境管理罪、危害公共卫生罪等章节。由于法益具有突出的违法性评价机能、解释论机能与分类机能,①通过引入法益理论有助于深刻阐释国门安全领域行刑衔接法律问题,进一步厘清国门安全法律体系的内在逻辑。

近年来,集体法益的概念在刑法理论中得以使用。集体法益中的"集体"是指法益的集合性特点,集体法益属于公共安全或与国家任务、国家制度相关的范畴。恐怖主义袭击等直接涉及国家存亡的客观风险,破坏大气、土地等人类赖以生存的自然资源,以及造成传染病传播的不可预测的风险等就属于侵害集体法益的情形。集体法益具有三个特征:第一,集体法益是所有个人都能平等地、没有冲突地享受的利益;第二,集体法益具有不可分配性或者不可拆分性,亦即无论是从法律上还是从事实上,不可能将集体法益及其部分分配给社会的特定成员;第三,集体法益虽然不可能因为个别人或者少数人的不法行为而丧失,但如果多数人实施不法行为,则会导致集体法益丧失(受到侵害)。② 诚如前文所述,随着公共风险的增加与复杂化,国家的主要任务是预防和控制风险,体现在刑法层面,即是对于严重的行政违法行为进行规制,并给予此类制造公共风险的行为以刑事处罚,故而导致集体法益类型和范围的扩张。而新形势下集体法益的不当扩张,又会导致国家滥用刑法的风险,出现过度侵犯自由的法律风险。因此,为在维护个人自由与国家安全、公共安全之间实现有机平衡,应当进一步厘清行政法与刑法的适用范围、处理好行政法与刑法衔接协调的互动关系。国门安全法益本质是通过在口岸设置安全边界以保障国家安全,属于集体法益。③ 该安全边界能够防范政治、经济、文化、社会、生物等多领域风险,使全体国民能够平等地

---

① 参见张明楷:《法益初论》,商务印书馆2021年版,第247、262、279页。
② 参见张明楷:《集体法益的刑法保护》,载《社会科学文摘》2023年第6期。
③ 参见张龑:《涉外法治的概念与体系》,载《中国法学》2022年第2期。

享受安全利益并有助于维护总体国家安全。在集体法益论域下,自然人、法人对于国门安全法益的侵害具有一定累积性,即个别或情节较为轻微的走私行为对于国门安全法益的侵害程度有限,如涉税金额较小的走私普通货物、物品的违法行为未必会动摇市场经济秩序,则可认定为逃避海关监管的走私行为,该行为属于行政法的调整范围;但如若走私货物、物品偷逃应缴税额较大或者在一定年限内因走私被给予数次行政处罚后又走私的,则将严重影响国家财政的稳定和公共服务的提供,进而影响国家经济安全,则应由刑法进行规制。

国门安全注重维护人或物的进出境秩序,国门安全法益表现为行政主体和跨境贸易主体间的有序互动和利益平衡。目前《刑法》对于国门安全法律的法益定位为秩序法益,秩序法益本意是维护公共秩序。因各犯罪行为所侵犯的具体法益不同,威胁国门安全的相应罪名分别列入经济秩序与社会管理秩序章节。就国门安全法益而言,侵害经济秩序法益的行为主要列于第二节走私罪,该节就以下犯罪行为进行规定:走私各类普通货物、物品;走私武器、弹药,走私核材料,走私假币;走私文物,走私贵重金属,走私珍贵动物、珍贵动物制品;走私国家禁止进出口的货物、物品;走私淫秽物品;走私废物,等等。侵害社会管理秩序法益的行为集中于第三节妨害国(边)境管理罪、第五节危害公共卫生罪、第七节走私、贩卖、运输、制造毒品罪。为适应各种类型风险的交织叠加及日趋复杂化,《刑法》也增列了走私罪罪名以保障国门安全法益的迭代发展。以货物进境监管为例,一次主体间性互动涉及生产商、运输商、购买方、代理商等多元主体,在多式联运、转关等复杂贸易条件下主体将越发复杂,同时监管过程风险种类多、覆盖范围广,查验、检验检疫、稽查等环节亦呈现国门安全社会互动的网格结构,这就增加了对国门安全法益进行功能定位的难度,对实际执法、司法环节提出了新的挑战。在此情形下,近年来我国刑事立法与司法领域都出现了秩序法益泛化现象。针对这一问题,学界主张以主体间性的视角将秩序法益的先在性、①情境性、迭代性、去主体性、功能导向性以及网络结构特征作为指导实践的基本原则。② 口岸场域内人或物进出境的互动过程涌现出国门安全秩序。为确保国门安全立法过程的正当性与合理性，立法者在增设、废止或修改涉及公共秩序的个罪时，应当秉持全面、审慎、平衡的态度，充分考察待规制领域内存在哪些不同类型的主体及其之间的互动模式、经由这些互动形成了哪些特定的公共秩序、待保护的秩序能否发挥预期的积极功能以及是否值得动用刑法进行保护。国家在通过法治维护国门安全的同时，还应充分尊重和保障个体对自身利益的自主决定权，避免过度干预社会生活和个人自由。

（三）国门安全法律体系的内在逻辑衔接

学界将体系化视为成文法发展成熟的标志。国门安全法律理论与实践层面的发展与国门安全法的体系化密不可分。同时，国门秩序稳定与持续发展也高度依赖国门安全法的体系化。国门安全法律体系的构建需要明确的中心和主线，其基本途径是以风险行政法理论、法益理论这两个经典部门法理论来支撑国门安全法律体系边界划定的逻辑。通过从行政法、刑法的不同法律视角，以及国门安全内涵性质、发展演变等维度阐释国门安全风险与国门安全法益，有助于明确国门安全法的调整对象和适用范围。国门安全风险生成并可能演化为国门安全犯罪，其本质是对国家进出境秩序的侵害。围绕国门安全的秩序保护这一核心内容，从国门安全行政行为的界定与规范、国门安全行政过程的划分与优化这两方面，设计国门安全行政法律的具体制度，应当是国门安全法律体系构建的基本逻辑思路。

---

① 法益的先在性强调了刑法法益在法律体系中的基础地位，它不仅基于一定的社会利益，而且通过刑事立法将其转化为法律保护的对象，同时平衡个人利益和社会普遍价值，以确保法律的有效实施和人权的保护。
② 参见蓝学友：《论秩序法益的主体间性》，载《法学》2023年第11期。

三、国门安全法律体系的外部协调

在研究国门安全法律体系构建的内部逻辑后,实践中在立法、执法和司法层面还需协调好国门安全法律与其他相关法律的关系,实现内外部定位的协调有序。在体系化的过程中,不能简单将各类国门安全相关的法律规范都纳入该体系,而是应当基于前述的内部逻辑进行取舍并不断进行调整、补充以提高法律体系的完整性、全面性与时代性。同时,也要将排除的规范根据情况纳入其他相关部门法,并设计相应的衔接规范以增强同外部法律的协调性。① 此外,为不断优化完善国门安全法律体系,还应及时更新内外部法律规定以实现有机互动、协调统一的整体法律环境。

(一)国门安全法律与行政法的协调

国门安全法律与行政法的协调应考虑国门安全的基本属性。国门安全风险的预防与化解依赖于口岸监管部门执法所依据的行政法律规范,需要行政权的合法合理行使。② 国门安全法律中绝大多数条文仍然是行政管理性规范,有关行政机关行政行为的侵权规范则规定在《行政诉讼法》中。实践中,维护国门安全的主要手段也是口岸部门的行政管理,故国门安全法律应当以行政法律规范为主体。另外,国门安全法律的行政法属性也具有其特殊性,即呈现出与风险行政法的高度适配。国门安全风险的客观存在与迅猛增长决定了国门安全法律体系内的行政法律规范应以国门安全风险规制为核心,急需重点关注并妥善处置因科技进步而产生的新兴风险问题。因此,国门安全法律与传统行政法在事实前提、基本立场和价值取向层面都存在一定差别,其实体和程序规范都亟待创新和重构。

(二)国门安全法律与刑法的协调

国门安全法律与刑法的协调须考虑刑事法律的特殊性。就现有

---

① 参见刘长兴:《论环境法法典化的边界》,载《甘肃社会科学》2020年第1期。
② 参见高志宏:《公共利益法律关系的主体论及其功能实现》,载《南京社会科学》2017年第6期。

的刑法典单轨立法模式,各种犯罪行为都规定在刑法典及其修正案中,其他部门法至多作引致性规定。① 在与刑法的协调方面仍应优先考虑刑事立法模式的选择,在我国的刑法典单轨立法模式下,国门安全法律应继续在刑事追责部分内容使用引致性规定。②

与此同时,刑法中的国门安全相关内容也亟须更新完善。近年来我国刑事立法与司法领域都出现了秩序法益泛化现象,国门安全法益也呈现出这一特征。以走私罪为例,刑法将走私罪法益确定为经济秩序法益,主要基于走私罪的犯罪客体是国家对外贸易管理制度。尽管走私罪涉及的走私武器、弹药等行为更多关乎社会管理秩序,但立法观点认为相关走私罪违反了对外贸易管制政策,仍属于对经济秩序的侵犯,这与对外贸易迅速发展的立法背景是密不可分的。同时,走私毒品罪被列于第六章妨害社会管理秩序罪中的第七节走私、贩卖、运输、制造毒品罪中。而在后续的修正中,《刑法修正案(十一)》中增补走私人类遗传资源材料罪至《刑法》第六章妨害社会管理秩序罪中的第五节危害公共卫生罪。针对走私罪的分散立法,具有实践应用的需求考量,但对于国门安全法律体系的建构作用有限。随着国门安全风险日益复杂多变,国门安全法益的内涵外延也在持续演变发展,走私罪是否仍应沿用故有立法思路实行分散立法也值得进一步研究。

(三)国门安全法律与民法的协调

国门安全法律与民法的协调当立足于公法与私法的划分。知识产权法是与国门安全法衔接最为紧密的民法领域之一。那么,知识产权法是否应当纳入国门安全法律体系进行规定? 这需要回到国门安全法律体系的基本逻辑进行考察。公法与私法的二元划分是现代法律的基本结构,国门安全的维护依赖以政府行政管理为主的法律制度,但并不排除通过民事法律途径保护相关私人利益以实现部分国门安全维护功能的可能,因此在相关民法中引入国门安全理念具

---

① 参见竺效:《环境法典编纂结构模式之比较研究》,载《当代法学》2021 年第 6 期。
② 参见卢建平:《刑法法源与刑事立法模式》,载《环球法律评论》2018 年第 6 期。

有必要性。① 但就国门安全法律体系构建而言,将知识产权保护等制度进行实质整合存在难以逾越的障碍,相关民事制度保留在民法体系内是更好的选择。在此架构下,国门安全法律可以通过相关规则的设置实现与《民法典》整体的无缝衔接,相关民法规则也可通过法律原则、立法精神等方面衔接国门安全理念。②

(四)国门安全法律与安全法的协调

2015 年《国家安全法》是按照总体国家安全观要求制定的一部国家安全领域的基础性、综合性法律,就维护国家安全的基本任务、职责等以及风险管理、审查监管、危机管控等核心制度机制作出明确规定。鉴于国门安全法律的根本宗旨在于维护口岸场域的国家安全,国门安全作为涉外国家安全的组成部分,应当以《国家安全法》的原则规定为指导开展国门安全法律体系内各项立法。

而对于其他关涉国家安全法、一般安全法的法律而言,国门安全法作为以国门为实际监管场域的部门法,势必同以行业领域进行划分的安全立法具有一定重合度,如《生物安全法》《食品安全法》等法律。同时,国门安全法律作为涉外法治的重要组成部分,还会关联《反外国制裁法》《反恐怖主义法》等涉外安全法律,涉外安全与国门安全法律也势必需要更加紧密的衔接。但置于体系化的视角下,其他国家安全法、一般安全法大部分以领域为边界,具有概念性、总括性的特征,其安全目的的实施需要多部门协同。③ 国门安全法律作为口岸监管部门的执法依据,仅是其领域内治理体系的一环,若将国家安全法、一般安全法纳入国门安全法律体系的范畴则失之偏颇,故应在国门安全立法中增加前述安全法中关涉口岸监管的引致性规定,并将领域安全界定及相应法律原则纳入国门安全立法中。同时,其他国家安全法、一般

---

① 参见王轶、关淑芳:《认真对待民法总则中的公共利益》,载《中国高校社会科学》2017 年第 4 期。

② 参见吕忠梅、窦海阳:《民法典"绿色化"与环境法典的调适》,载《中外法学》2018 年第 4 期。

③ 参见何志鹏、朱志远:《国家安全法体系的边界》,载《山东大学学报(哲学社会科学版)》2023 年第 6 期。

安全法也可将口岸监管部门的职责等进行总括性规定,以实现国门安全治理相关立法的体系化。

(五)国门安全法律与国际法的协调

国际法是国门安全立法的重要依据,无论是经济安全涉及的进出口商品归类、估价、原产地制度,还是生物安全涉及的濒危动植物保护目录制修订等都须依据国际规则立法和适用。但就规范性质而言,国际公法、国际私法等应当遵循条约法等国际规则进行处理适用。因此,国门安全法律不宜直接将国际法的内容纳入,涉及国门安全治理需要特殊规则的情况,应当引至国际法规范。

四、结语

综合前述条件,国门安全法律体系的基本框架得以构建:该体系以《国家安全法》为指导,以《海关法》《出境入境管理法》《海上交通安全法》等口岸部门实施安全监管的母法为核心,并辅以其他口岸安全监管下位法规范。在此基础上,国门安全立法应致力于实现同行政法、刑法、民法、安全法、国际法等相关部门法规定的衔接协调,从而全面构建口岸安全监管的具体制度(见图1)。

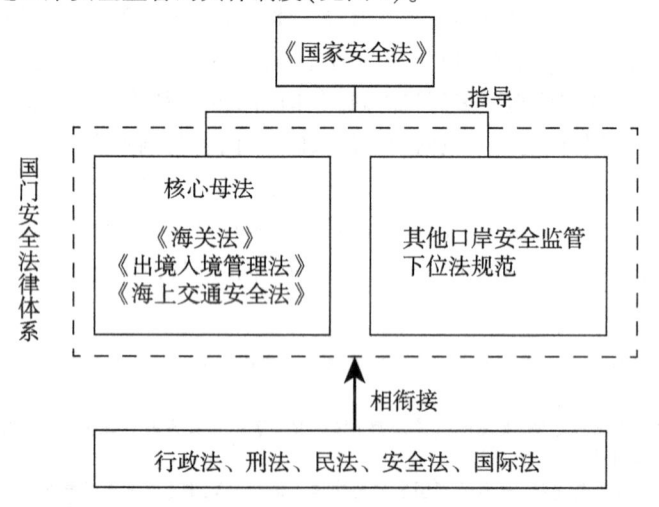

图1 国门安全法律体系基本框架

国门安全法相较其他领域安全法差异性明显,一方面其源自口岸各行政部门职责任务和监管实际,具有较强的实证主义色彩;另一方面其以口岸边境为立足点,涵盖多个安全领域,注重该场域下多部门的协同效果。此外,作为涉外法治的重要环节,国门安全法通过设立"安全边界"的方式维护涉外国家安全。然而前述这些差异性也正是其发展滞后的因素之一,同时国门安全法的困境也一定程度上体现了国家安全法治的建设困境:目前国家安全法治建设集中于顶层设计,有关国家安全领域的下位法律规范粗疏、概念不清、职权不明、配套规定不到位,可实施性较差;在关联性较强的国家安全领域,各部门法的协同实施能力也亟待提高。[①] 通过对国门安全法律的体系化构建,可以为国门安全立法提供一种自下而上、部门协同的新思路,进而为推进涉外国家安全法治稳步落实、协同发展提供有益参考。

Construction of the Legal System of National Gateway Security from the Perspective of Foreign-related Security

WANG Min　ZHOU Yiqi

[**Abstract**]　A high degree of systematization of national gateway security laws is an inevitable requirement for improving the national security rule of law system and adapting to the increasing development of national gateway security. By clarifying the boundaries of the national gateway security legal system and both internal and external legal relationships within the system, a logical, harmonious and coordinated

---

①　参见李明倩:《加强涉外法治建设的时代意义与实践路径》,载《当代世界》2024年第3期。

construction path is formed. Based on the characteristics that national gateway laws locate in the linkage between administrative law and criminal law, risk administrative law theory and legally protected interests theory are introduced to construct a two-layer logic system . The division of the adjustment scope between the national gateway security law and other departmental laws is a systematic external limitation, so as to clarify the boundary between the national security law and departmental laws. Combining the internal and external paths, the boundaries of national security gateway laws can be clarified in dynamic expansion for further systematic development, so as to effectively promote the improvement of the national security mechanism involving foreign affairs.

[**Key words**]　national gateway security; risk administrative law; collective legally protected interests; linkage between administrative law and criminal law; systematization of law

海关法评论(第13卷)

国门安全与海关法
Border Security and Customs Law

《海关法》修订视野下对进出境禁止性、限制性规定的理解

王丽婷　崔　晨[*]

[摘　要]　本文从实践中关于《海关法》"禁止性""限制性"表述理解及适用的争议出发,对该法第24条、第40条、第82条以及第83条禁止性、限制性规定的内涵和外延进行了分析。从法律的文义解释角度看,争议产生的原因主要是"禁止性"表述的实质内涵存在多种维度,禁止性规定与限制性规定的深度交叉,限制性规定的内涵和外延同样存在差异性等。从《对外贸易法》及其配套法律规范维度看,争议产生主要是由于《对外贸易法》关于禁止性和限制性进出口货物的规定,《对外贸易法》与其他法律、行政法规的关系,以及合格评定制度与目录制管理禁限制度的区别等。对于此类争议,在罪刑法定原则下,对《海关法》第82条禁止性、限制性货物、物品范围的解释,更需遵循审慎的态度,避免滥用扩张解释。在今后《海关法》的修订中,建议坚持对《海关法》第82条应当进行限缩理解,有必要对《海关法》第40条和第82条的表述予以区分,为统筹对外贸易领域立法及相关刑事司法实践预留空间。

[关键词]　《海关法》修订;禁止性;限制性;禁限管理;走私;罪刑法定

---

[*]　王丽婷,海关总署政策法规司;崔晨,宁波海关法规处。

根据《海关法》的规定，海关是国家进出关境的监督管理机关，依法对进出境货物、物品实施监管。其中，依法执行对我国进出境货物、物品的禁止性、限制性管理措施是海关的重要使命和任务。我国进出境禁限法律制度具有多样性和复杂性：不仅关于禁限管理的内涵和外延具有多重性，而且立法层级、立法主体具有多样性，禁限管理要求种类繁多、形式各异，在实质内涵、法律后果、国际法渊源等方面也千差万别。特别是2018年关检融合以后，进出境检验检疫法律成为海关执法依据，相关法律中的禁止性、限制性规定是否属于《海关法》第82条规定的禁限范畴，成为执法实践中颇具争议的问题，引起更为广泛的关注。

时值《海关法》全面修订之际，作为《海关法》修订草案的具体起草者，笔者尝试从现行《海关法》第40条、第82条关于禁止性、限制性货物内涵及外延的差异性切入，对我国相关法律法规及司法解释关于进出境禁止性、限制性规定普遍存在的"同词不同义"及"同义不同词"现象进行梳理，结合《对外贸易法》的国际法渊源及体系解释，以及罪刑法定基本原则，以期进一步准确把握《海关法》相关条文中的禁止性、限制性规定的内涵及外延，并对《海关法》相关条款修订的考虑进行说明。

一、问题的提出

（一）从《海关法》相关条款中限制性表述的内涵及外延的差异性切入

《海关法》中涉及"限制性"的表述出现在四个条款，分别是第24条"国家限制进出口的货物"[①]，第40条"国家对进出境货物、物品有

[①]《海关法》第24条规定："进口货物的收货人、出口货物的发货人应当向海关如实申报，交验进出口许可证件和有关单证。国家限制进出口的货物，没有进出口许可证件的，不予放行，具体处理办法由国务院规定。进口货物的收货人应当自运输工具申报进境之日起十四日内，出口货物的发货人除海关特准的外应当在货物运抵海关监管区后、装货的二十四小时以前，向海关申报。进口货物的收货人超过前款规定期限向海关申报的，由海关征收滞报金。"

禁止性或限制性规定"①,第82条、第83条"国家禁止或者限制进出境货物、物品"②。考虑到实践中一般认为《海关法》第24条、第82条、第83条中禁止性、限制性表述的内涵及外延具有同一性,为行文方便,下文主要聚焦《海关法》第40条和第82条进行讨论。

一般认为,同一概念在同一法律中的内涵与外延应当具有同一性,但《〈中华人民共和国海关法〉释义》一书(以下简称《〈海关法〉释义》)提出,《海关法》第40条中的"限制性规定"与第82条中"国家限制进出境货物、物品"所指的范围存在差异,后者仅包含《对外贸易法》第15条、第16条、第21条和《中华人民共和国禁止进出境物品表》和《中华人民共和国限制进出境物品表》规定的内容。其中,有关国家限制进出境(口)货物的具体范围,依据《海关总署关于修订限制进出口货物范围给广东分署的通知》(署法〔2000〕第156号)的规定确定。③相较而言,前者的范围更广,包括《刑法》《进出口商品检验法》《国境卫生检疫法》《进出境动植物检疫法》《药品管理法》《野生动物保护法》《外汇管理条例》等法律、行政法规、规章,以及国务院各部门依据法律、行政法规授权制定的规范性文件中规定的内容。

可见,《海关法》中的限制性规定的内涵与外延并不相同,第40条"国家对进出境货物、物品有限制性规定"涵盖了第82条中的"国家限制进出境货物、物品",两者是包含和被包含的关系。

(二)对《海关法》中禁止性规定的不同理解

由于《海关法》起草者明确指出该法两个条款中限制性规定的内

---

① 《海关法》第40条规定:"国家对进出境货物、物品有禁止性或者限制性规定的,海关依据法律、行政法规、国务院的规定或者国务院有关部门依据法律、行政法规的授权作出的规定实施监管。具体监管办法由海关总署制定。"

② 《海关法》第83条规定:"有下列行为之一的,按走私行为论处,依照本法第八十二条的规定处罚:(一)直接向走私人非法收购走私进口的货物、物品的;(二)在内海、领海、界河、界湖,船舶及所载人员运输、收购、贩卖国家禁止或者限制进出境的货物、物品,或者运输、收购、贩卖依法应当缴纳税款的货物,没有合法证明的。"

③ 参见孟杨主编、海关总署政策法规司编:《〈中华人民共和国海关行政处罚实施条例〉释义》,中国海关出版社2007年版,第137~138页。

涵与外延不同，那么是否意味着所涉条款中关于禁止性规定的内涵和外延也存在着差异。事实上，海关执法实践中确实对此确实始终存在争议，且随着海关与原进出境检验检疫部门的合并，相关争议变得更为突出。

争议一：进出口侵犯知识产权货物是否构成走私？

《知识产权海关保护条例》规定"国家禁止侵犯知识产权的货物进出口"。对此，一种观点认为，基于《海关法》第40条、第82条禁止性表述的内涵一致性的理解，侵权货物属于禁止性货物，进出口侵权货物可以适用《海关法》第82条，构成走私国家禁止进出口货物。另一种观点认为，知识产权属于私权利，对侵犯知识产权的违法行为以民事责任优先是各国通行做法，海关对知识产权保护的制度设计均以权利人申请保护为必要条件，即无论在依申请保护或依职权保护模式下，如权利人放弃保护，则海关无权扣留侵权货物。因此，相较于枪支、弹药、毒品等常规意义上的禁止性货物，国家对进出口侵犯知识产权货物的管控力度及执法模式与之存在明显差异。不能简单以出现"禁止"表述，即认为侵权货物属于禁止性货物。同时，现行刑事司法实践对进出口侵犯知识产权货物构成犯罪的，适用《刑法》关于侵犯知识产权罪而非走私国家禁止进出口货物罪的罪名定罪，二者在刑罚力度上存在较大差异，也从另一个维度印证了第二种观点。

争议二：违反进出境检验检疫相关禁止性规定的行为是否构成走私？

海关与进出境检验检疫部门合并前，二者作为独立部门，各自依法实施相应的行政处罚，走私案件与违反进出境检验检疫法律的行政处罚案件互不交叉。海关和进出境检验检疫队伍及职能融合后，《进出口商品检验法》《进出境动植物检疫法》《国境卫生检疫法》《食品安全法》等检验检疫法律与《海关法》一并成为海关主要执法依据，海关统一实施违反《海关法》与进出境检验检疫法律规定的行政处罚案件。由此，进出境检验检疫相关法律法规中"禁止进境""暂停或禁止进口""不得进境"的货物、物品能否理解为《海关法》第82条规定的禁限货物、物品,即运输、携带、邮寄该类货物、物品能否按照走私行为或者走私罪予以处罚引起了更大程度的关注,也产生了较多争议。

一种观点认为,基于"禁止性"内涵一致性的考虑,对于运输、携带、邮寄进出境检验检疫法律、行政法规明确规定禁止进出境的货物、物品,可以适用《海关法》第82条规定,认定为走私。另一种观点认为,进出境检验检疫法律规范中的禁止性规定多属于技术性贸易措施,与《海关法》第82条主要基于《对外贸易法》设置的禁止性规定在法律渊源、立法目的以及法律责任等方面均存在较大差异。特别是,关检合并前,违反上述法律中的"禁止性"规定构成刑事犯罪的,一般适用《刑法》妨碍国境卫生检疫罪、妨害动植物检疫罪、逃避商检罪等罪名,其刑罚力度远低于走私犯罪。如因关检合并后部门事权调整,将违反进出境检验检疫禁止性规定的行为一律认定为走私,进而引发同一行为适用《刑法》罪名的重大变化,将导致违反罪刑法定这一刑法最基本的原则。

需要说明的是,根据关检合并前的法律规定,并非所有违反涉及检验检疫禁止性或限制性规定的行为绝对不构成走私。例如,按照《〈海关法〉释义》及《海关行政处罚实施条例》第66条[①]规定,《海关法》第82条中的禁限物品是指《中华人民共和国禁止进出境物品表》和《中华人民共和国限制进出境物品表》(海关总署令第43号,以下简称43号令)列名的物品,其中禁止进境物品的第6项、第7项分别为"6.带有危险性病菌、害虫及其他有害生物的动物、植物及其产品;7.有碍人畜健康的、来自疫区的以及其他能传播疾病的食品、药品或其他物品",其与农业农村部会同进出境检验检疫部门发布的《禁止携带、寄递进境的动植物及其产品和其他检疫物名录》中规定的物品存在交叉。但关检合并前,由于海关与进出境检验检疫部门作为两个独

---

① 《海关行政处罚实施条例》第66条规定:"国家禁止或者限制进出口的货物目录,由国务院对外贸易主管部门依照《中华人民共和国对外贸易法》的规定办理;国家禁止或者限制进出境的物品目录,由海关总署公布。"

立的执法单位，一般更关注各自主要执行的法律，且先检疫后报关的执法模式，使多数涉检违法行为由原检验检疫部门先行发现并处置，并不会进入海关执法视野，导致相关争议问题并不突出。

二、问题的延伸：关于《海关法》修订的几种不同观点

基于上述争议，有观点建议在《海关法》修订中对此予以明确，主要方案有以下三种。

（一）将《海关法》第82条的禁止性规定限定在对外贸易领域

结合《海关法》立法背景及《〈海关法〉释义》，该方案采用"对外贸易管制"对《海关法》第82条的禁止性规定进行限定[1]，即将第82条相关表述修改为"逃避国家对外贸易管制禁止性、限制性管理"。但该方案的问题在于，《海关法》第82条及《刑法》走私相关罪名的客体即包括货物，也包括物品，而根据《海关法》的规定，物品不具有贸易属性，以"对外贸易"对物品进行限定存在逻辑悖论。同时，由于"对外贸易管制"含义的不确定性，也使该方案难以解决相关争议。

（二）引入"绝对禁止"与"相对禁止"的概念

该观点认为结合《海关法》的立法背景，应当将第82条中的禁止性规定理解为"绝对禁止"；而对于法律虽然采用禁止性表述，但在满足一定条件时仍可进出口的货物、物品，属于相对禁止，不宜纳入该条范围。

上述观点试图对《海关法》第82条调整范围进行合理限定，但在实际运用中却存在诸多困境。主要问题在于"绝对禁止"与"相对禁止"的边界难以清晰划定。例如，前述争议所涉的侵犯知识产权货物，因在权利人不主张的情况下可以进出口，属于"相对禁止"。那么，根

---

[1] 《海关法》修订草案征求意见稿即采用了该方案。该征求意见稿具体内容参见：《海关总署关于〈中华人民共和国海关法（修订草案征求意见稿）〉公开征求意见的通知》，载海关总署网站2023年11月10日，http://xian.customs.gov.cn/customs/302452/302329/zjz/5485994/index.html。

据农业农村部、海关总署关于《中华人民共和国禁止携带、寄递进境的动植物及其产品和其他检疫物名录》的公告(农业农村部、海关总署公告第470号),经国家有关行政主管部门审批许可,并具有输出国家或地区官方机构出具的检疫证书的,可以携带、寄递进境名录所列禁止进境物,是否属于"相对禁止"?

(三) 对第82条的"禁止性"规定做扩张理解

该方案即将所有法律有禁止性规定的均纳入该条范畴,包括直接采用"禁止""不准"等表述的,或者虽未采用上述表述但实质上产生禁止性后果的规定。

但该方案存在较大问题,下文拟通过法律的文义解释、立法解释、系统解释等方式,对上述争议产生的原因进行分析,同时解释为何不宜简单扩大《海关法》第82条禁止性规定的外延,进而探索提出对《海关法》相关条款的修订思路。

三、从法律的文义解释角度分析争议产生的原因

在我国涉外法律体系中,对于国家禁止、限制进出口的货物、物品的定义及具体范围并没有统一规范,有权作出禁止性、限制性规定的立法主体涉及众多部门,立法层级覆盖了法律、行政法规以及部门规章、规范性文件等形式,主要以《对外贸易法》为基础,分散于《海关法》《进出境动植物检疫法》《食品安全法》《国境卫生检疫法》《进出口商品检验法》《出口管制法》《文物保护法》《野生动物保护法》《金银管理条例》《军品出口管理条例》等部门法律、行政法规,以及《黄金及黄金制品进出口管理办法》《药品进口管理办法》等国务院部门规章和规范性文件中。这些不同领域、不同位阶的法律规范对进出境货物、物品均提出了禁止性、限制性或者其他管理要求,但其表述的内涵和外延呈复杂性和多重性的特点,普遍存在同词不同义、同义不同词情况,为上述争议的产生提供了现实土壤。

(一) 禁止性表述的实质内涵存在多种维度

我国进出境禁限法律体系中关于禁止性规定的表述主要有"禁

止""不得""不准"等,虽然《立法技术规范》认为"禁止""不得"都用于禁止性规范,区别在于"禁止"一般用于没有主语的祈使句,而"不得"一般用于有主语或者有被规范对象的情形。① 但实践中上述相同或类似词语所表达的实质内涵存在较大差异。从禁止的效果看,主要可以概括为以下几种类型:

一是符合一定条件,即可进出口。例如,《进出口商品检验法》规定列入法检目录的"出口商品未经检验合格的,不准出口";《食品安全法》规定的"进口商应当建立境外出口商、境外生产企业审核制度,重点审核前款规定的内容;审核不合格的,不得进口"等。以上条款虽然采用禁止性表述,但其重点在于强调进出口商品的合格属性,即商品只要经审查合格,即可进出口。

二是原则上禁止,但经主管部门批准或法律特别授权的,仍可进出境。例如,《进出境动植物检疫法》第5条规定的禁止进境物②,因科学研究等需要引进禁止进境物的,必须事先提出申请,经国家动植物检疫机关批准;《文物保护法》规定的"国有文物、非国有文物中的珍贵文物和国家规定禁止出境的其他文物,不得出境;依照本法规定出境展览,或者因特殊需要经国务院批准出境的除外"。

三是绝对禁止进出境,不存在例外情况。如《文物保护法》规定的"一级文物中的孤品和易损品,禁止出境展览"、我国自2021年起全面

---

① 全国人大常委会:《全国人大常委会法制工作委员立法技术规范-2024》,中国民主法制出版社2024年版,第92页。

② 《进出境动植物检疫法》第5条规定:"国家禁止下列各物进境:(一)动植物病原体(包括菌种、毒种等)、害虫及其他有害生物;(二)动植物疫情流行的国家和地区的有关动植物、动植物产品和其他检疫物;(三)动物尸体;(四)土壤。口岸动植物检疫机关发现有前款规定的禁止进境物的,作退回或者销毁处理。因科学研究等特殊需要引进本条第一款规定的禁止进境物的,必须事先提出申请,经国家动植物检疫机关批准。本条第一款第二项规定的禁止进境物的名录,由国务院农业行政主管部门制定并公布。"

禁止进口固体废物,均属于绝对禁止。

四是在特定情形下采取的禁止类措施。如《国境卫生检疫法》第36条规定根据重大传染病疫情应急处置需要,经国务院决定可以采取"禁止特定货物、物品进出境"的应急处置措施;《食品安全法实施条例》第52条关于境外发生的食品安全事件可能对我国境内造成影响等情形下可以采取"暂停或禁止进口"等控制措施。

此外,还存在虽未采用"禁止""不准""不得"等表述,但实质上具有禁止进出口效果的规定,如《食品安全法》"向我国境内出口食品的境外食品生产企业应当经国家出入境检验检疫部门注册"的规定。在实际效果方面,境外食品生产企业如未取得注册,则其生产的食品不得向我国进口。与前述第一、二类情形产生的法律效果也颇为相似。

(二)禁止性规定与限制性规定的深度交叉

除前文所述采用禁止性表述,但实质效果上与实行许可证件管理的限制性规定具有同等效果的情形外,相关法律及司法解释,又进一步混同了"禁止性"与"限制性"的边界。

较为典型的是,《货物进出口管理条例》第64条规定"进口或者出口属于禁止进出口的货物,或者未经批准、许可擅自进口或者出口属于限制进出口的货物的,依照刑法关于走私罪的规定,依法追究刑事责任"。第65条规定"擅自超出批准、许可的范围进口或者出口属于限制进出口的货物的,依照刑法关于走私罪或者非法经营罪的规定,依法追究刑事责任"。根据上述规定,限制进出口货物可以适用《刑法》走私罪名。但《刑法》走私相关罪名仅规定了走私禁止进出口货物、物品罪,并未规定走私限制进出口货物、物品罪。为解决这一矛盾,最高人民法院、最高人民检察院《关于办理走私刑事案件适用法律若干问题的解释》(法释〔2014〕10号,以下简称10号司法解释)第21条进行了解释,规定未经许可进出口国家限制进出口的货物、物品,以走私国家禁止进出口的货物、物品罪等罪名定罪处罚。①

10号司法解释的出台，是否意味着立法者对于《海关法》第82条的适用范围持扩张理解的态度呢？笔者认为，恰恰相反，这需要结合10号司法解释第21条第2款规定推出。该款规定"取得许可，但超过许可数量进出口国家限制进出口的货物、物品，构成犯罪的，依照刑法第一百五十三条的规定，以走私普通货物、物品罪定罪处罚"。在同一条文中，对于"未取得许可"与"超出许可数量"指引向不同的罪名，特别明确超出许可数量进出口国家限制进出口货物物品的，不适用走私国家禁止进出口货物、物品罪名。上述区分反映出立法者非仅从产生禁止的实质效果，即推定相关货物、物品具有禁止性，而是秉持相对审慎的态度，有限度地对《刑法》第151条所涉禁止性予以解释。

(三)限制性规定的内涵和外延同样存在差异性

限制性规定从文义上可以理解为"符合一定条件即可从事相关活动"，在进出口领域，常规理解的限制性规定主要指对货物、物品实行配额和许可证管理。但与禁止性规定类似，由于相关法律规定分散，在限制性规定领域同样存在"同词不同义"问题。

在《行政许可法》框架下，行政许可是指"行政机关根据公民、法人或者其他组织的申请，经依法审查，准予其从事特定活动的行为"②。而《海关行政处罚实施条例》中对于"许可证件"的定义从文义上看则更为宽泛，为"依照国家有关规定，当事人应当事先申领，并由国家有

---

① 最高人民法院、最高人民检察院《关于办理走私刑事案件适用法律若干问题的解释》第21条规定："未经许可进出口国家限制进出口的货物、物品，构成犯罪的，应当依照刑法第一百五十一条、第一百五十二条的规定，以走私国家禁止进出口的货物、物品罪等罪名定罪处罚；偷逃应缴税额，同时又构成走私普通货物、物品罪的，依照处罚较重的规定定罪处罚。取得许可，但超过许可数量进出口国家限制进出口的货物、物品，构成犯罪的，依照刑法第一百五十三条的规定，以走私普通货物、物品罪定罪处罚。租用、借用或者使用购买的他人许可证，进出口国家限制进出口的货物、物品的，适用本条第一款的规定定罪处罚。"

② 《行政许可法》第2条规定："本法所称行政许可，是指行政机关根据公民、法人或者其他组织的申请，经依法审查，准予其从事特定活动的行为。"

关主管部门颁发的准予进口或者出口的证明、文件"。根据《〈海关行政处罚实施条例〉释义》一书中相关解释,该定义具有三个特征:一是国家主管部门颁发;二是具有准予货物进口或者出口的性质;三是其外延包括了进出口许可证、配额证、登记证、濒危物种允许进出口证明书各种证明和文件,但不包含无须当事人申领,在通关环节生成的监管证件。①

由于存在 10 号司法解释第 21 条的规定,是否属于"许可证件"关系到相关行为是否可以构成走私罪,实践中也产生了相应争议。较为典型的如"进口药品通关单""农药进出口登记管理放行通知单"等证件,其非《行政许可法》规定的许可证,但符合《海关行政处罚实施条例》定义,如相对人未提供前述"通关单"或"通知单",是否应当适用 10 号司法解释第 21 条?一种观点认为,《海关行政处罚实施条例》作为《海关法》的配套行政法规,具有相对独立性,应当按照其文本含义进行理解,且前文提到的《海关总署关于修订限制进出口货物范围给广东分署的通知》(署法〔2000〕第 156 号)列出的"海关实行许可证件管理目录"包括进出口许可证、重要工业品进口登记证明、外商投资企业特定商品进口登记证明、机电产品进口登记表、濒危物种进出口允许证以及其他国家限制进出口的批准件、证明等 20 种许可证件,不限于《行政许可法》规定的许可范围。另一种观点则认为,《行政许可法》于 2003 年颁布,旨在规范行政许可的设定和实施,保障公民、法人合法权益,保障和监督行政机关有效实施行政管理。《海关行政处罚实施条例》则于 2004 年施行,作为下位法,其相关概念应当受到上位法《行政许可法》的制约,不宜对其中同一概念进行扩张解释。署法〔2000〕第 156 号文件制定于《行政许可法》出台前,且效力等级不高,其与《行政许可法》不一致的内容应当

---

① 参见孟杨主编、海关总署政策法规司编:《〈中华人民共和国海关行政处罚实施条例〉释义》,中国海关出版社 2007 年版,第 218~219 页。

按照《行政许可法》执行。

此外,在许可证件的发证主体方面也存在争议。根据《对外贸易法》的规定,实行许可证管理的货物,应当"按照国务院规定经国务院对外贸易主管部门或者经其会同国务院其他有关部门许可,方可进口或者出口"。但实践中有些证件并非由商务部门或由其会同其他部门发布,如国务院药品监督管理部门颁发的"麻醉药品和精神药物进出口准许证",国务院自然资源主管部门签发的"古生物化石出境批件"等。这些散见在其他法律、行政法规中的许可证件是否属于走私涉证的许可证件,以及能否构成第82条走私行为中的"国家禁止或者限制进出境货物、物品",也存在不同的理解。

综上,鉴于目前法律法规关于禁止性、限制性规定含义的多重性和复杂性,立法者及司法实践中对此也持不同观点,因此不宜简单仅从字面表述来推断其是否属于《海关法》第82条中"禁止""限制"的范畴。

四、从《对外贸易法》及其配套法律规范维度分析争议产生的原因

如前所述,我国进出口禁限管理涉及的法律规范分散,但《对外贸易法》作为我国对外贸易领域的基本法律,从其立法背景、修订沿革等方面,仍在一定程度上反映出不同维度下禁限管理相关规定的立法本意。

(一)《对外贸易法》关于禁止性和限制性进出口货物的规定

《对外贸易法》制定于1994年,该法确立了统一的对外贸易制度,明确了商务部主管全国对外贸易工作的地位。作为我国对外贸易制度的基本法律,《对外贸易法》是海关执行禁限管理的重要法律依据。该法关于进出口货物的禁止性和限制性规定主要集中在第三章"货物进出口与技术进出口",其中第15条列举了国家可以限制或者禁止进出口货物的 11 种情形①,为我国对外贸易主管部门设定禁限管理措施框定了标准和范围,同时明确具体的禁限管理要求需通过以下两种方式明确:

一是目录管理。《对外贸易法》第 17 条规定,由商务部会同国务院其他有关部门"依照本法第十五条和第十六条的规定,制定、调整并公布限制或者禁止进出口的货物、技术目录"。目前,商务部会同海关总署等部门已发布了 9 批《禁止进口货物目录》和 8 批《禁止出口货物目录》。在许可证管理方面,《货物进口许可证管理办法》和《货物出口许可证管理办法》授权商务部会同海关总署制定、调整和发布年度《进口许可证管理货物目录》和《出口许可证管理货物目录》②。可以说,商务部会同海关总署发布的目录是判断货物是否属于禁限货物的最为直观的依据。

二是目录外的临时决定。考虑到国家对有些进出境货物、物品禁限管理的突发性需求,《对外贸易法》第 17 条还规定经国务院批准,商务部或者会同国务院其他有关部门,"可以在本法第十五条和第十六条规定的范围内,临时决定限制或者禁止前款规定目录以外的特定货物、技术的进口或者出口",也就是目录外特定货物进出口的临时决

---

① 《对外贸易法》第 15 条规定:"国家基于下列原因,可以限制或者禁止有关货物、技术的进口或者出口:(一)为维护国家安全、社会公共利益或者公共道德,需要限制或者禁止进口或者出口的;(二)为保护人的健康或者安全,保护动物、植物的生命或者健康,保护环境,需要限制或者禁止进口或者出口的;(三)为实施与黄金或者白银进出口有关的措施,需要限制或者禁止进口或者出口的;(四)国内供应短缺或者为有效保护可能用竭的自然资源,需要限制或者禁止出口的;(五)输往国家或者地区的市场容量有限,需要限制出口的;(六)出口经营秩序出现严重混乱,需要限制出口的;(七)为建立或者加快建立国内特定产业,需要限制进口的;(八)对任何形式的农业、牧业、渔业产品有必要限制进口的;(九)为保障国家国际金融地位和国际收支平衡,需要限制进口的;(十)依照法律、行政法规的规定,其他需要限制或者禁止进口或者出口的;(十一)根据我国缔结或者参加的国际条约、协定的规定,其他需要限制或者禁止进口或者出口的。"

② 《货物进口许可证管理办法》第 3 条第 2 款:"商务部会同海关总署制定、调整和发布年度《进口许可证管理货物目录》。商务部负责制定、调整和发布年度《进口许可证管理货物分级发证目录》。"

定。如2017年商务部联合海关总署发布的"对朝贸易禁令",规定自朝鲜进口的煤、铁、铁矿石等六类产品按照禁止进口货物处理①,就是为了执行联合国安理会决议而发布的公告。

(二)《对外贸易法》与其他法律、行政法规的关系

《对外贸易法》在力图统一我国对外贸易禁限管理制度的基础上,出于各种现实原因考量,又保留了部分指引性条款,为其他专门法律设定禁止性、限制性要求预留了空间。例如,第20条规定"国家实行统一的商品合格评定制度,根据有关法律、行政法规的规定,对进出口商品进行认证、检验、检疫",第22条规定"对文物和野生动物、植物及其产品等,其他法律、行政法规有禁止或者限制进出口规定的,依照有关法律、行政法规的规定执行"。

根据《〈海关法〉释义》,《海关法》第82条中的"国家限制进出境货物"包含《对外贸易法》第22条②规定的情形,但由于现行《对外贸易法》第20条是该法于2004年修订时的新增条款,对于该条款是否也属于《海关法》第82条中的"国家限制进出境货物"的范围,存在不同的认识。

一种观点认为,《对外贸易法》第20条的规定涵盖了进出境检验检疫领域,且符合《对外贸易法》第15条第2项列明的情形,即"为保护人的健康或者安全,保护动物、植物的生命或者健康,保护环境"。在关检融合的背景下,既然进出境检验检疫法律中禁止性、限制性规定设定的目的符合《对外贸易法》第15条规定的情形,且与传统上的

---

① 商务部、海关总署《关于执行联合国安理会第2371号决议的公告》(联合公告〔2017〕40号):"为执行联合国安理会第2371号决议,根据《中华人民共和国对外贸易法》,现对涉及朝鲜进出口贸易的部分产品采取下列管理措施:一、自公告执行之日起,全面禁止自朝鲜进口煤、铁、铁矿石、铅、铅矿石、水海产品。对于在公告执行之日前已运抵我口岸的上述货物,可予以放行。自9月5日零时起,不再办理进口手续(包括海关已接受申报但尚未办理放行手续的货物)。此后,进境的上述产品一律按禁止进口货物处理……"

② 2000年出版的《〈海关法〉释义》所称的《对外贸易法》第21条经修订,已调整为现行《对外贸易法》第22条。

货物禁限管理同处第三章,理应将其作为《对外贸易法》框架下的禁限管理模式,与目录管理、目录外临时决定并列为第三类模式。另一种观点则认为,设置指引性条款即意味着相关事项与由商务部统一归口管理的目录管理货物及临时决定货物存在性质上的差异,不宜适用《对外贸易法》的管理思路。因此,进出境检验检疫禁止性、限制性规定与《对外贸易法》框架下的目录管理、目录外临时决定不同。这一观点主要由以合格评定制度与目录管理的禁限制度间的国际法渊源、法律责任的区别以及《对外贸易法》的体系解释予以支撑。

上述争议的存在使试图以《对外贸易法》作为标准来框定《海关法》第82条禁限货物、物品范畴的思路也难以实施。

(三)合格评定制度与目录制管理禁限制度的区别

对于特定商品,虽然合格评定程序可能与基于目录管理的禁限措施产生交叉,如需要进行合格评定的商品同时被列入进出口许可证目录,但总体来看,两者本质上还是属于不同属性的措施:

一是二者的国际法渊源不同。对外贸易禁限措施的国际法渊源是《关税与贸易总协定》(General Agreement on Tariffs and Trade, GATT)。在以贸易自由化为根本宗旨的WTO规则下,《1994年关税与贸易总协定》(GATT 1994)为成员方之间的货物贸易提供了基本框架。禁限管理措施对于进出口货物施加的限制,一般认为是不符合WTO非歧视、公平竞争以及透明度等基本原则,但GATT第20条"一般例外"和第21条"安全例外",以维护国家安全、保护环境与资源、维护公共秩序等国家根本利益为着眼点,作出了允许成员方在特定情形下可以免于承担协定义务的特殊制度安排,体现了对贸易自由化目标与各国自主规制权力之间的平衡。我国《对外贸易法》第15条、第16条就是将GATT的"一般例外"和"国家安全例外"条款"转化"为国内法。

合格评定制度的国际法渊源——TBT/SPS。进出境检验检疫的职能特点在于技术执法,我国目前实施的进出口商品检验、动植物和卫生检疫法律制度与WTO框架内的《技术性贸易壁垒协定》(TBT协定)和《实施卫生和植物卫生措施协议》(SPS 协定)的规则和要求相一致,实质上属于技术法规。WTO 赋予各成员方实施 TBT/SPS 措施的权利,承认成员方基于维护国家安全、保护人类和动植物的生命和健康等目的,有权采取本国(本地区)的标准、技术法规、合格评定程序以及动植物卫生检疫、食品安全相关措施的权利,主要是通过协调各方标准、法规的差异,建立一套成员在制定和实施 TBT/SPS 措施时应遵守的规则,来减少各方间的规制差异。TBT/SPS 措施并不直接对货物的进出口予以禁止或限制,更多的是从风险评估、科学证据等角度出发,要求相关货物在进出口时必须达到特定的技术标准、质量要求,或者是实施卫生检疫措施以避免疫病传播对本国农业、生态和人民健康产生危害。

二是从《对外贸易法》的体系解释看,二者在法条中属于逻辑并列关系,且法律责任不同。对于违反禁限规定与合格评定制度的后果,《对外贸易法》第 33 条将"走私"和"逃避法律、行政法规规定的认证、检验、检疫"并列作为危害对外贸易秩序的两类行为。同时,对违反该条规定的行为,《对外贸易法》第 62 条明确"依照有关法律、行政法规的规定处罚;构成犯罪的,依法追究刑事责任"。可见,在《对外贸易法》视角下,违反合格评定制度逃避检验检疫的行为并不构成走私,而是应当依照检验检疫相关法律进行处罚。

需要说明的是,虽然"合格评定"主要出现在《进出口商品检验法》以及《食品安全法》等检验法律领域,但《对外贸易法》中的"合格评定制度"还包含了"检疫"(见《对外贸易法》第 20 条)。这也从侧面体现了《对外贸易法》在转化国际规则时,第 15 条至第 17 条以 GATT 为法源,而第 20 条以 TBT/SPS 为法源。

综上,从合格评定制度与目录制管理的禁限制度间的差异可以看出,《对外贸易法》在设置条款时有意对二者进行了切割,实践中也长期未将合格评定制度纳入《海关法》第 82 条规制的范畴,因此,现阶段也不宜因机构改革对此进行颠覆性调整。

五、从罪刑法定原则看《海关法》第 82 条禁止进出口货物、物品的范围

（一）罪刑法定原则下对《海关法》第 82 条禁限类货物、物品的界定不宜扩大

罪刑法定原则是刑法的最高原则，在我国刑法体系中具有核心地位。在罪刑法定原则下，犯罪构成要件和刑罚必须事先有刑法的明文规定，强调犯罪和刑罚的法定化、罪刑规范的明确性和合理性，同时反对类推解释，旨在确保法律的预见性和稳定性，保护公民的基本权利。①

虽然罪刑法定中的"法"主要指的是《刑法》分则中关于犯罪的构成要件，但走私罪作为典型的行政犯，《刑法》分则并未直接对走私的定义以及犯罪构成要件予以明确规定②，其客观要件需结合《海关法》《海关行政处罚实施条例》《对外贸易法》等行政法律规范确定，其中核心条款即《海关法》第 82 条。由此，对《海关法》第 82 条中禁限货物、物品外延的界定，将直接影响《刑法》中走私罪名客观要件的构成。同时，按照法秩序统一性的要求，行政法与刑法关于违法性的判断应当具有一致性。③ 但相较于刑法的修改，行政法的解释更为灵活。因此，在对行政法进行解释时应持谨慎态度，同时考量相关解释口径的调整是否会对刑法犯罪构成要件及刑罚造成影响，即是否会导致原本"非罪"的行为"入罪"，"轻罪"行为成为"重罪"行为，避免通过类推解释扩展犯罪的类型或刑罚范围，进而造成对公民基本权利的重大影响。

---

① 参见张明楷：《关于罪刑法定原则的几个问题》，载《人民法院报》2022 年 5 月 26 日，第 6 版。

② 参见陈兴良：《罪刑法定的价值内容和司法适用》，载《人民检察》2018 年第 21 期。

③ 参见吴镝飞：《法秩序统一视域下的刑事违法性判断》，载《法学评论》2019 年第 3 期。

(二)进出口禁限货物、物品相关违法行为涉及的刑事罪名

一是走私类罪名。《刑法》视域下的走私罪涉及多个罪名,主要体现在第151条、第152条、第153条、第154条、第347条和第350条。根据走私罪对象的不同,《刑法》分别规定了走私武器、弹药罪,走私核材料罪,走私假币罪,走私文物罪,走私贵重金属罪,走私珍贵动物、珍贵动物制品罪,走私国家禁止进出口的货物、物品罪,走私淫秽物品罪,走私废物罪,走私普通货物、物品罪,走私人类遗传资源材料罪,走私、贩卖、运输、制造毒品罪,走私制毒物品罪等13个罪名的刑事处罚(见表1)。

表1 走私类罪名

罪名	所在章节	刑事责任
走私武器、弹药罪	第三章 破坏社会主义市场经济秩序罪	处7年以上有期徒刑,并处罚金或者没收财产;情节特别严重的,处无期徒刑,并处没收财产;情节较轻的,处3年以上7年以下有期徒刑,并处罚金
走私核材料罪		
走私假币罪		
走私文物罪		处5年以上10年以下有期徒刑,并处罚金;情节特别严重的,处10年以上有期徒刑或者无期徒刑,并处没收财产;情节较轻的,处5年以下有期徒刑,并处罚金
走私贵重金属罪		
走私珍贵动物、珍贵动物制品罪		
走私国家禁止进出口的货物、物品罪		处5年以下有期徒刑或者拘役,并处或者单处罚金;情节严重的,处5年以上有期徒刑,并处罚金
走私淫秽物品罪		处3年以上10年以下有期徒刑,并处罚金;情节严重的,处10年以上有期徒刑或者无期徒刑,并处罚金或者没收财产;情节较轻的,处3年以下有期徒刑、拘役或者管制,并处罚金

续表

罪名	所在章节	刑事责任
走私废物罪	第六章 妨害社会管理秩序罪—第六节 破坏环境资源保护罪	情节严重的,处5年以下有期徒刑,并处或者单处罚金;情节特别严重的,处5年以上有期徒刑,并处罚金
走私普通货物、物品罪	第三章 破坏社会主义市场经济秩序罪	偷逃应缴税额较大或者1年内曾因走私被给予2次行政处罚后又走私的,处3年以下有期徒刑或者拘役,并处偷逃应缴税额1倍以上5倍以下罚金。偷逃应缴税额巨大或者有其他严重情节的,处3年以上10年以下有期徒刑,并处偷逃应缴税额1倍以上5倍以下罚金。偷逃应缴税额特别巨大或者有其他特别严重情节的,处10年以上有期徒刑或者无期徒刑,并处偷逃应缴税额1倍以上5倍以下罚金或者没收财产
走私人类遗传资源材料罪	第六章 妨害社会管理秩序罪—第五节 危害公共卫生罪	情节严重的,处3年以下有期徒刑、拘役或者管制,并处或者单处罚金;情节特别严重的,处3年以上7年以下有期徒刑,并处罚金
走私、贩卖、运输、制造毒品罪	第六章 妨害社会管理秩序罪—第七节 走私、贩卖、运输、制造毒品罪	情节严重的,处3年以下有期徒刑、拘役或者管制,并处或者单处罚金;情节特别严重的,处3年以上7年以下有期徒刑,并处罚金
走私制毒物品罪	第六章 妨害社会管理秩序罪—第七节 走私、贩卖、运输、制造毒品罪	情节较重的,处3年以下有期徒刑、拘役或者管制,并处罚金;情节严重的,处3年以上7年以下有期徒刑,并处罚金;情节特别严重的,处7年以上有期徒刑,并处罚金或者没收财产

二是其他罪名。前文争议涉及的禁限类货物、物品,包括违反进出口商品合格评定程序、进出口侵犯知识产权货物,违反动植物、卫生检疫禁限规定的进出境货物、物品,在《刑法》中也有各自对应的罪名,主要包括:第230条的逃避商检罪、第337条的妨害动植物检疫罪和妨碍国境卫生检疫罪,以及《刑法》分则第三章第七节"侵犯知识产权罪"所包含的8个罪名(见表2、表3)。

上述罪名与走私罪名的区别主要体现在以下方面。

侵害的法益不同。从罪名分布的不同章节来看,走私罪主要规定在《刑法》第三章破坏社会主义市场经济秩序罪,单独成一节,形成类罪名,侵害的法益是国家对外贸易管理制度及经济秩序;逃避商检罪规定在《刑法》第三章第八节的扰乱市场秩序罪,妨害动植物防疫、检疫罪规定在第六章妨害社会管理秩序罪中的第五节危害公共卫生罪。

刑罚力度的差异性。与走私类犯罪的刑罚相比,上述罪名刑罚力度相对较轻,情节严重的才处3年以下有期徒刑或者拘役,并处或者单处罚金;侵害知识产权罪与妨害文物管理罪的处罚上限为10年以下;而走私罪的刑罚普遍较重,处罚上限达10年以上有期徒刑甚至无期徒刑。

表2 检验检疫相关罪名

罪名	所在章节	刑事责任
逃避商检罪	第三章 破坏社会主义市场经济秩序罪—第八节 扰乱市场秩序罪	情节严重的,处3年以下有期徒刑或者拘役,并处或者单处罚金
妨害动植物防疫、检疫罪	第六章 妨害社会管理秩序罪—第五节 危害公共卫生罪	情节严重的,处3年以下有期徒刑或者拘役,并处或者单处罚金
妨害国境卫生检疫罪	第六章 妨害社会管理秩序罪—第五节 危害公共卫生罪	处3年以下有期徒刑或者拘役,并处或者单处罚金

表3 侵犯知识产权罪

罪名	所在章节	刑事责任
假冒注册商标罪	第三章 破坏社会主义市场经济秩序罪—第七节 侵犯知识产权罪	情节严重的,处3年以下有期徒刑,并处或者单处罚金;情节特别严重的,处3年以上10年以下有期徒刑,并处罚金
销售假冒注册商标的商品罪		违法所得数额较大或者有其他严重情节的,处3年以下有期徒刑,并处或者单处罚金;违法所得数额巨大或者有其他特别严重情节的,处3年以上10年以下有期徒刑,并处罚金
非法制造、销售非法制造的注册商标标识罪		情节严重的,处3年以下有期徒刑,并处或者单处罚金;情节特别严重的,处3年以上10年以下有期徒刑,并处罚金
假冒专利罪		情节严重的,处3年以下有期徒刑,并处或者单处罚金
侵犯著作权罪		违法所得数额较大或者有其他严重情节的,处3年以下有期徒刑,并处或者单处罚金;违法所得数额巨大或者有其他特别严重情节的,处3年以上10年以下有期徒刑,并处罚金
销售侵权复制品罪		违法所得数额巨大或者有其他严重情节的,处5年以下有期徒刑,并处或者单处罚金
侵犯商业秘密罪		情节严重的,处3年以下有期徒刑,并处或者单处罚金;情节特别严重的,处3年以上10年以下有期徒刑,并处罚金
为境外窃取、刺探、收买、非法提供商业秘密罪		处5年以下有期徒刑,并处或者单处罚金;情节严重的,处5年以上有期徒刑,并处罚金

诚然,若坚持对《海关法》第 82 条中的禁限货物、物品范围进行扩大解释,上述争议事项构成刑事犯罪后所产生的犯罪竞合问题,可以按照刑法竞合规则进行处理,即原则上择一重罪定罪处罚。但如此,将导致适用的罪名与长期刑事司法实践形成的习惯不一致,且大大加重其刑罚力度,违反了罪刑法定原则关于禁止类推解释以及法律应当具有明确性与确定性的要求,导致对公民基本权益的侵害。

此外,2021 年,最高人民法院、最高人民检察院联合海关总署等有关部门印发了《关于打击粤港澳海上跨境走私犯罪适用法律若干问题的指导意见》(署缉发〔2021〕141 号),将非设关地走私进口未取得国家检验检疫准入证书的冻品认定为国家禁止进口的货物①,貌似将涉检动植物及其产品作为走私犯罪的对象。但追溯其制定背景,一方面该指导意见属于特定时期针对粤港澳海上跨境走私冻品等犯罪频发制定的特殊政策,具有一定的时效性;另一方面,指导意见仅将走私冻品认定为走私行为,并未扩大至其他动植物及其产品。由此可以说明该意见在制定时也注意到了涉检类动植物及其产品与传统走私中禁限类货物之间的差异。

综上,在《刑法》最高原则即罪刑法定原则的视野下,对《海关法》第 82 条禁止性、限制性货物、物品范围的解释,更加需要遵循审慎的态度,避免滥用扩张解释。

---

① 最高人民法院、最高人民检察院、海关总署、公安部、中国海警局印发《〈关于打击粤港澳海上跨境走私犯罪适用法律若干问题的指导意见〉的通知》第 1 条规定:"非设关地走私进口未取得国家检验检疫准入证书的冻品,应认定为国家禁止进口的货物,构成犯罪的,按走私国家禁止进出口的货物罪定罪处罚。其中,对走私来自境外疫区的冻品,依据《最高人民法院、最高人民检察院关于办理走私刑事案件适用法律若干问题的解释》(法释〔2014〕10 号,以下简称《解释》)第十一条第一款第四项和第二款规定定罪处罚。对走私来自境外非疫区的冻品,或者无法查明是否来自境外疫区的冻品,依据《解释》第十一条第一款第六项和第二款规定定罪处罚。"

六、《海关法》修订的思路

基于前文的梳理分析,可以得出以下基本认知:第一,由于我国进出境禁限管理立法的多重性及复杂性,对进出境禁限管理货物、物品的内涵和外延存在较大争议,本文虽然列举了部分主要争议问题及各方观点,但从实践维度看,当前立法机关、司法机关以及海关内部各方意见对于第82条规定的禁限类货物、物品的范围也尚未完全形成一致认识。第二,从罪刑法定基本原则出发,对进出境禁限管理货物、物品的范围的解释及适用应当持审慎态度,不宜简单扩大其范围,立法及司法实践也有意或无意践行了上述审慎思路。《海关法》修订草案基于上述认知,采用了以下修订思路:

一是坚持对《海关法》第82条应当进行限缩理解。如前所述,对《海关法》第82条的理解,直接关系到《刑法》走私类罪名的构成要件。按照罪刑法定基本原则,应当对其范围进行限缩理解。

二是有必要对《海关法》第40条和第82条表述予以区分。由于各方争议的存在,现阶段难以通过高度精练、概括的法律语言对《海关法》第82条的表述进行限定,但确有必要在《海关法》修订草案中避免产生同词不同义的问题。因此,《海关法》修订草案采用对《海关法》第40条规定予以修正的思路进行修改,将现行《海关法》第40条中"国家对进出境货物、物品有禁止性或者限制性规定的"修改为"国家对进出境货物、物品有禁止性或者限制性等监管要求的",以更好回归《海关法》第40条的立法本意,体现海关作为进出境监督管理机关,统一执行法律、行政法规以及国家授权有关部门制定的进出境监督管理要求,不限于禁止性、限制性规定,并以此与《海关法》第82条规定的禁限规定予以区分。

三是为统筹对外贸易领域立法及相关刑事司法实践预留空间。现阶段《对外贸易法》《海关法》均处在全面修订过程中,统筹考虑前述问题有助于从源头解决争议。同时,《海关法》修订完成后,《海关行政处罚实施条例》也将面临全面修改,对涉及的许可证件等范围等也可在修订过程中一并予以统筹完善。

Understanding of Prohibitive and Restrictive Regulations on Imports and Exports from the Perspective of the Amendment to the Customs Law

WANG Liting   CUI Chen

[**Abstract**]   From the controversy about the understanding and application of the expressions of the "prohibitive" and "restrictive" provisions in the Customs Law in practice, this article analyzes the connotation and extension of the prohibitive and restrictive provisions of Article 24, Article 40, Article 82 and Article 83 of the Law. From the perspective of textual interpretation of the law, the reasons for the different understandings are mainly the existence of multiple dimensions in the substantive connotation of the prohibitive expressions, the depth of intersection between the "prohibitive" and "restrictive" provisions, and the discrepancies in the connotation and extension of the restrictive provisions. From the dimension of Foreign Trade Law and its supporting legal norms, the dispute is mainly caused by the provisions of Foreign Trade Law on prohibited and restricted import and export goods, the relationship between Foreign Trade Law and other laws and administrative regulations, as well as the difference between the conformity assessment system and the catalog system. For such arguments, it is more important to follow a prudent attitude in interpreting the scope of prohibited and restricted goods and articles in Article 82 of the Customs Law under the principle of legality of crimes and punishments, and to avoid abusive and expansive interpretations. In revision of the Customs Law, it is recommended to insist on a restrictive interpretation of Article 82 of the Customs Law, and it is necessary to distinguish between Article 40 and Article 82 of the Customs Law, so as to reserve space for the harmonization of the legislation in the field of foreign trade and the relevant criminal judicial practice.

[**Key words**]　　revision of the Customs Law; prohibition; restriction; prohibition and restriction control; smuggling; legality of crimes and punishments

《海关法》修订及其与出入境检验检疫法律法规衔接研究

王传斌[*]

[摘　要]　出入境检验检疫是2018年政府机构改革后海关的新增职能,《海关法》应明确海关履行出入境检验检疫职责,以重塑海关行政法律关系。《海关法》对出入境检验检疫事项的规定应只限于检验检疫程序性内容,不作实体性规定。应重新审视《海关法》中"关境"概念,确保与出入境检验检疫法律、行政法规中"进出境"概念的统一。建议将国际上通行的合格评定概念纳入《海关法》,为海关改革查验方式预留操作空间,并增设海关"附条件放行"及"允许调运"通关模式,进一步完善海关通关放行制度。

[关键词]　海关法；出入境检验检疫；法律修订；法律衔接

一、前言

自2018年我国政府机构改革将出入境检验检疫职能和队伍划入海关以来,海关总署持续推进《海关法》修订及相关研究工作,以解决"关检法律不一致造成监管风险问题,化解改革堵点,持续推进海关法治现代化进程",并"通过修订《海关法》,固化机构改革成果;将'动商

---

[*]　王传斌,南京海关进出口食品安全处一级调研员、公职律师。

食卫'各项职责在《海关法》落地生根;固化业务改革成果,将全国通关一体化改革、'五个两'等行之有效的重大业务改革上升为法律规定;将企业管理、风险管理等现代管理制度在法律中进行明确"。① 2023 年 11 月 10 日,海关总署门户网站发布《海关法(修订草案征求意见稿)》贯彻了这一思路,在部分条款中新增了出入境检验检疫的内容,并在《〈海关法修订草案征求意见稿〉起草说明》中明确:"2018 年,党中央将出入境检验检疫管理职责和队伍划入海关总署,对海关赋予了新职责、新任务,有必要通过修订《海关法》将机构改革由'客观事实'上升为'法律事实'。《海关法》与《国境卫生检疫法》《进出境动植物检疫法》《食品安全法》《进出口商品检验法》都属于国家法律,具有同等效力,其中《海关法》具有一定的引领地位,规范海关监管的各个领域;其他 4 部法律具体规定检验检疫的执法权限、执法程序、法律责任等。"②从中可以看出,目前海关总署确立的《海关法》修订基本思路是,固化 2018 年机构改革后海关职能和业务改革,融合部分出入境检验检疫内容和程序,《海关法》与《进出口商品检验法》、《进出境动植物检疫法》、《国境卫生检疫法》和《食品安全法》(主要是"第六章 食品进出口")以及《生物安全法》等并存。上述工作思路对《海关法》修订时与出入境检验检疫法律、行政法规衔接提出了更高要求。

有众多学者,尤其是海关系统的法律专家,对《海关法》修订作了大量研究,其中对《海关法》修订中涉及出入境检验检疫的内容提出了很好的意见。王丽英提出,应从关检合并的合理性以及关检合并后的实践衡量现有海关法律的滞后性或不适应,以"良法"标准适应关检合并后相关法律法规的应然性,为关检合并从"改头换面"到"脱胎换

---

① 摘自海关总署副署长王令浚 2023 年 1 月 10 日在海关总署《海关法》修订座谈会上的讲话。
② 《海关总署关于〈中华人民共和国海关法(修订草案征求意见稿)〉公开征求意见的通知》,载海关总署网站 2023 年 11 月 10 日,http://www.customs.gov.cn/customs/302452/302329/zjz/5485994/index.html。

骨"提供法律保障。① 张雨桐等提出,未来的《海关法》应该是统领《关税法》《进出口商品检验法》等各子部门的总法,《关税法》与《进出口商品检验法》等检验检疫诸法律处于同一层级;通过充实和扩大《海关法行政处罚实施条例》,对所有违反海关法律的行为实施统一的行政处罚,实现关检两大部门法律的融合。② 孙超英对涉及出入境检验检疫的法律制度、行政处罚案件及刑事案件管辖作了研究,建议进一步明确相关法律制度和执法的衔接、设置策略。③ 济南海关检验检疫准入制度研究课题组针对现行出入境检验检疫准入制度与《海关法》衔接,唐赵薇、陈巧栋等对当前海关禁限管理法律制度融合,王晓忠等对进出境运输工具卫生检疫纳入《海关法》,张伟卫对海关稽核查中的"多查合一"融合等作了研究。④ 笔者曾撰文建议从融合海关行政法律关系的角度制定《海关与出入境检验检疫法》,统一规范海关职能与执法程序,并废止有关出入境检验检疫法律,另行制定相关行政法规。⑤ 从长远看,上述研究成果对重构海关法律体系有一定指导和借鉴意义,但从短期看,在《海关法》与出入境检验检疫的法律、行政法规并存且各自成体系的情况下,对《海关法》修订过程中如何处理《海关法》与出入境检验检疫法律、行政法规的衔接问题探讨不足。笔者拟针

---

① 参见王丽英:《论关检合并及其法治化》,载《常州大学学报(社会科学版)》2020年第3期。

② 参见张雨桐、刘达芳:《未来海关法律体系架构探析》,载《上海法学研究》集刊2020年第21卷。

③ 参见孙超英:《试论关检融合法律制度及其执法衔接》,载陈晖主编:《海关法评论》第9卷,法律出版社2020年版。

④ 参见济南海关检验检疫准入制度研究课题组:载《上海法学研究》集刊2020年第6卷;陈巧栋:《海关法律体系的"禁限"管理制度研究》,载《上海法学研究》集刊2022年第24卷;唐赵巍:《新海关视角下禁止限制进出境物品及携带物规定的竞合和融合》,载《上海法学研究》集刊2021年第24卷;张伟卫:《"多查合一"改革下优化海关核查机制研究》,载陈晖主编:《海关法评论》第10卷,法律出版社2021年版;王晓忠等:《运输工具卫生检疫监管纳入〈海关法〉浅谈》,载《口岸卫生控制》2019年第3期。

⑤ 参见王传斌:《新海关行政法律关系研究——兼论〈海关法〉修订及法典化》,载陈晖主编:《海关法评论》第11卷,法律出版社2023年版。

对这一问题,进行粗浅分析探讨,期望能对《海关法》修订工作提供参考。

二、《海关法》应明确海关依法履行出入境检验检疫职责

（一）"海关"的法律含义及《海关法》的调整范围

按照《辞海》的定义,"海关"是对出入国境的一切商品和物品进行监督、检查并照章征收关税的国家机关。照此定义,"海关"包括职能和机构名称双重含义。除此之外,"海关"还表示一个国家或地区在边境关隘上设立的人员、货物、物品、运输工具等进出通道。与之相对应,"通关"泛指一切货物、物品、人员通过边境管理线的活动,既表示通过海关机构,也表示通过边防、港务监督等机构。纵观《海关法》全文,其中的"海关"均是指机构名称,具体条文则是海关的职责、权力,当然也是行政相对人的义务。万曙春等结合2018年关检融合机构改革以后的海关职权,认为海关法是指规定海关的具体职权,以调整海关与进出境活动的当事人、有关国家机关,以及海关机构之间在进出境监督管理过程中发生的社会关系的法律规范的总称。具体包括三个方面的含义:其一,海关法规定海关的具体职权;其二,海关法的调整对象主要是对国民经济进行管理中形成的涉外经济关系;其三,我国调整涉外经济关系的法律不仅包括海关法,还包括《对外贸易法》《出口管制法》《生物安全法》等其他法律,其中,海关法调整的社会关系只能发生在海关对进出境的监督管理过程中,在具体执行层面通常由关境或者国境作为连结点。[①]

[①] 参见万曙春、娄万锁、吴展:《海关法学》,法律出版社2022年版,第1~3页。这里将海关调整的社会关系定义为"涉外经济关系"有待商榷,因进出境动植物检疫法、国境卫生检疫法更多的是调整社会行政管理关系,而非经济关系。全国人民代表大会常务委员会在"中国人大网"公布的《现行有效法律目录(295件)》(截至2023年4月26日第十四届全国人民代表大会常务委员会第二次会议闭幕,按法律部门分类)将《进出口商品检验法》《进出境动植物检疫法》归入经济法,将《海关法》《国境卫生检疫法》《食品安全法》《生物安全法》归入行政法,也是另一种分类思路。(该分类栏目设置:宪法、宪法相关法、民法商法、行政法、经济法、社会法、刑法、诉讼与非诉讼程序法。)综合来看,我国《刑法》将走私罪、逃避商检罪归属为"破坏社会主义市场经济秩序罪"范畴,将妨害国境卫生检疫罪、妨害动植物检疫、防疫罪归属于"妨害社会管理秩序罪"范畴,比较准确,折射出传统的海关管理、进出口商品检验调整国家经济运行中管理关系,进出境动植物检疫、国境卫生检疫则调整社会运行中的管理关系。

结合2018年关检融合机构改革之后海关的职权和海关总署确定的《海关法》修订思路,《海关法》是明确海关对进出境货物、物品、运输工具及出入境人员监督管理职权及调整相应社会关系的法律规范。狭义的海关法仅指《海关法》,广义的海关法还包括《进出口商品检验法》《进出境动植物检疫法》《国境卫生检疫法》,以及《食品安全法》《生物安全法》《对外贸易法》《出口管制法》等相关内容。进出境动植物检疫、国境卫生检疫、进出口商品检验、进出口食品安全监管均属于海关的法定职责,应当被纳入拟修订《海关法》的调整范围。

在此意义上,《海关法》修订时,应当在总则第1条增加出入境检验检疫职能,后半段改为:"海关依照本法和其他有关法律、行政法规,监管进出境的运输工具、货物、物品和出入境人员,征收关税和其他税费,查缉走私,实施进出口商品检验、进出境动植物检疫、国境卫生检疫、进出口食品安全监管、进出境生物安全监管,编制并公布海关统计,办理其他海关业务。"

(二)重塑海关行政法律关系

《海关法》增加海关履行出入境检验检疫职能,调整范围扩大之后,相应的法律关系也发生改变。主要变化如下:

1. 在海关法律关系的主体中,行政相对人增加到所有出入境人员,而不是原来只有携带出入境物品的人员;

2. 海关法律关系的内容增加进出口商品检验、进出境动植物检疫、国境卫生检疫、进出口食品安全监管、进出境生物安全监管等内容;

3. 海关法律关系的客体由原来只有"物"(货物、物品、交通运输工具),增加"人身",满足实施国境卫生检疫的需要。

此外,由于《进出口商品检验法》《进出境动植物检疫法》《国境卫生检疫法》《食品安全法》《生物安全法》所形成的进出口商品检验、进出境动植物检疫、国境卫生检疫、进出口食品安全监管、进出境生物安全监管等法律关系独立存在,与修订后《海关法》所形成的海关法律关系具有交叉和包含关系,在甄别海关及行政相对人权利、义务、法律责任,以及实施行政许可、行政强制、行政处罚时必须准确选用法律依据,确保行政行为合法、有效。

三、从法律位阶及法律适用角度,处理好《海关法》及检验检疫法律的内容分工

(一)《海关法》应只涉及检验检疫程序性内容,不作检验检疫实体性规定

自2018年关检融合机构改革以来,海关总署全力推行全面通关一体化和"两步申报""两轮驱动""两段准入""两类通关""两区优化"业务改革,将海关与检验检疫业务深度融合。这主要改变了包括报检、查验、放行、核查等出入境检验检疫执法程序,对检验检疫的范围、评定依据、处置以及行政许可、行政处罚、行政强制等实体性内容没有改变,依然是依照有关法律、行政法规的规定实施。因此,为了确保《海关法》与出入境检验检疫法律保持一致,避免适用法律时出现冲突,建议《海关法》修订草案只对检验检疫的程序进行修订和完善,并尽可能吸收《进出口商品检验法》《进出境动植物检疫法》《国境卫生检疫法》《食品安全法》《生物安全法》等与通关有关的程序内容,确保相关内容一致。出入境检验检疫的实体性规定,如检验检疫范围、评定依据、不合格处置等实体性内容仍然留给《进出口商品检验法》《进出境动植物检疫法》《国境卫生检疫法》《食品安全法》《生物安全法》加以规范。

(二)《海关法》与检验检疫法律位阶相同,法律适用应遵循新法优于旧法、特别规定优于一般规定的原则

按照我国《立法法》第10条、第104条、第105条的规定,法律可分为规范刑事、民事、国家机构等的"基本法律"与"其他法律"(学界称之为部门法)两大类,并明确基本法律制定权归属全国人民代表大会。在法律适用方面,同一机关制定的法律,特别规定与一般规定不一致的,适用特别规定;新的规定与旧的规定不一致的,适用新的规定。法律之间对同一事项的新的一般规定与旧的特别规定不一致,不

能确定如何适用时,由全国人民代表大会常务委员会裁决。这也就是学界所称的"新法优于旧法、特别规定优于普通规定"基本原理。

《海关法》《进出口商品检验法》《进出境动植物检疫法》《国境卫生检疫法》《食品安全法》《生物安全法》等法律均属于同一位阶的"其他法律"范畴,立法权归属全国人民代表大会常务委员会,具有同等法律效力。由于立法时间相去甚远、所处的立法背景不一致,极有可能造成法律规范冲突的情况,适用法律时只能按照"新法优于旧法、特别规定优于普通规定"原则处理。但对涉检货物及物品通关放行、施检时间及地点等事项,《海关法》是一般规定,《进出口商品检验法》《进出境动植物检疫法》《国境卫生检疫法》《食品安全法》《生物安全法》是特别规定。如果《海关法》修订草案与这几部检验检疫法律规定不一致,这样可能造成新的一般规定与旧的特别规定不一致的情况,一旦不能确定如何适用时,依《立法法》应由全国人民代表大会常务委员会裁决,必然不适应进出口贸易通关工作效率和优化营商环境的要求,因此,在《海关法》修订过程中,应尽量保持与相关规定充分衔接、充分一致。

四、重新审视《海关法》"关境"概念,确保与检验检疫法律"进出境"概念的统一

(一)对"关境"理解的分歧

《关于简化和协调海关业务制定的国际公约》在总附约第二章"定义"中约定,"关境,系指缔约方海关法适用的地域"。海关合作理事会[现更名为世界海关组织(World Customs Organization,WCO)]编写出版的《国际海关术语汇编》中的定义:"关境"一词系指一个国家的海关法得以全部实施的区域。《关税及贸易总协定》(General Agreement on Tariffs and Trade,GATT)第24条第2款中的定义:"本协定所称关境应理解为任何与其他区域之间的大部分贸易保持着单独的税则或其他贸易规章的区域。"综上,可以简单概述为,"关境"是指适用一国海关管理法律法规的区域。

我国现行《海关法》第 2 条将"进出关境"简称"进出境",将二者等同使用,符合我国行政管理的现状。但在国内的一些宣传材料中,将出口加工区、综合保税区、自由贸易港区等海关特殊监管区称为"境内关外"。有学者提出了不同意见,笔者也曾做过研究。从我国行政管理现状来看,中华人民共和国关境是除中国台湾地区、香港特别行政区、澳门特别行政区以外的全部区域,当然包括目前国务院或海关总署批准设立的各类海关特殊监管区。这些特殊监管区域既在国境之内,也在关境之内,所执行的税收、许可证等方面的特殊政策源于《海关法》的授权,与国内其他区域一样都是《海关法》的适用区域,当然在我国"关境"之内,因而将其称为"境内关外"的确不妥。①

(二)《海关法》对"进出境"的规定与其他法律法规实质一致

我国涉及进出境管理的法律、行政法规只有《出境入境管理法》《出境入境边防检查条例》《对外贸易法》等对涉及港澳台或特别关税区管理作了专门规定,《国务院关于口岸开放的若干规定》《进出境动植物检疫法》《进出口商品检验法》《国境卫生检疫法》《外商投资法》等法律、行政法规也没有专门对国境作出解释性规定。② 尽管现行《海关法》出现了"关境"的概念,但将"进出关境"简称为"进出境"就表明,此处的"关境"与外贸管理、出入境管理、进出境动植物检疫、进出口商品检验、国境卫生检疫中的"国境"法律内涵与外延完全一致。海关特殊监管区显然也不属于《对外贸易法》第 68 条规定的"单独关

---

① 参见何晓兵:《关于关境概念的再认识》,载《对外经济贸易大学学报》1999 年第 3 期;王传斌:《从三起案例再论海关特殊监管区进出口食品安全监管法律制度的改进与完善》,载《上海法学研究》集刊 2020 年第 6 卷。

② 《出境入境管理法》第 89 条规定:"本法下列用语的含义:出境,是指由中国内地前往其他国家或者地区,由中国内地前往香港特别行政区、澳门特别行政区,由中国大陆前往台湾地区。入境,是指由其他国家或者地区进入中国内地,由香港特别行政区、澳门特别行政区进入中国内地,由台湾地区进入中国大陆。"《出境入境边防检查条例》第 45 条规定"对往返香港、澳门、台湾的中华人民共和国公民和交通运输工具的边防检查,适用本条例的规定;法律、行政法规有专门规定的,从其规定。"《对外贸易法》第 69 条规定"中华人民共和国的单独关税区不适用本法"。

税区"。

（三）《海关法》删除"关境"提法，或者增加对"关境"解释的条款

鉴于此，为保持《海关法》与出入境检验检疫的法律法规协调一致，利于海关执法，避免出现对"关境"或"境内关外"的误读，建议将现行《海关法》第 2 条"进出关境（以下简称进出境）"改为"进出境"，删除了"关境"的概念。或者继续保留现行《海关法》第 2 条"进出关境（以下简称进出境）"的说法，但在附则中增加对"关境"的解释，明确："关境，是指适用中华人民共和国海关管理法律法规的区域。"

五、将国际上通行的合格评定概念纳入《海关法》，为改革查验方式预留操作空间

在海关现场"检查"方面，现行《海关法》及出入境检验检疫的法律、行政法规用词不一。《海关法》将海关现场查看货物称为"查验"，对查看运输工具、场所称为"检查"，对商品归类检验称为"化验、检验"。《进出境动植物检疫法》及其实施条例主要使用"检疫"统称，对查看货物、物品、运输工具等多使用"检查"。《国境卫生检疫法》在使用"检疫"统称的基础上，对货物、物品查看称为"检查"，《国境卫生检疫法实施细则》专门对"查验"作出解释，是指国境卫生检疫机关实施的医学检查和卫生检查。《进出口商品检验法》及其实施条例将对商品的"检验"解释为"合格评定活动"，对生产场所等查看称为"检查"，对实验室的技术活动称为"检测"。① 由于上述用词不统一，在海关总署制定的《全国通关一体化关检业务全面融合框架方案》中，将"原检验检疫现场施检部门负责的检验、检疫、查验（核对货证）、鉴定、初筛鉴定、抽样送检、合格评定、检疫处理监管、拟证等，并入海关查验部门负责实施"，实现"查检合一"。也有文件将现场检查、取样送检等过程统称为"查验(检)"。

---

① 《海关法》第 42 条、《国境卫生检疫法实施细则》第 2 条、《进出口商品检验法》第 6 条、《进出口商品检验法实施条例》第 36 条等。

2002年修订的《进出口商品检验法》(已被修改),吸收世界贸易组织(World Trade Organization,WTO)《技术性贸易壁垒协定》(TBT协定)"合格评定程序"的概念及定义,在第6条将"必须实施的进出口商品检验"解释为"确定列入目录的进出口商品是否符合国家技术规范的强制性要求的合格评定活动",并明确"合格评定程序包括:抽样、检验和检查;评估、验证和合格保证;注册、认可和批准以及各项的组合",有效整合了各类检查、检验方式,为改革传统商品检验制度,推进与国际惯例接轨奠定了法律基础。[1]

海关依据职能实施的各类检查、检验、化验,实质上都是一种合格评定活动,以判定是否符合相关的法律、法规、规章及技术标准的过程。《海关法》引入这一概念,将第6条中"检查进出境运输工具,查验进出境货物、物品"改为"对进出境运输工具、货物、物品实施合格评定",既能实现与国际规则的对接,又能指导海关在具体执法工作中,根据风险大小和分类管理的需要,对不同的货物、物品实施不同的合格评定方式及相应监管模式。

六、增设海关"附条件放行"及"允许调运",进一步完善海关通关放行制度

(一)关检融合全面通关一体化业务改革对改革通关法律制度提出迫切要求

综合现行《海关法》规定,对查验合格的货物予以"放行";在特殊情况下,实施担保放行;对过境、转运、通运货物,特定减免税货物,以及暂时进出口货物、保税货物和其他尚未办结海关手续的进出境货物,继续实施"海关监管",监管期满后才能"办结海关手续"。原出入境检验检疫机构根据有关的法律、法规规定,对进境转运至指运地实施检验检疫的货物,在签发通关单供海关验放的同时,另行签发进境

---

[1] WTO《技术性贸易壁垒协定》(TBT协定)对"合格评定"的定义为:任何直接或间接用以确定是否满足技术法规或标准中的相关要求的程序。合格评定程序特别包括:抽样、检验和检查;评估、验证和合格保证;注册、认可和批准以及各项的组合。

检验检疫调离单，告知有关当事人办理检验检疫事项。关检融合机构改革后，海关总署推行了"两段准入"改革方案，针对不同的货物，分别实施"准许入境""合格入市"制度。此外，海关对出境货物在产地实施检验检疫后，海关签发的"电子底账"在法律上也缺少依据，实质是一种特殊放行，在运输出境前仍需接受海关监管。这些业务改革模式迫切要求《海关法》对放行制度作出修改。

（二）正确认识"放行"的基本语义

从文义来看，"放行"就是该进出口货物或物品获得完全或一定限度的自由。具体到海关法语境，海关放行是指海关完成进口及出口检查评定，允许货物、物品进入使用状态，实现贸易、市场或个人消费的目的，既包括不受海关限制的自由流通（完全放行），也包括在海关监管条件下有限的使用及流通（有限放行）。任何进出口货物、物品都有其基本的使用目的、用途，只要允许权利人在海关（含检验检疫）法律规定的范围内投入商业或个人生活使用，就属于已被海关放行，即使使用范围有限制，如进口保税货物的加工使用企业及期限、进口动植物产品加工企业等均受限制，不能在市场自由流通。如果海关放行不符合"放行"的基本语义，权利人仍然不能使用已放行货物或物品，实质为"假放行"，降低外贸经营者和有关物品权利人的获得感。

（三）完善海关通关放行制度的设想

综合汉语语义和海关监管实践，建议海关监管制度在保留"放行"（完全放行）、"海关监管货物"、"办结海关手续"的基础上，参照出入境检验检疫调离制度，增设"允许调运"（合格评定尚未完成，尚不能投入使用）和"附条件放行"（合格评定已经完成，允许在海关规定的范围使用，并继续接受海关监管）制度，进一步完善海关通关制度，既能保证海关监管业务制度基本不变，又能适应关检融合和业务改革中货物监管出现的新情况，确保《海关法》与出入境检验检疫法律保持一致。四种情形的具体适用范围如下。

1. 放行：海关对进出口货物、进出境物品已完成全部监管手续（包括海关、检验检疫业务），可以投入自由使用与流通，海关不再监管，即

"完全放行"。

2.允许调运:海关对进出口货物已经完进口口岸或出口产地监管,允许权利人调运,但不能投入使用,应当在进口指运地或出口口岸继续实施海关监管及检验检疫。

3.附条件放行:海关已经完成进口货物海关征税、查验及检验检疫业务,允许投入符合进口目的的加工、销售、使用等,但仍应接受海关监管,即"有限放行"。这一类货物称为"海关监管货物",如免税、保税、担保放行、生产加工过程接受检验检疫监督的货物等。

4.办结海关手续:针对"附条件放行"货物、物品,解除海关监管,可以投入自由使用与流通,进入"完全放行"状态。

七、结语与展望

关检融合之后,海关同时成为《海关法》、《海关保护知识产权条例》、《海关事务担保条例》、《进出口商品检验法》及其实施条例、《进出境动植物检疫法》及其实施条例、《国境卫生检疫法》及其实施细则、《食品安全法》及其实施条例等法律、行政法规的执法主体,执法监管业务包括海关监管、征税、缉私、贸易统计、商品检验、动植物检疫、卫生检疫、食品安全检验等。这些业务和法律法规之间既有各自独立性,又有相关联性,往往同一个行政相对人、同一批货物或物品,同时涉及多项海关业务。尽管这些法律的位阶和效力相同,但不论从历史角度还是现实角度看,都需要一部法律对海关职责和执法程序进行统一规范,将关检融合后的机构职责和执法程序方面的改革成果以法律形式固定下来,《海关法》无疑将担此重任,成为海关执法依据体系中的基础性法律。通过对《海关法》修订中涉及的职责、进出境、合格评定、通关放行等概念与制度进行探讨,期望在未来《海关法》修订过程中,能关注这些基础问题,设计出符合中国改革开放和现代化建设的要求,既能严格执法把关,又能便利国际贸易和人员出入的现代海关制度。

A Study on the Revision of Customs Law and Its Connection with Laws and Regulations on Entry-Exit Inspection and Quarantine

WANG Chuanbin

[**Abstract**] Entry-exit inspection and quarantine is a new function of the customs after the structural reform of Chinese government in 2018. The Customs Law should clarify that the Customs performs the duties of entry-exit inspection and quarantine to reshape the administrative legal relationship of the customs. The provisions of the Customs Law on entry-exit inspection and quarantine matters should be limited to the inspection and quarantine procedures, excluding substantive provisions. The concept of "customs territory" in the Customs Law should be re-examined to ensure the conformity with the concept of "entry and exit" in the entry-exit inspection and quarantine laws and regulations. It is suggested to incorporate "Conformity Assessment" into the Customs Law, reserve operational space for the reform of the customs inspection methods, and add the customs clearance modes such as "conditional release" and "permitted transport", to further improve the customs clearance system.

[**Key words**] customs law; entry-exit inspection and quarantine; amendment of laws; legal convergence

深度融合背景下海关进出境禁限管理范围初探

南京海关《海关法》课题研究小组[*]

[摘 要] 贯彻总体国家安全观、维护国门安全、打击走私活动是海关深度参与中国式现代化进程的重要抓手。走私行为的对象分为普通货物、物品和禁止或限制进出境的货物、物品。在执法实践中，包括濒危植物在内，很多货物、物品兼具海关与检验检疫禁限监管属性。机构改革后，随着关检法律体系和监管流程的深度融合，现行《海关法》第82条"国家有关进出境的禁止性或者限制性管理"是否应该包括检验检疫禁限管理这一争议愈演愈烈。结合立法底层逻辑、刑罚原则、司法解释与概念辨析，尝试对禁限管理范围予以界定并提出立法建议与实践优化思路，为更精准打击走私活动、维护国门安全，实现中国式现代化提供理论助力。

[关键词] 国门安全；走私对象；禁限管理；前置审批；立法建议；实践优化

---

[*] 南京海关《海关法》课题研究小组：刘娟，常州海关关长；胡涛立，南京海关法规处副处长；孙飞镝，南京海关法规处科长；毛怡冰，南京海关法规处一级主任科员；王楠贺，苏州海关缉私分局科长；秦希扬，苏州工业园区海关缉私分局科长；孙蓉蓉，无锡海关驻新吴办事处副科长；刘昌胤，镇江海关缉私分局科长。

一、研究背景与意义

习近平总书记在党的二十大报告中强调以中国式现代化全面推进中华民族伟大复兴,在学习贯彻党的二十大精神研讨班开班式上深刻阐述了中国式现代化的一系列重大理论和实践问题,为全面建成社会主义现代化强国、实现中华民族伟大复兴指明了前进方向,提供了根本遵循。

习近平总书记指出:"推进中国式现代化是一个系统工程,需要统筹兼顾、系统谋划、整体推进"。① 时任海关总署署长俞建华在《为推进中国式现代化贡献海关力量》一文中写道:"海关要围绕中国式现代化这个大局定位、谋划、推动工作,切实担负起守国门、促发展职责使命。坚决维护国门安全就是海关作为国家进出境监督管理机关,最基本最重要的职责,必须贯彻总体国家安全观,以有力有效的监管保障重点领域安全,切实维护国门安全。将打击洋垃圾、象牙等濒危物种及其制品走私作为维护生态安全的标志性举措,坚决将危害国家生态安全和人民生命健康的威胁拒于国门之外。"②

打击走私维护国门安全是海关的四大传统职能之一,机构改革之前保护的客体是国家对外贸易管制和进出口税收制度。机构改革之后,进出境卫生检疫、动植物检疫和商品食品检验监管同样也是海关筑牢国门安全屏障不可或缺的关键组成。随着关检法律体系和监管流程的深度融合,就现行《海关法》第82条"国家有关进出境的禁止性或者限制性管理"③中"禁止性"或者"限制性"的范围,出现两种理解:狭义理解为仅包含逃避国家对外贸易管制相关禁止性或者限制性管理;广义理解为包含检验检疫禁限管理。走私犯罪是行政犯罪,其最大特点是以行为违法为前提,且刑法条文表现为空白构成要件,即《刑

---

① 习近平:《推进中国式现代化需要处理好若干重大关系》,载《求是》2023年第19期。

② 俞建华:《为推进中国式现代化贡献海关力量》,载《人民日报》2023年2月22日,第10版。

③ 《海关法》(2021年修正)第82条规定:违反本法及有关法律、行政法规,逃避海关监管,偷逃应纳税款、逃避国家有关进出境的禁止性或者限制性管理,有下列情形之一的,是走私行为:……

法》直接对走私行为进行描述,但对什么是走私、走私具体对象的界定等却由《海关法》等行政法律法规加以规定。① 对于"禁止性"或者"限制性"的范围争议,还会与走私行为的刑事追究相互影响,进一步困扰司法实践与海关执法实践。课题组立足立法底层逻辑,结合刑罚原则、司法解释与概念辨析,尝试对机构改革后的"有关进出境的禁止性或者限制性"范围予以界定,对《海关法》及禁限管理相关规定提出立法建议与实践优化思路,以期实现有效监管与有限责任的平衡统一,促进关检法律体系深度融合,为维护国门安全,实现中国式现代化提供理论助力。

二、禁限管理范围概述

(一)海关禁止性管理传统范围

关于走私禁止进出境货物、物品,在机构改革之前通常认为包括如下内容。

1. 刑法领域。一部分指的是《刑法》第151条、第152条走私罪名中明确列明的商品,一旦逃避海关监管擅自进出境即构成走私禁止进出境货物、物品,比较典型的诸如武器、弹药、核材料、假币、文物等。②

---

① 参见陈晖:《走私犯罪最新司法解释适用中出现的问题及处理——兼论走私犯罪的特殊性和认定规律》,载陈晖主编:《海关法评论》第6卷,法律出版社2016年版,第234页。

② 参见《刑法》(2023年修正)第151条规定:走私武器、弹药、核材料或者伪造的货币的,处7年以上有期徒刑,并处罚金或者没收财产;情节特别严重的,处无期徒刑,并处没收财产;情节较轻的,处3年以上7年以下有期徒刑,并处罚金。走私国家禁止出口的文物、黄金、白银和其他贵重金属或者国家禁止进出口的珍贵动物及其制品的,处5年以上10年以下有期徒刑,并处罚金;情节特别严重的,处10年以上有期徒刑或者无期徒刑,并处没收财产;情节较轻的,处5年以下有期徒刑,并处罚金。走私珍稀植物及其制品等国家禁止进出口的其他货物、物品的,处5年以下有期徒刑或者拘役,并处或者单处罚金;情节严重的,处5年以上有期徒刑,并处罚金。第152条规定:以牟利或者传播为目的,走私淫秽的影片、录像带、录音带、图片、书刊或者其他淫秽物品的,处3年以上10年以下有期徒刑,并处罚金;情节严重的,处10年以上有期徒刑或者无期徒刑,并处罚金或者没收财产;情节较轻的,处3年以下有期徒刑、拘役或者管制,并处罚金。逃避海关监管将境外固体废物、液态废物和气态废物运输进境,情节严重的,处5年以下有期徒刑,并处或者单处罚金;情节特别严重的,处5年以上有期徒刑,并处罚金。

另一部分指的是《刑法》第 347 条、第 355 条列明的毒品以及国家规定管制的能够使人形成瘾癖的麻醉药品、精神药品。① 上述部分货物、物品也在国家的正面行政管理规范中明确了禁止入境要求,如《固体废物污染环境防治法》中就明确规定了禁止固废进境。②（见表 1）

表 1 禁止性走私罪罪名与部分附属正面行政管理规范

罪名	附属规范
走私武器、弹药罪	《枪支管理法》《中华人民共和国禁止进出境物品表》
走私核材料罪	《核安全法》《核出口管制条例》 《核两用品及相关技术出口管制条例》
走私废物罪	《固体废物污染环境防治法》 《大气污染防治法》《放射性污染防治法》
走私珍贵动物、珍贵动物制品罪	《野生动物保护法》《野生动物保护实施条例》 《濒危野生动植物进出口管理条例》《进出口野生动植物种商品目录》《野生动植物进出口证书管理办法》
走私毒品罪	《禁毒法》
走私制毒物品罪	《禁毒法》
走私假币罪	《国务院关于整顿和规范市场经济秩序的决定》 《国务院转批国务院反假货币工作联席会议关于进一步加强反假货币工作意见的通知》

---

① 《刑法》(2023 年修正)第 347 条规定:走私、贩卖、运输、制造毒品,无论数量多少,都应当追究刑事责任,予以刑事处罚。第 355 条规定:依法从事生产、运输、管理、使用国家管制的麻醉药品、精神药品的人员,违反国家规定,向吸食、注射毒品的人提供国家规定管制的能够使人形成瘾癖的麻醉药品、精神药品的,处 3 年以下有期徒刑或者拘役,并处罚金;情节严重的,处 3 年以上 7 年以下有期徒刑,并处罚金。向走私、贩卖毒品的犯罪分子或者以牟利为目的,向吸食、注射毒品的人提供国家规定管制的能够使人形成瘾癖的麻醉药品、精神药品的,依照本法第 347 条的规定定罪处罚。

② 《固体废物污染环境防治法》(2020 年修订)第 23 条规定:禁止中华人民共和国境外的固体废物进境倾倒、堆放、处置。

续表

罪名	附属规范
走私文物罪	《文物保护法》《全国人民代表大会常务委员会关于〈中华人民共和国刑法〉有关文物的规定适用于具有科学价值的古脊椎动物化石、古人类化石的解释》《古生物化石保护条例》
走私贵重金属罪	《金银管理条例》
走私淫秽物品罪	《全国人民代表大会常务委员会关于惩治走私、制作、贩卖、传播淫秽物品的犯罪分子的决定》
走私国家禁止进出口的货物、物品罪	《对外贸易法》《货物进出口管理条例》等

2. 行政法领域。该领域主要依据《对外贸易法》等法律、行政法规对禁止进出境货物、物品等做出规制。其中,《对外贸易法》规定了国务院相关部门依法制定、调整并公布限制或者禁止进出口的货物、技术目录,以及发布临时性的禁止或限制的目录的职责。① 《海关行政处罚实施条例》明确了国家禁止或者限制进出境的物品目录由海关总署负责公布。②

在货物方面,根据《对外贸易法》,商务部、海关总署、原国家林业局、原环保部、原对外贸易经济合作部、原质检总局等部门通过公告发布了一系列《禁止进口货物目录》和《禁止出口货物目录》。目前,最新目录是《关于公布〈禁止进口货物目录(第九批)〉和〈禁止

---

① 《对外贸易法》(2022年修正)第17条规定:国务院对外贸易主管部门会同国务院其他有关部门,依照本法第15条和第16条的规定,制定、调整并公布限制或者禁止进出口的货物、技术目录。国务院对外贸易主管部门或者由其会同国务院其他有关部门,经国务院批准,可以在本法第15条和第16条规定的范围内,临时决定限制或者禁止前款规定目录以外的特定货物、技术的进口或者出口。

② 《海关行政处罚实施条例》(2022年修订)第66条规定:国家禁止或者限制进出口的货物目录,由国务院对外贸易主管部门依照《对外贸易法》的规定办理;国家禁止或者限制进出境的物品目录,由海关总署公布。

出口货物目录（第八批）》》（商务部、海关总署、生态环境部公告2023年第63号）。

在物品方面，海关总署第43号令发布了《中华人民共和国禁止进出境物品表》。虽然其中所列物品与《刑法》所列货物、物品绝大多数重合，但是也有不重合的物品和兜底条款表述，比较典型的有："对中国政治、经济、文化、道德有害的印刷品、胶卷、照片、唱片、影片、录音带、录像带、激光视盘、计算机存储介质及其他物品；带有危险性病菌、害虫及其他有害生物的动物、植物及其产品；有碍人畜健康的、来自疫区的以及其他能传播疾病的食品、药品或其他物品。"

（二）海关限制性管理传统范围

关于限制进出境货物、物品的范围，在机构改革之前传统理解包括以下内容。

1. 货物方面：《对外贸易法》明确了对于限制进出口货物要实行配额、许可证等管理模式；①《出口管制法》《核两用品及相关技术出口管制条例》规定了"管制物项出口管制清单""核两用品及相关技术出口管制清单"等内容。② 上述配额、许可证、清单也是机构改革前海关在

---

① 《对外贸易法》（2022年修正）第18条规定：国家对限制进口或者出口的货物，实行配额、许可证等方式管理；对限制进口或者出口的技术，实行许可证管理。实行配额、许可证管理的货物、技术，应当按照国务院规定经国务院对外贸易主管部门或者经其会同国务院其他有关部门许可，方可进口或者出口。国家对部分进口货物可以实行关税配额管理。

② 《出口管制法》第9条规定：国家出口管制管理部门依据本法和有关法律、行政法规的规定，根据出口管制政策，按照规定程序会同有关部门制定、调整管制物项出口管制清单，并及时公布。根据维护国家安全和利益、履行防扩散等国际义务的需要，经国务院批准，或者经国务院、中央军事委员会批准，国家出口管制管理部门可以对出口管制清单以外的货物、技术和服务实施临时管制，并予以公告。临时管制的实施期限不超过2年。临时管制实施期限届满前应当及时进行评估，根据评估结果决定取消临时管制、延长临时管制或者将临时管制物项列入出口管制清单。《核两用品及相关技术出口管制条例》(2007年修订)（已废止）第2条规定：本条例所称核两用品及相关技术出口，是指《核两用品及相关技术出口管制清单》（以下简称《管制清单》）所列的设备、材料、软件和相关技术的贸易性出口及对外赠送、展览、科技合作、援助、服务和以其他方式进行的转移。第5条规定：国家对核两用品及相关技术出口实行许可证管理制度。

一线执法过程中重点验核的限制性货物相关监管要素。《海关法》释义相关内容与上述规定相契合,认为限制进出境货物、物品,是指依照国家有关法律、行政法规的规定,需事先由主管部门批准、签发有关许可证件,并凭以进口或出口的货物、物品。①

我国现行涉及贸易管制的部门众多,共有商务、生态环境、农业、林业、文化、药监、体育、银行、新闻出版、科学技术、自然资源等十余个国家主管部门和机构。各有关行政部门作为国家贸易管制的主管部门,负责制定进出口贸易管理政策和签发相关证件。目前,海关根据法律、行政法规的授权在进出境通关环节验核30余种证件,如进/出口许可证、有毒化学品进出口环境管理放行通知单、两用物项和技术进/出口许可证等。

2. 物品方面:海关总署负责发布限制进出境物品目录。《中华人民共和国限制进出境物品表》(海关总署令第43号)列明了烟酒等4类限制进境物和国家货币等6类限制出境物,并都留有兜底条款。《关于〈中华人民共和国禁止进出境物品表〉和〈中华人民共和国限制进出境物品表〉有关问题解释的公告》(海关总署公告2013年第46号)进一步作了补充规定,公告明确将"微生物、生物制品、血液及其制品、人类遗传资源"等涉及生物安全的物品纳入"海关限制进境的其它物品"范围,这也是与检验检疫禁限管理交叉的疑难症结之一。

(三)检验检疫禁限管理相关规定

与海关传统禁限管理规定不尽相同,检验检疫法律体系中对于禁止或限制的规定比较零散,禁止与限制之间的区分也非泾渭分明,对"货物""物品"同样没有很明显的区分。在相关法条中,以"禁止""不准""限制"等关键词搜索,有以下内容。

1. 相对明显的禁限管理规定

(1)动植物检疫领域。《进出境动植物检疫法》明确规定了动植

---

① 参见海关总署海关法修改工作小组编:《〈中华人民共和国海关法〉释义》,第232页。

物病原体、动物尸体、土壤等"物"不得进境。①《中华人民共和国禁止携带、寄递进境的动植物及其产品和其他检疫物名录》(农业农村部、海关总署公告2021年第470号)规定的禁止携带、寄递进境物,包括活动物、肉类、燕窝、新鲜水果等动植物、动植物产品,以及其他检疫物如菌种、毒种、寄生虫等动植物病原体。

(2)卫生检疫领域。《国境卫生检疫法实施细则》将"入境、出境的微生物、人体组织、生物制品、血液及其制品等"纳入了"特殊物品"范畴。同时,该细则规定:一是特殊物品的携带人、托运人或者邮递人必须向卫生检疫机关申报;二是申报必须要凭卫生检疫机关签发的特殊物品审批单;三是未经卫生检疫机关许可,不准入境、出境。② 2024年公布的《国境卫生检疫法》将"特殊物品"范围明确为:血液等人体组织、病原微生物、生物制品等关系公共卫生安全的货物、物品。③ 法条表述的变化,对特殊物品的认定和监管并未产生过多影响,特殊物品仍然需要经过审批,方可进境出境。

2.临时风险控制措施

检验检疫法律体系中,有一类特殊的禁限管理规定,主要是为了应对食品安全风险、动植物疫情风险等采取的临时控制措施。如《食品安全法实施条例》规定,当存在境外发生的食品安全事件可能对我国境内造成影响这一前提时,可以采取诸如退货或销毁处理、有条件

---

① 《动植物检疫法》(2009年修正)第5条第1款规定:国家禁止下列各物进境:(1)动植物病原体(包括菌种、毒种等)、害虫及其他有害生物;(2)动植物疫情流行的国家和地区的有关动植物、动植物产品和其他检疫物;(3)动物尸体;(4)土壤。

② 《国境卫生检疫法实施细则》(2019年修订)第11条规定:入境、出境的微生物、人体组织、生物制品、血液及其制品等特殊物品的携带人、托运人或者邮递人,必须向卫生检疫机关申报并接受卫生检疫,凭卫生检疫机关签发的特殊物品审批单办理通关手续。未经卫生检疫机关许可,不准入境、出境。

③ 《国境卫生检疫法》(2024年修订)第22条规定:血液等人体组织、病原微生物、生物制品等关系公共卫生安全的货物、物品进境出境,除纳入药品、兽药、医疗器械管理的外,应当由海关事先实施卫生检疫审批,并经检疫查验合格后方可进境出境。

的限制进口、暂停或者禁止进口等控制措施。① 再如,《进出境中药材检疫监督管理办法》也有类似规定,前提是风险信息提示存在风险,可以发布预警通报,采取有条件地限制进境或者出境,禁止进境或者出境等控制措施。②

3. 有"限制性"管理可能的相关规定

《进出境动植物检疫法》对"输入动物、动物产品、植物种子、种苗及其他繁殖材料的",规定必须事先提出申请,办理检疫审批手续。③《农业转基因生物安全管理条例》规定引进农业转基因生物,向国内出口农业转基因生物,要凭农业行政部门的批文和安全证书方能报检通关。④《进口食品境外生产企业注册管理规定》规定进口食品境外生产企业,应当获得海关总署注册。⑤《进出口食品安全管理办法》规定"境外生产企业注册"是进口食品合格评定活动的有机组成。《进出口

---

① 《食品安全法实施条例》(2019年修订)第52条规定:境外发生的食品安全事件可能对我国境内造成影响,或者在进口食品、食品添加剂、食品相关产品中发现严重食品安全问题的,国家出入境检验检疫部门应当及时进行风险预警,并可以对相关的食品、食品添加剂、食品相关产品采取下列控制措施:(1)退货或者销毁处理;(2)有条件地限制进口;(3)暂停或者禁止进口。

② 参见《进出境中药材检疫监督管理办法》(2018年第三次修正)第44条规定:海关总署根据获得的风险信息,在风险分析的基础上,发布风险预警信息通报,并决定对相关产品采取以下控制措施:(1)有条件地限制进境或者出境,包括严密监控、加严检疫等;(2)禁止进境或者出境,就地销毁或者作退运处理;(3)撤销生产企业注册登记资格;(4)启动有关应急处置预案。《进出境动植物检疫法》(2009年修正)第10条规定:输入动物、动物产品、植物种子、种苗及其他繁殖材料的,必须事先提出申请,办理检疫审批手续。

③ 《进出境动植物检疫法》(2009年修正)第10条规定:输入动物、动物产品、植物种子、种苗及其他繁殖材料的,必须事先提出申请,办理检疫审批手续。

④ 《农业转基因生物安全管理条例》(2017年修订)第33条规定:从中华人民共和国境外引进农业转基因生物的,或者向中华人民共和国出口农业转基因生物的,引进单位或者境外公司应当凭国务院农业行政主管部门颁发的农业转基因生物安全证书和相关批准文件,向口岸出入境检验检疫机构报检;经检疫合格后,方可向海关申请办理有关手续。

⑤ 《进口食品境外生产企业注册管理规定》第4条规定:进口食品境外生产企业,应当获得海关总署注册。

食品安全管理办法》进一步规定,进口食品经海关合格评定合格的,方能准予进口。① 上述规定,虽然没有"禁止""不得""限制"等字样,但也有针对动植物、转基因生物、进口食品等做"限制性"管理的可能,这些管理对象的具体性质将在下文讨论。

三、机构改革后禁限管理范围争议

机构改革后,海关监管职能拓展,《进出境动植物检疫法》《食品安全法实施条例》《国境卫生检疫法实施细则》等法律法规关于禁止进出境、需要前置审批方能允许进出境的货物、物品、临时性风险控制措施等规定,引发了走私禁限货物、物品范围是否需要扩充的争议。

1. 能否将检验检疫法律体系中明确规定的"禁止进境物",直接认定为走私行为中的禁止进境物?如《进出境动植物检疫法》第5条规定的"禁止进境物"与农业农村部、海关总署公告2021年第470号《关于〈中华人民共和国禁止携带、寄递进境的动植物及其产品和其他检疫物名录的公告〉》(2021年修订)规定的"禁止携带、寄递"动植物及动植物产品。

2. 能否将有前置审批条件的货物、物品,均认定为限制进出境?比如,《农业转基因生物安全管理条例》第33条、《进出境动植物检疫法》第10条、《国境卫生检疫法实施细则》第11条等同属前置审批手续之规定。那么,未获得农业转基因生物安全证书和相关批准文件的转基因大豆,未经检疫审批的动植物及动植物产品,未取得许可的特殊物品等是否属于限制进出境范围?

3. 能否将未获得检疫准入和境外注册的产品认定为禁止进境物。

---

① 《进出口食品安全管理办法》第10条规定:海关依据进出口商品检验相关法律、行政法规的规定对进口食品实施合格评定。进口食品合格评定活动包括:向中国境内出口食品的境外国家(地区)[以下简称境外国家(地区)]食品安全管理体系评估和审查、境外生产企业注册、进出口商备案和合格保证、进境动植物检疫审批、随附合格证明检查、单证审核、现场查验、监督抽检、进口和销售记录检查以及各项的组合。第33条规定:进口食品经海关合格评定合格的,准予进口。

该条争议主要出自司法实践,如广东省高级人民法院因涉案波兰冻鸡翅的境外生产企业未获得我国注册,认定其为禁止进口货物;①云南省德宏傣族景颇族自治州中级人民法院因缅甸酸枣仁未列入海关总署公布的《符合评估审查要求及由传统贸易的国家或地区输华食品目录(缅甸)》(未获得准入),认定其为禁止进口货物等。②

4. 能否将被采取检验检疫类临时风险控制措施的货物、物品,在临时控制期间,纳入禁限管理范围。该争议焦点有两层引申:一是《海关法》在修订过程中,有增加"风险管理"章节的修订思路,在该章节中拟新增"风险控制措施"相关规定,检验检疫类临时风险控制措施能否被纳入其中?二是《海关法》修订新增的"风险控制措施",如果包括限制或禁止进出境,被采取相关措施的货物、物品,在临时控制期间,能否纳入禁止或限制进出境货物、物品的范围?

四、对争议焦点的思考

(一)从立法初衷来看,应当严格控制禁止性管理范围

以动植物检疫相关规定为例。经梳理,走私行为明确指向的与动植物相关的禁止性管理对象有:已脱胶的虎骨(指未经加工或经脱脂等加工的)、未脱胶的虎骨(指未经加工或经脱脂等加工的)、犀牛角、鸦片液汁及浸膏(也称阿片),来自疫区的相关动物和动物产品、肉骨粉等动物性饲料和动物源性生物制品,《濒危野生动植物种国际贸易公约》禁止以商业贸易为目的进口的濒危野生动植物及其产品,来自疫区可能造成疫病在中国境内传播的兽用生物制品,假、劣种子以及

---

① 广东省高级人民法院刑事裁定书,(2020)粤刑终1006号。本案涉案走私货物"冷冻鸡翅"鉴定为禁止进出口货物的补充依据是《进口食品境外生产企业注册管理规定》(2018年修正)第5条:进口食品的境外生产企业,应当获得注册后,其食品方可进口。虽然,《进口食品境外生产企业注册管理规定》(2018年修正)已失效,但根据最新修订的《进口食品境外生产企业注册管理规定》(2021)以及《进出口食品安全管理办法》相关规定,境外生产企业注册仍然是进口食品准予进口的必要条件。

② 云南省德宏傣族景颇族自治州中级人民法院刑事判决书,(2022)云31刑初26号。

属于国家规定不得进口的种子等。所保护的法益既包含濒危野生动植物保护，也包括国内农、林、牧、渔业生产和人体健康。

《进出境动植物检疫法》保护的法益，是为防止动物传染病、寄生虫病和植物危险性病、虫、杂草以及其他有害生物传入、传出国境，保护农、林、牧、渔业生产和人体健康。①《进出境动植物检疫法》规定的禁止进境物，属于动植物检疫领域的有害源或其可能载体。虽然保护法益与对象性质，与走私行为明确指向的动植物类"禁止进出境货物、物品"存在交叉，但范围明显扩展，体现为种类物和特定物的性质差别。出现性质差别的主要原因，还是在于《进出境动植物检疫法》的立法初衷是"阻却"并"处置"，需要将有害源或其可能载体全部纳入动植检领域禁止进境的范围。这一立法初衷，还体现在该法明确规定："口岸动植物检疫机关发现有前款规定的禁止进境物的，作退回或者销毁处理。"②在后续罚则中，也只有"引起重大动植物疫情"才给予处罚，也就是只要"阻却"并"处置"了有害源或其可能载体，并无其他针对禁止进境物的后续处罚；如果将《进出境动植物检疫法》规定的禁止进境物一概而论归入走私"禁止进出境"范围，会偏离《进出境动植物检疫法》的"阻却"并"处置"的立法初衷。

此外，走私行为还存在刑事追究的问题。在考虑禁止性管理范围时，始终要兼顾与刑法之间的关系。当前，刑法确立的"走私"罪名，总计13个。除走私普通货物、物品罪属于"偷逃应缴税款"的涉税走私罪名外，其他都属于"逃避国家有关进出境的禁止性或者限制性管理"的非涉税走私罪名。《进出境动植物检疫法》规定的禁止进境物所侵犯法益的严重程度，一方面远小于走私珍贵动物、珍贵动物制品罪等罪所侵犯法益；另一方面，《刑法》第151条第3款走私国家禁止进出

---

① 《进出境动植物检疫法》（2009年修正）第1条规定：为防止动物传染病、寄生虫病和植物危险性病、虫、杂草以及其他有害生物（以下简称病虫害）传入、传出国境，保护农、林、牧、渔业生产和人体健康，促进对外经济贸易的发展，制定本法。
② 《进出境动植物检疫法》（2009年修正）第5条第2款规定：口岸动植物检疫机关发现有前款规定的禁止进境物的，作退回或者销毁处理。

口的货物、物品罪,法条表述是"走私珍稀植物及其制品等国家禁止进出口的其他货物、物品的"(关于该条对应司法解释的争议将在下文讨论),单就内容而言,本条所指向的"国家禁止进出口的其他货物、物品",其法益侵害程度应该大致与"珍稀植物及其制品"相当。考虑刑罚的谦抑性,立法者应当力求少用甚至不用刑罚,不能无限制扩大理解,因此,也不宜将《进出境动植物检疫法》规定的禁止进境物及检验检疫法律体系中规定的其他禁止进境物,全部纳入禁止性管理范围。

对于禁止性管理范围,通过现有的国家禁止进出境的货物、物品目录还可发现,国家有关部门上述目录的发布频率、种类范围都是相对克制的,充分考虑了禁止性规定对进出口活动、行政管理秩序乃至刑事责任追究的巨大影响。如确有必要,应该综合考虑立法初衷与侵犯法益等多种因素,经过充分论证,以明文规定的形式,审慎调整。

(二)根据前置审批的不同性质来界定限制性管理范围

讨论限制性管理范围,首先需要明确"限制"的含义。现代汉语对"限制"是这么解释的:约束,不许超过规定的范围,法律意义上,对于"限制"的理解也与控制范围相关,比如,限制解释就是指:当法律条文的字面含义广于立法原义时,作出比字面含义更为狭窄的解释。据此,将对外贸易中的"限制"理解为国家基于一定原因,将有关货物、技术的进口或者出口控制在一定范围内,也是应有之义。

在检验检疫法律体系中,关于前置审批的规定大多是为保证进出境货物、物品符合规定标准而设置的,比如,进境特定动植物及产品检疫审批,境外食品生产企业注册等。在上述前置审批中,并不存在相应数量、范围控制,理论上只要符合相应标准,都可以通过并获准进口,本质要求是"合规"而不是"限制"。而在"限制进出境货物、物品"的相关规定中,有"配额""许可证"相关表述,进出口时,也会针对许可证规定数量进行逐批扣减,如《机电产品进口管理办法》第10条规定:"商务部会同海关总署制定、调整并公布《限制进口机电产品目录》。限制进口的机电产品,实行配额、许可证管理。"其明确体现出对于数量、范围的控制。所以为保证符合规定标准而设置且不存在数量、范围限制的前置审批,不宜将其列入限制性管理范围。

争议较大的《农业转基因生物安全管理条例》,在其罚则中有"批准范围""批准的品种、范围"等表述,①虽然不是针对进出境环节,但体现了基于农业转基因生物自身的特殊属性,需要对于品种、数量、范围、规模等加以限制,以保障人体健康、动植物微生物安全。因此,可以考虑将农业转基因产品纳入限制性管理范围,但要完善"限制"的具体品种、数量、范围、许可证验核以及与《农业转基因生物安全管理条例》第48条"擅自进口"②罚则的衔接等后续制度设计。

与农业转基因产品性质类似的还有卫检领域的"特殊物品"。综合《国境卫生检疫法实施细则》和2024年公布的《国境卫生检疫法》,结合《生物安全法》相关规定,不难看出,对特殊物品开展前置审批的主要目的还是防止传染病跨境传播,防范和化解公共卫生风险,③也有防止我国人类、生物遗传资源外泄的立场,与《海关总署公告2013年第46号》补充的"微生物、生物制品、血液及其制品、人类遗传资源"等

---

① 《农业转基因生物安全管理条例》(2017年修订)第43条规定:违反本条例规定,未经批准擅自从事环境释放、生产性试验的,已获批准但未按照规定采取安全管理、防范措施的,或者超过批准范围进行试验的,由国务院农业行政主管部门或者省、自治区、直辖市人民政府农业行政主管部门依据职权,责令停止试验,并处1万元以上5万元以下的罚款。第46条规定:违反本条例规定,未经批准生产、加工农业转基因生物或者未按照批准的品种、范围、安全管理要求和技术标准生产、加工的,由国务院农业行政主管部门或者省、自治区、直辖市人民政府农业行政主管部门依据职权,责令停止生产或者加工,没收违法生产或者加工的产品及违法所得;违法所得10万元以上的,并处违法所得1倍以上5倍以下的罚款;没有违法所得或者违法所得不足10万元的,并处10万元以上20万元以下的罚款。

② 《农业转基因生物安全管理条例》(2017年修订)第48条规定:违反本条例规定,未经国务院农业行政主管部门批准,擅自进口农业转基因生物的,由国务院农业行政主管部门责令停止进口,没收已进口的产品和违法所得;违法所得10万元以上的,并处违法所得1倍以上5倍以下的罚款;没有违法所得或者违法所得不足10万元的,并处10万元以上20万元以下的罚款。

③ 《国境卫生检疫法》(2024年修订)第1条规定:为了加强国境卫生检疫工作,防止传染病跨境传播,保障公众生命安全和身体健康,防范和化解公共卫生风险,根据宪法,制定本法。

立法目的相似。规章中还有"《特殊物品审批单》在有效期内可以分批核销使用"的表述。① 因此,将"特殊物品"纳入限制性管理范围合乎法理,不过同样存在后续制度设计的缺口。

上文提及,不宜将《进出境动植物检疫法》规定的禁止进境物或检验检疫法律体系中的其他禁止性规定,纳入禁止性管理范围,但部分规定有归入限制性管理范围的探讨价值。其中,《进出境动植物检疫法》第5条第3款规定:"因科学研究等特殊需要引进本条第一款规定的禁止进境物的,必须事先提出申请,经国家动植物检疫机关批准。"《农业农村部、海关总署公告2021年第470号》中也有"经国家有关行政主管部门审批许可,并具有输出国家或地区官方机构出具的检疫证书,不受此名录的限制"的规定。此处的"特殊需要"在一定程度上包含了对用途、范围、数量的限制,但后续立法及具体执行层面都缺乏成体系的制度设计。在打击"异宠"走私活动中,经常需要援引动植物检疫、生物安全相关规定,可以尝试对"异宠"的法律性质进行分类认定,为打击"异宠"走私提供精准法律支撑。

(三)从司法解释效力来界定未获得检疫准入和境外注册产品的法律性质

"未获得检疫准入和境外注册的产品"属于"禁止进境物"的观点,来源是对《刑法修正案(七)》的"走私国家禁止进出口的货物、物品罪"的理解适用。最高人民法院、最高人民检察院《关于办理走私刑事案件适用法律若干问题的解释》(法释〔2014〕10号)第21条第1款规定"未经许可进出口国家限制进出口的货物、物品,构成犯罪的,应当依照刑法第一百五十一条、第一百五十二条的规定,以走私国家禁止进出口的货物、物品罪等罪名定罪处罚;偷逃应缴税额,同时又构成走私普通货物、物品罪的,依照处罚较重的规定定罪处罚"。法释〔2014〕10号发布后,在司法实践中将"未获得检疫准入

---

① 《出入境特殊物品卫生检疫管理规定》(2018年修正)第14条第2款规定:《特殊物品审批单》在有效期内可以分批核销使用。超过有效期的,应当重新申请。

和境外注册的产品"认定为"禁止进境物"就时有发生。根据法释〔2014〕10号的规定精神,在疫情防控的特殊背景下,《最高人民法院、最高人民检察院、海关总署、公安部、中国海警局印发〈关于打击粤港澳海上跨境走私犯罪适用法律若干问题的指导意见〉的通知》(署缉发〔2021〕141号)进一步明确规定:"非设关地走私进口未取得国家检验检疫准入证书的冻品,应认定为国家禁止进口的货物,构成犯罪的,按走私国家禁止进出口的货物罪定罪处罚。""办理粤港澳海上以外其他地区非设关地走私刑事案件,可以参照本意见的精神依法处理。"

在最高人民法院、最高人民检察院《关于办理走私刑事案件适用法律若干问题的解释》(2014)的起草说明中,指出禁止进出口货物、物品包括绝对禁止和相对禁止两种,刑法规定的禁止进出口不限于绝对禁止的情形。[①] 禁止包括"绝对禁止"和"相对禁止"这一观点,实际上改变了《海关法》上的禁止、限制进出口货物、物品的含义,或者说《海关法》是从走私的对象这个维度来确定是否属于禁止或者限制进出口的货物、物品,而《刑法》是从走私的行为这个维度(是否经过国家有关部门批准)来区分,后者的范围要远大于前者规定的范围。[②] 刑法作为最严苛的法律追究体系,行政法律法规所规制的违法行为外延,理应超过或起码与受刑事追究的违法行为外延相对一致,法释〔2014〕10号对"禁止"的重新解读,背离了走私犯罪是行政犯罪,走私犯罪构成要件应由《海关法》在内的行政法律法规规制这一惯性思维,有本末倒置的逻辑冲突。

根据《立法法》的相关规定,司法解释属于"审判、检察工作中具体应用法律的解释",同时规定司法解释"应当主要针对具体的法律条

[①] 参见裴显鼎、苗有水、刘为波、郭慧:《〈关于办理走私刑事案件适用法律若干问题的解释〉的理解与适用》,载《人民法院报》2014年9月10日。
[②] 参见陈晖:《论走私罪认定的特殊性和规律性——以两高司法解释为背景》,载《海关与经贸研究》2014年第6期。

文,并符合立法的目的、原则和原意"。① 对于法释〔2014〕10号将"限制进出境货物、物品"拟制为"禁止进出境货物、物品",疑似超出司法解释功能定位。从刑法的整体性考虑,整个《刑法》第151条第1款、第2款规定的都是列名的禁止走私的对象(货物、物品),第3款在列名了走私珍稀植物及其制品以及"兜底"的"等"之后,还包括走私国家限制进出口的货物、物品。法释〔2014〕10号将走私绝对禁止货物、物品的行为,与走私经过批准可以进出口的国家限制进出口的货物、物品的行为,同罪同责,不仅违反了立法的基本原则与技术要求,也使得司法中对行为人违法性认识的判断产生困难,从而违反了罪责刑法定的原则。②

署缉发〔2021〕141号文作为联合指导意见,从法律效力上更低于司法解释,该指导意见遵循的逻辑是,首先将"未获得检疫准入和境外注册的产品"认定为"限制进境物",再遵循法释〔2014〕10号司法解释及起草说明中所明确的"相对禁止"理念,将"未获得检疫准入和境外注册的产品"认定为"禁止进境物"。在司法实践及海关缉私办案实践中,对该司法解释及指导意见持认同观点的占多数,对非涉关地走私、冻品走私等屡禁不止的严重走私行为也起到震慑效果。课题组的理解不尽相同,在实践中虽然已经形成惯例,但不能据此混淆有关产品的真实法律属性。此外,抛开司法解释的续造争议,该逻辑也存在"未获得检疫准入和境外注册的产品"是否属于"限制进境物"的问题。根据上文的论证,"检疫准入"与"境外注册",符合规定标准即应准予审批,如果法条中没有数量、范围的具体限制,就不宜被纳入"限制进境物"的范围。综上,未获得检疫准入和境外注册的产品及性质类似的

---

① 《立法法》(2023年修正)第119条第1款规定:最高人民法院、最高人民检察院作出的属于审判、检察工作中具体应用法律的解释,应当主要针对具体的法律条文,并符合立法的目的、原则和原意。遇有本法第48条第2款规定情况的,应当向全国人民代表大会常务委员会提出法律解释的要求或者提出制定、修改有关法律的议案。

② 参见蔡道通:《论刑事司法解释的效力问题——以走私犯罪司法解释中的"禁止"为分析重点》,载《南京师大学报(社会科学版)》2022年第1期。

其他进境货物、物品,如果前置审批不存在数量、范围限制,以归入"普通货物、物品"为宜。

(四)综合考虑风险控制措施诱因与影响,确定控制对象性质

《海关法》修订中新增的风险控制措施,主要是为了贯彻落实习近平外交思想、习近平法治思想,参考域外立法经验,借鉴整合《对外贸易法》《生物安全法》《国境卫生检疫法》《对外贸易法》《出口管制法》《反外国制裁法》等法律、行政法规内容,新增了海关反制裁措施,为维护国家的主权、安全、发展利益构建更加有力的法治支撑。从修改理由、立法目的、借鉴思路来看,检验检疫类临时风险控制措施可以被归入海关风险控制措施大的立法框架内,并可作为细化支撑举措适用。

临时控制期间的限制或禁止进出境货物、物品,是否被纳入禁限管理,要从以下几个角度来看。一是考虑临时控制措施的触发因素,比如,针对食品安全风险、动植物检疫风险,采取禁止或限制进出口的临时措施,都是为了将有关风险阻却于国境之外,所针对的也是疑似带有相关风险的种类物而非特定物。在后续立法中,也有召回、退货或销毁等处置措施,及"拒不召回""引发重大动植物疫情"的罚则规定,也就是检验检疫单行法律法规已经对有关控制措施进行了体系化的评价,没有必要再被纳入禁限管理范围。二是考虑临时控制措施的社会化影响,作为国家采取的临时性行政管制措施,往往带有国家政治、经济、外交等因素的考量,不能苛求相对人去承受国家间反制措施的法律后果;临时措施时效性、变动性较强,如果一并纳入禁限管理范围,也将极大损害相对人的信赖利益,背离"保障人权"的法治理念。三是行政处罚与刑事追究的区别。打击走私行为保护的客体包含国家对外贸易管制,临时管制也是贸易管制的有机组成,在行政处罚的过程中,可以通过处罚裁量基准及临时禁限目录的形式,对逃避临时管制的行为给予相应处罚,体现过罚相当原则;上升到刑事追究层面,则要考虑刑罚的稳定性,若没有明文规定改变前置的刑事法律规范结构,不能对逃避临时控制措施的行为随意科处刑罚。

五、立法建议与实操优化

综合上文讨论,检验检疫禁限物并不能全部被纳入走私行为中"逃避国家有关进出境的禁止性或者限制性管理"范围,但不可否认的是,两者之间存在一定交叉,也存在后续精细化管理的必要。打击走私,维护国门安全、维护人民健康财产、促进人与自然和谐共生,是在中国式现代化进程中,海关肩负的重要历史使命。目前,海关禁限管理规定,存在目录简明单一、缺乏后续制度设计、与执法实际脱钩等问题,影响了海关打击走私重要使命的圆满完成。课题组以《海关法》修订为中心,兼顾其他禁限管理规定,结合智慧海关工作思路,对立法及实践工作提出如下建议。

(一)立法建议

在《海关法》修订过程中,要避免对"有关禁止性或限制性管理"规定做无限扩大理解,建议回归走私行为根本属性,将走私行为侵害客体控制在国家对外贸易管制和进出口税收制度,将禁限情形明确为"对外贸易管制相关禁止性或者限制性管理的"情形。贸易管制的立法目的,本身就会涉及环境保护、人类或动植物健康、生态安全等,对于存在双重评价可能的禁限物,根据贸易管制需要,通过明确规定纳入禁止或限制进出境范围,不存在立法障碍,也不存在范围不周延的问题。

此外,海关作为各类许可证件在进出境口岸的验核部门和贸易管制政策的执行部门,有权利也有义务积极作为,推动并主导禁限名录及各项许可证件清单的编制与动态调整,从根本上解决当前政出多门而无统一目录的问题。可以通过《海关法》相关条文修改,并积极推动《对外贸易法》第17条的修改,明确海关总署的编制主体地位,会同有关部门共同统一制定、调整、公布禁限目录和许可证件清单。

(二)禁限名录精细化管理

1.完善检疫准入后续立法。合规准入的纳入普通货物、物品管理范畴;限制准入的,如转基因产品、特殊物品等,对其种类、用途、数量、许可证验核等作出明确细化规定,纳入限制进出境名录管理。

2. 开展分类分级管理。综合评估检疫风险、生物安全风险、物种入侵风险等,以分类分级的思路完善禁限管理。以打击"异宠"走私为例,明确哪些"异宠"属于动植物检疫领域一般意义的"禁止进境物"(种类物)作"作退回或者销毁处理";哪些属于濒危物种纳入走私"禁止进境物"范围;哪些可以归入"限制进出境"范围,规定数量、品种、用途等,通过限制进出境名录等形式予以固化,并可以参照"特殊物品"立法,赋予海关对"限制进出境"的异宠开展后续监管的权力。

3. 增加临时禁限目录。根据风险控制措施的触发因素、具体内容、控制对象、时限范围等,设计临时禁限目录,编制行政处罚裁量基准,明确不同禁限要求下,逃避禁限管理的处罚幅度。

(三)系统优化与实践完善

梳理行政法律法规体系中禁止性或限制性进出境管理规定。进出口贸易管制的法律渊源有法律、行政法规、部门规章等以及相关的国际条约,建议对相关货物、物品名录进行全面梳理,以智慧海关多系统互联共通为抓手,建立禁限管理货物、物品线上名录和图库,对相关货物、物品名录随时进行动态调整,结合 AI 识别、5G 互联网技术、穿戴式查验设备等,准确界定执法一线查获的货物、物品的真实法律属性,以便精准适用法条追究法律责任。

A Probe into the Scope of Customs Control over Prohibited and Restricted Imports and Exports under the Backdrop of In-depth Integration

Nanjing Customs Research Group on Customs Law

[**Abstract**] Implementing the holistic concept of national security, safeguarding border security, and combating smuggling are important leverages for Customs to engage in the process of Chinese path to modernization. Smuggling involves ordinary goods and articles as well as goods and articles prohibited or restricted from entering and exiting the country. In law enforcement practice, many goods and articles including endangered animals and plants are subject to prohibitions and restrictions for customs and quarantine purposes. After the structural reform, with the in-depth integration of the legal system and supervision process, the controversy over whether Article 82 of the current "Customs Law" on "prohibitive or restrictive management of the state's entry and exit" should include the management of inspection and quarantine restrictions has become intensified. Combing the underlying logic of legislation, the principle of punishment, judicial interpretation and conceptual analysis, the research group attempts to define the prohibition and restriction control scope and puts forward legislative suggestions and practical insights, so as to lay a solid theoretical foundation for precise strikes against smuggling activities, safeguard national security, and achieve Chinese path to modernization.

[**Key words**] border security; smuggled goods and articles; prohibition and restriction control; pre-approval; legislative suggestion; practical improvement

海关检验检疫执法"行刑衔接"存在的问题及对策

李 涛 孙晓晖 武守群[*]

[摘 要] 加强海关行政执法与刑事司法衔接,既是法律的硬性规定,又是更好打击违法犯罪行为的必然要求。在实践中,海关检验检疫执法的行刑衔接无论在实体上还是程序上都存在一些问题,移送标准不清、主体协同不力和移送流程不畅等问题较为突出。在梳理分析当前立法和执法现状的基础上,提出了明晰移送制度、加强部门协同、探索合规指引、优化证据标准等完善措施。

[关键词] 检验检疫;行刑衔接;证据

加强海关行政执法与刑事司法衔接(以下简称行刑衔接)工作,既是法律的硬性规定,也是更好打击违法犯罪行为的必然要求。实践中,海关检验检疫执法的行刑衔接工作存在一些问题,亟须进行研究解决。

一、问题的提出

违反行政法,存在违法和犯罪两种违法形式,法律后果则分别对

---

[*] 李涛,济南海关法综处副处长、三级调研员;孙晓晖,济南海关隶属泉城海关综合业务科科长、一级主任科员、公职律师;武守群,济南海关法综处二级主任科员、公职律师。

应行政处罚和刑事处罚。在实践中,对于违反行政法律法规的行为,一般情况下由行政机关依法给予行政处罚。如果行政机关认为违法情节严重,涉嫌构成犯罪,依法应当追究刑事责任,则移送司法机关依法追究刑事责任。具体到海关,我国主要用两种手段规制和打击违反海关监管秩序的违法行为。一是行政手段,即以《海关法》《国境卫生检疫法》等为根基的行政处罚。二是刑事手段,即以《刑法》为根基的刑事手段。某些行政违法行为,同时又因危害后果等情节触犯刑律,海关行政执法与刑事司法在实体层面与程序层面存在竞合的概率极大。根据刑事优先原则,在前述情况下,海关应依法将案件移交公安机关办理。《海关法》《海关行政处罚实施条例》等法律法规及其配套的规章、规范性文件对走私、违反海关监管行为的行刑衔接作出了较为系统的规定。但在检验检疫领域,《国境卫生检疫法》《进出境动植物检疫法》等法律关于行刑衔接的规定较为模糊,缺乏配套的规章和规范性文件,移送标准不清、主体协同不力和移送流程不畅等问题较为突出。

二、检验检疫行刑衔接的基本状况

(一)立法状况

立法主要有《行政处罚法》以及相关法规、司法解释等。2021年修订的《行政处罚法》细化了行刑衔接规定。其中,第8条是行刑衔接的基础性规范;第27条是核心条款,规定了双向移送和运行机制;第35条明确了折抵规则。除了《行政处罚法》,其他主要依据见表1。

表1 检验检疫行刑衔接主要依据

时间	名称	发布主体
国务院令第310号公布(2020年修订)	《行政执法机关移送涉嫌犯罪案件的规定》(以下简称《移送规定》)	国务院
2006年	《关于在行政执法中及时移送涉嫌犯罪案件的意见》	最高人民检察院、公安部、原监察部

续表

时间	名称	发布主体
2016 年	《公安机关受理行政执法机关移送涉嫌犯罪案件规定》	公安部
2017 年	《国务院关于新形势下加强打击侵犯知识产权和制售假冒伪劣商品工作的意见》	国务院
2011 年	《关于加强行政执法与刑事司法衔接工作的意见》	原国务院法制办等八部门
2021 年	最高人民检察院《关于推进行政执法与刑事司法衔接工作的规定》	最高人民检察院

此外,海关总署、原国家质检总局也制发了一些指导文件,如原国家质量监督检验检疫总局、公安部《关于在打击制售假冒伪劣商品违法犯罪中加强行政执法与刑事司法衔接工作的通知》(国质检执联〔2011〕336号)、《海关总署关于加强国境卫生检疫行政执法与刑事司法衔接工作的通知》(署法发〔2020〕56号)等。

(二)执法现状

从执法实际看,检验检疫行刑衔接不畅甚至行刑断裂现象较为明显。以济南海关为例,近3年关区缉私行政案件立案640件、刑事立案109件,行政案件与刑事案件比例为5.9∶1。相比之下,关区同期检验检疫行政案件立案62件、刑事立案3件,行政案件与刑事案件比例为20.7∶1。从以上数据可以看出,较缉私案件,海关检验检疫行政案件转为刑事案件的比例明显低,衔接不畅。

三、检验检疫行刑衔接的基本规定

(一)涉案线索的移送

海关在履行打击侵犯知识产权和制售假冒伪劣商品职责过程中,发现知识产权领域的违法案件,可以根据《移送规定》第3条第2款向公安机关移送案件线索。

(二)具体案件的移送

认为需要移送案件的,海关应组成专案组核实情况,提出移送涉嫌犯罪案件的书面报告并报审。审批人应在 3 日内作出是否批准移送的决定。移送的,公安机关依法审查,作出是否立案的决定。在移送中,需要注意以下几个问题。

一是追诉标准。是否涉嫌犯罪,需要用"尺子"进行衡量,这把"尺子"就是《刑法》的有关规定,以及 2008 年 6 月 25 日最高人民检察院、公安部《关于公安机关管辖的刑事案件立案追诉标准的规定(一)》(以下简称《立案追诉标准(一)》)、2017 年 4 月 27 日最高人民检察院、公安部《关于公安机关管辖的刑事案件立案追诉标准的规定(一)的补充规定》(以下简称《立案追诉标准(一)》的补充规定)和 2022 年 4 月 6 日最高人民检察院、公安部《关于公安机关管辖的刑事案件立案追诉标准的规定(二)》(以下简称《立案追诉标准(二)》)(见表 2)。

表 2 涉嫌犯罪案件追诉参考

涉嫌犯罪行为	涉及的检验检疫法律法规	涉及的《刑法》条款	涉及的追诉标准
逃避商检案	《进出口商品检验法》第 32 条,《进出口商品检验法实施条例》第 42 条、第 43 条	《刑法》第 230 条	《立案追诉标准(二)》第 75 条
妨害动植物防疫、检疫案	《进出境动植物检疫法》第 42 条,《进出境动植物检疫法实施条例》第 62 条	《刑法》第 337 条	《立案追诉标准(一)的补充规定》第 9 条
妨害国境卫生检疫案	《国境卫生检疫法》第 22 条	《刑法》第 332 条	《立案追诉标准(一)》第 51 条
生产、销售不符合安全标准的食品案	《食品安全法》第 149 条	《刑法》第 143 条	《立案追诉标准(一)的补充规定》第 3 条

续表

涉嫌犯罪行为	涉及的检验检疫法律法规	涉及的《刑法》条款	涉及的追诉标准
生产、销售有毒、有害食品案	《食品安全法》第 149 条	《刑法》第 144 条	《立案追诉标准（一）的补充规定》第 4 条
生产、销售伪劣商品案	《进出口商品检验法》第 33 条、《进出口商品检验法实施条例》第 44 条	《刑法》第 140 条	《立案追诉标准（一）》第 16 条
伪造、变造、买卖国家机关公文、证件、印章案	《进出口商品检验法》第 34 条、《进出口商品检验法实施条例》第 46 条、《进出境动植物检疫法》第 43 条、《进出境动植物检疫法实施条例》第 62 条	《刑法》第 280 条	—

除了上述常见罪名外，2020 年 12 月《刑法修正案（十一）》新增非法引进外来物种案。对违反《国境卫生检疫法》《进出境动植物检疫法》《生物安全法》等有关规定，涉嫌构成该罪的，应当移交公安机关。

二是向谁移送。根据《公安部刑事案件管辖分工规定》（公通字〔2020〕9 号），缉私局管辖案件范围共 15 种，包括逃避商检案、妨害国境卫生检疫案、妨害动植物检疫案等。《刑法修正案（十一）》发布后，调入非法引进外来物种案、走私人类遗传资源材料案的管辖权。因此，应将上述犯罪行为移交缉私部门，其他罪名根据《公安部刑事案件管辖分工规定》及补充规定移送相应的公安机关。

三是移送时间。海关移送后，原则上应中止行政处罚程序，不得作出行政处罚决定。但是，在实践中，受到认知能力和主观因素的影响，可能出现海关已经实施了行政处罚，之后发现该行为又涉嫌构成犯罪。对于这种情况，海关也应依法及时移送，不能以行政处罚已结案而放弃追究刑事责任。《行政处罚法》第 35 条"抵扣条款"就是针对先行政处罚后刑罚的情形而作出的。关于上述折抵的性质，理论上存在争议,有的认为是执行上的折抵,有的认为是行政处罚决定本身的折抵。实践中,从法院判例看,这种折抵是执行的折抵,能够折抵惩罚功能相同的行政处罚,对于功能不同的行政处罚,则不能折抵。

四、检验检疫行刑衔接的困境

(一)前置判断存在难题

海关首先要对违法行为是否涉嫌构成犯罪做出判断,进而才能决定是否移送。实践中,但该前置判断本身就存在一定困难。主要原因如下。一是客观限制。刑法的调整范围广、犯罪构成复杂、标准严,海关及其工作人员需要熟悉刑法理论和大量刑事规范方能进行准确判断。从实际情况看,掌握这些标准有一定困难。二是松紧度难以拿捏。对判断尺度失之过严,会导致"有案不移""以罚代刑"。失之过宽,会导致大量违法案件涌入公安机关或者被退回,减损行政手段的应有作用。三是实体法律规定模糊。如《进出口商品检验法》第34条和《进出境动植物检疫法》第43条都规定,伪造、变造、买卖或者盗窃检验证单、印章、标志、封识、货物通关单等,构成犯罪的,依法追究刑事责任。理论上讲,只要实施了该行为,就构成犯罪既遂,就应依照《刑法》第280条伪造、变造、买卖国家机关公文、证件、印章罪追究刑事责任。由于该罪缺乏具体的追诉标准,没有数量、后果等具体规定,难以准确把握是否构成犯罪。行政执法中常常发现零星和少量伪造、使用伪造健康证书、卫生证书等违法行为,行政执法人员难以判定是否需要移交。若适用《刑法》第13条的但书条款,如何认定"情节显著轻微危害不大"也存在难度。

(二)主体间协同不力

一是海关移送积极性不高。鉴于海关的大部分工作是围绕行政法律规范展开的,执法人员对刑事法律规范了解不够充分,更遑论熟练运用刑事法律规范准确判定犯罪行为,因此,难以运用行刑衔接的相关规定。在实践中,个别执法人员存在畏难情绪,刑事责任对相对人影响巨大,一旦出现瑕疵,相关工作人员难免会被追责,加之移送审查可能暴露出其行政执法阶段的不足,移送的积极性不高。二是公安机关办理检验检疫案件存在一定客观困难。对公安机关来说,其所担负的侦查工作已经很繁重,同时,公安机关人员对于检验检疫行政法律规范也不是非常熟悉,一定程度上影响了检验检疫案件的行刑衔接的效果。如对危害食品安全犯罪,在刑法分则中,并没有在法条中具体列明"生产、销售不符合安全标准的食品罪"与"生产、销售有毒、有害食品罪"的构成要件要素,判定时必然还要回到行政法律规范以及大量的技术标准中,而熟悉和准确运用上述规范和标准并非易事。三是检察监督受限。对检察机关来说,其对检验检疫违法犯罪行为的信息获取渠道过窄,监督方式不足,实际上很难对检验检疫行刑衔接的全过程进行监督。四是反向移送规定欠缺。目前,移送规定中仅有行政机关向公安机关的移送,而没有反向移送的细致规定。

(三)证据转化衔接不畅

刑事制裁因其严厉性,对当事人的权益影响大,所以证据要求高,应当"排除合理怀疑"。相比刑事制裁,行政处罚烈度低,由此证明标准较刑事制裁低。因此,客观上刑事司法与行政执法证据标准存在一定差异。就正向衔接而言,考虑实践中大量刑事案件由行政处罚程序转入刑事诉讼,兼顾诉讼效率和取证客观性,目前《刑事诉讼法》已经作出了规定。就反向衔接而言,《关于推进行政执法与刑事司法衔接工作的规定》第8条出于办案便利,避免重复取证,节约司法资源的考虑,明确了对于办案过程中收集的相关证据材料,检察机关"可以"一并移送有关主管机关,由行政执法机关予以裁量使用。

在办理检验检疫违法案件时,有关涉案证据的收集、转化是关键。《刑事诉讼法》第54条第2款明确规定:"行政机关在行政执法和查办案件过程中收集的物证、书证、视听资料、电子数据等证据材料,在刑事诉讼中可以作为证据使用。"上述规定初步明确了行政证据与刑事证据的转化衔接关系。因此,海关在行政执法阶段采集的证据经审查确认后,可转化为刑事证据,但也存在一定问题和分歧。一是行政证据和刑事证据认定标准存在客观差异。行政执法中收集到的证据与刑事司法中的证据分属两种部门法规定,证据的认定标准不完全一致。从理论上讲,行政更加侧重效率,因此,行政取证的程序要求需要考量效率因素,相较而言,其程序要求低于刑事取证的程序要求,对当事人的权利保障相对较低。如允许在较低程序保障条件下获得的行政执法证据直接进入刑事诉讼,可能降低对当事人的权利保障。二是言词证据转化效力不明。根据现行《刑事诉讼法》第54条第2款的规定,物证、书证、视听资料、电子数据等4个行政程序中收集的证据不具有刑事证据资格。但是该条款中的"等"如何理解,是"等内"还是"等外",是否包括言词证据在内并不明确。从立法本意来看,在设计该条款时已有意区分了实物证据与言词证据,此处的证据应仅限于实物证据,而不应包括言词证据。对于行政程序中收集的容易受主观因素影响的证据,如证人证言和当事人陈述等言词证据,应当进行重新收集或验证。三是行政案件中的取样、化验鉴定与刑事案件中勘验、检查、鉴定的转化亦存在问题。检验检疫执法过程中,海关抽样一般只制作"抽/采样凭证",不制作笔录,而刑事勘验检查则需要制作笔录;行政处罚案件的化验鉴定,可以由海关化验鉴定机构进行鉴定,也可以委托国家认可的其他检验鉴定机构进行鉴定。刑事案件所涉鉴定事项,除枪支、弹药等按规定由公安机关鉴定机构进行检验、鉴定的以外,一般委托无利害关系的、有资质的第三方机构进行鉴定。因取样、鉴定程序存在差别,在海关移送公安机关办理的一些刑事案件中,辩护人常以相关程序不符合法定要求为由提出异议。

(四)涉案财物强制措施衔接规定不明

在海关检验检疫执法中,可以依法对涉案的进出口商品、运输工具、装载容器等采取查封、扣押以及加识检验检疫封识等措施,并对涉嫌犯罪的一并移送公安机关。对于海关移交处理的案件,公安机关需要一定的立案审查时间,尤其是在刑事甄别上存在疑难的案件,立案审查甚至需要较长时间。其间,对于有涉案财物扣留在案的,海关将涉案财物及清单随案移交后,公安机关在立案之前又无法将海关对涉案财物的强制措施变更为刑事扣押,导致涉案财物一直处于行政扣留状态。对于此类情形,现有法律、行政法规缺乏明确规定,存在执法风险。

五、检验检疫行刑衔接的完善措施

(一)明晰移送制度

一是梳理检验检疫犯罪构成要件。依据《刑法》以及有关法律、法规、规章和司法解释等,对检验检疫涉嫌犯罪行为进行全面梳理,明确各类行为涉嫌犯罪的构成要素,以有效降低前置判断的模糊性,提高移送的准确性。二是构建检验检疫行刑衔接清单管理制度。对检验检疫海关行政违法行为涉嫌犯罪的情形进行充分梳理,对每一个涉嫌犯罪的行为,列明涉嫌的罪名、移送的标准和证据要求等,建立行刑衔接的直观对应关系。

(二)加强部门协同

一是联合制定细则。海关总署可联合最高人民法院、最高人民检察院和公安部(以下简称"两高一部"),进一步明晰涉及检验检疫案件移送的移送范围、移送标准,以及移送证据的种类、移送时间、移送职权等,从而提升检验检疫行刑衔接的可操作性。其他部门,如应急管理部、生态环境部、原国家食品药品监管总局等多个部门都曾联合"两高一部"印发相关领域的行刑衔接工作办法。二是调查处置衔接。在行刑衔接制度中,扩大海关向公安机关通报案件线索的制度安排,允许海关对于已经通报的案件,以及已经达到移送标准但因各种原因公安机关暂时无法立案或已经立案但涉案货物无法移交的案件,按照《行政处罚法》等有关法律法规的规定,继续对案件进行调查处理,有关行政处罚可以折抵将来的刑罚。三是优化信息共享。结合"智慧海关"建设,优化检验检疫行刑衔接的信息共享机制,建立联席会议制度,加强信息通报和共享,实现行刑执法智能衔接。四是加强反向移送。出台反向移送的细化规定,及时将公安机关、检察机关确定不追究刑事责任的案件及时移送海关进行行政处理。

(三)完善行政执法程序与刑事司法程序中证据标准的协同

刑事证据要求高,行政机关在移送涉嫌犯罪的案件时,应当按照刑事诉讼的相关证据要求,提供证明涉嫌犯罪的初步证据。根据《刑事诉讼法》的规定,行政证据具有作为刑事证据材料的资格,即"行政机关在行政执法和查办案件过程中收集的物证、书证、视听资料、电子数据等证据材料,在刑事诉讼中可以作为证据使用"。根据该规定,虽然司法机关可以直接采用行政程序中的证据,不必再重复调查取证。但由于刑事程序中的证据标准和行政程序中的证据标准存在一定差异,因此行政程序中证据需要经过必要的审查才能确定其刑事的证明力。为此,需要海关完善行政调查证据采集规则,适当调高行政调查证据标准,严格取证程序,加强对相关人的权利保障,尤其是那些极易转化为刑事案件的行政执法程序,不仅需要按照行政执法要求合法执法,符合最低限度的正当程序的标准,还必须符合刑事诉讼程序相关规定;对于主观性较强和稳定性较差的言词证据,以及行刑程序差异较大的勘验、鉴定证据,制定更为细致、严格的证据标准。优化行刑衔接的证据认定与运用,增加关于非法证据排除的规定,完善对涉案财物强制措施衔接的规定。

Problems and Countermeasures of the "Connection between Administrative Enforcement and Criminal Justice" in Customs Inspection and Quarantine Law Enforcement

LI Tao   SUN Xiaohui   WU Shouqun

[**Abstract**]　Strengthening the connection between customs administrative enforcement and criminal justice is not only a mandatory provision of the law, but also an inevitable requirement for better cracking down on illegal and criminal acts. In practice, there are some problems in this connection in customs inspection and quarantine law enforcement, both in terms of entities and procedures. Unclear referral standards, insufficient coordination between subjects, and unsmooth referral process are relatively prominent. On the basis of combing and analyzing the current status of legislation and law enforcement, this paper proposes to clarify the referral system, strengthen inter-agency coordination and optimize evidence standards.

[**Key words**] inspection and quarantine; connection between customs administrative enforcement and criminal justice; evidence

逃避商检罪相关要件要素之法律分析

刘阳中[*]

[摘 要] 逃避商检罪,在司法实践中需结合具体的进出口商品检验行政执法实际予以认定。进出口商品检验执法行为本身具有较强的专业性、技术性和涉外性,因此对该罪的认定在实践中存在不少模糊之处。通过对该罪所涉及的行刑衔接、商品范围、检验行为、违法手段等方面进行分析,以供实践参考。

[关键词] 逃避商检;进出口商品;法定检验

逃避商检罪,是指违反进出口商品检验法的规定,逃避商品检验的犯罪。根据《刑法》第230条和第231条的规定,该罪的犯罪构成要件具有如下特征:一是犯罪主体包括单位和个人;二是本罪主观方面必须存在逃避商品检验的故意,过失不构成本罪;三是本罪侵犯的客体是国家的进出口商品检验管理秩序;四是本罪的客观方面,表现为将必须经商检机构检验的进口商品未报经检验而擅自销售、使用,或者将必须经商检机构检验的出口商品未报经检验合格而擅自出口,且情节严重。根据最高人民检察院、公安部《关于公安机关管辖的刑事案件立案追诉标准的规定(二)》,其中情节严重包括以下情形:(1)给国家、单位或者个人造成直接经济损失数额在50万元以上的;(2)逃

---

[*] 刘阳中,宁波海关党委巡察工作办公室主任。

避商检的进出口货物货值金额在300万元以上的;(3)导致病疫流行、灾害事故的;(4)多次逃避商检的;(5)引起国际经济贸易纠纷,严重影响国家对外贸易关系,或者严重损害国家声誉的;(6)其他情节严重的情形。该罪的罪状分析虽然比较清晰,但在具体的司法实践中对该罪的认定,也存在不少模糊之处。文章拟结合进出口商品检验的执法实际,对该罪的几个相关要素要件法律问题进行分析,以供执法实践参考。

一、逃避商检罪之"逃避"

《进出口商品检验法》(以下简称《商检法》)第32条规定:"违反本法规定,将必须经商检机构检验的进口商品未报经检验而擅自销售或者使用的,或者将必须经商检机构检验的出口商品未报经检验合格而擅自出口的,由商检机构没收违法所得,并处货值金额百分之五以上百分之二十以下的罚款;构成犯罪的,依法追究刑事责任。"此法条所指的违法行为,在实践中常被错误地简化为"逃检"或"逃避商检"而代之。针对进口或出口商品的不同,有时又将其具体化为"逃避进口商品检验"或"逃避出口商品检验"。用以上错误之概念来描述《商检法》第32条所指违法行为易让执法实践进入误区。以上概念都强调违法构成需具备逃避的主观故意,不具备主观故意或没有证据证明具有主观故意,似乎就不构成此条所指的违法行为。实则不然。《商检法》第32条所指违法行为包括以下四类:(1)擅自销售或者使用未报检的属于法定检验进口商品的违法行为;(2)擅自销售或者使用未经检验的属于法定检验进口商品的违法行为;(3)擅自出口未报检的属于法定检验出口商品的违法行为;(4)擅自出口未经检验合格的属于法定检验出口商品的违法行为。根据《行政处罚法》所确立的过错推定原则,有证据证明当事人主观上的故意和过失不是判定当事人是否构成上述行政违法行为的构成要件。只要当事人客观上实施了前述四种行为,除非当事人举证其本身并无过错,否则便可推定其有过错,构成上述行政违法行为。因此,当有证据证明行为人怀揣逃避的主观故意实施以上行为,仅仅是《商检法》第32条所指违法行为中存在主观故意部分的行为。此外,当行政机关有证据证明行为人在主观上存在过失或者即便行政机关无法证明行为人的主观过错,但行为人也无法举证自己本身无过错的情况下,也会构成《商检法》第32条所指的行政违法行为。①

《刑法》第230条规定:"违反进出口商品检验法的规定,逃避商品检验,将必须经商检机构检验的进口商品未报经检验而擅自销售、使用,或者将必须经商检机构检验的出口商品未报经检验合格而擅自出口,情节严重的,处三年以下有期徒刑或者拘役,并处或者单处罚金。"对照法律条文的具体内容可知,此条是《商检法》第32条在《刑法》中的有效衔接。但此条与《商检法》第32条所指的违法行为并不能简单等同。在《刑法》第230条对逃避商检罪的规定中,行为人主观上具备逃避商品检验的故意是其构成犯罪的必要要件。根据罪刑法定原则和刑事诉讼的举证规则,只有当有证据证明行为人在主观上存在逃避商品检验的故意时才构成逃避商检罪;即便有证据证明行为人在主观上存在过失且情节严重,或者无法证明行为人的主观过错但行为人也无法举证自己本身无过错且情节严重的情况下,仍会构成《商检法》第32条所指的违法行为,却不能构成《刑法》第230条所指的逃避商检罪。所以,在具体的执法实践中,不能将《商检法》第32条所指的违法行为一概简单化为"逃检"或"逃避商品检验";即便在构成《商检法》第32条所指的违法行为且情节严重的情况下,也不能一概认定为"逃避商检罪"。只有当有证据证明行为人在主观上存在逃避商品检验的故意,客观上实施了《商检法》第32条所指的行为且情节严重的情况下,才构成逃避商检罪。②

---

① 参见宋大涵、葛志荣、蒲长城主编:《中华人民共和国进出口商品检验法实施条例释义》,法律出版社2005年版,第127页。
② 参见宋大涵、葛志荣、蒲长城主编:《中华人民共和国进出口商品检验法实施条例释义》,法律出版社2005年版,第127页。

二、逃避商检罪之"商品"

根据《刑法》第 230 条的规定,逃避商检罪所指的商品为必须经商检机构检验的进出口商品。《商检法》第 4 条、第 5 条、第 6 条规定,"必须经商检机构检验的进出口商品"仅指列入"必须实施检验的进出口商品目录"(以下简称法检目录)中的商品,但《进出口商品检验法实施条例》(以下简称《实施条例》)第 4 条没有使用"必须经商检机构检验的进出口商品"的表述,而是使用了"法定检验"一词,规定"法定检验"的范围包括列入目录的进出口商品以及法律、行政法规规定须经出入境检验检疫机构检验的其他进出口商品。由此可以认为,《实施条例》实质上扩大了《商检法》规定的"必须经商检机构检验的进出口商品"的外延,将"法检目录"以外的法律、行政法规规定须经出入境检验检疫机构检验的商品也纳入了法定检验商品的范围。与此对应,逃避商检罪所指的必须经商检机构检验的进出口商品也就等于法定检验的进出口商品,包括列入目录的进出口商品以及法律、行政法规规定须经出入境检验检疫机构检验的其他进出口商品。在实践中,此两类法定检验商品存在交叉重合的情况,即其他进出口商品也有全部或部分已被列入法检目录的情况。其中,列入法检目录的进出口商品,是指在《出入境检验检疫机构实施检验检疫的进出境商品目录》中,其后对应的检验检疫类别为"M/N"的商品("M"为进口商品检验,"N"为出口商品检验)。绝大多数法定检验的商品,都在此目录中。

法律、行政法规规定须经出入境检验检疫机构检验的其他进出口商品,具体化而言,包括如下进出口商品。

一是在《实施条例》中专门规定的商品。其包括:第 21 条所指的大型成套设备的检验、第 22 条所指的国家允许进口的旧机电产品、第 29 条所指的出口危险货物包装容器的性能鉴定和使用鉴定、第 30 条所指的对装运出口的易腐烂变质食品、冷冻品的集装箱、船舱、飞机、车辆等运载工具进行的适载检验。

二是进出口的食品、食品添加剂。在进口方面,《进出口食品安全法》(以下简称《食安法》)第92条第2款明确规定:进口的食品、食品添加剂应当经出入境检验检疫机构依照进出口商品检验相关法律、行政法规的规定检验合格。因此,进口食品检验检疫的监管类别在《出入境检验检疫机构实施检验检疫的进出境商品目录》中虽然为"R",并非"M",但对进口食品实施卫生监督检验仍然适用《商检法》及其实施条例等规定的检验措施,进口食品属于《实施条例》第4条规定的其他进出口商品,应归入"法检商品"。在出口方面,《食安法》及其实施条例虽然没有作出如进口食品一般的明确规定,但《食安法》第91条规定,国家出入境检验检疫部门对进出口食品安全实施监督管理。第100条第2款规定,对有不良记录的进口商、出口商和出口食品生产企业,应当加强对其进出口食品的检验检疫。从执法现状来看,出口食品检验检疫的监管类别,在《出入境检验检疫机构实施检验检疫的进出境商品目录》中为"S",但在进出口商品检验监管实践中,一直对出口食品实行强制性的检验监管措施,出入境检验检疫部门一直依照《商检法》的规定对出口食品进行检验监管。出口食品如未经检验擅自出口,在行政处罚时也是按照《商检法》第32条的规定进行处罚。此外,2014年全国人民代表大会法律委员会《关于〈中华人民共和国食品安全法(修订草案)〉修改情况的汇报》中第10点谈道"对出口食品的检验应当依照进出口商品检验法进行,本法可不作规定。法律委员会经研究,建议删去上述规定"。该说明内容解释了2015年《食品安全法》删除出口食品检验规定的原因。综上,进出口食品、食品添加剂均应属于法定检验的商品。

三是危险化学品。《危险化学品安全管理条例》第6条第3项规定,质量监督检验检疫部门负责核发危险化学品及其包装物、容器(不包括储存危险化学品的固定式大型储罐,下同)生产企业的工业产品生产许可证,并依法对其产品质量实施监督,负责对进出口危险化学品及其包装实施检验。因此,机构改革后,海关应负责对列入《危险化学品目录》中的危险化学品及其包装在进出口时实施检验。

四是特种设备。《特种设备安全法》第30条第1款规定:进口的特种设备应当符合我国安全技术规范的要求,并经检验合格;需要取得我国特种设备生产许可的,应当取得许可。第3款规定:特种设备的进出口检验,应当遵守有关进出口商品检验的法律、行政法规。

五是医疗器械。《医疗器械监督管理条例》第58条规定:出入境检验检疫机构依法对进口的医疗器械实施检验;检验不合格的,不得进口。国务院药品监督管理部门应当及时向国家出入境检验检疫部门通报进口医疗器械的注册和备案情况。进口口岸所在地出入境检验检疫机构应当及时向所在地设区的市级人民政府负责药品监督管理的部门通报进口医疗器械的通关情况。

六是农药。《农药管理条例》第29条规定:境外企业不得直接在中国销售农药。境外企业在中国销售农药的,应当依法在中国设立销售机构或者委托符合条件的中国代理机构销售。向中国出口的农药应当附具中文标签、说明书,符合产品质量标准,并经出入境检验检疫部门依法检验合格。禁止进口未取得农药登记证的农药。

七是农业机械。《农业机械安全监督管理条例》第13条规定:进口的农业机械应当符合我国农业机械安全技术标准,并依法由出入境检验检疫机构检验合格。依法必须进行认证的农业机械,还应当由出入境检验检疫机构进行入境验证。

八是化妆品。《化妆品监督管理条例》第45条规定:出入境检验检疫机构依照《商检法》的规定对进口的化妆品实施检验;检验不合格的,不得进口。

九是烟花爆竹。《烟花爆竹管理条例》第4条规定:安全生产监督管理部门负责烟花爆竹的安全生产监督管理;公安部门负责烟花爆竹的公共安全管理;质量监督检验部门负责烟花爆竹的质量监督和进出口检验。机构改革后,对烟花实施进出口检验的职能属于海关。

三、逃避商检罪之"检验"

《商检法》第3条规定:"商检机构和依法设立的检验机构(以下简

称其他检验机构),依法对进出口商品实施检验。"《实施条例》第4条规定:"出入境检验检疫机构对列入目录的进出口商品以及法律、行政法规规定须经出入境检验检疫机构检验的其他进出口商品实施检验(以下简称法定检验)。出入境检验检疫机构对法定检验以外的进出口商品,根据国家规定实施抽查检验。"根据《商检法》及其实施条例的规定,对进出口商品的检验,就其主体而言,包括出入境检验机构即海关、其他检验机构如通标标准技术服务有限公司(SGS)、中国检验认证集团(China Certification & Inspection (Group)Co.,Ltd.,CCIC)等。而出入境检验检疫机构即海关的检验,又包括对法定检验的商品实施的法定检验和对法定检验以外的进出口商品实施的抽查检验。逃避商检罪所指的进出口商品检验,仅指出入境检验检疫机构对法定检验的进出口商品实施的法定检验,不包括出入境检验检疫机构对法定检验以外的商品实施的抽查检验,更不包括其他检验机构实施的进出口商品检验。

首先,法定检验是出入境检验检疫机构对列入目录的进出口商品以及法律、行政法规规定须经出入境检验检疫机构检验的其他进出口商品实施检验。其检验的主要目的是"保护人类健康和安全、保护动物或者植物的生命和健康、保护环境、防止欺诈行为、维护国家安全"。检验的主要对象是"列入目录的进出口商品以及法律、行政法规规定须经出入境检验检疫机构检验的其他进出口商品"。检验的内容包括"是否符合安全、卫生、健康、环境保护、防止欺诈等要求以及相关的品质、数量、重量等项目"。检验的程序包括:"抽样、检验和检查;评估、验证和合格保证;注册、认可和批准以及各项的组合。"法定检验是一种强制性检验,是出入境检验检疫机构所实施的一种执法行为,属于《刑法》第230条所指的商品检验。

其次,抽查检验是指出入境检验检疫机构对法定检验以外的进出口商品,根据相关规定,按照统一的内容、程序、方法、标准等,对进出口商品实施质量监督管理的一种方式。抽查检验虽然是出入境检验检疫机构的一种执法行为,但其对象仍然并非"必须经商检机构检验的进出口商品",因而不属于《刑法》第230条所指的商品检验。

再次,其他检验机构在机构属性上属于社会中介服务机构,并非执法机构。其所实施的进出口商品检验,是根据国际贸易的买卖双方或单方的委托对其实施的一种合格评定或鉴定活动,是一种商业性的委托检验,是一种民事法律行为,并非执法行为,不具有强制性。其所检验的进出口商品,并非"必须经商检机构检验的进出口商品"。因此,检验机构实施的进出口商品检验,不属于《刑法》第230条所指的商品检验。

此外,验证管理不属于进出口商品检验。《商检法》第25条规定:"商检机构依照本法对实施许可制度的进出口商品实行验证管理,查验单证,核对证货是否相符。"虽然根据《商检法》及其实施条例的规定,验证管理也属于出入境检验检疫机构对进出口商品实施的一种检验监管制度,是一种行政执法行为。但验证管理是独立于法定检验之外的检验监管制度。一是验证管理与法定检验具有不同的对象。验证管理的对象是实施许可制度的进出口商品,在《出入境检验检疫机构实施检验检疫的进出境商品目录》中,检验检疫类别为"L"。法定检验的检验检疫类别为"M/N",有的进口商品,其检验检疫类别中"L"与"M"同时存在。如商品编码为8701240000,商品名称为仅装有驱动电动机的半挂车用的公路牵引车(999)的商品,对应的检验检疫类别为"L.M"。同时,《认证认可条例》第27条规定强制认证产品应当经过认证并标注认证标志后方可进口;第28条规定国务院认证认可主管部门制定、调整统一的产品目录(具体形式为《实施强制性产品认证的产品目录》);第30条规定列入强制认证目录的"法检商品"应当在进出口商品检验时简化检验手续,故强制性认证产品不等同于法检商品。此外,《认证认可条例》并未规定进口强制性认证产品必须经过检验,因而,进口强制性认证产品也无其他法律、行政规范规定的检验要求。对实施强制性认证的产品在进口时进行验证,只是强制性认证制度的一种辅助措施,并非法定检验。二是验证管理与法定检验具有各自的制度设置。《实施条例》第16条、第24条在进口检验和出口检验中分别规定了法定检验的商品和验证管理的商品的检验标准。在法律责任条款中,对相应的法律责任也都作了各自明确的规定。《进口许可制度民用商品入境验证管理办法》第8条、第9条分别对是否属于法定检验的进口许可民用商品设置了不同的检验办法,故入境验证商品不完全等同于"法检商品"。三是验证这种措施不仅仅用于法定检验。《商检法》第6条规定的合格评定程序中,虽然包括验证这种程序,但此处的验证仅系商品检验的程序或方法。也就是说,出入境检验检疫机构在实施法定检验时,可以采用验证这种程序或方法。但并不能排除出入境检验检疫机构在其他执法行为中采用验证这种程序或方法,也不能排除其他检验机构在实施非法定检验过程中采用验证这种程序或方法。综上,商检机构依照《商检法》对实施许可制度的进出口商品实行验证管理,不属于《刑法》第230条所指的商品检验。

同时,进出境动植物检疫、国境卫生检疫也不属于法定检验。目前,从执法主体而言,进出口商品法定检验、进出境动植物检疫和国境卫生检疫的执法主体都是出入境检验检疫机构,即中国海关。但三者有不同的执法依据:法定检验主要依据《商检法》及其实施条例、进出境动植物检疫主要依据《进出境动植物检疫法》及其实施条例、国境卫生检疫主要依据《国境卫生检疫法》及其实施细则。三种不同的法律依据,规定了不同执法目的、执法程序、执法对象、法律责任等内容,形成了各自完整的法律制度体系。因此,海关所实施的进出境动植物检疫、国境卫生检疫不属于法定检验。当行为人存在逃避进出境动植物检疫或国境卫生检疫的行为构成犯罪时,可以依据妨碍动植物检疫罪或妨碍国境卫生检疫罪进行定罪量刑,而不能依据《刑法》第230条按逃避商检罪定罪量刑。

四、逃避商检罪之"罪行"

1. 对进出口商品未报检。法定检验的程序中,报检是起点。《商检法》及其实施条例,对相应的报检义务作出了明确规定。如《实施条例》第16条规定:"法定检验的进口商品的收货人应当持合同、发票、装箱单、提单等必要的凭证和相关批准文件,向报关地的出入境检验检疫机构报检"。第24条规定:"法定检验的出口商品的发货人应当在海关总署统一规定的地点和期限内,持合同等必要的凭证和相关批准文件向出入境检验检疫机构报检。"行为人为了达到其逃避进出口商品检验之目的,往往对法检商品采用不予报检的手段。在机构改革之前,报关与报检是两种单独的行为,行为人欲达到逃避进出口商品检验的目的,往往是不向原出入境检验检疫局办理报检手续,而是直接到海关办理报关手续,且在报关时不如实申报商品 HS 编码。在此种情况下,行为人的未报检表现为在原出入境检验检疫局绝对的不申报,因此判断未报检并非难事。但在关检机构改革之后,判断是否报检却非易事。因为此时的未报检,往往表现为并非绝对不申报。在机构改革之后,原来存在的报检和报关两种行为合并为一次申报行为,除非绕关走私外,任何进出口商品都必须向海关进行申报,行为人要想做到绝对不申报一般是无法做到的。因此,此时的不如实申报商品的 HS 编码,将法定检验的进出口商品申报为非法定检验的进出口商品,是逃避进出口商品检验的惯用手段。此种违法手段,虽然表现为不如实申报而并非绝对的不申报,但此种情形下的申报,履行的仅仅是机构改革前的报关部分义务而已,且此种报关行为中含有不如实报关的违法行为。对于报检部分的义务,仍然未履行,对于法定检验的程序而言,仍然属于对法检商品未报检的行为。因此,在采用不如实申报商品 HS 编码以达到逃避法定检验的目的的违法行为中,不能因为企业客观上存在申报行为而否定未报检违法犯罪行为的存在。

2. 对进出口商品报检后未接受检验。此种违法犯罪手段,是指对法检商品如实申报的前提下,未接受出入境检验检疫机构的检验就擅自销售、使用或出口。此种违法犯罪手段,因为进口商品的法定检验程序一般采用先通关后检验程序设计,较易得逞。而出口商品采用的是先检验后通关的程序设计,较难得逞。根据《商检法》及其实施条例的规定,法定检验的进口商品的收货人应当在通关放行后20日内,向出入境检验检疫机构申请检验。法定检验的进口商品应当在收货人报检时申报的目的地检验。大宗散装商品、易腐烂变质商品、可用作原料的固体废物以及已发生残损、短缺的商品,应当在卸货口岸检验。此外,海关总署可以根据便利对外贸易和进出口商品检验工作的需要,指定在其他地点检验。因此,一般的进口商品在通关以后,并非处于海关的控制之下,而是处于收货人或其委托人的实际控制之下,在海关尚未实质性检验的情况下就予以销售或使用较易实现。当然,如前所述,在此种情况之下,也不能一概以逃避进出口商品检验而论。只有当有证据证明行为人存在逃避商品检验的故意且情节严重之时,才能以逃避商检罪论罪处罚,否则,只能是《商检法》第32条所指的行政违法行为。

此外,销售、使用、出口经法定检验不合格的进出口商品,并非逃避商检罪所指的违法手段。擅自销售经法定检验不合格商品的行为,不属于违反《商检法》第32条所指行为。理由如下:一是违法行为性质不同。《商检法》第32条所指的行为损害的是我国检验检疫监管秩序。而经法定检验不合格的进出口商品,由于不符合我国技术规范的强制性要求,其产品质量必然无法保证。如果此类产品流入国内流通领域或者国际市场,将危害人民身体健康、动物或者植物的生命和健康以及环境。二是法律责任不同。对于销售、使用或出口经法定检验不合格的进出口商品的违法行为,《实施条例》已在第44条作了区别于第42条、第43条的法律责任规定,其法律责任为"没收违法所得+货值等值以上3倍以下罚款",比《商检法》第32条以及对其细化的《实施条例》第42条、第43条更重。因此,销售、使用、出口经法定检验不合格的进出口商,情节严重构成犯罪的,应当依据《刑法》第146条"销售不符合安全标准产品罪"的规定定罪量刑,而不能以逃避商检罪定罪处罚。

Legal Analysis of the Relevant Elements of the Crime of Evading Commodity Inspection

LIU Yangzhong

[**Abstract**] The crime of evading commodity inspection should be determined in judicial practice according to the actual administrative law enforcement of import and export commodity inspection. Given the strong professionalism, technicality, and international nature of import and export commodity inspection, there are many ambiguities in the identification of this crime in practice. This paper analyzes the aspects of the connection between administrative enforcement and criminal justice, the scope of commodities, inspection behavior, and illegal means involved in crime, providing practical references for judicial and administrative enforcement.

[**Key words**] evading commodity inspection; import and export commodities; statutory inspection

逃避商检行为罪与罚的若干思考

陈开旌　郑　敏[*]

[摘　要]　公安部《关于修改〈公安机关办理刑事案件程序规定〉的决定》实施后,逃避商检罪等三个涉检罪名正式归属海关缉私部门管辖。从逃避商检罪的沿革以及管辖变迁背景谈起,对逃避商检罪与走私罪罪名适用、入罪应然性、"多次逃检"认定标准、涉检案件中的"货物价值"认定标准以及行政处罚权等涉及逃避商检罪的热点难点问题进行初步探讨并提出相关建议。

[关键词]　逃避商检罪;走私罪;多次逃避;货物价值

党的二十大报告在"推进国家安全体系和能力现代化,坚决维护国家安全和社会稳定"部分提出,建设更高水平的平安中国,以新安全格局保障新发展格局。机构改革以来,海关职责相应调整,业务链条不断延伸,打破了口岸行政执法各自为政的原有局面,在涉关和涉检法律法规完善和融合过程中,不可避免地出现了交叉地带。伴随逃避商检罪等涉检犯罪管辖权限的调整,从《海关法》修订的层面出发,立足立法与执法视角探讨解决逃避商检行为在完善立法、弥补规范疏漏及科学划分事权方面存在的问题,对于坚持总体国家安全观,维护公民生命健康权益和我国在国际贸易活动中的良好形象具有现实意义。

---

[*]　陈开旌,厦门海关缉私局法制二处副处长;郑敏,厦门海关缉私局高崎机场海关缉私分局副科长。

一、逃避商检罪的沿革

尽管我国开展进出口商品检验工作的历史较早,并建立了相关的制度和规范,如 1950 年原中央人民政府对外贸易部公布的《商品检验暂行条例》、1954 年原中央人民政府政务院公布的《输出输入商品检验暂行条例》,都就商品检验工作作出了相关规定,但对情节严重的逃避商检行为犯罪化却是由改革开放后的法律确立的。1989 年 8 月 1 日施行的《进出口商品检验法》(已被修改)(以下简称原《商检法》)第 26 条第 1 款规定了追究刑事责任的标准。该条第 2 款规定了对经商检机构抽查检验不合格的出口商品擅自出口的处罚标准。原《商检法》第 17 条的规定是我国对违反进出口商品检验法律的行为追究刑事责任的最早渊源。

改革开放后,我国的进出口贸易在日益完善的经济体制下大幅增多,在贸易实践中逃避法定检验的情事亦随之多见。无论是其危害性还是实际后果都不容无视。但 1979 年《刑法》(已被修改)中并没有相关罪名可适用于对该类违法行为追责。为了弥补立法上的这一缺憾,1997 年《刑法》(已被修改)第 230 条修订为本条,最高人民检察院《关于适用刑法分则规定的犯罪的罪名的意见》(高检发释字〔1997〕3 号)将其解释为逃避商检罪并进行了具体界定,逃避商检罪从这个时候起方正式在我国刑法领域确立。

2010 年,最高人民检察院、公安部《关于公安机关管辖的刑事案件立案追诉标准的规定(二)》针对逃避商检罪原先的 3 条标准进一步调整、细化到 6 条,除了继续保留原先"直接经济损失数额在五十万元以上"外,亦对逃检货物的货值及逃检次数予以量化,同时,该规定还加上了"其他情节严重的情形",使之更为周延、便于操作。但笔者遍查中国裁判文书网:2010 年以来,全国各级法院共作出涉及该罪名的刑事案件一审判决 6 起。其中,2013 年 2 起,2014 年 1 起,2018 年 2 起,2019 年 1 起,中间几年均是零判例。逃避商检罪几乎是存而不用,甚少见相关判例。

二、机构改革与逃避商检罪管辖变迁背景

2018年机构改革后,①海关在具体执法工作过程中除了依照海关法律规范履行传统职能外,还要进行进出境领域的卫生检疫、动植物检疫、进出口商品检验、进出口食品安全监管并办理其他海关业务。

在刑事执法方面,原国家出入境检验检疫机构查发、"情节严重"需要追究刑事责任的逃检行为由地方公安机关管辖的情况,在新海关职能调整的背景下也面临着亟待调整的局面。2020年8月13日,根据公安部指定管辖,厦门海关缉私局等10个直属海关缉私局联合开展打击逃避商检违法进口汽车专项行动,拉开了海关缉私部门管辖逃避商检罪的序幕。2020年9月1日公安部《关于修改〈公安机关办理刑事案件程序规定〉的决定》开始实施,逃避商检罪等三个涉检罪名正式归属海关缉私部门管辖。

三、逃避商检罪与走私罪罪名适用研究

机构改革前,对于同时涉及逃检和走私的一个行为,其定罪受发现犯罪的机关及管辖权影响,几乎未见罪名适用问题。例如,原国家质检总局或地方公安机关查发该行为,则由地方公安机关以涉嫌逃检罪开展侦查;如由海关(缉私部门)查发犯罪行为,则以涉嫌走私犯罪立案侦查。机构改革后海关执法权与管辖权调整,在逃检犯罪和走私犯罪均由海关缉私部门管辖后,则不可避免地出现针对同一犯罪行为的罪名适用的问题。

(一)逃检罪与走私罪想象竞合分析

按照刑法理论,当行为人基于一个犯罪故意,实施的一个行为同时符合逃检犯罪和走私犯罪构成要件时,应当按照想象竞合,从一重

---

① 参见《出入境检验检疫划入海关 建设中国特色社会主义新海关》,载厦门海关网站2018年4月18日,http://wuhan.customs.gov.cn/xiamen_customs/491073/491074/1754722/index.html。

处断。想象竞合,也称想象的数罪、观念的竞合,是指一个行为触犯数个罪名的犯罪形态,即行为人实施的犯罪行为因其侵犯法益不同,符合数罪的构成,但只有一个犯罪行为,仅能以主观故意的一罪从重处罚的情形。对于想象竞合犯,我国刑法理论界主张按"从一重处断原则"来处理,在当下"报关即报检"的通关过程中,对于行为人在报关时实施的走私并逃检的行为应当如何定罪?例如,甲申报进口一批法定检验的货值为500万元的商品A(进口税率为15%),为逃避法定检验和偷逃应缴税款,甲在申报时将商品A申报为非法检商品B(进口税率为7%),偷逃应缴税款40万元。甲的行为同时符合逃检罪与走私普通货物罪的构成要件,依照想象竞合犯"从一重处断原则",应按照行为触犯的两个罪名中法定刑较重的犯罪定罪处刑。因此,上述甲的行为应以走私普通货物罪定罪处罚。

(二)逃检罪与走私罪吸收关系分析

对于绕关走私并逃检的行为,行为人具有走私故意而绕开设关地进境,其客观上实施了绕关走私行为,按照主客观相统一原则,此处走私行为形成了对逃检行为的吸收,应以走私罪论处。

(三)在法益保护上具有统一性

有执法人员认为,逃避商检罪所侵害的法益是国家的进出境商品检验制度。也有学者认为,①该犯罪侵害的法益是国家对进出口商品检验管理秩序。机构改革后维护进出口商品检验管理秩序成为海关的职能,进出口商品检验管理秩序成为进出口商品贸易秩序的重要组成部分,在"报关即报检"的操作规程下,对进出口商品检验管理秩序的监管,其根本目的和价值仍在于维护国家进出口贸易活动的正常秩序,这与走私犯罪侵犯的法益具有一致性。在逃避商检犯罪案件管辖权归属海关缉私部门后,由作为进出口贸易秩序监管主体的海关部门对因逃避商检而破坏正常进出口秩序的行为实施监管和追责,在法理

---

① 参见禹启华等:《浅析违反检验检疫规定的犯罪》,载《湖北检验检疫》2001年第4期。

与权责上亦更为顺畅。

四、"经检验不合格仍擅自予以销售、使用"入罪应然性分析

逃避商检犯罪作为行政犯,其违法性判断标准受制于前置的《进出口商品检验法》(以下简称《商检法》)及《进出口商品检验法实施条例》(以下简称《商检法实施条例》)等。《商检法》第33条列明了入罪的基本条件,《商检法实施条例》第43条、第44条进行了进一步细化:将商检法的指向"未报经检验"列为"未报检或未经检验",将"擅自进口"与"擅自出口"分列。基于上述前置规定,《刑法》第230条针对"进口商品"亦仅列明不具备已报检的条件却销售和使用的情形,却没有涵盖不具备检验合格的条件而仍旧出售和使用的情况。

(一)本罪中进口货物逃检行为实质包括三种情况

一是商品从进境后直到销售、使用的整个过程,当事人一直没有向海关报检;二是商品进境时已经向海关申报,但销售或适用行为发生于检验结论出来之前。现实中还有第三种情况,即进口商品经检验不合格,行为人仍然对其予以销售、使用的情况。相应的处置措施虽然早已在相关法律中予以明确,但很多当事人基于各种原因时常表达不愿意退货的意愿,不按照海关的指令处置相关货物,反而是在境内擅自销售或者使用,这种情况并不少见。

(二)不追究"进口商品经检验未合格仍销售、使用"违背法益保护初衷

进出口商品的检验工作,是报关和通关环节不可或缺的一个重要组成部分,既是合格评定活动,也是评定过程。从报关到抽样或查验,再到实施检验,直至出具检验报告乃至放行这一系列活动全部履行完毕才能算通关过程的结束。在上述的第三种情况中,如果当事人将经过检验确认为不合格的商品不依照海关指令处置予以退货,而是仍旧进行销售、使用,其行为依然违反了《商检法》和《商检法实施条例》的规定,损害了正常贸易秩序,也与进出口商品检验管理制度相背离,其可能产生的后果是难以预估的。

(三)"进口商品经检验未合格仍销售、使用"符合逃避商检罪的犯罪构成

从罪名适用方面考虑,"进口商品经检验未合格仍销售、使用"看似同时符合了"生产、销售伪劣产品罪"的构成要件,但因行为人是基于破坏进出口商品检验管理制度的基础并实施销售不合格产品的情况,其行为同时具备逃避商检和销售不合格产品的实质。基于主客观相一致原则,对于"进口商品经检验未合格仍销售、使用"的行为应当定性为"逃避商检行为",而非"销售伪劣产品行为",所涉及的销售伪劣产品罪的部分应为逃避商检罪所吸收。

综上,对"经检验不合格仍擅自予以销售、使用"行为应当追究其逃避商检的责任,①并建议《刑法》第 230 条表述为"违反国家进出口商品检验的规定,逃避商品检验,将必须经商检机构检验的进出口商品未报经检验合格而擅自销售、使用或者出口,情节严重的,处三年以下有期徒刑或者拘役,并处或者单处罚金"更为科学。

五、"多次逃检"认定标准的明确和完善

构成逃避商检罪的入罪条件要求必须达到"情节严重"的程度,而其中"多次逃检"作为"情节严重"的条件之一,在实务中存在难以认定、标准不一的问题。

首先,需要对逃检次数的计算基础进行明确,即什么样的行为视为"一次"。是实施了逃检行为即为一次,还是因逃检被海关实施行政处罚视为一次,抑或被责令整改即视为一次?逃检次数如何认定,直接关系该条款的实际适用,但在法律层面未对此进行明确,导致实务工作中,该项标准如"空中楼阁"可望而不可即。关于《商检法实施条例》第 43 条、第 44 条的适用,由于该行政处罚幅度偏重,多数企业难以承担,实践中原商检部门对逃检行为通常以责令整改的方式代替行

---

① 参见王作富:《刑法分则实务研究》(第 2 版),中国方正出版社 2003 年版,第 968 页。

政处罚,因而逃检行为接受行政处罚的案件极为鲜见。这一情况可能导致三方面问题:一是整改与行政处罚之间的界限不明晰,执法规范性难以保障;二是多次逃检的企业在整改行为的掩盖下无法被及时发现,其社会危害性无从追究;三是过重的处罚幅度无法区别不同主观恶性的偶犯企业和多次逃检的企业进行精准处罚,给偶犯企业带来极大经济负担。笔者建议,应当以被海关发现为认定标准,即受到行政处罚或被责令整改视为"一次逃检",实施逃检时未被发现后被海关查发的,则以逃检货物报关票数认定。

其次,需要对"多次"进行明确,即几次以上才算"多次",是"三次"还是"五次"？由此,以便于执法机关在实践中的适用,以维护法律的规范性和统一性。

最后,需要对时间跨度予以明确,即对多长时间内的行为一并认定予以刑罚处罚。在全面依法治国的背景下,笔者建议,参考走私犯罪"一年内曾因走私被给予二次行政处罚后又走私"入刑的相关规定完善立法,在下调逃检行为的行政处罚幅度基础上,为更好地对偶犯企业和"惯犯逃检"企业精准区分对待,对"多次逃检"的规定进行明确和完善,为惩治多次逃检的"徐行犯"提供法律依据,提升法益保护的全面性和科学性。

六、涉检案件中的"货物价值"认定标准亟待明确

上述第五点提到,在原商检立法体系中,对于逃检行为的处罚幅度以"货物价值"为计量基础,如《商检法实施条例》第43条、第44条,针对逃检行为规定了行政处罚及入罪门槛。但遍查原商检立法体系中涉及的"货物价值"的定义,目前尚无明确界定。"货物价值"是否应当包含进口环节税尚无定论。在新海关语境下,对原商检立法体系中的"货物价值"认定标准进行明确,是当前亟待解决的问题。

关于进口涉检案件涉案货物价值认定,当前实践中存在两种意见。第一种意见认为,关、检合并之前,报检环节尚未涉及通关,依照惯例,原检案件的货物价值认定组成并不包括进口环节税。《刑法》关

于逃避商检罪的条款是以商检的法律体系为基础的,为了保持执法的统一性,进口涉检案件的货物价值认定应不包括进口环节税。第二种意见认为,进口涉检案件的货物价值认定应包括进口环节税,理由如下:一是关检合并后,报检、报关环节已经合二为一,申报进境之时其应缴进口环节税已经确定;二是根据《刑法》第230条的规定,至此阶段其价值构成必然已经包含进口环节税;三是关、检合并之前,关、检案件各自依不同的制度体系进行价值认定,但随着业务的融合,涉检案件涉案货物价值组成中进口环节税的缺失开始显现,若同时存在两种不同价值认定方式,在实际执法中不具备可操作性。

综上,建议应根据《海关行政处罚实施条例》附则对于"货物价值"的界定,明确定义涉检案件中"货物价值"的认定标准,并依此开展对涉案货物的价值计核工作。

七、逃避商检行为的行政处罚权探讨

(一)逃检行政处罚应做好与《行政处罚法》的衔接

2021年修订的《行政处罚法》第36条针对"涉及公民生命健康安全、金融安全且有危害后果"的情况,将行政处罚的追诉期限延长至5年。该项修改内容释放出强烈信号,即在行政执法范畴中,我国进一步加强对公民生命健康安全的保护。商品检验同公民生命健康息息相关,因此,建议《海关法》的修订在对逃避商品检验行为进行行政处罚追诉时应当充分做好与修订后的《行政处罚法》的紧密衔接,在坚持总体国家安全观的基础上,强化对危害公民生命健康权益的逃检行为的监管与惩处。

(二)逃检行政处罚的量罚规范应进一步完善

目前,海关法律规范层面类案罚则存在不协调、不一致的情况。例如,在海关法修订的背景下,同样是伪造、变造海关单证,在相同或者类似违法情形下所承受的海关行政法律责任却差别极大,建议予以相应的关注。同时,针对逃检行为的行政执法规范较为分散,建议在《商检法》《商检法实施条例》基础上,完善配套逃检行政处罚机制。

(三)逃检行政处罚事权有待进一步明确

机构改革后海关目前主要实施三类行政处罚,具体办案机关各有不同。第一类是走私案件和违反海关监管规定的一般行政处罚案件,由海关缉私部门进行查处。第二类是检验检疫类行政处罚案件(除出口医疗物资涉检案件、进出境危险品涉检案件二类一般案件由缉私部门办理外),目前各直属海关做法不尽统一,案件办理多归属于隶属海关,但职能管理有的由法规处承担,也有由综合业务处,或者企业管理处承担。第三类是侵犯知识产权案件,由各直属海关综合业务处或法规处进行查处。[①] 因事权划分不明,导致各关做法不一,执法规范与职能管理或受影响。

在当下行政处罚实现了整合之后,其具体的行政处罚程序并未发生实质变化,总体来说,海关行政处罚程序仍分为简单案件程序、简易案件程序和一般案件程序,检验检疫行政处罚与走私违规行政处罚、知识产权海关行政处罚之间所存在的竞合、冲突等问题,目前仅在执法程序层面进行规定,在具体事权划分、执法规范与职能管理方面亟待有权部门进行科学部署与细化明确。

Some Reflections on the Crime and Punishment of Evading Commodity Inspection

CHEN Kaijing   ZHENG Min

[Abstract]   After the implementation of the Decision of the Ministry of Public Security on Amending the "Provisions on the Procedure of Handling Criminal Cases by Public Security Organs", three

---

① 参见何冰:《关检融合背景下海关行政处罚法律适用冲突问题初探》,载《上海市法学会海关法研究会2019年年会暨第十二届海关法论坛学术研讨会论文集》,第57页。

prosecution-related charges such as the crime of evading commodity inspection officially fall into the jurisdiction of the anti-smuggling bureau of the Customs. Starting from the history of the crime of evading commodity inspection and the background of jurisdiction changes, this paper discuss hot and difficult issues related to the crime of evading commodity inspection and smuggling crime, including application of the crimes, justifiability of criminalization, the criteria of "repeatedly evading inspection", the criteria of "goods value" in the cases involved in inspection, and the power of administrative penalty.

[**Key words**] crime of evading commodity inspection; crime of smuggling; multiple evading; value of goods

跨境电商网购保税进口食品安全智慧监管研究

——基于对某直属海关跨境电商进口食品监管的调研分析

何 锋 冯锦祥 叶 显 陈 丹*

[摘 要] 海关现代化是中国式现代化重要组成部分。跨境电商进口食品迅猛发展给海关监管带来挑战,海关亟须现代化的手段进行监管。本研究以某直属海关跨境电商网购保税进口食品的监管为例,全面审视跨境电商网购保税进口食品安全监管领域的短板和不足,深入分析该领域进口禁限管理要求与正面清单尚未有效衔接、部分企业利用跨境电商规避一般贸易进口食品监管要求、海关监管系统未能对禁止进口食品实现自动拦截等问题,提出健全食品安全海关监管法律体系、建立明确的负面清单实施精准布控、加强风险监控提高海关监管效能以及强化外部协调落实各方责任等解决路径,推动制度机制完善、信息系统优化、职能管理强化,切实提高进口食品安全监管治理能力和水平。

[关键词] 现代化海关;跨境电商;食品安全;智慧监管

---

* 何锋,广州海关进出口食品安全处副处长;冯锦祥,中南大学博士研究生,中南大学计算机学院;叶显,广州海关进出口食品安全处四级调研员;陈丹,广州海关进出口食品安全处二级主任科员。

习近平总书记在党的二十大报告中强调以中国式现代化全面推进中华民族伟大复兴。习近平总书记指出:"推进中国式现代化是一个系统工程,需要统筹兼顾、系统谋划、整体推进"。我国经济已深度融入世界经济,面对复杂多变的贸易环境,海关面临的监管压力和防范风险的艰巨复杂程度前所未有。近年来,随着互联网用户规模快速增加以及跨境电子商务等新兴业态新涌现,跨境电商逐渐成为社会大众消费进口食品的重要渠道之一。由于跨境电商进口食品交易模式具有其异质性,传统食品安全监管面临着新挑战。新征程上,海关人需要更好履行守国门促发展职责,当好让党放心、让人民满意的国门卫士,必须准确把握、始终坚持中国式现代化的中国特色、本质要求和重大原则,加快建设中国特色社会主义现代化海关。针对跨境电商网购保税进口食品安全监管困境,落实建设智慧海关、实施"智关强国"行动,积极探索以健全食品安全海关监管法律体系为根基,以建立明确的负面清单实施精准布控为手段,以加强数字化智能模型风险监控提高监管效能为目标,以强化外部协调落实各方责任为辅助,全面完善我国海关跨境电商网购保税进口食品安全监管,引领国际海关发展方向。

一、跨境电商网购保税食品进口海关监管现状及实践

跨境电子商务是指分属不同关境的交易主体,通过电子商务平台达成交易,进行结算,并通过跨境物流送达商品、完成交易的一种国际商业活动。根据贸易方式不同,跨境电商零售食品进口分为"网购保税进口"(海关监管方式代码1210)[①]和"直购进口"(海关监管方式代

---

① 网购保税进口,指企业通过网购保税(1210)监管方式向海关申报网购保税进口食品,将商品运入特殊监管区内仓库存储。海关核增网购保税进口账册,实施账册管理。消费者在跨境电商平台购买后,电商平台、支付企业、物流企业分别向海关传输电子订单、电子运单、支付信息,报关企业向海关申报跨境电商零售进口申报清单。海关完成监管手续放行商品,并核减账册。企业凭海关放行指令将商品运输出区,配送至消费者。

码9610)①两类。

2023年1~5月,某直属海关跨境电商网购保税进口食品大幅增加。以关区跨境电商业务量最大的隶属海关为例,共监管跨境电商网购保税进口食品总值42.48亿元(税则1~22章),同比增长24.12%,占跨境电商网购保税进口货物货值的57.76%。其中,杂项食品(税则21章)占进口食品的总值63.24%,同比增长19.95%。

海关总署自2019年起将跨境电商零售进口食品风险监测计划列入年度进出口食品、食用农产品、化妆品安全监督抽检和风险监测计划中,并在监管系统中布控实施,同时,布置了跨境电商零售进口特定成分含量宣称类食品专项监测工作。

2023年专项行动开展以来,某直属海关根据要求重点对跨境电商网购保税进口食品实施"布控拦截+库存盘点+监督退运"全流程风险隐患排查,实现从"进口申报—现场巡库—退运处置"监管全链条管控。

一是聚焦风险食品,严格风险防控。先后对152批1210、9610等跨境电商模式实施风险监测,重点对1210模式进口食品美国进口的商品名称或规格型号包含"不老药"、"NMN"或"烟酰胺单核苷酸"食品实施100%审单和查验布控拦截,建立和完善美国产含NMN食品风险预防体系,从源头上防控风险。

二是聚焦现场监管,强化检查督导。对在库商品加强巡库检查及抽查监督,指导隶属海关通过实地巡查、视频监控等方式巡库,核实企业账册实时库存情况、面单情况、品名数量等情况;随机选取电商企业账册商品信息与企业信息系统进行验证比对,及时关注掌握账册异动风险;强化电商货物出仓环节抽查,核查跨境电商网购保税进口出区

---

① 直购进口,指消费者在跨境电商平台购买后,企业从境外打包商品并运输至入境口岸。电商平台、支付企业、物流企业可分别提前向海关传输电子订单、电子运单、支付信息,报关企业向海关申报跨境电商零售进口申报清单。海关完成监管手续放行商品。企业凭海关放行指令将商品运离监管作业场所,配送到消费者。

的车辆,按一定比例抽查开拆包裹,核对其品名、数量、包裹标签是否相符。

三是聚焦问题处置,落实企业责任。针对问题产品迅速在"金关二期系统"账册锁定商品库存,监督企业落实风险消减措施。通过禁止进口布控、库存盘点清查和下沉式监管等手段,联动多部门协同发力,筛查发现库存问题产品11种,对14,123件问题产品全部实施退运处理。其中,某所属隶属海关经取样送检发现,一批报关单项下"法国EricFavre儿童DHA海藻油60粒""法国ERIC FAVRE孕妇海藻油DHA胶囊60粒""法国Eric Favre儿童DHA海藻油60粒×3"等三类产品DHA含量与企业申报不符,已在"金二"账册锁定商品库存,全部采取风险消减措施要求企业实施退运。

二、当前跨境电商食品监管存在的主要问题及原因分析

根据目前海关跨境电商进口食品监管执行的主要文件,[①]跨境电商进口商品原则上按照个人进境自用物品监管,海关现有的监管措施与落实食品安全"四个最严"要求还有差距,存在的主要问题和风险如下。

(一)跨境电商进口食品监管制度及政策仍有待完善

一是现行检验制度设计无法满足食品安全最严监管的要求。《食品安全法》是我国食品安全监管的主要法律,194号公告未将《食品安全法》作为制定依据,未细化明确对食品安全监管的工作要求,缺少如一般贸易进口食品那样明确严谨的监管制度,对进口食品监管体现"四个最严"的要求,因其不明确不严谨,造成在实际监管工作中无法统一执法尺度,也带来执法风险。

二是海关部分内部管理规定修订更新不及时。目前执行的海关

[①] 商务部、发展改革委、财政部、海关总署、税务总局市场监管总局《关于完善跨境电子商务零售进口监管有关工作的通知》(商财发〔2018〕486号,以下简称486号文)、海关总署《关于跨境电子商务零售进出口商品有关监管事宜的公告》(海关总署公告2018年第194号,以下简称194号公告)。

总署《关于规范跨境电子商务零售进口商品监管工作的通知》(署监发〔2017〕158号)和《跨境电子商务网购保税进口海关监管操作规程》(署加发〔2018〕64号)制定的依据为海关总署2016年第26号公告,但该公告已于194号公告执行之日起废止,但以上两个文件相关内容要求,并没有及时修订,且仍然作为目前监管工作的重要执法依据。

三是对486号文适用范围以外的跨境电商进口商品监管要求未予明确。486号文及194号公告均明确"对跨境电商零售进口商品按个人自用进境物品监管,不执行有关商品首次进口许可批件、注册或备案要求",486号文规定"本通知适用范围以外且按规定享受跨境电商零售进口税收政策的,继续按《跨境电子商务零售进口商品清单(2018版)》尾注中①的监管要求执行。"《跨境电子商务零售进口商品清单(2019年版)》(以下简称2019版清单)备注:"跨境电子商务零售进口商品清单中商品按《关于完善跨境电子商务零售进口监管有关工作的通知》中规定的监管要求执行,包括进境检疫应符合有关法律法规的要求等。属于《通知》适用范围以外的,按以下要求执行:(1)跨境电子商务零售进口商品清单中商品免于向海关提交许可证件;网购保税商品'一线'进区时需按货物监管要求执行,'二线'出区时参照个人物品监管要求执行。(2)依法需要执行首次进口许可批件、注册或备案要求的化妆品、婴幼儿配方奶粉、药品、医疗器械、特殊食品(包括保健食品、特殊医学用途配方食品等)等,按照国家相关法律法规的规定执行。"对于上述文件提及"《通知》适用范围以外",是否应理解为非"网购保税进口"(海关监管方式代码1210)和"直购进口"(海关监管方式代码9610)且不在正面清单的享受跨境电商零售进口税收政策的商品,以及针对这部分商品如何具体适用2019版清单备注的监

---

① 财政部等13部委联合发布的《跨境电子商务零售进口商品清单(2019版)》规定:"本清单实施后,《财政部等13个部门关于调整跨境电子商务零售进口商品清单的公告(2018年第157号)》所附的清单同时废止。"2018版清单已被2019版清单取代。

管要求,仍需制定部门进一步明确。

(二)进口禁限管理要求与正面清单尚未有效衔接

目前,跨境电商零售进口商品禁限管理要求零散体现于相关文件规定,未形成系统的负面监管清单。

一是禁限类食品范围尚未明确。跨境电商食品相关监管规定对"未获得检验检疫准入的动植物产品及动物源性食品""疫区商品和出现重大质量安全风险的商品"等未制定负面清单,486号文及194号公告均明确"对跨境电商零售进口商品按个人自用进境物品监管,不执行有关商品首次进口许可批件、注册或备案要求。但对相关部门明令暂停进口的疫区商品,和对出现重大质量安全风险的商品启动风险应急处置时除外"。但后续对哪些情形属于明令暂停进口的疫区商品和出现重大质量安全风险的商品没有明确,基层监管缺乏明确的执法指引。

二是禁限类食品监管要求分散。跨境电商零售进口商品实施"正面清单"管理要求,而进口商品禁限等管理要求零散于不同文件规定之中,未形成系统的负面监管清单,且大部分禁限管理要求未在正面清单中予以明确,未完全转化为海关布控指令,很大程度上依赖于一线监管人员自主判断执行。

以含烟酰胺单核苷酸(NMN)和含咖啡因成分食品为例,NMN在我国未获得药品、保健食品、食品添加剂和新食品原料许可,不能作为食品成分进行生产和经营;咖啡因属于我国列管的第二类精神药品,仅可用于可乐型碳酸饮料,最大使用量0.15克/千克。根据以上要求,含有NMN或咖啡因成分的保健食品不能在国内经营销售。但含有上述成分的保健食品因其税号21069090在正面清单内,存在通过跨境电商渠道进口的可能。

此外,保健品在我国属于特殊食品,特殊食品生产企业应当按照注册或者备案的产品配方、生产工艺等技术要求组织生产,但根据194号公告"三(四)对跨境电子商务直购进口及适用'网购保税进口'(监管方式代码1210)进口政策的商品,按照个人自用进境物品监管,不执行有关商品首次进口许可批件、注册或备案要求"规定,实际情况是通过跨境电商渠道进口未能在国内获得注册或备案的保健食品大行其道。

(三)监管要求与普货贸易有差异,可能引发执法风险

一是与普货贸易进口食品应符合我国食品安全国家标准的监管要求不同。经跨境电商进口的食品按照个人自用进境物品监管,486号文、194号公告认可跨境电商进口"商品符合原产地有关质量、安全、卫生、环保、标识等标准或技术规范要求,但可能与我国标准存在差异"。这在实践中可能引发消费者投诉,尤其是质量安全问题相关的投诉举报往往指向海关监管,要求海关鉴定商品真伪、判定是否符合质量要求、是否合法进口、质疑海关履行监管职责是否到位等。

二是现行跨境电商进口商品监管政策对保健品等特殊食品首次进口许可批件、注册或备案不做要求。将导致某些税号在正面清单内但国内禁止经营销售的添加处方药和违禁成分的保健食品通过跨境电商渠道钻空进境。2022年,某现场海关在以跨境电商个人直购方式申报进口的28件包裹中查获咖啡因含量为29.4%的产品,其实质已可归入药品,但因申报税号在正面清单中,因系统免于查验所需监管证件包括"A检验检疫""I麻醉精神药品进出口准许证",如非命中人工查验则可通过系统自动验放顺利入境。此外,还存在部分添加处方药和违禁成分食品通过跨境电商直购或者寄递渠道进境风险。2022年11月和12月,所属隶属海关在快件监管中检出申报为"champ胜利速溶咖啡"和"Tongkat Ali 东革阿里速溶咖啡"的包裹中检出含"他达拉非""西地拉非"等西药成分。

三是不同渠道存在"管控差"和"准入差"。容易产生涉反倾销或不准入禁限类食品从跨境渠道向快件个人物品渠道漂移风险。以原产于澳大利亚的葡萄酒为例,一般贸易渠道有特殊管控要求,需在口岸依据指令放行,征收116.2%~218.4%的反倾销税,叠加消费税、增值税后,综合税率最高为243.96%,而个人物品渠道葡萄酒则无管控要求且执行50%行邮税率。关区某隶属海关在前期监管实际中,发现

有一批"土豆炖牛肉婴儿辅食泥"命中指令要求核实是否为猪肉制品等动物源性成分,依据上述规定对该批食品进行退运处置。鉴于跨境电商进口食品的各项安全准入规定有待进一步完善、未获得检验检疫准入的动植物产品及动物源性食品的定义范围有待进一步明确等,未能实施系统性的拦截布控,容易导致海关对跨境电商进口食品监管的手段不足。

(四)海关现行业务系统未能完全实现智慧监管目标

一是跨境电商进口食品安全准入管控受到现行报关单填制规范影响导致未能实施系统自动拦截。根据原国家质量监督检验检疫总局第137号公告,未获得检验检疫准入的动植物产品及动物源性食品禁止以跨境电子商务形式进境。① 目前,跨境电商进口食品的安全准入管控主要通过系统布控进行拦截,企业需要如实申报,精准填报13位检验检疫编码,但现行的《中华人民共和国海关进出口货物报关单填制规范》(以下简称《填制规范》)仅要求"填报由10位数字组成的商品编号",企业对商品检验检疫编码填报不完整易造成落实安全管控前置要求不到位。

二是取样送检指令命中率上升且与产品匹配度不高,检测次数增加既影响企业运营效能,又加大现场监管时效性压力。2024年以来,跨境电商进口食品取样送检比率大幅升高,同一货物短期内重复命中送检指令而检测结果未见异常,因检测结果具后出货物才能销售,送检比率提高严重影响企业运营效能,致使现场监管时效性压力较大。此外,新一代查验管理系统中跨境电商进口食品风险监测货物缺少取样送检布控信息栏,备注栏未显示报关货物序号,如果申报不同类别的产品则视为全部命中同一监测项目,经常存在监测项目不适用于该产品的情况,需现场人工研判执行使用标准,易产生权力"寻租"风险。

(五)后续风险处置机制有待进一步完善

一是跨境电商网购保税进口食品追踪溯源缺乏有效手段。跨境

---

① 参见《跨境电子商务经营主体和商品备案管理工作规范》(原国家质量监督检验检疫总局公告2015年第137号)第9条第1款第2项。

电商网购保税进口食品有品种多、批次多、质量参差不齐的特点,通过H2018系统以报关单形式申报进口的数据与金关二期中申报的核注清单关联性不强,后者与产品出区入境时申报用的跨境电商总署统一版系统是以账册核销为设计逻辑的,无法实现依生产批次(日期)追踪溯源的功能,一旦出现不合格甚至发生质量安全问题,很难实现按报关单、按批次进行追踪溯源,无法迅速、准确反应。例如,以网购保税进口的日本食品,如未命中审单或查验指令直接放行入库后,其原产地等信息则难以根据报关单或生产批次(日期)追溯。

二是跨境电商企业及电商平台信息反馈效能有待提升。486号文规定跨境电商企业"当发现相关商品存在质量安全风险或发生质量安全问题时,应立即停止销售,召回已销售商品并妥善处理,防止其再次流入市场,并及时将召回和处理情况向海关等监管部门报告"。跨境电商平台"督促跨境电商企业加强质量安全风险防控,当商品发生质量安全问题时,敦促跨境电商企业做好商品召回、处理,并做好报告工作"。据了解,海关极少收到有关企业主动报告召回商品信息,跨境电商平台自查发现问题情况也没有及时向海关监管部门发布共享。

三是后续风险处置有待各执法监管部门加强协作和配合。根据486号文"四、(五)政府部门……建立跨境电商零售进口商品重大质量安全风险应急处理机制,市场监管部门加大跨境电商零售进口商品召回监管力度,督促跨境电商企业和跨境电商平台消除已销售商品安全隐患,依法实施召回,海关责令相关企业对不合格或存在质量安全问题的商品采取风险消减措施,对尚未销售的按货物实施监管,并依法追究相关经营主体责任",海关与市场监管部门的联系配合机制有待进一步完善。

三、跨境电商网购保税进口食品安全智慧监管建议

强化跨境电商食品进口监管要坚持问题导向、系统观念、服务基层的原则,逐步实现制度建设更完善、风险防控更精准、关检融合更密切、服务发展能力更过硬,海关治理体系和治理能力现代化更有效。

(一)加强顶层设计,优化管理模式,建立健全跨境电商进口食品监管制度

一是增加《食品安全法》作为跨境电商监管的制度依据,将跨境电商进口食品的质量安全监管与一般贸易进口食品进行统一管理,严格执行食品安全"四个最严"要求。二是及时更新内部管理规定,细化跨境电商进口前、进口中和进口后监管流程指引,健全食品跨境电商监管体系,细化明确监管要求,做好跨境电商执法监管的顶层设计,不断增强执法统一性和规范性。

(二)运用数字化手段建立明确的负面清单,实施精准布控

一是将涉及影响或威胁公众安全、动植物健康、生态环境的,党中央国务院高度关注的,公众、媒体关注度高易已引发群体性举报、投诉的,含禁限类、管制类物质的,存在重大质量安全风险的等相关产品列入负面清单禁止入境。二是在跨境电商通关系统中设置负面清单布控规则,通过梳理跨境电商进口食品准入要求,对有准入要求的食品在跨境电商一线进境环节加载布控指令,进一步完善对跨境电商进口食品的准入监管。三是视情形对清单进行动态调整,即时优化布控指令。结合前期检测结果,对于企业再次进口同批次的相同货物免于取样送检,精准布控报关货物序号,精确取样送检货物类别。充分考虑企业与企业(Business-to-Business,B2B)的货物属性,避免保税电商一线入区食品命中监督抽检指令。

(三)加强食品安全智慧监管平台建设,多维度多层次提高海关风险预警和检测能力

一是加大对跨境电商进口食品的风险监测,合理统筹各方监管资源,推动进口食品风险预警机制在各环节全覆盖,协调解决各监管环节的衔接问题。对重点敏感商品加强布控力度,进一步提高对跨境电商进口食品的抽检比例,有效研判处置预警食品安全隐患。二是及时收集国内外食品化妆品的质量风险信息,强化监管数据的有效归集及开发利用,及时发布风险质量监控预警,实现海关、第三方检测、市场监管部门等相关机构之间的信息互通和共享。三是加强海关食品安

全与申报审核、商品抽采样、货物监管、风险布控、缉私案件办理等多个条线统筹配合,明确分工,完善部门间的联系配合机制,形成监管合力,确保监管工作严谨、高效。

(四)强化外部协调,落实各方主体责任,厘清海关责任边界

一是486号文对跨境电商企业、电商平台、消费者和相关政府部门的职责进行了规定,与市场监管部门等建立联系配合机制,加强协作完善风险商品后续处置流程,积极推动各方职责落实,实施有效监管。二是推进跨境电商信息共享。督促电商企业建立健全商品追溯体系,提供包含全链条物流、商品信息等信息,以便监管部门核查;建立电商企业风险信息披露机制,加强电商企业对监管部门的数据共享,督促电商平台和企业日常自主进行的商品质量安全监测结果信息以及商品召回信息及时向监管部门共享。三是合理引导消费,及时发布与跨境电商有关的政策、不合格产品的风险预警和相关的标准要求,多渠道传播食品安全知识、科学的风险解读等。四是厘清海关对跨境电商食品的职责边界,严格按照486号文的规定履行对二次销售行为的处罚权,不得擅自扩大责权边界。

(五)创新监管模式,优化作业流程,提升智慧监管水平

一是应用大数据算法提升进口食品安全全链条监管智能水平,推进海关监管系统的智慧化升级,提升海关监管的有效性和精准度,如改造升级金关二期系统和跨境电商海关总署统一版系统,增加按产品生产批次(日期)追溯功能。二是探索溯源差异化靶向监管,积极推广应用跨境电商零售进口商品条码,"商品条码+溯源码"双码协作让全球跨境商品有据可查、有源可循,消费者放心买、企业省心卖。三是开发探索智能化、可视化的"智慧海关辅助查验系统",如进口食品标签查验辅助小程序,从酒类、婴配奶粉等食品标签"小切口"入手整理现有食品标签相关的图案和文字,建立数据分析库,利用手机扫一扫等小程序对食品标签进行智能审核、预警、提示,为关员标签审核提供辅助参考,提升现场标签检验能力。

A Study on the Intelligent Supervision over Safety of Bonded Import Food by Online Shopping through Cross-Border e-Commerce
—Based on the Research and Analysis of the Cases from Regional Customs

HE Feng   FENG Jinxiang   YE Xian   CHEN Dan

[**Abstract**] Customs modernization is an important part of Chinese path to modernization. The rapid development of import of food under cross-border e-commerce poses challenges to customs control, and there is an urgent need for modern methods of regulation. This research takes the control of regional customs over bonded import food by online shopping under cross-border e-commerce as an example to comprehensively review the shortcomings and deficiencies in the field of food safety supervision of bonded imports under cross-border e-commerce. It deeply analyzes the existing problems in this field, such as the ineffective connection between import prohibitions and restrictions and the positive list, evasion of control over food imported under general trade procedure through cross-border e-commerce, and inability to automatically intercept prohibited import food. The research puts forward solutions such as improving the legal system of customs supervision of food safety, establishing a clear negative list for targeted control, strengthening risk monitoring to improve customs supervision efficiency, and enhancing external coordination to fulfill the responsibilities of all parties. These efforts will promote the improvement of institutional mechanisms, optimization of information systems, and strengthening of functional management, and effectively enhance the capacity and level of food safety supervision and governance for imported food.

[**Key words**] modernized customs; cross-border e-commerce; food safety; intelligent supervision

海关法评论(第13卷)

进出口税收法律问题
Legal Issues of Import and Export Taxation

海关对"应税货物"强制执行制度的思考

——兼议对第三人利益的保护

李 繇 肖 春[*]

[**摘 要**] 在海关税收保全和强制执行制度中,按照法定顺序对应税货物直接采取执行措施抵缴税款是一项制度创举。但在海关法体系中,未对应税货物这一概念明确定义,也未对应税货物可能涉及第三人权益情况下的处置做出规定。在实践中,由于国际贸易形式多样、交易环节复杂、参与主体众多,对应税货物的强制执行存在较多不够明确的地方,带来行政争议的同时损害第三人的合法权益,难以实现行政管理的合理目的。因此,在法律规范、进口实务的基础上对海关法中应税货物概念进行辨析,并对应税货物强制执行制度中的如何保护第三人利益及完善相应制度提出建议。

[**关键词**] 行政强制;海关;第三人;应税货物

《海关税收保全和强制措施暂行办法》(海关总署第184号令)第11条规定:"进出口货物的纳税义务人、担保人自规定的纳税期限届

---

[*] 李繇,国浩律师(南京)事务所合伙人,江苏省法学会行政法学研究会理事,上海市法学会海关法研究会成员;肖春,南京海关所属无锡海关综合业务处副处长,海关法规三级专家。

满之日起超过 3 个月未缴纳税款的,经直属海关关长或者其授权的隶属海关关长批准,海关可以依次采取下列强制措施:……(二)将应税货物依法变卖,以变卖所得抵缴税款……"该规定明确了"应税货物"可以成为海关税收强制执行的对象,在《海关法》第 60 条的基础上规定了适用顺序。但"应税货物"在海关法体系中并无对应的规范明确其概念,考虑国际贸易具有复杂性和流动性,进出口环节申报的贸易方式种类繁多且只是国际贸易中的一个环节,应税货物在执法中应当如何界定,以及在各类情境中,特别是涉及第三人利益的情况下应税货物是否能够成为强制执行的对象,目前在海关法体系中均无相应的规定。这也造成行政执法过程中已有[1]的和潜在的争议。

一、对海关法体系中应税货物的理解和辨析

(一)海关法体系中应税货物的相关规范

从法律规范角度看,法律层级的《海关法》第 60 条、第 61 条[2];行政法规层级的《进出口关税条例》(已废止)第 40 条、《海关事务担保条例》第 6 条;部门规章层级的《海关注册登记和备案企业信用管理办

---

[1] 上海市高级人民法院行政裁定书,(2016)沪行终 554 号:上海星客特汽车销售有限公司诉上海外高桥港区海关海关行政管理纠纷案,第三人江苏舜天国际集团五金矿产有限公司。

[2] 《海关法》第 60 条规定:"进出口货物的纳税义务人,应当自海关填发税款缴款书之日起十五日内缴纳税款;逾期缴纳的,由海关征收滞纳金。纳税义务人、担保人超过三个月仍未缴纳的,经直属海关关长或者其授权的隶属海关关长批准,海关可以采取下列强制措施:(一)书面通知其开户银行或者其他金融机构从其存款中扣缴税款;(二)将应税货物依法变卖,以变卖所得抵缴税款;(三)扣留并依法变卖其价值相当于应纳税款的货物或者其他财产,以变卖所得抵缴税款。海关采取强制措施时,对前款所列纳税义务人、担保人未缴纳的滞纳金同时强制执行。进出境物品的纳税义务人,应当在物品放行前缴纳税款。"第 61 条规定:"进出口货物的纳税义务人在规定的纳税期限内有明显的转移、藏匿其应税货物以及其他财产迹象的,海关可以责令纳税义务人提供担保;纳税义务人不能提供纳税担保的,经直属海关关长或者其授权的隶属海关关长批准,海关可以采取下列税收保全措施:(一)书面通知纳税义务人开户银行或者其他金融机构暂停支付纳税义务人相当于应纳税款的存款;(二)扣留纳税义务人价值相当于应纳税款的货物或者其他财产。"

法》第35条、《海关进出口货物征税管理办法》第26条,以及上文提及的《海关税收保全和强制措施暂行办法》第4条、第11条和第14条;其他规范性文件层级则有海关总署《关于开展"两步申报"改革试点的公告》①第1条第1项,由于海关规范性文件较多,就不一一列举。逐条比对上述规范,海关法体系中对于"应税货物"概念的使用,主要是三种情形——一是对于进出口货物的纳税义务人在规定的纳税期限内有明显的转移、藏匿其应税货物以及其他财产迹象的,要求提供相应担保的规定;二是对于纳税义务人、担保人超期未缴纳税款的,海关可以对应税货物依法变卖抵缴税款的强制执行规定;三是在通关环节申报前提交税收担保的规定。

(二)对于海关法体系中应税货物概念的理解

应税货物中的"应税",应当理解为存在纳税义务。如海关总署《关于开展"两步申报"改革试点的公告》中涉及应税货物的条款,其对应场景是在"两步申报"通关模式下,企业在第一步概要申报后即可提离货物,如企业进出口该等货物应当承担纳税义务,则对该等货物的进出口申报前,企业应当向注册地直属海关关税职能部门提交税收担保备案申请,否则因存在税款流失风险,海关不能同意企业提离货物。换而言之,对于不会产生纳税义务的进出口行为,则不存在该条规定中的"应税货物",也无须提交税收担保。但《海关法》第54规定,进口货物的收货人、出口货物的发货人、进出境物品的所有人,是关税的纳税义务人。即只有进出口行为法定主体才有纳税义务,货物作为进出口行为的对象或者载体,本身不是行政行为的相对人,也不可能因此承担纳税义务。因此,"应税货物"的完整理解应是承担纳税义务的收发货人申报进出口的、需要缴纳税款的货物。

(三)应税货物与相关概念的辨析

1.与国内税法中相似概念的辨析

《税收征收管理法》(以下简称《税收征管法》)第38条规定,"在

---

① 海关总署公告2019年第127号。

限期内发现纳税人有明显的转移、隐匿其应纳税的商品、货物以及其他财产或者应纳税的收入的迹象的,税务机关可以责成纳税人提供纳税担保。如果纳税人不能提供纳税担保,经县以上税务局(分局)局长批准,税务机关可以采取下列税收保全措施:(一)书面通知纳税人开户银行或者其他金融机构冻结纳税人的金额相当于应纳税款的存款;(二)扣押、查封纳税人的价值相当于应纳税款的商品、货物或者其他财产"。第55条也有类似规定。从《税收征管法》的条款看,虽然提及了应纳税的商品,但显然没有将之作为一个规范的法律概念。首先,从国内税收的基本理论上看,产生税款缴纳义务的大部分是基于交易行为、营业行为的收入,如增值税、所得税、印花税、消费税;涉及对特定财产征收的如房产税、城镇土地使用税、车船使用税、耕地占用税、船舶吨税等。其次,在上述应税行为和财产中,除了劳务行为、经营行为等,一般都可以确定应税财产或交易行为对应的财产。但税收征管法律体系,特别是有关税收强制措施、强制执行的规定,均将这些可以界定或区分的财产直接作为保全或者执行的对象。从立法逻辑上来看,也容易理解——应税财产可以直接执行,应税劳务或者经营行为显然是无法作为强制执行对象的。

这里需要特别提及的是船舶吨税。该税种的征收直接依据《船舶吨税法》。此外,还可能引发《税收征管法》《海关法》乃至《海商法》的法律冲突。《船舶吨税法》规定,"吨税由海关负责征收"(第6条);又规定,"吨税的征收,本法未作规定的,依照有关税收征收管理的法律、行政法规的规定执行"(第20条)。这里的"税收征收管理的法律、行政法规"是否包括海关法的相应规定呢?按照《税收征管法》的相应规定,海关无权扣留和强制执行应税船舶,但是按照《海关法》的相应规定,则可以。而《海商法》又规定,船舶吨税的交付请求属于具有船舶优先权的海事请求权(第22条),船舶优先权应当通过法院扣押产生优先权的船舶行使(第28条),即税款征收部门(海关)应当通过向法院请求,行使该项权利。这又与海关依法具有税收强制执行权的规定存在竞合。并且,这种制度竞合会带来实际执行中的顺序问题。① 如果海关根据税收征管的规定行使税收债权,在财产拍卖和破产清算等制度中都是劣后于抵押权的,但如果主张的是船舶优先权,则优先于船舶抵押权。②

2. 与海关法体系中相关概念的辨析

由于进出口贸易的复杂性,在海关法语境中有很多概念值得与"应税货物"的概念进行比较。首先,海关法体系中"监管货物"是个极为重要的概念,根据《海关法》第100条的规定,"海关监管货物,是指本法第二十三条③所列的进出口货物,过境、转运、通运货物,特定减免税货物,以及暂时进出口货物、保税货物和其他尚未办结海关手续的进出境货物"。对于监管货物,除了可能产生纳税义务外,还有办结海关手续的义务。这里的海关手续,除了申报外,还包括海关对于进出口货物许可证、监管证件和检验检疫的制度要求。但是否可以因此将应税货物理解为监管货物中的一种呢?从海关税收征管的角度,似乎又不能。因为海关监管货物在放行或者解除监管之后,即不受海关监管,当事人可以自行处置,而在这种情况下并不意味着纳税义务人在其后的税收核查、海关稽查和案件调查中不会被海关发现仍存在纳税义务。也就是说,此时的应税货物并非监管货物,应税货物不是监管货物概念中的一个子概念。其次,绝大部分情形下监管货物有对应海关义务主体,但是在进出口环节中还存在没有承担海关义务主体的情形,即超期未报关货物。中华人民共和国海关《关于超期未报关进口货物、误卸或者溢卸的进境货物和放弃进口货物的处理办法》即规定,进口货物的收货人超过3个月未向海关申报的,其进口货物由海

---

① 参见李縣:《刍议企业破产中加工贸易船舶处置的法律争议与解决》,载陈晖主编:《海关法评论》第9卷,法律出版社2020年版。

② 《海商法》第25条规定,船舶优先权先于船舶留置权受偿,船舶抵押权后于船舶留置权受偿。

③ 《海关法》第23条规定,进口货物自进境起到办结海关手续止,出口货物自向海关申报起到出境止,过境、转运和通运货物自进境起到出境止,应当接受海关监管。

关提取依法变卖处理。与此类似的,还有进境误卸货物。上述两类货物的义务人分别是进口收货人和载运该货物的原运输工具负责人,该项规定也是海关法体系中对于进口货物相关义务人未履行法定义务,相应货物直接作为执行和处置对象的规定之一。但需要注意的是,进口未报关货物和误卸货物,都属于海关法上的"监管货物"。

(四)应税货物作为执行对象的合理性与难点

比较地看海关法中对于应税货物的规定,不难理解因为进出口活动及海关监管的特殊性,对于应税货物既有界定的可能,也有规定的必要。应税货物在海关法体系中,能够基于完整的海关制度予以科学界定;应税货物的概念也能够有效地衔接监管货物与纳税义务的制度特点,避免单纯以监管货物概念设计制度,造成应税进口行为缺乏保障,引发税收风险。但同时,也不能忽视由于进出口行为的复杂性给应税货物界定和执行带来的难点。比如,(1)进出口行为的经营单位(收发货人)仅是贸易代理商,其申报行为导致漏缴税款,但货物的消费使用单位并无过错,能否执行已经由进口消费使用单位所有及占有的进口货物;(2)在进口货物已经解除海关监管的情形下,可能已经被处置给支付合理对价的第三人;(3)加工贸易进口原料已经被制成半成品、成品,且其中已经大量结合了国内采购的原材料、加工工艺、技术价值、品牌价值等。这些复杂的情况,都有可能对海关执行应税货物带来法律上的挑战,而显然我国现有规范体系对于这些复杂情况并没有相应的回应。

二、海关对"应税货物"强制执行中对第三人利益的考量和保护

在国际贸易中,进出口收发货人、承运人与货物的实际所有人往往并不一致,这也是《海关法》《海商法》都极少适用所有人这个物权概念设立法律关系的原因。在行政法中,传统的行政机关、相对人二元体系也随着立法的进步和时代发展,越来越多地关注行政行为中的第三人利益的保护。根据上文的论述,在海关处置应税货物过程中,难免涉及影响第三人的权益,因此,有必要结合行政法理论、行政强制

法和海关法的规范,研究在对应税货物执行时如何保护第三人利益。

(一)行政强制中的第三人

根据《行政诉讼法》第 29 条的规定,行政诉讼中的第三人,是同被诉行政行为或者同案件处理结果有利害关系,主动申请或者由人民法院通知参加诉讼的公民、法人或者其他组织。行政诉讼第三人从总体上可以分为原告型第三人、被告型第三人和证人型第三人。[1] 在《行政强制法》中,有学者将第三人分为被动型第三人和受邀请第三人。[2] 在《行政强制法》中,吸收了学者对于第三人利益保护的观点,《行政强制法》第 8 条规定公民、法人或者其他组织有权依法申请行政复议或行政诉讼、要求赔偿,表明了第三人合法权益属于法律规定的应给予保护的对象。第 39 条规定第三人对执行标的主张权利,确有理由的,中止行政强制执行。其中,"第三人主张权利的内容主要是指物权或者债权。如第三人对执行标的主张抵押权、质权、所有权、以及因租赁关系而享有的使用权等"。[3]

(二)海关对应税货物强制执行可能影响的第三人

在应税货物的强制执行中,第三人可能是进出口货物的境内消费使用单位、受让人,也有可能是应税货物的他项权利人。如在(2015)沪三中行初字第 234 号案件中,经营单位是纳税义务人,但进口货物的境内消费使用单位认为,对应税货物的处置,损害了其对于货物的合法权益。在租赁进口、展览品贸易方式中,进口货物申报人并非货物所有人,纳税义务对应的可能也仅是租金对应的税款,如因该等明显与货物价值差异较大的税款处置应税货物,则境外的货物所有人必然认为其合法权益受到了损害。又如,在 2019 年最高人民法院发布

---

[1] 参见杨玉岭:《浅析如何界定行政诉讼中的第三人》,载中国法院网 2012 年 11 月 21 日,https://www.chinacourt.org/article/detail/2012/11/id/789515.shtml。

[2] 参见肖泽晟:《我国行政强制立法第三人条款之检讨——实体公平与程序便宜的视角》,载《华东政法大学学报》2010 年第 6 期。

[3] 全国人大常委会法制工作委员会行政法室编著:《中华人民共和国行政强制法解读》,中国法制出版社 2011 年版,第 129 页。

涉"一带一路"建设专题指导性案例之 108 号案例中,也涉及货物到港后由于托运人(全套正本提单持有人)、承运人对于货物处置的争议,货物到港未及时申报后,被目的港海关拍卖处置。最终当事双方产生了较大的诉讼争议。① 该案虽非中国海关执行货物处置,但同样有借鉴意义。此外,对于海关减免税货物、加工贸易货物,也均有可能因为所有权转移,或者设置了抵押权、租赁等原因,导致第三人对其有合法的权利主张。

(三)第三人权益保护的基本原则

根据《行政强制法》的规定,海关在执行应税货物时,很可能面临货物的其他权利人对货物合法权利的主张。但在目前相关制度中,并无对第三人权利主张能否成立的认定、中止还是终止执行的决定、异议和救济的相关规定。这无疑将带来潜在的执法风险和行政争议。根据行政法的一般理论,为合理保障第三人利益,应遵循以下原则。一是比例原则。行政行为应采取对相对人、第三人损害最小的方式实现行政管理的目的,税款征收同样如此。首先,税款债权在破产清算、财产拍卖、船舶优先权等多种法律关系中,均劣后于如工人工资、人身

---

① 最高人民法院民事判决书,(2017)最高法民再 412 号:2014 年 6 月,隆达公司由中国宁波港出口一批不锈钢无缝产品至科伦坡,货物报关价值为 366,918.97 美元。隆达公司通过货代向马士基公司订舱,涉案货物于 2014 年 6 月 28 日装载于 4 个集装箱内装船出运,出运时隆达公司要求做电放处理。2014 年 7 月 9 日,隆达公司通过货代向马士基公司发邮件称,发现货物运错目的地要求改港或者退运。马士基公司于同日回复,因货物距抵达目的港不足 2 天,无法安排改港,如需退运则需与目的港确认后回复。次日,隆达公司的货代询问货物退运是否可以原船带回,马士基公司于当日回复"原船退回不具有操作性,货物在目的港卸货后,需要由现在的收货人在目的港清关后,再向当地海关申请退运。海关批准后,才可以安排退运事宜"。涉案货物于 2014 年 7 月 12 日左右到达目的港。马士基公司应隆达公司的要求于 2015 年 1 月 29 日向其签发了编号 603386880 的全套正本提单。根据提单记载,托运人为隆达公司,收货人及通知方均为 VENUSSTEELPVTLTD,起运港中国宁波,卸货港科伦坡。2015 年 5 月 18 日,隆达公司向货代发邮件称决定向马士基公司申请退运。次日,隆达公司向马士基公司发邮件表示已按马士基公司要求申请退运。马士基公司随后告知隆达公司涉案货物已被拍卖。涉案货物在 2015 年 3 月 13 日被目的港海关拍卖。

损害赔偿或抚恤、担保物权等债权。因此,如应税货物上负有上述义务,则不应继续执行应税货物而损害在法律制度上普遍具有优先性的其他权益。其次,即使存在一般劣后于税款债权的其他债权,也应考虑两者的价值比例以及执行行为对于货物市场价值的可能影响。如因执行破坏了较高价值的交易行为的稳定,或者可能影响企业的生产经营,均应中止执行以允许相对人或者第三人有足够可能涤除税款债务。二是信赖利益保护原则。《海关法》对监管货物的处置规定较为严格,具有代表性的规定如《海关法》第37条,不仅规定了相对人未经海关许可,不得开拆、提取、交付、发运、调换、改装、抵押、质押、留置、转让、更换标记、移作他用或者进行其他处置,也规定了人民法院判决、裁定或者有关行政执法部门决定处理海关监管货物的,应当责令当事人办结海关手续。但在市场活动中,非海关监管义务人的第三人不具有识别海关监管货物的能力,如在其没有恶意且支付合理对价的情形下,取得了海关监管货物(包括应税货物)的所有权或者其他物权,基于其善意取得的实际情况,则不宜直接依据上述规定认定交易行为无效。而应考量第三人是否具有合法取得应税货物的信赖基础,特别是第三人已经核实了监管义务人办结海关手续的文件,但在因海关后续核查、调查、侦查行为导致缴纳税款义务的情况下,不宜继续执行应税货物。

三、对于海关法体系中应税货物相关制度的完善建议

(一)在海关法体系中明确应税货物的概念

在海关法体系中对于进出境货物、物品、运输工具等根据监管对象特性形成了相对独立和完整的监管制度,在概念上也可以做明确区分。但对于海关执法机关之外的市场主体或者其他政府机关、司法机关和组织而言,则未必可以如此熟悉。从立法技术而言,规范本身除了对执法部门明确之外,也应当让所有适用法律规范的主体均有同等的基本认知、能够理解法律规范的基本要求。同时,在海关法体系中,海关监管货物是重要的基础性概念,如前所述,其与应税货物既有交叉也有区别,因此,在《海关法》的修订中,可以结合对于海关监管货物这一基础概念的调整完善,探索将海关执法实际中的应税货物的概念加以明确,建议可以充分借鉴税收征管法律、海商法等相关法律制度,厘清应税货物的范围和内涵,增加执法的确定性、透明性、统一性,也便于市场主体建立更安全、便利的交易关系。

(二)建立完善执行应税货物时第三人权益保障制度

在海关就应税货物实施强制措施的制度设计中,要充分考虑第三人的合法权益保证问题,如其对被执行应税货物提出权利主张的,应有相应的制度安排。首先,应保障第三人提出权利主张和执行异议的权利,如提出异议申请的权利、申请听证的权利、复议诉讼的权利等,同时,还要提供畅通的提出权利主张和执行异议的渠道,要明确受理部门和办理期限。其次,对于海关审查第三人权利主张,应有相应审查标准和审查程序。毕竟对可能涉及的民事法律关系的判断,一般而言超出了普通海关执法工作人员的知识、经验范畴,加之涉及行政执法与司法程序交叉的问题,应建立相应审查标准和审查程序予以规范。最后,应完善税款强制执行与其他分配程序的衔接问题。在强制执行中,可以通过执行程序分配优先于税款债权的其他债权如担保物权的,可以考虑直接引入分配程序,降低当事人需要通过多个司法程序实现债权的成本。当然,需要指出的是,保障第三人的合法权益,不能以损害公共利益和纳税义务人的合法权益为代价,

(三)进一步运用好海关事务担保等替代性制度

对于应税货物的强制执行,其目的在于确保国家税款得以实现,某种意义上说,是国家机关在穷尽其他对义务人和第三人权益影响较少的手段后,"不得已"而采取的刚性手段,行政成本相对也比较高昂。因此,可以考虑用足用好有关替代性制度、大力创新执法手段,在源头上减少应税货物强制措施,比如,现行《海关法》早就以专章规定了海关事务担保制度,近些年来,海关为了优化营商环境、推动"放管服"改革,一直在扩展和创新海关事务担保的实现方式,在尽可能便利纳税义务人的同时也降低了海关税款征收的风险和成本,在执法效

果和社会效果上实现了"双赢"。下一步应该继续全面落实多元化税收担保方式改革、积极推动关税保证保险、银行和集团财务公司保函等创新担保方式,发挥担保制度的最大效能,则可以避免海关为追缴税款执行"应税货物"的可能,从而进一步减少发生法律争议的可能性。

Reflections on the Customs Enforcement Measures for Dutiable Goods

—Also Discussion on the Protection of the Interests of the Third Party

LI You XIAO Chun

[Abstract] In the system of tax assurance and enforcement of the Customs, it is a systematic innovation to take enforcement measures directly against taxes on dutiable goods in accordance with the statutory order. However, there is no clear definition of the concept of dutiable goods in the customs legislations, nor is there any provisions on the disposal of dutiable goods when they may involve the rights and interests of the third party. In practice, due to the diverse forms of international trade, complex transaction links, and various subjects involved, the enforcement of dutiable goods is not clear enough, which brings administrative disputes and damages the legitimate rights and interests of the third party, and makes it difficult to achieve the reasonable purpose of administrative management. Therefore, on the basis of legal norms and import practice, this paper analyzes the concept of dutiable goods in the customs legislations, and proposes suggestions on how to protect the interests of the third party in the enforcement measures of dutiable goods and improve the corresponding institutions.

[**Key words**] administrative enforcement; customs; the third party; dutiable goods

海关现代化下自贸港国际旅游消费税制设计的探析

唐亚青　林　勇　黎灵述　许玲玲[*]

[摘　要]　国家赋予海南自由贸易港"国际旅游消费中心"的战略定位,加快"国际旅游消费中心"建设、打造"双循环"交会点是新发展格局下海南的使命与担当。恰当的税收政策是构建"双循环"发展格局的重要保障和推动力,围绕封关运作前后面临的相关海关税制设计问题,聚焦扩大内需、提振消费这个基本点,提出建议。

[关键词]　海关现代化;旅游消费税;自贸港;税制设计

习近平总书记指出:"推进中国式现代化是一个系统工程,需要统筹兼顾、系统谋划、整体推进"。[①] 海关工作是中国社会主义现代化建设和民族复兴伟大事业的重要组成部分。海关系统要围绕中国式现代化这个大局定位、谋划、推动各项工作,切实担负起守国门、促发展的职责使命。党的十九届五中全会提出,要加快构建"双循环"

---

[*] 唐亚青,海口海关关税处三级主任科员;林勇,海口海关关税处处长;黎灵述,海口海关关税处副处长;许玲玲,海口海关关税处科长。

① 《习近平总书记在学习贯彻党的二十大精神研讨班开班式上发表重要讲话强调　正确理解和大力推进中国式现代化》,载新华网,https://news.xinmin.cn/2023/02/07/32313223.htlm。

新发展格局,这是对"十四五"和未来更长时期我国经济发展战略做出的重大调整完善。在扩大内需方面,消费是重要基石。在构建"双循环"新发展格局背景下,发挥好海南自由贸易港交汇枢纽作用至关重要。

一、在"双循环"新发展格局下加快海南国际旅游消费中心建设的必要性

(一)对构建"双循环"新发展格局具有重要意义

当今国际局势日趋复杂,过去的发展模式无法持续。党的十九届五中全会提出:"加快构建以国内大循环为主体、国内国际双循环相互促进的新发展格局",①以国内大循环为主体,扩大内需是战略基点,消费是最终需求。2022 年,我国居民最终消费占比只有 53.2%,而美国这一比率为 68.8%,英国为 83.9%,我国发挥消费基础性作用仍然有较大的提升空间,在国际市场面临多方面不确定因素的情况下,服务于扩大内需的战略需求具有重要意义。

(二)是"双循环"新发展格局下海南的使命与担当

近年来,海南积极打造免税购物、国际医疗等品牌,吸引境外消费回流,服务和融入新发展格局。离岛免税政策落地实施已有 13 年,已成为海南旅游的一张"金名片"。2022 年 4 月 11 日,习近平总书记来到三亚国际免税城,实地了解离岛免税政策落地实施等情况。习近平总书记指出"要更好发挥消费对经济发展的基础性作用,依托国内超大规模市场优势,营造良好市场环境和法治环境,以诚信经营、优质服务吸引消费者,为建设中国特色自由贸易港作出更大贡献"。自 2011 年 4 月 20 日离岛免税政策落地实施 13 年来,海关共监管离岛免税购物金额 2236 亿元,购物人数 4086 万人次,购

---

① 《中国共产党第十九届中央委员会第五次全体会议公报》(2020 年 10 月 29 日中国共产党第十九届中央委员会第五次全体会议通过)。

物件数 2.91 亿件,有力吸引境外高端商品消费回流,成为推动海南经济发展的重要引擎。

二、国际旅游消费中心建设涉及的相关税收制度

(一)全岛封关运作前的相关税制安排

1. 离岛免税政策。2020 年 7 月 1 日起,离岛免税政策进行调整,免税购物额度从每年每人 3 万元提高至 10 万元,取消单件商品 8000 元免税限额规定及大部分品类单次购买数量限制,免税商品种类由 38 类增至 45 类。

2. 国际消费品博览会境外展品留购免税政策。对消博会展期内销售的规定上限以内的进口展品免征进口关税、进口环节增值税和消费税。截至目前,中国国际消费品博览会已成功举办四届。

3. "零关税"相关政策。这类政策分别为原辅料"零关税"政策、交通工具及游艇"零关税"政策、自用生产设备"零关税"政策及岛内居民消费品"零关税"政策。

4. 加工增值免关税政策。对鼓励类产业企业生产的不含进口料件或含进口料件在洋浦保税港区加工增值超过 30%(含 30%)的货物,经洋浦保税港区进入境内区外的,免征进口关税,照章征收进口环节增值税、消费税。该政策已逐步拓展至海口综合保税区、海南省重点园区施行。

(二)全岛封关运作后相关税制安排

"一线""二线"相关税收政策见表 1。

表 1　全岛封关运作后相关税制安排

环节	流向	商品种类	管理方式	税收政策
一线	从境外到岛内	货物	实行目录管理	制定海南自由贸易港进口征税商品目录,目录之外的货物进入海南自由贸易港,免征进口关税
		物品	未明确	未明确
	从岛内到境外	货物	按出口管理	出口应税商品,征收出口关税
		物品	按出口管理	出口应税商品,征收出口关税
二线	从岛内到内地	货物	原则上按进口规定办理相关手续	照章征收关税和进口环节税。对鼓励类产业企业生产的不含进口料件或者含进口料件在海南自由贸易港加工增值达到一定比例的货物,免征关税
		物品	按规定进行监管	照章征税
	从内地到岛内	货物	按国内流通规定管理	按照国务院有关规定退还已征收的增值税、消费税
		物品	按国内流通规定管理	未明确

资料来源:根据《海南自由贸易港建设总体方案》《海南自由贸易港法》整理。

三、国际旅游消费中心建设税制设计面临的相关问题

(一)离岛免税政策

1. 政策效应尚未完全释放。一是购物规模与中国香港特别行政区等地相比仍有较大差距。2019 年,中国消费者境外购买免税品整体规模超 1800 亿元。2021 年,海南离岛免税品销售额 504.9 亿元,同比(下同)增长 83%,免税购物人数 967.66 万人次,增长 73%,虽增幅较大,也仅相当于 2019 年中国消费者境外免税购物消费总额的 28%。二是离岛免税购物渗透率不高。比如,2021 年,在出境旅游受限及离岛免税

购物政策实现重大突破的背景下,海南免税购物渗透率(免税购物人数/游客数量)仅为12%,与韩国50%左右的平均水平还有差距。

2. 封关后政策是否保留尚不明确。若继续保留,则可结合现有监管经验,充分考虑全岛封关运作后"二线口岸"的监管要求,有针对性地研究配套监管措施。若取消,参照我国香港特别行政区等境外其他自贸港的模式,旅客购物提离的额度受限,相较于现行10万元的免税额度,优惠幅度将会出现大幅缩减。若采取过渡性措施,则需考虑如何放开特许专营权、增加专营企业等问题,确保政策的稳定、市场预期的稳定。

(二)"零关税"相关政策

1. 税号范围尚不能满足需求。目前,"零关税"岛内居民消费品清单尚未发布,已实施的三张"零关税"清单范围不能满足产业发展及封关运作压力测试需求。根据《中华人民共和国进出口税则(2024)》,8位税号共计8957个,三张"零关税"清单税号共计1600余个,占比仅约18%。

2. 封关后政策衔接问题尚不明确。根据《海南自由贸易港建设总体方案》,将在2025年前适时启动封关运作。根据"零关税"政策配套实施办法规定,进口"零关税"船舶(含游艇)、航空器监管年限为8年,车辆监管年限为6年。监管年限与封关运作时间重合,封关后如何监管仍在监管年限内的"零关税"商品尚需明确。

(三)加工增值免关税政策红利尚未完全释放

1. 政策惠及面较窄。相较于《区域全面经济伙伴关系协定》(Regional Comprehensive Economic Partnership, RCEP)规定的40%原产地区域价值成分占比,加工增值免关税政策30%的门槛已显著降低。但海南工业基础薄弱,加工制造业整体附加值偏低,从政策落地的情况来看,商品集中在猪蹄、大豆油、辣椒红色素等农副产品,而在生物制药等高新技术产业鲜有应用。

2. 政策优势面临被削弱的挑战。原产地的累积规则有利于降低享受关税优惠门槛、促进区域内贸易合作。累积的"传导"作用将被扩展至所有成员方范围内对最终产品发生的全部生产和增值的过程,将显著提高协定优惠税率的利用率,同时也将有助于吸引投资。

(四)关于征收行邮物品税相关问题

1. 物品经"一线"进境的征税问题。对经"一线"进入海南的行邮物品征税的范围和限制、限量尚不明确。同时,在"一线"征税所适用的税率是按现行进境行邮物品税率执行,还是按自贸港销售税税率执行,尚需研究。

2. 物品经"二线"流转至内地的征税问题。目前,对于经"二线"流转至内地的物品在限值、限量、进口征税税率方面暂无明确要求。由于部分物品在岛内销售时已经缴纳了销售税,若在"二线"按照行邮税率再次征收品税,则存在重复征税的问题。同时,销售税和进口环节增值税、消费税还存在税率不同的问题。

(五)"二线"存在进口税与国内税不协调的问题

封关后,海关的征税环节由"一线"拓展至"二线",海关在"二线"的征税对象,从一般进口商品,扩大到岛内完全获得货物、加工增值货物、内地进岛退税货物等。经"二线"出岛至内地的货物,根据来源大致可以分为四种形态,见表2。

表2 经"二线"出岛至内地的货物来源及商品细分

序号	来源	商品细分
1	经"一线"进口的货物	《征税目录》内
		《征税目录》外
2	在海南自贸港完全获得未经加工的货物	在海南自贸港完全获得的产品
3	企业加工生产的货物(不含进口料件或者含进口料件)	鼓励类产业企业生产的在海南自由贸易港加工增值达到一定比例的货物
		加工增值未达到一定比例的货物
		非鼓励类产业企业加工生产的商品
4	内地进入海南的货物	未退还国内增值税、消费税
		已退还国内增值税、消费税

"二线"征税环节涉及海南自贸港与内地之间这一进口税和国内税的交叉领域,存在问题如下。

1. 可能存在重复征税的情形。如对于已在自贸港内征收销售税的商品,是否需要在"二线"再次征税进口环节增值税、消费税(同时存在销售税税率与进口环节增值税、消费税税率不同的问题);又如,对于经"一线"进口在《征税目录》内已征收进口关税的货物,在"二线"是否能够免征关税,相关进口环节税应如何征收。

2. 可能存在现行国内税收优惠政策不适用的问题。在特殊应税商品方面,对于根据现行的税收政策免税的商品,如农业生产者销售的自产农产品等七类免征国内增值税商品、在海南自贸港完全获得的农产品等,封关后经"二线"到内地是否需要征税。又如,目前"一线"环节对进口粮食实施配额管理的情形,以进口稻谷为例:配额外关税税率65%、增值税税率9%,而国内粮食流通免征增值税,存在较大税差。在特殊纳税主体方面,如根据《增值税条例》,小规模纳税人增值税征收率为3%,对适用简易计税模式的一般纳税人根据不同情形分为3%、5%等征收档次,但进口环节税收政策对于上述纳税主体并没有相关税收优惠政策。

3. 关于纳税主体如何认定的问题。按照现行征税模式,进口货物的纳税主体是国内收货人。如果参照这个模式来确定征税对象,自贸港经"二线"货物的纳税义务人是内地企业,将很大改变岛内企业与内地之间经济活动的模式,海关监管工作对象也将遍及内地各省市。如果将自贸港内企业确定为纳税义务人,没有上位法的支持,同时,由于只有销项税没有进项税,又将出现企业缴纳增值税后如何抵扣的问题。

(六)货物由内地进入海南退税相关问题

为保证内地货物与进口货物的公平竞争、避免重复征税,根据《海南自由贸易港法》的规定,货物由内地进入海南自由贸易港,按照国务院有关规定退还已征收的增值税、消费税。虽然可以参照出口退税办法制定相关标准,但仍存在以下问题。

1. 伪瞒报骗取退税风险增大。封关后,货物由内地进入海南自由贸易港,按国内流通规定管理,无须向海关申报,企业申请退税时伪造相关凭证骗税的成本更低。

2. 实货监管存在困难。税务机关不直接掌握货物的状态、运输路线等信息，管理对象一般为企业而非具体货物，不具备对货物的直接执法权，使得相关验证工作较难开展。

四、相关对策及建议

（一）建议保留并探索优化免税行业相关税收政策

1. 扩大免税购物消费群体。一是建议对标香港等高水平自由贸易港，在2025年前放开岛内居民免税购买政策。允许岛内居民不出岛即可购买免税商品。二是推动"零关税"岛内居民消费商品正面清单尽快出台实施。在明确仅限海南本地使用与总额控制的前提下，分步骤、按比例将日用消费品纳入免税商品清单。三是建议在封关运作前，离岛免税购物政策与日用消费品免税政策叠加运行，为全岛封关运作压力测试做好准备，形成以中高端消费品为主的离岛免税和以日用消费品为主的日用品免税的差异化发展格局。

2. 放宽免税购物市场准入。一是进一步提升免税购物市场开放程度。目前，海南离岛免税购物市场由五家运营主体经营。从经营免税店数量及免税商品销售金额看，中免集团占据绝对优势，未形成充分竞争。二是建议下放免税商店设立核批权限，允许有条件的企业经营免税市场，强化竞争政策的基础性地位。三是引进国际化免税购物经营主体，进一步优化离岛免税商品种类，提升免税购物服务水平，增强海南免税购物市场的全球竞争力。

（二）建议挖掘"零关税"政策潜力，为封关运作前的压力测试做好准备

1. 逐步扩大"零关税"政策适用范围。一是对标高水平自贸协定中的关税减让表，研究细化"零关税"清单。分步骤、按比例扩大"零关税"清单商品范围，充分考虑市场需求，增强清单实施的适配性。二是全岛封关运作后，比照国际成熟自贸港经验，仅将烟、烈性酒等少量商品列入《征税商品目录》，吸引跨国公司将供应链的关键节点在自贸港

布局。

2. 做好"零关税"政策前后衔接。建议明确海南自由贸易港内注册登记"零关税"交通工具及游艇经"二线"进入内地使用的规定,可参照现行相关要求进行监管。

(三)进一步增强加工增值免征关税政策竞争力

1. 扩大政策实施范围。鉴于海南工业基础薄弱,建议先降低政策门槛标准吸引企业参与,增加试点区域范围,对于部分加工增值达不到30%但在海南使用了高新技术或关键工艺的产品,同样以"零关税"进口,形成高于RCEP等原产地规则的政策优势。① 同时,推动规则和标准与RCEP、CPTPP衔接,增加累积规则的适用形式和场景,增强政策竞争力。

2. 积极开拓东南亚合作市场。可通过"零关税""加工增值货物内销免征关税"等税收优惠政策进口东南亚国家的农产品在海南进行精深加工,产品增值30%以上再免关税进入内地。发展高端食品加工业,提升商品附加值和竞争力,吸引内地制造业企业在海南投资建厂。

(四)建议进一步明确物品征税相关问题

1. 建议对"一线"进口物品同样设置限值、限量相关规定。建议为避免对货运渠道进口货物及对建设"国际旅游消费中心"任务的冲击,经"一线"进境的行邮物品继续实施限值限量管理。参照现行进境物品进口税税率表的税目设定,并基于该物品在自贸港内的销售税税率,对"一线"进境的行邮物品设定若干档税率。

2. 建议明确经"二线"进入内地的物品应按何种税率征税。物品同样存在来源渠道多样的问题,但从行政成本角度考虑,建议可简化征收。参照现行进境物品进口税税率表的税目,并基于物品在海南零售环节缴纳的销售税与该物品对应货物在内地增值税和消费税额以及货物在"一线"进口免征税额的差额,对"二线"进入内地的行邮物

---

① 参见迟福林、郭达、郭文芹:《构建新发展格局下的海南自由贸易港》,载《行政管理改革》2022年第1期。

品设定若干档税率,做到平衡税差、简便易行。

(五)建议进一步明确货物征税相关问题

1. 在不增加税收负担的基础上设计税收制度。一是为便于与"二线"征税制度相协调,建议明确对"一线"进口货物免于征收进口环节增值税和消费税。二是对于经"二线"进入内地货物,比照现行规定,区分进口产品和国内产品设定增值税和消费税税率,对进口产品按进口环节税率征收增值税和消费税,对国产品参照国内环节税设定税率及减免规则。三是对于在"一线"已征收进口关税的货物,在"二线"进入内地时免予征收;同时,对于已在岛内征收销售税的商品,在"二线"按照税率差额征收,避免重复征税。四是对于在海南完全获得的产品,通过产地溯源、地理标识等技术将其与其他货物区分,海关非必要不予监管。

2. 统筹考虑海关执法及企业便利性原则确定纳税主体。根据《海南自由贸易港法》的规定,经"二线"进入内地货物原则上按进口规定办理相关手续,为体现便利化,出岛内销货物岛内发货人与内地收货人均可视需要作为申报、纳税主体。对于已实际销售货物,报关单销售使用单位应填报内地实际收货人,则海关税单缴款单位一栏为双抬头;对于未实际销售的货物,报关单收发货人及消费使用单位应填写岛内发货人,与发货人应为该批货物的纳税义务人也保持一致。

(六)创新入岛退税监管模式,保障内地与海南间货物的连通性

1. 加强封关后入岛退税相关问题研究,理清货物种类及流向,规划好销售税与内地增值税、消费税的协调安排,避免发生税权冲突。

2. 加强各部门间联系配合,加强数据共享及系统平台应用,税务、交通及海关等单位按各自职权向管理平台推送相关数据,监控人流、物流、资金流异常情况。同时,加大对骗税行为的联惩戒合力度,对于涉及海关事权范围的,海关保留对入岛货物的监管权限。

(七)用足用好"零关税 +"相关政策,形成政策叠加放大效应

1. 建议将"零关税"政策与离岛免税、加工增值内销免征关税政策组合使用,达到"1 + 1 > 2"的效果。例如,企业进口珍珠("零关税"原辅料),运用进口的加工生产线("零关税"设备)加工成珠宝首饰后进

入离岛免税商店销售,形成"前店后厂"模式,带动全产业链发展。若加工增值比例达到30%以上,也可选择免关税内销,进入其他渠道销售,进一步吸引内地企业来海南投资建厂。

2. 建议围绕海南特色产业发展,将交通工具及游艇"零关税"政策与邮轮游艇业等地方鼓励类产业政策配套使用。邮轮游艇业在海南具有良好的发展基础,可配套出台产业相关国内税收优惠政策,形成跨境税收政策与国内税收政策的联动,提升旅游消费档次,营造多元化、可选择的旅游消费市场。

Analysis on the Design of Consumption Tax System for International Tourism in Free Trade Port under Customs Modernization

TANG Yaqing   LIN Yong   LI Lingshu   XU Lingling

[Abstract] The Chinese government has bestowed upon Hainan Free Trade Port the strategic positioning of an "International Tourism & Consumption Center". Under the new development pattern, Hainan's mission and responsibilities need both expediting the establishment of the "International Tourism & Consumption Center" and forming an intersection for "dual circulations". Appropriate tax policies play a crucial role of essential safeguards and catalysts for constructing this "dual circulations" development pattern. We have provided suggestions concerning the design of customs tax systems before and after the island is enclosed a customs area, with a focus on the fundamental aspect of expanding domestic demand and stimulating consumption.

[Key words] customs modernization; tourist consumption tax; free trade port; tax system design

海关法评论(第13卷)

海关法专题研究
Specific Research on the Customs Law

海关行政处罚裁量基准的制定

陈汝国[*]

[**摘 要**] 党的二十大报告提出"健全行政裁量基准"。新《行政处罚法》亮点之一是增加了行政处罚裁量基准的条款。国务院就贯彻《行政处罚法》、推行行政裁量基准权制度、规范行政处罚裁量权作出了部署。学习贯彻党的二十大精神,落实党中央、国务院决策部署,明确海关制定行政处罚裁量基准的主体、依据、表现形式、考量因素,并按规定向社会公开,是海关规范行政处罚行为,提升依法行政能力的基础和前提之一,对于保障法律有效实施,促进高水平开放,服务高质量发展,维护社会公平正义具有重要意义。

[**关键词**] 行政处罚;裁量基准;制定与公开;规范执法

《行政处罚法》第34条规定:"行政机关可以依法制定行政处罚裁量基准,规范行使行政处罚裁量权。行政处罚裁量基准应当向社会公布。"《海关办理行政处罚案件程序规定》(海关总署令第250号)第62条也作出了相应规定。上述规定在海关行政处罚实践中如何落实到位,如何把握制定重点需要进一步明确。

一、行政处罚法中"可以"的理解

《行政处罚法》第34条规定行政机关"可以"依法制定行政处罚裁

---

[*] 陈汝国,广州海关法规处一级调研员。

量基准"。有观点认为,既然《行政处罚法》规定"可以"制定,是不是也意味着可以"不制定"。有学者指出,从文义来看,这一规定包括两层含义,其中一层是,制定裁量基准并不是行政机关必须履行的义务,行政机关可以制定裁量基准,也可以不制定裁量基准,并赞同将裁量基准的制定作为一种"法定的努力义务"来看待。①

在地方规章或者制度中,一般将制定裁量权标准作为行政机关必须履行的义务,如《浙江省行政程序办法》第43条第1款、《广东省规范行政处罚自由裁量权规定》第10条第1款、《重庆市规范行政处罚裁量权办法》第8条第1款等。当然,有的规章制度对"可以不再制定"作出规定,一般限于国家有关部门或者国务院有关部门已制定行政处罚裁量基准的情形,如《浙江省行政处罚裁量基准办法》第5条第1款等。此外,还有"原则上不再制定"的表述,如《湖南省行政程序规定》第91条第3款。

《中共中央关于全面推进依法治国若干重大问题的决定》提出:"建立健全行政裁量权基准制度,细化、量化行政裁量标准,规范裁量范围、种类、幅度。"《法治中国建设规划(2020—2025年)》提出:"全面推行行政裁量权基准制度,规范执法自由裁量权。"《法治政府建设实施纲要(2021—2025年)》提出"全面落实行政裁量权基准制度"。《优化营商环境条例》第60条规定:"国家健全行政执法自由裁量基准制度,合理确定裁量范围、种类和幅度,规范行政执法自由裁量权的行使。"《国务院关于进一步贯彻实施〈中华人民共和国行政处罚法〉的通知》(国发〔2021〕26号)要求:"各地区、各部门要全面推行行政裁量基准制度,规范行政处罚裁量权,确保过罚相当,防止畸轻畸重。"《国务院办公厅关于进一步规范行政裁量权基准制定和管理工作的意见》(国办发〔2022〕27号,以下简称国办发〔2022〕27号文)要求"严格履行行政裁量权基准制定职责",包括行政处罚在内的行政裁量

---

① 参见周佑勇:《行政处罚裁量基准的法治化及其限度——评新修订的〈行政处罚法〉第34条》,载《法律科学(西北政法大学学报)》2021年第5期。

权基准制度普遍建立的完成时限是"到 2023 年底前"。《国务院办公厅关于印发〈提升行政执法质量三年行动计划(2023—2025 年)〉的通知》(国办发〔2023〕27 号)提出"全面落实行政裁量权基准制度""2023 年底前普遍建立行政裁量权基准制度"。按照上述规定和要求,尽管《行政处罚法》使用的是"可以",但行政机关应当制定行政处罚裁量基准。

二、海关行政处罚裁量基准的制定

我国专家学者对行政裁量权控制有诸多论述,如"一部行政法的历史,就是围绕强化自由裁量权与控制自由裁量权两种因素此消彼长或配合的历史"[1]"法治的实现要求法律应当控制行政机关裁量权的行使"[2]"规范行政自由裁量权行使的问题迫在眉睫,而规范的重要形式就是建立行政裁量基准"[3]。行政处罚裁量基准是行政裁量权基准中的一种常见情形。裁量基准直接决定着行政处罚效果,对公民权益影响较大,对其制定主体、制定形式、制定程序应作出相关要求,不宜过于随意。[4]

(一)制定主体

有观点认为,只要法律赋予某行政机关以裁量权,该机关便享有设定裁量基准的权限,而且无须法律另行授权。[5] 人民政府一般不可能制定裁量基准;国务院各部委作为部门行政的最高管理机关,也不可能制定裁量基准。[6] 在行政处罚自由裁量基准制定过程中首先应有

---

[1] 袁曙宏:《行政处罚法的创设、实施和救济》,中国法制出版社1994年版,第71页。
[2] 周佑勇:《行政裁量治理研究:一种功能主义的立场》,法律出版社2008年版,第26页。
[3] 江必新主编:《行政处罚法条文精释与实例精解》,人民法院出版社2021年版,第201页。
[4] 参见许安标主编:《中华人民共和国行政处罚法释义》,中国民主法制出版社2021年版,第113页。
[5] 参见王贵松:《行政裁量基准的设定与适用》,载《华东政法大学学报》2016年第3期。
[6] 参见熊樟林:《论裁量基准中的逸脱条款》,载《法商研究》2019年第3期。

上位法的依据,明确制定的主体到底是一级人民政府还是政府工作部门。①

从国家有关部门和地方出台的行政处罚裁量基准看,行政处罚裁量基准的制定主体纷繁多样:省级和设区的市级监管部门可以参照本意见,结合地区实际制定行政处罚裁量基准,县级监管部门可以在法定范围内予以合理细化量化;②原则上由设区的市(地、州)以上的机关制定,下级可以予以补充或者细化;③由享有裁量权的行政机关制定,或者由县级以上人民政府制定;④由市、县政府法制部门制定;⑤由省级主管部门制定,下级可以结合本地区实际细化或者量化;⑥有的还涉及地方性法规规定行政处罚事项的落实;⑦等等。正如有学者所说,"行政裁量权基准的制定,是基于行政执法的实践经验总结,是将符合本地特色的执法实践经验,上升为具有可操作性的执法标准的过程"。⑧从理论上来说,裁量基准依附于裁量权,只要享有裁量权就能够制定裁量基准。不过,就当前数量庞大的裁量基准文件而言,制定主体则表现出异常复杂的格局。⑨从国务院部委到省级、市级、县区级、乡镇街道,从政府到地方政府部门,都可以制定,甚至还有许多不

---

① 参见徐信贵、张琳:《论行政处罚中的"行政机关负责人决定"规范化》,载《时代法学》2021年第5期。

② 如市场监督管理总局《关于规范市场监督管理行政处罚裁量权的指导意见》(国市监法规〔2022〕2号)第4条第1款。

③ 如《公安部关于实施公安行政处罚裁量基准制度的指导意见》(公通字〔2016〕17号)第3条第1项。

④ 如《湖南省行政程序规定》第91条第2款。

⑤ 如《辽宁省规范行政裁量权办法》第12条第2款。

⑥ 如《浙江省行政处罚裁量基准办法》第5条第1款、第2款。

⑦ 如《公安部关于实施公安行政处罚裁量基准制度的指导意见》(公通字〔2016〕17号)第3条第1项;《河南省政府全面推进依法行政工作领导小组办公室关于规范行政处罚裁量权工作的通知》(豫依法行政领办〔2017〕6号)第1条第2项。

⑧ 参见周佑勇:《建立健全行政裁量权基准制度论纲——以制定〈行政裁量权基准制定程序暂行条例〉为中心》,载《法学论坛》2015第6期。

⑨ 参见章志远:《行政裁量基准的兴起与现实课题》,载《当代法学》2010年第1期。

具备行政机关法人资格的执法单位也制定了自己的裁量基准。① 因此,在行政裁量制定主体方面,呈现多主体、多层次特点。

国办发〔2022〕27号文提出:"国务院有关部门可以依照法律、行政法规等制定本部门本系统的行政裁量权基准。"海关总署已先后公布《中华人民共和国海关行政处罚裁量基准(一)》(海关总署公告2023年第182号)、《中华人民共和国海关行政处罚裁量基准(二)》(海关总署公告2023年第187号)、《中华人民共和国海关行政处罚裁量基准(三)》(海关总署公告2023年第198号)。由海关总署统一制定海关行政处罚裁量基准,更有利于发挥海关垂直管理的优势,统一执法尺度。

当然,由于执法类型的复杂化和各地的不同情况,现实中不可能要求东部某地和西部某地的罚款标准完全一样,应允许地方差异,这也是公平原则的内在要求。② 国办发〔2022〕27号文规定行政处罚裁量基准的制定主体还包括国务院有关部门以外的其他主体,并提出"如下级行政机关不能直接适用,可以结合本地区经济社会发展状况,在法律、法规、规章规定的行政裁量权范围内进行合理细化量化"。考虑全国海关业务范围并不完全相同,行政处罚案件类型也有差异,结合《海关立法工作管理规定》(海关总署令第180号)第62条的规定,各直属海关可以在海关总署行政处罚裁量基准框架下结合本关区实际,进一步细化量化本关区行政处罚裁量基准。

(二) 制定依据

"依法"是现行法律规范中常用的法律用语。"依"的作用在于指示其他具体的法规范。"法"的范围并无规范等级的限制,应包括所有具有法律拘束力的成文性规范。③

---

① 参见王春业:《论行政裁量基准的动态体系论优化》,载《政法论坛》2023年第3期。

② 参见河北省法制研究中心课题组、河北省法制研究中心:《行政裁量基准制度研究》,载《河北法学》2010年第4期。

③ 参见李昊:《论〈民法典〉中的"依法"》,载《法学家》2023年第3期。

《行政处罚法》规定可以"依法"制定行政处罚裁量基准。"依法"并没有明确的含义,可以有广义和狭义的理解。从行政处罚裁量基准的实践看,一般限定为法律、法规、规章,如市场监督管理总局《关于规范市场监督管理行政处罚裁量权的指导意见》(国市监法规〔2022〕2号,以下简称国市监法规〔2022〕2号文)第2条、第6条,《浙江省行政处罚裁量基准办法》第2条、第6条,《山东省行政程序规定》第59条第1款,《广州市规范行政执法自由裁量权规定》第3条、第5条等。

《行政处罚法》第4条规定,公民、法人或者其他组织违反行政管理秩序的行为,应当给予行政处罚的,依照本法由法律、法规、规章规定,并由行政机关依照本法规定的程序实施。《国务院关于印发全面推进依法行政实施纲要的通知》(国发〔2004〕10号)提出,"行政机关实施行政管理,应当依照法律、法规、规章的规定进行"。国办发〔2022〕27号文提出,"行政裁量权基准的设定要于法于规有据,符合法律、法规、规章有关行政执法事项、条件、程序、种类、幅度的规定"。因此,从"法"的位阶看,这里的"依法",在《立法法》《行政处罚法》等法律框架下仅以"法律、法规以及规章"为依据,不能扩大范围放宽至规范性文件、内部发文。

(三)表现形式

有学者指出,裁量基准的表现形式或者说其载体是多种多样、五花八门的:规则、指南、指令、备忘录、函复、通知、会议纪要、执法手册等。① 行政裁量基准的表现形式或载体是多种多样的,除了规范性文件外,还包括指南、会议纪要、执法手册、行政惯例等多元类型。② 单从行政处罚裁量基准制度规范的标题与内容看,同样多姿多态:有的单独制定行政处罚裁量基准,如《长江省际边界重点河段采砂行政处罚自由裁量权细化标准》(长政法〔2021〕89号);有的则包括在规范行政

---

① 参见王贵松:《行政裁量基准的设定与适用》,载《华东政法大学学报》2016年第3期。

② 参见王青斌:《行政裁量基准的法律属性及其效力分析》,载《政治与法律》2023年第7期。

裁量权的整体规定中,如《广州市规范行政执法自由裁量权规定》,在全国范围内首次对所有涉及裁量权行使的行政执法行为进行规范,包括对行政处罚、行政许可、行政征收、行政强制等各类行政行为均提出了具体的裁量要求;①有的在统一的行政程序制度中有所涉及,又有单独的行政处罚裁量基准制度;②有的地方根据不同部门和领域分别出台行政处罚裁量基准;③有的则与其他地方联合制定行政处罚裁量基准;④等等。

通过对实践中已有的裁量基准文本进行梳理,不难发现其最基本类型不外乎三种,即条文型、表格型和附带型。⑤

1. 条文型。条文型是最为常见的一种方式。从现有的行政处罚裁量基准的规定看,大多以条文型的形式进行表现。

2. 表格型。以表格形式表现,实际上,该种类型的规范文本就是对前一种传统的条文型文本结构的省略和简化。⑥

3. 附带型。一般是制发一份文件,同时将表格化的行政处罚裁量基准作为附件进行公布,如《住房和城乡建设部工程建设行政处罚裁量基准》(建法规〔2019〕7号)、《常见海事违法行为行政处罚裁量基准》(海政法〔2021〕266号)、《气象行政处罚裁量权基准》(中气规发〔2022〕1号)等。

机构改革后,海关行政处罚领域拓宽,案件类型更加多样,但在行

---

① 参见程琥:《行政裁量基准的适用情况分析与司法审查》,载《山东法官培训学院学报(山东审判)》2019年第2期。
② 如《浙江省行政程序办法》、《浙江省行政处罚裁量基准办法》、《山东省行政程序规定》、《关于规范行政裁量权基准制定和管理工作的若干措施的通知》(鲁政办发〔2023〕7号)等。
③ 如北京市发展和改革委员会、住房和城乡建设委员会、税务局、统计局、园林绿化局等分别出台本领域的行政处罚裁量基准;北京市药品监督管理局和北京市市场监管综合执法总队联合印发化妆品行政处罚裁量基准。
④ 如国家税务总局北京市税务局与天津市税务局、河北省税务局联合发布《京津冀税务行政处罚裁量基准》(国家税务总局北京市税务局公告2021年第2号)。
⑤ 参见王传干:《行政裁量基准的技术范式研究》,载《北方法学》2013年第3期。
⑥ 参见王传干:《行政裁量基准的技术范式研究》,载《北方法学》2013年第3期。

政处罚裁量基准上有许多共同的事项和共性的规定,海关行政处罚裁量基准以条文型表现为宜。

(四)考量因素

国办发〔2022〕27号文规定,行政处罚裁量权基准应当包括违法行为、法定依据、裁量阶次、适用条件和具体标准等内容,要明确不予处罚、免予处罚、从轻处罚、减轻处罚、从重处罚的裁量阶次,有处罚幅度的要明确情节轻微、情节严重等具体情形。行政处罚裁量基准除了包含上述内容外,还要考虑哪些因素?各地关于行政处罚裁量基准的考量的因素近乎相同:(1)所依据的法律、法规和规章规定的立法目的、法律原则;(2)经济、社会、文化等客观情况的地域差异性;(3)行政管理事项的事实、性质、情节以及社会影响;(4)其他可能影响裁量权合理性的因素。① 有学者认为,允许考虑的因素可以分为法定因素和酌定因素。法定因素是由法律明确规定的,也是应该考量的。酌定因素是从法律目的、原则、执法经验等多方面提炼出来的考虑因素。② 上述内容为海关制定行政处罚裁量基准提供了重要的参考。

国办发〔2022〕27号文提出坚持"法制统一""程序公正""公平合理""高效便民"原则和具体措施。这些都需要认真学习领会,在此基础上,确定行政处罚裁量基准制定时应考量的因素。结合海关业务特点和执法实际,确定行政处罚裁量基准制定时应考量的因素。按照下级行政机关进行合理细化量化不能超出上级行政机关划定的阶次或者幅度的要求,直属海关制定关区行政处罚裁量基准时要注意不与海关总署行政处罚裁量基准抵触问题。"下位法不得与上位法相抵触是立法法确立的一项基本原则。裁量基准多以规范性文件形式出台,虽不属于正式法律渊源,但也应适用这一原则,以维护法制统一、政令统

---

① 参见王贵松:《行政裁量基准的设定与适用》,载《华东政法大学学报》2016年第3期。

② 参见余凌云:《游走在规范与僵化之间——对金华行政裁量基准实践的思考》,载《清华法学》2008年第3期。

一和执法标准统一。"[1]

三、海关行政处罚裁量基准向社会公布

程序是制度的核心,一项科学合理的法律制度必须构建在一种正当化程序的基础之上。[2] 向社会公布是《行政处罚法》明确的重要程序之一。

(一) 向社会公布的意义

学者认为,在对待裁量权基准公开性问题上,目前我国理论界基于行政正当原则之考虑,普遍认为裁量权基准"必须公开"。[3] 公开是专断的天敌,强制公开基准无疑是裁量基准能否有效控制行政裁量的前提。[4] 公开裁量基准也有助于遏制行政恣意,使得相对人对行政决定有更稳定的预期。[5] 没有发布的行政裁量基准就不能对公众产生约束力。[6]

(二) 向社会公布是法定职责和义务

《行政处罚法》第5条第1款规定:"行政处罚遵循公正、公开的原则。"《国务院关于加强市县政府依法行政的决定》提出了"将细化、量化的行政裁量标准予以公布、执行"的要求。行政裁量基准公开或者向社会公布也是国家有关部门和地方规章制度建设的既有做法。如国市监法〔2019〕244号文第4条、《自然资源部关于加强自然资源法

---

[1] 许安标主编:《中华人民共和国行政处罚法释义》,中国民主法制出版社2021年版,第113页。

[2] 参见周佑勇:《建立健全行政裁量权基准制度论纲——以制定〈行政裁量权基准制定程序暂行条例〉为中心》,载《法学论坛》2015第6期。

[3] 参见周佑勇:《建立健全行政裁量权基准制度论纲——以制定〈行政裁量权基准制定程序暂行条例〉为中心》,载《法学论坛》2015第6期。

[4] 参见章志远:《行政裁量基准的理论悖论及其消解》,载《法制与社会发展》2011年第2期。

[5] 参见宋华琳:《功能主义视角下的行政裁量基准——评周佑勇教授〈行政裁量基准研究〉》,载《法学评论》2016年第3期。

[6] 参见郑雅方:《行政裁量基准创制模式研究》,载《当代法学》2014年第2期。

治建设的通知》(自然资发〔2022〕62号)第4条(十二)、《湖南省行政程序规定》第91条第2款、《浙江省行政程序办法》第43条第1款、《广州市规范行政执法自由裁量权规定》第8条等。

《行政处罚法》第34条规定:"行政处罚裁量基准应当向社会公布。"《法治政府建设实施纲要(2021—2025年)》提出:"全面落实行政裁量权基准制度,细化量化本地区各行政执法行为的裁量范围、种类、幅度等并对外公布。"《国办发〔2022〕27号文》将"行政裁量权基准"定义为"……以特定形式向社会公布并施行的具体执法尺度和标准",并要求"行政裁量权基准一律向社会公开"。公开裁量基准,有利于提升执法透明度和规范化水平,加强对行政裁量权的监督,促进严格规范公正文明执法。行政机关应当将行政裁量基准全面准确及时主动向社会公布。[1] 向社会公布行政处罚裁量基准既是法律规定行政机关应当履行的职责,也是有关要求明确的义务。

(三)向社会公布的形式

有观点认为,从实践层面看,以规章形式制定裁量基准也不现实。[2] 也有观点认为,裁量基准是以规范行政裁量的行使为内容的建章立制,一般以规范性文件为载体;[3]由于各区域、领域执法的差异性以及情节细化与效果格化的可操作性,(实质)裁量基准多呈现为"规范性文件"的规范类型。[4]《关于规范行政裁量权基准制定和管理工作的若干措施的通知》(鲁政办发〔2023〕7号)规定,行政裁量权基准要依照法定程序以规章或者行政规范性文件的形式制定。

国办发〔2022〕27号文提出,根据行政裁量权的类型确定行政裁

---

[1] 参见许安标主编:《中华人民共和国行政处罚法释义》,中国民主法制出版社2021年版,第114页。

[2] 参见熊樟林:《论裁量基准中的逸脱条款》,载《法商研究》2019年第3期。

[3] 参见余凌云:《游走在规范与僵化之间——对金华行政裁量基准实践的思考》,载《清华法学》2008年第3期。

[4] 参见陈文清:《行政裁量基准适用的现实悖论、消解思路及其建构——以〈行政处罚法〉修改为背景》,载《甘肃政法大学学报》2021年第2期。

量权基准的发布形式为规章或者行政规范性文件形式。因此,规章和行政规范性文件是当前行政处罚裁量基准的主要形式。《党政机关公文处理工作条例》(中办发〔2012〕14号)对公文作出明确规定。海关既可以通过规章形式,也可以通过规范性文件形式发布行政处罚裁量基准。考虑规章立法程序更为严格,且裁量基准在必要时还需调整,因此,结合《海关立法工作管理规定》规定,以规范性文件形式发布更有优势。

全面贯彻落实党的二十大精神,将"健全行政裁量基准"部署落地见效,需要深刻把握意义,依法依规建立健全海关行政处罚裁量基准,推动完善执法程序,为严格规范公正文明执法奠定坚实基础,为促进高水平开放、服务高质量发展提供有力法治保障。

Formulation of Discretion Standards for Customs Administrative Penalty

CHEN Shuguo

[Abstract] The report to the 20th National Congress of the Communist Party of China emphasizes the need to "improve standards for administrative discretion." One of the highlights of the new Administrative Punishment Law is the inclusion of clauses on discretion standards of administrative punishment. The State Council has issued guidelines for implementing the Law, promoting the system to standardize administrative punishment discretion. By studying and implementing the spirit of the 20th National Congress of the Communist Party of China and fulfilling the decisions and arrangements of the Central Committee of the Party and the State Council, customs authorities should clarify the entities, basis, manifestations, and considerations for formulating discretion standards for administrative punishment, and disclose them to the public as required. This is crucial for customs authorities to standardize administrative punishment actions and enhance their administrative law enforcement capabilities. It is also of great significance for ensuring the effective implementation of laws, promoting high-level opening-up, serving high-quality development, and safeguarding social equity and justice.

[**Key words**] administrative punishment; discretion standards; formulation and disclosure; law enforcement standardization

智慧海关视阈下优化海关行政执法的思考

——借鉴综合行政执法改革

李虹瑶[*]

[摘　要]　自习近平总书记提出"智慧海关、智能边境、智享联通"合作理念以来,全国海关深入学习领会"三智"理念的重大意义和丰富内涵,不断增强落实"三智"理念的思想自觉和行动自觉。其中,智慧海关建设是海关实现治理体系和治理能力现代化的重要手段,其内涵是科技赋能、优化管理等。海关作为国家进出境监督管理机关,行政执法执效能效直接关系到贸易自由化便利化水平,行政执法智慧化也是智慧海关建设的重要部分。目前,海关行政执法存在协同不足、数字化不够、队伍管理分散等问题。综合行政执法改革的目标与智慧海关视阈下海关行政执法优化的目标基本一致,通过借鉴以数字化为特色的浙江省综合行政执法改革实践路径,总结出智慧海关建设过程中海关行政执法优化的实践路径主要在三个方面:流程再造、数字赋能、制度确立。从这三个方面入手,具体思考海关行政执法优化路径,以实现智慧海关建设和海关行政执法质效提升的高效协同。

[关键词]　智慧海关;综合行政执法;海关行政执法

---

[*]　李虹瑶,杭州海关所属义乌海关知识产权科副科长、公职律师。

2021年2月9日，国家主席习近平在中国—中东欧国家领导人峰会上，提出"深化海关贸易安全和通关便利化合作。……开展'智慧海关、智能边境、智享联通'（以下简称'三智'）合作试点"的重大倡议。①"三智"是推进海关现代化建设的重要路径，是促进国内国际双循环，服务构建新发展格局的重要举措，是提升中国海关互联互通水平，服务"一带一路"高质量发展的重要手段。2024年政府工作报告中首次提到"智慧海关"，明确提出"加快国际物流体系建设，打造智慧海关，助力外贸企业降本提效"，作为推动外贸质升量稳的重要举措。中国已经是货物贸易第一大国的海关，加上国际贸易小单化趋势、外贸主体多元化趋势，中国海关要应对"滞、瞒、逃、骗、害"各类风险的难度明显加大，之前的工作模式和手段已经无法满足形势发展，打造智慧海关势在必行。②

综合行政执法是在相对集中行政处罚权基础上对执法工作的改革，③其定义可以理解成在相对集中行政处罚权的基础上，为了解决行政执法主体职能交叉、分散等问题，通过重新调整行政执法权配置，将原有交叉、分散的行政处罚权集中于某一独立的行政执法主体行使，并将与实施行政处罚权紧密关联的行政强制权和行政检查权等权力一并赋予该综合行政执法主体的新的行政执法模式。④

海关作为国家进出境监督管理机关，是国家行政管理体制中的重要部分，其治理体系和治理能力现代化自然也是推进国家治理体系和治理能力现代化的重要组成部分，海关行政执法质效直接关系

---

① 参见《习近平在中国－中东欧国家领导人峰会上的主旨讲话（全文）》，载光明网2021年2月9日，https://m.gmw.cn/baijia/2021-02/09/34612115.html。
② 参见《俞建华署长在两会"部长通道"就推动外贸质升量稳、打造智慧海关答记者问》，载海关总署门户网站2024年3月12日，http://guangzhou.customs.gov.cn/customs/302249/hgzssldzj/302340/4318309/4318316/5724171/index.html。
③ 参见《关于推进相对集中行政处罚权和综合行政执法试点工作有关问题的通知》（中央编办发〔2003〕4号）。该通知提出"综合行政执法则是在相对集中行政处罚权基础上对执法工作的改革"。
④ 参见张利兆：《综合行政执法论纲》，载《法治研究》2016年第1期。

贸易自由化便利化水平,且直接影响进出口企业和公民的获得感、幸福感和安全感。"不断提高监管效能,最大限度利企便民"是智慧海关建设的目标之一,[①]与综合行政执法的价值追求高度一致,所以在智慧海关建设过程中可以充分借鉴综合行政执法改革在智慧化管理、执法权限配置、制度优化安排等方面的典型做法,来对症解决目前海关行政执法中协同不足、数字化不够、队伍管理分散等问题。

一、综合行政执法理念和实践

(一)综合行政执法的理念

关于综合行政执法的理念或内在逻辑已有不少学者研究形成了至少四种主要观点:第一种是从解决问题角度,倡导推行改革是为了解决部门分工不合理、权力划分过度以及信息不对称等现实执法问题;[②]第二种是从管理体制出发,认为执法改革应"实现管理权、审批权与监督权、处罚权的适当分开",[③]不同类型的权力应由不同类型的部门行使;第三种是从成本效益的角度出发是"某个特定的时间和地点均存在最优执法体制",取决于重组执法权需要付出的成本以及同时可以降低社会无序的程度之间的权衡;[④]第四种从法理基础的角度出发,《宪法》规定的权力主体是各级人民政府,无论执法权在各种时期集中或是分散,最终都是某一级政府对外的执法,凸显"一个整体政

[①] 参见邹为多为:《以数字化转型和智能化升级更好维护国门安全——海关总署有关负责人介绍智慧海关建设总体情况》,载中央政府人民网站 2024 年 3 月 15 日, https://www.gov.cn/zhengce/202403/content_6939538.htm。

[②] 参见陶振:《大都市管理综合执法的体制变迁与治理逻辑——以上海为例》,载《上海行政学院学报》2017 年第 1 期。

[③] 张晓明、曾凡飞:《"大城管"模式下城市综合执法联动机制研究——以贵阳市为例》,载《中国行政管理》2010 年第 8 期。

[④] 参见张丙宣:《城郊结合部综合执法体制改革:一个理论分析框架》,载《中国行政管理》2017 年第 5 期。

府"为执法主体,既有的职能部门出现不同形式、不同程度的融合。[①]总的来说,以上这些观点从不同角度体现了综合行政执法改革秉承行政执法高效便民原则和"以人民为中心"的宗旨理念。

(二)综合行政执法现状和主要类型

"综合行政执法"概念最早出现在国务院办公厅转发中央机构编制委员会办公室《关于清理整顿行政执法队伍,实行综合行政执法试点工作的意见》(2002年),该意见要求做好综合行政执法试点与相对集中行政处罚权有关工作的相互衔接。党的十八大以来,综合行政执法改革进入了全面实施阶段,《中共中央关于全面深化改革若干重大问题的决定》(2013年)、《中共中央关于全面推进依法治国若干重大问题的决定》(2014年)、《法治政府建设实施纲要(2015—2020年)》等一系列政策性文件进一步明确了国家行政执法体制改革的实现路径,在执法领域、执法主体、执法权限、执法程序等方面作出了具体要求,同时依托科技手段,使改革朝着法治化、标准化、智慧化不断推进。实践中,主要有两种类型:第一种是已在全国推广的城市管理领域的综合行政执法,以跨部门为特征;第二种类似交通领域、农业领域等重点领域的综合行政执法,以整合部门内执法力量为特征。第一种是跨部门整合,将行政处罚权以及相应的行政强制权、检查权相对集中起来;第二种类型是组建一支执法队伍,以委托执法集中执法来实现。虽说海关类似重点领域类型的行政执法体制,但是"智慧海关"建设着重突出"数字化转型、智能化升级",所以将目光转向以数字化引领为特色的浙江省实践典型案例。

(三)浙江省综合行政执法的探索实践

2022年,《浙江省加快推进"大综合一体化"行政执法改革试点工作方案》获中央批复同意,浙江省成为全国唯一的改革国家试点,将整体智治的治理模式运用于综合行政执法改革,以数字化改革引领推动

[①] 参见杨丹:《综合行政执法改革的理念、法治功能与法律限制》,载《四川大学学报(哲学社会科学版)》2020年第4期。

行政执法全方位变革、系统性重塑,先行先试为基层放权赋能,探索更完整、更高效破解基层治理困境的方案。①

1. 跨领域、跨部门对行政执法进行流程体系再造

浙江省"大综合一体化"行政执法改革通过整合跨部门、跨领域的治理资源,再造执法流程和体系,增强治理协同性,打破长期以来治理基层多头执法、重复执法等碎片化管理弊病,其实质是打破执法"条块分割"的局面,重建较为集中的执法队伍,从而提高整体执法效率。具体而言,横向上将部分相同或相近的执法职能整合进行重组,新组建综合行政执法力量,由新综合行政执法队伍统筹行使各部门延伸至乡镇街道的职权,推广"综合查一次"、执法监管"一件事"等措施,并形成相应的执法目录,将综合执法事项拓展到大部分执法领域,将大部分高频率、高综合、高需求执法事项纳入综合执法范围,大部分的行政执法力量由综合执法部门承担。②

2. 数字化改革引领打通一体化数字执法平台

浙江省将数字化嵌入驱动"大综合一体化"行政执法改革,主要有两个层面数字化执法体系。在县级层面建立一个一体化智能化的公共数据平台和"整体智治、数字政府、数字经济、数字社会、数字文化、数字法治"六大应用系统。县级以下建立一个县级社会治理中心,向上联通"六大系统应用",还有"党建统领、经济生态、平安法治、公共服务"四个基层治理平台,向下延伸直达全部网格,在街道、乡镇实现"一件事"集成联办,"一支队伍"综合执法等集成。③ 例如,绍兴市某区某镇网格员巡查发现一处瓶装燃气经营点存在问题后上报,经平台研

---

① 参见《全国唯一!浙江启动"大综合一体化"行政执法改革国家试点》,载浙江日报客户端 2022 年 3 月 1 日,https://zj.zjol.com.cn/news.html? id =1818256。
② 参见《行政执法改革国家试点落地浙江,省司法厅相关负责人答记者问"大综合一体化",如何强落实、出成果?》,载浙江省人民政府网 2022 年 3 月 3 日,https://www.zj.gov.cn/art/2022/3/3/art_1554467_59673716.html。
③ 参见赵玲玲:《整体智治:基层治理模式创新的实践逻辑与实现路径——以浙江省"大综合一体化"行政执法改革为例》,载《地方治理研究》2023 年第 1 期。

判，将任务分发到执法、公安、住建等部门，开展联合执法行动，结束后上传检查结果，如有违法行为进行立案查处，任务结束后再进行执法监督评估。

3. 立法确立制度规范进一步巩固改革成果

2022年1月1日，《浙江省综合行政执法条例》（以下简称《执法条例》）开始施行，这是全国范围内该领域最先出台的省级地方性法规，至此浙江省改革于法有据。《执法条例》为有效推进执法协同建立了创新的执法机制，比如，按照"一件事"的标准，综合集成涉及多个执法主体的监管事项，推行"综合查一次"等联合执法活动；规定乡镇、街道可以向有关县级行政执法机关提出执法协作请求等。《执法条例》明确坚持数字化改革引领，组织建设全省统一的数字化行政执法平台，创新智能行政执法模式，实现执法业务集成整合和执法流程优化统一，并要求与政务服务、基层治理、投诉举报、公共信用等平台互联互通。《执法条例》规定建立行政执法事项清单化管理，动态调整发布《浙江省综合行政执法事项统一目录》。《执法条例》还从内部、外部社会监督等方面规定了行政执法监督体系。

二、海关行政执法现状梳理

（一）行政执法概念界定

关于行政执法，目前法律实务界和学术界对其内涵和外延有不同的界定。有的认为行政执法等同行政行为，有的认为行政执法仅是行政行为的一部分，有的认为仅是行政行为中的行政处罚的，有的认为是指行政监督检查加行政处罚的，有的认为指行政监督检查加行政处罚再加行政执行的。由于此处要讨论的是执法实践中行政执法相关问题，所以主要参考政策文件中对于行政执法的界定，来分析总结海关行政执法。2002年《关于清理整顿行政执法队伍，实行综合行政执法试点工作的意见》提出，要"将制定政策、审查审批等职能与监督检查、实施处罚等职能相对分开"，"将监督处罚职能与技术检验职能相对分开"。也就是说，行政执法不包括制定政策、审查审批和技术检验,而仅指监督检查和实施处罚。

(二)海关的监督检查权和行政处罚权现状梳理

2018年机构改革之后,原检验检疫机构并入海关,目前,海关有监管、征税、查私,以及进出口商品检验、进出境动植物检疫、国境卫生检疫、进出口食品检验等监管职能,海关是《海关法》、《关税法》、《船舶吨税法》、《固体废物污染环境防治法》、《进出口商品检验法》及其实施条例、《进出境动植物检疫法》及其实施条例、《国境卫生检疫法》及其实施细则、《食品安全法》及其实施条例、《知识产权海关保护条例》《海关行政处罚实施条例》等法律、行政法规的执法主体,相应的监督检查权和行政处罚权分别规定在上述法律、行政法规当中。

海关的监督检查权从海关监管流程角度来区分,可分为事前、事中和事后的监督检查权,事前有监管出口货物的产地检验检疫,也称为申报前监管。事中环节的监督检查权主要指发生在进出口监管过程中的海关验估、查验、进出口商品监督抽检等。事后环节的监督检查权以稽(核)程序为主。2018年关检合并之后,内部文件《关检业务全面融合"多查合一"改革实施方案》将海关稽(核)查与原检验检疫机构开展的部分后续监督检查合并。根据风险不同区分选择不同的作业方式,对于风险要素复杂、涉及数额较高、社会影响较大、安全准入等高风险情况,一般按稽查方式开展作业,其他常规监督检查一般按照核查方式开展。由于没有专门的检验检疫监督检查规定,而是分别规定在规章中,检验检疫监督检查就必然适用海关稽(核)查的程序规定。[①]

海关的行政处罚权由上述各部法律、行政法规分别规定,在具体实践中,分为依据《海关行政处罚实施条例》作出的涉关类行政处罚、依据检验检疫相关法律法规作出的涉检行政处罚和依据《知识产权海关保护条例》作出的知识产权处罚三大类,其中,一般程序的涉关类行

---

① 参见王传斌:《新海关行政法律关系研究——兼论〈海关法〉修订及法典化》,载陈晖主编:《海关法评论》第11卷,法律出版社2023年版,第103页。

政处罚权归于海关缉私部门,其他行政处罚都由海关实施。在程序规定上,为适应新修订的《行政处罚法》实施,2021年海关总署颁布了新修订的《海关办理行政处罚案件程序规定》(海关总署令第250号)(以下简称《海关处罚程序规定》),使行政处罚程序更加统一和完善。在裁量基准上,2024年1月1日起,《海关行政处罚裁量基准(一)》《海关行政处罚裁量基准(二)》《海关行政处罚裁量基准(三)》分别对应三类行政处罚开始施行。

三、智慧海关视阈下海关行政执法存在的问题

海关在进出境环节实施监督检查时,同一批货物或物品,可能同时涉及海关征税、知识产权保护、动植物检疫、食品安全检验、商品检验、卫生检疫等一种或几种执法程序的情况。在海关行政处罚实务方面,案件情形日趋复杂多样,由于前述各部法律、行政法规分别规定了行政处罚罚则,经常会出现竞合的情况。如何依托智慧化平台和手段,在监管中实施监督检查时准确识别同一执法对象存在的全部职权,兼顾执法效能和便企利民,高效协同地开展行政执法?海关在实施处罚时,如何准确适用竞合规则,作出适用法律正确、符合法定程序且规范统一的处罚决定,都是智慧海关视阈下应重视解决的问题。目前,部分监督检查流程高效协同不够、行政处罚不统一、数字化水平不高、管理模式分散等问题都在一定程度上削减了技术革新带来的海关治理能力和水平提升,阻碍高效协同的海关行政执法场景最终实现。

(一)海关部分监督检查行为不够协同高效

检验检疫机构和海关合并后监管职能进一步扩大,职能从传统的税收打私扩展至更多国门安全的职责,不同的底层执法逻辑和执法流程在不断融合,但仍存在协同不够、效率不高的问题。首先,在出口监管过程中事前的产地检验检疫和事中的海关查验放行,目前仍然是针对同一批出口货物发生的两次执法程序,比如,一家企业出口一批竹木草制品,需要经过报检、等待抽检、检验放行、报关、审单、等待查验、最终放行等这些环节,这个过程企业对海关进行了两次申报,每次申

报企业可能需要配合海关不同执法人员实施不同的执法程序。其次，在进口监管过程中口岸海关查验和目的地检验，部分进口商品在真正进入国内流程环节之前，可能要经过两次监督检查，比如，一家企业进口一批美容仪，不仅在口岸可能被口岸海关查验，进入内陆目的地后，还可能被内陆海关抽中实施目的地检验。最后，在进出口环节之后的事后监管过程中，海关开展大量稽(核)查执法工作，一方面，海关核查程序没有合并同一执法对象的流程设置，目前核查程序从查证风险和常态管理两个维度出发，分为风险类核查和管理类核查。风险类核查是指指令中有明确风险指向的核查，管理类核查是指按照会商机制，定期对相关企业场所、资质等实地验核查证的核查，目前在实施的共有××个标准化作业表。也就是说，同一个企业除了在进出口环节以外，日常还可能要接受海关多次不同事项的核查。另一方面，针对涉嫌违法违规行为的调查，存在核查、稽查、行政立案后的调查三种执法程序并存缺乏对其合理性规制的问题。比如，经过风险分析发现的高风险事项，可能会经过核查程序、再转到稽查程序，再到行政立案后行政案件调查，历经三次调查程序，在浪费行政资源的同时也给企业造成负担，虽说每一种调查程序都有相应执法依据，但是是否合理必要，在目前的海关行政执法监督体系中没有体现这方面的考量。

(二)海关行政处罚缺少统一合并处罚种类和竞合裁量规则

自2024年1月1日起，《海关行政处罚裁量基准(一)》《海关行政处罚裁量基准(二)》《海关行政处罚裁量基准(三)》的实施虽然基本杜绝了海关处罚可能发生的裁量畸轻畸重情形，[1]但在实践过程中，由于同一进出境货物、物品可能同时违反两个以上法律、行政法规且均规定了罚则，就会出现如何适用《行政处罚法》第29条实施行政处罚的问题。该问题不涉及"一事二罚"，[2]所以主要在于如何实施该法第

---

[1] 参见朱淑娣、罗佳：《海关行政执法"不当"的界定、溯因与规制》，载《云南行政学院学报》2022年第2期。

[2] 参见胡建淼：《论行政处罚"一事不二罚"原则及其"一事"和"二罚"的认定标准》，载《法学评论》2023年第5期。

29 条规定:同一个违法行为违反多个法律法规应当给予罚款处罚的,按照罚款数额高的规定处罚。针对该问题,在海关行政处罚领域,可能出现法条竞合、想象竞合、牵连吸收等情形,如《进出口商品检验法》和《食品安全法》中对进出口食品违法行为罚则的规定可能存在法条竞合形态;又如《海关行政处罚实施条例》中规定的违反海关监管规定的行为和走私行为可能存在牵连吸收形态;再如,《海关行政处罚实施条例》中申报不实违规行为和《进出口商品检验法》中未报检行为可能存在想象竞合形态。目前,海关总署内部文件《关于贯彻实施〈中华人民共和国海关行政处罚裁量基准(一)〉若干问题的通知》第 2 条、第 3 条,《关于贯彻实施〈中华人民共和国海关行政处罚裁量基准(二)〉若干问题的通知》第 2 条、第 3 条,《关于贯彻实施〈中华人民共和国海关行政处罚裁量基准(三)〉若干问题的通知》第 3 条分别对上述部分情形作出了裁量规则的规定。其中,《关于贯彻实施〈中华人民共和国海关行政处罚裁量基准(二)〉若干问题的通知》第 2 条还对合并处罚种类作出了规定。但上述规定均未上升到规章或规范性文件层面,该问题涉及的理论深奥复杂,[1]在当前各类处罚部门分设情况下,要求一线执法人员作出统一的处罚要求高难度大。

(三)海关部分行政执法所需数据不连通不完整

从执法所需外部数据来看,海关对跨境电商等新业态的监管有赖于外部数据联通。比如,跨境电商是全球贸易碎片化趋势下网络经济发展到一定阶段的产物,从海关监管实践来看,实现跨境电商有效监管关键在于"物流单、支付单、订单"三单的信息对碰,所以说各种信息的共享互通是实现海关有效监管的重要基础,但是目前海关监管所需要的消费者身份信息、支付信息、物流信息以及有关企业信息,尚未与行业主管部门包括公安、人民银行、邮政等部门实现信息互联验核,大大影响海关执法效能。从执法所需的内部执法数据来看,由于海关全

---

[1] 参见王艳妮:《对〈行政处罚法〉第二十九条的理解与适用》,载《中国质量监管》2023 年第 11 期。

国通关一体化的业务特征,使企业可以选择在全国任意口岸开展进出口活动,基于数据安全等原因的考虑,执法一线在获取某企业全面的申报、查验等执法数据权限受到限制,这会给海关行政执法带来执法难题。比如,最为常见的海关税则号列申报不实违法行为的认定,企业是否构成税则号列申报,在事实认定要综合考虑该企业以往的申报记录,是否经过海关实质性审查等事实情况,如果调查时不能全面掌握,将带来极大复议诉讼风险。

(四)执法队伍管理分散难以形成有效闭环管理

行使海关监督检查权和处罚权的执法队伍较为分散,未能形成有效的闭环管理。比如,事前、事中的监督检查权一般由隶属海关的正面监管部门人员实施,指导监督职能分别由直属海关动植、食品安全、商品检验等业务部门开展。比如,涉关、涉检、知识产权三类行政涉检行政处罚权在隶属海关可能有多种职能划分方式,指导监督职能分别由海关缉私部门、稽查部门和综合部门分别开展。尤其是涉关案件一般程序行政处罚权,2014年海关行政办案体系改革后,除知识产权类和海关业务现场查获的可以适用简快程序案件之外,海关缉私部门行使其他适用一般程序的行政处罚权。[①] 也就是说,海关缉私部门行使涉关主要的行政处罚权,除去部分重大复杂案件需要经过海关案件审理委员会审核,绝大部分行政处罚案件由缉私部门直接处理,但在现行体制下,应对复议诉讼职责却是由海关法规部门主要承担,在实践中,一方面,在应对复议或诉讼时,海关法规部门要短时间内对案件从零开始到掌握全面信息,制定完备的应诉策略,难度很大行政效率不高;另一方面,复议诉讼案件折射出的执法问题,由于体制原因,难以有效反馈至缉私部门执法队伍,纠错效果大大削弱。长此以往,使缉私部门执法队伍受到的外部监督力量被削弱,而海关执法队伍长期疏于较复杂的行政处罚实践,综合执法能力不可避免有所减弱。

---

① 参见洪燕鹭、赵波:《机构改革背景下的海关行政处罚权整合探究》,载《海关与经贸研究》2018年第5期。

四、智慧海关视阈下海关综合行政执法改革路径建议

虽然海关垂直管理体制下的行政执法与浙江省省域范围内的执法体系不尽相同,但基层执法规范化、智慧化面临的问题是相通的。浙江省综合行政执法改革以数字技术引领多头执法的整合创新,有效减少了因执法条块分割结构问题引起的多头执法、职能交叉等情况,降低了沟通成本,方法路径可复制性很强,值得海关在智慧海关建设过程中优化行政执法进行借鉴。

(一)执法流程再造合并执法事项整合管理执法队伍

职能指导权、基层执法权的权责分配问题是综合行政执法改革打破条线分割的核心问题。重新梳理总署、直属海关两级职能指导与对应隶属海关及办事处具体执法科室或队伍的关系,梳理总结不同业务条线的执法对象、执法目标、执法程序及执法人员资质要求,通过一系列合并、简化的设计进行监管执法体系再造,建议组建或者合并涉企业执法队伍统筹管理执法力量,清单式管理涉企现场执法事项,合并一段时期内对同一对象的执法事项,防止出现多头执法、交叉执法难等阻碍执法效率的问题,提高职能管理和基层执法质效,降低行政成本,同时增强行政相对人获得感。例如,在隶属海关将海关和涉检检查事项清单化,设立对外执法科室统筹基层所有检查执法人员,合并承担区域内所有业务流程上大部分许可、审批、检查、处罚等职责,某项条线业务的直属海关职能处室,可以以"定期抽查""报送总结"等方式为抓手,落实纵向职能指导和执法检查责任。例如,从高频的进出口事项入手进行流程再造,主动调研企业需求,厘清审批、监管、处罚的全过程,从便利企业的角度再造执法流程。例如,在可能涉及多个不同业务条线监管内容的进出口食品、木制品等领域先行先试,在监管规定明确清晰的前提下,推行海关监管"进出口食品一件事""进出口水产品一件事"等执法事项,从被动接受指令到主动服务治理。例如,进一步参与推动"双随机、一公开"跨部门抽查,联合税务、市场监管等部门对进出口企业进行联合抽查,探索协同监管,推动抽查结果共享交换和互认互用,实现跨部门对企业"进一次门、查多项事",切实减少涉企检查数量,减轻企业负担。

(二)加强三类行政处罚统筹管理增强执法统一性

建立涉关、涉检、知识产权行政处罚案件统筹管理的体系和机制,避免各自发文,通过主管部门联席会议制度等方式,共同研究议定涉关、涉检、知识产权案件的复杂疑难问题,进一步出台规章或规范性文件层面的统一的裁量规则规定,而不是三类处罚分别发布三个裁量基准且各自规定一套裁量规则,增加执法一线人员执行难度,难以形成规范统一的处罚决定。针对一个违法行为违反多个法律法规的情形,总结法条竞合、想象竞合、牵连吸收等情形,以内部文件或问答指引等形式统一下发,注重可操作性,有效指导隶属海关基层执法人员办案,遇到复杂问题时也能有章可循。对海关现有的关于行政处罚案件的各种电子化的管理系统加以整合,对案件管理系统化繁为简进行优化升级,建立方便操作管理的一体化案件信息管理平台,解决面对复杂案件时,一线执法人员立案时难以判断究竟应该录入哪一个办案系统的问题,同时,通过系统数据分析实现对案件管理人员的办案规范性、合法性、时效性、合理性等进行多维度评估。按照《行政处罚法》和《海关办理行政处罚案件程序规定》等法律法规统一行政处罚规范和质量考评标准,统一开展执法质量检查,避免不同职能指导部门不同的检查标准执法人员引起执法人员困惑;提高海关办理各类型行政处罚案件操作规范性和检查标准的统一性。

(三)数字赋能行政执法反哺风险管理形成闭环

数字化赋能智慧海关基层治理模式的意义在于建立统一的标准化平台来实现数据互通共享、执法资源协同、执法监督集中。通过对行政执法数据的采集分析,帮助解决诸多协同问题、透视执法中的突出问题,有助于监督检查部门全面掌握执法信息,同时,减少基层冗余的信息填报工作。借鉴浙江省的数字化执法模式,海关可以建立"主"字形的数字执法平台体系,纵向连接直属海关、总署职能部门,横向贯通基层海关、基层执法科室。横向接入各类与行政执法关联事项来源,如外部的投诉举报、政务公开,内部的各个口岸的执法数据、风控部门的风险提示等,在风险可控的前提下给基层执法部门开放数据权限,统一受理、统一交办、统一反馈,比如,企业提出"进口燕窝"事项需求,按照监管流程在平台上自动分配所涉及的人员,自动调配最少进企次数,实现精准交办、协同处置和高效反馈。消除各个直属关区之间的数据壁垒,聚焦"大平台、大数据、大集成",充分发挥大数据作用,为基层执法部门武装智慧大脑,从而降低执法不统一和执法不规范的风险。最后,通过与其他相关执法部门,如中国人民银行、中国邮政等实现信息共享,打通信息验核渠道,实现风险智能研判,再循环实现案源接入、受理交办、处置反馈、风险预警等环节的闭环管理。

(四)确立制度破解行政执法队伍廉政风险防范问题

通过部门立法的方式确立综合执法制度,确立国家综合行政执法理念,在行政执法制度设计上进行规定,确立基层海关执法和职能部门指导"条抓块统"的总体模式,建议在隶属海关由单个专门执法科室负责统一负责对外执法职能,统筹管理分配基层执法力量;将行政执法"三项制度"嵌入数字化行政执法系统,让执法依据、检查结果或处罚结果公开透明、海关包括缉私部门的绝大部分行政执法的过程通过执法记录仪、上传关键证据材料等方式得到有效记录,运用数字化的方式实现对全过程的有效监督;加强过程监督,通过随机抽查、政治巡查、条线检查、考核评分等方式,在过程中及时评估执法质量。将外部监督渠道与执法系统对接,畅通公民、法人或其他组织、执法监督员及司法机关等反映执法存在的渠道,并接入一体化数字执法平台系统,倒逼执法规范性的提升,总体实现以职权清晰,执法依据、过程、结果透明,监督有力的数字化执法系统帮助确保确立起来的综合执法制度有效运行,解决执法队伍效率和能力的问题,同时有效防范队伍廉政风险。

Thoughts on Optimizing Administrative Law Enforcement of China Customs from the Perspective of Smart Customs Initiative

—Learning from the Reform of Administrative Law Enforcement

LI Hongyao

[**Abstract**] Since President Xi Jinping put forward the cooperation concept of "Smart Customs, Smart Border, Smart Connectivity", China Customs has thoroughly investigated the great significance and rich connotation of the concept of "3S" initiative, and continuously enhanced the ideological consciousness and action awareness of implementing the initiative. Among them, Smart Customs development is an important means to modernize customs system and capacity for governance. It covers scientific and technological empowerment, optimization of management, etc. Since customs is an agency responsible for overseeing inbound and outbound movements, the effectiveness and efficiency of its administrative law enforcement is directly related to the level of trade liberalization and facilitation. The intelligence enhancement of administrative law enforcement also constitutes an important part of the Smart Customs initiative. At present, there are problems such as insufficient coordination, inadequate intelligentization, and decentralized team management in customs administrative law enforcement. The goals of comprehensive reform of administrative law enforcement is basically consistent with those of improving customs administrative law enforcement under the Smart Customs initiative. By drawing on the practical path of comprehensive administrative law enforcement reform in Zhejiang Province, which is characterized by digitalization, it can be concluded that the optimization of customs administrative law enforcement in the process of building Smart Customs primarily involves three aspects: process reinvention, digital empowerment, and institutional establishment. Starting from these three aspects, we will specifically consider the optimization paths of customs administrative law enforcement to achieve efficient coordination between the Smart Customs initiative and the improvement of the effectiveness and efficiency of customs administrative law enforcement.

[**Key words**] smart customs initiative; comprehensive administrative law enforcement reform; customs administrative law enforcement

新发展格局下关于优化海关跨境电商监管的思考

徐 枫 马天慧*

[摘 要] 当前,随着数字经济的蓬勃发展,跨境电商进入快速发展期,并成为推动我国实现高水平对外开放的重要引擎。如何准确把握海关在推进中国式现代化建设中的职能与定位,构建顺应贸易安全与便利的跨境电商监管模式,成为现阶段海关监管面临的重要课题。为此,聚焦新形势下跨境电商发展带来的新机遇和新挑战,通过实地调研方式,深入了解跨境电商企业、外贸综合服务企业需求,分析当前海关监管面临的困难,在此基础上,探索提出优化海关跨境电商监管的路径与方法,以期为推进中国式现代化建设贡献海关力量。

[关键词] 跨境电商;国门安全;贸易便利化;中国式现代化

习近平总书记指出:"中国将推动跨境电商等新业态新模式加快发展,培育外贸新动能。"[1]近年来,跨境电商作为我国对外贸易新模式,已成为我国打造对外开放新高地、促进产业结构升级的新动能。

---

* 徐枫,上海海关隶属浦东国际机场海关快件监管二处处长;马天慧,上海海关隶属浦东国际机场海关办公室三级主办。

[1] 原文可见 2020 年 11 月 4 日国家主席习近平在第三届中国国际进口博览会开幕式上的主旨演讲。

与此同时,跨境电商的迅速发展也为海关监管工作带来新的挑战,如何把握好"把关"与"服务"平衡点、更好助力跨境电商新业态发展是值得思考和研究的问题。本文以海关跨境电商监管为切入点,围绕新发展格局下如何破解跨境电商监管难题,推动中国式现代化提出建设性建议。

一、新形势下跨境电商发展迎来新机遇和新挑战

(一)世纪疫情冲击,跨境电商行业发展迎来风口

近年来,受新冠疫情影响,传统外贸发展面临前所未有的挑战。以跨境电商为代表的外贸新业态却异军突起,成为推动全球贸易发展的重要引擎。据海关总署初步测算,2023年我国跨境电商进出口2.38万亿元,增长15.6%(见图1)。其中,出口1.83万亿元,增长19.6%;进口5483亿元,增长3.9%。[①] 随着数字经济的不断发展,跨境电商已成为赋能传统产业数字化转型、提升我国外贸竞争力的关键所在。

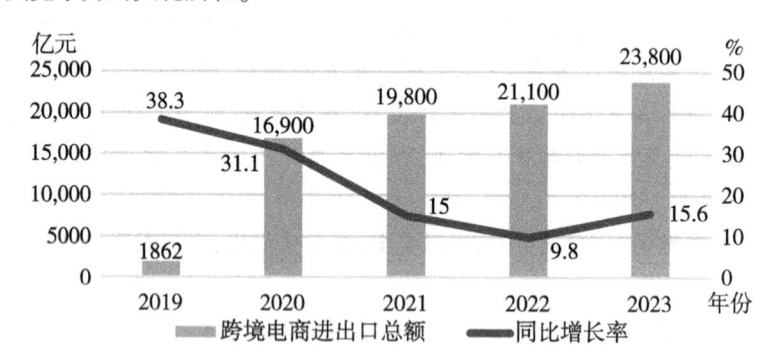

图1 2019~2023年全国跨境电商进出口总额及增速

资料来源:根据中华人民共和国海关总署官网数据整理。

---

① 参见《国务院新闻办就2023年全年进出口情况举行发布会》,载中国政府网2024年1月12日,https://www.gov.cn/zhengce/202401/content_6925703.htm。

另外,当前国际政治环境和经济形势的不确定性、不稳定性逐渐增多,大国间围绕意识形态竞争、地缘政治对抗、经济贸易制裁等领域展开的博弈日益激烈,单边主义、贸易保护主义和逆全球化趋势加剧。这在很大程度上为我国参与全球价值链分工带来挑战。与此同时,当前我国经济呈现持续向好势头,但经济恢复基础尚不牢固。尤其是后疫情时代,制造业生产、消费者购买力、物流业仍将面临考验,这些因素都将对跨境电商行业发展潜力产生极大影响。优化供应链结构、降低供应链成本、提高供应链效率成为大发展趋势,行业变革加速到来。

(二)双循环加速构建,政策红利不断释放

习近平总书记指出,要推动形成以国内大循环为主体、国内国际双循环相互促进的新发展格局。[1] 跨境电商联结国内国际两个市场、两种资源,有助于加快我国产业链开放和高端要素集聚,是促进国内国际双循环的强劲动力源。我国政府高度重视跨境电商发展。2024年政府工作报告提出,"促进跨境电商等新业态健康发展,优化海外仓布局,支持加工贸易提档升级,拓展中间品贸易、绿色贸易等新增长点"。[2]《"十四五"商务发展规划》也明确指出,到2025年,要使跨境电商等新业态的外贸占比提升至10%。[3] 近年来,从中央到地方的政策支持体系逐步建立,跨境电商进出口海关监管、税收、支付、物流、检验检疫等政策措施也不断完善。目前,全国跨境电商综试区已达到165个(见图2),基本覆盖全国,形成了陆海内外联动、东西双向互济的发展格局;[4]建成海外仓超2500个、面积超3000万平方米,其

---

[1] 原文可见2020年7月21日,国家主席习近平在企业家座谈会上的讲话。
[2]《政府工作报告——2024年3月5日在第十四届全国人民代表大会第二次会议上》,载新华社2024年3月12日,https://www.gov.cn/yaowen/liebiao/202403/content_6939153.htm。
[3] 参见商务部《"十四五"商务发展规划》。
[4] 参见《我国跨境电商综试区已覆盖31个省区市》,载中国政府网2023年2月24日,https://www.gov.cn/xinwen/2023-02/24/content_5743076.htm。

中,专注于服务跨境电商的海外仓超 1800 个,面积超 2200 万平方米。[1] 跨境电商等新业态的发展不仅对推动外贸转型升级、构建开放型经济新体制具有重要作用,也对激发市场活力、促进消费升级具有深远影响。国家战略发展政策的实施,无疑为跨境电商新业态的发展注入了强大动力。

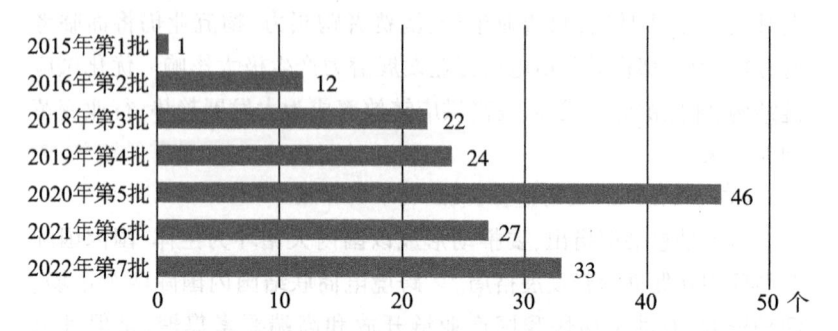

批次	数量
2015年第1批	1
2016年第2批	12
2018年第3批	22
2019年第4批	24
2020年第5批	46
2021年第6批	27
2022年第7批	33

图 2 2015~2022 年全国跨境电子商务综合试验区新增数量

资料来源:根据中华人民共和国海关总署官网数据整理。

(三)"一带一路"畅通提供机遇,行业健康有序发展仍需推进

2013 年,习近平总书记提出共建"一带一路"倡议。十余年来,"一带一路"倡议与跨境电商相融,形成了"丝路电商"的贸易新业态。跨境电商新业态的出现进一步拓展了国际经贸合作新空间,推动了"一带一路"共建国家贸易便利化水平提升,同时,"一带一路"贸易的畅通也为跨境电商行业的发展提供了更广阔的空间,助力跨境电商持续向精细化数字化发展。截至目前,我国已与 31 个国家建立双边电子商务合作机制,[2]合作伙伴国遍及全球五大洲。但伴随行业的迅猛发展,跨境电商社会治理问题也随之产生。一些不法分子利用跨境电商渠道开展走私活动,极大地影响了正常经济秩序,打破了规范有序、

---

[1] 参见《全国跨境电商主体超 12 万家 建设海外仓超 2500 个》,载中国政府网 2024 年 6 月 4 日,https://www.gov.cn/lianbo/bumen/202406/content_6955410.htm。

[2] 参见《商务部:中国已与 31 个国家建立双边电商合作机制》,载人民网 2024 年 5 月 21 日,http://finance.people.com.cn/n1/2024/0521/c1004-40240511.html。

公平公正的市场环境。另外,目前,我国跨境电商出口产品大部分为附加值较低的初级产品或者中间品,高技术附加值产品占比较小,且国内生产经营企业自主创新能力薄弱、知识产权保护意识不强,加之国外技术性贸易壁垒措施等问题的存在,企业往往会在国际贸易中受到各类制约,也会引发一系列法律纠纷案件,而这也不利于跨境电商行业健康有序发展。①

二、跨境电商发展新趋势对海关监管提出新要求

(一)跨境电商产业链供应链安全风险仍然突出

一是国门安全风险凸显。随着跨境电商的迅猛发展,其背后隐藏的各种风险也逐渐显现,如国门生物安全风险、金融安全风险、商品质量安全风险、知识产权保护风险以及反恐风险等。国门安全风险的漂移性也有所增强,主要走私手段包括"关区漂移""渠道漂移""人员漂移"。二是违法行为具有隐蔽性。不同于传统的贸易方式和贸易特点,跨境电商具有碎片化、海量化、频次高的特点。海关总署数据显示,"跨境电商的进口清单数量是同期货物报关单数量的56倍,每单平均价值不足货物报关单的万分之三"。② 而跨境电商渠道违法行为通常以伪报、瞒报等形式发生,通过"蚂蚁搬家"式的碎片化方式分批进行,单票申报价格不高,因而违法行为具有较强的隐蔽性。目前,跨境电商渠道常见的走私方式包括伪报贸易方式、低报价格、伪报税号等。三是执法办案存在难度。按照现行监管要求,订单信息、支付信息、物流信息"三单"信息需实现信息对碰一致才能放行,但现阶段海关监管尚未覆盖跨境购物交易全链条,现场关员较难对"三单"数据进行实时验核并预警其中潜在的刷单、低报价格等犯罪风险。另外,由

---

① 参见张大卫、苗晋琦、喻新安主编:《中国跨境电商发展报告(2022)》,社会科学文献出版社2022年版,第3～6页。
② 《国务院新闻办发布会介绍"守国门、促发展,为推进中国式现代化贡献海关力量"有关情况》,载中国政府网2023年3月20日,https://www.gov.cn/xinwen/2023-03/20/content_5747585.htm。

于跨境电商贸易具有涉及主体较多、交易数字化虚拟化、供应链链条长等特征,因而在实际监管中还存在走私主体认定较难、案件证据认定难、全链条打击团伙化犯罪难等问题,这也使跨境电商走私风险呈上升趋势。

(二)传统职能的深化与非传统职能的延伸对海关提出更高要求

一是国门生物安全防控要求更高。当前形势下,传统生物安全问题和新型生物安全风险相互叠加。2023年,全国海关共检出检疫性有害生物7.5万种次,从进境寄递和旅客携带物品中查获外来物种1186种、3123批次,其中"异宠"296种、4.4万只。① 外来生物的入侵不仅会对我国林业资源造成伤害,对本土生态系统造成不可逆转的破坏,还会引发重大动植物疫情传入传出,直接威胁人类身体健康。随着经济全球化向纵深演化和对外开放的不断扩大,进境动植物及其产品种类和来源地更加广泛,全球范围内动植物疫病疫情呈多发频发趋势,跨境传播的载体、方式和路径也更为隐蔽多样,这也为海关国门生物安全保障工作带来了更为严峻的挑战。

二是知识产权保护要求更高。据美国2021年海关年报提出,2021财年中89%的知识产权被查获是在快递和国际邮件运输中发现的,并在一定程度上威胁美国的经济利益。② 作为我国出口跨境电商主要目的国,欧美等发达国家高度重视知识产权保护,在国际贸易中具有主导地位和技术优势,同时也具有完备的知识产权法律体系和严厉的惩罚措施。中小企业一旦被诉侵权,轻则产品下架、资金冻结,重则面临巨额索赔、市场禁入、企业倒闭,这对我国跨境电商新业态发展十分不利。海关知识产权保护一方面有助于增强企业自主创新能力,帮助我国中小企业更好地"走出去",另一方面也能充分发挥"看得见的手"作用,维护跨境电商行业健康发展,实现"有效市场"和"有为政

---

① 参见《2023年全国海关检0出检疫性有害生物7.5万种次 以实际行动服务美丽中国建设》,载海关总署网站2024年1月23日,http://gec.customs.gov.cn/customs/xwfb34/302425/5645448/index.html。

② 参见美国海关2021年年报。

府"的双向驱动作用,创造更好的营商环境。

三是质量安全把控要求更高。据海关总署2021年跨境电商进口消费品质量安全风险监测工作对外公布数据显示,经对包括牙刷、服装、婴童用品、家用电器等13个类别的跨境电商进口消费品562批次抽样检测后,存在55批不符合我国产品标准中质量安全有关要求,风险发现率为9.79%。[1] "群众利益无小事","海淘"方式的兴起进一步丰富了百姓的市场选择,同时,也对海关把好商品质量安全关、保障国内消费者健康提出了更高的要求。而从跨境电商零售进出口相关政策规定来看,虽然《关于完善跨境电子商务零售进口监管有关工作的通知》(商财发〔2018〕486号)规定,海关应当"责令相关企业对不合格或存在质量安全问题的商品采取风险消减措施,对尚未销售的按货物实施监管,并依法追究相关经营主体责任",但在实际监管中,对于"不合格或存在质量安全问题的商品"安全责任往往较难界定,追究相关经营主体责任存在一定难度,同时,后续的追责机制和实施细则尚未有明确规定。制度规范是海关业务流程实施的保障,也是跨境电商企业合规经营快速通关的行为准则,因而相关规定亟待完善。

(三)优化营商环境与便利跨境贸易的需求日益增长

当前,我国跨境电商发展迅猛,企业遇到的困难和提出的需求也不断变化。为全力支持企业创新发展,进一步破解跨境电商治理难题,浦东机场海关共对30家跨境电商企业、外贸综合服务企业开展了专题调研。在此次调研的过程中,近九成企业认为,海关各项跨境电商通关便利措施对于节省企业物流成本具有关键作用,但同时也存在以下问题亟待解决。

一是跨境电商进口商品品类及年度交易额受限。2016年"四八新政"的出台给跨境电商企业造成熔断式影响,此后财政部等部门虽多次对进口商品清单范围进行扩围,但仍无法满足日益增长的消费者需

---

[1] 参见《海关总署公布2021年跨境电商进口消费品质量安全风险监测情况》,载光明网2022年1月2日,https://m.gmw.cn/baijia/2022-01/02/1302746484.html。

求。例如，此次调研中的企业提出，当前部分口岸未设立跨境涉危的保税仓，在很大程度上限制了部分商品的进境。此外，当前消费者需求量较大的退热贴、止咳水、胃药等医药类商品仍未列入正面清单范围，抗癌药、创新药更在清单之外，商品范围仍需进一步调整扩大。而在跨境电商年度交易额方面，虽然经过2016年、2018年两次税额调整，跨境电商零售进口单次交易限值已提升至每人每次5000元人民币，年度交易限值提升至26,000元人民币。但随着人民群众收入的增长和跨境电商行业的不断发展，年度限额仍有待进一步提高。

二是地区间差异化管理明显。当前，各地间跨境电商业务仍存在差异化管理、地区优惠政策不一等问题。例如，某企业在访谈中提出，近年来，部分跨境电商先行试点城市的政策红利正逐步消失，补贴和特别业务许可较少，同时企业仓储成本及快递成本也远高于其他省市保税仓，且监管较为严格。跨境电商业务较高的准入门槛、较复杂的通关流程和地区政策红利的流失，对企业业务长远布局将产生较大影响，企业或将转移至其他有政策优势的城市开展业务。差异化监管模式一方面会影响跨境电商产业布局，增加行业的无序性和"劣币驱逐良币"效应，不利于跨境电商产业整体协调发展；另一方面，也会导致区域发展不均衡的情况加剧，对地方外向型经济发展具有较大的杀伤力。

三是通关时效要求更高。通关效率是衡量跨境贸易便利化程度的重要指标。2020年，我国正式签署《区域全面经济伙伴关系协定》（Regional Comprehensive Economic Partnership, RCEP），2021年正式递交加入《全面与进步跨太平洋伙伴关系协定》（Comprehensive and Progressive Agreement for Trans-Pacific Partnership, CPTPP）和《数字经济伙伴关系协定》（Digital Ecohomy Partnership Agreement, DEPA）的申请，贸易协定的签署对我国推进通关时效提升提出更高层次要求。如RCEP明确，"尽可能在货物抵达后和提交所有海关通关所需信息后48小时放行"；对易腐货物和快运货物的放行"在可能的情况下，在货物抵达并提交放行所需信息后6小时内放行"。①

四是中小企业精准帮扶措施有待推进。据调研,在当前天猫国际、考拉海购以及京东等头部平台垄断局面下,部分中小企业在物流、仓储等方面缺少优势,较难有稳定的订单流量,难以形成规模效益,同时,退货成本居高不下成为现阶段跨境电商企业退货面临的主要难题。尤其是受新冠疫情影响,部分中小企业生产经营仍处于恢复阶段,亟须海关在减税降费、服务保障、通关流程优化等方面加大"一对一"纾困帮扶力度,助力其增加行业竞争力。

(四)信息技术运用落后于监管需求

一是区块链技术(Blockchain)应用有待探索。区块链技术在跨境电商产品质量追溯、订单数据储存、物流实时监控、跨境支付安全、保护消费者隐私等方面有着重要作用。例如,区块链技术具有不可篡改的特征,可以有效避免原产地、产品规格造假等情况发生,实现产品质量安全追溯需求。另外,区块链使用时间戳技术,②该技术可以助力海关开展跨境电商货物物流追踪,成为商品退换货监管与虚假贸易管控的有力抓手。区块链技术的应用可以在很大程度上增强跨境电商供应链环节的透明性和安全性,但当前该项技术在我国跨境电商实际监管中的应用较为局限。二是大数据平台建设有待推进。数字经济下,大数据技术的应用对于国门安全治理有着关键作用。一方面,可以更客观、迅速、精确地挖掘分析数据,提高执法决策的科学性、灵活性和可持续性;另一方面,可以有效节约管理资源和人力成本,进一步提升海关治理与服务能力。现阶段海关已经建立了专门的风险管理作业系统,并搭建了多种安全准入风险数据收集和管理渠道,但对于跨境贸易数据相关性、风险性的发现尚存不足,实战导向的专项大数据模型仍有待构建,对企业的大数据精准"画像"手段未能深入运用。三是

---

① 参见 RCEP 第四章第11条。
② 时间戳技术,是指将区块链内的交易信息按照时间顺序连接成链,并将每笔交易数据加盖时间戳,永久保存在区块链系统中。

智能审图技术有待推广。高科技、智能化的查验设备,可以有效提高查验精度和效率。近年来,海关自主开发的智能审图系统已经可以做到对枪支、刀具、毒品、象牙制品等违禁品和高额应税商品的识别,但仍旧存在误报率较高的问题。此外,基于跨境电商新业态商品特点的智能审图算法模型仍需不断探索。

(五)多方协同治理有待加强

一是与电商平台协作有待提升。作为跨境电商业务的重要参与者之一,电子商务平台经营者具有知识产权保护、质量安全维护等主体责任,但目前平台在与海关协作方面还有待提升。例如,目前电商平台尚未完全向海关推送"三单"数据,海关与平台间依旧存在数据垄断壁垒,不利于海关全链条全流程精准打击犯罪团伙。二是与各监管部门的协作有待提升。跨境电商监管链条涉及工商、税务、外汇、银行、市场监管、公安等多部门,仅仅依靠海关一元主体难以保障跨境电商全供应链安全与便利。例如,在打击虚假贸易和虚假交易行动中,海关需要与银行、地方公安等多部门进行合作,对相关支付、物流企业重点核查,联合研判锁定风险目标,才能实现全链条打击、全领域整治犯罪团伙。此外,当前各部门间在数据共享、监管互认、预知预警、应急处置等领域的合作还有待进一步提升,口岸监管协作机制仍有待深化。三是第三方主体有待深度参与。行业协会作为同行业企业组织,具有维护企业稳定、推动可持续发展,保障行业长远利益的社会责任。但现阶段相关行业协会在跨境电商综合治理中的参与度仍有待提升,包括建立健全与政府部门间的协调机制、扩大维护企业合法权益领域的影响力、增强与国外同类协会间的交流等。而消费者作为跨境电商商品的直接使用者,享有对商品、服务以及保护消费者权利工作的知情权和监督权,但目前消费者在对跨境电商商品质量安全、卫生检疫等领域的监督力量还有待进一步增强。四是与国际海关间的对接有待深化。近年来,美国消费者安全委员会(Consumer Product Safety Committee, CPSC)、欧盟安全门(Safety Gate)系统等对中国通报的技术性贸易壁垒(Technical Barriers to Trade,TBT)①数量始终居高不下,对我国出口外贸造成了一定负面影响。在此形势下,亟须我国海关积极接轨国际标准,加强与国际海关间的沟通交流,围绕交易商品名称命名、商品属性描述、关键指标等方面进一步完善跨境电商标准体系,为跨境电商领域走出国门、走向世界提供更多标准化支持,助力提高我国产品的国际竞争力。

三、加快推动跨境电商监管的新思考

(一)持续加强法治建设,充分释放海关政策红利

一是加快完善跨境电商海关制度规范建设。准确把握新形势下全球产业链、供应链、价值链重构的发展方向,对现行跨境电商海关监管法律法规和制度规定开展规模化修订。一方面,进一步明确参与跨境电子商务行为各个主体的法律责任和义务,包括跨境电子商务交易企业、平台企业、物流企业、仓储企业、支付平台和消费者等。同时,围绕知识产权保护、商品售后争端解决和处罚依据等领域,进一步完善相关制度规定细则。通过统一执法标准、业务流程、操作规范,逐步消除内部执法的差异性,推动形成权责统一、权威高效的行政执法体系和职责明确、依法行政的海关治理体系。另一方面,对各项规章制度中存在矛盾或冲突的地方,"一揽子"做好"立、改、废"相关工作,为推动跨境电商高质量发展提供坚实的制度保障,切实营造更加公开透明、规范有序、公平高效的法治环境。二是优化跨境电商配套保障体系建设。加强基层调研,持续优化跨境电商零售进口商品正面清单,将药品、医疗器械等群众关心急需的商品以及消费需求旺盛的中间品、日用消费品纳入其中。同时,根据人民群众消费水平和行业发展现状,适当提高跨境电商年度交易额。在此基础上,确保政策的连续

---

① "技术性贸易壁垒",是以国家或地区的技术法规、协议、标准和认证体系(合格评定程序)等形式出现,涉及的内容广泛,涵盖科学技术、卫生、检疫、安全、环保、产品质量和认证等诸多技术性指标体系,运用于国际贸易当中,呈现灵活多变、名目繁多的规定。

性、稳定性和一致性,避免区域间政策不均衡、监管模式差异化。此外,要全面拓宽海外仓全球布局,优化海外仓申报流程,完善境外跨境电商服务体系。三是积极复制推广跨境电商综合试验区成熟经验做法。充分发挥跨境电商综合试验区作用,叠加 RCEP、CPTPP、DEPA 等协定优惠政策。积极宣传跨境电商便利退货等政策优势,落实落细"汇总征税""多元化税收担保"等一系列便利措施。全面贯彻"底线监管"原则,加快监管模式创新,在确保监管到位的前提下,适当放宽市场准入,致力培育一批规模结构合理、产业特色鲜明、竞争优势明显的跨境电商产业集群,助力市场释放更多活力和规模化效益。

(二)强化全链条风险防控,着力提升实际监管效能

一是健全跨境电商风险防控机制。科学研判新业务、新模式、新业态带来的监管风险,聚焦虚假贸易、"税差"套利、逃避监管证件等风险,强化安全准入风险源头管控。建立系统性、区域性、行业性风险档案和防控清单,强化快件、邮件、跨境电商、一般贸易等渠道的一体分析、联动处置,并通过风险动态信息、风险情事分析及业务例会等平台发布风险提示,实现快速反应、动态预警,有效防范和化解寄递渠道监管风险,进一步提升打击治理成效。精准绘制企业画像,秉承"由企及物"的理念,以平台企业为抓手,对相关联的电商企业、支付企业、物流企业进行全链条梳理和风险排查。加强企业信用管理,构建覆盖全供应链主体安全监管的信用评级及相应差异化监管举措。坚持"失信惩戒、守信激励"原则,加强对失信企业的风险防控力度,让守法企业真正享受到实惠与便利。二是全面推进联合专项执法行动。深入推进"跨境电商寄递'异宠'综合治理"专项行动,严防外来物种入侵和重大动植物疫情疫病传入传出。持续加强对"化整为零""蚂蚁搬家"式侵权行为的打击力度,积极引导企业加强与海关在知识产权保护领域的合作。认真履行守护国门质量安全职责,加强对进口儿童用品、口罩、食品等消费类商品的重点查缉和监督抽查,并及时对外发布监测情况,全力保障消费者身体健康和切身利益。加大对团伙作案打击力度,以跨境电商平台为切入点,向上延伸追查境外供应商,向下延伸追

查货主,进一步摸清团伙作案手法和走私犯罪链条。三是持续优化事中事后核查机制。严密物流环节管控,充分运用视频监控、现场巡查和实地抽核等形式,加强对进出境作业场所人员和车辆监管。定期抽查跨境电商货物面单信息、申报信息及国内快递妥投情况,通过在线形式对现有跨境电商参与企业开展网上巡查,有效防范打击跨境电商"三单"造假行为,切实巩固打击跨境电商进口走私断链刨根专项整治行动成效。

(三)全力推进跨境电商试点改革,助推行业高质量发展

一是持续推广"数字清关"改革试点。"数字清关"改革试点依托"数字清关平台",实施大数据全流程留痕可追溯、清单式报关快速验放、智能化物流监控等"一揽子"海关监管措施,推动实现海关对个人跨境购物全链条监管。该作业模式有助于推动商品规范申报、高效清关、严密监管,更好地满足国内消费者个性化需求。以浦东国际机场海关为例,目前,"数字清关"单证快放比例已达80%,绝大多数低风险单证能实现24小时快速验放,极大地提高了海关监管效能。目前,"数字清关"改革试点范围仅限于上海市、浙江省、深圳市等地区,改革经验的创新性转化和差别化探索还有待研究,改革覆盖范围还有待扩大。二是支持拓宽跨境电商运输渠道。全面推进跨境电商转关业务,支持企业更有效配置资源,优化运营模式,提高企业国际竞争力。推动实施中欧班列与跨境电商融合发展,充分发挥中欧班列效率高、路线广、全天候等独特优势,通过新增班次、拓展线路进一步织密运输网络,为我国参与全球开放合作、共建"一带一路"打造高效物流通道。三是助力提升我国出口商品国际竞争力。聚焦营商环境"需求侧"持续发力,加大对专精特新企业和跨境电商平台等新业态的培育。鼓励企业积极开拓新兴市场,大力推动优势产品出口,不断提升中国企业的品牌辨识度。依托高品质产品、独具特色的品牌文化,进一步培育市场消费黏性,从本质上提升出口跨境电商产品的核心竞争力。同时,密切关注世界贸易组织网站、主要贸易国信息,及时收集国外不合理技贸措施及对我国出口产品影响情况。强化国际规则和标准研究

比对,重点从国外技贸措施违反 TBT、《实施卫生与植物卫生措施协定》(Agreement on the Application of Sanitary and Phytosanitary Measures,SPS)透明度、协调一致原则等方面深入研判,第一时间向企业发布预警信息,开展技术性贸易壁垒咨询服务,指导企业及早应对、规避风险。

(四)创新信息技术运用,积极探索"智慧监管"模式

一是深化区块链技术应用。一方面,充分利用区块链技术的不可篡改、可溯源性,构建以海关为核心的区块链联盟,推动海关与报关企业、物流企业、金融机构等跨境贸易多方节点的对接,在此基础上明确各个节点的权限,进一步实现跨境贸易全链条参与主体在区块链上的数据互通、安全共享(见图3)。① 另一方面,广泛开展商品条码应用,实现对跨境电商货物跨境支付、物流运输、质量安全等信息的实时跟踪,有效保障跨境物流可视化监管。

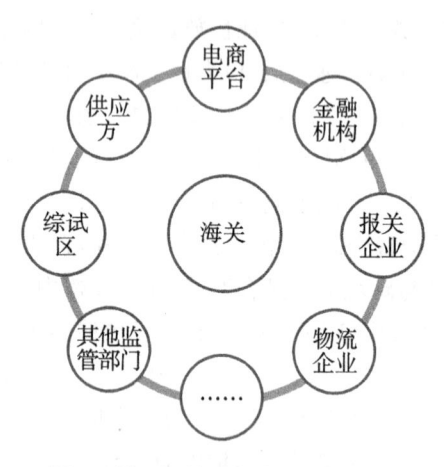

图 3 基于区块链的海关监管联盟

二是强化大数据平台应用。积极构筑知识库、模型库、规则库等

---

① 参见姚前、朱烨东:《中国区块链发展报告(2020)》,社会科学文献出版社2020年版,第285页。

大数据基础库,挖掘、分析和提炼"三单"信息、走私藏匿手法、高风险企业及人员活动规律等要素。探索推进"供应链安全评估+智能风控模型集群"功能建设,构建资金交易、货物流转、高风险企业及人员轨迹等智能化监测模型,实现大数据运维可视化和大数据应用场景化,切实提升数字化智能化治理水平。积极对接跨境电子商务公共服务平台,进一步规范跨境电商通关流程。

三是持续推广智能审图技术。充分发挥出智能审图"向科技要效能"作用,积极探索智能审图在跨境电商监管工作中的创新应用。完善优化智能审图标准图片库,进一步提高对禁限、应税和检疫类商品的有效报警率。同时,及时根据业务特点调整算法,防止各类算法之间可能存在相互干扰,在确保不漏报的情况下减少误报,着力构建"无感顺势、精准高效"的现代化智能机检监管作业模式。

(五)加强多方协同治理,构建跨境电子商务发展良好生态圈

以协同治理为导向,将跨境电商各企业参与主体、政府监管部门、行业组织、消费者等参与方作为链上成员有效地串联起来,构建多元主体共治体系。一是加强与企业协作。鼓励跨境电子商务平台企业加强对海关风险防控领域信息和数据支持,将风险防范关口前移,同时,建立并完善进出口商品溯源机制、质量安全自律监管体系,进一步降低企业经营风险和海关监管风险。积极对进出口企业开展跨境电商各项政策、主动披露制度等宣传,建立常态化提醒机制,引导企业自查自纠,主动减少违法违规危害后果。二是加强海关与其他监管部门的合作。进一步完善与工商、税务、外汇、银行、市场监管、公安等多部门数据共享与合作机制,通过实现"信息互换、监管互认、执法互助",打破信息孤岛屏障,确保实时掌控最新跨境商贸交易动向和情报线索信息,形成效率最大化的整合效应。积极开展对非法售卖身份信息、传输虚假支付数据、虚假物流信息行为主体的联合惩戒,定期通报跨境电商渠道案件查办情况、存在的风险和相关线索,力求最大限度压缩不法分子走私违法空间。三是强化行业组织、消费者等第三方主体共同参与。加强与中国国际贸易促进委员会、跨境电商行业协会合

作,进一步搭建沟通桥梁,共同推动跨境电商从业者自觉建立符合海关要求的内部规范运作流程,同时,引导行业组织充分发挥在维护企业合法权益、扩大行业影响力、建立与其他组织合作对话机制等领域的力量。全面普及跨境电商知识和海关监管政策,提升广大消费者对进口假冒伪劣产品、盗取用户消费额度等行为的辨别力和判断力。建立假冒伪劣产品的举报奖励制度,鼓励消费者从自身权益出发,举报违法违规的电商企业,共同构建健康有序的行业环境。四是加强与国际海关执法互助。强化与"一带一路"共建国家海关互联互通、数据共享、标准互认,积极开展跨境电商政策、规则及创新研究合作项目。增加与世界海关组织、上海合作组织等多边、区域合作,积极申请加入CPTTP、DEPA等相关区域贸易协定,主动参与以跨境电子商务为核心的数字领域国际规则制定,实现"领会全球规则"到"制定全球规则"的转变,不断提升我国海关在国际海关事务中的话语权和影响力。

Thoughts on Optimizing Customs Control over Cross border e-Commerce under the New Development Pattern

XU Feng   MA Tianhui

[Abstract] Currently, with the booming development of the digital economy, cross-border e-commerce has entered a period of rapid growth and has become an important engine for promoting China's high-level opening-up. How to accurately grasp the functions and positioning of customs in promoting Chinese path to modernization and build a cross-border e-commerce control model that meets the demand for trade security and facilitation have become an important issue for customs control at this stage. For this reason, this paper focuses on the new opportunities and challenges faced by the development of cross-border e-commerce in the new situation. Through field research, it looks into the needs of cross-border e-commerce operators and comprehensive service providers for forcign trade, analyzes the difficulties faced by current customs control, and on this basis, it explores and proposes paths and methods to optimize customs control over cross-border e-commerce, with a view to contributing to the construction of Chinese path to modernization.

[**Key words**] cross-border e-commerce; national security; trade facilitation; Chinese path to modernization

擅自抵押海关监管货物之法律效力辨析及应对

王洪波[*]

[摘　要]　擅自抵押海关监管货物情事由来已久,海关监管面临难题。以厘清民法与海关法律等衔接为出发点,分别从民法的物权和债权角度、行政法的恢复原状和税款优先权角度,深入探讨擅自抵押海关监管货物的法律效力,兼而分析海关法律涉及物权有关规定存在的问题,进而提出推动海关法修法、优化海关规章、依法主张权利、改革监管制度等应对思路,力求实现海关监管货物有效监管和对其物权的充分保障。

[关键词]　海关监管货物;抵押;物权效力;海关法

一、问题的由来

执法实践中,当事人擅自抵押海关监管货物的违法情事时有发生,长期以来成为海关监管难题。擅自抵押问题表面上是行政相对人违反《海关法》第37条第1款规定[①]所致,属于行政法范畴,但此类问

---

[*] 王洪波,青岛海关四级调研员、公职律师。
① 《海关法》第37条第1款规定:"海关监管货物,未经海关许可,不得开拆、提取、交付、发运、调换、改装、抵押、质押、留置、转让、更换标记、移作他用或者进行其他处置。"

题的缘由却与民法息息相关。

物权是民事主体依法享有的基础性财产权。从公私法融合(下文有论述)观点看,物及物权也是包括海关法在内的诸多行政法律法规的重要监管内容。海关监管规定很多都会涉及监管对象的物权。典型的如《海关法》第 37 条第 1 款对未经海关同意的海关监管货物一系列处置的禁止性规定,实际上就是对海关监管货物物权处分的限制。其他还有依据《海关法》以及检验检疫相关法律,对监管对象的检查、查验、取样、检验、检疫、查封、扣押、封存、销毁、收缴、没收、拍卖、变卖等,无不涉及对物权的限制或者处分。

物权包括所有权、用益物权和担保物权。担保物权作为对特定财产交换价值的支配权,其重要作用是利于债权实现,以促进社会融资。担保物权中的抵押、质押、留置,都是民商事融资活动中通行做法。为确保债权实现,优先受偿性成为担保物权的最主要效力。[1] 我国 1995 年颁布的原《担保法》(已失效)、2007 年原《物权法》(已失效)、现行的《民法典》均规定了担保物权具有优先受偿的效力。[2] 由于减免税货物、保税货物等海关监管货物在海关监管期限内大多未办结税款缴纳等海关手续,一旦此类货物未经海关同意而被擅自抵押,势必会对海关税款安全构成较大风险。

对此,《海关法》第 37 条第 1 款要求海关监管货物抵押、质押、

---

[1] 参见黄薇主编:《中华人民共和国民法典释义》(上),法律出版社 2020 年版,第 743 页。

[2] 原《担保法》(已失效)第 33 条第 1 款规定:"本法所称抵押,是指债务人或者第三人不转移对本法第三十四条所列财产的占有,将该财产作为债权的担保。债务人不履行债务时,债权人有权依照本法规定以该财产折价或者以拍卖、变卖该财产的价款优先受偿。"原《物权法》(已失效)第 170 条规定:"担保物权人在债务人不履行到期债务或者发生当事人约定的实现担保物权的情形,依法享有就担保财产优先受偿的权利,但法律另有规定的除外。"《民法典》第 386 条规定:"担保物权人在债务人不履行到期债务或者发生当事人约定的实现担保物权的情形,依法享有就担保财产优先受偿的权利,但是法律另有规定的除外。"

留置必须经海关同意,《海关事务担保条例》第5条要求当事人将海关监管货物向金融机构抵押要按照海关规定提供担保,[①]而且,《海关行政处罚实施条例》规定了未经海关同意擅自抵押等违法情形的罚则。[②] 但实践中,由于减免税货物、保税货物等海关监管期限较长,海关难以做到实时监管,而多数当事人出于经营困境急于融资,往往难以向海关提供足额的税款担保,擅自抵押海关监管货物情事遂而发生。

对于擅自抵押行为,海关行政处罚多因企业经营困难、濒临破产而难以执行,惩戒作用有限。更需要关注的是,司法实践中,部分法院认可擅自抵押行为的抵押物权,经抵押物权人申请后裁定执行,但是法院作出的司法裁定,往往未查明或者忽视海关监管货物未办结海关手续的事实,在裁定执行的同时没有依据《海关法》第37条第3款[③]责令当事人办结海关手续;还有法院对《海关法》第37条第3款的"责令当事人办结海关手续"的时点存在不同理解,认为可以在"处理海关监管货物后"责令当事人办结海关手续。例如某起司法案例中,某海事法院对被擅自抵押的船舶裁定执行并发布司法拍卖公告,要求"船舶在国内登记时,缴纳海关税费",而经拍卖的买受人怠于办理船舶登记手续。此后,涉案船舶因另案债务纠纷面临被另一地法院再次执行的窘境。以上做法不仅使得海关监管货物的税款难以保障,而且

---

① 《海关事务担保条例》第5条第1款第7项规定:"当事人申请办理下列特定海关业务的,按照海关规定提供担保:……(七)将海关监管货物向金融机构抵押的;";第2款规定:"当事人不提供或者提供的担保不符合规定的,海关不予办理前款所列特定海关业务。"

② 《海关行政处罚实施条例》第18条第1款第1项规定:"有下列行为之一的,处货物价值5%以上30%以下罚款,有违法所得,没收违法所得:(一)未经海关许可,擅自将海关监管货物开拆、提取、交付、发运、调换、改装、抵押、质押、留置、转让、更换标记、移作他用或者进行其他处置的……"

③ 《海关法》第37条第3款规定:"人民法院判决、裁定或者有关行政执法部门决定处理海关监管货物的,应当责令当事人办结海关手续。"

易致海关实际监管不能,实质上干涉和破坏了原本稳定的海关管理秩序。

随着《民法典》时代的到来,公法与私法的交叉融合越来越多,通过厘清民法与海关行政法对于物权处分等规定的衔接,可以为解决上述擅自抵押海关监管货物问题提供思路,同时,也利于检视相关海关监管规定,进一步依法加强对物权的保障。

二、问题的法律基础分析

(一)民法与行政法的交叉融合

法律区分为公法与私法,是现代法基本原则和法秩序之基础。[①]从大陆法系的法律体系概念出发,行政法属于"公法"范畴;民法属于"私法"范畴。[②] 随着《民法典》颁布,传统的公、私法二元论即民法与行政法泾渭分明的观点已趋式微。"行政法中行政权的强制性开始软化,行政机关与行政相对人之间的不对等关系开始趋向平等化,民法精神导入行政法,开始改造行政法的传统思想。""行政法与民法不再是以前那种黑白分明的状态,而是你中有我,我中有你。"[③]事实上,民法与行政法不是非此即彼的存在,民事权利的保护与法治政府的建设是相辅相成的。

《民法典》出现了多达 55 处"行政法规",典型的如第 143 条第 3 项、[④]第 153 条第 1 款,[⑤]其是行政法对意思自治限制的法律规范,被看

[①] 参见梁慧星:《民法总论》(第 5 版),法律出版社 2017 年版,第 35 页。
[②] 参见胡建淼:《民法典是政府机关依法行政的法律依据》,载《学习时报》2020年 6 月 24 日,A2 版。
[③] 章剑生:《面向"民法典"的现代行政法》,载微信公众号 2020 年 5 月 29 日,https://www.sohu.com/a/398361009_120051578。
[④] 《民法典》第 143 条第 3 项规定:"具备下列条件的民事法律行为有效:……(三)不违反法律、行政法规的强制性规定,不违背公序良俗。"
[⑤] 《民法典》第 153 条第 1 款规定:"违反法律、行政法规的强制性规定的民事法律行为无效。但是,该强制性规定不导致该民事法律行为无效的除外。"

作财产权和交易安全的保障,还有第117条、①第243条、②第534条③等,以及涉及工商登记、债权登记、个人信息和隐私保护等相关条款,都体现出行政法与民法的有机联系和衔接。《民法典》所规定的民事主体的权利以及其他合法权益的实现,都离不开公权力的必要受限与主动担当。④

行政法中同样有一些规定应用民法的法律原则,例如,《行政许可法》关于撤回和撤销制度的规定等都直接体现了民法的诚信原则;《海关法》关于查验时收发货人到场的规定体现物权保护原则,损坏被查验的货物、物品应当赔偿的规定秉承侵权责任原则等。"《民法典》不仅是作为平等主体的公民、法人或者非法人组织从事民事活动的法律依据,也是作为行使公权力主体的政府机关依法行政的法律依据。"⑤鉴于此,擅自抵押海关监管货物问题尽管属于行政法范畴,但要厘清其法律效力,需要立足民法与行政法交叉融合视角,为解题提供有益思路。

(二)"物权法定"原则的衔接适用

物权法定原则是物权法律制度的一项基本原则。《民法典》第

---

① 《民法典》第117条规定:"为了公共利益的需要,依照法律规定的权限和程序征收、征用不动产或者动产的,应当给予公平、合理的补偿。"

② 《民法典》第243条规定:"为了公共利益的需要,依照法律规定的权限和程序可以征收集体所有的土地和组织、个人的房屋以及其他不动产。征收集体所有的土地,应当依法及时足额支付土地补偿费、安置补助费以及农村村民住宅、其他地上附着物和青苗等的补偿费用,并安排被征地农民的社会保障费用,保障被征地农民的生活,维护被征地农民的合法权益。征收组织、个人的房屋以及其他不动产,应当依法给予征收补偿,维护被征收人的合法权益;征收个人住宅的,还应当保障被征收人的居住条件。"

③ 《民法典》第534条规定:"对当事人利用合同实施危害国家利益、社会公共利益行为的,市场监督管理和其他有关行政主管部门依照法律、行政法规的规定负责监督处理。"

④ 章志远:《〈民法典〉时代行政诉讼制度的新发展》,载《法学》2021年第8期。

⑤ 胡建淼:《民法典是政府机关依法行政的法律依据》,载《学习时报》2020年6月24日,A2版。

116条①规定了"物权法定"原则。"物权只能依据法律设定,禁止当事人自由创设物权,也不得变更物权的种类、内容、效力和公示方法。"②物权不同于债权,债权可以法定,也可以意定;物权具有排他的绝对权、对世权的特征,权利人不需要他人的协助、配合,就能对物自主利用,而物权关系的义务人最基本的义务是不妨碍、不干涉物权人行使权利。需要注意的是,物权调整的权利义务必须由"法律"作出规定,对权利人和义务人之间的规范也只能由"法律"规定。全国人大常委会法制工作委员会民法室编写的《中华人民共和国民法典释义》对此解释为:"物权法定中的'法',指法律,即全国人大及其常委会制定的法律,除法律明确规定可以由行政法规、地方性法规规定的外,一般不包括行政法规和地方性法规。需要说明的是,物权法定中的法律,既包括物权法,也包括其他法律,如土地管理法……。"③物权的种类、内容等只能由法律设定,例如,是否有权设定物权,物权是否有效,属于何类物权,属于占有、使用、收益、处分的何种权能等。同样,对物权内容及其权利义务关系予以限定,也只能由法律规定。由此,《海关法》第37条第1款对担保物权的限制,符合"物权法定"原则。还有如《进出口商品检验法》第5条规定对未经检验商品的处分权和使用权的限制,④亦是如此。

依据《民法典》第8条、⑤第132条⑥等原则性规定,以意思自治为

---

① 《民法典》第116条规定:"物权的种类和内容,由法律规定。"

② 杨立新主编:《〈中华人民共和国民法典〉条文精释与实案全析》,中国人民大学出版社2020年版,第157页。

③ 黄薇主编:《中华人民共和国民法典释义》(上),法律出版社2020年版,第227页。

④ 《进出口商品检验法》第5条第2款规定:"前款规定的进口商品未经检验的,不准销售、使用;前款规定的出口商品未经检验合格的,不准出口。"

⑤ 《民法典》第8条规定:"民事主体从事民事活动,不得违反法律,不得违背公序良俗。"

⑥ 《民法典》第132条规定:"民事主体不得滥用民事权利损害国家利益、社会公共利益或者他人合法权益。"

核心,保障财产权和交易安全的民法不是一个完全自治的法律体系,它不但需要行政法外在的协力,同时,也需要行政法基于国家利益、公共利益等对意思自治予以限制。因此,《民法典》当然不排斥行政法对物权处置的限制,其是基于社会秩序和公共利益需要,由行政法延伸到民法领域的一条必要通道。《海关法》第37条基于维护进出境管理秩序和税收利益,对担保物权设立作出强制性规范是必要的。当事人对海关监管货物设定抵押权等,应当依法取得海关同意,否则,不仅违反《海关法》规定的法定义务,可能承担行政法律责任,而且违反了《民法典》"物权法定"原则,按照《中华人民共和国民法典释义》所说:"违背物权法定原则,所设'物权'没有法律效力。"[1]换言之,擅自抵押海关监管货物所设立的抵押权,既然违反了《海关法》对抵押权的禁止性规定,也就违背了"物权法定"原则,所设立的抵押权应当没有法律效力。

三、擅自抵押的法律效力分析

《民法典》第215条规定了"区分原则"[2],明确物权变动与合同效力的区分;第225条规定了船舶、航空器等物权登记效力。[3] 根据物权变动与其基础合同关系的效力相区分的原则,可以从物权、债权两个角度,分别分析抵押权及抵押合同效力问题。另外,探究《海关法》的立法本意以及《关税法》规定的税款优先权,有助于厘清效力问题。

(一)擅自设立的抵押权应属无效

前文分析了擅自抵押海关监管货物设立的抵押权违反了"物权法定",理应无效。这里从立法和司法两个层面的规定作进一步分析。

一是《民法典》第399条列举了禁止抵押的财产,该条第5项明确

---

① 黄薇主编:《中华人民共和国民法典释义》(上),法律出版社2020年版,第227页。
② 《民法典》第215条规定:"当事人之间订立有关设立、变更、转让和消灭不动产物权的合同,除法律另有规定或者当事人另有约定外,自合同成立时生效;未办理物权登记的,不影响合同效力。"
③ 《民法典》第225条规定:"船舶、航空器和机动车等物权的设立、变更、转让和消灭,未经登记,不得对抗善意第三人。"

"依法被查封、扣押、监管的财产"不得抵押。① 有争议的是,海关监管货物是否属于"依法被监管的财产"。其实,从立法溯源中可以得出清晰的结论。《民法典》第399条第5项规定完全来自原《担保法》(已失效)第37条第5项、原《物权法》(已失效)第184条第5项的表述。全国人大常委会法制工作委员会编写的《中华人民共和国物权法释义》对第184条第5项的解释:"依法监管的财产,是指行政机关依照法律规定监督、管理的财产。比如海关依照有关法律、法规,监管进出境的运输工具、货物、行李物品、邮递物品和其他物品。"②《民法典》颁布后,全国人大常委会法制工作委员会民法室编写的《中华人民共和国民法典释义》对该条款的解释原封不动地予以沿用。③

二是在司法实务中,最高人民法院物权法研究小组编写的《〈中华人民共和国物权法〉条文理解与适用》对《物权法》第184条第5项的理解为:"监管是指海关对自进境起到办结海关手续的进口货物,自向海关申报起到出境止的出口货物、过境、转运、通运货物,以及暂时进口货物、保税货物和其他尚未办结海关手续的进出境货物进行监督、管理,对违反《海关法》和其他有关法律法规规定进出境货物、物品等予以扣留。"④

上述立法机关(全国人大常委会法工委)和司法审判机关(最高人民法院)的理解中,海关监管货物应当在依法不得抵押的财产范围之内,而且此观点历经民法典立法前后多年未变。综上,海关监管货物明显属于《民法典》第399条规定的不得抵押的财产,未经海关同意而擅自对海关监管货物设定的抵押权,不发生物权变动效力,依法应当

---

① 《民法典》第399条第5项规定:"下列财产不得抵押:……(五)依法被查封、扣押、监管的财产……"

② 胡康生主编、全国人大常委会法制工作委员会编写:《中华人民共和国物权法释义》,法律出版社2007年版,第404页。

③ 参见黄薇主编:《中华人民共和国民法典释义》(上),法律出版社2020年版,第774页。

④ 最高人民法院物权法研究小组编写:《〈中华人民共和国物权法〉条文理解与适用》,人民法院出版社2007年版,第551页。

无效。依据《民法典》第 426 条规定的"法律、行政法规禁止转让的动产不得出质"以及第 449 条规定的"法律规定或者当事人约定不得留置的动产,不得留置",如果未经海关同意而擅自对海关监管货物设定质权、留置权,亦当同理。

(二)抵押合同可以有效

《民法典》第 153 条第 1 款规定,①即使海关监管货物擅自抵押不能发生物权变动效力,除非法律有特别规定,抵押合同一经成立,只要不违反法律的强制性规定和社会公共利益,就可以发生效力,但有例外情形,即该强制性规定不导致抵押合同行为无效的除外。适用此条款,关键在于具体强制性规定的性质判断。某些强制性规定尽管要求民事主体不得违反,但其并不导致合同必然无效。最高人民法院《关于适用〈中华人民共和国合同法〉若干问题的解释(二)》对"强制性规定"明确限于"效力性强制性规定"。② 最高人民法院《关于当前形势下审理民商事合同纠纷案件若干问题的指导意见》进一步提出了"管理性强制性规定"的概念,指出违反管理性强制性规定的,人民法院应当根据具体情形认定合同效力。此后,最高人民法院在最高人民法院《关于印发〈全国法院民商事审判工作会议纪要〉的通知》(法〔2019〕254 号,以下简称《九民纪要》)规定了"效力性强制性规定"认定情形。③

---

① 《民法典》第 153 条第 1 款规定:"违反法律、行政法规的强制性规定的民事法律行为无效。但是,该强制性规定不导致该民事法律行为无效的除外。"

② 最高人民法院《关于适用〈中华人民共和国合同法〉若干问题的解释(二)》(法释〔2009〕5 号)第 14 条规定:"合同法第五十二条第(五)项规定的'强制性规定',是指效力性强制性规定。"

③ 《九民纪要》在"三、关于合同纠纷案件的审理"中规定:"下列强制性规定,应当认定为'效力性强制性规定':强制性规定涉及金融安全、市场秩序、国家宏观政策等公序良俗的;交易标的禁止买卖的,如禁止人体器官、毒品、枪支等买卖;违反特许经营规定的,如场外配资合同;交易方式严重违法的,如违反招投标等竞争性缔约方式订立的合同;交易场所违法的,如在批准的交易场所之外进行期货交易。关于经营范围、交易时间、交易数量等行政管理性质的强制性规定,一般应当认定为'管理性强制性规定'。"

关于《海关法》第37条第1款属于何种强制性规定,可以从以下两个方面分析。一是从海关监管制度分析,海关监管货物并不是绝对禁止抵押,在一定条件下,如经海关同意并按照规定提供担保,海关监管货物是可以依法抵押的。即使未经海关同意签订抵押合同也并不必然会发生损害国家税收利益的结果,例如,进口的加工贸易料件虽然被擅自抵押,但理论上可以通过内销补税、加工出口等多种方式解除海关监管,并不会必然导致税款流失。二是从司法实践来看,在"中国民生银行股份有限公司沈阳分行、中国铁路物资哈尔滨有限公司等执行异议"[(2016)最高法民申779号]再审一案中,最高人民法院明确指出:"《中华人民共和国海关法》第37条虽然规定,海关监管货物未经海关许可,不得提取、交付和转让,但该规定为管理性强制性规定,不属于效力性强制性规定。"随着《民法典》对"无效合同"情形进行限缩,"鼓励交易"的价值取向越来越明显。《海关法》第37条第1款规定属于"管理性强制性规范"而非"效力性强制性规范",理应成为共识。

按照《民法典》规定的"区分原则",虽然对海关监管货物擅自设定的担保物权应当认定无效,但是并不妨碍抵押合同发生债权效力,以此保障善意当事人的合法权益。如果因海关查处擅自抵押违法行为或者法院判定抵押权无效而致抵押合同无法履行,可以认定为抵押合同违约,无过错一方可以依据《民法典》相关规定,主张由擅自抵押一方承担违约责任。

(三)擅自抵押应恢复原状

从立法本意分析《海关法》第37条第3款,在全国人大常委会法制工作委员会编写的法律释义丛书中的《海关法释义》对此解释为:"即对于海关监管货物,只有在办结海关手续,比如交纳关税,办理有关进出口许可证件后,才能依照人民法院的判决、裁定或者有关行政执法部门的决定进行处理。"[1]由此可见,法院裁判执行海关监管货物,

---

[1] 全国人大常委会法制工作委员会编,卞耀武主编:《海关法释义》,法律出版社2001年版,第84页。

需要以其办结海关手续为前提,而不是如部分法院理解的"先处理,后办结海关手续"。另外,擅自抵押行为作为违法行为,应当依法予以处罚。"行政处罚作为行政管理的一种措施,处罚本身不是目的,而是一种手段。"①纠正违法行为是实施行政处罚的重要目的。《行政处罚法》第28条第1款规定的责令当事人改正,②实质上是力图将违法状态恢复到合法原状,当然,因客观原因无法恢复的除外。鉴此,擅自抵押行为应当依法恢复到海关监管货物未抵押的原状,或者通过办结海关手续纠正后方能设立抵押。

(四)海关税款优先权与办结海关手续的自洽性

《民法典》第386条规定了担保物权的优先受偿性,同时,也规定"法律另有规定的除外"。③ 这说明担保物权的优先受偿性并不是绝对的,如果法律有特别规定,担保物权的优先受偿效力会受到影响。《关税法》第58条第1款规定海关税款优先于普通债权,而且纳税人欠缴的税款发生在前的,优先于抵押权、质权执行。④ 税款优先于抵押权的重点在于欠缴税款时点的确定,目前并无明确解释。鉴于立法更早的《税收征收管理法》规定的税收优先权⑤与《关税法》基本一致,有关解释可供参照。国家税务总局《关于贯彻〈中华人民共和国税收征收管理法〉及其实施细则若干具体问题的通知》(国税发〔2003〕47号)

---

① 许安标主编:《中华人民共和国行政处罚法释义》,中国民主法制出版社2021年版,第32页。
② 《行政处罚法》第28条第1款规定:"行政机关实施行政处罚时,应当责令当事人改正或者限期改正违法行为。"
③ 《民法典》第386条规定:"担保物权人在债务人不履行到期债务或者发生当事人约定的实现担保物权的情形,依法享有就担保财产优先受偿的权利,但是法律另有规定的除外。"
④ 《关税法》第58条第1款规定:"海关征收的税款优先于无担保债权,法律另有规定的除外。纳税人欠缴税款发生在纳税人以其财产设定抵押、质押之前的,税款应当先于抵押权、质权执行。"
⑤ 《税收征收管理法》第45条第1款规定:"税务机关征收税款,税收优先于无担保债权,法律另有规定的除外;纳税人欠缴的税款发生在纳税人以其财产设定抵押、质押或者纳税人的财产被留置之前的,税收应当先于抵押权、质权、留置权执行。"

"七、关于税款优先的时间确定问题"中规定:"欠缴的税款是纳税人发生纳税义务,但未按照法律、行政法规规定的期限或者未按照税务机关依照法律、行政法规的规定确定的期限向税务机关申报缴纳的税款或者少缴的税款,纳税人应缴纳税款的期限届满之次日即是纳税人欠缴税款的发生时间。"以保税货物为例,由于海关监管期限内的保税货物有加工出口、退运出口、内销补税等多种监管方式选择,一般只有在纳税人完成内销申报时才确定发生纳税义务,而出于融资需求,保税货物设定抵押时间通常发生在向海关申报内销之前,因此,对于擅自抵押的保税货物而言,纳税人欠缴税款的时点大多发生在设定抵押权、质权之后。如果将擅自抵押的抵押权视为有效,海关的税款优先权在擅自抵押的情况下将无法适用。在此情况下,既然缴纳税款本就是海关手续之一,也就意味着《海关法》第37条第3款的"先予办结海关手续"的原意也将无从谈起,势必陷入海关监管不能的困境。但是按照前文所析,擅自抵押的抵押权应属无效,《关税法》又规定税款必定优先于无担保债权,那么,《关税法》第58条的"税款优先权"与《海关法》第37条的"先予办结海关手续"形成内在逻辑一致,构成自洽。

四、对物权限制性规定的问题分析

由上文分析,海关法律对担保物权的一定限制是合理的,但是检视海关法律对物权的限制性规定,存在一些有悖《民法典》的内容,需要引起海关立法者的关注。

(一)对海关监管货物所有权转让限制过于严苛

《海关法》第37条第1款除对海关监管货物担保物权予以限制,对海关监管货的转让亦规定须经海关同意,这就涉及对货物所有权的限制。所有权是物权的本源和基础,所有权以外的物权都是由此派生出来的,他物权如用益物权与担保物权的设定,均源于对所有权的行使。"现代以来,传统行政法单纯强调公益优先的观念已发生变化,行政法所追求的已不再限于公益维护,而是力图实现公益与私益的平衡。"①除非出于国家利益、社会公共利益目的,如依法征收、征用等,强制执行如变卖、拍卖等,以及行政处罚如没收非法财物等,行政法基于行政管理目的对所有权的强制性规范理应慎重行事。

依照《海关法》第100条对"海关监管货物"的解释,②海关监管货物的范围较为广泛。对海关监管货物所有权转让不加区分地予以限制,存在如下弊端。一是与国际公约有所冲突。《关于简化和协调海关制度的国际公约修正案议定书》(以下简称《经修正的京都公约》)专项附约四"海关仓库和自由区"第12条标准条款规定:"应允许海关仓库所存货物所有权的转让。"③这意味着保税仓库内的货物所有权可以自由转让。我国接受了该公约关于"海关仓库"的内容。保税仓库货物属于海关监管货物中的保税货物,如果按照《海关法》第37条理解,保税仓库货物未经海关同意不得转让,就会导致《海关法》与公约规定存在不符。二是对于海关放行前的海关监管货物而言,由于《海关法》规定的行政相对人主要是进出口货物收发货人,而在复杂的国际贸易中,收发货人并不必然是货物所有权人,海关既没有必要过多关注货物所有权问题,也缺乏执法能力去确认复杂的所有权归属,而且国际贸易中作为"物权凭证"的提单多是"凭指示交付",海关实际上也无法干涉或者阻止货物的物权转让。三是"物尽其用"是《民法典》基本规则,虽然《海关法》调整的是行政管理关系,除非基于国家利益、社会公共利益的必要,对于进出口货物转让的严格限制不利于货物价值的最大化利用。因此,对海关监管货物所有权转让一概予以限制的规定值得商榷。但是,对于海关放行后仍需后续监管的海关监管

---

① 章剑生:《现代行政法专题》,清华大学出版社2014年版,第36页。
② 《海关法》第100条规定:"本法下列用语的含义:……海关监管货物,是指本法第二十三条所列的进出口货物、过境、转运、通运货物,特定减免税货物,以及暂时进出口货物、保税货物和其他尚未办结海关手续的进出境货物。"
③ 《关于简化和协调海关制度的国际公约》(中英文),海关总署国际合作司、上海海关高等专科学校、世界海关组织研究中心译,法律出版社2001年版,第101页。

货物,如保税货物、减免税货物、暂时进出口货物等,出于国家税收利益和行政秩序目的,对其所有权转让做出限制的强制性规范是必需的。

(二)对超期未申报货物的处置缺少公示程序

《海关法》第 30 条第 1 款规定,①对于进口的超期未申报货物、声明放弃货物,由海关提取依法变卖处理。《海关法》对于超期未申报货物等其实是比照民法上的无主物处置的。《民法典》第 318 条规定,遗失物自发布招领公告之日起 1 年内无人认领的,归国家所有。执法实践中,海关对于超期未申报货物,通常难以确认进口货物收货人,也就难以通知其尽快履行申报义务,只要达到法定的未申报期限的,则按照《海关法》第 30 条以及《海关关于超期未报关进口货物、误卸或者溢卸的进境货物和放弃进口货物的处理办法》(海关总署令第 91 号)等规定予以处置。虽然对此类货物予以处置是必要的,但因其涉及货物所有权(前文已论述对所有权谨慎处分的必要性),理应规定合理期限的公示程序,以保证当事人合法权益,这也是包容审慎监管的应有之义。其实,海关监管制度中对于涉及所有权处置的公示程序已有先例,如《海关事务担保条例》第 21 条②对退还的担保财产无人认领的情

---

① 《海关法》第 30 条规定:"进口货物的收货人自运输工具申报进境之日起超过三个月未向海关申报的,其进口货物由海关提取依法变卖处理,所得价款在扣除运输、装卸、储存等费用和税款后,尚有余款的,自货物依法变卖之日起一年内,经收货人申请,予以发还;其中属于国家对进口有限制性规定,应当提交许可证件而不能提供的,不予发还。逾期无人申请或者不予发还的,上缴国库。确属误卸或者溢卸的进境货物,经海关审定,由原运输工具负责人或者货物的收发货人自该运输工具卸货之日起三个月内,办理退运或者进口手续;必要时,经海关批准,可以延期三个月。逾期未办手续的,由海关按前款规定处理。前两款所列货物不宜长期保存的,海关可以根据实际情况提前处理。收货人或者货物所有人声明放弃的进口货物,由海关提取依法变卖处理;所得价款在扣除运输、装卸、储存等费用后,上缴国库。"

② 《海关事务担保条例》第 21 条规定:"自海关要求办理担保财产、权利退还手续的书面通知送达之日起 3 个月内,当事人无正当理由未办理退还手续的,海关应当发布公告。自海关公告发布之日起 1 年内,当事人仍未办理退还手续的,海关应当将担保财产、权利依法变卖或者兑付后,上缴国库。"

况,就规定了1年的公告期限。

(三)取样验余样品的处置没有具体规定

海关执法中存在大量的取样化验、检验、检疫、鉴定等行为,不可避免会产生验余样品处置问题。《进出口商品检验法实施条例》第34条、①《进出境动植物检疫法实施条例》第66条②规定了验余样品处理的原则,货主、物主应当在规定的期限内领回,逾期不领回的按照规定处理。但是此类规定较为笼统,尤其对于逾期不领回的,缺少处置程序、处置方法等规定。执法实践中,曾发生当事人在不知情的情况下验余样品被海关处理引发的行政争议,也出现过验余样品被私吞的廉政情事等。验余样品同样涉及物权问题,理应引起足够重视,尤其对于价值较高的无人认领样品,应当本着尊重当事人所有权的原则,参照《民法典》第318条,规定合理的公示程序和处理方式。

五、应对思路

(一)推动修改《海关法》第37条

一是为有效应对擅自抵押的执法难题,有必要在《海关法》第37条中对担保物权的强制性规定单列一款,以增强宣示作用,具体可以表述为:"特定减免税货物、暂时进出口货物、保税货物以及其他未缴纳应纳税款的海关监管货物,未经海关同意,不得进行抵押、质押、留置等处置"。二是为避免对法律理解的争议,突出"处理海关监管货物前"责令办结海关手续的必要性,将第37条第3款修改为:"人民法院判决、裁定或者有关行政执法部门决定处理海关监管货物前,应当责令当事人办结海关手续"。三是与《经修正的京都公约》相一致以及与

---

① 《进出口商品检验法实施条例》第34条规定:"出入境检验检疫机构按照有关规定对检验的进出口商品抽取样品。验余的样品,出入境检验检疫机构应当通知有关单位在规定的期限内领回;逾期不领回的,由出入境检验检疫机构处理。"

② 《进出境动植物检疫法实施条例》第66条规定:"口岸动植物检疫机关依法实施检疫,需要采取样品时,应当出具采样凭单;验余的样品,货主、物主或者其代理人应当在规定的期限内领回;逾期不领回的,由口岸动植物检疫机关按照规定处理。"

《民法典》相衔接,区分海关监管货物物权处分的不同情形,取消《海关法》第 37 条第 1 款中的"海关监管货物,未经海关许可不得转让"的规定。四是为避免与行政许可相混淆,将第 37 条第 1 款中的"未经海关许可"的表述修改为"未经海关同意"。

(二)完善有关物权处置的规定

一是注重立法技术,对海关规章有关条款采用与《海关法》第 37 条、《民法典》第 399 条一致的禁止性表述,既增强宣示效果,又可避免造成擅自抵押所致法律后果的弱化。例如,将《海关加工贸易货物监管办法》第 6 条第 2 款修改为:"加工贸易货物,未经海关同意并向海关提供担保,不得作为抵押、质押、留置的财产。"将《海关进出口货物减免税管理办法》第 22 条亦作类似修改。二是对于超期未申报货物能够确定进口货物收货人的,可以借鉴《行政强制法》的"催告"程序,要求当事人在合理期限内尽快履行申报义务,对于仍不履行的依法予以处置;对于无法确定收货人的,可以借鉴《海关事务担保条例》相关规定,以法律认可的公告等形式对外公示,对于公告届满仍不申报的,则依法予以处置;对于危险品或者鲜活、易腐易烂、易失效、易变质等不宜长期保存的货物,可以根据实际情况,在提前提取依法变卖处理前进行合理公告即可。三是对于验余样品,可以比照《民法典》第 318 条和《海关法》第 30 条处置原则,对于无正当理由逾期不办理领回手续的,规定合理期限的公示程序;期限届满当事人仍未领回的,由海关提取依法拍卖或者变卖处理,其中涉及人身财产安全、健康、环境保护项目不合格的样品,予以销毁。

(三)依法向法院主张权利

针对部分法院一味认定擅自设立抵押权有效,并对海关监管货物裁定执行的类案,一是应当加强与法院的联系沟通,参照前文所述,及时提出擅自抵押设定的抵押权无效的异议;二是对于法院要求协助执行的,海关发现协助执行的标的尚未办理缴纳税款、检验、检疫等海关手续的,按照《海关协助人民法院执行工作管理暂行规定》(署法发〔2018〕322 号)规定,应当及时向法院书面说明,主张由法院责令当事人先予办结海关手续;三是遇有海关监管货物被法院司法拍卖的情况,海关可以依照《海关法》《关税法》等规定,向法院主张抵押权无效以及税款优先权,要求法院在执行价款中拨付税款,并责令当事人办结海关手续,对于法院未拨付的或者拨付不足的,可以依据《民事诉讼法》第238条规定①提出协助执行异议,依法解决相关争议。

(四)改革海关监管制度

1.建立担保物权登记查询协作机制

海关依法主张权利的一个重要前提,是及时获悉海关监管货物被擅自抵押等担保信息。执法实践中,海关往往收到法院的协助执行通知时才知晓擅自抵押情事,即使法院同意对执行异议审查,这期间海关仍应履行协助执行义务,不免陷入被动。目前,不同种类的动产和权利由不同的行政管理部门管理,如船舶抵押登记在海事部门、飞机在航空主管部门、企业设备及其他动产抵押登记在市场监督管理部门等,海关及时掌握相关信息较为困难。《民法典》顺应优化营商环境的需要,"删除了有关担保物权具体登记机构的规定,为建立统一的动产抵押和权利质押登记制度留下空间"。② 国务院颁布的《优化营商环境条例》对推动建立统一的动产和权利担保登记公示系统作了规定。③《国务院关于进一步优化政务服务提升行政效能推动"高效办成一件事"的指导意见》(国发〔2024〕3号)明确在"企业破产核查一件事"中共享企业欠缴海关税款情况。各地海关应当积极与相关部门

---

① 《民事诉讼法》第238条规定:"执行过程中,案外人对执行标的提出书面异议的,人民法院应当自收到书面异议之日起十五日内审查,理由成立的,裁定中止对该标的执行;理由不成立的,裁定驳回。案外人、当事人对裁定不服,认为原判决、裁定错误的,依照审判监督程序办理;与原判决、裁定无关的,可以自裁定送达之日起十五日内向人民法院提起诉讼。"

② 王晨:《关于〈中华人民共和国民法典(草案)〉的说明——2020年5月22日在第十三届全国人民代表大会第三次会议上》,载中国人大网2020年5月22日,http://www.npc.gov.cn/npc/c2434/dbdh13j3c/dbdh13j3c007/202005/t20200523_306322.html。

③ 《优化营商环境条例》第47条第2款规定:"国家推动建立统一的动产和权利担保登记公示系统,逐步实现市场主体在一个平台上办理动产和权利担保登记。"

建立查询协作机制,掌握擅自抵押情事多发的保税货物、减免税货物等担保信息,以利及时采取应对措施。

2. 探索加工贸易担保制度改革

实践中,加工贸易货物擅自抵押行为多发于经营困难企业,而此类企业又缺乏提供担保的能力。一直以来,海关对加工贸易监管实行台账保证金制度,其本质属于质权,随着大多数加工贸易台账保证金"空转",海关面临因担保手段缺乏而产生的监管风险。随着《民法典》注重物权担保开放性和灵活性,可以探讨取消加工贸易台账保证金"空转"模式,代之以加工贸易货物"物保"担保模式,企业可以加工贸易货物作为抵押财产,向海关办理担保手续,如果在海关监管期限内出现擅自抵押等违法行为,海关除了可以依据行政法律法规行使职权,还可以依据《民法典》主张权利。这是从制度源头解决问题的思路,此种模式既不会增加企业负担,还有利于海关实现有效监管,防止擅自抵押情事等。当然,立法上需要完善《海关事务担保条例》《海关加工贸易货物监管办法》等,解决海关事务担保中海关作为行政主体或民事主体不同情形等问题,实现海关法律与《民法典》之间的衔接与平衡。

Analysis of Legal Effect of Unauthorized Mortgage of Goods under Customs Control

WANG Hongbo

[Abstract] Unauthorized mortgage of goods under customs control has long been a problem for customs. Starting from clarifying the connection between civil law and customs law, this paper discusses the legal effect of unauthorized mortgage of goods under customs control from the perspectives of real right and creditor's right of civil law, restitution of administrative law and tax priority, and analyzes the problems existing in the provisions of real right in customs law. Then, it puts forward some countermeasures, including promoting the revision of customs law, optimizing customs regulations, asserting rights according to law, and reforming control system, so as to achieve effective control of goods under customs control and full protection of their real rights.

[**Key words**]　goods under customs control; mortgage; effect of real right; customs law

关于"轻微首违不罚"制度在海关行政执法中理解与适用

祝晓峰*

[摘　要]　2021年修订的《行政处罚法》创设了"轻微首违不罚"制度。从条文规定来看,这一制度至少包含"初次违法"、"危害后果轻微"和"及时改正"三方面内容。在海关行政执法中,"初次违法"的认定需要考虑时间、空间以及发现情况进行考量;"危害后果轻微"则需从主观、客观以及社会影响力等方面进行判断;而"及时改正"的认定,既要有时间上的要求,也要有客观改正结果的支持。海关要落实这一制度,既要及时出台相关规范,也要依靠信息化支持,更要做好普法工作。

[关键词]　初次违法;危害后果轻微;及时改正

新修订的《行政处罚法》已于2021年7月15日起施行,其中,第33条第1款创设了"轻微首违不罚"制度,即"初次违法且危害后果轻微并及时改正的,可以不予行政处罚"。此后,国务院在《关于进一步贯彻实施〈中华人民共和国行政处罚法〉的通知》中进一步提出,各地区、各部门要全面落实"轻微首违不罚"规定,根据实际制定发布多个领域的包容免罚清单;对当事人违法行为依法免予行政处罚的,采取

---

* 祝晓峰,宁波海关缉私局副处长。

签订承诺书等方式教育、引导、督促其自觉守法。"轻微首违不罚"制度的出台,给海关行政执法工作带来不少新的挑战,文章试着从该制度的出台背景、条款理解、制度完善三个角度,结合司法实践案例,探讨在海关在行政执法工作中该如何准确理解"轻微首违不罚"这一全新的法律制度,与各位执法人员商榷。

一、"轻微首违不罚"制度的理论依据与现实需求

(一)全面贯彻习近平法治思想的必然要求

坚持以人民为中心,坚持法治为人民服务,是习近平法治思想的根本立足点。进入新时代之后,人民群众对法治的要求日益增长,法治建设要积极回应人民群众的新要求新期待,不断增强人民群众获得感、幸福感、安全感。"轻微首违不罚"是从各地、各部门行政执法实践中探索出来的经验,在实践中得到了人民群众的广泛好评。《行政处罚法》在修订时,积极回应人民群众的呼声,在吸纳了现有实践成果的基础上增设了这一制度,真正地将习近平法治思想贯彻到立法工作中,让人民群众感受到执法的温度,为正确处理管理与服务、严格执法与化解矛盾之间的关系提供了有力的制度保障。

(二)符合"处罚与教育相结合"原则

《行政处罚法》第6条规定:"实施行政处罚,纠正违法行为,应当坚持处罚与教育相结合,教育公民、法人或者其他组织自觉守法",这就是"处罚与教育相结合"原则。行政处罚不应以追究行政法律责任为唯一目的、"为罚而罚",而应坚持教育与处罚相结合,在惩戒违法行为的同时达到预防违法的效果。通过对轻微违法者进行批评教育、劝诫,同样也能起到防止和减少严重违法行为、降低社会危害性的作用。在实践中,对于轻微行政违法行为如果一概予以处罚,不仅不能实现处罚目的,也难以使当事人提高守法的自觉性和对执法的认同感。设立"轻微首违不罚"制度,其目的是希望通过对轻微首次违法当事人免予行政处罚,同时辅以行政机关的教育、引导、监督,给予其认错纠错的机会,从而更有效地实现降低违法风险的立法目的。

(三) 有利于优化营商环境

从各部门已经制定实施的"轻微首违不罚"清单所列举的情形来看,大多是针对企业对法律法规了解不够、存在疏忽遗漏等非故意所造成的轻微违法。对于此类行为不再是采取"一刀切"的方式予以处罚,而是在不予处罚的同时进行引导、督促,给予企业一定的容错空间,避免企业因"无心之过"而加重其经营负担,鼓励企业主动纠错、自我纠错、主动消除或减轻社会危害,体现了包容审慎的现代监管理念,既为企业提供宽松的营商环境,也有利于减少执法成本、节约政府监管资源。①

二、"轻微首违不罚"制度的理解

从《行政处罚法》第33条第1款规定来看,"轻微首违不罚"制度至少包含以下三个部分:初次违法、危害后果轻微、及时改正的。

(一) 关于"初次违法"的理解

1. 时间范围

从字面来看,"初次"即为"第一次",并无时间范围的限制,但在实践中对此存在两种不同意见。

第一种意见认为,应严格按照《行政处罚法》第33条第1款规定的文义来理解,即"绝对的初次,不受时间范围限制"。如《税务行政处罚"首违不罚"事项清单》(国家税务总局公告2021年第6号)、上海市规划和自然资源局、上海市司法局《关于印发〈规划资源领域轻微违法行为免罚清单〉的通知》(沪规划资源规〔2021〕9号)、《海南省农业领域轻微违法行为免罚清单》(琼农规〔2021〕6号)等规范性文件中,对于"初次违法"均未设定时间限制条件。

第二种意见认为,应当设定合理时间范围,只要在一定时间范围内中第一次违法即属于"初次",跨时间段的违法行为不累积计算。如

---

① 参见张红、岳洋:《行政处罚"首违不罚"制度及其完善》,载《经贸法律评论》2021年第3期。

在辽宁省交通运输厅、辽宁省司法厅《关于印发〈关于在交通运输领域推行包容免罚监管机制的实施意见（试行）〉的通知》，将时间范围限定为"同一年度内首次违法"。

司法部行政执法协调监督局副局长徐志群在接受媒体采访时也指出，初次违法主要是指当事人在一定时间范围内，在同一领域、同一空间内第一次有某种违法行为，部门和地方在贯彻实施行政处罚法时，应根据一定时间、空间和领域等实际情况，合理确定"首违"。① 对于海关行政执法中对"初次"的认定，也应当设定一定的时间范围，原则上可以按 2 年为限，主要是基于以下几方面考虑：一是行政处罚时效制度中，一般违法行为的处罚时效为 2 年；二是现行海关行政处罚规则中，将"多次违法"作为从重处罚情节予以考量时，对其中"多次"的时间范围最长设定为 2 年；三是以实践中最常见的进出口货物申报不实行为为例，目前，海关在进出口环节的整体布控查验率、后续稽核查率较低，如将时间范围设置得过小，容易造成"屡错不罚"的情形。当然，对于部分发生频率较低等特定的违法行为，亦可根据不同情形设定较长的"初次"判定时间范围。

2. 空间领域范围

"初次违法"在认定空间领域上，是包括中国所有的行政法律，还是限定于同一个监管领域的行政法律，或是同一部行政法律，或是同一部行政法律中的同一类违法行为？建议应当对"初次违法"限定为同一部行政法律中的同一类违法行为，主要理由如下。

一是我国行政法律规范涉及国家管理的方方面面，将其中某一个领域的违法行为作为对其他领域违法行为的量罚依据，可能导致对相关违法行为的重复评价。

二是对于"同一监管领域"可能存在多个交叉的监管部门或者同

---

① 参见朱宁宁：《司法部相关负责人就"首违不罚"如何落地作出回应》，载法制网 2021 年 7 月 14 日，http://www.legaldaily.com.cn/index_article/content/2021-07/14/content_8551568.htm。

属一个监管部门,实践中难以按"监管领域"为标准作出准确的界限划分。

三是即使是同一部法律,也可能存在多个监管部门,如《食品安全法》就涉及食品安全监督管理部门、卫生行政部门、公安机关、海关等多个监管部门,客观上难以将涉及不同监管部门的不同监管职责在不同的违法行为中进行横向对比。

四是如果将"初次违法"的认定放宽至同一类违法行为之外,那么由于各类违法行为构成要件的差异较大,当事人在其中一类违法行为中受到教育难以直接推及至其他违法行为。如杭州交警部门制定的"优驾容错"政策中,对于11类机动车违法行为"免罚"的适用条件之一便是"连续3个月以上在杭州市范围内无该违法记录的",既设定了地域空间限制——杭州,又设定了违法领域限制——同类违法行为。[1]

3. 初次实施还是初次被发现?

由于违法当事人的主观认识错误,其在初次实施法时行为未能认识到其违法性,并在一段时间内多次实施同类违法行为,此后监管部门才"首次"发现。此种情形是否符合"初次"的条件?实践中,对"初次"有两种不同理解:一种意见认为应该是"第一次实施违法行为";另一种意见认为应该是"实施了一次或多次违法行为,但第一次被监管部门发现"。"轻微首违不罚"制度是为了通过监管部门的教育引导来规范管理相对人的行为,从当事人角度来看也是获得了一次受教育和被"宽容对待"的机会,因此,对于"初次"的理解应当以监管部门发现为前提,即对于上述情形应以"初次被发现"作为认定标准。否则,容易使"轻微首违不罚"的教育目的无法实现。如上海市民防办公室、上海市司法局《关于印发〈民防领域市场轻微违法违规行为免罚清单〉的通知》(沪民防规〔2020〕1号),就将相关"免罚"行为限定在"首次被

---

[1] 参见杭州市公安局:《定了! 12月1日起,这11种交通违法行为可免予处罚!》,载杭州市公安局官网2021年11月25日,http://police.hangzhou.gov.cn/art/2021/11/25/art_1229267445_58923138.html。

发现"的条件下。

(二) 关于"危害后果轻微"的理解

轻微,是一个程度副词。"危害后果轻微"应当结合以下几方面标准进行综合评判。

1. 危害实质标准

参照犯罪行为的分类标准,以违法行为是否造成实质性危害后果为标准,可以将进出境违法行为分为程序性违法行为和实体性违法行为,即违反海关监管规定中程序性的管理要求,但客观上未对海关监管保护的具体法益产生实质性危害的,属于程序性违法行为,如进出境运输工具在未经海关同意的情况下擅自兼营境内运输的;如客观上对海关监管所保护的具体法益产生实质性危害的,则属于实质性违法行为,如进口货物价格申报不实导致漏缴税款的。程序性违法行为主要是对海关监管秩序造成危害,但这种危害不会对海关监管的具体对象——如关税、禁限制进出口货物等造成实质性影响,因此,其整体危害性较低,判定此类行为"危害后果"的程度时可适当从宽;判定实质性违法行为的"危害后果"程度时,则应当适当从严掌握。如在"王品朝诉临安市林业局林业行政处罚案"中,法院就认为原告的用地行为法律规定的禁止性行为,仅仅是在审批环节违反了有关程序性的规定,因此,其违法行为是轻微的,据此认为,被告临安市林业局应对原告王品朝补办手续后不予行政处罚更为妥当。①

2. 违法金额标准

在海关监管领域,违法货值、漏缴税款金额、违法所得等违法金额的大小,是判断某一违法行为社会危害性大小的重要标准。从《海关行政处罚实施条例》设置的处罚基准来看,违法货值、漏缴税款金额、违法所得,都是其中重要的处罚基数。因此,设定"危害后果轻微"的标准时,应当根据不同违法情形,将违法金额(包括但不限于违法货值、漏缴税款金额、违法所得等)限定在一个合理数值限度内,违法金

---

① 浙江省临安市人民法院行政裁定书,(2009)杭临行初字第12号。

额较大的行为不宜认定为"危害后果轻微"。目前,海关实施的立案数额基准制度,就是结合不同违法情形设定不同的违法金额限值,在限值以下的可不予行政处罚。如在"徐乙等与上海市公安局闸北分局彭浦镇派出所处罚决定上诉案"中,上海市公安局闸北分局认定违法行为导致的被损财物价值不高,违法情节轻微,遂决定对原审第三人不予行政处罚,法院认为该不予行政处罚决定适用法律正确,处量适当。①

3. 主观恶意标准

在海关行政处罚中,主观恶意往往是区分违法危害严重程度的一个重要标准,如当事人主观上明知某行为违法而故意实施的,其对国家管理和社会秩序造成的冲击大于过失违法行为。以造成漏缴税款结果的行为为例,如果当事人是故意实施的,则构成走私行为,海关可以对其作出没收走私货物、没收违法所得及并处罚款的处罚,走私数额较大的还可能被追究刑事责任;但如果当事人不存在主观故意,只是过失所致,海关对该行为仅能处以没收违法所得和罚款的处罚,处罚力度远低于走私行为。因此,认定"危害后果轻微"时,原则上应当将当事人故意实施违法行为的情形排除在外。当然,实践中也存在一些特殊情况,可以作为例外情形予以考虑,如故意实施的违法行为仅违反海关程序性监管要求的,或者虽故意违法但及时中止违法行为且未造成实质性危害后果等情形。如在"张某旺诉上海市公安局松江分局处罚案"中,上海市公安局松江分局经审查后认定汤某在他人制止下及时放弃殴打他人的违法行为,属于违法中止,因此对汤某的行为不予行政处罚,法院认为该不予行政处罚符合法律规定。②

4. 社会影响标准

《行政处罚法》第 48 条规定,具有一定社会影响的行政处罚决定应当依法公开。可见,社会影响已然成为行政机关执法行为的一项重

---

① 上海市第二中级人民法院行政判决书,(2012)沪二中行终字第 388 号。
② 上海市第一中级人民法院行政判决书,(2015)沪一中行终字第 204 号。

要考量因素。在实践中,一些违法行为特别是程序性违法行为,如果没有造成严重的负面社会影响,这可以认定为"危害后果轻微"。如在"方林富炒货店诉杭州市西湖区市场监督管理局行政处罚案"中,法院认为方林富违法发布的广告影响力和影响范围较小,客观危害程度较轻微,杭州市西湖区市场监督管理局在处罚数额的裁量上存在明显不当。①

(三) 关于"及时改正"的理解

1. 关于"及时"的时间节点界定

(1) 在行政机关发现前主动改正。当事人在实施违法行为后、在行政机关发现前,如能够及时意识到其自身存在的违法性并主动采取措施予以纠正,这种情形应当认定为"及时改正"。海关总署2019年第161号公告规定的主动披露制度就是典型代表。

(2) 在行政机关发现后改正。当事人的改正行为发生在行政机关发现后或者责令改正后,此时能否认定为"及时改正"? 对于此类情形也应当认定为"及时改正",因为当事人主动改正违法行为当然值得提倡,但其在违法行为被行政机关发现后,能够配合行政机关采取措施尽快整改的,这也能够反映出当事人认错的主观态度,客观上也能实现维护社会秩序的立法目的。特别是对于一些因当事人疏忽、过失导致的违法行为,在行政机关发现并指出前,当事人无法意识到其行为违法,自然也就无法在行政机关发现前进行改正。如在"张军凯诉上海市浦东新区市场监督管理局处罚决定案"中,上海市浦东新区市场监督管理局认为,第三人在案发后能配合案件查处、提供相关材料,并主动督促供货商予以整改,遂根据旧《行政处罚法》第27条之规定,决定对第三人不予行政处罚,法院在判决中对该处理决定予以支持。②

(3) 在行政机关作出处罚决定后改正。实践中,还存在部分当事人因故未能在海关作出处罚决定前完成改正行为,在海关作出处罚决

---

① 浙江省杭州市西湖区人民法院行政判决书,(2016)浙0106行初240号。
② 上海市第一中级人民法院行政判决书,(2014)沪一中行终字第266号。

定后采取了改正措施,并消除了违法行为的危害后果。此时,由于海关作出的处罚决定已经合法生效,当事人在客观上已经丧失了被给予"不予行政处罚"的机会,因此,不宜将此类行为认定为"及时改正"。如在"上海顺逸机电设备有限公司与中华人民共和国洋山海关行政处罚决定上诉案"中,法院认为,由于上诉人在事先告知处罚之后提出申辩直至作出处罚时,都未及时加以纠正,因此对上诉人不予处罚的主张不予支持。①

值得注意的是,对于漏缴税款的违法行为,当事人在案件办理过程中能否主动补缴税款,目前实践中存在一种错误观点认为:在海关作出行政处罚决定前,对当事人违法行为的认定尚未最终确定,因此不能对事人办理补缴税款等海关手续,以免出现追征税款金额与处罚决定认定漏缴税款金额不一致的情形。这一观点存在两个误区:一是忽视了补缴税款是当事人的一项法律义务,如当事人在海关对其违法行为查处过程中主动提出补缴税款,海关仅以"处罚决定尚未作出"为由予以拒绝,不仅缺乏法律依据,也不符合对违法行为应当及时纠正的立法要求;二是海关作出行政处罚决定与补缴税款的"纠错"行为,两者是不同的行政行为种类,所履行的法定条件和程序也存在不同,两者并不存在冲突,只要是在事实查清的情况下,两种程序的进行并不存在先后顺序。

2.关于"改正"的客观要求

对于违法当事人的"改正"行为,应当要达到能够恢复原有监管秩序或消除已有危害后果的程度。以当事人进出口货物申报不实影响国家税款征收的违法行为为例,当事人只有全额补缴相应的税款及滞纳金,或者是向海关提交了税款及滞纳金相应额度的担保,才能认定"改正"行为已经完成;如当事人虽然主观上愿意配合海关及时改正,但因资金不足等原因导致客观上未能足额补缴相应的税款及滞纳金或提供足额担保的,违法行为造成的漏缴税款的危害后果并未完全消

---

① 上海市高级人民法院行政判决书,(2014)沪高行终字第23号。

除,则不宜认定为"改正"行为已经完成。

三、海关行政执法中需要完善的配套制度

"轻微首违不罚"制度虽然在海关行政执法领域已有一定的实践基础,但目前尚缺乏统一的规范和配套程序,要保障该制度在海关行政执法工作中的落实,尚存以下三方面配套制度亟须完善。

(一)尽快制定"轻微首违不罚"清单,统一执法规范

如前文所述,"轻微首违不罚"制度由于其条文内容的宽泛化和原则性,各关在执法实践中必然存在不同的理解和适用,影响海关执法统一性。因此,建议参照国税总局的做法,及时出台"轻微首违不罚"清单,对进出境行政违法行为的不同种类、情形进行梳理,合理设定"首违"、"轻微"和"及时改正"等内容的认定标准,规范"轻微首违不罚"的适用。同时,根据执法实践情况适时开展评估,对清单内容开展动态调整,确保清单内容的合理性。

(二)完善海关执法信息化建设,提高执法效率

目前,海关办理行政处罚案件所使用的信息化系统,有缉私执法、知识产权、涉检处罚等三个不同的系统,三个系统设置差异较大、数据相互独立,且这三个系统与海关正面监管业务系统也未能形成有效互通,由此导致海关在认定"首次违法"时存在较大困难。因此,要贯彻落实"轻微首违不罚"制度,必须完善海关执法信息化建设,确保相关执法内容能够实现信息化共享,从而提高海关执法的针对性和有效性。

(三)认真开展教育引导工作,全面落实"谁执法,谁普法"责任制

"轻微首违不罚"不是任凭违法,"不罚"也不等于放任不管。对于符合不予行政处罚的违法当事人,海关不能简单地"不罚"了之,而应当在作出不予行政处罚决定的同时,及时向违法当事人指出违法行为,进行批评教育,提出及时改正要求,通过签订承诺书、告知书等方式,教育、引导、督促其自觉守法,全面落实"谁执法谁普法"责任制。必要时,还应加强"轻微首违不罚"适用的后续监督,督促当事人严格

落实海关执法监管工作的要求。

四、结语

新《行政处罚法》设立的"轻微首违不罚"制度,虽然其条文内容的宽泛化和原则性导致在理解和适用上存在较多的可能性,但也在客观上为海关行政执法提供了良好的探索空间。希望通过海关执法实践的不断深入,能够为该制度的贯彻落实提供宝贵的经验成果,从而进一步促进该制度不断完善和发展。

Understanding and Application of the "Impunity for Minor First Violation" in Customs Administrative Law Enforcement

ZHU Xiaofeng

[Abstract] The Law of the People's Republic of China on Administrative Penalties, as amended in 2021, created the system of "minor first violation". According to the provisions of the Law, this system includes at least three aspects: "first violation of law", "minor harmful consequences" and "timely correction". In customs administrative law enforcement, the determination of "first violation" needs to take into account the time, place and discovery of the situation for consideration; "minor harmful consequences" needs to be judged from the subjective, objective and social impact, etc.; the "timely correction" is the most important. The determination of "timely correction" should be supported by both time requirements and objective correction results. To implement this system, customs should not only introduce relevant norms in a timely manner, but also rely on the support of information technology and raise the public awareness of compliance.

[**Keywords**] first violation; minor harmful consequences; timely correction

海关进口食品投诉举报处置困境之分析与探索

俞 悦 应 卓[*]

[摘 要] 实践中，投诉举报人以消费者身份依据《食品安全法》《消费者权益保护法》的规定，就食品安全问题向海关提出投诉举报的情况越来越多发，由于举报工作处理依据和程序不明，举报对海关而言不是执法行为的辅助而更像是纠错，不合格进口食品在进口后被发现与在通关环节发现处理差距过于悬殊等因素，导致海关有别于市场监督管理部门处理食品安全投诉举报的特殊困难。应通过建立统一的海关受理食品安全投诉举报制度机制，取消《入境货物检验检疫证明》，并在合格评定程序中引入进口商自检机制等方式予以解决。

[关键词] 进口食品；投诉举报；食品安全

一、海关对投诉举报处置权责的法律分析

（一）投诉与举报的概念

在现有的法律规范中，关于"投诉""举报"的表述散见于各种法律法规和规范性文件，有学者曾经梳理过，截至2020年4月1日，涉及投诉或举报的现行有效法律有就30多部，其他法规、规章、规范性文

---

[*] 俞悦，钱江海关综合业务二处副处长；应卓，湖州市吴兴区市场监督管理局湖东所所长。

件更是不胜枚举。① 但从法律法规层面来看,几乎没有以明确的定义方式来区分"投诉"与"举报"的规定,甚至以投诉举报并列表述的规定殊为多见。

然而,这样的立法现状并不必然意味着二者能够相互等同,投诉和举报,在现代汉语词典中的解释分别为"公民或单位认为其合法权益遭受侵犯,向有关部门请求依法处理"②和"向有关单位检举报告(坏人、坏事)"③,有学者把举报定义为,个人向行政机关报告他人涉嫌违法的民事活动,并要求行政机关对此作出处理的行为。④《宪法》第41条第1款、第2款规定了我国公民申诉、控告或检举的权利,部分法律法规亦规定了相应的举报权条款和投诉权条款。比较可知,各举报权条款的基本结构为"任何单位或个人有权向某行政机关进行举报违反本法规定的行为",而投诉权条款则为"受害人可以向某组织投诉"的结构。⑤ 显然,其中最大的区别在于,举报人以向有关国家机关揭发被举报人的违法行为的积极作为方式推动违法行为被国家机关查处,至于举报人本人私益是否受到侵害并非举报及查处行为关注的重点,举报行为以公益受损之救济为目的;而投诉是投诉人(被侵害者本人)对被投诉人侵犯其合法权益之行为要求有关国家机关依法处理,投诉人是权益被侵害的直接主体(之一),其行为以私益救济为直接目的。

作为比较典型的明确区分"投诉"与"举报"的部门规章——《市场监督管理投诉举报处理暂行办法》,其对两者的概念做了划分——

---

① 参见李凌云:《行政举报法律制度研究》,苏州大学2021年博士学位论文,第27页。
② 中国社会科学院语言研究所词典编辑室编:《现代汉语词典》(第7版),商务印书馆2016年版,第1321页。
③ 中国社会科学院语言研究所词典编辑室编:《现代汉语词典》(第7版),商务印书馆2016年版,第705页。
④ 参见伏创宇:《行政举报案件中原告资格认定的构造》,载《中国法学》2019年第5期。
⑤ 参见刘皎琦:《保护规范理论在举报人原告资格判定中的适用——以"张益虎诉新区规划局不履行法定职责案"为例》,载《研究生法学》2020年第1期。

"投诉"是指消费者为生活消费需要购买、使用商品或者接受服务,与经营者发生消费者权益争议,请求市场监督管理部门解决该争议的行为;"举报"则是指自然人、法人或者其他组织向市场监督管理部门反映经营者涉嫌违反市场监督管理法律、法规、规章线索的行为。这样的区分,无论是从语义解释的角度还是学理分析的角度看,均很好地对"投诉"和"举报"进行了清晰化的定义。

(二)《食品安全法》《消费者权益保护法》中的投诉举报制度与海关的关系

近年来,针对进口食品向海关提起投诉举报的情况日益增多,但海关对于此类投诉和举报究竟有怎样的处理职责和处理权力,却尚不十分明确,给投诉举报的处理带来了一定的难度,需要我们仔细审视进口食品投诉举报关联得最为密切的《消费者权益保护法》和《食品安全法》中的相关规定,以梳理海关在处理此类投诉举报时的权责。

1. 海关有接受涉及进出口食品"投诉""举报"的职责

在《食品安全法》中,涉及与食品安全有关的"投诉""举报"规定,唯第115条第1款规定了"县级以上人民政府食品安全监督管理等部门应当公布本部门的电子邮件地址或者电话,接受咨询、投诉、举报。接到咨询、投诉、举报",尽管海关(《食品安全法》仍表述为出入境检验检疫部门、出入境检验检疫机构)作为国务院直属机构,具体承担食品安全监管职责的隶属海关并不按地方行政区划设置,不是典型的"人民政府食品安全监督管理部门",但根据《食品安全法》第91条明确"国家出入境检验检疫部门对进出口食品安全实施监督管理"的规定,海关确应承担进出口食品安全的监管职责,因此,海关应被包含于"(县级以上人民政府食品安全监督管理)等部门"的范围之内,有接受"投诉""举报"的职责。

2. 海关没有依"投诉"处置进口食品安全消费纠纷的职责

在《消费者权益保护法》第六章争议的解决部分中,第39条关于消费者和经营者发生消费者权益争议的处置,规定了通过包括"向有关行政部门投诉"在内的五种途径解决。从该条的文字表述来看,虽然除了"向有关行政部门投诉"的具体处理方式流程似有语焉不详之嫌外,其他4条"与经营者协商和解""请求消费者协会或者依法成立的其他调解组织调解""根据与经营者达成的仲裁协议提请仲裁机构仲裁""向人民法院提起诉讼",作为"和解""调解""仲裁""诉讼",均系典型的民事争议化解手段,而"向有关行政部门投诉"这一处理方式从排列顺序来看恰好是5种方式中的第三种,介于消协或其他组织调解与仲裁之间,从基本的法律逻辑来理解,这里的向行政部门投诉最终可能的处理结果仍为消费者与经营者之间建立在自愿基础上的和解,这与前文探讨的投诉是投诉人(被侵害者本人)对被投诉人侵犯其合法权益之行为要求有关国家机关依法处理之结论的逻辑也是统一的。但从海关职责履行的实践来看,作为进出口食品安全监督管理部门,其执法集中于进出口环节本身,消费者不是"海关作出进出境货物监管行为的行政相对人,该进出境货物监管行为不会对其合法权益产生直接影响",[①]至于食品进口以后发生于消费者与经营者之间的关系,从投诉处理之调解和解方式的角度来看,海关并非相关法律关系的管理对象,因此不能成为《消费者权益保护法》中的"有关行政部门"。

综上所述,海关可以对进出口食品质量予以监管,但无权就因相关产品引发的民事纠纷予以调处,但这一结论并不与《食品安全法》关于"投诉""举报"规定的相悖,因为第115条第1款除规定"县级以上人民政府食品安全监督管理等部门"应当接受投诉举报外,也规定了"对不属于本部门职责的,应当移交有权处理的部门",因此,在厘清了"投诉"的处置方式应为主持调处民事纠纷的基础之上,即可明确作为缺乏调处民事纠纷职责的海关应将接到的投诉作为"不属于本部门职责的"事项,移交有权处理的部门处理。而对于举报问题,海关确有受理并予以处理的职责。

---

① 最高人民法院行政裁定书,(2019)最高法行申7899号。

二、海关在举报处理中遭遇的特殊困境

面对公众越来越强的食品安全意识和食品安全监督参与热情,食品类投诉举报处理已经成为市场监督管理等部门一项重要工作,向海关提出的此类投诉举报也层出不穷,但除了牵涉精力过大、处置经验和能力参差不齐、食品违法案件起罚点过高导致执行困难、行政机关沦为少数人的牟利工具等共性问题外,海关在处理食品投诉举报过程中遇到有别于国内市场监督管理部门不同的处置难题。

(一)举报工作处理依据和程序不明

市场监督管理部门是处理食品安全投诉举报的最重要部门,也是处理经验最为丰富的部门,且其已经从立法的层面对投诉举报事项的处理进行了系统性规定,《市场监督管理投诉举报处理暂行办法》出台,为推进市场监管体制改革和政府职能转变,统一投诉举报处理制度,提升监管执法和消费维权效能,更好保障社会公众利益起到积极的作用。

但在海关领域,不仅在制度层面没有相应的处理规范,甚至于实践中投诉举报在海关内部由哪个部门牵头负责也尚无定论,实践中,基层接受和处置投诉举报的工作人员只能满足于就事论事地应对投诉举报事项,对投诉和举报事项是否应当和如何区分处理、投诉类事项是否应当受理及组织调解、调解和解后的投诉举报事项如何处置,对投诉举报的事项有没有规范的处理和答复程序、时限等要求,均没有相对统一的意见和做法,造成海关对投诉举报处置的合法性、规范性、有效性难以保证。

同时,在投诉与举报概念混淆的情况下,投诉举报人以举报为名,借助海关可能对进口商进行查处的压力,行"投诉"获取赔偿之实,而海关(和进口商)在下文将要论述的举报处理困境之下,亦容易因处罚金额过高和处罚难度过大的双重因素作用,不恰当地造成进口商以较高的赔偿来换取投诉和举报问题的一并解决,因为海关往往因投诉举报人的撤回投诉举报了结案件,对实际上已经发现的进口食品的违法

行为亦不再处理。

（二）举报对海关而言不是辅助更似纠错

相比投诉主要目的在于维护私人合法权益，举报主要目的在于维护公共利益，①食品安全治理的难点不在于"无法可依"，而是在于监管力量"鞭长莫及"，食品生产的链条长，具有隐蔽性和不对称性，系统化的风险使得行政监管面临执法负荷繁重进而极易导致"政府失灵"，居民群众提供问题线索，打破了隐藏在不法食品生产经营者中的"信息孤岛"，日益成为遏制食品安全违法行为的重要社会共治工具，②因此，如果对市场监管部门来说，接受举报有助于其在管理过程中增加发现违法的机会和能力，那么对于海关来说，由于进口食品检验制度的存在，无论怎样去解释合格评定的程序以及《入境货物检验检疫证明》的效力问题，都无法改变在海关对进口食品在进口时逐票接受申报、逐票出具《入境货物检验检疫证明》的操作逻辑，由于监管职责的履行具体到每票进口食品，因此，事后接受的举报更大程度上似乎是"帮助"海关在事后发现本应在进口环节发现问题食品。在这样的情况下，举报行为对海关而言并不似对市场监管部门的辅助，而更似对先前签发《入境检验检疫证明》并将货物放行入境的纠错，这必然导致海关接受和处理举报的逻辑起点十分尴尬——一方面，海关必须作为执法者来处理食品安全违法行为；另一方面，海关还需要面对原本曾对涉事食品进行合格评定的现实，无论合格评定的依据、程序、效力如何，对案件的处理态度很难完全不受影响。

（三）不合格进口食品在进口后被发现与在通关环节发现处理差距过于悬殊

"重典治乱"的呼声演变成《食品安全法》立法、修法的首要指导思想，从重处罚，提高违法成本，让违法者倾家荡产、身败名裂，付出惨

---

① 参见洪小龙：《我国行政执法投诉受理法律问题研究——以食品安全领域为例》，中南大学 2022 年硕士学位论文，第 8 页。

② 参见韩广华：《"契约"的"艺术"：食品安全举报奖励制度的逻辑分析框架与优化策略》，载《公共管理与政策评论》2024 年第 1 期。

重代价,是消费者普遍的心理期望,在此背景之下,惩罚措施难免过严并不难以理解。①从针对进口食品的罚则来看,《食品安全法》第 129 条第 1 款规定由海关进行处罚的食品安全实体性违法,除没收以外,罚款幅度为"金额不足一万元的,并处五万元以上十万元以下罚款;货值金额一万元以上的,并处货值金额十倍以上二十倍以下罚款",处罚不可谓不重;相比之下,作为海关对进出口食品执法重要操作依据的《进出口食品安全管理办法》,对于进口食品的规定并没有处罚条款,而只有准予或不准予进口的处置规定——该办法第 33 条规定,"进口食品经海关合格评定合格的,准予进口""进口食品经海关合格评定不合格的,由海关出具不合格证明;涉及安全、健康、环境保护项目不合格的,由海关书面通知食品进口商,责令其销毁或者退运;其他项目不合格的,经技术处理符合合格评定要求的,方准进口。相关进口食品不能在规定时间内完成技术处理或者经技术处理仍不合格的,由海关责令食品进口商销毁或者退运"。除此之外,在包括该办法第五章"法律责任"部分在内的其他条款中均无进口食品检验(合格评定)不合格以后如何处置(包括处罚)的任何条款。当然,我们也可以认为在进口环节若发现涉及《食品安全法》第 129 条的不合格食品时,可直接按照《食品安全法》的规定进行处罚,但在现实中通常并不会有这样的处罚,这意味着在进口完成前发现的不合格食品最严重的后果就是销毁,与《食品安全法》没收食品并处起点 5 万元、可高达货值 20 倍罚款的规定相比,处理强度完全不成比例,海关因在自身不同的环节就同类违法行为的查处力度过于悬殊而极大增加了重罚之不合理性。同时,在进口环节每批进口食品的数量和价值往往相比市场监管部门受理案件的中的涉案食品数量和价值更高,导致可能发生的处罚涉及金额比较巨大,在客观上进一步导致举报案件处理难度的增大。

---

① 参见祥华:《食品安全法律责任阶梯化的关键问题研究》,载《行政与法》2024 年第 6 期。

三、相关建议

（一）建立统一投诉举报制度机制

一是明确区分投诉与举报。参考《市场监督管理投诉举报处理暂行办法》对投诉和举报的定义区分，将投诉举报人要求被投诉举报人赔偿的民事纠纷诉求与投诉举报人要求海关依法对被投诉举报人涉嫌存在的违法行为进行查处的线索提供严格区分开来——对于投诉类事项，告知投诉人海关无处理的职责和权力，海关只能将线索移交有权部门处置；对于举报类事项，在予以登记的基础上进行调查并决定是否进入立案处罚程序，同时，明确对外宣示海关处理举报不依举报人的举报或撤回举报为是否处理的前提，更不依举报人是否与被举报人达成和解决定是否进一步处置，确保海关执法的独立性，避免部分举报人利用举报制度将海关作为向被举报人索赔的"工具"。

二是在海关内部，明确举报受理、分流、处置（专业性处置与执法性处置）、信息汇总和共享、后续评估和风险反馈等机制流程，在发挥专业优势、充分分工协作的基础上全面提升举报事项的处置水平，实际上，这一水平的提升，也正是海关查处进口食品违法能力的提升。

（二）取消《入境货物检验检疫证明》

有观点认为，一方面，进口食品《入境货物检验检疫证明》是海关依法签发的执法文书之一，表明所载明的进口食品已经海关实施合格评定；另一方面，其又不具有合格保证的效力，但同时，其又是食品进口后生产经营过程供查验的合格凭证。[①] 尽管这样的观点从每一个子观点单独进行探究，又不失其法律逻辑的严谨性和合理性，但从整体表述却令人眼花缭乱和难以把握，实际上，尽管已有司法判例明确海关无须因《入境货物检验检疫证明》而承担进口食品安全担保义务，但

---

① 参见王传斌：《关于进口食品〈入境货物检验检疫证明〉的法律思考》，载《海关与经贸研究》2021年第2期。

在现实中既然《入境货物检验检疫证明》仍客观存在引发歧义可能性极大的问题(我们显然不能期待每一个进口食品的消费者都能了解司法判例对《入境货物检验检疫证明》的态度),那么我们仍然不得不考虑进口食品的消费者、进口食品的下游经营者乃至市场监督管理等行政执法机关如何看待《入境货物检验检疫证明》。如果我们难以用相对简单的方式清晰明确且容易让普通公众正确认识证明的效力(如在《入境货物检验检疫证明》上以申明"仅证明货物合法进口""不作为产品质量合格保证""不保证食品已经检验合格"等),那么就不得不考虑《入境货物检验检疫证明》的存在究竟是否存在合理性和必要性——既然《入境货物检验检疫证明》不能作为合格保证,除了证明进口食品系通过合法途径进口以外没有太大意义,海关与出入境检验检疫机构无论从机构还是从业务又已合二为一,单独为证明进口食品系通过合法途径进口而在报关单以外另行签发《入境货物检验检疫证明》更显得必要性不足。因此,与其纠结该证明的效力和作用,不如直接取消逐票出具《入境货物检验检疫证明》的做法,既减少不必要的通关流程,也能彻底避免产生海关承担进口食品安全担保义务的理解偏差。

(三)建立进口商自检机制

针对进口食品这一直接关乎群众健康安全的特殊商品,与其做不到由海关逐批进行实质性的检验,不如参照国产食品的做法,建立进口食品上市前自检机制,并以此自检作为开展合格评定的重要依据。具体而言,可按照《食品安全法》第52条之规定,按照食品安全标准对食品进行检验(包括食品安全标准规定的检测实施主体、频次等),切实明确进口商主体责任。当然,这样的自检如果规定在口岸放行前开展,未免对进口商过于苛刻,既然《进出口商品检验法》第5条第2款规定,涉及法定检验的进口商品未经检验的,不准销售、使用,那么自然可以将这一自检环节置于口岸放行以后,进口商将已经存放于国内厂房仓库的食品进行检验并向海关提交,海关经审核并合格评定后方完成全部通关手续,允许销售使用。

这样安排的另一个优势在于,无须就现有规定做任何改动即可解决进口后被发现与在通关环节被发现处理差距过于悬殊的问题。如果进口商在进口环节通过自检发现相关食品不符合准入要求,可依现有的整改、退运、销毁模式处理,鼓励其自行提前发现食品安全问题,防止问题食品流入市场,而在进口通关全部完成后,一旦再发现相关食品存在不符合准入要求而需要处罚的,则依法严厉查处,可更好督促其正确履行主体责任。

Analysis and Exploration of the Difficulties for Customs in Handling Complaints and Reports Regarding Import Food Safety

YU Yue　YING Zhuo

[Abstract] In practice, the number of complaints and reports made by complainants in their capacity as consumers to the customs regarding food safety issues is increasing. Due to the unclear basis and procedures for handling the reports, they are not seen as an aid to the enforcement actions of the customs but rather as a means for correction. At present, there exists a large gap in treatment of unqualified import food between the discovery after import and during the customs clearance process. This has led to special difficulties for the customs in handling food safety complaints and reports, which are different from those of the market regulatory agency. It should be solved by establishing a unified system and mechanism for accepting food safety complaints and reports by the customs, abolishing the Certificate of Entry-Exit Inspection and Quarantine, and introducing the mechanism of self-inspection by the importer in the conformity assessment procedures.

[Key words] import food; complaints report; food safety

翡翠毛料完税价格认定及监管模式之探究

邵 丹 杨业宏[*]

[**摘 要**] 中国是翡翠消费大国,每年我国都要从翡翠的主要产地缅甸进口大量的翡翠毛料。缅甸出口的翡翠毛料均通过公盘投标交易,交易前买卖双方均不知晓翡翠毛料所蕴含的翡翠数量、形态、成色与分布,翡翠毛料交易类似于开盲盒。简单的打磨、切割会使得翡翠毛料价格大幅波动,加之大量的翡翠毛料在进境前已被转售,这些都给海关监管带来了挑战。改革进口翡翠毛料贸易模式,建立翡翠毛料交易所将大大提高海关监管效率,降低走私风险。

[**关键词**] 翡翠毛料;公盘交易;成交价格;境外转售;贸易模式

一、翡翠毛料公盘交易模式介绍

在中国传统文化中,翡翠被视为吉祥、富贵、好运的象征。近年来,随着直播带货的兴起,国内翡翠消费也日益兴旺,随之而来翡翠进口量也呈现上升趋势。以瑞丽口岸为例,2023 年进口翡翠数量与货

---

[*] 邵丹,上海市法学会海关法研究会理事,上海市律师协会第十一届国贸委副主任,北京市两高(上海)律师事务所律师;杨业宏,上海联合产权交易所经理。

值,同比分别增长44.3%、61%。①

目前,我国进口的翡翠基本上来自缅甸,且基本为翡翠毛料。缅甸政府规定所有出口的翡翠毛料都要在公盘交易,否则一律视为走私。公盘交易由缅甸中央政府矿产部组织,地点设在缅甸珠宝交易中心,主办方将参加公盘交易的翡翠毛料编号并注明件数、重量、底价。公开展示3天后,翡翠商将自己的出价放入投标箱中,在开标前翡翠商并不知道其他翡翠商的投标价格。开标后,翡翠毛料由出价最高的翡翠商购得。因为翡翠毛料在未经彻底切割、打磨之前,任何人都不知道翡翠毛料里究竟蕴含了多少翡翠以及翡翠的成色、形态、分布。故此,翡翠商只能通过观察翡翠毛料的外观,根据经验来猜测翡翠毛料中所蕴含的翡翠从而估价竞标,行业内称之为赌石。由此可见,翡翠毛料公盘交易又有些类似于开盲盒。

二、翡翠毛料交易模式引发的完税价格认定争议

《海关审定进出口货物完税价格办法》(以下简称《审价办法》)第5条②、第6条③规定进口货物的完税价格,由海关以符合相关规定的成交价格为基础审查确定。如成交价格不符合相关规定或者不能确定成交价格的,则由海关与纳税义务人磋商后由海关估价确定。

翡翠毛料公盘交易类似于开盲盒的交易模式使得进口翡翠毛料

---

① 参见《2023年瑞丽进口玉石货值超1.6亿元 同比增长61%》,载中国新闻网2024年2月26日,https://baijiahao.baidu.com/s?id=1791954322617425165&wfr=spider&for=pc。

② 《审价办法》第5条规定:进口货物的完税价格,由海关以该货物的成交价格为基础审查确定,并且应当包括货物运抵中华人民共和国境内输入地点起卸前的运输及其相关费用、保险费。

③ 《审价办法》第6条规定:进口货物的成交价格不符合本章第二节规定的,或者成交价格不能确定的,海关经了解有关情况,并且与纳税义务人进行价格磋商后,依次以下列方法审查确定该货物的完税价格:(1)相同货物成交价格估价方法;(2)类似货物成交价格估价方法;(3)倒扣价格估价方法;(4)计算价格估价方法;(5)合理方法。纳税义务人向海关提供有关资料后,可以提出申请,颠倒前款第3项和第4项的适用次序。

完税价格的认定产生了争议,举例如下。

(一)情形一

翡翠商 A 从缅甸公盘以 3 万欧元竞标得到翡翠毛料 A1、A2、A3。翡翠商 B 经外表观察觉得 A1、A2、A3 可能含翡翠量很高,遂以 2.5 万欧元的价格从翡翠商 A 处购得 A2、A3,并开价 1 万欧元求购 A1,翡翠商 A 未同意而是将 A1 进口到中国。

对于翡翠毛料 A1 的完税价格,第一种观点认为,扣除 A2、A3 的价格,则 A1 的成交价格为 0.5 万欧元,应以 0.5 万欧元为基础审查确定 A1 的完税价格。第二种观点认为,因为翡翠商 B 开价 1 万欧元,而翡翠商 A 没有同意,由此可知 A1 的成交价格应不低于 1 万欧元,故应以 1 万欧元为基础审查确定 A1 的完税价格。第三种观点认为,A1 的价格已产生波动,故不能确定 A1 的成交价格,应由海关估价确定 A1 的完税价格。

(二)情形二

翡翠商 A 从缅甸公盘以 3 万欧元竞标得到翡翠毛料 A1、A2、A3,经打磨后猜测 A1 的含翡翠量很高且成色很好,猜测 A2、A3 的含翡翠量一般且成色较差。遂将 A2、A3 以 1 万欧元的价格在缅甸转卖,而将 A1 进口到中国。

注:翡翠毛料虽经打磨,也只能看到表面的翡翠形态,而无法得知整块翡翠毛料的翡翠含量及成色。而且,为了继续赌石,一般只会打磨翡翠毛料表面的一小部分,而非全部。故此,翡翠毛料虽经打磨,其所蕴含的翡翠量以及翡翠的成色仍然处于未知状态,仍需根据经验猜测。只是通过打磨使得猜测有了更多依据,当然,这种依据也可能会误导翡翠商的判断。

对于翡翠毛料 A1 的完税价格,第一种观点认为,扣除 A2、A3 的价格,则 A1 的成交价格为 2 万欧元,应以 2 万欧元为基础审查确定 A1 的完税价格。第二种观点认为,经打磨后 A1 的价格已发生变化,故不能确定 A1 的成交价格,应由海关估价确定 A1 的完税价格。

(三)情形三

翡翠商 A 从缅甸公盘以 3 万欧元竞标得到翡翠毛料 A1 并当场切割成三块：A11、A12、A13。A11 切面处的翡翠含量极高、成色上乘，A12、A13 切面处的翡翠含量、成色均尚可。后翡翠商 A 将 A11、A12、A13 进口到中国。

注：相较于打磨后只能看到翡翠毛料表面，切割后可以直接看到翡翠毛料的内部形态，更有利于有经验的翡翠商做出正确判断。但切面也仅仅展现了翡翠毛料内部的一部分形态而非全部，此时，翡翠毛料所蕴含的翡翠量以及翡翠的成色仍需根据经验猜测。

对于翡翠毛料 A11、A12、A13 的完税价格，第一种观点认为，进口翡翠毛料的法定第一单位为千克，A11、A12、A13 都是由 A1 切割得来，在总重量未变的情况下，将 A1 切割为 A11、A12、A13 可以视为对 A1 拆分包装，则 A1 的成交价格等同于 A11、A12、A13 的成交价格。A1 的成交价格为 3 万欧元，故应以 3 万欧元为基础审查确定 A11、A12、A13 的完税价格。第二种观点认为，切割 A1 后得到的 A11、A12、A13 都是新的独立个体，A1 不等同于 A11、A12、A13 简单相加，故 A1 的成交价格不适用于 A11、A12、A13，应由海关估价确定 A11、A12、A13 的完税价格。

(四)情形四

翡翠商 A 从缅甸公盘以 3 万欧元竞标得到翡翠毛料 A1 并当场切割成三块：A11、A12、A13。A11 切面处的翡翠含量极高、成色上乘，而 A12、A13 切面处的翡翠含量、成色均极差。翡翠商 A 将 A12、A13 再打磨、切割后判断 A12、A13 的翡翠含量低、成色极差，遂将 A12、A13 丢弃在缅甸，而将 A11 进口到中国。

注：经切割打磨后发现翡翠含量极低、成色极差的翡翠毛料，行业内称之为废料。因为将翡翠毛料加工为翡翠制品需要投入不菲的人工和机器成本，将废料加工成翡翠制品会得不偿失。故此，废料在市场上根本无人问津，翡翠商会直接将废料丢弃。

对于翡翠毛料 A11 的完税价格，第一种观点认为，A1 经切割后获得 A11、A12、A13，A1 的成交价格扣除 A12、A13 的成交价格，就是 A11 的成交价格。现 A12、A13 因无价值而被丢弃，则扣除金额为 0，故 A1 的成交价格等同于 A11 的成交价格。A1 的成交价格为 3 万欧元，故应以 3 万欧元为基础审查确定 A11 的完税价格。第二种观点认为，切割 A1 系一种加工行为，作为加工结果的 A11、A12、A13，显然与 A1 不再是同一货物，故 A1 的成交价格不适用于 A11、A12、A13，更不应该用 A1 的成交价格代替 A11 的成交价格。所以，应由海关估价确定 A11 的完税价格。

三、翡翠毛料交易模式引发完税价格认定争议的原因分析

因每块翡翠毛料中的翡翠含量以及翡翠的成色、形态各异，故翡翠毛料并非种类物而是特定物。基于这个特点，虽然进口翡翠毛料的法定第一单位为千克，但绝对不能因为同一批进口的两块翡翠毛料重量相同就认为其价格相同。就如同同样内容的画作，一幅出自一名初学者之手，一幅出自大师之手，两者的价格肯定天差地别。海关监管的货物大多数都是种类物，如工业产品、农产品、原材料。对于种类物而言，只要确定了整体的成交价格及数量，则可以确定任意一个个体的成交价格且每个个体的成交价格与平均价格一致。比如，甲公司从境外采购 1 万只同样规格型号的杯子，成交价格为 1 万元。此时，这些杯子作为种类物，平均价格为 1 元且任意一只杯子的成交价格为 1 元。如果甲公司将其中 1000 只杯子申报进口，则可以确定这 1000 只杯子的成交价格为 1000 元。但对于特定物而言，即使确定了整体的成交价格及数量也无法确定任何一个个体的成交价格。比如，乙公司从境外采购了 100 只手工制作的杯子，成交价格为 1 万元。这些杯子规格不一、材料不同、造型各异，且出自不同作者之手。此时，这些杯子作为特定物，平均价格为 100 元但并不代表任意一只杯子的成交价格为 100 元。作为特定物，每个杯子都有其独立的定价，从中任意选取一只杯子，其成交价格都是无法确定的。如果乙公司将其中 99 只杯子申报进口，则只能确定这 99 只杯子的成交价格介于 0 元到 1 万

元,但具体成交价格无法确定。

因为种类物的个体之间没有任何差异性,任意个体的成交价格都等同于平均价格,故此无论如何拆分种类物,都可以确定其拆分后的成交价格。而因为特定物的每个个体都具有独特性,任意个体的成交价格都是独立定价,故此一旦拆分特定物,其拆分后的成交价格就无法确定。

此外,由于翡翠毛料类似于开盲盒的交易模式,买卖双方都无从得知翡翠毛料的真实价值,双方通过猜测达成的成交价格往往不能反映翡翠毛料的真实价值。通过打磨、切割虽然能够为双方的猜测提供更多依据,但终究还是依靠猜测达成成交价格,成交价格与真实价值之间仍然会存在偏差。而《审价办法》第6条,就是为了解决当货物的成交价格不能确定或者成交价格不能反映货物的真实价值时,海关如何确定货物的完税价格这一难题。

基于翡翠毛料的上述特性,对前述不同情形下翡翠毛料完税价格的认定分析如下。

(一)情形一中翡翠毛料完税价格的认定

翡翠商A从缅甸公盘以3万欧元竞标得到翡翠毛料A1、A2、A3,此为第一次交易。翡翠商B以2.5万欧元从翡翠商A处购得A2、A3,此为第二次交易。对于A1而言,只经过一次交易,也只有一个成交价格。而对于A2、A3而言,经过两次交易,则有两个成交价格。显然,谁都无法保证A2、A3在两次交易中的成交价格是一样的。那么用A2、A3在第二次交易中的成交价格代替第一次交易中的成交价格并以之倒推A1在第一次交易中的成交价格明显是不准确的。为认定A1的完税价格,海关需要确定A1在第一次交易中的成交价格。但由于特定物的特性,将A1从A1、A2、A3这个整体中拆分后,就无法确定A1的成交价格,那么A1的完税价格应由海关估价确定。

(二)情形二中翡翠毛料完税价格的认定

翡翠毛料中所含翡翠量及翡翠的成色、形态从外观上根本无法判断,且目前也无任何机器可以检测,只能凭经验猜测。这就造成翡翠毛料交易类似于开盲盒,通过打磨可以看到翡翠毛料表面的部分情况,类似于揭开盲盒的一角。翡翠商 A 购得翡翠毛料 A1、A2、A3 后打磨,产生的一种结果是打磨后显现的翡翠成色、形态上佳,那么就抬高了人们对于这块翡翠毛料的预期,从而使其价格上涨。另外一种结果是打磨后显现的翡翠成色、形态不佳,那么就降低了人们对于这块翡翠毛料的预期,从而使其价格下跌。显然经过打磨后的 A1、A2、A3 与打磨前的 A1、A2、A3 已不是同一件货物且价格也发生了变化。打磨系一种初加工行为,这种加工行为既改变了翡翠毛料的形态,也改变了其价格。那么,A1、A2、A3 在打磨前的成交价格就失去了适用的基础,而 A1 打磨后没有交易,也就没有成交价格。故此,A1 的完税价格应由海关估价确定。

(三)情形三中翡翠毛料完税价格的认定

相较于打磨后只能看到翡翠毛料的表面形态,切割可以呈现翡翠毛料的内部形态。故此,相较于打磨,切割使得翡翠毛料产生的价格波动幅度更加剧烈。如果说打磨系初加工行为,那么切割就是更进一步的加工行为。翡翠商 A 将翡翠毛料 A1 切割为 A11、A12、A13,实质上是以 A1 为原材料加工成 A11、A12、A13。显然,不能用 A1 的成交价格来代替 A11、A12、A13 的成交价格,况且,A11、A12、A13 根本没有交易。故此,A11、A12、A13 的完税价格应由海关估价确定。

(四)情形四中翡翠毛料完税价格的认定

翡翠商 A 将翡翠毛料 A1 切割为 A11、A12、A13 后因为 A12、A13 无进一步加工价值,而将其丢弃在缅甸。实质上,以 A1 为原材料加工得到成品 A11,A12、A13 为加工过程中产生的无价值废料。显然不能用原材料 A1 的成交价格来代替成品 A11 的成交价格,况且,A11 根本没有交易。故此,A11 的完税价格应由海关估价确定。

四、翡翠毛料境外转售引发的完税价格认定争议

随着直播带货兴起,越来越多的翡翠商在缅甸公盘中标翡翠毛料后会通过直播间转售。这种境外转售行为也使得进口翡翠毛料完税

价格的认定产生了争议,举例如下。

(一)情形一

翡翠商 A 从缅甸公盘以 3 万欧元竞标得到翡翠毛料 A1,后在缅甸通过直播间将 A1 以 4 万欧元的价格卖给中国境内的翡翠商 B,约定由翡翠商 A 向中国海关申报,清关后交付给翡翠商 B。

对于翡翠毛料 A1 的完税价格,第一种观点认为,向海关申报的是翡翠商 A,A1 的收发货人为翡翠商 A。虽然翡翠商 A 在境外将 A1 转售给翡翠商 B,但货物是在国内交付,所以此交易为境内的销售行为。那么翡翠商 A 从缅甸公盘购得 A1 的价格即为 A1 的成交价格,应以 3 万欧元为基础审查确定 A1 的完税价格。第二种观点认为,翡翠商 A 以 4 万欧元的价格将 A1 转售给翡翠商 B,此时 A1 的成交价格已变为 4 万欧元,故应以 4 万欧元为基础审查确定 A1 的完税价格。第三种观点认为,A1 的价格已产生波动,故不能确定 A1 的成交价格,应由海关估价确定 A1 的完税价格。

(二)情形二

翡翠商 A 从缅甸公盘以 3 万欧元竞标得到翡翠毛料 A1,后在缅甸打磨 A1 并直播打磨的过程,中国境内的翡翠商 B 通过直播间以 4 万欧元的价格购得打磨后的 A1,约定由翡翠商 A 向中国海关申报,清关后交付给翡翠商 B。

对于翡翠毛料 A1 的完税价格,第一种观点认为,打磨后 A1 的成交价格已变为 4 万欧元,应以 4 万欧元为基础审查确定 A1 的完税价格。第二种观点认为,经打磨后的 A1 与打磨前的 A1 不是同一件货物,故不能用 A1 打磨前的成交价格即 3 万欧元作为 A1 打磨后的成交价格。翡翠商 B 以 4 万欧元的价格购得打磨后的 A1,此价格为 A1 在中国国内的销售价格,也不能作为 A1 的成交价格。故不能确定 A1 的成交价格,应由海关估价确定 A1 的完税价格。

(三)情形三

翡翠商 A 从缅甸公盘以 3 万欧元竞标得到翡翠毛料 A1,后在缅甸将 A1 切割成 A11、A12、A13 并直播切割的过程。中国境内的翡翠商 B、C、D 通过直播间分别以 0.1 万欧元、0.2 万欧元和 10 万欧元的价格购得 A11、A12、A13,并约定由翡翠商 A 向中国海关申报,清关后交付给翡翠商 B、C、D。

对于翡翠毛料 A11、A12、A13 的完税价格,第一种观点认为,翡翠商 B、C、D 购得 A11、A12、A13 的价格即为 A11、A12、A13 的成交价格。故此,应分别以 0.1 万欧元、0.2 万欧元和 10 万欧元为基础审查确定 A11、A12、A13 的完税价格。第二种观点认为,翡翠商 B、C、D 购得 A11、A12、A13 的价格为 A11、A12、A13 在国内的销售价格。故此,不能以上述销售价格为基础审查确定 A11、A12、A13 的完税价格,而应由海关估价确定 A11、A12、A13 的完税价格。

五、翡翠毛料境外转售引发完税价格认定争议的原因分析

境外转售翡翠毛料之所以会引发完税价格认定争议,其根本原因在于对何种交易行为是进口行为的认定不同。《审价办法》第 7 条[①]规定,进口货物的成交价格为卖方向中国境内销售货物时买方向卖方支付的价款。由此可见,使货物跨境流通交付的交易行为才是进口行为,该交易行为对应的成交价格才是进口货物的成交价格。举例说明:中国境内的 A 公司向加蓬的 B 公司以 100 万欧元的价格订购了 100 吨木材后在全球范围内寻找买家,美国的 C 公司以 35 万欧元的价格向 A 公司购买了 30 吨,中国的 D 公司以 80 万欧元的价格向 A 公司购买了 70 吨。A 公司分别订船将上述数量的木材从加蓬运往美国和中国。显然,导致这 70 吨木材跨境运来中国的交易是 A 公司与 D 公司之间的交易,而不是 A 公司与 B 公司之间的交易。这 70 吨木材的成交价格也应是 A 公司与 D 公司之间的交易价格,即 80 万欧元。

同理,不是翡翠商 A 在缅甸公盘上的交易行为而是翡翠商 A 在

[①] 《审价办法》第 7 条规定:进口货物的成交价格,是指卖方向中华人民共和国境内销售该货物时买方为进口该货物向卖方实付、应付的,并且按照本章第三节的规定调整后的价款总额,包括直接支付的价款和间接支付的价款。

直播间的转售行为使得前述三种情形中的翡翠毛料跨境来到中国。故此,情形一中翡翠毛料 A1 的成交价格应为翡翠商 A、B 之间的交易价格即 4 万欧元。情形二中翡翠毛料 A1 的成交价格亦是如此。情形三中翡翠毛料 A11、A12、A13 的成交价格为翡翠商 A 与 B、C、D 之间的交易价格即分别为 0.1 万欧元、0.2 万欧元和 10 万欧元。故应分别以上述成交价格为基础审查确定三种情形中翡翠毛料的完税价格。

六、进口翡翠毛料贸易模式改革建议

实务中,进口翡翠毛料海关监管所面临的情况要远比上文所列举的复杂,翡翠毛料的天然属性及交易模式决定了其成交价格并不能反映其真实价值。简单的打磨、切割就能使其价格产生巨大波动,再加上境外转售导致的成交价格变化,这些都给海关执法带来了巨大的挑战,且极易引发走私风险。对此,可借鉴上海钻石交易所的模式,在瑞丽口岸设立专门的翡翠毛料交易所,所有翡翠毛料从境外进入交易所或从交易所到境外,只需向交易所内海关办理备案登记手续。翡翠毛料从交易所进入国内其他地区,依法办理进口报关手续。如此改革进口翡翠毛料贸易模式带来的好处如下。

(一)获得翡翠毛料更大的定价话语权

目前,我国进口的翡翠毛料有 95% 来自缅甸。相较于缅甸将供出口的翡翠毛料集中在缅甸珠宝交易中心以公盘方式交易,我国进口翡翠毛料分散于全国各个口岸。这种各自为政的贸易方式使得中国企业在进口翡翠毛料的过程中对于定价基本没有话语权。将进口翡翠毛料集中在交易所内交易,不仅能提高进口翡翠毛料价格的透明度,也有利于中国企业获得更大的定价话语权。

(二)有利于海关监管

做好进口翡翠毛料海关监管工作需要专业的知识与丰富的经验,将翡翠毛料交易所设在与缅甸毗邻的瑞丽口岸,有利于打造一支专业的海关执法队伍。翡翠毛料价格高昂,低报价格走私风险较高,集中交易的模式能够大大提高海关执法效率,降低低报价格走私的风险。

(三)促进瑞丽及周边地区的经济发展

翡翠毛料交易所的设立能够进一步促进瑞丽翡翠产业的发展。随之而来的商贸人员也能促进当地及周边地区住宿、餐饮、旅游等相关产业,为边疆的经济发展注入新的活力。

七、结语

作为翡翠消费大国,我国每年都要从缅甸进口大量的翡翠毛料。翡翠毛料的天然属性以及缅甸公盘交易的特点,再加上进境前的转售,都给进口翡翠毛料的海关监管带来挑战。希望通过进口翡翠毛料贸易模式的改革,能够进一步提高海关监管效率与水平,降低低报价格走私的风险,促进我国翡翠产业健康发展。

A Probe into Determination and Control of Customs Value of Rough Jadeite

SHAO Dan   YANG Yehong

[Abstract] China is a major consumer of jadeite, and since it does not produce jadeite domestically, China imports a significant amount of rough jadeite annually from Myanmar, the main source of jadeite. Rough jadeite exported by Myanmar is traded through public bidding, and both buyers and sellers do not know the quantity, shape, color and distribution of the jadeite contained in the rough jadeite before the transaction, and trading rough jadeite is similar to opening a blind box. Simply grinding or cutting rough jadeite will make its price fluctuate greatly, coupled with subsequent resales of a large amount of rough jadeite before entering China, which brings challenges to customs control. Reforming the trade mode of imported rough jadeite and establishing a rough jadeite exchange will improve the effectiveness and efficiency of customs control and reduce the risk of smuggling.

[**Key words**] rough jadeite; public bidding; transaction value; oversea resale; trade mode

涉海关行政非诉执行程序研究

李庆增[*]

[摘　要]　行政非诉执行案件系法院执行工作的重要部分,而海关作为国家的进出关监督管理机关,随着我国的国际商贸交流频繁其行政监管压力也逐渐加大。法律赋予海关在其行政行为无法由自身执行时向法院申请执行,虽然相关制度早已确立,但法律制度构建后的运行状况值得我们关注。通过统计分析中国裁判文书网公开的涉海关的行政非诉执行法律文书,对涉海关行政非诉执行程序各个环节存在的问题结合理论进行分析和制度重构,打通整个执行流程的堵点,提高涉海关行政非诉执行程序的效率和完整性。

[关键词]　行政非诉执行;终结本次执行程序;行政和解

近年来,因"一带一路"等国家战略的深度推进,我国外贸发展迅速、进出口贸易日益活跃。但同时不规范甚至违法的通关和漏税行为必然需要处罚,因此,海关作出的行政处罚决定等行政行为也逐年增加。海关虽然对一些行政行为具备执行权力,但依照《行政强制法》第13条和《海关法》第93条的规定,对于处罚的执行海关亦有权对于未履行行政处罚决定的情况向法院申请强制执行。由于此类案件因行政机关向法院申请执行而发生,并非因行政诉讼而发生,因而被称为

---

[*] 李庆增,上海市黄浦区人民法院四级法官助理。

"行政非诉执行",即当事人在法定期限内不申请行政复议或者提起行政诉讼,又不履行行政决定的,行政机关可以在法定期限内,依照法律规定向人民法院提出强制执行的申请,由人民法院进行审查并作出是否执行的裁定,从而实现行政决定所确定义务。[1] 笔者以最高人民法院的中国裁判文书网的数据为蓝本,以"行政非诉执行""海关""执行实施"为关键词检索法律文书,共查询到128篇法律文书,对128篇法律文书进行分类和统计,并结合相关法律及理论对整个涉海关非诉执行程序进行了梳理,分析从申请、审查到执行、结案,再到救济、赔偿存在的问题,并有针对性地提出观点和解决方案,最后对制度的发展前景进行展望。

一、涉海关非诉执行的目的及性质

(一)海关申请人民法院强制执行的目的

依据《海关法》第60条、第92条、第93条的规定,海关申请人民法院强制执行的行政行为主要分为两类:一是征收关税;二是对违法行为进行处罚。针对这两种行政行为,《海关法》均规定海关既可以由海关自行扣划存款或者保证金、拍卖变卖扣押的货物,也可以申请人民法院强制执行。因此,海关申请人民法院强制执行的目的就是通过法院的执行行为来保障海关作出的行政行为的实现,即保障税收和惩戒违法。同时,行政行为通过法院审核后执行,避免行政机关既做"决策者"又做"执行者",实现执行程序的公平正义。

(二)海关申请人民法院强制执行的性质

关于行政非诉执行的性质学界存在三种观点。第一种观点,行政非诉执行是行政行为的延续,是司法机关保障行政机关行政行为的实现,其实质还是一种行政行为。第二种观点,行政非诉执行需经法院审核确认后才可予以强制执行,是一种司法强制,不应再称为行政行为。第三种观点,行政非诉执行兼具行政行为和司法行为的特

---

[1] 参见潘波:《行政强制法教程》,中国法制出版社2011年版,第141页。

征。此行为既包含行政机关作出的行政行为,亦包含法院审查实施行为。

结合海关申请法院强制执行的性质和法律规定,涉海关非诉执行的性质应当是一种行政行为。首先,海关作出的强制执行申请只需要经过人民法院的形式审查,并不进行实质审查,符合人民法院立案的条件即可申请执行,尤其是立案登记制实施后更是降低了形式审查的标准。其次,强制执行的依据虽然是人民法院行政庭作出的行政裁定书,但是其内容仍然是行政机关作出的行政行为,只是经过法院确认,人民法院在执行中仅扮演"工具人"的角色。再次,法院的执行的被动性,即执行法官在执行中并没有组织调解的权力,没有自由裁量的权力,仅能按照执行依据来执行。最后,虽然海关有权自行执行作出的行政行为,但通过法院执行更能保证执行过程的程序正义和监督。综上所述,涉海关行政非诉执行就是海关行政行为的延续,就是利用司法强制力实现行政行为。

二、涉海关行政非诉执行的申请与审查

（一）涉海关非诉执行的申请

关于行政非诉执行的申请在《行政强制法》、《行政处罚法》以及《行政诉讼法》均有涉及。《行政强制法》第53条规定:"当事人在法定期限内不申请行政复议或者提起行政诉讼,又不履行行政决定的,没有行政强制执行权的行政机关可以自期限届满之日起三个月内,依照本章规定申请人民法院强制执行。"根据此条规定,向法院申请强制执行的行政机关必须是没有强制执行权的行政机关。而《行政诉讼法》第97条规定:"公民、法人或者其他组织对行政行为在法定期限内不提起诉讼又不履行的,行政机关可以申请人民法院强制执行,或者依法强制执行。"此法条并未要求行政机关不具有行政强制执行权。因此,存在两种观点:一是只有没有强制执行权的行政机关可以申请人民法院强制执行;二是行政机关申请人民法院强制执行不考虑是否具有强制性执行权,具备强制性执行权的行政机关亦可以申请。

持第一种观点的学者依据最高人民法院《关于审理行政案件适用法律规范问题的座谈会纪要》中关于法律规范解释的规定,在语义解释无法作出正确解释时,需根据上下文而不是孤立地就条文来确定法律规范的含义,即进行体系解释。① 从《行政强制法》第4章的第34条与第5章的第53条处于《行政强制法》的不同位置和具体规定不难看出,《行政强制法》已经明确规定具有强制执行权的行政机关和没有强制执行权的行政机关应当适用不同的规定和程序,没有强制执行权的行政机关才可向人民法院强制执行。

持第二种观点的学者则认为,从保护行政相对人权益和保障程序正义的角度,具备强制执行权的行政机关亦可以向人民法院申请执行。同时,既然《行政诉讼法》赋予行政机关选择的权利,那么不应限制行政机关的程序选择权。加之,有学者对我国涉及行政强制执行的65部法律进行了统计,其中申请法院强制执行的约占70%,行政机关自行强制执行的约占23%,而两者并行的约占3%,由此可见,我国采取的是行政机关自行执行与向法院申请执行并行的模式。

对于海关能否申请能够人民法院强制执行,《海关法》第93条作出了明确规定,海关既可以主动执行、处置财产,也可以向人民法院申请强制执行。正是给予海关程序选择的权力,但是由于海关具备强制执行的权力,可以通过主动执行实现行政行为,因此,笔者认为海关应当在穷尽自身的执行措施后仍无法执行完毕后再向人民法院执行。

(二)涉海关行政非诉执行案件的管辖

经分析统计数据发现,128篇涉海关行政非诉执行案件的文书(见图1)既有基层法院管辖作出的也有中级法院作出的,这反映出涉海关行政非诉案件的管辖比较混乱。这是因为各地对于涉海关行政非诉执行案件的管辖规定理解出现偏差。目前,主要存在以下两种

---

① 参见温辉:《刍议行政非诉执行申请主体》,载《中国检察官》2022年第7期。

理解。

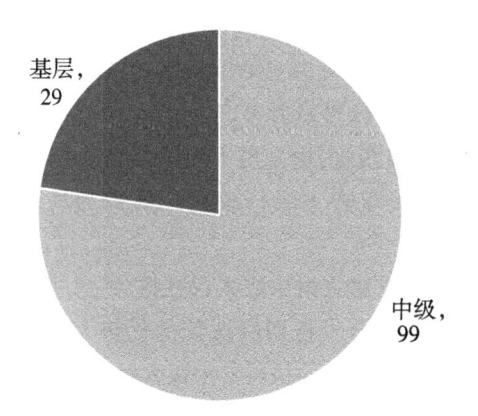

图1 行政非诉执行案件管辖法院级别统计

第一,依据《行政诉讼法》第 15 条,中级人民法院管辖关于海关处理的第一审行政案件。结合最高人民法院《关于适用〈中华人民共和国行政诉讼法〉的解释》(以下简称《行诉解释》)第 154 条第 1 款的规定:发生法律效力的行政判决书、行政裁定书、行政赔偿判决书和行政调解书,由第一审人民法院执行。部分法院认为,行政非诉执行案件的执行依据为行政庭审查后作出的行政裁定书,而且与海关相关的案件一般由中级法院受理,那么行政非诉执行案件的管辖应由海关所在地的中级人民法院负责。[①]

第二,依据最高人民法院《行诉解释》第 157 条的规定,行政机关申请人民法院强制执行其行政行为的,由申请人所在地的基层人民法院受理;执行对象为不动产的,由不动产所在地的基层人民法院受理。部分学者认为,虽然行政非诉执行案件经过人民法院的审查,但仍然是法院在执行行政机关作出的行政行为,故应当依照上述司法解释第 157 条的规定由申请人所在地的基层法院来管辖。

---

① 参见曹艳华、陆军:《海关申请人民法院强制执行相关问题探析——以海关非诉案件为视角》,载《上海海关学院学报》2012 年第 6 期。

笔者认为两种解释均有其合理之处，但是均存在一定问题。被执行人如果不积极地履行行政决定确认的义务，那说明其基本上已无可能具备履行能力，极可能在其所在地基层法院已存在执行案件。此时，由中级人民法院管辖显然并不具备优势，且无法统一处理。但是因我国海关只设省市两级，由基层人民法院负责审查和执行，级别不对等，下级司法机关审查上级行政机关的行为易受到行政级别的影响。

为此，笔者认为应建立由中级人民法院审查、基层人民法院执行的制度。这样，既能充分发挥两级法院的优势，又能避免因"不接地气"和上下级关系影响案件的执行。中级人民法院从级别上与海关对等，对其行政行为进行审查，不仅专业度更高，而且不易受到影响。同时，根据《民事诉讼法》的规定，一般民事案件都由基层法院负责执行。基层法院储备了大量具有执行经验的执行法官，对地区内各主体的情况也比较熟悉。审查完毕后交由基层人民法院执行，发挥基层人民法院的区位和对地区情况的熟悉的优势，提高执行完毕的效率。

(三) 涉海关非诉执行申请的审查

对非诉执行案件的审查，是人民法院是否立案执行的必经程序。对于促使行政机关依法行政，保护被执行人合法权益具有重要意义。人民法院对于不符合法定条件的行政申请不予立案，及时指出问题，进而促进行政执法活动的合法化、规范化。

人民法院对行政非诉执行申请进行审查亦有其自身考量，司法审查权是人民法院的重要权力，亦是行政非诉执行案件区别于民事、刑事执行案件的重要标志。由于未经审判等程序予以审查，为避免违法行政行为进入法院执行程序，产生不良的社会效果，人民法院必然要对案件进行审查。同时，由于被执行人并未通过救济程序来主张自己的权利，法院在审查过程中被执行人可以向法院主张权利，法院给予被执行人最后的救济。然而，非诉案件毕竟不同于行政诉讼案件，人民法院在受理行政机关的申请后，应当对其申请进行形式审查。依据

《行诉解释》第155条①、第161条的规定,行政机关的申请既要符合形式要求,又要不存在明显违法的情形。其中,后者违法情形的审查是重中之重。关于明显违法的情形,《行诉解释》第99条进行了规定:(1)行政行为实施主体不具有行政主体资格;(2)减损权利或者增加义务的行政行为没有法律规范依据;(3)行政行为的内容客观上不可能实施;(4)其他重大且明显违法的情形。

针对涉海关非诉执行,行政行为存在前两种明显违法的情形显然概率不大。第三种情形行政行为客观上不能实施,则存在可能。"客观不能"包含(1)客体不能。行政机关责令执行的事项已经客观不存在。(2)时限不能。行政机关给予的履行时限内显然履行不能。(3)成本不能。如行政机关课以公民的义务虽然在科学技术上属于可能,但导致公民巨额的金钱给付。(4)自身不能。行政相对人由于自身原因客观上无法履行。(5)其他不能。② 由于海关工作涉及大量涉外事项,其针对非本国公司及公民进行行政处罚和征收,往往存在较大难度,尤其是外国公司在我国没有营业地或注册地,外国公民已经离境的情形。人民法院在受理此类申请并审查时能否认定为行政行为客观上不能实施存在疑问。人民法院在执行相关申请时只能查询和扣划在我国领域内的财产,无法对域外财产予以执行。因此,有部分学者认为此种情形属于客体不能,人民法院已无执行的可能,应当裁决不予执行。但笔者认为如不予执行,则会导致我国国家权益受损。虽然无法执行其财产,但是对其人身仍可予以限制。

---

① 《行诉解释》第155条规定:行政机关根据《行政诉讼法》第97条的规定申请执行其行政行为,应当具备以下条件:(1)行政行为依法可以由人民法院执行;(2)行政行为已经生效并具有可执行内容;(3)申请人是作出该行政行为的行政机关或者法律、法规、规章授权的组织;(4)被申请人是该行政行为所确定的义务人;(5)被申请人在行政行为确定的期限内或者行政机关催告期限内未履行义务;(6)申请人在法定期限内提出申请;(7)被申请执行的行政案件属于受理执行申请的人民法院管辖。行政机关申请人民法院执行,应当提交《行政强制法》第55条规定的相关材料。

② 参见《行政诉讼法及司法解释关联理解与适用》,中国法制出版社2018年版,第727~728页。

三、行政非诉执行申请的执行

(一) 行政非诉执行申请的执行分工

关于行政非诉执行案件的执行权配置问题,各地法院模式不尽相同。对于行政诉讼案件相对较少的法院,行政审判庭既负责案件的审判又负责案件的执行。而部分省市的行政案件已实施集中管辖或交叉管辖,此时,再交由行政审判庭负责执行客观上明显不能。同时,行政审判庭既做审判者又做执行者,这必然会在老百姓眼中形成"官官相护"的感觉。因此,根据我国执行权的配置规定和司法实践,行政非诉执行的执行应当交由执行局负责,而行政审判庭仅仅负责审查,毕竟其在合法性的审查上明显更具优势。

(二) 涉海关行政非诉执行案件的抵充问题

海关在行政执法过程中大量存在查扣行政相对人货物、原材料等财产的情况,行政机关申请执行后人民法院能否执行扣押财产,执行财产采取何种方式均存在争议。关于人民法院能否直接执行财产将其由货物转变成欠款后抵充罚金,有些学者认为,民事执行中双方当事人为平等的债权债务关系财产可以直接通过拍卖程序予以执行,而行政非诉执行中双方当事人为不平等关系,直接将被执行人财产予以拍卖并抵充罚金明显不妥。如被执行人的货物为合法财产,而其仅是违法程序而导致罚款,此时拍卖合法财产值得商榷。因此,笔者认为人民法院只有在穷尽财产调查措施后,才具备处置查扣财产的前提条件。如发现被执行人无可供执行的财产,此时,人民法院虽可启动处置程序,但亦应对财产权属及性质等情况调查清楚,听取被执行人和行政机关的意见,再决定以何种方式处置扣押财产。

人民法院一般通过司法拍卖程序对查扣财产进行变现,但是如扣押财产经过司法拍卖未能成交,相关财产如何处置也存在疑问。民事执行中,拍卖后被执行人财产未能成交可以依法抵债给申请执行人,而行政非诉执行中,行政机关显然无法通过抵债完成执行罚款。此时,如果依照《民事诉讼法》的规定解除相关查封又会侵害国家利益,人民法院的执行工作便陷入僵局,继续查封被执行人的财产可能会继续贬值失去拍卖价值。为此,笔者认为,行政机关既然无法通过抵债的形式完成执行,那么行政非诉执行程序中不应存在抵债问题,在经过两轮拍卖和变卖程序后如无法成交,应启动特别程序"1元起拍"的拍卖程序,尽全力将财产变现以实现行政非诉执行的目的。

(三)行政非诉执行的和解问题

民事执行往往存在三种结果:执行到位、执行不能、执行和解。而虽然在学理上行政强制执行和解既包括行政机关实施的强制执行,行政机关与相对人达成的执行协议,也包括行政机关申请法院强制执行,在法院的参与下达成的执行和解,[1]但现有的行政执行的相关法条并未规定和解制度。这是因为,学界认为行政机关代表的是国家利益,其无权与被执行人达成妥协、处分国家权益。随着代替性纠纷解决方式(Alternative Dispute Resolution, ADR)概念的引入,2015年中共中央办公厅等颁布《关于完善矛盾纠纷多元化解机制的意见》,为行政法领域运用ADR解决纠纷指明了发展方向。在行政法领域运用ADR制度,"使得纠纷得到有效、成本更小、更趋向于合意的解决,促进富有创造性和对现实更具会硬醒的行政"[2]。但"只有司法机关,由于执行事务的需求,自觉地将行政非诉执行和解放置在《行政强制法》第42条所规定的行政和解的理论底色之下予以讨论。"[3]因此,现有制度下的行政非诉执行的和解往往以法院为主导且目的是办结法院案件。

行政非诉执行和解的本质是一项在法院执行中的组织行政机关与行政相对人进行协商、沟通的纠纷解决机制。"相对人参与,使行政主体与相对人的意志得以沟通和交流。这种反复的沟通和交流可以

---

[1] 参见丁伟峰:《行政强制执行和解的实现机制——评〈行政强制法〉第42条》,载《河北法学》2018年第3期。

[2] 王锡锌:《规则、合意与治理——行政过程中ADR适用的可能性与妥当性》,载《法商研究》2003年第5期。

[3] 江必新、梁凤云:《行政诉讼法理论与实务》,人民法院出版社2016年版,第1283页。

将行政意志融化为相对人意志,也可以将相对人意志吸收到行政一职中"①,从而实现两者意志的无限趋近进而达成一致。现实中,由于行政非诉执行和解程序的缺失,当事人对抗情绪激烈,执行案件往往难以执行到位,影响法律尊严和政府权威。但是由于非诉执行案件的特殊性,想要构建特殊的和解制度必须坚持三个原则:一是法院主持和解、行政机关主导和解原则;二是执行和解补充原则;三是避免权力滥用原则。法院主持和解、行政机关主导和解原则,是指人民法院在和解程序中不提出和解方案及建议,仅以"主持人"的身份参与到程序中,而行政机关负责提供和解方案并与被执行人进行协商。这一原则是为了避免司法权影响行政权,避免司法机关为办结案件强行和解损害国家权益。执行和解补充原则是指在穷尽执行手段后仍无法保障国家权益时,才可与被执行人达成和解,让渡部分国家权益达成妥协。部分学者主张在行政强制执行程序中和解前置,即"首先考虑是否存在适用和解程序的可能,只有在和解程序无法实现法定义务时,再考虑采用强制的手段"②,笔者并不赞同。如果在未执行的前提下就让渡国家权益,必然会损害国家权益,行政机关内部亦会因该规定变相获得执行权,进而滋生腐败。因此,执行和解制度只可以作为补充制度。避免权力滥用原则,是指行政机关与被执行人必须在原行政行为内达成和解且不得随意让步,司法机关有权对让步幅度和所涉具体权益予以审查。行政机关已然主导和解程序,此时,如不再加以规制和监督,恐易出现滥用裁量权力的情形,引入司法机关予以监督,显然十分必要。

经分析裁判文书网统计的文书,涉海关的行政非诉执行案件已存在达成执行和解的情形,其除满足前述原则外,更应当考虑海关作出行政行为的特殊性。对于海关关于征收关税的行政行为,笔者认为,海关基本无权就征收税金进行让步,而仅可以就滞纳金、履行期限和履

---

① 叶必丰:《行政和解和调解:基于公众参与和诚实信用》,载《政治与法律》2008年第5期。

② 郝静:《柔性化行政执法:行政强制执行和解制度解析与完善》,载《广东行政学院学报》2013年第6期。

行方式与被执行人进行和解。这是因为,税收为国家机关运行的物质保障,必须足额予以征缴。而关于行政处罚的行政行为,海关应当有权就处罚金额与被执行人达成和解。行政处罚是因被执行人的违法行为对其进行的惩罚措施,而被执行人的违法行为却因违法动机、违法程度和违法所得金额存在轻重区别。因此,海关在与被执行人达成和解时,可以考虑被执行人的违法行为的轻重就金额与其进行沟通、协商并作出让步。

四、行政非诉执行案件的结案

笔者以最高人民法院的中国裁判文书网的数据为蓝本,以"行政非诉执行""海关""执行实施"为关键词检索法律文书,共查询到128篇法律文书,对128篇法律文书进行了分类和统计(见图2)。

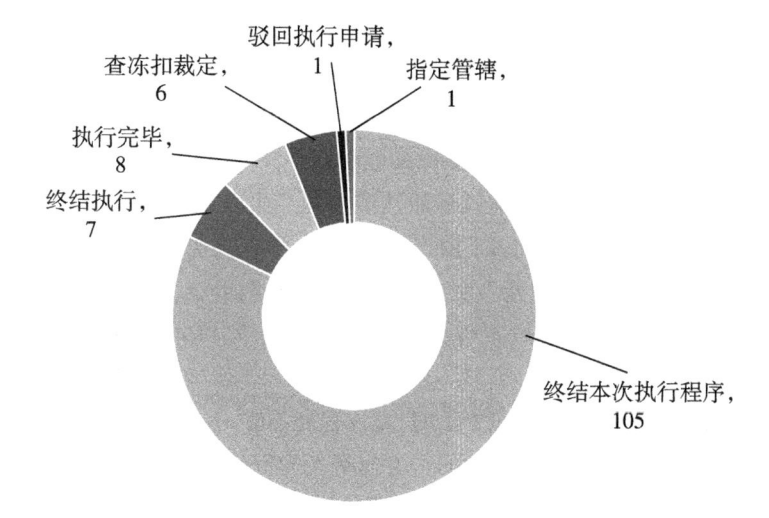

图2 各类法律文书占比

在128篇公开的行政非诉执行案件法律文书中,终结本次执行程序(以下简称终本)裁定为105篇,约占总数的82%。其中,有财产已处置但未全部清偿案件8件、有财产已处置但无法处置案件5件,其余全部为无财产可供执行。终结执行裁定8篇,其中,因被执行人系外国人已离境未发现财产终结案件7件,因海关与被执行人达成和解而终结案件1件。执行完毕案件中4件案件采用执行裁定书的方式结案,而其余4件则以执行通知书的方式结案。还有1篇文书是因被执行人已完成破产注销而以执行裁定书的形式驳回执行申请。分析前述数据,笔者发现终本现已成为法院在执行涉海关行政非诉案件的主要的结案方式,但是亦有部分法院在执行涉海关行政非诉案件时充分挖掘执行潜力,在现有制度条件下寻求新的出路。

(一)涉海关行政非诉执行案件的终本问题

经统计公开文书发现,约80%为终结本次执行程序案件,大量行政非诉执行案件因为无财产可供执行而终本,导致国有财产隐性流失,行政公信力受损。① 造成此种局面的原因有以下两点。

1.海关执法部门对被执行人的社会关系及财产状况并不清楚

行政机关作出处罚决定盖因行政相对人的违法行为,与大多数民事纠纷中双方当事人"熟门熟路"不同,海关除可能扣押部分进出口货物或者其他可控财产外,未发现其他财产。同时,也并不知晓被执行人下落或者社会关系。这就导致法院在执行此类案件时仅能通过财产查询系统对被执行人名下财产进行查询,没有其他可供查控的财产线索,又因被执行人下落不明无法对其采取强制措施。执行案件缺乏执行线索和抓手是导致案件无法顺利执行完毕、终本率较高的现实原因。

2.海关和执行法院职责不明,重视程度不够

因为行政非诉执行案件的一方当事人为行政机关,加之与普通民事执行案件不同,行政非诉执行案件的权益为"公益",所以行政机关和执行法院对此类案件执行工作重视不够,最终多流于程序。一方面,执行法院对无财产可供执行的情形适用终本规定,认为案件已经

---

① 参见阙福亮、洪婧媛:《行政非诉执行案件终结本次执行程序的监管缺失及治理方案》,载《中国检察官》2023年第15期。

执结,没有执行到位的案件虽系统会自动查控,但案件已处于无人监管的状况;另一方面,行政机关认为案件已经申请,相关执行工作应由法院负责,其不再负有案件管理义务,也无须再申请恢复执行,更不会主动调查被执行人财产状况和下落。

为解决这个问题,笔者提出以下建议。第一,海关内部建立健全监管措施。加强处罚前的调查工作,尽最大限度查清被处罚人的财产和个人情况,为执行法院提供更为详尽的执行线索。对作出的行政处罚等决定建立台账,每季度进行统计和审查,将执行情况列入考核指标。第二,引入公职律师制度。海关应加强与司法行政机关的合作,聘请公职律师对被执行人的相关情况予以调查,并在执行案件结案后跟进后续的执行工作。第三,加强立法工作。关于行政非诉执行案件的规定多参照《民事诉讼法》,但由于此类案件的特殊性和公益性,部分规定不宜适用到此类案件的执行程序中。因此,海关应当主动与立法机关、执法机关沟通,共同制定完善的行政非诉审查与执行程序。

(二)涉海关行政非诉执行案件的终结执行问题

在前述的统计数据中,有7篇为终结执行的裁定。经分析,终结执行的情形包含两种:第一,被执行人系外籍人士,经查询无可供执行财产且已离境;第二,被执行人与海关达成和解方案。

针对第一种情形,《民事诉讼法》第268条规定了终结执行的情形,而并没有第一种情况。笔者认为,外籍人士虽然已经离境,且在国内无财产可供执行,但是其还是存在返回中国的可能,因此不应该终结执行而应该终结本次执行程序。海关作为国门掌握对外籍人士的入境情况,应当把此类人员列入黑名单,一旦发现入境,应当立即通知执行法院。同时,对此类外籍人士应当由法院作出限制出境决定,一旦其进入我国境内,未履行完毕法律义务不准其离境。如果对此种情况就草草以终结执行结案,便放弃了我国的行政和司法主权,不利于维护行政和司法的公信力。

第二种情况则是在行政非诉执行案件中,行政机关与行政相对人达成和解。其适用的是《民事诉讼法》中的执行和解制度,而行政法上并未有明文规定。但是在实践中,部分法院已经依据《民事诉讼法》开始进行类似的司法实践,虽然《民事诉讼法》规定了执行和解制度,但是行政机关代表公权力与各类主体就行政行为的执行达成和解仍然需要通过行政方面的立法来予以规制,因为这毕竟涉及"公权力"的处分和放弃,仅凭实践中的经验和做法显然不当。同时,行政非诉执行和解亦存在诸多优势,通过该制度,为行政机关和行政相对人提供再次面对面沟通与协商的空间,使行政机关充分听取行政相对人的意见和建议,对于行政机关反思其行为合理性及提高今后行政执法水平都大有裨益,[1]更是为法院的执行工作提供了一个更利于化解矛盾和纠纷的方式,既保证行政决定的执行,又减少社会冲突。[2] 综上,在我国现有执行体制之下,解决执行和解协议执行力的问题最经济、最合理的选择,就是在因达成和解协议而终结执行的裁定中增加许可执行裁定的内容。[3] 此即执行裁定中应当对双方当事人庭外和解的过程予以记载,并写明如被执行人未依照双方达成的和解协议履行,人民法院可以直接按照执行和解协议执行的法律后果。

(三)涉海关行政非诉执行案件的执行完毕问题

执行完毕案件意味着被执行人已将海关作出的行政行为规定的义务履行完毕,基于常理此类案件不应存在问题。但笔者在进行数据分析时发现,即使是此类案件亦存在结案方式不规范的问题。在前述有关执行完毕的法律文书中,对执行完毕结案存在两种法律文书:第一种是执行结案通知书,即通知双方当事人案件已经执行完毕,相关权利义务均已实现;第二种是执行裁定书,即经法院确认裁定双方权利义务均已实现,本案经法院裁判执行完毕。虽然仅仅

---

[1] 参见陈明、王建:《行政非诉执行案件中执行和解的适用及其边界》,载《山东法官培训学院学报》2022年第1期。

[2] 参见全国人大常委会法制工作委员会行政法室编著:《〈中华人民共和国行政强制法〉释义与案例》,中国民主法制出版社2012年版,第257页。

[3] 参见夏定乾、邓朝华:《行政非诉执行案件和解问题研究》,载《山东法官培训学院学报》2021年第3期。

是结案文书的形式不同,但对于海关及行政相对人的法律效果却截然不同。笔者认为,行政非诉执行案件均为行政机关向司法机关申请协助执行,系国家行为。此时,对行政相对人而言,其对立面是国家机器,应当赋予其充分的异议权利,以保障其合法权益。因此,法院应当以裁定裁判执行完毕,并告知其异议的权利,而结案通知书并无此种功能。同时,对海关而言,行政行为的申请执行及执行完毕均应由受理法院予以审核并作出裁判,这既是严格履行审查义务,又是保障国家利益实现。因此,笔者认为在后续涉海关行政非诉执行完毕案件中,管辖法院均应在进行审核后以执行裁定书的形式裁判执行完毕。

五、涉海关行政非诉执行的救济问题

(一)行政非诉执行的执行救济

由于行政非诉执行中的行政相对人未通过救济程序表达诉求,当人民法院一旦对其财产予以查控并采取限制消费、失信等强制措施,被执行人必然会寻求申诉途径及向人民法院提出异议。在民事执行中,当事人提出执行异议后,人民法院执行裁判机关应当对其异议进行审查并作出裁决。而行政非诉执行程序中的执行异议却并未明确审查机关。实践中,民事案件的执行异议由执行裁判庭负责审理,刑事案件的执行异议由刑事审判庭负责审理。由此推之,依据"专业性"的原则,行政案件的执行异议应当由行政审判庭负责人审查。同时,在行政非诉执行案件中已经赋予行政审判庭司法审核权,此时再引入执行裁判庭负责审查执行行为明显会加重法院负担,且缺乏专业性。因此,应当通过立法程序对行政非诉执行案件的执行异议审核由行政审判庭负责。

(二)行政非诉执行的国家赔偿

因人民法院对行政机关的非诉执行申请仅进行形式上的审查,这就会出现人民法院在执行完毕后,行政相对人通过再审等途径推翻法院执行依据或执行行为的情形。《国家赔偿法》第2条规定:"国家机关和国家机关工作人员行使职权,有本法规定的侵犯公民、法人和其他组织合法权益的情形,造成损害的,受害人有依照本法取得国家赔偿的权利。"在涉海关行政非诉执行中,如存在侵害被执行人权益的行为,国家应当予以赔偿。但是在非诉执行中既包含行政机关的行政行为也存在人民法院的执行行为,故侵害权益的原因一方面可能是因为海关作出的行政行为违法,即执行依据存在错误;另一方面,可能是因为法院的执行行为侵害被执行人权益。笔者认为,针对不同的原因应当分别由法院和海关各自处置。针对第一种情况,侵害被执行人权益的原因系海关的行政行为,虽然经过法院确认,但依据行政非诉执行行为的性质,法院仅仅是执行行政机关的行政决定,此时,因执行行为发生损害应当由海关负责承担赔偿责任。而由于法院工作人员的执行行为侵害被执行人的权益,法院应当对其行为负责并承担赔偿责任。

六、关于涉海关行政非诉执行制度构建的展望

针对涉海关行政非诉执行制度的构建,笔者结合前述对涉海关行政非诉执行案件问题的分析和提出的相应对策认为,首先应当从立法角度在《行政诉讼法》中对行政非诉案件的执行工作作出相应的特殊规定,依据行政法的基本原理对制度作出有别于《民事诉讼法》中执行规定的行政非诉执行的对应规定。通过制度明确行政非诉执行的权力配置,理顺行政非诉执行程序。其次,需加强海关内部关于行政非诉执行案件流程化制度化建设,提高相关人员的业务素质和重视程度,在海关内部构建完整而有效的非诉执行制度与团队。最后,海关应加强与法院等部门的联系与合作,建立案件台账制度,周期性地对相关案件联合进行摸排,加大执法力度,实现行政效果和司法效果的统一。

A Study on Administrative Non-litigation Enforcement Procedure of the Customs

LI Qingzeng

[**Abstract**] Cases subject to administrative non-litigation enforcement is an important part of the court's enforcement, and the customs, as a regulatory agency at the border, is facing an increasing workload of control with the rapid growth of international trade. The law empowers the customs to apply to the court for the enforcement of its administrative decision which cannot be enforced by itself. Although the relevant system has long been established, its subsequent operation is still of a concern. By statistically analyzing the administrative non-litigation enforcement legal documents related to customs published on the website of Documents of Court Decisions, we can identify and analyze the problems in each step of the customs-related administrative non-litigation enforcement procedure in conjunction with theoretical insights, and reconstruct the system to resolve bottlenecks in the entire enforcement process, thereby enhancing the efficiency and completeness of the customs-related administrative non-litigation enforcement procedure.

[**Key words**] administrative non-litigation enforcement; the termination enforcement procedure; administrative reconciliation

海关法评论(第13卷)

海关刑事法律问题
Customs Criminal Law Issues

粤港澳反走私综合治理与边境行政互助合作研究

广州海关缉私局龙鹏工作室*

[摘　要]　反走私综合治理工作抑或边境行政互助合作,是国家治理的一个重要方面,是社会综合治理的重要组成部分。加强反走私综合治理和边境行政互助合作机制研究,不仅有深远的理论意义,更有重要的实践意义。粤港澳由于毗邻的特殊地缘位置,港澳地区作为走私策源地的地位和现状仍未改变,伴随而来的猖獗的走私违法犯罪活动层出不穷,粤港澳跨境走私形势依然严峻复杂。系统思考粤港澳反走私综合治理和边境行政互助合作机制,可以进一步深化人们对反走私综合治理和边境行政互助合作的认识,在一定程度上为反走私综合治理实践提供理论支撑。同时,通过反思当前粤港澳反走私综合治理和边境行政互助合作方面存在问题和弊端,对进一步完善反走私相关工作机制、优化监管和治理、促进相关法律法规完善起到一定的促

---

* 课题组组长:张鹏,广州海关缉私局法制一处副处长。课题组成员:李振宁,广州海关缉私局法制一处法制科科长;王宇龙,广州海关缉私局办公室秘书科科长;黄迪,广州海关缉私局法制一处法制科副科长;黄跃飞,广州海关缉私局法制一处预审一科副科长;胡文华,广州海关缉私局法制二处审理一科副科长;黄山,广州海关缉私局警务督察处督察二科副科长;宫锐,广州白云机场海关缉私分局查私科副科长;高玲龙,韶关海关缉私分局情报科科长;高云龙,清远海关缉私分局侦查科副科长;曾鹏,广州海关顺德缉私分局法制科副科长。

进作用。

[**关键词**] 粤港澳;反走私;综合治理;行政互助;研究

一、绪言

(一)粤港澳反走私综合治理工作研究的背景

推进粤港澳大湾区建设,是以习近平同志为核心的党中央作出的重大决策,是习近平总书记亲自谋划、亲自部署、亲自推动的国家战略,也是推动"一国两制"事业发展的新实践。2019年2月18日,中共中央、国务院印发《粤港澳大湾区发展规划纲要》。按照该规划纲要,粤港澳大湾区不仅要建成充满活力的世界级城市群、国际科技创新中心、"一带一路"建设的重要支撑、内地与港澳深度合作示范区,还要打造成宜居宜业宜游的优质生活圈,成为高质量发展的典范。以我国香港特别行政区、澳门特别行政区、广州市、深圳市四大中心城市作为区域发展的核心引擎。截至2022年2月,粤港澳大湾区11个城市GDP达到12.63万亿元。

当前,世界百年未有之大变局在疫情冲击下加速演变,世界经济出现衰退,国际贸易显著萎缩,国内经济社会发展改革各项任务艰巨繁重,新老矛盾交织叠加,面临多年未见的需求收缩、供给冲击、预期转弱三重压力,经济下行带来的困难和挑战明显增多,走私诱因大量存在。粤港澳大湾区具有"一国两制、三个关税区"的特殊优势,历来是中国开放程度最高、经济活力最强的区域之一。由于粤港澳毗邻的特殊地缘位置,港澳地区作为走私策源地的地位和现状仍未改变,伴随而来的是猖獗的走私违法犯罪活动层出不穷,因而粤港澳跨境走私形势依然严峻复杂。[1]

随着经济社会的快速发展,走私行为趋向隐蔽性、复杂性,走私人

---

[1] 参见田文昌:《我国的走私犯罪与治理》,载《中国法学》1993年第2期。其认为广东省与香港特别行政区、澳门特别行政区相邻的地理位置是走私违法犯罪活动猖獗的主要原因。

员趋向专业性、团伙性,反走私工作难度越来越大。由于粤港澳特殊的地理位置,当前粤港澳地区走私违法活动仍处于高发多发期,并呈现专业化、智能化、集团化、国际化特点,走私违法活动呈现渠道、源头转移态势,珠江口水域快艇"蚂蚁搬家"式走私、"三无"船舶走私、[①]来往港澳小型船舶走私呈现高发态势,涉及对象包括武器弹药、毒品、反宣品以及水产品、冻品、成品油、高值货物等重点涉税商品,打击治理难度不断加大。此外,随着打击走私活动的持续深入,走私分子的手法持续翻新,途径不断漂移,走私团伙规模越来越大、活动范围越来越广、组织越来越严密、智能化程度越来越高,走私犯罪与洗钱、黑社会、暴恐等多种犯罪交织,"暗网""虚拟货币"等被运用于走私犯罪当中。

(二)粤港澳反走私综合治理工作研究的意义

打击走私是维护国家政治安全、社会稳定、经济健康发展的重要组成部分,也是各地各部门共同的责任和使命,各地政府是本地区反走私综合治理的责任主体。从反走私工作实践看,不管是境内境外,只要当地政府重视,就能牢牢掌控反走私工作大局。反之,有的地区出现走私回潮,甚至走私猖獗势头,直接反映出当地政府对于打击走私综合治理的不重视,甚至是懈怠。

走私作为一种跨境违法犯罪行为,必然会同时涉及两个或两个以上国家或地区。随着走私违法犯罪行为的国际化趋势日益明显,走私犯罪以及其伴生的政治、经济、文化、生态等安全威胁,对我国经济结构、生态维护、国家认同、外交布局、国防保障等核心利益带来的挑战,使得走私犯罪已经不仅局限于边境安全,而且关涉国家安全和国际安全。面对这些新形势和新情况,原有的反走私工作理念、方法、手段、经验亟待更新和提高。"魔高一尺,道高一丈",打击走私的机制手段必须要远远领先,才能有效打击走私犯罪。开展更深层次的反走私综

---

① 参见广东省公安厅打私局:《"六全"反走私综合治理体系调研报告》,2022年11月。该报告提出,当前广东省走私违法犯罪活动从走私类型上看,呈现"三个高发"特点:一是珠江口水域走私问题高发;二是"三无"船舶走私问题高发;三是专业化、集团化走私高发。

合治理和边境行政互助合作逐渐成为国际社会的共识。

反走私综合治理工作抑或边境行政互助合作,是国家治理的一个重要方面,是社会综合治理的重要组成部分。加强反走私综合治理和边境行政互助合作机制研究,不仅有深远的理论意义,更有重要的实践意义。其理论意义在于,通过系统思考粤港澳反走私综合治理和边境行政互助合作机制,可以进一步深化人们对反走私综合治理和边境行政互助合作的认识,在一定程度上为反走私综合治理实践提供理论支撑。毕竟,国内关于反走私综合治理方面的主题研究还相对比较匮乏。其实践意义在于,通过反思当前粤港澳反走私综合治理和边境行政互助合作方面存在问题和弊端,对进一步完善反走私相关工作机制、优化监管和治理、促进相关法律法规的完善起到一定的促进作用。

(三)粤港澳反走私综合治理工作研究的方法

本文采用的方法主要如下。

1. 文献研究法。本文通过阅读与反走私综合治理与边境行政互助合作工作机制相关的文献,包括专著、论文、政府会议文件、法律法规等,从研究角度、研究内容等方面对研究成果和不足之处进行归纳总结,对反走私综合治理与边境行政互助合作机制的理论基础、历史沿革、制度设计和运行措施有较为全面的掌握。

2. 比较分析法。打击与防治走私是一项复杂的社会工程,反走私综合治理作为一种独立的治理模式,包含缉私体制。在过去的打私体制下,海关打私工作之所以能够取得显著成效,与各有关执法部门对海关工作的有力支持和密切配合是分不开的。本文参考了粤港澳地区相关执法部门在反走私综合治理、边境行政互助合作方面相关的经验做法,分析其值得学习借鉴之处。

3. 实证分析法。反走私综合治理机制的核心内容就是实现政府、社会和公民的良性互动。本文通过选取部分沿海城市进行实地调研并掌握执法部门实际工作情况,对我国反走私综合治理机制和边境行政互助合作机制的运作情况进行分析,总结存在的问题。

4. 定性分析法。本文运用治理理论,以反走私综合治理与边境行政互助合作机制中存在的问题为基础,提出适应当前形势需要和发展的优化思路和对策。

二、反走私综合治理和边境行政互助合作概述

(一)反走私综合治理概述

所谓反走私综合治理,是指在各级政府的领导和协调下,各有关部门按照法定职责,组织、动员社会各界力量,运用多种手段,打击走私违法犯罪行为,维护国家经济秩序安全,保障国家进出口秩序的一种组织活动。①

1. 发展沿革

反走私综合治理最早是在1995年召开的全国打击走私领导小组会议上正式提出的,1998年召开的全国打击走私工作会议对缉私体制进行改革,确立了"联合缉私,统一处理,综合治理"的缉私体制。2000年修订的《海关法》(已被修改),在国家法律层面正式确立了上述"联合缉私,统一处理,综合治理"的缉私体制,明确海关负责组织、协调、管理查缉走私工作。2007年,国务院建立全国打击走私综合治理部际联席会议制度,明确了反走私综合治理工作的领导职责和协作机制。②

在国家政策和法律层面之下,广东省反走私综合治理的地方性立法走在全国前列。2006年至2008年,深圳市、广州市和珠海市相继制定了反走私综合治理地方性法规和地方政府规章,对国家缉私体制进行了创新和完善,明确了各个部门和机构在反走私工作中的职责条件,为解决反走私综合治理存在的执法难题提供了依据。③ 2013年11月,广东省出台了《广东省反走私综合治理条例》,建立健全政府统一

---

① 参见吕滨主编:《海关缉私业务》,中国海关出版社2008年版,第665页。
② 参见《国务院关于同意建立全国打击走私综合治理部际联席会议制度的批复》(国函〔2007〕50号)。
③ 参见2006年1月20日通过的《深圳经济特区反走私综合治理条例》(2019年修正)、2007年6月5日印发的《广州市反走私综合治理工作规定》(已失效)、2008年11月18日审议通过的《珠海市反走私综合治理规定》(已失效)。

领导、部门各尽其责、企业自律配合的反走私综合治理工作机制。①

走私是一种综合性的、危害面广的违法犯罪行为,涉及多个领域和环节,需要社会各部门、各地区共同参与,施行综合治理,才能有效打击走私活动。从历史发展看,反走私综合治理从提出到不断发展为一项长效机制上升到国家治理的一部分,其治理的原则、目标、内容、基本措施方法等经过多年的实践检验已相对成熟,已获得各方认可,目前通过各层级立法的形式正式予以明确和规定。

2. 概念和原则

反走私综合治理是指的是在中央和各级地方政府领导和协调下,各执法部门依法履行职责、密切配合,组织、动员、依靠各部门、各单位和群众的力量,综合运用政治、经济、法律、教育等手段,统筹多方资源合力打击、治理和防范走私违法犯罪,维护国家政治和经济安全,维护社会稳定和人民健康,营造健康、法治化商业环境的一种社会管理活动。

反走私综合治理坚持"打防结合、标本兼治、多措并举、群防群治"原则。首先,防止走私的发生是综合治理的目标,从而维护国家安全、社会稳定,保障经济秩序良好运行和人民健康。打击走私是手段,预防走私才是目的。其次,既要治标又要治本,重视系统治理和源头治理,才能从根本上铲除走私违法犯罪行为的土壤。

3. 主要内容

反走私综合治理的主要内容涉及责任主体、预防机制、查缉措施和协调处理机制等。

---

① 2013年11月21日,广东省第十二届人民代表大会常务委员会通过的《广东省反走私综合治理条例》第4条规定:县级以上人民政府反走私综合治理工作机构(包括各级打击走私综合治理办公室或者海防与打击走私办公室)负责反走私综合治理的组织、指导、协调、监督、检查等工作。海关、公安(边防)、工商、经济和信息化、交通运输、商务(口岸)、环境保护、税务、价格、海洋渔业、质量技术监督、食品药品监督管理、检验检疫、海事、烟草等监督管理部门和港澳流动渔民工作机构,按照各自职责,做好反走私综合治理工作。

责任主体:反走私综合治理的责任主体是根据法律法规开展反走私综合治理工作的各类主体,包括各级人民政府、反走私综合治理的管理机构、打私职能各成员单位等。走私是一个复杂的综合性社会问题,涉及政治、经济、文化、社会等多个方面,依靠单一力量难以有效根治,必须坚持整体性治理思维,充分发挥政府和各有关部门的协同作用,才能实现对走私违法犯罪活动的全面综合整治。

预防机制:一是建立反走私预警监测机制,分析预测走私动态,预警走私风险,提出预防走私的工作措施;二是建立健全反走私信息共享机制,实现综合治理数据互联、情报信息共享,提高反走私综合治理工作的智能化水平;三是建立日常巡防督查制度,定期对辖区内港口、码头、堤岸,走私易发的海湾、滩涂和冻库、油库进行排查,明确防范重点,落实巡防责任;四是建立企业诚信守法分类管理制度,建立企业信用档案和重点人群智能预警管控;五是建立车辆、船舶信息档案,完善车辆、船舶违法行为信息通报机制,指导和监督经营单位或者个人依法经营;六是加强反走私综合治理宣传教育,制定宣传教育工作方案并组织实施。

查缉措施:反走私综合治理管理工作机构组织、协调对走私高发区域、重点渠道、走私相对集中的商品实施重拳打击、联合行动和专项查处。负有查缉走私职责的部门依法查处管辖范围内的走私案件,海关、海警、公安等部门按照国家规定职责查处走私行政违法行为和走私犯罪行为,市场监督管理部、烟草专卖、林业等部门按照各自职责负责查处涉嫌无合法来源证明进口货物、烟草专卖品、野生动植物及其制品等。

协调处理机制:一是按照职权协调案件移交移送。走私案件,对依法应当给予行政处罚的,依照国家有关规定移送海关依法处理;对涉嫌犯罪的,移送海关缉私局或者地方公安机关依法处理。二是不断深化全链条综合监管和协同处理。把牢国门一线关口,构建海陆管控防线,加强境内源头治理等。三是地级以上市人民政府反走私综合治理工作机构统一处理涉嫌走私的货物、物品和运输工具。

值得注意的是,综合治理本身是复杂社会治理工程,在对反走私治理过程中发现其他违法行为或者与其他违法犯罪行为一并治理更为有效时,应充分运用现行的反走私协调机制一并处理,避免出现"真空地带",如反走私与反偷渡,打击走私的同时打击逃避检验检疫行为等。

(二)边境行政互助合作概述

粤港澳边境行政互助合作,是指在珠三角地区,以三地海关部门及珠三角地区有边境执法权的行政部门(公安、海警、海事等部门)为主体,以"信息及时互通、执法深度互助、经验全面共享"为原则,通过定期建立联合数据信息库、召开联席会议、联合开展专项行动等方式,建立的涵盖对进出境的人、货物、运输工具的跨境监管、打击粤港澳跨境走私及偷越国边境、防控疫情传播等相关任务的全方位、全天候、立体化、高效实战化的行政互助合作机制。

粤港澳边境行政互助合作,在"一国两制"的制度框架下,包含两层内容:一是珠三角地区内部的互助合作,边境各执法部门之间的互助合作;二是粤港澳间的行政互助,包括广东省各边境执法部门分别与香港、澳门边境执法部门之间的行政互助合作。

1. 珠三角地区各海关之间的互助合作

珠三角地区进出口业务量大,毗邻港澳地理位置特殊,同时存在广州、黄埔、深圳、拱北等同级别直属海关及海关缉私部门,每个直属海关又下设众多隶属海关以及对应的缉私分局。各海关部门之间存在各自为政、缺乏深度合作的问题。在此情况下,建立珠三角内地海关行政互助合作机制显得尤为必要和迫切。

一是加强信息数据共享。以各海关信息数据库为基数组建联合数据中心,扩大数据查询和使用范围,提升数据使用效率,发挥数据的时效性优势。

二是加强合作,推动各海关联合执法常态化。珠三角地区走私犯罪团伙的集团化和跨关区的特点客观上要求各海关联合执法必须常态化,各珠三角海关之间应以联席会议等方式出台常态化联合执法工作细则,在现有的合作机制基础之上对联合执法进行优化,使跨关区常态化执法有章可循,有法可依。

三是经验交流和战术战法共享。珠三角地区各直属海关各具特点,在打击走私犯罪的工作重点上也各有侧重,形成的打击走私犯罪经验和战术战法也是各有所长。从提升海关整体打击走私犯罪能力水平和增强缉私警察队伍单兵作战综合能力的角度来说,加强各关区之间经验交流、共享战术战法具有重要意义。

2. 粤海关与港澳海关部门之间的行政互助合作

在"一国两制三地"的框架下,粤港澳三地海关进一步强化合作、建立高效的行政执法互助合作机制势在必行。

粤港澳三地行政互助合作机制应包含以下几个方面。

一是建立三地海关查验及查验结果全面互认机制。香港、澳门两地作为我国国际贸易的重要纽带和桥梁,承担着极为重要的使命和责任,如何在进一步提升通关效率的同时确保通关安全是新形势下全球经济对粤港澳三地海关提出的新要求和新挑战。在充分交流和研判的基础上达成一致标准,实现查验和查验结果全面互认是粤港澳三地海关应对新要求、接受新挑战的必要举措。

二是建立情报信息合作机制和海关数据共享机制。粤港澳三地海关执法依据不同,因此,对于同一行为的定性会产生不同的结论,必然会出现"罪与非罪"的理念冲突。以冻品为例,香港作为世界自由贸易港,对冻品的出入境管理相对内地而言较为宽松,因而诸多与冻品贸易相关的行为在香港是被允许的,但同样一种行为,用内地法律进行评价就是违法行为。因此,与之有关的香港海关数据对于内地缉私部门打击冻品走私来说具有重要价值,反之亦然。为维护三地边境安全,打击走私违法犯罪活动,有必要建立情报信息合作机制和海关数据共享机制,以互通有无、提高执法精准度。

三是建立高效快速反应打击走私联合机制。对于三地海关都认为是走私犯罪的行为,如走私毒品、走私武器弹药等严重危害国家安全和人民群众生命财产的行为,三地海关应在现有合作机制的基础上,建立高效快速反应打击走私联合机制,在不违反上位法的前提下,尝试探索并建立联合执法作战单元,以更快的反应速度、更高的执法权限、更畅通的执法流程为目标,逐步形成在珠三角地区最为科学高效的反走私作战模式,对走私团伙形成闪电式打击,形成强大威慑力,保卫珠三角地区经济安全和人民群众生命财产安全。

3. 粤海关缉私与公安、海警、海事等边境执法部门之间的行政互助合作

2018年8月,广东省打击走私领导小组办公室整体转改并入省公安厅,组建成立全国唯一的公安厅打私局。随后,各地市公安局相继成立打私支队。2020年3月,广东省打击走私领导小组及其办公室恢复成立,组长由省公安厅厅长担任,省直、中直26个单位为成员单位,日常工作由省公安厅打私局承担。在省打击走私领导小组统筹协调下,各成员单位按照法定职责共同开展反走私综合治理工作。广东省反走私综合治理主要执法力量包括海关缉私、海警、公安、市场监管、海洋综合执法、海事等,其中,海关缉私、海警、公安是反走私综合治理执法的主力军。[①]

在反走私综合治理格局中,广东省公安打私力量主要包括各级公安打私支队、打私大队和其他涉走私案件管辖的经侦、刑侦、治安、禁毒等警种,主要负责办理非涉关地5类非涉税类走私案件。近年来,粤海关缉私部门与公安打私力量,在珠江口水域开展多次的联合缉私行动,取得了良好的反走私成效,有力震慑了粤港澳水域的走私违法犯罪。例如,2021年10月1~7日,广东省公安机关、广东省海警机构以及海关缉私等部门,开展联合"清湾行动",集中打击整治高速快艇(俗称"大飞")走私违法犯罪活动。行动期间,共破获涉走私团伙案件55起,抓获犯罪嫌疑人353名,查获"大飞"等非法船舶860艘,清查非法船舶藏匿点、上岸点1413个次,有效维护了粤港澳大湾区水域

---

① 参见广东省公安厅打私局:《"六全"反走私综合治理体系调研报告》,2022年11月。

治安秩序,有效筑牢了境外疫情输入防线。①

中国海警局统一履行海上维权执法职责。其主要负责包括执行打击海上违法犯罪活动、维护海上治安和安全保卫、海上缉私等方面的执法任务。海事局(交通运输部海事局)为交通运输部直属行政机构,实行垂直管理体制,履行水上交通安全监督管理、船舶及相关水上设施检验和登记、防止船舶污染和航海保障等行政管理和执法职责。

在粤港澳大湾区范围内,公安、海警、海事部门与海关缉私之间关系密切,其职能也存在一定程度的交织和重叠。因此,建立海关缉私与公安、海警、海事部门之间的互助合作机制,对于理顺各部门职责划分、提高各自执法效率、强化打击粤港澳大湾区违法犯罪打击效果和执法威慑力具有十分重要的现实意义。

一是海关缉私与地方公安之间的行政互助合作。在打击粤港澳跨境走私违法犯罪活动中,海关缉私部门与地方公安部门都履行着反走私的工作职责,双方应建立良好有效的行政互助合作机制,形成打私合力。要理清各自职责,明确管辖分工,完善常态化的行政互助和综合治理机制,开展经常性的联合执法;要强化行政互助和综合治理的信息化基础。目前,跨警种、跨部门的信息化基础薄弱,导致常态化的信息互通、情报共享、联合办案等工作落实不到位,跨部门、多警种合成作战的经验需要总结固化。要加大对重点地区的行政互助和反走私综合治理。粤港澳大湾区地缘位置特殊,跨境走私违法犯罪活动层出不穷,重点地区的走私形势依然严峻,需要加大对重点地区的常态化管理和防控,提高治理成效。例如,深圳海关缉私局主动与其他兄弟警种、属地公安机关深化跨警种多领域执法协作,逐步探索形成了"一二三四"跨警种协作新模式。②

---

① 参见《香港女警坠海殉职案侦破! 粤港联动开展"清湾行动"取得显著成效》,载微信公众号"广东缉私"2021 年 10 月 11 日,https://mp.weixin.qq.com/s/XX_LXkMliKePysI82xxUyw。

② 参见深圳海关缉私局杨璇、马志强、许可:《以"纵横结合"为主线,探索构建缉私警察跨警种协作新模式》,载《反走私综合治理研究参考》2022 年第 3 期。

二是海关缉私与海警之间的行政互助合作。海上走私犯罪案件具有海上、内水和路上的连续性特点，海关缉私部门与海警部门在地域管辖分工明确的基础上，应打破执法界限的约束，探索开展常态化联合执法模式，在控制涉案人员、查获涉案财物基础上，及时联系沟通，将案件及人员移交给对案件侦办更为有利的一方；要加强情报信息共享方面的合作，利用各自优势，取长补短，联合开展情报信息和线索的经营；要加强行刑衔接机制的畅顺化运行。对于海警部门管辖的行政案件转化为海关缉私部门管辖的刑事案件，在证据收集程序标准、案件移交等方面应当加强沟通合作，提高案件办理效率。

三是海关缉私与海事之间的行政互助合作。多数走私犯罪案件需要用到船只作为作案工具，涉案船只上的部分或者全部船员同时也是走私犯罪嫌疑人。对于此种情况，海事部门与海关缉私部门之间的合作可重点在以下方面开展：完善船只管理制度，对于具有走私案底的船只，建立专门档案进行重点管理，并形成动态监管预警机制；完善船员管理制度，对于具有走私行为或具有走私犯罪前科的船员，应严格开展适航资格审查；加强与海关缉私部门的实时动态沟通，建立信息共享平台，对于具有案底的船只航行状态或路线异常，行政、刑事案件前科船员航行活动异常以及有案底船只上具有行政、刑事案件前科船员等具有走私活动嫌疑的状况进行重点监控和信息及时互通。

四是海关缉私与公安、海警、海事等部门之间的行政互助合作。以召开联席会议等方式，对以往各部门在边境执法工作中总结的有效经验、遇到的疑难问题进行交流探讨，并对未来各部门在合作模式、执法规范等方面开展部署和规划，进一步畅顺多方合作模式，推动边境执法互助合作取得实质性进展。同时，根据会议具体内容邀请农业部门、渔政部门、市场监管等相关部门参与其中，形成"范围广、力度大、线条长、网格密、配合强"的粤港澳大湾区边境执法互助合作立体化大格局。

(三)反走私综合治理与边境行政互助合作的关系

1.两者的关系

反走私综合治理与边境行政互助合作两者都属于社会治理范畴，

是部门与部门间的协调、联系和配合的机制;粤港澳(不同关境的地区)之间执法部门的边境行政互助,类似国际(不同关境的地区)间就边境管理开展的合作,可以被视为共同开展社会治理的一种合作方式。

　　两者都属于社会综合治理的范畴,但具体范围、内容两者既有重合,又相互独立。在空间范畴上,反走私综合治理是全国范畴内开展,包括沿边地区、沿海地区和内陆城市,边境行政互助合作除了国际层面(不同关境的地区之间)的信息互认、监管互换、执法互助,一般专指边境地区进行的行政互助合作。在主体和职能范畴上,反走私综合治理包括多个主体,涉及"打、防、管、控"整体性、立体化职能;边境行政互助合作的主体仅限于边境管理部门,作用职能仅限于边境上的服务、监管与执法。在内容上,边境行政互助合作则大于反走私综合治理,反走私综合治理尽管包括边境治理、源头治理的内容,但其主体仍是反走私;边境行政互助合作并不局限于打击走私等内容,其贯彻落实总体国家安全观,包括反走私、边境检验检疫制度、反偷渡和一系列统一的、易于理解和便于国际上快速实施的标准,如快速通关及其他便捷贸易的措施等。

　　综上,两者既有交叉,又有独立内容,但紧密联系,均属于社会综合治理中国门安全治理范畴。

　　2.反走私综合治理和边境行政互助合作一体推进的积极意义

　　一是有利于筑牢国门安全防线。我国边境线、沿海线长,部分沿线无天然屏障,通道、便道、渡口多,交通便利、容易进出、管控难度大,使得走私分子绕开设关地从非设关地走私具备了客观条件,为暴恐分子在边境地区藏匿、中转和潜入潜出提供了便利条件,同时加大疫情防控的难度。在总体国家安全观的重大战略指引下,理顺调动边境地区各种力量和资源的机制,有利于进一步整合相互资源,着力构建集各重点领域于一体的安全体系,形成维护边境地区安全的整体合力。一体化推进反走私综合治理与边境行政互助合作,有利于筑牢国门安全防线,推进边境地区反走私防控机制不断完善。

二是有助于强化边境治理,实现管理目标。地方反走私综合治理是我国反走私综合治理框架下重要组成部分,目前,我国反走私综合治理国家层面立法还不完善,地方层面的立法情况也是参差不齐,边境行政互助合作更是研究不多,两者一体推进,注重基层探索和实践是两者治理管理目标实现的基础和重要路径。反走综合治理地方基层探索积累了一定的经验,复制、推广、借鉴有关经验有利于打造提高边境行政互助和反走私综合治理水平。如南宁海关辖区的"大协同、多锁链"治理模式。① 该模式中,各执法部门"横向协作全到位",并辅以"段长负责制""无走私示范村""联席会议制度"等配套方案,形成"大协同"。各执法部门加强对走私入境、运输、市场流通等关键环节和重点区域的查缉、管控,实现"纵向防控全覆盖",实现"多锁链"。如广东的"智慧综治"新模式,②以广东公安警务云为载体,统筹推进全省一体化反走私信息化应用公共支撑体系建设,重点建设"一规范(一套反走私信息化建设标准规范)、一张网(一张反走私实时多维智能感知物联网)、一数仓(一个反走私特色数据仓库)、一平台+N个微应用(反走私一体化平台及应用)"的"4+N"工程。打造智慧综治全要素管控、全时空预警、全链条打击、全流域巡防、全方位宣防、全闭环治理"六全"体系。

三是有助于内外结合提升治理效果。无论是边境行政互助合作还是反走私综合治理,需要源头治理、系统治理、多元共治,并非单个主体通过"单打独斗"就可以组织实施好治理职能。尤其是在边境地区,涉及与境外国家地区之间的协作,通过边境行政互助国际合作,采取共同巡逻、联合执法、建立信息交流和互换的沟通机制等达成共同治理合力,提升治理的效果。

---

① 参见祝少春:《反走私综合治理管理机制完善刍议》,载《上海法学研究》集刊2020年第6卷。

② 参见广东省打私办:《大数据时代背景下构建广东反走私"智慧综治"新模式》,载《反走私综合治理工作简报》2022年第36期。

三、粤港澳反走私综合治理与边境行政互助合作运行情况

(一)粤港澳反走私综合治理面临的形势及工作现状

粤港澳地区历来是反走私的前沿阵地,走私形势严峻复杂。一是广东地区拥有广阔的市场消费需求并辐射全国。2021年,广东社会消费品零售总额4.42万亿元,较1997年增长13.25倍,电子产品、肉制品、烟酒、成品油等这些与每个人息息相关的商品更是需求巨大,广阔的市场极易诱发非法市场的产生。二是独特的地理区位。广东省紧邻港澳,交通便利、水网密布,河涌纵横交错,为走私活动提供了得天独厚的地理优势和环境,极易被走私分子利用,流动渔船、"三无"船舶、"大飞"利用其隐蔽性强、机动性高的特点伺机走私,即时查处走私活动的难度极大,近年来,受新冠疫情影响,部分口岸关闭,口岸走私向非设关地走私漂移迹象明显。三是基于香港世界金融中心和自由贸易区的地位,货物相比内地有明显的价格差,其商品来源渠道较广,食品、药品、化妆品等商品方面都能提供内地所没有的多样性和独特性,对参与市场竞争及补位空白市场均有一定优势。三地法律管制条件不同,导致出版物、文物、管制药物、珍贵药材等在港澳的交易相对便利,走私分子通过偷逃关税或走私禁止类货物物品,可以获得高额非法利润。四是粤港澳交往日益便利频繁。随着"自由行"开放,大量游客得以往返港澳,携带货物的成本也在逐渐降低,"水客"走私因其参与人数广、个体行为的合法性等原因,成为近年来最难以有效遏制的走私行为。如2022年5月,拱北海关联合珠海市公安局破获一起"水客"团伙走私品牌酒进境案,①现场查扣涉嫌走私进境的出口装茅台酒、澳大利亚奔富红酒、日本威士忌等货物,初步查证案值约1.35亿元;2022年10月,拱北海关缉私部门破获一起"水客"团伙走私普通

---

① 参见《案值1.35亿元!拱北海关查获一起"水客"团伙走私品牌酒案》,载FoodTalks全球食品资讯网2022年5月10日,https://www.foodtalks.cn/news/29583。

货物进境案①,现场查扣涉嫌走私进境的高档化妆品、燕窝等约1.8万支(盒),初步查证案值约1.6亿元。2021年12月,深圳海关联合深圳市公安局开展专项行动,摧毁16个粤港澳跨境走私高档手表入境的"水客"犯罪团伙,②抓获犯罪嫌疑人三十余名,现场查获涉嫌走私入境的劳力士、百达翡丽、欧米茄等名贵手表二十余只,卡西欧、西铁城等品牌手表三万余只,涉案案值达1.2亿元。2021年10月黄埔海关开展打击"水客"走私专项行动,③打掉1个水客走私团伙,抓获犯罪嫌疑人27名,现场查扣涉嫌走私的名牌服装、鞋子、挎包等奢侈品一批,经初步查证案值1.1亿元。独特的地理区位使得广东省的反走私形势严峻复杂,反走私综合治理与边境行政互助合作作用凸显,同时运行机制亟待完善。

广东省于2013年11月21日颁布《广东省反走私综合治理条例》(此前为《广东省反走私综合治理工作规定》),在县级以上人民政府设立反走私综合治理工作机构(包括各级打击走私综合治理办公室或者海防与打击走私办公室),负责反走私综合治理的组织、指导、协调、监督、检查等工作。海关、公安(边防)、工商、经济和信息化、交通运输、商务(口岸)、环境保护、税务、价格、海洋渔业、质量技术监督、食品药品监督管理、检验检疫、海事、烟草等监督管理部门和港澳流动渔民工作机构,按照各自职责开展反走私综合治理工作。村民委员会、居民委员会在当地人民政府指导下,支持和配合反走私综合治理工作。④

---

① 参见《案值1.6亿元!拱北海关破获一起"水客"团伙走私普通货物进境案》,载微信公众号"广东缉私"2022年11月11日,https://mp.weixin.qq.com/s/gSmNkKiEBSLeN6WlTaXHAA。

② 参见《深圳海关开展打击治理粤港澳跨境走私专项行动——查获走私入境高档手表3万余只,案值1.2亿元》,载中国企业新闻网2021年12月20日,http://www.gdcenn.cn/a/202112/536887.html。

③ 参见《黄埔海关侦破亿元"水客"走私案》,载微信公众号"广东缉私"2021年10月27日,https://mp.weixin.qq.com/s/Qoxxn6eibLDlMP602Enjcw。

④ 参见2013年11月21日广东省第十二届人民代表大会常务委员会通过的《广东省反走私综合治理条例》。

深圳市、珠海市等反走私重点城市也颁布各自的反走私综合治理相关规定。在多年的反走私综合治理工作中，广东省建立了集各部门分工负责、会议协调、联合执法、集中处理、考核督导、群防群治的治理机制。

(二) 粤港澳反走私行政互助合作工作运行情况

2013年，中国海警局正式挂牌成立，海上走私案件的查处也交由海警局管理，海关缉私局仅负责内河流域和珠江口水域的缉私案件。2019年9月23日，广州市公安局打击走私犯罪支队正式揭牌成立，此后，广东省各地级市打击走私犯罪支队陆续成立，广东省的打私执法力量包含地方公安、海关缉私、海警等部门。香港、澳门的法例关于走私犯罪的规定散见于《进出口条例》《有组织及严重罪行条例》《刑事罪行条例》《应课税品条例》《对外贸易法》等，相关违法行为可能由海关、警务处等部门管辖。粤港澳反走私行政互助合作可能由不同部门发起相互合作。

在海关行政互助合作方面，香港和澳门回归之后，内地与香港、澳门海关在"一国两制"的框架下，先后签署《海关总署与澳门海关合作互助安排》《海关总署与香港海关互助合作安排》，涉及情报交换、核查、特别监视、代为调查、打击麻醉品和精神药物的非法贩运及控制下交付、异地约见知情人及相关人员、双方同步行动等，正式启动内地海关与香港、澳门海关的反走私合作机制。随着粤港澳经贸往来的日益紧密，三地缉私合作相伴随地快速增加和深化，形成了较为健全的情报信息互通机制、合作范围不断扩展，在联合打击涉税走私、废物走私、毒品走私等传统走私方式的基础上，在处理危害国家安全、侵犯知识产权等方面开始新的合作。

在警务合作方面，广东省公安厅设立国际合作与港澳联络办公室（以下简称国合办），同时授权深圳和珠海市公安局港澳联络科，分别与港澳直接进行情报交流、线索协查及互派人员到对方辖区协助调查取证工作。① 广东省公安厅刑侦局、治安局、禁毒局、经济犯罪侦查处、反恐处以及网监处等部门与港澳警方均构建对口联络渠道。经过多年探索实践,粤港澳三地警方形成定期、不定期会晤、对口联络、个案协作、联合行动、强制措施通报等方面的机制。在粤港澳警方与海关合作方面,目前形成了粤港澳警方海关打击毒品走私联席会议("三地六方"会议)缉毒合作框架。广东海关缉私部门与香港水警设有联络渠道,②与香港其他警种的联系主要通过广东省公安厅国合办进行联系沟通。

三地亦建立了跨部门的合作联系机制。根据《粤港反走私紧密合作协议》《粤澳反走私紧密合作协议》以及粤港澳三方共识,原粤港、粤澳会议合并为粤港澳反走私紧密合作会议。香港保安局、香港海关、香港警务处、入境事务处、环境保护署、驻粤办、澳门海关、治安警察局、司法警察局、民政总署、经济局、海事及水务局、广东省打私办、海关总署广东分署、省公安厅出入境管理局、省生态环境厅、武警广东省总队、省海警总队、省烟草专卖局、深圳市打私办、珠海市口岸局(打私办)、深圳海关、拱北海关、深圳边检总站、珠海边检总站、深圳市烟草专卖局等部门机构参加,分析粤港澳反走私合作情况、当前走私态势,讨论治理重点领域打私治理及风险防范。③

(三)粤港澳行政互助合作在反走私综合治理中发挥的作用及贡献

粤港澳行政互助合作是反走私综合治理的重要一环,《广东省反走私综合治理条例》第30条第2款规定,省人民政府应当加强与毗邻省、自治区人民政府以及香港特别行政区、澳门特别行政区政府的反

---

① 参见李樱:《粤港打击走私区际警务合作机制研究》,广西大学2021年硕士学位论文。
② 参见李樱:《粤港打击走私区际警务合作机制研究》,广西大学2021年硕士学位论文。
③ 参见广东省海防打私办:《2018年粤港澳反走私紧密合作会议在广州召开》,载广东省公安厅网站2018年12月24日,http://gdga.gd.gov.cn/jwzx/jwyw/content/mpost_2169386.html。

走私综合治理工作的交流合作。2012年9月至今,香港入境处进行了多次"风沙行动",并拘捕了1806名涉嫌从事水货活动的内地人及14名香港居民,其中212名内地人被控违反逗留条件,余下1594人已被遣返内地,行动对水客治理起到一定积极作用。珠、澳海关先后多次开展了整治拱澳两地"水客"和打击利用澳门国际机场进行跨境贩毒为目标的"火焰""飞鹰"联合行动、打击利用粤澳两地牌车走私的"火狼联合行动"、保护知识产权的"龙舟行动"等联合行动,珠、澳海关缉私合作取得丰硕成果。[①]

2000年以来,广东、香港、澳门三地警方每年开展"雷霆"专项行动,旨在打击跨境犯罪,震慑犯罪分子。2021年5月,深圳市公安局联合深圳海关缉私局在"雷霆2021"行动中开展打击高速快艇走私冻品,共查获违法船只5艘、涉案走私物品8吨;香港警方根据我方提供的情报查获违法船只5艘,查扣涉案走私物品近10吨。[②] 6月澳门警方查获可疑快艇,违法嫌疑人2人,查获燕窝、冷冻食品等货物,并查获14名非法兑换货币人员。[③] 2021年9月25日,香港水警总区高级督察林婉仪遭遇走私船只撞击坠海牺牲,9月30日香港警务处处长萧泽颐带队赴广东与相关单位领导进行工作会晤并达成合作共识,广东多部门全力开展打击治理粤港澳海上跨境走私专项行动,开展"清湾""海啸""锄链""双反"等联合执法,形成打私合力。

在禁毒合作方面,2022年3月以来,广东省内缉私部门在粤港澳警方海关打击毒品走私联席会议("三地六方"会议)缉毒合作框架下,联合香港海关毒品调查部门开展打击物流寄递渠道走私毒品"云战—断流"专项行动。行动期间,通过开展联合缉毒情报交换与大数

---

① 胡平、蒋庆荣:《珠海、澳门合作打击走私研究》,载《广东广播电视大学学报》2013年第5期。

② 李樱:《粤港打击走私区际警务合作机制研究》,广西大学2021年硕士学位论文。

③ 《380名警员彻夜巡查酒吧、夜店、码头,两名男子跳海逃走》,载微信公众号"澳门日报"2021年6月19日,https://mp.weixin.qq.com/s/tOagYb0OxKFmBYzNU2CRjg。

据分析，多次在港开展跨境控制下交付与专项查缉，截至 2022 年 12 月，共查获各类毒品 1386.2 公斤，其中，冰毒 1014 公斤、可卡因 10.2 公斤、大麻花 362 公斤，抓获香港籍犯罪嫌疑人 5 名。[①]

目前，三地执法合作的内容不仅涉及刑事调查方面的合作，还涉及刑事调查外的合作，并初步成形，其具体内容主要包括：代为调查取证、送达法律文书、情报交流、缉捕遣送通缉犯、追缴和移交赃款赃物、刑事案件管辖移交、学术交流等。

2000 年，公安部港澳台事务办公室与香港特别行政区保安局签署的《内地公安机关与香港警方建立相互通报机制的安排》是通报机制的最初探索。2001 年，公安部港澳台事务办公室与澳门特别行政区政府保安司签署了《内地公安机关与澳门特别行政区政府保安司关于建立相互通报机制的安排》，是通报机制的深入发展。20 年来，粤港澳三地警力从个案协作到全方位的警务合作，不断拓展合作新渠道，建立多层次的合作机制，为三地的社会稳定提供了切实保障，逐步完善了警务合作框架。但也应看到，由于历史、法域、机构及认识等方面的不同原因，警方的合作过程也遇到许多问题与障碍，在执法实践中的可操作性和执法成果转化还需要进一步提高，仍需进一步打造一个越来越规范化、科学化、合理化和示范化的合作平台。

四、粤港澳行政互助合作机制在反走私综合治理实践中存在的问题

（一）粤港澳边境行政互助合作有关法律制度不完善

当前，我国反走私综合治理和边境行政互助合作，无论在内部层面还是在涉外、涉港澳台层面，均未形成完整统一的行政互助合作法律体系，现有法律法规及规范性文件仍存在不完善的地方。

1. 内部层面

一是行政互助合作。关于国（边）境管理职能部门有关行政互助

[①] 参见《广东分署缉私局关于联合香港海关开展打击跨境走私毒品"云战—断流 2023"专项行动的函》（粤缉便函〔2023〕10 号）。

合作的文件形式主要以合作备忘录为主。备忘录对于促进双方(多方)正确履行职责,加强信息联络沟通,达成阶段性的合作共识起到积极的作用,但由于通常不具有法律约束力,且内容方面较为原则性,象征意义大于实质意义,在执法互助合作方面的执行成效极为有限。以2018年广州市打私办制定并由广州地区的海关缉私局、渔政支队、海事局、海警支队和公安边防支队,以及其他非国(边)境管理职能部门共同签署的《广州市打击走私执法互助工作备忘录》为例,该备忘录对广州地区反走私综合治理工作的信息互通共享、情报线索交换、执法合作等各项机制作出规定,但多数内容仍属于"注意性条款",即只是对相关法律法规以及常识性内容的重申。比如,其中规定"各执法单位在情报经营中,发现当事人违法行为有可能构成犯罪的,及早将情报线索通报给公安机关或海关缉私部门""执法单位在履行反走私综合治理职责遇到暴力抗拒时,公安机关应及时予以协助并依法依规处理"等,实际上,依据各行政执法机关的法定职责也理应作类似处理。

二是行刑衔接。2020年国务院修订的《行政执法机关移送涉嫌犯罪案件的规定》为国(边)境管理职能部门在反走私综合治理工作中实现行政执法和刑事司法活动的有效衔接,理顺行政执法和刑事司法的关系起到促进作用,但由于近年来海关缉私部门管理体制不断调整变化,走私案件在移交刑事管辖方面仍存在制约性因素。《公安机关办理刑事案件程序规定》第28条规定,海关缉私部门管辖关境内发生的涉税走私犯罪和发生在海关监管区内的非涉税走私犯罪等刑事案件;《海警法》第3条和第5条规定了海警机构负责我国管辖海域内的走私案件。据此,走私刑事案件呈现海关缉私部门、地方公安机关和海警机构三家共管的局面,"海关不下海,海警不上岸"以及地方公安机关负责非设关地非涉税案件(简称双非案件)成为实务共识。但实践中,内河等水上渠道走私案件仍主要由海关缉私部门管辖,根据最高人民法院、最高人民检察院、海关总署、公安部、中国海警局《关于打击粤港澳海上跨境走私犯罪适用法律若干问题的指导意见》的规定,①利用水上渠道等非设关地走私进口未取得国家检验检疫准入证书的冻品,构成犯罪的按走私国家禁止进出口的货物罪定罪处罚,据此,海关缉私部门理论上对此类案件无立案管辖权。因此,国(边)境管理职能部门在反走私综合治理工作中针对涉嫌走私犯罪案件的移交管辖则变得极为复杂,容易导致因管辖权不明产生司法争议和影响诉讼进程。

2. 外部层面

一是通报机制。信息交换是开展执法合作的基础,有关互相通报机制的建立对提高粤港澳反走私综合治理数据共享利用具有促进意义。比如,海关总署缉私局根据《内地公安机关与香港警方建立相互通报机制的安排》《内地公安机关与澳门特别行政区政府保安司关于建立相互通报机制的安排》等有关规定,进一步加强与港澳警方在采取刑事强制措施以及涉及案件的港澳居民在内地非正常死亡的情况的相互通报工作机制,促进加强相互间的合作,维护两地居民的合法权益。不过从成文时间和内容上看,上述相互通报机制成文时间较早,涉及的通报范围、通报内容也较为单一,需适时修改。

二是国(区)际刑事司法协助。目前,涉外或者涉港澳台层面的刑事司法协助法律法规较为完善,不仅文件层级高、层次性强,在内容上也更具有可操作性,为粤港澳边境行政执法部门与毗邻国家、港澳台行政执法部门在开展刑事司法协助方面提供了制度遵循。《国际刑事司法协助法》②对于请求的提出、接收和处理、法律文书送达、调查取证和协助调查、查扣、没收涉案财物和违法所得、移管被判刑人等方面作出了具体规定。《关于办理走私刑事案件境外取证及境外证据审查工

---

① 2021年12月14日,最高人民法院、最高人民检察院、海关总署、公安部、中国海警局联合制定了《关于打击粤港澳海上跨境走私犯罪适用法律若干问题的指导意见》(署缉发〔2021〕141号)。

② 2018年10月26日,第十三届全国人民代表大会常务委员会第六次会议通过《国际刑事司法协助法》。

作指引(试行)》①对进一步规范走私刑事案件的境外取证活动,明确相关境外证据标准予以指引,其中第51条规定:"境外证据材料能够证明案件事实且符合我国刑事诉讼法规定的,可以作为证据使用。材料来源不明或者真实性无法确认的,不得作为定案的根据。"然而,实事求是地讲,当前我国刑事司法协助体制和工作机制尚不健全,有关协助条约的签约主管部门并不统一,涉及司法部、最高人民检察院和最高人民法院等多个部门,境外收集证据的方式、手段和程序也未必符合我国法律规定,导致实践中走私案件依靠国(区)际刑事司法协助渠道获取境外证据的时效较长,反馈效果不佳,与刑事诉讼时效性和证据标准要求较高的特点不符。

三是海关行政互助合作。在世界海关组织协调下,关于海关行政互助的指导性文件主要有1977年《关于防止、调查和惩处违犯海关法罪实行行政互助的国际公约》、《1953年海关合作理事会行政互助建议》、《海关双边行政互助条约范本》(2004年修订本)等。相比国(区)际刑事司法协助,海关行政互助在信息交换工作开展方面则更为灵活和高效,是获取境外证据资料的优先选择之一。海关总署缉私局《关于通过海关行政互助渠道取得的境外证据可以在刑事审判中使用的批复》②中指出:通过海关行政互助渠道所取得的境外证据,只要是反映形式客观、取得途径合法、与案情相关联并能与其他境内证据相印证,就应当依法予以确认,并在刑事审判中予以采信。但实践中,通过海关行政互助渠道取得的境外证据往往有提供方外加注明的"以上材料不得作为刑事案件证据使用"等相关限制,因此,相关证据在调取后还需要进一步作证据转换,方能取得司法机关的认可。

---

① 2020年5月13日,最高人民检察院第四检察厅、海关总署缉私局联合印发《关于办理走私刑事案件境外取证及境外证据审查工作指引(试行)》(高检四厅〔2020〕7号)。

② 《海关总署缉私局关于通过海关行政互助渠道取得的境外证据可以在刑事审判中使用的批复》(缉私〔2006〕282号)。

(二)开展粤港澳边境行政互助合作的统筹协调能力不强

走私犯罪是典型的跨境结伙犯罪,犯罪链条往往涉及两个或两个以上的国家(地区),需要各国家(地区)政府和执法部门共同加强执法合作。基于粤港澳尤其是香港特别行政区的地缘优势、货物自由贸易特点以及在商事、外汇金融等方面较为开放的管理制度,将香港特别行政区作为策源地或者过境中转地以及洗钱通道的走私犯罪案件屡见不鲜,因此,如何进一步开展反走私综合治理,深化国(边)境管理职能部门之间的内部协同,以及加强同港澳等周边国家(地区)的边境行政互助合作具有研究价值。当前,粤港澳行政互助合作的统筹协调能力有待进一步加强,具体反映在以下几个方面。

1. 粤港澳联合执法行动的效能尚未充分发挥

自新冠疫情发生以来,粤港澳海上跨境走私冻品等犯罪频发,存在疫情传播的严重风险,同时,针对粤港、粤澳边境地区偷渡活动多发的态势,海关总署会同相关部门多次组织联合执法行动,加强粤港澳海上巡查、查缉和区域联动,取得了一定成效。与此同时,粤港澳反偷渡反走私工作面临不足,影响效能发挥。比如,近年来在公安边防部队改制后,原由其承担的粤港、粤澳一线、二线边防勤务后续衔接管理机制尚未健全,深圳市与珠海市沿海海岸线容易暴露防控漏洞,大量非法出租、集体出资购买的"三无"渔船、中高速快艇走私及偷渡活动频发,成为海上防控难点。比如,警务信息化程度不高,警用装备设备存在滞后性,各边境执法队伍之间以及与港澳警方在情报交流、信息共享方面支持力度不足,影响了联合防范、联合管控、联合打击的反走私工作成效。

2. 粤港澳边境行政互助合作的基础保障力度不足

一是人力资源保障不足。开展反走私综合治理和边境行政互助合作是一个系统性的工程,需要一批熟悉反走私相关政策和法律法规的专业性人才参与其中。但从目前情况来看,大部分国(边)境管理职能部门并未设置专门的反走私综合治理或边境行政互助合作职能部门,根据合作备忘录或联合专项行动建立起来的联络员或联系人工作机制也仅起到一个上传下达的作用,有能力胜任工作的综合性人才较为匮乏。二是交流机制不完善。当前,新型网络跨境犯罪已漂移至走私领域,跨境电商、邮快件走私等层出不穷,涉案货物在香港等地通过仓库进行存储、分拣、配送等相关数据通常属于重要证据,如不及时提取可能导致破案时机稍纵即逝。但从目前情况来看,有关港澳方面的数据主要还是通过内地海关的邮单信息或犯罪嫌疑人日常记录信息予以确认,通过港澳方面调取证据的限制较多、周期较长,不易操作,从刑事案件构建完整证据链的角度来看存在不足之处。同时,三地警方未建立适应时代需求的大湾区大数据情报平台,形成实时共享的情报信息,影响破案效率。三是境外取证的效率、效力得不到保障。前述提到,无论是通过海关行政互助合作渠道还是国(区)际刑事司法协助渠道调取的境外证据,只要符合我国刑事诉讼证据要求即可使用,但其中矛盾也较为突出,由于粤港澳三地执法机关都是依据各自境内法律进行管辖,有关取证的方式、手段和程序未必都符合我国刑事诉讼证据要求,容易造成合法性问题上的冲突。

3. 粤港澳边境行政互助合作的参与部门有待拓展

有学者提出,除了海关、海警、移民局等传统的国(边)境管理职能部门外,农业部门、环保部门、交通运输部门等也应当被吸纳进国(边)境管理体系的组成部门中,笔者对此表示认同。实现总体国家安全观,提升国门安全治理体系和治理能力的现代化需要更多主体参与其中,一方面,有利于深化部门资源整合,以国际贸易"单一窗口"为例,强调"政府应当在海关和其他与国际贸易有关的政府机构间建立合作机制,促进国际贸易数据的顺畅流转单一窗口理念以及在国家和国际层面上,共享风险情报";另一方面,如今国门安全理念囊括政治安全、经济安全、生物安全、文化安全等各项领域,仅凭传统的国(边)境管理职能部门难以实现"打、防、管、控"整体性、立体化的反走私综合治理需求。2018年党和国家机构改革,海关和原检验检疫部门合并,随后2020年《公安部刑事案件管辖分工规定》将涉检验检疫犯罪案件及关联走私的洗钱犯罪等案件纳入海关缉私部门管辖案件范围。自2021

年3月1日起,《刑法修正案(十一)》正式施行,非法引进外来入侵物种罪、走私人类遗传资源材料罪也被纳入海关缉私部门管辖案件范围,今后海关缉私部门在开展反走私综合治理和边境行政互助合作过程中需要税务、市场监管等行政部门、金融行业、有关协会和非政府组织参与其中,不断完善协调、交流机制,提升信息共享、执法互助、联合执法、国(区)际执法合作的层次性。

(三)对粤港澳边境行政互助合作的实务研究有待深化

党的二十大报告提出:"完善社会治理体系。健全共建共治共享的社会治理制度,提升社会治理效能。……畅通和规范群众诉求表达、利益协调、权益保障通道,……建设人人有责、人人尽责,人人享有的社会治理共同体。"当前,反走私综合治理和边境行政互助合作工作未能完全与时俱进,部门共治、信息互通、执法互助、人人参与的综合治理格局尚未形成。一方面,专门针对粤港澳的联合执法行动在广度和深度上有限。近年来,粤港澳海上跨境走私专项行动和"龙腾行动"即粤港澳海关保护知识产权联合执法行动如期开展,切实取得成效。但其中涉及的违法渠道和打击对象仍较为单一,有关行动的组织力度和影响力相较由中国海关在世界海关组织(World Customs Organization,WCO)框架下发起的打击固体废物走私国际联合行动"大地女神",和打击濒危物种及其制品走私国际联合行动"雷电"等有待进一步拓展。随着海关缉私部门管理体制调整及管辖罪名的扩大,粤港澳地区在共同打击涉检验检疫犯罪、维护国家生物安全和切断洗钱犯罪通道上也应当有所作为。另一方面,当前依靠群众和企业开展反走私综合治理和边境行政互助合作工作的力度不强,"宣传也是打私"的理念贯彻尚未入脑入心。边境地区反走私法治宣传教育普遍不到位,广大人民群众积极参与打击走私的热情不高,走私举报的奖励金不高也未能激发群众参与积极性;在推动国内企业守法经营和诚信自律上,"守法便利、违法惩戒"的企业合规政策导向宣传力度还有待进一步深化。

五、强化粤港澳行政互助合作提升反走私综合治理效能的建议

(一)完善粤港澳行政互助合作法律法规

1. 以《海关法》修订为契机,完善行政互助合作方面的上位法依据

现行《海关法》于 1987 年颁布实施,并于 2000 年进行了整体修订,对促进对外贸易发展、建立现代海关制度发挥了重要的作用。2013 年至 2021 年,《海关法》进行了 5 次修正,但都属于个别条款调整,难以满足新时代的新发展要求。目前,《海关法》修订已被列入国务院立法工作计划。现行《海关法》关于反走私综合治理和行政互助合作的条款主要为第 5 条"国家实行联合缉私、统一处理、综合治理的缉私体制。海关负责组织、协调、管理查缉走私工作。有关规定由国务院另行制定,各有关行政执法部门查获的走私案件,应当给予行政处罚的,移送海关依法处理;涉嫌犯罪的,应当移送海关侦查走私犯罪公安机构、地方公安机关依据案件管辖分工和法定程序办理"[1]以及第 7 条"各地方、各部门应当支持海关依法行使职权,不得非法干预海关的执法活动"[2]。从上述条文来看,关于行政互助合作的内容较为局限,表现为:一是侧重于案件移交,且侧重于地方行政机关将案件移交海关;二是侧重于地方各部门对海关执法的支持,未提及其他执法互助事项;三是内容稍显"消极",侧重于执法不受干预,而不是积极的执法互助。鉴于此,建议以《海关法》修订为契机,增加行政互助合作的原则性条款。例如,可考虑在第 5 条增加一款"各地方、部门应协同各级海关加强反走私综合治理工作,建立行政、刑事执法互助机制,提升反走私综合治理效能"。

2. 尽快提升相关执法依据的法律位阶

反走私工作中常用的执法依据,特别是在打击粤港澳海上跨境走私工作中常用的文件,制定时有当时特定的背景。但按照依法治国理

---

[1] 参见《海关法》(2021 年修订)第 5 条。
[2] 参见《海关法》(2021 年修订)第 7 条。

念,从立法规则以及立法权限来看,存在一定缺陷。例如,《国务院对清理、取缔"三无"船舶通告的批复》规定:"海关、公安边防部门应结合海上缉私工作,取缔'三无'船舶,对海上航行、停泊的'三无'船舶。一经查获,一律没收,并可对船主处船价2倍以下的罚款"。① 海关总署、国家发展改革委、公安部、商务部、原国家工商行政管理总局、原国务院法制办《关于严格查禁非法运输、储存、买卖成品油的通知》规定:"任何单位和个人在内海、领海、界河、界湖和海关附近沿海沿边规定地区运输、储存、买卖成品油无合法、齐全手续的,由海关、公安(边防)、工商行政管理部门依照本通知的规定,对无合法、齐全手续的成品油依法予以没收,不得罚款放行"。② 国务院办公厅《关于严格查禁非法进口"红油"的紧急通知》规定:"海关、公安、工商行政管理部门在执法活动中查获的'红油'(包括'红油'与其他成品油勾兑的混合成品油)能查实是走私的,一律交由海关按国家有关规定依法惩处;对无法查清进口来源的,由查获部门予以没收,不得罚款放行。各执法部门没收的'红油'一律变卖给中国石油天然气集团公司、中国石油化工集团公司所属石油批发企业,变卖价格不得低于同类商品国内市场零售价格的70%,变卖所得价款按规定上缴财政"。③ 上述文件,均设定了"没收"的行政处罚。但按照《行政处罚法》"处罚法定"原则,以及行政处罚设定的权限,"没收"的行政处罚应由法律或者行政法规来设定。④ 上述国务院文件或部门文件直接设定"没收"的行政处罚,存在立法瑕疵,导致此类行政处罚案件经常被复议、诉讼,并质疑执法依据的合法性。因此,应加快立法建设,国务院应牵头规范性文件清理,

---

① 参见《国务院对清理、取缔"三无"船舶通告的批复》(国函〔1994〕111号)第3条。
② 参见海关总署、国家发展改革委、公安部、商务部、原国家工商行政管理总局、原国务院法制办《关于严格查禁非法运输、储存、买实成品油的通知》(署厅发〔2003〕389号)第3条。
③ 参见《国务院办公厅关于产禁非法进口"红油"的紧急通知》(国办发明电〔1999〕13号)第2条。
④ 参见《行政处罚法》(2021年修订)第4条、第10条、第11条。

抓紧开展"立、改、废、释"工作,对于仍需执行而又存在立法瑕疵的文件,将相关内容吸纳为法律、行政法规条款。

3. 加快行政法规《反走私工作条例》的立法进程

当前,反走私工作还存在国务院相关部门职责界限不清、地方政府反走私责任不明、在市场流通领域和非设关地查处无合法来源进口货物的执法依据不足等突出问题,影响了反走私工作成效,反走私形势依然严峻,①《反走私工作条例》的制定出台已迫在眉睫。海关总署起草的《反走私工作条例(征求意见稿)》已于2017年5月向社会公布并广泛征求意见,但截至目前,《反走私工作条例》尚未最终颁布。《反走私工作条例(征求意见稿)》规定了海关、公安边防、工商行政管理机关、公安、环境保护、交通运输、商务、税务、出入境检验检疫、林业等行政机关各自职责范围内的职责,但没有相关行政互助合作的条款,建议进一步完善,规定各执法部门行政互助的义务以及怠于履行义务的法律责任。

4. 修订完善地方反走私条例

现行《广东省反走私综合治理条例》于2014年3月1日起实施,是全国首部反走私综合治理地方性法规。《广东省反走私综合治理条例》在明确广东各级政府反走私职责、指导各职能部门依法履职、推动全民参与反走私工作、协调处理反走私疑难问题等方面发挥了不可替代的作用。2018年,国家启动了新一轮的机构改革,现行《广东省反走私综合治理条例》中赋予反走私职责部分省直、中直部门在改革中已经撤并、转改、调整,部分单位法定职责发生较大变化,修订出台新的条例势在必行。《广东省反走私综合治理条例》的修订特别要结合近年来打击粤港澳海上跨境走私等专项行动中出现的新情况、新问题,强化统筹领导和执法互助,解决执法实践中出现的境外取证难、疫情

---

① 参见《反走私工作条例(征求意见稿)》公布,查处"私货"将有法可依,载搜狐网2017年5月18日,https://m.sohu.com/a/141612968_120078003?_trans_=010004_pcwzy。

影响下的羁押送所难、涉案货物价格鉴定难、冻品处置难等问题。

(二)完善粤港澳行政互助合作工作机制

1.健全广东省反走私综合治理机构的组织领导功能

长期以来,广东省反走私综合治理工作由广东省打击走私领导小组统筹协调,下设打击走私领导小组办公室,设于省政府办公厅,由省政府副秘书长担任主任。2018年8月,广东省打击走私领导小组办公室整体并入省公安厅,由此组建全国首个公安厅打私局。2020年3月,广东省打击走私领导小组及其办公室恢复成立,组长由省公安厅厅长担任,副组长由省政府副秘书长、省公安厅分管副厅长担任,日常工作由省公安厅打私局承担。广东省打击走私领导小组办公室设在公安厅,省公安厅分管副厅长担任主任,厅打私局局长、政委分别担任常务副主任、副主任。成员单位包括26个省直、中直单位,如海关缉私、海警、公安、市场监管、海洋综合执法、海事等单位。其中,广东省内海关包括海关总署广东分署和广州、黄埔、湛江、深圳、汕头、拱北、江门7个直属海关;广东海警局下辖14个属地海警局和1个直属局,负责侦办海上各类走私案件;全省公安打私力量主要包括各级公安打私支队、打私大队和其他涉走私案件管辖的经侦、刑侦、治安禁毒等警种,主要负责办理非设关地、非涉税类走私案件;市场监管部门主要负责市场流通领域反走私工作,重点监管查处经营无合法来源进口货物物品行为,依法查处涉走私市场主体;海洋综合执法、海事部门主要负责渔业、交通运输类船舶的监管工作,配合各级打私部门开展反走私执法工作。

上述领导机制和执法力量是广东省开展反走私工作的基石,以此为基础,广东省打私绩效连年位于全国前列。但面对反走私综合治理的新形势和新任务,特别是部分机构职能持续调整、整合期,当前广东省反走私综合治理机制、功能仍有完善的空间,主要应聚焦于几个方面:一是加强省内各执法队伍信息互通、情报共享、执法互助,完善跨部门、多警种合成作战工作机制;二是探索建立完善粤港澳执法协作机制,建立统一、规范的与港澳执法部门的执法交流、执法协作、证据交换等机制;三是建立完善打私工作奖惩机制,激发各成员单位有效发挥职能各自作用。

2.建立常态化的执法部门联席会议制度

广东省反走私综合治理机构应牵头建立两个层面的常态化的联席会议制度,可采用定期会议和专题会议形式。一是省内打私成员单位联席会议制度,分省、市两级,各成员单位派员参加,会议主题聚焦于形势分析、规律总结、执法互鉴、疑难探讨、完善机制等内容;二是粤港澳打击治理走私执法部门联席会议制度,由省内主要打私执法部门以及港澳海关及相关职能部门参加,会议主题聚焦于执法交流、情报共享、执法合作、建立机制等内容。

3.探索建立执法合作备忘录制度。

省内直属海关缉私局、海警部门、公安部门可以积极与香港海关、澳门海关开展执法交流,针对粤港澳跨境走私的打击治理,签订执法合作备忘录,明确执法协作的提请机制、执法协作的范围、方式和要求等内容,将执法互助予以制度化、规范化。同时,省内各打私部门也可借鉴此思路,相互走访、交流,签订执法合作备忘录。

(三)完善粤港澳行政互助合作措施手段

1.探索完善多警种合作作战机制

广东省地处我国大陆最南部,是大陆海岸线最长的省份。从地理条件看,广东省走私违法犯罪活动呈现"三多"特点:一是上岸点多,广东海岸线漫长,沿海港口、码头、岙口密布;二是交通线路多,广东省内高速网络便捷,内陆河流水系密布,使走私分子运输、转移、藏匿走私货物成为可能;三是入境口岸多,广东省内直属海关数量位居全国之首,出入境货物数量长期居全国前列,导致走私分子可以利用伪报、藏匿、夹带、非法带货等方式开展走私违法犯罪活动。[1] 从打私警种看,存在三支主要的打私力量:海关缉私、海警、地方公安打私部门。其主

---

[1] 参见广东省公安厅打私局:《"六全"反走私综合治理体系调研报告》,2022年11月。

客观条件决定了打击走私合成作战的必要性。当前，各打私警种都在探索多警种合作作战机制，取得很好的实战效果和实践经验，但还存在一些问题，主要表现在思想站位不够高、运行机制不健全、支撑保障不到位、考核评估不完善等方面。① 探索完善多警种合作作战机制，要着眼于健全执法依据，优化顶层设计，改良运行机制，完善评估机制，体现各警种优势和互补性，强化信息互通、情报共享、执法互助，达到执法效能最大化、执法成果共赢的效果。

2. 建立对重点区域、重点行业联合调研的机制

当前，广东省反走私综合治理机制缺乏对重点区域、重点对象的常态化管理与防控，部分重点区域走私形势依然严峻。鉴于此，建议广东省反走私综合治理机构牵头，组织海关缉私、海警、公安、市场监管部门等有关单位，针对重点领域、重点行业、重点区域、疑难问题等开展联合调查，有必要时，邀请港澳相关执法机构参与调研。缉私警察可以利用其"国门一线"优势，从刑事执法、行政执法中感知到的走私态势、行业问题挖掘信息，向广东省反走私综合治理机构报送调研议题，其他执法部门同样可以结合其执法情况向广东省反走私综合治理机构报送调研议题。通过深度调研形成的调研报告，既可以作为各执法办案单位的工作参考，也可以作为广东省对经济社会治理重大决策的参考依据。

3. 运用大数据手段，建设"智慧反走私"平台

广东省反走私综合治理机构应统筹省内各打私部门，立足国家治理体系现代化建设的新要求，破除信息壁垒，大力加强信息化建设，为粤港澳打击治理走私提供全方位的技术支持和保障。建立以省内进出口数据、航运数据、车辆信息涉案船舶、涉案人员、市场信息等数据为基础的打私数据库，积极争取引入港澳执法部门数据库，建设统一、共享的信息数据平台，为情报分析和全链条打击提供大数据支撑。②

---

① 参见谭均泉、刘洋、徐流畅：《缉私管理体制调整持续期对优化打私合成作战的思考》，载广州海关缉私局电子刊物《缉私工作研究》2022年第28期。

② 参见南京海关缉私局彭浩、孙厚波：《市域社会治理现代化视角下智慧反走私综合治理探索》，载《反走私综合治理研究参考》2022年第9期。

针对近年来出现的粤港澳跨境走私违法犯罪智能化、隐蔽化、团伙化特点,运用大数据建模实现智能化、精确查缉,借助信息化系统,实现水上目标态势监控、异常船舶自动预警、走私船舶自动锁定追踪、重点船舶船员信息资料及时查询锁定等功能,实现对粤港澳跨境走私违法犯罪的精准研判、精准打击。

4. 探索多部门联合立体反走私宣传模式

树立"宣传也是打私"的理念。各打私执法部门通过联合开展新闻发布会、社区宣讲会,利用报纸杂志、广播电视、新媒体等方式开展多部门联合、全方位立体化的主题宣传。统一宣传口径、丰富宣传内容,曝光典型案件,形成强大宣传声势,营造良好的外部执法环境和有利的舆论氛围,彰显严厉打击粤港澳跨境走私的坚定决心。

A Study on Comprehensive Anti-Smuggling Governance and Border Administrative Mutual Assistance Cooperation with Hong Kong and Macao

Longpeng Studio of Anti-Smuggling Bureau, Guangzhou Customs

[Abstract] The comprehensive anti-smuggling or mutual administrative assistance (MAA) cooperation at the border is an important aspect of national governance and a critical component of social comprehensive governance. Strengthening the research on comprehensive anti-smuggling governance and the mechanism of MAA cooperation at the border not only has profound theoretical and practical significance. Due to their unique geographical proximity, the status and current situation of Guangdong, Hong Kong, and Macao as a source of smuggling have not changed. Along with this, rampant smuggling and illegal activities continue to emerge, and the cross-border smuggling situation in

Guangdong, Hong Kong, and Macao remains severe and complex. Systematic thinking on the comprehensive anti-smuggling governance and the mechanism for MAA cooperation at the border in Guangdong, Hong Kong, and Macao can further deepen people's understanding of the comprehensive anti-smuggling governance and MAA cooperation, and provide theoretical support for the practice of comprehensive anti-smuggling governance to a certain extent. At the same time, reflections on the problems and drawbacks in the current comprehensive anti-smuggling governance and MAA cooperation among Guangdong, Hong Kong, and Macao help promote role in further improving the anti-smuggling mechanism, optimizing supervision and governance, and improving relevant laws and regulations.

[**Key words**] Guangdong, Hong Kong, and Macau; anti-smuggling; comprehensive governance; mutual administrative assistance; research

走私犯罪中洗钱犯罪的行为类型及其界定

刘晓光　金华捷[*]

[摘　要]　走私犯罪中的洗钱罪具有特殊性,应结合走私犯罪本身的特点进行界定。走私犯罪所得是走私货物的销售收入,数额认定上应采"总额说"。使用他人账户收取走私犯罪所得的行为,原则上应认定为洗钱罪,其并非走私犯罪的组成部分。在自己的不同账户间转账,一般不成立洗钱罪;提现行为可以构成洗钱罪。走私行为人通过跨境转移方式支付差额货款的,系不属于洗钱行为;地下钱庄协助走私行为人跨境支付货款的成立洗钱罪。使用走私犯罪所得大额消费的行为原则上成立洗钱罪,但应排除小额惯常的生活支出。

[关键词]　走私犯罪;洗钱罪;犯罪所得;大额消费

走私犯罪中的洗钱罪是实践中一种常见的洗钱类型。这类洗钱罪的认定和其他上游犯罪中的洗钱罪相比有一定的特殊性。其他上游犯罪在性质上是纯粹的犯罪行为,而走私犯罪通常和经营行为结合在一起,这使走私犯罪中的洗钱罪的认定上不同于其他洗钱罪。

正是因为这些问题的特殊性,才有必要将走私犯罪中洗钱罪的行

---

[*]　刘晓光,上海市人民检察院第三分院第二检察部副主任;金华捷,上海市闵行区人民检察院检察官。

为类型认定问题作为一个专题予以研究。在逻辑上,洗钱行为的对象,即走私犯罪所得的界定又是洗钱犯罪行为类型的界定的前提,而这一问题恰恰又是时下分歧较大的领域。《刑法》第 191 条规定的洗钱罪共有四种行为方式。其中,第 2 项行为方式在认定中一般不存在分歧。其余的提供账户型、支付结算型以及跨境转移型三种方式各自存在一些特殊问题。同时,实践中大量存在使用走私犯罪所得大额消费的行为。这类洗钱行为的认定也存在不少争议。

笔者结合走私犯罪固有特点、司法实践现状以及相应的刑法原理,先对走私犯罪所得问题予以分析,再结合《刑法》第 191 条规定的几种行为方式分别进行分析。

一、走私犯罪所得的界定

走私犯罪所得界定面临两个问题:一是犯罪所得的内涵、外延如何确定;二是犯罪所得在数额上如何计算。

理论界和实务界对于"走私犯罪所得"内涵、外延的界定有较大争议,主要有货物说和违法所得说两种观点。[①] 货物说的理由有两点:一是在其他上游犯罪中,行为的对象通常可以直接界定为犯罪所得,同理推之,走私的对象也应当可以界定为犯罪所得;二是《刑法》第 191 条第 1 款第 2 项有"将财产转换为现金",第 4 项有"跨境转移资产"的表述,从文义角度来看,"财产"和"资产"均应当包括物品。

但是,《刑法》的表述不能仅仅从文义角度或者不同犯罪的类比上去解释,而应当把握这类犯罪的本质。洗钱罪的诞生有其特定的历史条件和环境,即 20 世纪美国的金融监管制度要求公民对于大额的收入均有申报来源的义务,否则,该大额收入无法合法进入市场流通。而走私、毒品等犯罪的违法所得不可能对金融监管部门进行正常申报,因而产生了洗钱犯罪,其目的就是规避上述金融部门的监管措施。

[①] 参见刘晓光、金华捷:《洗钱罪的犯罪认定研究》,载《青少年犯罪问题》2022 年第 1 期。

而我国对于洗钱行为的监管职责也是由银行部门承担的。这也是洗钱罪属于金融犯罪而不是侵犯司法秩序犯罪的根本原因。也正因如此,洗钱罪针对的对象原则只能是资金,而不包括其他财物。但是,随着社会的发展,很多严重犯罪的违法所得会以金条、房产等高价值实物的形式结算。洗钱罪中的犯罪所得的范围也不再仅限于资金,也可以包括实物,但必须具有违法所得的性质。这是洗钱罪形成的历史原因所限定的。所以,走私犯罪所得不排除现金、资金以外的财产,但这类财产必须具有违法所得的性质。

由于其他上游犯罪在性质上表现为纯粹的犯罪,诸如受贿款物、非法集资款项等犯罪对象本身就具有违法所得的性质,所以将这类上游犯罪的对象界定为犯罪所得是合乎法理的。但走私犯罪通常和经营行为结合在一起,违法所得的概念应当从经营行为的角度去理解,即经营行为所获取的对价。实践中,有观点认为,走私犯罪的货物包括普通货物以及违禁品货物,应当根据不同的货物种类来区分不同的犯罪所得。笔者认为,这种区分在走私犯罪追赃挽损问题上有一定的意义,但洗钱罪的认定还是要从这类犯罪的独特视角去评判。毕竟洗钱罪针对的是上游犯罪违法所得的收入,是从收入监管的角度来评判的,上述这种区分就没有必要。因此,无论是普通货物,还是禁限类货物均不属于犯罪所得。只有当走私货物变现后所获取的财产,才具有经营行为对价的性质,因而属于犯罪所得。而犯罪所得的收益,就应当理解为走私货物变现后所获取的财产进入流通后所获取的收益。

实践中,犯罪所得的数额应如何计算也有不同意见,主要有总额说和获利说。[①] 获利说的主要理由:一是在实践中"违法所得"通常被界定为获利;二是只有走私货物的获利部分才具有非法性质。

事实上,违法所得的概念在不同场合有不同含义。例如,在假冒

---

① 参见周宜俊:《涉走私洗钱犯罪司法适用问题研究》,载《青少年犯罪问题》2022年第1期。

注册商标罪中的"违法所得"采获利说；而在帮助信息网络犯罪活动罪中的"违法所得"即定义为"违法收入"。这是因为二罪的罪质不同。假冒注册商标罪规制的是假冒他人品牌商标以及后续的销售行为。销售获利越大越能体现对于权利人商标权益的侵害。因此，该罪语境下的违法所得必然是界定为"获利"，而帮助信息网络犯罪活动罪规制的是帮助他人实施网络犯罪的行为，其所获取的报酬数额越高，通常能够反映出对网络犯罪的加功作用。因此，此处的"违法所得"必然采取总额说。

而洗钱罪的违法所得的界定也不能脱离其犯罪本质。从洗钱罪设立目的来看，是避免赃款以合法形式进入市场流通。此处的"赃款"应当从整体上去界定，不仅包括获利，也包含成本。事实上，成本与获利的区分只有在会计层面上才有意义。而"赃款"并不是会计领域的概念，其旨在表现款物的非法属性。在非法属性层面上，无论是成本还是获利，都具有一致行为，不可能存在获利是非法的而成本是合法的情形。同时，获利说在法理逻辑上也存在较大缺陷。走私犯罪往往具有经营行为的形式，其在销售环节的获利会受到市场因素制约，在某些情况下可能会没有获利或者因证据原因无法查明获利。如果采取获利说，行为人为掩饰、隐瞒而对于销售款项进行转移的行为，就无法认定为洗钱罪。反之，若存在获利空间，相同的行为就可以认定为洗钱罪。两者相较，差异性仅仅在于销售走私货物是否存在利润。笔者认为，走私货物属于犯罪对象，在司法认定中无疑属于赃物。无论其是否存在获利，赃物的对价无疑整体上具有非法属性。因此，以是否存在利润作为区分是否成立洗钱罪无疑是违背法理逻辑的。在这个问题上，总额说更契合洗钱罪的本质。

鉴于走私犯罪具有经营行为的性质，实践中与走私犯罪中的洗钱罪在犯罪所得认定上应从两个方面入手。一是货主层面。实践中，大量伪报型走私、绕关型走私和闯关型走私都是通过销售走私的货物来获取违法收入。这部分的走私犯罪所得是指货主销售走私货物所获取的对价,在数额结算层面上既包括获利,也包括成本。二是劳务层面。正如前述,走私犯罪的行为和分工相对复杂,除了货主之外,也有其他多种分工合作的劳务人员。例如,伪报型走私中的货代人员、绕关型走私中的接驳人员、中介人员、供船人员,甚至是走私团伙中的联络人员、记账人员、组织人员等。这类人员的劳务收入、货代收入均可以界定为走私犯罪所得。在经验上,这种认识似乎有悖于生活常识。但是,"走私犯罪所得"这个构成要件是一个抽象概念,囊括具备"走私犯罪对价"这一特征的所有情形。我们将走私货物的销售对价界定为"走私犯罪对价"并不仅仅是因为文义上得出的结论,而是走私货物的销售对价这种具体情形具备"走私犯罪对价"的特征,因而能够为"走私犯罪所得"这一抽象概念所包含。而走私劳务人员的收入本质上也是基于参与实施了走私行为而获取的对价,当然符合"走私犯罪所得"特征。

走私犯罪所得的界定是厘清走私犯罪中洗钱罪行为类型的前提基础,只有把这个前置概念确定后,对于洗钱罪行为类型的评价才合乎洗钱罪的罪质。下文将结合实践中常见的走私犯罪中的洗钱犯罪类型进行评析。

二、提供账户型洗钱行为的界定

这类行为是走私犯罪司法实践中最为常见的洗钱类型。实践中,走私犯罪的货主可能使用他人账户收取货物的销售款,参与走私犯罪的劳务人员也可能使用亲友账户收取走私报酬,上述人员的亲友也可能在明知或者应当知道他人实施走私犯罪的情况下,提供自己的账户供其接受走私犯罪所得。该行为模式在实践中有以下几个问题需要关注。

经过《刑法修正案(十一)》的修正,洗钱罪其他几种行为方式都从原来的"提供帮助型"调整为"主动实施型",而第1项提供账户型的行为方式仍然保留了原来的表述方式。由此可见,该项条文主要规制的是其他洗钱行为。① 行为人明知是走私犯罪所得而提供账户的,构成洗钱罪,这自不待言。走私行为人要求他人提供账户供其接受走私犯罪所得的情况下,则需分情况讨论。如果双方存在犯意联络,则二人构成共同犯罪。这种情况下,走私行为人通常起到支配作用,而提供账户的行为人具体实施构成要件行为。那么,提供账户的行为人系实行犯,走私行为人因存在共谋行为,属于共谋共同正犯。如果双方没有犯意联络,提供账户的行为人确实不知走私行为人实施走私犯罪的,提供账户的行为人因不具有主观罪过不成立洗钱罪。此时,走私行为人将他人当作犯罪工具,通过支配他人无犯意的行为实施洗钱犯罪的实行行为,系间接正犯。

实践中,使用他人账户收取走私犯罪所得是否成立洗钱罪,不无争议。在贪污、贿赂犯罪中,使用他人账户直接接收赃款的行为并不能成立洗钱罪。这种情况下,虽然使用他人账户的行为客观上与洗钱共犯行为相一致。但是,贪污、贿赂犯罪尚未实施完毕,犯罪所得尚未形成,这类直接接收赃款行为系贪腐犯罪的组成部分,因而无法成立洗钱罪。于是,实践中有观点将走私犯罪中使用他人账户接收货款行为与贪污、贿赂犯罪中的上述行为直接进行类比。这种观点认为,既然使用他人账户直接接受贪污、贿赂款的行为系贪污、贿赂犯罪的组成部分,那么使用他人账户接受走私货物销售款的行为同样不能成立洗钱罪。笔者不同意这种观点,二者可能在外在现象上是相似的,但二者在法理逻辑的本质上是截然不同的。在贪污、贿赂犯罪中,收取赃款的行为是构成要件也是既遂条件,使用他人账户收取赃款的行为当然是贪污、贿赂犯罪的组成部分,因而不能构成洗钱罪。

而走私犯罪的构成要件和既遂标准完全不同。2014 年,最高人民法院、最高人民检察院《关于办理走私刑事案件适用法律若干问题的解释》第 23 条确立三种走私犯罪既遂的标准:一是申报行为实施完

---

① 参见王新:《洗钱罪的司法认定难点》,载《国家检察官学院学报》2022 年第 6 期。

成;二是在海关监管现场查获;三是保税货物、特定减免税货物在境内销售或申请核销行为实施完毕。司法解释规定的走私犯罪三种既遂标准并没有以货物是否实际销售、税款是否实际偷逃作为依据。后续的税款偷逃、货物销售的行为只是走私犯罪利益兑现的过程,本身不属于走私犯罪的构成要件。走私货物销售环节固然是走私犯罪的后续行为,但独立于走私犯罪本身,因为该行为是在既遂标准出现之后。如果行为人在货物销售过程中,对犯罪所得实施清洗行为,就可以独立评价为洗钱罪,而不能界定为走私犯罪的组成部分。这是走私犯罪区别于贪污、贿赂、非法集资等其他上游犯罪的根本所在。因此,走私犯罪不存在直接接收违法收入是否属于走私犯罪组成部分的争议,可直接认定为洗钱行为。

实践中,尤其是在参与走私的劳务人员中,亲属间相互使用他人账户的情况比较普遍。很多前往公海接驳走私货物的船员会使用亲友账户接受走私犯罪的报酬。虽然在逻辑上这类行为确实符合洗钱罪的要件,但将所有使用亲友账户接受走私报酬的行为一概认定为洗钱罪,也有悖我国特定的社会现状和风俗习惯。这里涉及中西方观念不同,中国文化中亲属间的伦理联系更为紧密,双方之间与其说是独立个体,不如说是共同体。而西方则没有这种整体观念,基于"原子个人"的世界观,即便是亲属间也是独立个体的关系。因此,在西方将使用亲属账户的情形一概认定为洗钱犯罪合乎西方人观念。而在我国司法实践中,这类情形的界定还需要兼顾亲属间的伦理观念。笔者认为,原则上使用亲属账户收取走私犯罪报酬的行为应认定为洗钱罪,毕竟司法活动要兼顾法理的普遍适用性。但是,有几种特殊的情况也需要排除,这是为了兼顾我国的文化情理。一是行为人本身没有自己的银行账户或者自己的银行账户无法使用而使用亲属账户的。二是使用的账户虽然名义上是亲属的,但在生活中由家庭成员共同混用或者实际主要由行为人使用的。这种情况下,涉案的账户形式上系他人账户,但基于家庭整体性的伦理观念,该账户在实质上也可以被认定归属于行为人的。三是行为人虽然有自己的银行账户,但使用的亲属账户系家庭共同开支使用的。例如,行为人使用妻子账户收取走私犯罪报酬,但该账户系家庭用于归还房贷的账户。

三、转账、支付结算型洗钱行为的界定

实践中,通过转账、支付结算方式转移资金是另一种常见的洗钱行为方式。对于向他人的支付结算、银行账户转账的行为能够构成洗钱罪,这自不待言。但是,对于在自己账户之间转账的行为是否构罪则不无疑问。一种观点认为,即便是在自己账户之间转账,依然符合洗钱罪的构成要件,可以构成犯罪。另一种观点认为,在自己账户之间转账,不具有掩饰、隐瞒的特征,一般不成立洗钱罪。如果在自己账户之间划转后能够转换为其他资金性质的,如转换为证券投资等,能够切割犯罪所得来源的,可以认定为洗钱犯罪。

笔者同意第二种观点。该类行为并未切割与上游犯罪的来源,金融监管部门、司法机关仍然可以根据转账的痕迹在赃款与行为人之间建立联系,上游犯罪所得的非法性质客观上未受到掩盖。实践中,行为人可能将走私犯罪所得转入自己的证券、基金账户等个人账户。这类跨金融种类的账户广义上虽然也可以属于"自己的不同账户",但是这类划转行为不同于在自己名下的不同银行账户。前者情形下,资金的性质已经发生转变,从普通资产转换为金融资产;而后者并不存在这种转换性质。前者的情形属于《刑法》第191条第5项,以其他方法掩饰、隐瞒犯罪所得及其收益的来源和性质,根据2009年最高人民法院《关于审理洗钱等刑事案件具体应用法律若干问题的解释》(以下简称2009年《洗钱犯罪司法解释》),应界定为该司法解释第2条第3项通过买卖彩票、奖券等方式,协助转换犯罪所得及其收益的。①

对于资金取现行为是否成立洗钱罪,实践中也存在不同看法。笔

---

① 该司法解释条款规制的是他洗钱行为,这是因为在2009年司法解释出台之时"自洗钱"尚未入刑。而在《刑法修正案(十一)》将自洗钱入刑后,根据立法和司法解释的原意,该司法解释条款应当延用到"自洗钱"领域。——笔者注

者认为,取现是一种支付结算方式,既转移了资金也转换了资金形式,并非单纯的物理位移,而是使钱款脱离了金融监管,客观上也起到掩饰、隐瞒犯罪所得的来源的作用。因为这种情况下,赃款的来源痕迹消除,金融监管部门、司法机关对于赃款的追踪线路被切断,所以可以界定为洗钱行为。通常情况下,取现后有其他用途,在数额上可能会小于取现数额。因取现行为已经完成了犯罪行为,后续的使用行为不影响先前行为性质的认定,在洗钱数额上应当以取现数额认定。

同时,对于转账及支付结算行为是否构罪,还是要抓住掩饰、隐瞒的罪质。例如,水客团伙的组织人员,统一收受水客费后再分发给具体水客人员;又如,出海接驳的管事人员会从货主这里统一收取走私报酬后再分发给各船员。这类行为虽然客观上符合构成要件,但还是要结合洗钱罪的罪质准确区分这类行为的罪与非罪。区分这类情形关键要判断发生转账和支付结算的原因。洗钱罪中的转账、支付结算行为,系行为人为了掩饰、隐瞒赃款来源、性质而虚增的行为环节。而上述的统一收取走私犯罪所得后再分发报酬的举动,是基于作案团伙组织架构的特点,而不是基于掩饰、隐瞒的目的。所以,这类行为一般不能认定为洗钱犯罪。

四、跨境转移资产型洗钱行为的界定

走私犯罪通常会和跨境贸易结合在一起,因而资产的跨境转移较为常见。但这类跨境转移资产的行为是否成立洗钱罪,则须具体分析。

实践中有观点认为,跨境支付货款、差额货款的行为符合跨境转移资产的构成要件,成立洗钱罪。笔者认为,这类行为的界定需要进一步阐释。成立洗钱罪的条件有三点:一是洗钱行为是对于已经形成的走私犯罪所得的掩饰、隐瞒;二是该行为必须具有掩饰、隐瞒的特征;三是该行为必须独立于走私行为。其中,第一个条件的界定没有分歧。对于第二个条件,即掩饰、隐瞒的特征应如何理解,实践中有两种不同观点。一种观点采狭义的立场,必须将赃款、赃物洗白,使之能够以合法的形式在市场上流通;另一种观点采广义的立场,只要转变了赃款、赃物的性质,即符合掩饰、隐瞒的特征。笔者同意第二种观点。不可否认,洗钱的动机和目的当然是能够使赃款、赃物以合法的形式流通。至于这种动机、目的是否属于洗钱罪的构成要件,则要结合洗钱罪的罪质予以判断。正如前述,洗钱罪的罪质是割裂与上游犯罪的联系,进而使赃款、赃物脱离金融监管。在此前提下,只要赃款、赃物发生了性质转变,即割裂了与上游犯罪联系,并脱离了监管部门的监管、追踪。因此,广义的立场更契合罪质。对于第三个条件,所谓的"独立于上游行为"是从行为形式上的联系进行判断的,而不能从"事后不可罚"理论中行为自然的延续角度进行理解。这个标准旨在将客观上符合构成要件但实际上属于走私犯罪组成部分的行为,排除出洗钱罪的范围。

根据上述三个成立条件,跨境支付货款、差额货款的行为就要分别讨论。一是单纯支付货款、差额货款的行为当然不成立洗钱罪,因为该行为并不是对洗钱犯罪所得的清洗,不符合对象要件。二是使用犯罪所得支付货款、差额货款的行为也不构成洗钱罪。走私犯罪具有连续犯的特点,行为主体通常会多次、反复实施该行为,反映到案件事实中,就可能出现行为人使用前一次走私的犯罪所得用来支付后一次走私货物货款的情形。这种情况下,虽然赃款的性质已经发生了转变,但支付货款是走私犯罪的组成部分。这是因为,走私行为的成立是以走私货物这一对象的具备为前提的,而走私犯罪又是和经营行为结合在一起,走私货物这一犯罪对象必然是与支付货款相互依存的。因此,走私行为人跨境支付货款、差额货款的行为系走私犯罪的组成部分,不再独立构成洗钱罪。三是地下钱庄人员实施上述行为,如果可以证实跨境转移的系走私犯罪所得,则可以构成洗钱罪。实践中,大量水客闯关走私、海上绕关走私的货款是通过地下钱庄打到境外的。《刑法》对于涉案行为的评价,是从行为人的视角进行的。从地下钱庄人员视角分析,其独立于走私行为人,其跨境转移资产虽然仍用于走私犯罪并未完全洗白,但毕竟性质已经发生转变,也符合掩饰、隐瞒的特征。

五、使用型洗钱行为的界定

实践中,行为人大额使用走私赃款进行消费、挥霍的行为,也是洗钱犯罪一种常见的行为类型。例如,在一起走私案件中,行为人将销售走私货物所得的赃款用于为自己家庭、情妇购置房产、高档轿车等奢侈品。根据2009年《洗钱犯罪司法解释》第2条的规定,这类使用、挥霍的行为形式上符合第4项"通过买卖彩票、奖券等方式协助转换犯罪所得及其收益"。但是,实践中情形较为复杂,行为人通常会辩解,这些使用行为系满足生活实际需求,客观上不具有掩饰、隐瞒的特点。在具体案件中,这类行为具体情形较为多样,有些购置房产直接登记在上游犯罪行为人本人名下,有些登记在他人名下;有些使用赃款的行为确实符合生活实际需求,甚至一些购置奢侈品的行为也符合行为人的消费习惯。这些现象均可能对洗钱行为的罪与非罪产生认识分歧。

对于这类大额消费的使用行为能否一概构成洗钱罪,理论界和实务界争议较大:一种观点认为洗钱罪必须具备掩饰、隐瞒的特点。如果是为了满足生活实际需求或者购置的房产、车辆登记在自己名下的,这类情形因不具有掩饰、隐瞒的特点,不能认定为洗钱罪;反之,以投资方式或者将购置的房产、车辆登记于他人名下的则具有掩饰、隐瞒特点,可以成立洗钱罪。另一种观点认为,将犯罪所得用于大额消费的行为已经具备了掩饰、隐瞒的特征,无论是出于生活需求还是投资的目的,甚至购置的房产、车辆是否登记在他人名下也并不影响掩饰、隐瞒的特征。但是,生活中的日常小额消费应当排除在外。也有观点认为,应当结合行为人的日常消费习惯、购置的财物是否具有投资、保值的特点以及是否有基本的住房、车辆条件进行综合判断。

笔者认为,在认定上应先确定步骤和层次,即从逻辑三段论的角度进行认定。首先,掩饰、隐瞒无疑是洗钱罪的罪质,因此,司法机关首先要确定洗钱罪法定构成要件中的"掩饰、隐瞒"的概念应如何界定,这是逻辑三段论中的大前提。其次,司法机关要根据"掩饰、隐瞒"的内涵、外延,再来解决如何认定案件中的行为是否具有掩饰、隐瞒的性质,进而确定小前提。因此,上述三种观点事实上是分别在两个层面讨论这个问题的,前两种观点事实上是对大前提理解上的分歧,而第三种观点解决的是如何证明和认定"掩饰、隐瞒"事实特征的问题。

笔者认为,"掩饰、隐瞒"作为一个法律上的术语,在不同领域中可能具有不同含义。司法机关不能简单从生活视角去界定,也不能从刑法"影响、妨碍司法追查"的角度去理解,而应当牢牢把握住洗钱罪系金融犯罪的本质。洗钱罪的诞生是为了规避金融机构对于大额收入申报义务的监管。在20世纪的美国,公民对于大额收入均有向金融机构申报的义务,否则该笔收入不能以合法形式在市场上使用和流通。而走私、毒品等犯罪行为的违法收入不可能正常向金融机构进行申报,这才产生了洗钱犯罪。[①] 时至当下,我国对于洗钱行为的监管也是由银行部门来履行。因此,洗钱罪中的"掩饰、隐瞒"针对的是金融监管,而不能从日常生活或者《刑法》第312条的视角进行理解。笔者较为认同第二种观点。从洗钱罪的视角来评判,只要行为人将走私犯罪所得用于大额消费,都已经规避了金融机构对于大额收入的监管制度。同时,行为人将犯罪的违法收入以合法的形式流入市场并转换了财产形式,这已经具有了掩饰、隐瞒的特点。需要注意的是,生活需求和洗钱罪中的"掩饰、隐瞒"并不是相互对立的关系,二者可以同时存在,即行为人实施了大额消费的行为通常就具有了"掩饰、隐瞒"的特点,即使其同时出于实际生活需求,也同样构成洗钱罪。

上述第一种观点事实上分别是从日常生活的视角以及掩饰、隐瞒犯罪所得、犯罪所得收益的角度去界定大前提。例如,上述的"登记归属",就是界定是否妨害司法追查需要考量的因素,而不是界定是否破坏金融监管的要素。而行为人大额使用行为是否具有投资性质,则是

---

① 参见刘宪权:《金融犯罪刑法学原理》(第2版),上海人民出版社2020年版,第430~431页。

从日常生活中的"掩饰、隐瞒"去界定洗钱罪中的"掩饰、隐瞒"。

实践中有观点认为,如果行为人为了购置房产的目的而实施贪污行为,其将走私犯罪所得用于购置房产的行为就不能评价为洗钱行为。抛开证明上的问题不论,这种观点是在大前提的层面上从生活角度去界定洗钱罪中的"掩饰、隐瞒",这无疑是不合适的。从金融监管的角度评价,行为人将赃款转换为房产,已经具有掩饰、隐瞒的特点。

当然,洗钱罪中的"掩饰、隐瞒"和普通、纯粹、小额的生活支出要区别开来,例如,日常饮食、购置普通的生活必需品等。虽然这类小额支出也转换了赃款的形式,但是,这和大额消费还是存在区别。客观上,大额消费具有快速转换赃款形式的特点,所以只要实施了这类行为,原则上认定具有掩饰、隐瞒特征是合乎逻辑的。但日常的小额生活支出毕竟属于生活行为,将这类行为认定为犯罪也有违常情常理事实,这些小额的生活支出通过司法追缴程序予以规制即可。

由于日常生活中的消费情形种类多样、数额多变,很难从逻辑上对于具有掩饰、隐瞒特点的大额消费与普通、纯粹的生活支出进行区分。例如,我们很难从消费的数额上对"大额"作出合乎逻辑的界定;也很难从消费类型的角度,对所谓的"普通、纯粹的生活支出"进行列举和界定。所以,这个问题的认定只能在小前提层面,即事实的认定、证明环节予以解决。

事实上,上述的第三种观点,即日常消费习惯、是否具有基本住房、车辆条件等要素,解决的都是小前提层面的证明问题。具体而言,如果行为人使用犯罪所得的行为属于异常的消费习惯,或者在已有基本住房、车辆的情况下购置房产、车辆,则可以加强印证其行为具有掩饰、隐瞒的特点。当然,行为人的大额消费不具有上述特点,只要在一般观念上具有大额消费的特点,原则不能阻却洗钱罪的成立。例如,行为人在平时就具有购买奢侈品的消费习惯,其在涉案期间又使用犯罪所得购买奢侈品,一般也可以认定具有掩饰、隐瞒的特点。如果行为人使用犯罪所得的去向并不异常,且属于一般公众惯常生活所必需的支出,数额上也没有超出合理区间的,则可以不认为具有掩饰、隐瞒的特点,也不能成立使用型洗钱罪。

六、合法财产和犯罪所得混同行为的界定

走私行为通常和经营行为交织在一起,因而实践中行为人收取犯罪所得的账户往往有其他合法资金来源。鉴于资金是种类物,且如今的银行账户中的资金是没有直观形体的,行为人在对外转移的情形下,就需要辨析其使用的是犯罪所得还是其他资金收入。这是走私犯罪中的洗钱和其他七类上游犯罪的洗钱行为又一不同之处。例如,涉案单位系贸易公司,其在开展一般贸易中既有伪报价格的走私行为,又有合法贸易部分,但该公司以同一公司账户收取销售所得的货款。当其使用该账户中的钱款进行跨境转移或者境内投资之时,就存在需要区分合法收入和犯罪所得来判断是否构成走私犯罪的问题。

有观点认为,可以根据"混同说"将上述行为认定为洗钱罪。因为早期的洗钱行为就是采用将犯罪所得混入洗衣店经营收入的形式,掩盖犯罪所得的性质、来源。这也是最早洗钱罪的雏形。课题组认为,上述行为和洗钱罪雏形中的"混同"不同。洗钱罪雏形中的"混同"是将犯罪所得伪装成并不存在的洗衣店经营收入。换言之,这部分所谓"合法"的洗衣店经营收入是形式上虚增的,因而其犯罪所得的性质发生了转化,也掩饰、隐瞒了其犯罪的性质、来源。但是,上述的合法财产与犯罪所得混同的情形,并不存在这种虚增业务并将走私犯罪所得予以伪装的过程,其行为并不具有掩饰、隐瞒的特征,因而不构成洗钱罪。如果将这类情形也界定为洗钱罪,在逻辑上会产生悖论:公司账户若不存在其他合法收入,行为人以该账户接受走私货物销售款的行为并不构成洗钱罪;若公司账户还有其他合法收入,行为人同样的行为反而成立洗钱罪。这无疑是不合适的。

课题组认为,实践中可以通过以下方式予以认定。一是通过转移款物的用途是否合理进行判断。洗钱犯罪的成立不仅要求行为人客观上的行为具有掩饰、隐瞒的特征,也要求行为人主观上具有掩饰、隐瞒的目的。从经验法则来看,洗钱行为人转移资金通常不具有合理用途或者无法说明合理用途,例如,高买低卖等违背社会常识经验的举动或者对于具体用途无法说明的。这种情况下,司法机关原则上可以通过推定的方式,全额认定行为人转移的款物系犯罪所得。二是当无法排除用途合理性的情况下,先对合法财产的数额进行计算,将转移的款物的数额减去合法财产的数额后得出的数额,为洗钱罪的涉案数额。这是因为,洗钱行为人也可能有使用合法财产的可能性。当转移款物的用途合乎常理的情况下,司法机关不能推定行为人转移到就是犯罪所得,所以只能从有利于被告人的角度,扣除合法财产。三是当行为人转移款物用途具有合理性且合法财产的数额大于转移数额的情况下,原则上不予认定洗钱罪,但经审查,行为人在某一段连续的时间段内仅以走私犯罪为业,该期间内行为人转移的款物原则上可以视具体案情全额界定为洗钱数额。例如,走私行为人以经营进口手表网店为业,曾长期合法经营,后为降低成本,在连续的时间段内仅以水客夹带方式获取进口手表并在境内销售。课题组认为,从实施走私行为之时起,行为人转移的款物可以全额认定为洗钱数额。

Types and Definitions of Money Laundering in Smuggling Crimes

LIU Xiaoguang　JIN Huajie

[Abstract] The money laundering crime in smuggling crimes has its own particularity and should be defined based on the characteristics of smuggling crimes themselves. The proceeds of smuggling crimes refer to the gains of sales from smuggled goods, and the amount should be determined with the "total amount theory". The act of using someone else's account to collect proceeds of smuggling crimes should be recognized as money laundering in principle, and it is not a part of smuggling crimes. Transferring funds between different accounts is generally not considered a money laundering offense; Withdrawals can constitute the crime of money laundering. If the smuggler pays the difference in payment through cross-border transfer, it does not constitute money laundering. Assistance of underground banks in cross-border payment of goods constitutes the crime of money laundering. The act of using smuggled criminal proceeds for large-scale consumption is generally considered a money laundering offense, but small habitual living expenses should be excluded.

[**Key words**] smuggling crime; money laundering crime; payment and settlement of criminal proceeds; large consumption

走私葡萄酒的真假性鉴定及税款计核问题探析

高卫萍　孙　静[*]

[摘　要]　海关对进出口环节货物的知识产权保护,需要知识产权权利人提出申请或者进行备案,海关在未经申请或未备案的情况下对进出口货物是否侵犯知识产权不作主动性审查,同样地,对货物是否为正品也不进行主动的真假性鉴定,仅在有假冒线索的情况下移送相关部门进行鉴定;伪报品名走私葡萄酒的实际成交价格无法查清的情况下,可以国内价格鉴定机构出具的认证意见作为计税依据。对来自澳大利亚葡萄酒加征反倾销税时,无法提供原生产厂商证明等相关材料的,适用最高反倾销税税率计算偷逃税款。

[关键词]　走私;葡萄酒;真假性鉴定;偷逃税款计核

近年来,国外葡萄酒因其悠久的酿造历史、优质的产品原料和成熟的加工工艺,越发受到国人喜爱。国外葡萄酒在申报入境时既需要同其他货物一样依法缴纳普通关税、增值税、消费税,对于特定原产地的葡萄酒,受政策影响还可能需要缴纳反倾销税,加之国外高档葡萄酒特别是知名酒庄的葡萄酒本身往往售价较高。在此情况下,受旺盛

---

[*] 高卫萍,上海市第三中级人民法院刑事审判庭审判长;孙静,上海市第三中级人民法院刑事审判庭法官助理。

的市场需求和高额利润的驱使,一些犯罪分子不惜铤而走险,将从境外采购的葡萄酒走私至我国境内并销售牟利,偷逃税款所带来的获益可见一斑。走私葡萄酒不但造成国家税款流失,也严重影响了我国外贸进出口秩序和国内葡萄酒市场的销售环境。

由于高额利润的驱使,犯罪分子走私葡萄酒入境的手段呈现多种方式:对于具有通关便利条件的如粤港边境的犯罪分子,其可以驾驶来往粤港小汽车走无申报通道入境,以水客夹带、蚂蚁搬家的方式将葡萄酒运至境内。有的走私团伙以海关申报进口方式通关,货主委托报关人员,以伪报品名、提供虚假单证的方式向海关虚假进行申报,并勾结仓库监管人员,在海关查验时用提前准备的道具货冒充实际货物应付查验。还有的走私分子采用"保税区仓储转口"的方式,将葡萄酒先行申报进境备案,后在货物运输至保税仓库途中,使用国内购买的廉价葡萄酒作为道具货将实际进口红酒换出,并将调换后的道具葡萄酒虚假申报出境备案核销,换出的实际进口葡萄酒则在未缴纳任何税款的情况下交付国内客户。在走私葡萄酒刑事案件的审理过程中,葡萄酒的真假性鉴定、价格认定,以及偷逃税款的计核问题,往往会成为控辩双方的争议焦点。笔者拟结合实践中的司法案例,就走私葡萄酒刑事案件中上述相关问题予以具体阐述。

一、伪报品名以"道具货"应付查验的走私实务案例简介

2021年9月,被告人顾某某、华某、王某为牟取非法利益,经通谋后决定将国外洋酒、红酒伪报品名为洗衣液向海关申报进口,如遇海关查验则使用之前进口但并未实际出库的一票洗衣液冒充实际货物接受查验,以此逃避海关监管。其间,被告人顾某某经与华某商量后,决定由华某所在的上海某报关有限公司负责报关。此后,被告人顾某某先后17次将伪报品名为洗衣液的虚假单证发送给报关公司员工进行报关,通过其本人银行账户或者指使他人支付税款,并商定每票支付给华某相应好处费。被告人华某则负责联系上海某物流有限公司(海关监管分拨货仓库)的仓库管理员、被告人王某,让其在海关查验

时将洗衣液搬至查验地点冒充实际货物应付查验,并支付王某相应好处费。后上述走私货物由被告人顾某某及他人安排的车辆运输至外地,并均已销售完毕。

2021年12月7日,被告人顾某某再次安排以上述方式申报进口涉案货物,被海关通知查验。12月10日,被告人华某、王某按照此前商定方式使用仍在仓库的洗衣液进行换货应付查验。同日,在海关查验未放行的情况下,被告人顾某某、华某、王某经共谋,擅自将走私货物提离海关监管仓库。上述走私货物被运往深圳、汕头等地销售,经侦查机关工作,共计追缴、扣押轩尼诗、奔富等品牌酒类共计43箱。经海关计核,上述追缴、扣押的走私酒类货物,偷逃应缴税额共计人民币1,736,083.51元。2021年12月16日,被告人顾某某接电话通知后到案接受处理,但否认上述犯罪事实,后在审查起诉阶段如实供述上述犯罪事实。同日,被告人华某、王某接电话通知后,均主动至侦查机关配合调查,并如实供述了上述犯罪事实。案发后,被告人华某退出违法所得15万元。

一审法院经审理认为,被告人顾某某、华某、王某经事先通谋,共同违反海关法规,逃避海关监管,以伪报品名的方式走私洋酒、葡萄酒入境,并使用道具货应付海关查验,偷逃应缴税额达173万余元,偷逃应缴税额巨大,其行为均已构成走私普通货物罪。根据被告人的犯罪事实、数额、情节及对社会的危害程度等,法院决定对顾某某从轻处罚,对华某、王某均减轻处罚。据此判决:(1)被告人顾某某犯走私普通货物罪,判处有期徒刑4年6个月,并处罚金人民币120万元;(2)被告人华某犯走私普通货物罪,判处有期徒刑2年,并处罚金人民币40万元;(3)被告人王某犯走私普通货物罪,判处有期徒刑1年6个月,并处罚金人民币20万元;(4)扣押在案的涉案走私酒类货物、退出的违法所得及供犯罪所用的本人财物等予以没收,其余违法所得继续予以追缴。

二、走私葡萄酒的真假性鉴定问题

上述案例系一起通过伪报品名、以洗衣液充当"道具货"应付查验，从而掩盖真实货物情况将国外洋酒、红酒走私入境的刑事案件。由于未查实到体现货物真实成交价格的单证材料、微信聊天记录等客观证据，因此，涉案葡萄酒的价格系以上海市价格认证中心出具的认证价格作为计税依据。由于大部分葡萄酒已被销售，辩方则提出涉案葡萄酒不排除可能系假冒品牌的葡萄酒，从有利于被告人角度出发，不能以价格鉴定机构参照正品酒类的价格作出的认证意见，作为计税价格的依据。针对该问题的提出，笔者将从海关知识产权保护的范围及模式出发，探讨进出口环节过程中对货物的查验所涉及的真假性鉴定问题。

(一)海关知识产权保护现行法律规定

现阶段海关针对进出口环节货物的知识产权保护的相关规定，主要集中于《海关法》、《海关行政处罚实施条例》(以下简称《实施条例》)以及《知识产权海关保护条例》(以下简称《知识产权保护条例》)。其中，《海关法》第43条规定，海关依照法律、行政法规的规定，对与进出境货物有关的知识产权实施保护；《实施条例》第25条规定，进出口侵犯中华人民共和国法律、行政法规保护的知识产权货物的，没收侵权货物，并处货物价值30%以下罚金，构成犯罪的，依法追究刑事责任。《海关法》及《实施条例》仅对进出口环节的知识产权保护作了框架性的保护规定，《知识产权保护条例》则对具体手段、措施作出具体规定，其中明确海关对与进出口货物有关并受中华人民共和国法律、行政法规保护的商标专用权、著作权和与著作权有关的权利、专利权实施保护，海关实施知识产权保护发现涉嫌犯罪的，应当将案件依法移送公安机关处理。从上述规定可以看出，对进出口环节发生的侵犯知识产权案件，由海关作为行政处罚的单位，若涉嫌构成犯罪的，则由海关移交给地方公安机关经侦部门按照相关侵犯知识产权犯罪进行立案侦查，一定程度上实现了知识产权海关行政执法和公安机关刑事执法的有效衔接。

(二)知识产权海关保护模式——依申请和依职权

《知识产权保护条例》第5条规定,知识产权权利人以及他们的代理人要求海关对其与进出境货物有关的知识产权实施保护的,应当将其知识产权向海关备案,并在其认为必要时向海关提出采取措施的申请。根据上述规定可以看出,知识产权海关保护模式分为二种:依申请保护模式(被动保护)和依职权保护模式(主动保护)。依申请保护模式,①主要针对发现侵权嫌疑货物即将出境的情况,由权利人提出书面申请并提交相应的保证金;依职权的保护模式,②则是由权利人向海关总署提交书面备案申请,海关总署准予备案的颁发海关保护备案证书,备案保护有效期限为7年。依申请与依职权模式的区别主要如下。(1)即时性与长期性。如上所述,依申请保护模式主要是权利人针对发现具有侵权嫌疑的货物,向海关提出即时性的申请,而依职权模式则是由权利人提出备案保护,备案期间内海关对提出需要保护的知识产权依职权进行审查,具有长期性的特点。(2)保证金的提供与否。在依申请保护模式下,权利人需要提供与进出口到岸价格或者出口货物离岸价格等值的保证金,而依职权模式下权利人无须提供保证金。(3)调查认定与选择处置方式不同。依申请保护模式下,在海关扣留涉嫌侵权货物后,海关并不进行调查认定,更不会作出行政处罚,知识产权权利人可选择处置方式,包括与涉嫌侵权人和解后撤回保护申请,向人民法院申请采取责令停止侵权行为或者财产保全的措施,以及向公安机关刑事报案。依职权保护模式下,在海关扣留涉嫌侵权

---

① 《知识产权保护条例》第12条规定:知识产权权利人有权向货物进出境地海关提出扣留侵权嫌疑货物的申请。第13条及第14条规定了知识产权权利人申请的具体方式及应提供相应担保。

② 《知识产权保护条例》第16条规定:海关仅对已在海关总署有效备案的知识产权实施主动保护,海关发现进出口货物涉嫌侵犯已在海关备案知识产权的,将主动中止涉嫌侵权货物的放行,通知知识产权权利人,并依据知识产权权利人的申请扣留涉嫌侵权货物。

货物后，海关将对涉嫌侵权货物是否侵权进行调查认定，知识产权权利人可选择处置方式，包括与涉嫌侵权人和解后撤回保护申请，由海关作出行政处罚或者移送公安机关，向人民法院申请采取责令停止侵权行为或者财产保全的措施，以及向公安机关刑事报案。①

由此看出，在依申请保护模式下，海关不对涉嫌侵权货物是否侵权进行调查认定，而只是被动等待法院认定，这就导致即使被扣留货物确系是侵犯知识产权货物，海关也无从处罚。而在依职权保护模式下，海关仅主动保护已在海关总署备案的知识产权，这就使得大量未备案的知识产权得不到海关的主动保护。两种保护模式各有利弊，但总体来讲，海关知识产权的保护模式均是需要权利人主动作为，或是提出申请或是提交备案，若权利人怠于行使自己的权利，可能在进出口环节无法得到相应的知识产权保护。

(三)海关对进出口货物进行真假鉴定的必要性探讨

结合以上所述的海关知识产权保护规定及模式，笔者同时将司法实务中常见的走私模式作相应的梳理，其中，利用低报价格或者伪报品名方式将葡萄酒运输入境是较为常见的走私手段。首先，分析低报价格方式走私葡萄酒入境的情况，这种行为手段模式下，国外供货商往往会提供真实的发票、合同、原产地证明给国内进口商，国内进口商向海关申报的价格也与真实成交价格差距不会太大，此种情况下，由于往往会查获真假两套发票、合同等相应的单证，或者通过电子邮件、微信聊天记录反映出货物的真实成交价格，因此，低报价格手段走私货物的情况下，辩方一般不会提及葡萄酒的真假性鉴定问题。其次，针对伪报品名走私的走私刑事案件中，尤其是涉及将"道具货"伪装应付查验的情况下，一旦涉案真实货物被运往国内销售完毕，在没有查获实物进行真假性鉴定的情况下，辩方会基于"道具货"与品牌葡萄酒的价格差异很大，据此提出涉案葡萄酒可能系假冒品牌的货物，以达到降低计税标准、减少最终认定的偷逃税款的目的。

---

① 具体规定详见《知识产权保护条例》第四章。

海关是否有义务必须对所有进出口的货物都进行真假性鉴定？笔者对此持否定态度。首先，海关进口过程中，纳税义务人负有如实申报的义务。根据相关海关法律法规，纳税义务人在申报进出口货物时，应当如实向海关进行申报并提交真实的申报材料，如实申报的义务在于纳税义务人；[1]海关在对进出口货物进行查验时，收发货人应当予以配合，[2]对进出口货物的归类无法明确时，海关可以组织化验、检验。[3] 由此可见，无论是申报材料的真实性、海关查验货物还是明确商品归类情况，纳税义务人以及收发货人均负有确保真实性、提供真实材料以及积极配合的义务。其次，海关知识产权保护模式，也没有赋予海关必须对所有进出境货物的真假性进行鉴定的义务。如前所述，海关仅对知识产权权利人及其代理人提出申请或者提交备案的进出口环节货物进行知识产权保护，其中在根据备案情况依职权保护模式下进行调查认定等，相关法律并没有规定海关必须对进出口环节货物是否涉及侵权进行真假性鉴定。一般而言，只有在海关依据知产权利人申请或者依职权进行查验后，或者有线索证实涉案货物确系属于假冒品牌的货物，海关应当根据规定进行知识产权保护，将涉案货物移送相关部门进行真假鉴定。

三、走私假冒品牌酒类的罪名认定及计税价格

鉴于本案中不存在假冒品牌酒类的线索，因此，海关无须对涉案葡萄酒进行真假鉴定。退一步讲，若涉案葡萄酒被查获后，经权利人

---

[1] 《进出口关税条例》(已废止)第30条规定：纳税义务人应当依法如实向海关申报，并按照海关的规定提供有关确定完税价格、进行商品归类、确定原产地以及采取反倾销、反补贴或者保障措施等所需的资料；必要时，海关可以要求纳税义务人补充申报。

[2] 《海关法》第28条规定：进出口货物应当接受海关查验。海关查验货物时，进口货物的收货人、出口货物的发货人应当到场，并负责搬移货物，开拆和重封货物的包装。海关认为必要时，可以径行开验、复验或者提取货样。

[3] 《海关法》第42条规定：进出口货物的商品归类按照国家有关商品归类的规定确定。海关可以要求进出口货物的收发货人提供确定商品归类所需的有关资料；必要时，海关可以组织化验、检验，并将海关认定的化验、检验结果作为商品归类的依据。

鉴别确系假冒品牌的酒类,那么走私假冒品牌酒类的罪名应当如何认定,计税价格和偷逃税款应当如何计算?

(一) 罪名认定问题

《刑法》第三章破坏社会主义市场经济罪一章第二节所规定的走私罪,各罪名主要以走私对象作为区分标准,如走私武器、弹药罪、走私文物罪、走私假币罪、走私核材料罪、走私淫秽物品罪、走私珍贵动物及制品罪等。前面列举的这些罪名中所涉及的走私对象,当然地属于国家禁止进出口的货物、物品范围之列,除了《刑法》具体列举的禁止进出口的货物、物品外,海关总署会发布禁止和限制进出境物品目录,以明确哪些物品系我国禁止进出境的,哪些货物系需要取得许可证才能进出境。禁止和限制进出境物品目录中所载物品基本都是具体名称的物品,而侵犯知识产权物品并未列入目录中。有观点认为侵犯知识产权的货物、物品应属于禁止进出口的货物、物品,主要依据是《知识产权保护条例》第3条,侵犯受中华人民共和国法律、行政法规保护的知识产权的货物,禁止进出口。既然有法律法规明确了侵犯知识产权货物、物品禁止进出口,则走私侵犯知识产权货物、物品的行为应以走私国家禁止进出口的货物、物品罪定罪处罚。持不同观点认为,《中华人民共和国海关计核涉嫌走私的货物、物品偷逃税款暂行办法》(以下简称《暂行办法》)明确了假冒品牌货物的计税价格如何确定,走私犯罪各罪名中只有走私普通货物、物品罪涉及计税价格的确定和偷逃税款的计算,因此走私侵犯知识产权的货物、物品的行为应以走私普通货物、物品罪定罪处罚,即使2024年12月1日出台的《中华人民共和国海关计核涉嫌走私的货物、物品偷逃税款办法》(以下简称《计核办法》)已替代了原有的《暂行办法》,但《计核办法》第4条中明确不予计核的对象中,仍不包括假冒注册商标的商品。[①] 笔者认为,

---

① 《计核办法》第4条:走私毒品、武器、弹药、核材料、人类遗传资源材料、伪造的货币、国家禁止出口的文物,国家禁止进出口的珍贵动物及其制品、珍稀植物及其制品、淫秽物品,国家禁止进境的固体废物和危险性废物等不以偷逃税额作为定罪量刑及认定走私行为、作出行政处罚标准的货物、物品,不适用本办法。

我国注重知识产权的保护,且有明确规定不允许侵犯知识产权的货物、物品进出境进行流通,从侵犯知识产权货物、物品本身的属性而言,应归入禁止进出口的货物、物品范畴;而且如果以走私普通货物、物品罪定罪的话,计税价格若按照实际成交价格计算,往往可能导致实际成交价格过低,计算偷逃税款金额可能达不到起刑点,若按照正品价格作为计税依据计算偷逃税款,偷逃税款的金额可能又远远大于进出口货物的货值金额,所作出的量刑在一定程度上可能会违背罪责刑相适应的原则。然而,由于现阶段《刑法》关于走私罪一节的规定,以及相关走私罪的司法解释未予修改,司法实务中涉及侵犯知识产权货物、物品查获后,海关将相关货物、物品移送地方公安机关依法进行刑事立案,因此,以走私禁止进出口的货物、物品罪和侵犯知识产权犯罪数罪进行处理的,实务中也基本无法找到相关生效案例。

(二)计税价格的基础

根据《暂行办法》相关规定,走私货物的成交价格一般以实际成交价格作为计税基础审定,实际成交价格不能确定的,则按照第17条规定的方法依次确定计税价格。① 此外,海关总署第97号令对于特殊货物、物品也规定了特定计税价格的审定方法,例如,针对走私进口的黄金、白银和其他贵重金属及其制品、珠宝制品以及其他有价值的收藏品,按国家定价或者国家有关鉴定部门确定的价值核定其计税价格;针对假冒品牌的货物,《暂行办法》第21条规定,假冒品牌货物的计税价格由海关总署另行确定。也就是说,假冒品牌货物的计税价格,应当报请海关总署另行确定。按照现阶段海关总署有关计税的规定,走

---

① 《暂行办法》第17条规定:涉嫌走私的货物成交价格经审核不能确定的,其计税价格应当依次以下列价格为基础确定:(1)海关所掌握的相同进口货物的正常成交价格;(2)海关所掌握的类似进口货物的正常成交价格;(3)海关所掌握的相同或者类似进口货物在国际市场的正常成交价格;(4)国内有资质的价格鉴证机构评估的涉嫌走私货物的国内市场批发价格减去进口关税和其他进口环节税以及进口后的利润和费用后的价格,其中进口后的各项费用和利润综合计算为计税价格的20%;(5)涉嫌走私的货物或者相同、类似货物在国内依法拍卖的价格减去拍卖费用后的价格;(6)按其他合理方法确定的价格。

私假冒品牌货物的仍以走私普通货物、物品罪定罪,计税价格则需要报请海关总署确定,并不以一般实际成交价格为计税依据。就走私假冒品牌酒类的计税价格而言,海关总署关税征管司曾于2008年针对厦门海关缉私局的请示出具过相应的复函。根据函复内容,走私假冒品牌酒类,可按照同期进口的相同品牌和规格的正品酒类成交价格计核偷逃税款;如果没有同期进口相同品牌和规格的正品酒类成交价格,则参照《暂行办法》第17条第4项的规定,按相同品牌和规格的正品酒类国内市场批发价格减去进口关税和其他进口环节税以及进口后的利润和费用后的价格计核偷逃税款;如上述方法均无法使用,可按照国内有资质的价格鉴证机构评估的相同品牌和规格的正品酒类价格计核偷逃税款。依据上述函复内容,即使走私的酒类经鉴定确系假冒品牌,在确定计税价格时仍应按照同期相应品牌和规格的正品酒类的成交价格作为基础。

然而,随着《关税法》出台,相关联的法规规章均作了相应的调整,《计核办法》与《关税法》及《中华人民共和国海关确定进出口货物计税价格办法》(以下简称《计税价格办法》)在计核方法等方面的条款内容作了统一,调整的内容包括:1.将原有的估价方法由原有的6种依次计算方式,修改为5种依次计算方式,即相同、类似货物成交价格法、倒扣价格法、计算价格法和合理方法①,将原来的国际市场正常成交价格和拍卖价格估价方法予以剔除;2.删除《暂行办法》中关于走私进口的黄金、白银和其他贵重金属及其制品、珠宝制品以及其他有价值的收藏品,非淫秽音像制品,假冒品牌货物和国产品牌货物等特殊货物的计核规定。《计核办法》删除特殊货物、物品的计核规定,其意义在于与《计税价格办法》估价办法相统一,不在《计税价格办法》外再另行增设部分货物、物品的其他规定,这就意味着假冒注册商标商

---

① 《计核办法》第8条:涉嫌走私货物的计税价格应当以该货物的成交价格为基础确定。成交价格不能确定的,其计税价格依次按照《计税价格办法》《中华人民共和国海关确定内销保税货物计税价格办法》规定的除成交价格估价办法以外的估价办法确定。

品的估计办法与其他普通货物一样,也是以实际成交价格为先,无法查明成交价格则按照《计税价格办法》规定的估价方法计算。当然,删除假冒注册商标商品的特殊估价方法可能还存在第二种立法考量,即如上所述将其归入禁止进出口的货物、物品行列。

本案中,涉案葡萄酒并无证据证明是假冒品牌的葡萄酒,且犯罪分子系以"道具货"替换涉案葡萄酒予以销售,一定程度上也可以证实葡萄酒的价格较高,排除假冒品牌的可能性。因此,上海价格认证中心在没有实际成交价格的情况下,以同期相应同品牌、规格的葡萄酒的价格作为依据出具的认证意见,也是符合现行《计核办法》的计核规定。

四、走私葡萄酒加征反倾销税情况下的税款计核问题

进口葡萄酒海关一般征收的税收包括关税、消费税和增值税,但对于澳大利亚葡萄酒,我国在一般征收税收的基础上还加征反倾销税。涉案葡萄酒的品牌为"Penfolds Bin 407",属于澳大利亚葡萄酒,但同样的反倾销税针对不同酒庄、企业的反倾销税率也是不同的,且差异较大,因此,反倾销税税率的适用,以及反倾销税如何计算,也是走私葡萄酒刑事案件中的难点。

(一)反倾销税的概念和特点

在实践中,抵制倾销最重要和最有效的措施就是征收反倾销税。反倾销税是进口国海关对外国的倾销货物,在征收关税的同时附加征收的一种特别关税。对进口经营者征收反倾销税后,会增加进口此类商品的成本,然后转向进口其他国家或购买国内产品,从而减少对国内产品的影响,其目的在于抵制倾销,保护国内产业。

反倾销税具有以下几个特点:一是反倾销税是正常关税之外额外征收的附加关税;二是征收对象是进口经营者,而不是外国出口商;三是反倾销税属于特别关税(临时附加税),并不是所有走私货物都会涉及反倾销税。《反倾销条例》第 37 条、第 38 规定,终裁决定确定倾销成立,并由此对国内产业造成损害的,可以征收反倾销税;征收反倾销税,由商务部提出建议,国务院关税税则委员会根据商务部的建议作出决定,由商务部予以公告,海关自公告规定实施之日起执行。因此,加征反倾销税的前提为对国内产业造成损害,经终裁确定倾销成立,且经过国家相关部门的相应流程。而上述案例中所涉及的葡萄酒来自澳大利亚,加征反倾销税的依据为商务部《关于对原产于澳大利亚的进口相关葡萄酒反倾销调查最终裁定的公告》(商务部公告2021年第6号),该公告明确,自2021年3月28日起,对原产于澳大利亚的相关葡萄酒征收相应的反倾销税。[①]

(二)反倾销税的计算方式及税率的适用问题

由于反倾销税属于关税,而关税又是计算消费税、增值税的基础,因此,加征反倾销税影响的不仅仅是关税,还会拉升进口环节的增值税和消费税。反倾销税的计算方式为海关审定的完税价格乘以反倾销税税率。[②] 进口环节的消费税以海关审定的完税价格加上关税和反倾销税,再除以(1－消费税税率)作为计税价格从价计征。进口环节增值税以海关审定的完税价格加上关税、反倾销税和进口环节消费税作为计税价格从价计征。

从反倾销税的计算方式来看,完税价格及反倾销税率均是影响反倾销税高低的相关因素。反倾销税率应如何适用,法律依据是《反倾销条例》。[③] 根据商务部的公告,针对上述案例,有观点认为,对来自

---

① 商务部公告2021年第6号。被调查产品具体描述如下:调查范围:原产于澳大利亚的进口装入2升及以下容器的葡萄酒。被调查产品名称:装入2升及以下容器。英文名称:Wines in containers holding 2 liters or less。产品描述:以鲜葡萄或葡萄汁为原料,经全部或部分发酵酿制而成的装入2升及以下容器的葡萄酒。主要用途:主要作为饮料酒供人消费。该产品归在《中华人民共和国进出口税则》:22042100。

② 商务部公告2021年第6号:"三、征收反倾销税的方法……反倾销税以海关审定的完税价格从价计征,计算公式为反倾销税额＝海关审定的完税价格×反倾销税税率。"

③ 《进出口关税条例》(已废止)第13条规定,按照有关法律、行政法规的规定对进口货物采取反倾销、反补贴、保障措施的,其税率的适用按照《反倾销条例》、《反补贴条例》和《保障措施条例》的有关规定执行。

富豪葡萄酒产业酒商有限公司适用的反倾销税税率为175.6%，"Penfold Bin 407"品牌的葡萄酒就是该公司所产，因此，涉案该品牌的葡萄酒应当适用175.6%的反倾销税税率，而不应参照其他澳大利亚公司适用218.4%的反倾销税税率。在走私葡萄酒案件中，是否可以直接以酒瓶瓶身所印的品牌来确定原生产厂商，从而适用对应的反倾销税税率呢？笔者认为，在伪报品名的走私葡萄酒案件中，若被告人提出适用针对某家公司的反倾销税税率，需要提交真实的原产地证明以及原生产厂商发票等相关材料，以此证明涉案葡萄酒确系出产于某家公司，而不能直接通过葡萄酒品牌予以确认。本案中，被告人通过伪报品名方式申报进口葡萄酒，在申报过程中未如实向海关提交涉案葡萄酒的原生产厂商发票等报关材料，海关在无法确定原生产厂商的情况下，可按照原产地管理的有关规定，按照最高反倾销税税率计算反倾销税，以此作为基础计核偷逃税款。

（三）取消反倾销税率后能否适用"从旧兼从轻"原则的探讨

由于反倾销税、反补贴税、加征关税与两国政策有一定关联，可能随着两国政策的调整而随之进行调整，此前有消息称可能会取消对澳大利亚加征反倾销税。如果在审前或者审理过程中取消了反倾销税，对此能否适用"从旧兼从轻"原则，从而不计征反倾销税？

此前有部分地区适用"从旧兼从轻原则"处理过走私普通货物案件，为此海关总署曾函请最高人民法院和最高人民检察院予以明确。海关总署的意见是不适用"从旧兼从轻"原则，理由有三点：一是偷逃税款计核证明书是一种鉴定意见而不是刑事法律，不能适用"从旧兼从轻"原则处理；二是对税率变化适用"从旧兼从轻"原则与现行司法解释相抵触；三是对税率变化适用"从旧兼从轻"原则会造成执法不公，容易导致放纵犯罪。最高人民法院研究室回复："案发后，国家关税税率、税种发生变更，不影响该行为人的走私行为是否构成犯罪的认定"。最高人民检察院回复：同意海关总署"不适用从旧兼从轻原则"的意见,但在处理个案时,也应酌情考虑税率变化这一情节。①

综合分析最高人民法院研究室和最高人民检察院的意见,在定罪上不适用"从旧兼从轻"原则,但在量刑上则考虑税率的变化。最高人民法院、最高人民检察院《关于办理走私刑事案件适用法律若干问题的解释》第18条即已明确,应缴税额以走私行为实施时的税则、税率、汇率和完税价格计算;多次走私的,以每次走私行为实施时的税则、税率、汇率和完税价格逐票计算……税率变动属于"事实变化"而非"法律调整",并不适用"从旧兼从轻"原则。"从旧兼从轻"原则是基于规范评价意义上提出的法律适用原则,即因法律规定发生变化影响到行为是否构成犯罪或者构成轻罪还是重罪的认定时,适用有利于被告人的法律规定。只有在"法律调整"的情况下才存在适用"从旧兼从轻"原则的可能性。税率变动适用"从旧兼从轻"原则的观点实际上是混淆了"法律调整"与"事实变化",应当把两者严格区分开来,偷逃应缴税额属于走私犯罪的具体事实,税率变动只是海关在税款计核方面的参数调整,并非法律和司法解释对相关走私行为性质认定和量刑标准的变化。目前,一些特殊商品或者服务的价格,包括油价、贷款利率、外汇汇率等,实行的是国家调节制度,在认定相关犯罪数额时同样遵循行为时价格认定标准。

Analysis of Authenticity Identification and Tax Accounting Problems in Cases of Wine Smuggling

GAO Weiping SUN Jing

[Abstract]　In the import and export process, the intellectual

---

① 参见吴国雄:《走私普通货物案税率变化是否适用"从旧兼从轻原则"之评析》,载微信公众号"广和律师"2023年11月14日, http://mp. weixin. qq. com/s/SnQWykHBLyODWzDh/XW7sQ。

property right (IPR) holders need to file an application or record to obtain customs protection of IPRs. In the absence of application or record, the customs does not actively review whether IPRs are infringed or not. Likewise, the customs does not actively identify whether the goods are genuine or not. The customs will only transfer the goods to the relevant departments for identification in the case of infringement clues. If the actual transaction value of goods cannot be determined due false declaration of descriptions in wine smuggling cases, the opinions issued by domestic price appraisal institutions can be used as the basis for tax calculation. Currently, the price of genuine wine of the same brand and specification is still used as the basis of tax calculation basis in determination of the value of counterfeit wine. When imposing anti-dumping duties on Australian wine, if original manufacturers' certificates cannot be provided, we should apply the highest anti-dumping tax rate to calculate amount of tax evaded.

[**Key words**] smuggling; wine; authenticity identification; tax accounting

海关法评论(第13卷)

知识产权海关保护
Customs Protection of Intellectual Property Rights

也谈"智关强国""智慧海关"视角下知识产权海关保护的法治化新发展

叶 倩*

[摘 要] 智关强国行动和智慧海关建设(以下简称双智)是建设社会主义现代化海关的重要战略部署和实践路径,是打造先进的、在国际上最具竞争力的海关监管体制机制的改革纲领。知识产权海关保护行政执法制度既是现代化海关监管体制的有机组成部分,也是我国知识产权法治和知识产权国际法治的重要建设领域。鉴于此,试从双智视角下知识产权海关保护法治化新发展的前景及意义切题,开展知识产权海关保护法治化新发展与我国知识产权法治发展、与双智框架内衔接推动制度型开放需求、与双智框架内新业态发展需求等三个维度的比较研究,梳理分析知识产权海关保护法治化新发展的法治功能目标、法律价值目标和法治运行方式,进而从强化法治思维、优化顶层设计、"制度+科技"的应用场景等三个维度,展望知识产权海关保护的法治化新发展路径,以期为智慧知识产权海关保护等研究提供有益借鉴与参考。

[关键词] 智关强国;智慧海关;知识产权海关保护;法治化;新发展

---

* 叶倩,南京海关综合业务处知识产权科副科长、一级主任科员,公职律师、中级经济师。

智关强国行动和智慧海关建设(以下简称双智)是 2023 年海关"1+1+6"重点工作布局中的两个"1",是立足全球创新版图重构和全球经济结构重塑的打造先进的、在国际上最具竞争力的海关监管体制机制的实践探索,既是立足加快构建新发展格局中的海关定位作出的具体安排,也是知识产权法治的海关篇章翻开新一页的指导思想。2024 年是我国知识产权海关保护制度施行 30 周年,30 年来,随着我国知识产权法治的长足发展,作为其中重要组成部分的知识产权海关保护也走过了从法制化向法治化转型的道路,制度体系日益成熟、执法机制不断完善、保护成效持续提升。但,新时代新征程上,我国知识产权国内法治与涉外法治的统筹发展趋势、知识产权国际保护规则变迁与产业链供应链安全研究、新技术新业态相关知识产权边境保护需求等,都为知识产权海关保护的法治化新发展带来了新启示、新要求。海关总署职能司局 2023 年工作要点明确提出要积极参与相关立法修法工作、加强知识产权海关保护的法治化发展。可见,研究双智视角下的知识产权海关保护的法治化新发展,是契合新形势新要求开展智慧知识产权海关保护研究的有益探索。

一、"智关强国""智慧海关"视角下知识产权海关保护法治化新发展的前景及意义

习近平总书记指出,"构建新发展格局的关键在于经济的畅通无阻"。当今世界,新技术的广泛应用催生了各类新业态新模式,海关处于国内国际双循环"交汇枢纽",必须建设智慧海关服务强国战略,在法治轨道上持续提升制度创新和治理能力建设水平,发挥科技创新的引领支撑作用,打造数字治理、智能监管的新格局,为稳步扩大制度型开放贡献海关力量,推动高水平对外开放、服务中国式现代化。技术发展可以是中性的,制度发展却有着深刻的法治思维的烙印。推进智关强国行动和智慧海关建设,虽在业务场景上表现为技术优化,但其核心仍是以法治轨道上的制度优化推动海关监管执法效能的大幅提升。因此,在双智视角下探索知识产权海关保护法治化新发展的实现

路径,本身就是对智慧知识产权海关保护课题的充分诠释;也因此,对智慧知识产权保护的研究不仅可以落点在操作系统优化升级等技术性改良层面,更应着眼法治化新发展的题眼,研究规划智慧知识产权海关保护的蓝图。由此,至少应考虑以下三方面内容。

(一)习近平法治思想对知识产权海关保护法治化新发展提出新要求

习近平法治思想是马克思主义法治理论中国化的最新成果,是引领法治中国建设、实现高质量发展的思想旗帜。习近平法治思想超越既往法治理论的一个重要方面,就是坚持胸怀天下观法治、立足全局谋法治、着眼整体性法治,提出了一种前所未有的系统化、整体化的"大法治观",推动构建全方位、全覆盖、全链条的新型法治文明样态。[1] 党的十八大以来,习近平总书记在多个重要场合阐述了新时代中国特色社会主义法治思想、法治经济理念理论、全球治理路径,作出了有关公平竞争、优化营商环境的法治观和如何加强知识产权保护等一系列重要论述,形成了习近平法治思想中的知识产权保护理论体系,主要包括提高知识产权保护法治化水平、强化全链条保护、深化知识产权保护体制机制改革、建立健全知识产权保护制度、倡导知识产权保护国际合作、推动构建公正合理的全球知识产权治理体制等,为加强知识产权保护提供了科学指引、为建设知识产权强国提供了行动指南、为全球知识产权保护贡献了中国智慧。

党的二十大报告明确,将"基本建成法治国家、法治政府、法治社会"作为"到二〇三五年,我国发展的总体目标"之一,并提出要"加强知识产权法治保障""加强反垄断和反不正当竞争""积极参与全球治理体系改革和建设""建设现代化产业体系"等。知识产权海关保护是知识产权全链条保护中的重要一环,是海关推进国家治理体系和治理能力现代化的重要领域。习近平总书记关于保护创新、引领和推动高

---

[1] 参见黄文艺:《论习近平法治思想的"大法治观"》,载《法治研究》2023年第2期。

水平法治经济建设、统筹国内法治与国际法治等的重要论述,不仅是习近平法治思想对我国行政、司法"双轨制"知识产权保护工作的发展定位和路径指引,也对新形势下在双智框架内持续拓展知识产权海关保护内涵与外延、推动专业领域知识产权保护法治化取得新发展提出了明确要求。

(二)国际保护标准更新发展为知识产权海关保护法治化发展带来新空间

当前,新一轮科技革命带动科技创新不断发展,在此背景下,知识产权国际保护标准和制度机制的运用与更新也面临新挑战。作为国际边境执法体系中的重要组成部分,双智视角下知识产权海关保护的法治化发展在充分研究运用国际规则、不断丰富完善专业领域法制基础、努力寻求全球经济一体化进程中知识产权国际保护和维护我国利益的平衡点等方面,仍有充分的进位空间。

一是有需要保持制度先进性和政策平衡性。结合现代法治国家建设要求,新时代我国知识产权保护法治化现代化的目标定位是具有"中国特色、世界水平"的知识产权强国,助力提升开放层次、优化开放环境。海关处在对外开放前沿,应当积极参与这一强国战略,从拓展知识产权制度现代化的世界维度出发,统筹国内国际两个大局,深度参与知识产权全球治理,在法治建设与创新发展方面实现国家现代化与世界现代化的良性互动。[①] 二是有需要开展法律制度引进与转化。现代法治意义上的统一性知识产权国际保护制度规则始于《与贸易有关的知识产权协定》(Agreement on Trade-Related Aspects of Intellectual Property Rights,以下简称 TRIPS 协定),时至今日,《反假冒贸易协定》(Anti-Counterfeiting Trade Agreement, ACTA)和《全面与进步跨太平洋伙伴关系协定》(Comprehensive and Progressive Agreement for Trans-Pacific Partnership,CPTPP)、《区域全面经济伙伴关系协定》(Regional

---

① 参见吴汉东:《中国知识产权制度现代化的实践与发展》,载《社会科学文摘》2023 年第 1 期。

Comprehensive Economic Partnership, RCEP)及部分国家的多、双边贸易协定中的知识产权条款,都已更多体现 TRIPS-Plus 高保护标准趋势,且不少都涉及边境保护环节。而包括知识产权海关保护法制体系在内的我国现行知识产权法律制度,则是在中美贸易谈判的美方要求和 TRIPS 协定等国际条约的协调之下,于改革开放后短期内迅速建立的,是典型的外源型法,制度引进与转化是其法治化发展的基础。目前,双智的首要改革落点就是探索智能化监管及与之相匹配的体制机制,对于知识产权海关保护而言,这本身就要求其法律法规体系的创新优化,因此,未来仍需开展更紧密衔接国际规则的法律制度研究、引进与转化。三是有需要推动规则主导和制度供给。知识产权国际保护规则调整的是各国基于互利交往形成的各类知识产权制度及其冲突与协调所体现的特殊的国际关系。掌握规则主导就是掌握推动知识经济发展和技术创新传播利用、协调平衡国际政治经济关系、有效维护本国利益的制动阀。2008 年,我国提出建设创新型国家之后,知识产权制度的发展动因由"外力"变为"内力",知识产权法律制度的完善主要是基于建设创新型国家、知识产权强国的内在需求,但国际知识产权争端仍然是促使我国知识产权法修改和发展的原因之一。[1]双智的主要目标之一是通过制度输出掌握国际竞争规则主导权、稳步推动制度型开放,实现以海关现代化服务推进中国式现代化。这就为知识产权海关保护工作以习近平法治思想为指导,在理论研究、探索实践和经验总结的基础上提炼、推广知识产权国际保护的中国方案、海关智慧提供了应用平台和空间。

(三)"智关强国"行动和"智慧海关"建设为知识产权海关保护法治化新发展指明新方向。

近年来,世界贸易组织(World Trad Organization, WTO)、联合国贸易和发展会议(UN Trade and Development, UNCTAD)和世界海关

---

[1] 参见吕炳斌:《从中美贸易摩擦看我国知识产权法治的未来方向》,载《人民论坛·学术前沿》2018 年第 17 期。

组织（World Customs Organization，WCO）等相关国际组织围绕"应用颠覆性技术推动海关智能化建设""探索重构海关治理体系"等开展了一系列研究交流，美欧日等主要经济体海关也纷纷围绕智能化监管等开展实践探索，可见，智慧海关建设已成为海关现代化发展的必然趋势。双智视角下，全面融入国家治理、全面深化体制改革、全面发挥联动枢纽作用，是建设现代化海关的定位和重任。深层次来看，双智视角下，从与国际接轨走向参与全球治理，我国知识产权海关保护法治化新发展应着眼于在法治轨道上推进"制度＋科技"的融合发展，助推知识产权保护法治现代化，并以此融入海关现代化、服务中国式现代化。

一是有望加速"制度＋科技"融合发展的法治创新。从总体方案和改革路径来看，双智围绕海关数字化的发展主题，着眼在海关监管执法服务中推进数字化智能化转型、建设现代化海关，这既包括创新建立健全口岸执法规范、贸易守法便利等制度体系，也包括以科技赋能进一步推动海关作业环节整合优化与全流程追溯、全链条管控。作为其中不可或缺的环节，知识产权海关保护是横跨法治建设、公共政策、经济和科技发展等多领域的海关监管执法工作，未来就需要在双智框架内通过制度设计逐步凸显、引导分类施策，在保护对象、执法程序、操作标准等方面体现出必要的差异性，并相应分步开发科技系统，通过"制度＋科技"融合发展增强系统保护能力，体现法治创新成效。二是有望加大接轨高水平国际规则的立法修法力度。改革开放40多年来，中国经济要素与全球多边经贸体制高度融合，参与国际经济循环是保证中国经济持续发展的重要前提。[1] 近年来，逆全球化趋势重又抬头加剧了国际贸易中的知识产权壁垒，与此同时，新技术革命推动新领域的新规则、新标准陆续出台，全球经贸规则博弈日趋激烈。一直以来，我们主动衔接国际规则、参照国际惯例，抢抓稳步扩大制度

---

[1] 参见邓烈、张玲玉：《历史交汇期习近平外交思想的国际法解读》，载《湖北大学学报（哲学社会科学版）》2022年第2期。

型开放的战略机遇期。随着我国科技创新进阶和产业转型升级,我们在先进技术等方面从引进大国转向了创造大国,从避免被诉侵权转向了保护自有知识产权等,这就需要与时俱进地加大知识产权海关保护法律制度研究、加大与知识产权高水平国际保护规则衔接研究,在知识产权海关保护领域率先推动国内法治与涉外法治的统筹互动。三是有望加快深度参与全球治理的法治进程。全球治理是国际法管理全球公共事务的方式,国际法是全球治理的核心和基础。[1] 知识产权全球治理是以一系列与知识产权有关的国际制度为治理工具而展开的,包括正式的或者非正式的国际规则、原则、组织和决策程序。各类知识产权国际条约、国际组织以及与知识产权有关的国际条约构成知识产权国际制度的核心。[2] 当前,知识产权全球治理实践面临发达国家以推行知识产权强保护实现技术垄断、维持全球竞争优势的知识产权霸权主义挑战。就我国而言,知识产权议题和争端也始终伴随我国融入全球化的进程。而我国正处于从全球治理的主动参与者向主动变革者转变的机遇期,双智视角下的知识产权海关保护法治化新发展应会指向积极借助先进技术和数据赋能破解治理难题,将知识产权海关保护的制度优势进一步转化为全链条保护创新的治理体系和治理能力优势,引领国际知识产权边境保护发展的新方向。

二、"智关强国""智慧海关"视角下知识产权海关保护法治化新发展的比较研究

在国际法层面,WTO 多边贸易体制框架内,TRIPS 协定为各成员国设定了基于遵从最低保护标准原则的统一制度规则;同时,各国结合其发展阶段和发展水平,在国内法层面设计了更具特性的知识产权法律制度目标和构成体系,从而呈现多元的知识产权法治发展形态。

---

[1] 参见刘衡:《国际法之治:从国际法治到全球治理》,武汉大学 2012 年博士学位论文,第 1 页。

[2] 参见张明:《知识产权全球治理与中国实践:困境、机遇与实现路径》,载《江西社会科学》2020 年第 3 期。

其中，知识产权边境保护制度作为各国知识产权国内法治和涉外法治共同的关注重点，其法治理论与实践对于构建现代国际海关法领域的多元化发展模式而言，具有一定的范式意义。双智视角下，推进海关现代化、服务中国式现代化的目标定位决定了知识产权海关保护的法治功能目标、法律价值目标法治运行方式都应当以在知识产权强国建设中体现现代化海关法治的基础性、支撑性、保障性功能为基本命题。这从知识产权海关保护法治化新发展与我国知识产权法治发展、与双智框架内衔接推动制度型开放需求、与双智框架内新业态发展需求等三个维度的比较研究中可见一斑。

（一）从我国知识产权法治的发展看知识产权海关保护法治化新发展的功能目标

从现代化和法治化的意义来说，知识产权强国应该具有两个方面的基本品质：它既是创新型国家，也是法治化国家。[①] TRIPS 协定明确知识产权属于私权。在现代法治社会，与市场经济相匹配的财产制度、与创新发展相适配的公共政策是知识产权制度的构建基础。改革开放 40 余年来，随着社会主义市场经济和私权制度的重建，我国知识产权国内法治实现了从无到有的转变，并在对接国际保护标准及规则体系的过程中不断健全完善，以 1983 年《商标法》（已被修改）的颁行为标志，中华人民共和国知识产权法治建设在短短 40 年内完成了西方国家历经数百年才实现的现代法治意义上的知识产权法律体系构建和法治功能实践；其间，我国知识产权海关保护历经近 30 年的更新发展，也已形成了在《海关法》和 TRIPS 协定双层框架内，以《知识产权海关保护条例》（以下简称《保护条例》）、《海关关于知识产权保护的实施办法》（以下简称《实施办法》）和海关总署《关于印发〈知识产权海关保护工作规程〉的通知》（以下简称总署《工作规程》）为主体的制度体系，成为我国知识产权法治的重要组成部分。新时期，随着知

[①] 参见吴汉东：《试论知识产权制度建设的法治观和发展观》，载《知识产权》2019 年第 6 期。

识产权强国战略的深入推进,知识产权深度内嵌于技术创新、高端产业发展之中,成为生产力变革的核心因素,相应地,知识产权制度也将成为财产制度体系的核心,将为我国经济社会转型发展、建设创新型国家提供有效的法治保障;但同时,这也取决于知识产权法治的完善程度,在中国式现代化的语境下,这尤其包括现代化智慧海关视角下知识产权保护制度功能的完善,且至少应实现两方面的法治功能目标。一方面,优化完善现代化海关的知识产权保护法律制度体系:一是知识产权海关保护相关基础性法律的制定和完善,既包括私法领域的《民法典》和各相关知识产权单行法的一般规定和共同规则的修订完善,也包括公法领域的《海关法》《行政处罚法》等为知识产权制度推行提供的法治依据和准则;二是知识产权海关保护专门性法规的更新修改,主要体现在对《海关行政处罚实施条例》和《保护条例》及其《实施办法》的修订上;三是知识产权海关保护相关替代性法律的制度安排,这主要是基于对尚未纳入现行知识产权海关保护对象的各类知识产权及其在对外交往和国际经贸往来中可能的创新保护的制度性保障考虑。另一方面,深度拓展现代化海关参与知识产权全球治理的维度。改革开放以来,我国加入WTO的进程也同步推动了我国逐步融入知识产权国际保护制度体系,并相应推进了一系列立法和行政体制改革,在参与知识产权全球治理方面实现了由被动变革向主动引领的转变,可见,引入和完善知识产权制度、参与并融入世界知识产权制度和世界贸易体系是符合中国利益的。未来,随着我国更主动频繁地出现在世界知识产权舞台,我国知识产权海关保护行政执法体制机制也应被赋予更多维的治理功能。一是维护知识产权国际保护的多边体制,应对逆全球化和知识产权国际保护制度碎片化趋势,以区域合作必然涉及的知识产权边境保护制度建构为基础,坚持在WTO多边体制框架内推进知识产权国际保护水平提升。二是以"智慧海关、智能边境、智享联通"理念及海关"三智"合作为径,在推进双智框架内智慧知识产权海关保护法治化发展的基础上,拓展我国海关参与知识产权国际保护的合作视域、探索更多元化的合作项目、汇聚更广泛的合作力量，推动完善知识产权全球治理体系。

（二）从双智框架内衔接推动制度型开放的需求看知识产权海关保护法治化新发展的价值目标

一般认为，知识产权法律价值主要是正义、效率和创新，概为立法者理性主义的法律目标追求。其中，正义是伦理理性，法律正义体现了知识产权法律的正当性基础；效率是经济理性，知识产权法律承载配置知识产权资源、促进知识财富增长的效率价值使命；创新是科学理性，知识产权法律具有制度创新本质和促进知识创新功能。[①] 作为当今国际经贸体制的重要组成部分，以 TRIPS 协定为代表的知识产权保护国际公约已成为多边贸易体制框架内各有关缔约方必须共同遵守的国际贸易规则，各方既需坚持最低保护标准原则和国民待遇、最惠国待遇、独立保护、优先和透明度等原则，也需实施充分有效的知识产权保护措施及价值评估机制。但受到经济全球化减缓、技术革新范围不断扩大、非政府组织和私人部门积极推进知识产权保护等因素的持续影响，知识产权国际保护规则变迁进程加快，典型如 ACTA、CPTPP 对最低保护标准的推高，以及多、双边贸易协定中知识产权条款趋向 TRIPS-Plus 规则等，实质上体现了主要发达国家通过本国知识产权保护的制度输出对知识产权领域多边国际规则和国际环境的直接或间接影响。无论是从其现实意义还是未来发展导向来看，这都值得我们关注、借鉴。双智视角下，打造先进的、在国际上最具竞争力的海关监管体制机制，就是着眼于在法治轨道上稳步扩大规则、规制、管理、标准等制度型开放，这也正是推进知识产权海关保护法治化新发展的法律价值目标所在。

一是彰显维护知识产权国际保护规则正义的价值目标。知识产权保护标准直接关系科技创新发展，因此，绝大多数国家都积极追求知识产权国际保护规则与本国保护制度及需求相协调适应，随着国际

[①] 参见吴汉东：《试论知识产权制度建设的法治观和发展观》，载《知识产权》2019年第6期。

经贸往来的不断发展扩大,这一点在知识产权边境保护相关国际规则体系中的体现也日益明显。比如,从 TRIPS 协定、ACTA、CPTPP、RCEP 中关于知识产权边境保护条款的对比可见,TRIPS 协定在制定之初主要体现了发达国家的知识产权保护理念,但也通过设定最低保护标准的方式,在一定程度上呼应了发展中国家的保护需求;而 ACTA 和 CPTPP 有关知识产权条款等以高标准保护为原则的多边条约则完全体现了发达国家的价值取向;我国主导签署的 RCEP 则更多体现了基于利益平衡原则对知识产权国际保护规则的合理协调。二是彰显提升知识产权国际保护制度效率的价值目标。逆全球化、单边主义抬头,国际经贸格局的整体性变革直接影响商品和服务贸易以及国际技术转让、国际投资活动,并渐进地重塑知识产权国际保护规则标准。全球价值链分工的深化,要求投资和贸易规则的一致性和相融性,相关谈判也应以此为基础进行,制定更高标准的国际经济贸易规则也便成为应有之义。① 不断推高的国际保护标准,在施行之初固然有助于提升高科技、先进制造业等领域的创新保护效能,但长远来看,知识产权保护国际规则一旦推高,就进入了不断攀升的阶段,而随着新技术变革的推进,各国的技术领先领域会呈现更为细分的差异化发展,则即便是原先主导推高标准的发达国家的本土知识产权利益平衡也可能遭受一定程度的破坏,彼时,过高的知识产权保护国际规则反而会陷入低效率规制的局面。在这一点上,从我国主导签署的 RCEP 及我国现有的双边自贸协定中有关知识产权边境保护的条款内容汇总来看,我国知识产权海关保护所秉承的参与区域或双边安排相关知识产权制度的总体原则体现了高度遵循 WTO 义务、基于公私权利益平衡渐进式提升保护标准、一定程度上衔接高保护标准但实质性 TRIPS-Plus 条款较少等特点。RCEP 签署两年多来,包括发达国家和发展中国家在内的各缔约方在该框架内未见涉知识产权保护,尤其是

---

① 参见祝明侠:《国际经贸规则变化新趋势及我国的因应对策》,载《烟台大学学报(哲学社会科学版)》2015 年第 6 期。

边境保护相关的重大争端,实践证明,这是相对高效的制度安排。三是彰显促进知识产权国际保护激励创新的价值目标。基于不同的利益驱动,知识产权措施在保护创新的同时,也可能通过内嵌入贸易政策或国际技术转让合同等形式异化为知识产权贸易壁垒,这既包括一国政府以知识产权保护为名采取进口限制措施,也包括企业或者行业协会滥用垄断权利造成不合理的贸易障碍。目前,国际贸易中的知识产权贸易壁垒主要包括滥用申请风险布控与暂停通关、申请扣留等知识产权边境保护临时措施和保护措施等拖延竞争对手通关时间、增加其交易成本和风险,以及与技术标准相结合的复合型贸易壁垒、通过知识产权内部化与交叉许可来限定技术扩散等。从双智关于优化我国海关监管体制机制并争取国际竞争规则主导权的视角看,未来我国知识产权海关保护法治化新发展当然包含其法律制度和行政执法机制的体系化发展完善,则其对逆全球化、美国遏华等背景下的知识产权贸易壁垒设置主体多元化、技术复合性加剧、形式合法性增强等实质阻碍创新的影响因素都应有必要的关注和制度性应对,从而助推破除贸易壁垒,体现知识产权国际保护基于利益平衡的经济法治理念对全球创新竞争的推动与促进。

(三)从双智框架内新业态发展需求看知识产权海关保护法治化新发展的规则内涵

知识经济时代,新技术新业态将成为新的主要财富来源,甚至被视为"新经济的货币",相应地,知识产权及其保护规则、保护机制的重要性也日益凸显。无论何种法系内的知识产权保护法律制度,其本质都是实行相对的信息及信息经济的垄断,通过信息差时间差保障权利人的商业利益获取优势。在跨境贸易便利化需求日渐增多的今天,这一点在知识产权相关国际公约、多边条约和各国关于知识产权边境保护的国内法规定中都是根本导向与核心原则。与此同时,不同的贸易新业态新模式在发展之初,可能会出现贸易碎片化或是存在突破上位法的情形,需要围绕新业态新模式开展监管立法修法。从双智视角下的实践维度看,引导、服务新业态发展是海关参与中国式现代化建设、推动高水平对外开放的重要内容,也是未来智慧知识产权海关保护以更优的制度规则体系和更高的法治化水平鼓励、保护创新的题中之义,就其规则内涵而言,至少应包括三个方面。

一是容纳因应新领域新业态发展的知识产权海关保护制度规则创新。当前,新一轮科技革命在人工智能、数字经济、区块链技术、大数据、云计算3D打印等领域迅猛发展,跨境电商、易货贸易等新业态新模式快速发展,自贸港、自贸区建设加快推进,新的知识产权课题和网络版权等传统知识产权客体的新表现形式不断呈现,并且增强了产权的无形性、淡化了地域性、缩短了时间性、降低了专有性,并在持续的技术发展过程中调整了更为广泛的社会关系,突破了传统公共政策规制范围,拓宽了知识产权保护的内涵和外延。相比之下,我国知识产权法律制度逐渐显现出一定的立法滞后性,知识产权海关保护制度的体系化发展也迎来了较大的创新空间。双智视角下,构建与前述新业态新模式相适应的海关执法模式,正是打造先进的、在国际上最具竞争力的海关监管体制机制的要义所在;在此背景下,相应研究创新知识产权海关保护制度规则也应是其法治化新发展的首要关注点和主要落点。二是关注新时代知识产权海关保护的公权规制边界,体现法治反思。这包括知识产权海关保护制度在内的智慧海关法律制度的实施都又有赖高效运行的海关机构和运行机制,这是双智视角下智能化监管不可或缺的内容,也是知识产权海关保护法治化新发展的基础。当前,知识产权领域的变革持续推进,从未来发展看,在市场经济条件下,具有市场需求和可替代性的脑力劳动所形成的知识产品都将成为知识产权法律的保护对象。[①] 并且,在新技术产生和发展过程中,基于现行法定义的传统知识产权制度对新客体等的吸纳,国际社会已形成了更多关于知识产权规则的共识以保持知识产权法律制度的稳

---

① 参见张志成:《论知识产权的合理性问题》,载易继明主编:《私法》第3辑第1卷,北京大学出版社2023年版,第298页。

定性以及与各国规则的"互操作性"符合客观规律和社会现实需求。[1]对此,知识产权海关保护有必要在立法修法层面及时、准确地呼应新技术发展带来的新情况。与此同时,鉴于长久以来与权力滥用问题同样受到高度关注的还包括知识产权保护过程中公权规制私权的边界、公权对私权的合理避让等问题,随着新技术发展带来知识产权客体的扩容、低成本或无意识侵权行为的增多,知识产权海关保护行政执法中关于公权如何界定并规制侵权行为、如何压缩行政自由裁量空间的思考,或需更快提上日程。三是推动制度体系、能力、秩序层面的法治现代化,体现融合发展。进入新时代,国际力量对比深刻调整,单边主义、保护主义、霸权主义、强权政治对世界和平与发展威胁上升,逆全球化思潮上升,世界进入动荡变革期。[2] 以联合国和世界贸易组织为核心的国际秩序面临严峻挑战,多边主义、自由贸易、国际合作等传统共识面临崩塌风险,以国际法为基础的国际治理体系面临严重威胁;同期,我国海外利益拓展明显提速,海外人员、机构和投资等方面的规模不断扩大,海外利益保护和风险防范面临巨大挑战和压力。[3] 这也正是智关强国行动和智慧海关建设在谋划之初所考量的百年未有之大变局的部分表现方面。因此,双智视角下基于 TRIPS 协定等国际知识产权保护规则共识的知识产权海关保护法治现代化,首先,需立足其制度体系层面,明晰在全球化背景下从新业态、新模式发展将持续作用于跨越地域性限制、突破技术性边界、更新政治经济思维的角度看待知识产权保护,尤其是边境保护制度在全球治理中的重要意义,进而推动知识产权海关保护相关的制度安排、组织形态、治理体制机制整体性契合现代法治要求;其次,需着眼其制度能力层面,推动知识

---

[1] 参见张志成:《新时代知识产权法治保障若干问题初探》,载《知识产权》2022年第 12 期。

[2] 参见《中共中央关于党的百年奋斗重大成就和历史经验的决议》,2021 年 11 月11 日中国共产党第十九届中央委员会第六次全体会议通过。

[3] 参见陶凯元等:《以习近平法治思想为指引统筹推进国内法治与涉外法治建设》,载《中国应用法学》2023 年第 1 期。

产权海关保护的制度供给、制度实践、执法人员法治信仰和行为方式、执法力度等各维度契合现代法治要求;最后,需落定其制度秩序层面,结合知识产权制度以法律为基础、公共治理和社会自治共生并体现在法治环境和政策环境、市场环境、文化环境之上的秩序形态特点,[①]推动知识产权海关保护的法治化新发展有效契合、实现新时代社会主义法治一体建设的基本要求。

三、"智关强国""智慧海关"视角下知识产权海关保护法治化新发展的路径展望

智关强国行动和智慧海关建设都着眼于通过制度创新和科技创新双轮驱动全面深化海关业务改革与融合,促进资源合理高效配置,强化综合施策、综合治理,推进海关治理体系和治理能力建设,以海关现代化服务推进中国式现代化。习近平总书记深刻指出,"中国式现代化既有各国现代化的共同特征,更有基于自己国情的鲜明特色",并强调要"提高对知识产权保护工作重要性的认识,从加强知识产权保护工作方面,为贯彻新发展理念、构建新发展格局、推动高质量发展提供有力保障"。[②]

具体而言,双智视角下知识产权海关保护法治化新发展可立足当前我国实体经济转型时期知识产权法治发展的大趋势和经济全球化背景下知识产权保护全球治理中的中国立场及选择,从以下三个方面探索发展路径。

(一)强化法治思维

经济全球化对产权制度的影响,直接映射在知识产权保护国际合作的广度和深度上;与此同时,从我国知识产权保护模式从改革开放初期的行政主导、到 2008 年《国家知识产权战略纲要》实施后更多凸

---

① 参见吴汉东:《试论知识产权制度建设的法治观和发展观》,载《知识产权》2019年第6期。
② 习近平:《全面加强知识产权保护工作 激发创新活力推动构建新发展格局》,载《求是》2021年第3期。

显司法主导、再到《知识产权强国建设纲要(2021—2035年)》实施以来广泛形成构建大保护工作格局共识的历程可见,我国知识产权制度发展的历史逻辑和现实逻辑决定了"行政＋司法"双轨制的知识产权保护模式还将持续扩大见效。从这一意义上说,双智视角下知识产权海关保护法治化新发展的首先需要多维度强化法治思维,凝聚形成专业执法领域国内法治与涉外法治统筹互动的海关智慧与海关方案。一是强化知识产权国际保护思维。从丰富法治理论与实践内涵的角度,认识把握习近平法治思想关于"坚持统筹推进国内法治和涉外法治"的最新成果和最新发展。在此基础上,着眼涉外事务的法治化,不断强化参与知识产权全球治理的战略思维、辩证思维、创新思维、法治思维和底线思维,以开放心态应对知识产权国际保护标准螺旋式推高等规则变迁。二是强化纵向全链条保护思维。充分认识新发展格局下法治对强化知识产权全链条保护的重要依托功能,进一步增强综合运用法律、行政、经济、技术、社会治理等多种手段强化全链条保护的理念意识,坚持知识产权适度保护的基本立场,形成健全知识产权法律制度体系是提高知识产权保护法治化水平的基本保障的共识。三是强化横向多维协同保护思维。这包括强化海关支持京津冀协同发展、长江经济带、长三角一体化、粤港澳大湾区、振兴东北等国家区域发展战略实施框架内的知识产权协同保护思维,同时,关注建立海关—行业协会协同治理的保护思维,推动双智语境下知识产权海关保护法治化发展理念与国家、全社会知识产权保护制度变革同频共振。

(二)优化顶层设计

知识产权作为民事权利的一种,其权利类型、客体、侵权责任等由法律直接规定,在现行制度下,包括知识产权海关保护在内的知识产权国内法层面的立法修法大多归属中央事权,较少或较难通过地方立法试点的方式推进,因此,必须通过优化顶层设计来推进制度建设。不过,随着知识产权制度对全社会的渗透越来越深,知识产权法律的利益相关方愈加纷繁复杂,对知识产权法律制度建构的参与度也越来越高。① 因此,知识产权海关保护法治化新发展相关顶层设计优化工作或需在综合衡量立法、司法和行政执法制度成本的基础上,一方面,强化基于国际立法分析的国内科学、民主、平衡立法,对以 TRIPS 协议为核心的现行知识产权保护国际规则变迁及其在促进及保护创新方面的制度优势和相关 WTO 规则的国际法属性、正当性、基本原则、自治体系与所蕴含的价值理念,以及主要贸易伙伴国家多双边贸易协定中的知识产权条款进行系统性的法理分析,推动顶层设计相关立法充分吸收国际立法优势、较好反映各阶层利益平衡状态、衔接进而引领包括知识产权边境保护制度在内的知识产权国际保护规则发展;另一方面,推进基于软硬法互补治理的规则协调,针对我国现行知识产权法律制度体系仍存在立法不协调、不平衡的情况,梳理明晰与知识产权海关保护相关的各单行法的效力范围和关联关系,并进一步明确海关与公安部门关于进出口知识产权侵权涉罪案件的行刑两法衔接案件移送标准、适时制定公布进出口侵权行政处罚裁量基准、适当考量对恶意侵权惩罚性赔偿罚则立法原理的吸收借鉴,同时,加强对知识产权国际公约的转化适用和协调优化,并加大与权利人联盟、行业协会的联系配合,从优化执法服务的角度,将行业规约、试点经验等以规范性文件的形式相对固定下来,在增强执行力的同时,持续丰富知识产权海关保护法治顶层设计的规则储备。

(三)"制度+科技"的应用场景

天下之事,不难于立法,而难于法之必行。知识产权海关保护的法治化发展不仅需关注立法,更应着眼如何有效地执法。从法与技术的层面,双智视角下的知识产权海关保护法治化新发展在具体行政执法中的主要落点应是法制改革为技术创新提供定责依据、保留容错空间;而法治化新发展过程中的技术应用,首要的着眼点应是提升监管效能和执法服务精准性,但这并不意味着通过各类信息化辅助手段使

---

① 参见张志成:《新时代知识产权法治保障若干问题初探》,载《知识产权》2022年第12期。

相关执法关员降低执法过程中必要的人脑思考与判定等操作,而是通过嵌入先进技术进一步压缩行政自由裁量空间、提升执法统一性,同步强化多元化纠纷解决机制等软性执法的法制基础和技术支撑,使得知识产权海关保护行政执法更科学、精准、规范,在服务更有弹性的产业链供应链安全方面更具合法性、灵活性。一是推动知识产权海关保护风险布控向决策智能化转型,通过统一的数据集成管理,建立基于全口径智能化"一站式"数据分析的风险研判与布控决策模式,深度挖掘侵权线索或情报信息、进出口申报数据、实际监管信息的分析应用,开展低、中、高级别风险分类布控,进一步提高侵权布控指令的精准度;同时,充分发挥知识产权国际合作机制功能,加大信息共享力度、强化侵权风险对碰,有效降低国外海关反向通报比例。二是推进信用治理与大数据溯源,构建进出口知识产权信用法治体系,借鉴 WCO 全球贸易商识别码模式,建立风险识别知识图谱,同步运用开发数据模型、大数据溯源、区块链存证等手段,结合补充申报内容法定、侵权处罚证据法定、法律文书统一格式等制度完善,减少低质量、非结构化申报信息的干扰。三是强化单兵应用、培育专家队伍,结合新一代查验管理系统移动端商标智能识别功能的全面试点应用等提高人工智能模型应用程度,整合强化单兵系统独立操作功能,同步培育、储备法律功底深厚、语言能力较强、多门类业务能力较全面的知识产权海关保护专家队伍,重点加强涉外法治人才培养,并通过周期性下沉一线实践、定期实名培训积分等方式,做好可持续管理。四是建立多元化纠纷解决机制和案例指导制度,充分运用新时代"枫桥经验",推动以修法方式将海关主持调解、主持和解等柔性执法制度纳入知识产权海关保护法律制度体系,提高海关知识产权行政执法的法治化、智能化、专业化、社会化治理水平;开展进出口知识产权侵权行政处罚案件、行政违规行为大数据分析,同步建立知识产权保护海关行政执法领域案例指导制度,通过案件回溯总结侵权特点、办案思路和执法风险等,推进同案同判、类案同判,实现类案检索,并充分发挥自贸港、自贸区等的制度创新及复制推广平台功能,通过"小快灵"试点后推广,全面提升执法统一性。五是开展高质量企业培塑与文化阵地建设,围绕"专精特新"中小企业培塑和服务企业"走出去"等专题,将企业培塑重点转向推动建立产业技术联盟,发挥行业协同治理效能,关企协同建立海外侵权风险预警机制,拓展知识产权海关保护企业培塑的广度、深度、精度;支持建设更多元、细分的知识产权海关保护法治文化阵地,运用 AI 分身宣介、VR 虚拟展厅、线下展厅增设模拟侵权罪案场景等方式,提升知识产权海关保护传播效能。

Outlook on New Development of the Rule of Law in Customs IPR Protection in the Context of "Building a Strong Nation with Smart Customs" and "Smart Customs Development"

YE Qian

[Abstract] The initiatives of building a strong nation with smart customs " and " smart customs development (hereinafter referred to as "the Initiatives") are important strategic deployments and practical paths to build a socialist modern customs system, as well as the reform program to create an advanced and internationally competitive customs regulatory system. The administrative enforcement system of intellectual property right (IPR) protection is not only an organic component of the modern customs regulatory system, but also an essential field in the construction of rule of law in IPR protection both domestically and internationally. In view of this, we try to focus on the prospects and significance of the new development of the rule of law in customs IPR protection in the context of the Initiatives, conducts a comparative study on new development of the rule of law in customs IPR protection from three dimensions as follows:

the new development of the rule of law in China, the promotion of institutional openness as well as the development of new forms of business under the framework of the Initiatives, and thus analyzes the functional goals, legal value goals and operation modes of the new development of the rule of law in IPR customs protection, so as to envision the new development path of the rule of law in IPR customs protection from three aspects, including strengthening the rule of law thinking, optimizing top design, and the application scenarios of "system plus technology", which, may provide useful reference for research on customs IPR protection and other related areas.

[**Key words**]　building a strong nation with smart customs; smart customs development; IPR customs protection; legalization; new developments

"智关强国"建设背景下海关知识产权保护制度的完善

——以专利权担保与调查为切入点

吴征宇*

[摘　要]　围绕《知识产权强国建设纲要(2021—2035年)》和《"十四五"国家知识产权保护和运用规划》开篇布局,全国海关在开展知识产权边境保护中发挥越发突出的作用,成效显著。即便如此,我国海关知识产权保护制度的设计仍存不少缺失,从公权力介入入手,围绕《知识产权海关保护实施条例》及其相关实施办法中担保制度中专利调查必要性、科学合理评估担保额度、增设双方协商担保的相关条款等方面提出意见建议,并围绕扩充利害关系人范围、细化技术调查配合机制,完善技术调查专员培养以及技术调查中心建设、对涉海关知识产权保护相关法律条文进行体系解释等方面,提出解决技术路径。

[关键词]　海关;知识产权保护;专利权;担保;技术调查

近年来,全国海关以习近平新时代中国特色社会主义思想为指导,围绕《知识产权强国建设纲要(2021—2035年)》和《"十四五"国家

---

* 吴征宇,沈阳海关公职律师、中华人民共和国专利代理师资格。

知识产权保护和运用规划》开篇布局,在夯实工作基础、加大执法力度、促进方法创新、深化协同配合、优化服务措施、推进国际合作等方面取得了新的成效。2023年,全国海关实际查扣进出口侵权嫌疑货物仍达6.2万批、8288.9万件,①持续保持了打击进出口侵权商品高压态势,有力促进外贸高质量发展,全面提升了知识产权保护效能。全国海关在开展知识产权边境保护以促进外贸高质量发展中作用越发突出,为全面落实智慧海关建设和"智关强国"行动任务奠定了坚实基础。基于世界贸易组织(World Trade Organization,WTO)、世界海关组织(World Customs Organization,WCO)和各个国家组织提倡平衡贸易与安全的背景,我国海关知识产权保护制度的设计仍有完善空间。为深刻理解如何从立法环节完善海关知识产权保护制度,现将海关知识产权保护链条展示如图1所示。

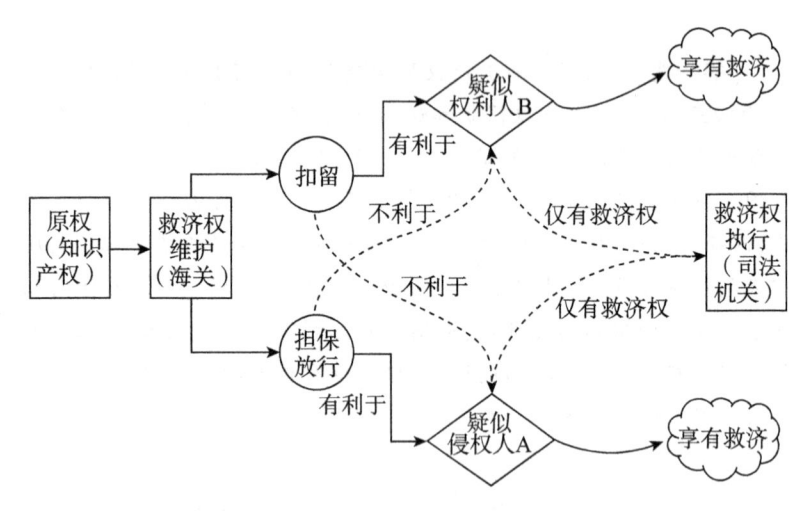

图1 海关知识产权保护救济链条(不含和解等情形)

法谚云:无救济则无权利。较之于实体权利,诉权是救济权。王

---

① 参见海关总署:《筑牢国门知识产权保护立体防线》,载《光明日报》2024年1月26日,第9版。

涌教授提出,"如果我们将民法为保护某一特定的利益而设定的一系列相互关联的权利视为一个权利的链条,那么,原权则是这个权利链条的始端,而救济权则是这个权利链条的末端"。若将原权(知识产权)理解为权利链条的始端,在涉嫌侵权货物被海关扣留期间,对于疑似权利人B而言,相关知识产权尚处于可以恢复至不受侵害的圆满状态,疑似权利人B享有救济,而疑似侵权人(收发货人,下同)A仅享有救济权,若其利益受损,将由于货物的滞留而无法恢复至圆满状态,在公权力介入的范畴内转化为诉权。反之,若涉嫌侵权货物在担保状态下被海关放行,疑似侵权人A享有救济,疑似权利人B仅享有救济权,其利益受损将由于货物的放行而无法恢复至圆满状态,在公权力介入的范畴内转化为诉权。由此可见,公权力平衡贸易便利秩序与贸易个体保护的过程,即是寻求为私权两主体在恰当的时段提供"物权式保护"与"债权式保护"。

作为公权力介入者的海关,是获得救济权人的维护者,通过"制度事实"对私法效力产生影响。为获得更为适宜的海关知识产权保护救济手段,以专利权担保与调查制度优化为主线,就《海关知识产权保护条例》(以下简称《保护条例》)、中华人民共和国海关《关于〈中华人民共和国知识产权海关保护条例〉的实施办法》(以下简称《实施办法》)提出如下修改建议并加以延伸,尝试探讨解决技术路径并予展望。

一、《保护条例》和《实施办法》涉专利权的部分条款存在的问题

(一)专利权调查实质作用无法发挥,导致其可能在立法环节中仅具宣示效力

《保护条例》第14条规定,权利人请求海关扣留侵权嫌疑货物的,提供担保的要求是"不超过货物等值";第19条规定,涉嫌侵权的收发货人认为其进出口货物未侵犯专利权的,向海关提供货物等值的担保金为"货物等值"。《实施办法》对此细化为"依申请、依职权"两种类别区别对待,在"依申请"中,第15条规定,权利人请求海关扣留侵权嫌疑货物,要求为"相当于货物价值的担保";第20条规定,收发货人

请求放行专利权货物的,要求为"货物等值"的担保金。在"依职权"中,权利人根据《实施办法》第 23 条、第 24 条的不同情形,提供不超过 10 万元的担保或针对商标权提供 20 万元的总担保;第 28 条规定,海关不能认定货物是否侵犯有关专利权的,收发货人向海关提供相当于货物价值的担保后,可以请求海关放行货物,海关同意放行货物的,按照《实施办法》第 20 条第 2 款、第 3 款的规定办理。

简言之,权利人能够"依申请"对海关知识产权保护范围内的所有类型提供货物等值担保、"依职权"提供不超过 10 万元的担保或针对商标权提供 20 万元的总担保;收发货人仅限于专利权提供等值担保。如表 1 所示。

表 1 "依职权""依申请"两种情形下权利人、收发货人提供担保的法律规定

	所涉条款	权利人	收发货人
依职权	《实施办法》第 23 条、第 24 条规定	不超过 10 万元的担保(全范围);20 万元总担保(商标权)	无
	《实施办法》第 28 条规定		等值(专利权)
依申请	《实施办法》第 15 条规定	等值(全范围)	无
	《实施办法》第 20 条规定		等值(专利权)

目前,我国海关对权利人与收发货人所采取的保护态度是明显倾向于权利人的,为其提供了全范围、分类别、低担保的全面保护,但是对于收发货人仅限于专利权的范围内,对收发货人提出较为苛刻的等值担保,对于是否扩大收发货人担保种类的问题,存在两种截然不同的观点。

一种观点认为,仅限专利权担保将无疑加重收发货人负担。正如《保护条例》第 1 条所阐述,知识产权海关保护在促进对外经济贸易和科技文化交往中应当发挥作用,但如果过度加重一方私权主体责任,

将与知识产权保护的宗旨有所背离,正如《与贸易有关的知识产权协定》(Agreement on Trade-Related Aspects of Intellectual Property Rights,以下简称 TRIPS 协定)开明宗义地指出,知识产权是私权。近年来,知识产权制度的发展与变革,在肯定知识产权私权属性的同时,部分学者已经提出了知识产权公权化的问题,[1]公权力介入的正当性、合法性基础背离私法自治性原则,在实践层面,特别是在国际经贸领域,对私权的必要限制与严格保护均有重要意义。因此,对于私权的保护,应为双方私权行使提供足够的空间,若仅出于保护一方的目的,预先假定另一方应承担更重的担保责任,不免含有"有罪推定"的思维模式,存在立法滞后性。

譬如,若由于收发货人不存在商标权担保放行,无法履行合同,造成违约进而导致企业经营状况遭受重大损失,而经过司法判定该批/数批货物并未侵犯他人商标权,抑或商标权被宣告无效前一直滞留货物对收发货人造成的直接影响,将由于海关知识产权担保制度规则设置所产生的约束,导致其潜在无法得到充分救济的情形出现。

另一种观点则指出,若全面实行收发货人担保海关放行制度,则会将扣留与放行货物担保引入无限循环的困境。若嫌疑货物被认定具有较大侵权可能性,嫌疑货物被扣留时,形成一种类似留置或质押的担保,权利人申请扣货担保,已构成某种形式的"反担保",收发货人申请放行担保则构成"反一反担保"。如此,整套反担保规则其实是可以无限循环下去,最终会剩余一项债权无法得到"担保"的保护[2](注:出于引用学者论文阐明观点目的,引用部分采用"反担保"代替收发货人担保,在此并不十分赞同对收发货人的担保放行概括为"反担保"的概念,正是基于避免与《民法典》中反担保概念混淆,民法中反担保合同担保的对象是担保人对债务人的追偿权,独立于担保合同,与此处

---

[1] 参见吴汉东:《知识产权法》,法律出版社 2021 年版,第 14 页。
[2] 参见孙益武:《完善知识产权海关保护担保制度研究》,载《中国知识产权法学研究会 2015 年年会论文集》。

收发货人的担保放行完全具有不同意义,故所谓"反担保",可理解为一种尚未完全脱离公权控制、不算彻底的涤除行为)。另外,赔偿损失是一种后顺位的补救形式,仅是债法的救济方法,难谓之全面"救济"。权利人往往会先追求停止侵权,防止损失扩大而采取担保措施。若收发货人担保放行彻底放开,侵权货物将随收发货人所采取的担保措施而流入商业渠道,然而,侵权货物所带来的损害并不局限于其所附着的物之价值,更蕴含物上知识产权价值,尽管权利人的直接损失得以从收发货人担保放行的担保金中获部分补偿,却并不能保证获得全额补偿或惩罚性赔偿,即无法恢复至圆满状态。

海关事务担保虽借鉴于民法中"担保"的概念,但与民事担保存在本质区别。海关知识产权担保环节是典型的公权力介入私权阶段,收发货人的担保放行只适用于专利保护,源于专利本身的技术性和复杂性,海关有限的执法资源难以全面客观认定专利侵权与否,虽然担保放行制度的主要目的是保护权利人、海关和防止保护程序的滥用,但如果在保护的全部范围放开双方担保功能,将置该项制度于虚化状态,公权力的介入将存在着海关执法中不加评估、滥用担保的风险。

因此,现阶段选择审慎适用收发货人的知识产权担保放行范围仍属必要。第一种观点关于收发货人"有罪推定"的思维模式,或有作茧自缚之意味。近年来,越来越多拥有美国知识产权的原告迅速学会利用337调查来保护他们在美国市场的地位不受到"外国"侵权者的损害,[1]且随着该国相关法律法规的修改,提起337调查成本更低,从而更多的权利人有能力提起诉讼,而该国国际贸易委员会通常会基于考虑"公共利益"后做出裁决,私权保护并不作为优先项目。

在参考日本海关知识产权保护研究和程序中,应注意到"通关解放"的相关制度存在,即允许进口者在《日本海关法》第69条第17款和《日本关税法施行令》第26条、第62条第17款的规定下,对专利申

---

[1] 参见[美]汤姆·迈克尔·萧姆伯格:《美国国际贸易委员会337调查律师实践指南》(第4版),法律出版社2022年版,第5页。

请进口者申请海关通关放行的条件就是提供相应的担保。韩国通过采取负面清单模式,即根据《韩国关税法》第235条,货物在海关被扣留后,通关保留的物品如果不属于涉嫌侵犯商标权、著作权、多样品种保护权、地理标志权、发明专利权、外观设计权的物品,则进出口人或进出口申报人可向海关提交担保及进出口申告受理申请书,申请放行包括实用新型专利权在内的货物。日韩两国与我国贸易往来较为密切,地理位置相近,具有一定代表性。中日韩三国在相关制度设计中,均包含对进出口贸易中收发货人对贸易便利和成本的考虑,通过担保放行规则平衡权利人和收发货人间的利益。

实质问题为,《实施办法》第28条规定存在逻辑与实际相脱离现象,这将导致该条款潜在存在不具有实际效力,仅具有宣示效力的可能。其第1款"海关对扣留的侵权嫌疑货物进行调查,不能认定货物是否侵犯有关知识产权的,应当自扣留侵权嫌疑货物之日起30个工作日内书面通知知识产权权利人和收发货人"表明,对于海关保护下的知识产权,在"依职权"情形下均需调查,而第2款则单独说明专利权,即海关不能认定货物是否侵犯有关专利权的,收发货人向海关提供相当于货物价值的担保后,可以请求海关放行货物。海关同意放行货物的,按照《实施办法》第20条第2款和第3款("依申请"下专利权担保)的规定办理。从实务角度而言,现场绝大多数一线监管人员无论从处理时间抑或知识储备上,均难以应付复杂的专利侵权判别,因为专利最基础的侵权判别,至少要通过对比专利说明书、权利要求书内容,并结合相关专业知识(包括但不限于机械、电学、化工、医药、生物等领域)判别权利要求的新颖性、创造性、权利要求是否以说明书为依据、是否存在必要技术特征等,需经过专业且长期的训练。因此,由现场监管人员开展依职权专利侵权调查,实务层面不具过多意义。即使出于维持法律条文完整性,现场监管人员也势必会直接按照《实施办法》第20条第2款及第3款("依申请"下专利担保)的规定办理,即"见保即放",从而使该条文事关专利权调查的内容成为空中楼阁。

(二)担保额度应合理评估,避免"一刀切"

目前,《实施办法》对权利人、收发货人的担保额度进行等值或者分段划分,这种情况亟待改变。首先,《实施办法》施行以来,已历经10余载,科技、经济发展使得知识产权附着于产品的价值得到巨大提升,而权利人在"依职权"情形下,仍仅需提供不超过10万元的担保即可实现滞留收发货人货物,可能发生一系列恶意滞留货物情形,导致经济纠纷滋生,对于高附加值的专利产品而言显已不切实际。同理,"等值"担保的概念也出现在《保护条例》和《实施办法》中,面对高附加值的专利产品,无论是权利人抑或是收发货人,等值担保都极为可能成为严重负荷,导致双方"不得不放弃担保"或者"将政策作为工具,强迫对方放弃担保",不利于长期经济贸易协调发展,产生知识产权保护的反向作用。

虽然商标权保护约占我国知识产权保护比例较大,但一方面,我们不能因为专利权保护属于少数情形而加以忽视;另一方面,正是由于专利权保护的规则已存偏离实际情形,导致海关在执法保护中难以执行,存在引发消极执法风险。为实现良好的执法效果,并为海关执法人员提供良好的执法依据和规则。由此建议:一是修改《保护条例》第14条、第19条、第24条,《实施办法》第15条、第20条,将上述所涉及的"等值"担保替换为"相应"担保或"一定"担保,以弹性条款来增加《保护条例》实施的稳定性,为担保价值随着经贸发展的变化留有裕量;二是修改《实施办法》第23条、第24条,运用定义或计算方法取代"一刀切"的数值界定,使立法更为科学、精细。例如,日本在进口担保金额的计算方法可供参考:(1)进口者在认定程序中因嫌疑物品不能通关所蒙受的利益损失额(一般按照进口申报时海关估计价格的20%计算);(2)进口者在认定程序中所负担的嫌疑物品的仓储保管费用(以嫌疑物品仓储保管场所实际的费用为基础,从担保命令书发布次日起到预定的认定程序终了之日在内的月数进行计算);(3)如果是鲜活物品,则为该货物腐烂变质后的价值与该货物预计海关估价价格之间的差额(货物因腐烂变质而损失的价值);(4)其他进口者因无法通关所遭受的损失额。[1]

为使相对人恢复权利圆满、承担相应责任,现阶段私法在担保、违约、缔约过失、侵权等情形中均制定了大量的救济条款,在《实施办法》的修订中,可将上述内容结合海关估价实务经验,合理评估担保金额。

(三)应详加斟酌补充双方协商担保的相关条款

我国在海关知识产权保护中,具备尊重双方意思自治的理念,譬如,在《实施办法》第27条中,允许知识产权权利人与收发货人就海关扣留的侵权嫌疑货物达成协议,向海关提出书面申请并随附相关协议,要求海关解除扣留侵权嫌疑货物的,海关除认为涉嫌构成犯罪外,可以终止调查。基于延续此立法理念,持续细化《实施办法》中关于意思自治的相关内容,如增设双方协商担保的相关规定。实务中,存在双方协商由一方提供担保,保障另一方货物扣留或者放行,既为一方利益贬损基于意思自治提供了充足保障,又为另一方利益实现提供了变通手段,同时为双方达成和解提供了潜在基础,简化海关在执法过程中担保价值的判定过程,为争议解决拓宽了途径。同时,双方协商担保的条款,包括但不限于专利权范围,而是覆盖海关知识产权保护下的全部范围,优化"民事协商在前、公权救济在后"的知识产权保护流程,理顺知识产权保护链条。

(四)补充收发货人一方及其相关利害关系人共同担保的相关条款

《保护条例》和《实施办法》在担保的相关条文中,未涉及收发货人两者之间是否可以共同担保的问题。从实务而言,如前文所述,专利权货物往往具有高附加值、高货值的特点,对于收发货人任一方而言,单独承担担保责任在目前状况下,往往会发生力所不逮的情形,特别是针对出口至美国的专利产品,会导致我国企业在未来得及做好应对337调查之前,可能就会首先因为大额担保金而遭遇桎梏。若允许双方共同提供担保,则一方面,可以大为缓解原本承担担保责任一方

---

[1] 参见《日本关税法》第69条第15款的规定,《日本关税法施行令》第62条第20~23款的规定。

的资金压力;另一方面,亦突出海关在知识产权保护中在经贸领域中公益与私权之间更为有力的平衡。

(五)应尊重民商事主体行权空间,拓宽涉及人员范围

在海关的知识产权保护链条中,实际应存在其他利害关系人。如海关对货物进行保护期间,专利权人发生变更;或者与收发货人存在融资租赁合同、委托合同等关系的第三人。而目前对于权利人"依申请"保护的专利权,第三人主张以担保方式对该批涉嫌侵权货物予以放行等情形尚未作考虑。建议将"权利人""收发货人"变更为"权利人及其相关利害关系人""收发货人及其相关利害关系人",此处利害关系应解释为"法律上的利害关系"而非"事实上的利害关系",便于民事领域的后续衔接。同时,应补充收发货人一方及其相关利害关系人共同担保的相关条款,基于专利权货物往往具有高货值的特点,一方单独承担担保责任往往力所不逮,若允许双方共同提供担保,一方面,可大为缓解原本承担担保责任一方的资金压力;另一方面,亦突出海关在知识产权保护中为实现维护公权与尊重私权的平衡所作出的努力。近年来,以《民法典》为代表的私法领域的卓越发展,使得公权力形式强制对私法自治的限制,须应具备更为充分的正当理由。①

(六)既应尊重私权主体行权,又应加以合理羁束

与此同时,私权的自由范围亦应受到合理约束。这是由于涉及专利权保护担保制度条款的适用,存在被潜在滥用的可能性:正如张榕②在其论文中所提及的,因专利侵权案件的诉讼周期相较之其他类别的知识产权侵权案件更长,其权利要求的保护范围通常会在侵权和无效之间反复拉锯。特别是集中体现在专利权保护案件中,导致众案以和解作为最有效的结束手段。从目前看,和解制度至少可分为司法和解和民事私人和解,和解作为扣押与担保放行之间折中的一环,已在知识产权海关保护中发挥显著作用。但由于专利权的保护涉及较高

---

① 参见朱庆育:《民法总论》(第2版),北京大学出版社2016年版,第306页。
② 参见张榕:《知识产权海关保护的难点及应对》,载《中国外资》2023年第5期。

的技术要求和程序设置,更易衍生成本问题,导致权利人、收发货人等私权主体"被迫和解"如在涉嫌专利侵权的案件中,海关无法进行实质性认定,尚需等待私权主体通过诉讼方式解决时,由此产生因财产保全并交纳不断增加的仓储、保管、处置等费用,会随着诉讼机构从受理到给出判决或裁定结论期间的时间不断推移,导致私权主体的成本随之大幅增加,终不得已而通过和解手段,以息事宁人的方式终止权利维护,以换取审核放行。长此以往,不法私权主体将存有将海关该项执法行为加以利用,使其变为恶意竞争的"利器"的可能。

二、围绕现行《保护条例》与《实施办法》所提供的解决路径

本文仅以起到抛砖引玉之作用,从"细化技术调查配合机制、完善技术调查专员培养与中心建设、深入推进协同治理、体系解释海关知识产权保护相关法律条文"等4个角度初步探索相关问题解决路径。

(一)在《实施办法》中增设细化技术调查配合机制的相关内容

《保护条例》第21条提及海关对被扣留的侵权嫌疑货物进行调查,并明确海关与知识产权主管部门的互助义务。在《实施办法》中,却未对"调查"一词予以明确,亦未详加细化针对各类型的知识产权侵权情形应如何开展调查。同时,也仅提及海关对侵权嫌疑货物进行调查,可以请求有关知识产权主管部门提供咨询意见,至于如何与知识产权主管部门配合,亦未透露出进一步细化内容。因而,如何调查、如何配合,都需要后续通过大量条文对《实施办法》进行完善,或者作为《实施办法》的附件,分别制作如《海关知识产权保护调查指引》及《海关知识产权保护配合机制》等文件,实现对《实施办法》内容的修正与增补,通过完善技术调查等相关解决途径,补充《保护条例》与《实施办法》中事关专利权调查的立法空白。

海关虽有权对进出口货物是否侵权作出认定,但受限于专利权判别技术特性,必要时,可在侵权认定程序中征求知识产权局、人民法院等部门的专业意见。此举既能释放海关监管资源、化解处置纠纷,又能更为精准地做出侵权判定,充分保护当事人及利害关系人的合法权益。

征求专业意见步骤粗略概括为:(1)权利人和收发货人向海关提请征求意见;(2)海关询问并听取双方意见;(3)海关决定采用意见征求制度并通知当事双方,同时向知识产权局等部门发出征求意见书;(4)知识产权局等部门在限期内作出答复;(5)海关将知识产权局等部门的答复通知双方;(6)权利人和收发货人对答复提出意见和证据;(7)海关在规定时间内作出决定。

征求部门意见之余,还可尝试征询第三方专业机构意见。以日本为例,日本海关在停止进出口申诉的审查和认定程序中,可向有学识经验的专门委员征求意见,最后海关根据专门委员的多数意见做出是否受理申请或货物是否侵权的决定。专门委员由37名经验的学者、律师和专利代理人组成。根据具体案件的不同,日本海关从中选出与具体案件无利害关系的3人组成专门委员。[1] 我国可借鉴该模式,充分发挥国家已具规模的知识产权人才优势,实现"政企学研"跨区合作。美国对于专利权的技术调查,则基本交由美国国际贸易委员会处理,作为特殊保护举措,而美国海关对专利侵权所采取的行动则十分受限,企业可以通过337条款向委员会申请调查,且该调查可以与向联邦地区法院提起诉讼同步进行,这与我国海关知识产权保护模式存在根本性质的不同,其借鉴意义不如前者。

(二)在《实施办法》中增设完善海关技术调查专员的培养,推动海关技术调查中心建设的相关内容

作为全国通关一体化主体架构的重要组成部分,"两中心"即风险防控中心与税收征管中心,通过建设通关管理的实体中心,实现全国海关关键业务统一执法、集中指挥,实现全国海关风险防控、税收征管等关键业务集中、统一、智能处置,把安全准入、税收征管等方面的风险防控要求以具体指令形式直接下达到现场监管一线。目前,"两中

---

[1] 参见严桂珍:《主要国家(美日韩)海关知识产权保护研究》,课题编号:GWHJ-014-201202。

心"作业模式取得了突出成效。"两中心"的先期成功示范,为技术调查中心的建设提供了充足的养料。通过搭建技术调查中心,能够在一定时效内,有效解决现场几乎无法判定和处置的专利权涉嫌侵权、无法明确判别的商标权涉嫌侵权,甚至为拓展至集成电路布图设计等目前尚未纳入我国海关知识产权保护范围的类型判定提供保护之理论性可能。技术调查中心的应用范畴仍然沿用"两中心"集中化方式,不过是在下达具体指令之前,需要额外增加提供回收、集中反馈问题的窗口,因此,构成技术调查中心的技术调查专员的人员构成和素质培养是关键。一是建议可以通过内部充分挖掘同时具备相关法律知识以及知识产权、理工等相关学科专业的技术骨干,初步组建技术调查专员人员框架;二是与国家知识产权局、知识产权法院等部门开展人员交流与遴选,形成技术调查专家级导师团队;三是逐步扩大招收相关专业人员渠道,统筹推进形成梯队层级建设,推动各技术调查专员在专项知识产权业务领域深耕;四是为技术调查专员的人员晋升和发展提供单独序列,参照法院、检察院工薪制度,深度推进海关技术调查专员专业化、职业化建设。

(三)深入推进知识产权保护的协同治理,运用智能化手段破除部门间管控信息壁垒

一是依托于智慧海关建设,探索建立知识产权数据智能布控平台,辅助一线执法关员查找侵权线索,通过将知识产权执法相关系统与通关管理系统、风险布控系统等部门系统对接,实现常规知识产权侵权货物比对排查处置效率提升;二是推进实现知识产权侵权的联合管控,深化司法、执法联动,例如,积极协助法院对专利纠纷案件开展调查取证、诉讼保全等司法措施;三是在巩固现有海关跨境执法机制性合作的基础上,对境外反向通报数据及时核查,提炼有效信息在侵权分析研判案例,并将精要内容加以提炼,嵌入至监管环节,为海关执法人员提供可靠、有效的执法依据。

(四)运用体系解释,强化海关知识产权保护相关法律条文间之引用

周婧等作者在其论文中提及,国家相关机构改革后,因为相关法

律制度不明确、监管条件限制等,对进出口法定检验货物的施检环节是否参照此前口岸查验实施知识产权海关保护以及如何保护存在不少争议,也带来一定的监管漏洞和执法风险,[①]对此类问题的探讨具有必要性。譬如,《进出口商品检验法》及《进出口商品检验法实施条例》在与《保护条例》与《实施办法》的条文适用衔接由于未能得到明确的解释适用规则,则不可避免会在执法环节中对一线关员执法统一性产生挑战,因此,如何充分运用体系解释,使现有涉海关知识产权保护的法律条文能够得以一脉相承地衔接适用,是亟待解决的一面。

三、结语

在打造"高效、便捷、精准、卓越"的知识产权海关保护体系的征程中,专利侵权是其中最复杂、最难攻克、不得不深思熟虑也无法绕行的必然环节,本文尝试从专利权担保与调查制度现今所存在的部分问题和难点入手,围绕现行《保护条例》与《实施办法》,特别是担保制度的完善,力求解决公权与私权之间的制度平衡,囿于水平所限,专利侵权案件和解、监管执法水准、法律衔接与体系建设等角度仍存有较大可探讨空间尚未加以充分诠释。相较于发达国家,我国海关知识产权保护体系仍有许多吸收、借鉴和提升之处,在立法、司法、执法联动、守法教育等方面都仍需继续精心打磨,若以专利侵权为代表的保护水准能够得到质效提升,必将有力维护公平有序的进出口贸易秩序,进一步促进合法货物便利通关,充分释放海关知识产权保护机制为守法企业所带来的收益与获得感,使海关知识产权保护能够在服务中国经济社会发展、科技创新、对外开放大局中发挥更为重要的作用。

---

① 参见周婧、刘闻、姜浩:《新查验模式下知识产权海关保护风险及建议》,载《合作经济与科技》2022年第23期。

Development of the Initiative to "Build a Strong Nation with Smart Customs"
—Starting from Patent Guarantee and Investigation

WU Zhengyu

[Abstract] With the release of the Outline for "Building an Intellectual Property Powerhouse (2021 - 2035)" and the "14th Five-Year Plan for National Intellectual Property Protection and Utilization," China Customs has played an increasingly prominent role in carrying out intellectual property (IP) border protection with significant results. However, there are still some deficiencies in the design of customs IP protection system. This paper proposes suggestions on the guarantee system in the Regulations on the Protection of Intellectual Property Rights by the Customs of the People's Republic of China and its relevant implementation measures, including the necessity of patent investigation in the guarantee system, scientific and reasonable assessment of the guarantee amount, and the addition of relevant provisions for bilateral negotiation guarantee. The paper also suggests expanding the scope of interested parties, refining the technical investigation cooperation mechanism, improving the training of technical investigation commissioners, and constructing technical investigation centers to solve technical problems.

[Key words] customs; intellectual property protection; patent rights; guarantee; technical investigation

海关法评论(第13卷)

判例研究
Case Study

沧州渤海新区Z公司、陈某松、陈某平走私普通货物案

——犯罪工具的等值款项替代性没收

林燕芳*

[摘　要]　针对实践中遇到的犯罪工具全没过于严厉、不没达不到惩罚目的两难问题,通过对典型案例的分析总结与现有资料的归集梳理,首先,从刑事实体、程序法的两方面立法逻辑阐述没收犯罪工具的功能定位,系依附于犯罪认定并在一定程度上起到预防作用的独立的刑事实体处罚措施;其次,通过《刑法》的公法属性、基本原则、实践探索三个维度考量没收犯罪工具的手段是否符合比例性原则、限度是否妥当均衡,并从犯罪行为本身的危害程度、犯罪工具所起作用大小、犯罪工具的属性、权属、价值比例、特殊意义以及存在状态等七种情形对犯罪工具的替代性没收予以类型化展开;最后,对实践中常见的四种替代性没收方式逐一分析论证,得出以等值款项替代性没收是在缺乏明确规范指引的当下实践中,相对更可行的处理方式。

[关键词]　刑事;犯罪工具;没收限度;替代性没收;等值款项

---

* 林燕芳,福建省福州市中级人民法院刑二庭副庭长、四级高级法官。

【裁判要旨】

犯罪工具没收在功能定位上属于独立的刑事实体处罚措施,其系依附于犯罪认定并在一定程度上起到预防行为人利用财物再次实施犯罪的作用。并非一律全部没收就是正义的没收,而应通过《刑法》的公法属性、基本原则、实践探索三个维度考量没收犯罪工具的手段是否符合比例性原则、限度是否妥当均衡,还应从犯罪行为本身的危害程度、犯罪工具所起作用大小、犯罪工具的属性、权属等尽可能多的角度对犯罪工具的替代性没收予以类型化总结。此外,以等值财物替代没收不仅易于释法说理,而且执收更便宜,在缺乏明确规范指引的当下实践中,不失为一种更可行的处理方式。

【相关法条】

《刑法》

第 64 条:犯罪分子违法所得的一切财物,应当予以追缴或者责令退赔;对被害人的合法财产,应当及时返还;违禁品和供犯罪所用的本人财物,应当予以没收。没收的财物和罚金,一律上缴国库,不得挪用和自行处理。

最高人民法院《关于适用〈中华人民共和国刑事诉讼法〉的解释》

第 279 条:法庭审理过程中,应当对查封、扣押、冻结财物及其孳息的权属、来源等情况,是否属于违法所得或者依法应当追缴的其他涉案财物进行调查,由公诉人说明情况、出示证据、提出处理建议,并听取被告人、辩护人等诉讼参与人的意见。

案外人对查封、扣押、冻结的财物及其孳息提出权属异议的,人民法院应当听取案外人的意见;必要时,可以通知案外人出庭。

经审查,不能确认查封、扣押、冻结的财物及其孳息属于违法所得或者依法应当追缴的其他涉案财物的,不得没收。

第 445 条第 1 款:查封、扣押、冻结的财物及其孳息,经审查,确属违法所得或者依法应当追缴的其他涉案财物的,应当判决返还被害人,或者没收上缴国库,但法律另有规定的除外。

【基本案情】

福州市人民检察院指控被告单位沧州渤海新区 Z 公司(以下简称 Z 公司),身为公司的法定代表人、实际控制人的被告人陈某松,身为"振洋运"号船舶船长兼股东的被告人陈某平,为赚取运费,受他人委托,组织"振洋运"号船舶先后 9 次前往台湾海峡附近海域接驳海砂后偷运至舟山、广州、珠海等地卸驳。涉嫌走私海砂进境共计 160,623 吨,偷逃税款共计人民币(币种,下同)681,556.52 元,其行为均已构成走私普通货物罪。

被告单位 Z 公司、被告人陈某松、陈某平当庭均表示自愿认罪认罚。其辩护人亦对公诉机关的指控不持异议。

法院经审理查明:

2008 年 6 月 19 日,被告人陈某松成立 Z 公司从事海上运输及船舶管理业务。2018 年 11 月 15 日,被告人陈某松及陈某平以被告单位 Z 公司名义购买"振洋运"号船舶用于从事海上运输业务,二被告人分别占 60%、40% 的股份。2019 年 1 月至 5 月,Z 公司为赚取运费,受货主高某发、施某贵(均另案处理)等人委托,组织"振洋运"号船舶先后 9 次前往位于东经 118°23′37.32″、北纬 23°00′18″ 的台湾海峡附近接驳无合法开采、进境手续的海砂,偷运至舟山、广州、珠海等地卸驳。在走私过程中,被告人陈某松负责船舶日常管理、提供个人账户用于收取运费、业务承揽接洽等,被告人陈某平负责船上驾驶、管理工作,业务承揽接洽等。

2019 年 5 月 24 日 13 时许,"振洋运"号船舶在接驳完海砂欲运至舟山卸货的途中,被福建海警第一支队在位于北纬 25°26.163′、东经 119°50.15 的海坛岛南面海域查获。

经平潭海关计核,被告单位 Z 公司、被告人陈某松、陈某平走私海砂进境共计 160,623 吨,偷逃税款数额共计 681,556.52 元。

案发后,侦查机关扣押了犯罪工具"振洋运"号船舶与走私货物

160,623 吨海砂的变卖款 67 万元。

【裁判结果】

　　福州市中级人民法院于 2020 年 4 月 9 日作出判决:(1)被告单位 Z 公司犯走私普通货物罪,判处罚金 70 万元(罚金已缴纳);(2)被告人陈某松犯走私普通货物罪,判处有期徒刑一年四个月,缓刑二年;(3)被告人陈某平犯走私普通货物罪,判处有期徒刑一年,缓刑一年六个月;(4)扣押在案 160,623 吨海砂的变卖款 67 万元,予以没收,上缴国库,由平潭海关缉私局负责执行;(5)"振洋运"号船舶系作案工具,扣押在案的二被告人在其中享有的部分所有权等值款项共计 370 万元,予以没收,上缴国库,由平潭海关缉私局负责执行;(6)扣押在案的手机、硬盘等其他作案工具,均予以没收,上缴国库,由平潭海关缉私局负责执行。

　　福建省高级人民法院于 2020 年 9 月 30 日作出(2020)闽刑终 139 号裁定:驳回上诉,维持原判。

【裁判理由】

　　法院经审理认为,走私犯罪工具"振洋运"号船舶不宜全部没收,只能没收二被告人在其中享有的部分所有权等值款项,理由如下。

　　一方面,被告单位 Z 公司、被告人陈某松、陈某平先后 9 次使用"振洋运"号船舶走私海砂,该船舶系犯罪工具,根据《刑法》第 64 条之规定,不没于法无据。

　　另一方面,"振洋运"号船舶系被告单位 Z 公司、被告人陈某平等人购买用于从事海上运输业务,虽然在 2019 年 1~5 月频繁地被用于走私犯罪,但平时也有其他合法用途;在案证据证实该船舶购买价格约 3000 万元,与走私犯罪偷逃税款数额 681,556.52 元相比,差距悬殊;在案证据还体现"振洋运"号船舶虽登记在 Z 公司名下,由该公司负责缴纳各项税费,但该船舶实际股东为陈某松、陈某平、林某峰等人,陈某松实际只占 10%的股份,陈某平仅出资 70 万元,剩余部分由林某峰等小股东共同出资,且其他股东均对船舶用于走私海砂不知情。基于以上三点考量,若全部没收,显然过严、过当,有悖罪责刑相适应原则之嫌。

综合考虑本案的社会危害性、"振洋运"号船舶在本案中所起的作用、船舶的价值、权属、使用频次等因素,法院遂作出没收二被告人在其中享有的部分所有权等值款项370万元的判决。

【案例注解】

我国《刑法》第64条规定,供犯罪所用的本人财物,应当予以没收,上缴国库。此外,尚无相关的法律规定、司法解释对犯罪工具的具体认定与没收限度予以明确规定,实践中更是莫衷一是。尤其是在犯罪工具的没收限度上,是一律没收,还是考量犯罪的轻重、财物在犯罪中所起作用大小乃至财物的权属、价值等相关因素斟酌予以部分没收以及是否可采取其他方式替代性没收,一直欠缺可供参考的标准,实务界对此问题被合理解决满含期待。本文希冀通过司法实践的总结,探索犯罪工具没收的量度标准与多元化没收途径,尽力化解诸如本案中可能遇到的全没过于严厉、不没达不到惩罚目的的两难。

一、没收犯罪工具的功能定位:独立的刑事实体处罚措施

在《刑法》的立法逻辑上,第64条,即对涉案财物的处置,设置在第四章"刑罚的具体运用"内,可见犯罪行为的成立是没收犯罪工具的先决条件,没有犯罪行为,犯罪工具的认定便无从谈起,因此,其系依附于犯罪认定的独立惩罚措施。

在刑事诉讼法的立法逻辑上,有据可循的仅最高人民法院《关于适用〈中华人民共和国刑事诉讼法〉的解释》的第一审法庭调查程序与第十八章"涉案财物处理"中略有涉及,其中第279条、第442条、第445条规定了是否没收追缴包括犯罪工具在内的涉案财物均应经过规范的法庭调查,若案外人对权属有异议,还应听取案外人的意见或通知其出庭。最高人民法院还于2014年出台《关于刑事裁判涉财产部分执行的若干规定》对执行程序做出细化规定。处置程序上的慎之又

慎,是因没收犯罪工具的实施后果将导致其所有权的转移,该行为的实质是通过法定程序剥夺行为人对犯罪工具的所有权并将之收归国有,是一种实体上的处分。足见其目的不仅仅是惩罚犯罪,还在于降低行为人再犯的可能,并在一定程度上起到预防的作用。德国、日本、意大利以及我国台湾地区的刑法学界也普遍认为,犯罪工具没收的规范目的是预防行为人利用财物实施犯罪行为。①

据此,关于没收犯罪工具的整体功能定位,笔者赞同以张明楷教授为代表的独立的刑事实体处罚措施说。② 该说认为没收犯罪工具属于非刑罚处罚方法,系"独立的对物的制裁措施",既体现了国家对于犯罪的否定态度,又在实际效果上起到降低行为再犯的可能,全面体现前述规定的立法意旨。我们设想下,若仅强调刑罚对犯罪人的惩罚而忽视犯罪人滥用物权的行为,那么不仅难以阻却犯罪分子再次将财物用于犯罪,特殊预防明显不足,而且也无法震慑潜在的"犯罪人"将财物投入犯罪,必将导致一般预防不足。《刑法》第64条与上述司法解释第十八章包括没收犯罪工具在内的涉案财物处置制度的介入,恰好填补了这方面的漏洞,与刑罚一道构成并列平行的二元体系。故,没收犯罪工具对于保护全体公民基本人权、实现实质正义之目的达成原则上可谓正当。

在本案中,被告单位Z公司、被告人陈某松、陈某平在不到4个月的较短期限内,先后9次使用"振洋运"号船舶走私海砂,该船舶系犯罪工具,审判过程中应首先确立没收这一方向性原则,才能达到判决的特殊预防与一般预防之效果。最高人民法院、最高人民检察院与海关总署于2019年出台的《打击非设关地成品油走私专题研讨会议纪要》(以下简称《成品油走私会议纪要》)中对运输走私成品油"三无"船舶、虚假登记船舶以及恶意出租出借船舶、车辆一律没收,是出于打

---

① 参见林东茂:《刑法总则》,一品文化出版社2018年版,第29~30页;[日]山中敬一:《刑法总论》第3版,成文堂2015年版,第1099~1105页。

② 此外,还有强制措施说、刑罚说、保安处分说等。参见林前枢、林毅高:《作案工具的认定和处理》,载《人民司法》2019年第29期。

击猖獗的非设关地成品油走私犯罪之必要;涉黑案件在没收犯罪工具等涉案财物处置上严防死守,也是彻底摧毁涉黑组织经济基础防止其卷土重来之必须。①

二、没收犯罪工具的价值实现:替代性没收的引入

纵然涉案财物处置制度的设立是作为刑罚体系的有效补充,成为实现刑罚实质正义之目的不可或缺的一部分。那么,刑罚实质正义是否就简单地呈现为只要查明了属于供犯罪所用的本人财物都一律没收;反之,非本人财物都一律不没收? 答案显然是否定的。与定罪量刑中首要遵循的罪责刑相适应基本原则一脉相承的,犯罪工具没收也应从刑法的基本属性、基本原则、实践探索等多维度考量,进行多元没收方式探索,拒绝无差别化的一律没收。

1. 比例性考量,是刑法的公法属性的必然要求

比例性原则的概念源于德国,②意指一切公权力之行使必须符合比例性原则的具体要求,国家机关行使公权力的行为必须兼顾公权力目的的实现和相对人权益的保护,如为实现公权力目的对相对人权益造成不可避免的不利影响时,应将这种不利影响限制在尽可能小的范围内,保持两者处于适度的平衡。③ 比例原则包括三个逐层递进的子原则:首先是妥当性,考察没收犯罪工具措施是否有助于刑法目的的达成;其次是必要性,衡量没收手段是否是最必需,给犯罪行为人、犯罪工具的共有权人等相关的利害关系人造成的损害是否最小;最后是均衡性,关注没收量度大小与犯罪情形多样化、犯罪工具在其中扮演角色轻重之间的匹配程度。在犯罪工具没收实践适用时很难严格按照这三个逻辑层次逐步对应考量,而更多地呈现为整体性的综合把

---

① 详见《全国部分法院审理黑社会性质组织犯罪案件工作座谈会纪要》及最高人民法院权威解读。

② 参见蒋红珍:《论比例原则:政府规制工具选择的司法评价》,法律出版社2010年版,第39页。

③ 参见王莉、胡成胜:《没收犯罪工具应适用比例原则》,载《检察日报》2022年12月23日,第3版。

握,即在这三个逻辑层次思维指引下重点考察:与犯罪行为产生的损害后果相比,没收犯罪工具可能产生的后果孰轻孰重？没收手段是否合适,是否存在更妥当、更必要、更合适的其他替代性没收方式？

2. 限度考量,是刑法罪责刑相适应原则的应有之义

作为一种独立的刑事实体处罚措施,犯罪工具的没收也应遵循罪责刑相适应这一基本原则。具体而言,就是在确认没收正当性的基础上,还要进一步考察没收手段本身的力度问题,如何做到与行为人所应承担的刑罚大致相当,如何做到与相同时空维度内的类案处理保持平衡。质言之,犯罪工具没收应根据犯罪情形的多样性以及犯罪工具在犯罪行为中所扮演角色的轻重差异在程度上有所区分。我国台湾地区就有学者提出犯罪工具的没收限度考量不但要以不超越主刑的非难程度为重点,还要考量主刑与没收的累积损害不得超越责任平衡的限度。[1]

3. 守正创新,替代性没收应运而生

从近年来笔者所在的 F 省司法实践来看,不仅有省多家司法机关以会议纪要形式规定了海警查获刑事案件可以替代性没收犯罪工具,在 F 市辖区范围内以多种形式替代性没收犯罪工具的判决也不断出现。经笔者在法信平台上检索类案,各地法院至迟在 2014 年以来也不乏这样的判例。[2] 以上或制度层面或个案判决的探索,均是在犯罪工具没收实践领域践行有度没收以期无限接近正义的鲜活体现。

通过审判实践的总结分析与对现有资料的归集梳理,笔者认为可以从以下 7 个方面对替代性没收进行类型化展开。

---

[1] 参见何帆:《刑事没收研究:国际法与比较法的视角》,法律出版社 2007 年版。

[2] 例如,黎某明等人非法采矿上诉案,广东省肇庆市中级人民法院(2014)肇中法刑二终字第 9 号刑事判决书;徐某文等人组织、领导传销活动再审案,湖北省应城市人民法院(2016)鄂 0981 刑再 2 号刑事判决书;冯某福等人污染环境上诉案,山东省枣庄市中级人民法院(2017)鲁 04 刑终 21 号刑事判决书;胡某满等人走私普通货物案,上海市第三中级人民法院(2019)沪 03 刑初 9 号刑事判决书;李某旺等人盗窃上诉案,重庆市第四中级人民法院(2019)渝 04 刑终 104 号刑事判决书;陶某贵等人走私国家禁止进出口的货物案,上海市第三中级人民法院(2021)沪 03 刑初 18 号刑事判决书;等等。

1. 犯罪行为本身的危害视角:若犯罪本身的危害程度较重,没收的适用指向从严;反之,则从宽。从严者如(2020)闽01刑初79号林某金等10人走私普通货物案,该案系福建省成品油走私犯罪专项打击活动的重大成果之一,案涉金额达5.97亿余元,犯罪团伙在短短的6个月时间内先后出境接驳337航次,手段可谓之猖獗,因此,在主犯被判处无期徒刑并处罚金1.393亿元的基础上,参与接驳的船舶无论吨位大小、接驳频次,共计6艘一律没收,所有的手机、电脑、U盘也均一律没收,罚没不可谓不严;从宽者如(2022)闽01刑初134号张某文等5人走私国家禁止进出口的货物案,该案走私来自境外冻品24.65吨属于情节较轻,因此,仅对直接参与出境接驳的船舶予以没收,运输走私冻品的2辆吊车、4辆货车均不予没收。

2. 犯罪工具所起作用视角:若犯罪工具对于危害结果的发生起着直接或者决定性的作用,没收的适用指向从严;若只是起到间接作用或者一般促进作用,则没收的适用指向从宽。还是以张某文等5人走私国家禁止进出口的货物案为例,船舶系被告人张某文等人案发前专门为走私冻品犯罪购买并多次用于直接实施接驳走私冻品入境行为的工具,应予以没收上缴,而吊车与货车均系被告人张某文等人临时雇佣相关人员所有的偶然被用于运输已经走私上岸的冻品,仅对走私犯罪起到一定的帮助作用,故予以发还并建议行政主管部门采取其他方式予以处罚。

3. 犯罪工具的属性视角:若犯罪工具系专门用于、主要用于或者频繁地被用于犯罪,则没收的适用指向从严,若系以其他合法用途为主,仅偶发地被用于犯罪,则没收的适用从宽。本案中的犯罪工具"振洋运"号船舶,其所有权人为成立于2008年的被告单位Z公司,虽然在2019年1~5月频繁地被用于走私犯罪,但平时也有其他合法用途,这是本案考虑适当放宽没收量度,对"振洋运"号船舶予以部分替代性没收的重要因素之一。

4. 犯罪工具的权属视角:有的犯罪工具系本人所有或者登记在他人名下实为其本人所有,应一律全部没收;有的犯罪工具系他人所有且所有人明知行为人用于实施犯罪仍然出租、出借,亦应从严一律全部没收;①有的犯罪工具系他人所有且所有人且对行为人租借后用于实施犯罪完全不知情,那么应予以发还;还有的犯罪工具系行为人与他人共同所有,也应视共同所有人的主观明知状态掌握没收宽严的尺度。本案中,股权协议书及相关证人证言等证据证明,犯罪工具"振洋运"号船舶虽登记在Z公司名下,由该公司负责缴纳各项税费,但该船舶实为由陈某松、陈某平自行或各自找他人融资方式出资,陈某松实际只占10%的股份,陈某平仅出资70万元,船舶的大部分权属归林某峰等小股东所有,且其他小股东仅负责出资不参与经营管理,亦均对船舶被陈某松等人用于走私海砂不知情,若将该船舶判决全部没收显然过严过当。

5. 犯罪工具的价值比例视角:若犯罪工具的价值显高于犯罪金额或行为人的犯罪所得,则没收适用从宽,反之,适用从严。在张某文等5人走私国家禁止进出口的货物案中,查获的货车、吊车价值22万元至86万元不等,案涉仅24吨余的走私冻品,没收全部作案工具显然罪责刑不相适应。同理,在案证据证实本案中"振洋运"号船舶从前一权利人处购买耗资约3000万元,投入运输前另花费近200万元用于维修,与走私犯罪偷逃税款数额68万余元相比,差距悬殊,全部没收显然不合理,审判机关不得不考虑其他替代性没收处理方案。

6. 犯罪工具的特殊意义视角:若财物通常具有生活用途,行为人通常或多次将其用于实施犯罪,或虽然偶尔一次用于实施犯罪但其具有隐秘的法益侵害可能性,那么出于特殊预防的必要性、合理性考量,也应从严没收。前者如常用的汽车、手机、电脑,后者如行为人将家庭备用的万能钥匙偶尔一次用于实施盗窃犯罪。

7. 犯罪工具的存在状态视角:若犯罪工具因事后被行为人隐匿或转让给善意第三人等原因导致原物没收不能时,可以替代没收行为人保有的原物转让价款或者责令行为人上缴与应当没收的原物价值相

---

① 详见《成品油走私会议纪要》之"五、关于涉案货物、财产及运输工具的处置"。

当的款项。国外已有相关的立法例,如《德国刑法典》第 74 条 c(1)规定:"如正犯或共犯可能知道将要没收行为时属于其所有或其享有处分权的物品,于判决前用尽该物品、尤其是出售或耗损、或以其他方式致使无法没收该物的,法院可明令没收正犯或共犯应交付与该物价值相当的折价款。"①

还有的学者提出没收犯罪工具的程度还要考虑是否会对行为人的家庭带来负面影响。②

以上运用类型思维判定的替代性没收情形,或许难以穷尽所有本质上应考虑替代性没收的所有情形组合,但只要在实践中善于发现总结,就可以保证整个判断机制在一个合理且可期待的方向上展开。

三、没收犯罪工具的实践探索:以等值财物替代没收

替代性没收需考虑诸多复杂的判断因素,如何将其具体适用于个案,尚缺乏核心规则的指引,实践中常见的做法如下。(1)分割没收犯罪工具的一部分。(2)以加重财产刑方式替代。该方式存在于犯罪工具不具有可分割性或者分割将在很大程度上破坏其使用价值的情形下。(3)以行政处罚替代。该情形存在于行为人在共同犯罪中所起的地位作用相对较小,犯罪情节相对较轻,其所使用的犯罪工具对于危害结果的发生仅起到间接作用或者一般性促进作用,对行为人判处较轻的刑罚时,没收其偶尔一次使用的犯罪工具显然有失公允,此时可参考《刑法》第 37 条之规定,对犯罪工具给予行政处罚。湖北法院贯彻长江保护法十大典型案事例之四黎方立等 8 人非法采矿罪案就判决对未专门用于非法采矿犯罪,临时租用、借用的他人船舶依法移送行政主管部门进行处理,大胆探索刑事司法、行政执法"两法衔接"新路径。

我们的观点是,分割没收仅停留在理论探讨层面,实践中几乎难以找到可以分割没收犯罪工具的案例,目前尚无可操作性;财产刑置

---

① 《德国刑法典》,徐久生、庄敬华译,中国方正出版社 2004 年版,第 41 页。
② 参见路小林:《犯罪工具没收的比例性考量》,载《法制博览》2020 年第 16 期。

换囿于缺乏理论支撑只能作为追求实质正义的权宜之计,毕竟没收犯罪工具与财产刑之间存在本质的差别,罪刑法定原则不允许随意置换;行政处罚替代没收在实践中需要审判机关通过大量的沟通协调才有可能最终实现,除了部分危害税收征管类犯罪、走私犯罪案件可能存在行政处罚前置程序之外,刑法框架体系内大部分的犯罪都是侦查机关直接立案后进入侦诉审,审判机关判后要求对作案工具作出行政处罚,无论是以司法建议方式还是以口头建议方式均不具有法律约束力,存在落地难、效率低的问题。

以等值财物替代没收不仅易于释法说理,而且执收更便宜,在缺乏明确规范指引的当下实践中,不失为一种更可行处理方式。

首先,以等值财物替代没收在我国并非没有法源基础,2014年最高人民法院《关于刑事裁判涉财产部分执行的若干规定》第10条规定了涉案赃款赃物即使发生财物形式转化,仍应依法追缴与赃款赃物相对应的份额及其收益,此追缴等值财物的立法理念可供犯罪工具的替代性没收借鉴。

其次,域外已有相关立法例。前述的《德国刑法典》第74条c(1)就规定可没收"该物价值相当的折价款"。

最后,地方司法机关在部分领域已经先行探索。例如,福建省高级人民法院、福建省人民检察院、福建省海警局于2022年出台《关于加强查办海上刑事案件工作第二次联席会议纪要》就专门针对采砂船、运砂船、采运砂机具分别采取没收、发还并罚没一定数额的财物、拆除的方式区别处置。

就本案而言,犯罪工具"振洋运"船舶系两被告人及其他众多股东耗巨资购买维修并将其登记在被告单位Z公司名下用于承揽海上运输业务,在物理上难以分割,因犯罪金额小若以加重财产刑方式替代可能导致财产刑突破法律规定的上限,若以行政处罚替代亦受属地管辖限制沟通协调存在极大难度,[①]唯有以两被告人在船舶中所享有的

---

① "振洋运"号船舶注册地为河北省沧州市,与案件审理法院不在同一省份。

部分所有权等值款项替代没收才能最大限度地平衡惩罚犯罪与保障财产权之间的冲突。

四、结语

在适用规范的过程中,忠于法律规范与追求正义二者并不矛盾。《刑法》第64条规定的"供犯罪所用的本人财物,应当予以没收",言简意赅,审判者应通过每个具体的个案诠释其丰富的内涵,能动地挖掘法律文字背后深含的合理、公正的意向,将值得刑法没收的财物作为犯罪工具,将没收界定在最妥当的限度并以最合乎常识、常理、常情的方式执收,从而实现正义的犯罪工具没收。

Case of Smuggling Ordinary Goods by Company Z, Chen X Song, and Chen X Ping in Cangzhou Bohai New Area

——Substitutive Confiscation of the Equivalent Amount of Criminal Tools

LIN Yanfang

[**Abstract**] In response to the dilemma in practice where the confiscation of criminal tools is either too harsh or fails to achieve the purpose of punishment, this paper analyzes and summarizes typical cases and collects existing data. Firstly, from the legislative logic of criminal entity and procedural law, it elaborates on the functional positioning of confiscating criminal tools, which is an independent criminal entity punishment measure attached to criminal identification and plays a preventive role to a certain extent; Furthermore, it examines the appropriateness and balance of the means of confiscating criminal tools from three dimensions: the public law nature of criminal law, basic principles, and practical exploration, to determine whether these means conform to the principle of proportionality. It also typifies the alternative confiscation of criminal tools from seven aspects: the degree of harm caused by the criminal act itself, the role played by the criminal tool, the attributes, ownership, value ratio, special significance and the state of existence of the criminal tool; Finally, this paper also analyzes and demonstrates the four common alternative confiscation methods in practice one by one, and concludes that using equivalent payments as a substitute for confiscation is a relatively more feasible approach in the current practice lacking clear regulatory guidance.

[**Key words**] criminal; criminal tools; confiscation limit; alternative confiscation; equivalent payment

海关法评论(第13卷)

域外视野
Overseas Horizon

《SPS 协定》下中国暂停日本水产品进口措施合法性分析

师 华 赵安俞[*]

[摘 要] 2023 年 8 月 24 日,日本启动福岛核污水排海工程,中国海关总署立即发布公告全面暂停日本水产品进口,并向 WTO 通报该项紧急措施。9 月 4 日,日本向 WTO 提交书面文件"完全不可接受"中国的进口管制措施,要求中国撤销,并可能向 WTO 申诉。通过对 WTO 规则下《SPS 协定》相关条款的分析,中国的 SPS 紧急措施遵循了 WTO 的可持续发展理念,符合《SPS 协定》风险评估原则和透明度原则的要求,是完全正当、必要和合法的。

[关键词] SPS 紧急措施;可持续发展;风险评估;透明度

一、问题的提出

2011 年,日本福岛核电站发生核泄漏事故,为处理核污染水,日本计划将上万吨核污水通过海底隧道工程排入太平洋海域。截至 2023 年 12 月 20 日,日本已完成三轮排放,共排放约 2.3 万吨核污水,该计划可能持续约 30 年。考虑日本核污染水排海对食品安全造成的放射性污染风险,为保护中国消费者健康,确保进口食品安全,根据世界贸

---

[*] 师华,上海市法学会海关法研究会副会长,同济大学法学院教授、博士生导师;赵安俞,同济大学法学院博士研究生。

易组织（World Trade Organization，WTO）《实施卫生与植物卫生措施协定》（Agreement on the Application of Sanitary and Phytosanitary Measures）（以下简称《SPS协定》）与中国国内相关法律，中国自2023年8月24日起全面暂停进口日本水产品（含食用水生动物）。① 中国向WTO通报了该项紧急措施（SPS措施），②此外，俄罗斯也于2023年10月16日发布公告限制进口日本水产品。③ 9月4日，日本向WTO递交了书面文件，④解释其多核处理系统（Advanced Liquid Processing System，ALPS）能确保核污染水的安全，国际原子能机构（International Atomic Energy Agency，IAEA）能证明其排放水"对人类和地球的放射性影响可以忽略不计"，并指责中国的SPS措施不具备科学性，"完全不可接受"，要求中国撤销。随后，9月20日，中国向WTO提交文件反驳，强调这是人类历史上第一次如此大规模的核污水排海，日本排海行为的合法性、其净化设备的长期可靠性、核污染数据的真实准确性以及对海洋环境和人类健康的安全无害性等国际社会关切的问题均未得到真正解决。国际社会目前尚未建立独立、客观、公正的国际监测体系。⑤ 日本应立即停止排海行为，积极与周边国家磋商寻求负责任的核污水处理办法。那么中国暂停日本水产品进口的SPS紧急措施是否符合WTO规则呢？以下将从三个方面展开分析。

---

① 参见《海关总署公告2023年第103号（关于全面暂停进口日本水产品的公告）》，载中华人民共和国海关总署网2023年8月24日，http://www.customs.gov.cn/customs/302249/2480148/5274475/index.html。

② See Notification of Emergency Measures, G/SPS/N/CHN/1283 (31/August, 2023).

③ See Notification of Emergency Measures, G/SPS/N/RUS/273 (23/October, 2023).

④ See Current Status After the Nuclear Power Plant Accident, G/SPS/GEN/1233/Rev.6/Add.1 (4/September 2023).

⑤ See Position Paper of China Regarding Japan's Discharge of Nuclear-Contaminated Water Into the Ocean, G/SPS/GEN/2153 (20/September 2023).

二、WTO 及其《SPS 协定》关于可持续发展的理念

1994 年《关税及贸易总协定》(General Agreement on Tariffs and Trade, GATT) 的序言中明确了其宗旨,强调"扩大世界资源的充分利用"。① WTO 继承了 GATT 的原则,并在其宗旨中提出了"可持续发展"的理念,"按照可持续发展的目的,最优运用世界资源,保护环境",并规定所有缔约方应"保护环境"。② 可见,在促进国际贸易自由化发展的过程中,可持续发展理念逐渐受到重视。可持续发展是既满足当代人需求,又不会损害后代人需求的发展,强调一种发展的公平性和持续性,最终达到共同、协调、高效的发展状态。在国际社会面临经济发展不平衡、气候和环境退化等多个全球挑战下,可持续发展理念提倡以经济可持续发展为基础,生态和社会可持续发展为目的,最终实现人类社会的共同繁荣。乌拉圭回合谈判中达成的《SPS 协定》是对 GATT 第 20 条一般例外条款(b)(g)条款的延伸,③将平衡国际贸易自由化与保护人类动植物生命健康作为宗旨,贯彻落实了可持续发展的理念。《SPS 协定》第 2 条"基本权利和义务"第 1 款、第 2 款赋予了各成员国为保护人类、动植物的生命或健康而采取 SPS 措施的权利。④

---

① GATT Preamble: "... developing the full use of the resources..."

② WTO Preamble: "... while allowing for the optimal use of the world's resources in accordance with the objective of sustainable development, seeking both to protect and preserve the environment and to enhance the means for doing so in a manner consistent with their respective needs and concerns at different levels of economic development".

③ See GATT Article XX General Exceptions: (b) necessary to protect human, animal or plant life or health; (g) relating to the conservation of exhaustible natural resources if such measures are made effective in conjunction with restrictions on domestic production or consumption.

④ See SPS Article 2 Basic Rights and Obligations : 1. Members have the right to take sanitary and phytosanitary measures necessary for the protection of human, animal or plant life or health, provided that such measures are not inconsistent with the provisions of this Agreement. 2. Members shall ensure that any sanitary or phytosanitary measure is applied only to the extent necessary to protect human, animal or plant life or health, is based on scientific principles and is not maintained without sufficient scientific evidence, except as provided for in paragraph 7 of Article 5.

WTO把可持续发展作为宗旨之一,WTO成员有权利和义务遵守宗旨,依据《SPS协定》采取必要的、合法的SPS措施保护人类、动植物的生命和健康。

WTO的发展过程中有许多涉及可持续发展理念的案件,例如,1998年美国禁止进口海虾案,[①]由印度、马来西亚等国家针对美国海虾禁令提起的WTO诉讼。该案主要由于美国1973年的《濒危物种法》将海龟列为濒危保护动物,并要求研制"海龟驱赶装置"(Turtle Excluder Device),捕虾时使用有该装置的渔网可以有效阻止海龟入网,从而保护海龟生存。同时,美国《濒危物种法》第609条将"在海龟栖息地捕虾时必须安装海龟驱赶装置"规定为其他国家向美国出口的条件之一。随后,美国以印度、马来西亚等部分国家未使用"海龟驱赶装置"为由,禁止这些国家的海虾进口。印度等国向WTO争端解决机构申诉,指控美国《濒危物种法》第609条属于非关税措施,违反非歧视待遇。[②] 美国主张其609条是遵循GATT第20条一般例外条款(b)(g)项的要求,旨在保护动植物和可能耗竭的自然资源。[③] 虽然专家组认定美国的海虾进口禁令超过必要限度,[④]但是上诉机构采纳了美国的主张,认同其禁令的初衷符合GATT第20条一般例外条款"为保护人类和动植物生命或健康所需"的规定。但上诉机构也提到,适用该条款的同时要满足第20条序言"实施的措施不得构成武断的或不合理的差别待遇,或构成对国际贸易的变相限制"要求。美国在实施濒危动物保护措施时要考虑其他成员方的实际情况,应采取更适当和

[①] See DS58:United States-Import Prohibition of Certain Shrimp and Shrimp Products-Report of the Panel.

[②] See United States-Import Prohibition of Certain Shrimp and Shrimp Products-Report of the Panel, WT/DS58/R, para. 29.

[③] See United States-Import Prohibition of Certain Shrimp and Shrimp Products-Report of the Panel, WT/DS58/R, para. 29.

[④] See United States-Import Prohibition of Certain Shrimp and Shrimp Products-Report of the Panel, WT/DS58/R, para. 112.

有效的措施。① 而后根据各方意见,美国在2001年重新修订了"海虾海龟条款",与印度洋各国政府就保护海龟进行谈判,提供避免误捕海龟的特殊技术培训。该案的意义在于强调了WTO下各成员国完全有权利采取SPS措施,保护人类、动植物生命健康和可能用竭的自然资源,在尊重各国多边贸易合作的同时,可以采取适当的环境保护措施;并且,扩大解释了"可用竭自然资源"的范围包括了海龟等濒危物种,充分体现了WTO可持续发展理念在实践中的运用。

此次日本核污水排海不利于可持续发展,中国采取SPS措施是符合WTO可持续发展理念而行使的合法权利。自2021年日本公开福岛核污水排海计划以来,中国及周边国家均持反对意见,并积极提供其他排海替代方案,以更科学、环保和安全的方式处置核污染水,虽经济成本较高,但对环境的污染程度较低。然而日本并没有采纳这些意见,单方面决定排海,其行为完全背离了可持续发展的理念,不符合日本作为WTO成员方应履行的国际义务。

第一,可持续发展理念强调不应为经济发展而牺牲环境保护。不论日本是否出于经济利益的考量,维护核安全都应采用可持续发展的方式,不应以牺牲生态环境和人类健康为代价。1968年国际社会签署了《不扩散核武器条约》(Treaty on the Non-Proliferation of Nuclear Weapons),目前已有189个缔约国,旨在阻止核扩散,构建战后国际安全体系。其中,和平利用核能是该条约要求每个缔约国必须遵守的义务。日本自1976年批准该公约,但并没有切实履行《不扩散核武器条约》的国际义务,信守日本所承诺的"无核三原则"。② 日本作为核能发电的主要国家,本应以更严格规范的方式处理核污水。然而,日本却将上万吨核污水直接排海,这种行为本质上属于核扩散,可能损害全球生态环境的稳定性,危害周边国家利益,严重不符合可持续发展

---

① See United States-Import Prohibition of Certain Shrimp and Shrimp Products-Report of the Appellate Body, WT/DS58/AB/R, para. 164.

② "无核三原则"即不拥有、不制造、不运进核武器。1971年,日本国会通过决议规定为日本国策。

理念，日本应采取更加合理、负责的方式处置核污水。① 中国一直积极倡导全球发展理念，也高度重视和平利用核能的国际合作，不断与各国分享经验和技术，致力于推动核能造福全人类，为核能可持续发展做出贡献。因此，其他国家也应将维系核安全作为国家责任，以可持续的、科学的方式维护核安全。

第二，遵循可持续发展理念，不仅应维护当代人类生命健康和生态环境，更应考虑人类子孙后代的生存和有限资源的枯竭问题。核污水可能对环境和生态系统带来各种长远的不利影响。绿色和平组织核专家指出，日本核污染水中含有碳14，可能对海洋动植物的基因造成千年以上的损害。② 核污水中较高浓度的放射性氚元素可能产生低强度的β射线，将长期影响鱼类等生物多样性。

第三，放射性物质的演变发展具有不可预测性，先不论国际原子能机构的检测数据是否真实有效，当今人类技术并没有达到成熟阶段，对放射性物质的演变勘测是有限的。核污水排海的潜在不良影响可能因为技术原因无法完全得到检测，未知的风险仍然存在。也许随着技术手段的发展，未来人类能实现对核放射性物质的完全检测，但此时不可只顾及眼前利益，而忽略人类子孙后辈的生命健康，肆意消耗人类社会赖以生存的有限地球资源，这与WTO所倡导的可持续发展理念背道而驰。故此，中国采取的SPS紧急措施是WTO下《SPS协定》规定的合法权利，践行了国际社会可持续发展的理念。

三、《SPS协定》风险评估原则的适用

《SPS协定》除了原则上规定保护人类及动植物生命健康安全之

---

① 参见《中国代表团关于日本福岛第一核电站事故核污染水处置问题的工作文件（向《不扩散核武器条约》第十一次审议大会第一次筹备会提交）》，载 http://vienna. china-mission. gov. cn/hyyfy/202308/t20230809_11124106. htm。

② 参见《外交部发言人就日本政府决定以海洋排放方式处置福岛核电站事故核废水发表谈话》，载中华人民共和国常驻维也纳联合国和其他国际组织代表团网 2023年8月9日，http://russiaembassy. fmprc. gov. cn/web/wjdt_674879/fyrbt_674889/202104/t20210413_9177326. shtml。

外,还具体详细规定了保护的方式与方法,体现在其风险评估和确定适当保护水平规则上。风险评估是采取 SPS 措施的基础,与科学证据原则和预防原则等都存在一定联系,而适当保护水平的确立有利于避免构成歧视和变相限制。

(一)风险评估原则的理论分析

《SPS 协定》第 5 条具体规定了风险评估和确定适当保护水平的原则。首先,《SPS 协定》附件 A 第 4 条阐明了风险评估的概念,风险评估基于科学证据原则,是进行科学解释的一个过程,主要针对虫害或病害,以及食品安全这两种类型,大致分为检疫性风险评估和食源性风险评估。[1] 检疫性风险评估即成员方根据可能适用的 SPS 措施,评价虫害或病害在进口成员领土内的引入、定殖或传播的可能性及潜在的生物学和经济后果。食源性风险评估,即评价食品、饮料或饲料中存在的添加剂、污染物、毒素或致病有机体可能对人类或动植物产生的潜在不良影响。[2]《SPS 协定》第 5.1 条、第 5.2 条、第 5.3 条规定成员方制定的 SPS 措施应当以风险评估为基础,风险评估需要考虑各方面的经济因素。其次,《SPS 协定》第 5 条提到了每个成员方有权利制定适当的保护水平(appropriate level of protection,ALOP)。根据《SPS 协定》附件 A(5)的进一步解释,ALOP 是成员方采取 SPS 措施时以保护该国人类、动植物生命健康安全所认为适当的保护水平或"可接受的风险水平"。制定 ALOP 应考虑将对贸易的消极影响降至最低。按照非歧视原则,《SPS 协定》第 5.5 条规定成员方制定的 ALOP 应保持一致性,避免在不同情况下的不合理差异。《SPS 协定》

---

[1] 参见师华、张蒙蒙:《WTO(DS589)中国有关 SPS 措施的合法性》,载《上海法学研究》集刊 2021 年第 24 卷。

[2] See SPS Annex A. 4: Risk assessment-The evaluation of the likelihood of entry, establishment or spread of a pest or disease within the territory of an importing Member according to the sanitary or phytosanitary measures which might be applied, and of the associated potential biological and economic consequences; or the evaluation of the potential for adverse effects on human or animal health arising from the presence of additives, contaminants, toxins or disease-causing organisms in food, beverages or feedstuffs.

第5.6条规定各成员方的 SPS 措施对贸易的限制不应超过 ALOP 的必要限度。进一步,《SPS 协定》第5.7条提出了预防原则,允许一成员方在科学证据不充分的情况下,可根据当前获得的有关信息,采取临时的 SPS 措施,以避免严重和不可逆转的威胁及损害。[1] 预防原则有利于保护一国的食品安全,维护国民公共健康权,促进协调自由贸易和人类健康权利之间的关系。[2]

(二)日韩含放射性核素食品的进口限制案

WTO 争端解决机制涉及《SPS 协定》有关放射性元素影响进口产品的案件,可以参考日韩含放射性核素食品的进口限制案。2011年,日本福岛核泄漏事故发生后,韩国对日本水产品实施了禁止福岛和其他7个邻近县的海鲜进口的 SPS 措施,其他国家也采取了程度不一的进口限制措施。日本认为,韩国的措施超过《SPS 协定》必要限度,并于2015年将韩国诉至 WTO。WTO 专家组裁决支持了日本,但2019年上诉机构推翻该裁决,认定韩国胜诉,至今韩国仍维持其对日本该地区的全面进口禁令。[3]

该案的争议焦点在于韩国的 SPS 措施是否符合《SPS 协定》第5条风险评估的要求,即韩国 SPS 措施是否超过必要限度,相较于保护该国国民生命健康安全所需的限制更为严格。专家组接受了韩国的 ALOP,包括"韩国消费者食用食品中放射性元素的定性和定量方面:

---

[1] See SPS 5.7: In cases where relevant scientific evidence is insufficient, a Member may provisionally adopt sanitary or phytosanitary measures on the basis of available pertinent information, including that from the relevant international organizations as well as from sanitary or phytosanitary measures applied by other Members. In such circumstances, Members shall seek to obtain the additional information necessary for a more objective assessment of risk and review the sanitary or phytosanitary measure accordingly within a reasonable period of time.

[2] See Akawat Laowonsir, *Application of the Precautionary Principle in the SPS Agreement*, Max Planck Year book of United Nations Law, Vol.14, p.567(2010).

[3] See Korea-Import Bans, and Testing and Certification Requirements for Radionuclides-WT/DS495/15.

(i)普通环境中存在的含量;(ii)尽可能低至合理含量(as low as reasonably achievable,ALARA);(iii)1mSv/年的定量暴露含量"。[1] 专家组认为,日本提出的限制性较小的措施可以满足韩国的 ALOP,即允许进口铯含量低于 100 Bq/kg 的海鲜产品,所以韩国消费者实际接触到的剂量限值低于 1mSv/年。从而认定韩国的 SPS 措施超过了必要程度,违反了《SPS 协定》第 5.6 条。但是 2019 年上诉机构认为,韩国的 ALOP 包括定量(quantitative)和定性(qualitative)的要素,专家组实质上仅考虑了定量问题,未考虑定性问题。[2] 上诉机构表示,每个国家都有权制定自己国家的 ALOP,ALOP 的制定必须足够精确,才能适用于贸易限制措施中。[3] 专家组必须充分考虑一国的 ALOP,以确定相关的 SPS 措施是否超过必要限度。[4]

(三)中国适用风险评估原则的可能性

中国和日本的此次争议与日韩含放射性核素食品的进口限制案有相似之处,日本放射性核素对中韩均有影响,双方都采取了 SPS 措施限制日本水产品进口。在 2011 年福岛核泄漏事故发生后,中国立即全面禁止进口日本食品(不包括水产品),至今仍然有效。日本于 2017 年 SPS 委员会上就表述其对中国进口禁令的担忧已有 4 年之久。但与韩国不同的是,日本从未就此事向 WTO 申诉,直至 2023 年 8 月,中国的进口禁令中增加了日本水产品,日本便极力反对,考虑向 WTO 申诉。此案如果进入 WTO 争端解决阶段,从风险评估中的 ALOP 规

---

[1] See Korea-Import Bans, and Testing and Certification Requirements for Radionuclides-Appellate Body Report, WT/DS495/AB/R, para. 5.4.

[2] See Brewster R, Fischer C, *Fishy SPS Measures? The WTO's Korea-Radionuclides Dispute*, World Trade Review, Vol. 20:4, p. 524 – 532(2021).

[3] See Korea-Import Bans, and Testing and Certification Requirements for Radionuclides-Panel Report, WT/DS495/R, para. 5.23.

[4] See Hamada T, Ishikawa Y: *Are Korea's Import Bans on Japanese Foods Based on Scientific Principles? Comments on Reports of the Panel and the Appellate Body on Korean Import Bans and Testing and Certification Requirements for Radionuclides (WT/DS495)*, European Journal of Risk Regulation, Vol. 11:1, p. 155 – 176(2020).

则和预防原则来分析中国做法,同样是具有合法性的。

其一,中国有权主张 SPS 措施符合中国的适当保护水平(ALOP)。《SPS 协定》第 5 条的核心概念之一就是 WTO 成员方的 ALOP。截至 2020 年,WTO 争端解决援引《SPS 协定》条款的 14 起争端中有 10 起都涉及确定被告的 ALOP。[1] 在这些案件中,申诉方均根据《SPS 协定》第 5.5 条或第 5.6 条,要求进口成员的 SPS 措施对贸易的限制不得明显超过实现该成员的 ALOP 所必需的限制。从 WTO 过往涉及 SPS 措施的案例来看,WTO 一直认为确定 ALOP 是成员方的"特权",特别涉及保护人类生命健康时,参考日韩含放射性核素食品的进口限制案。上诉机构充分尊重韩国的 ALOP,指出专家组忽略韩国 ALOP 的"定性"方面,说明一国对于制定自己的 ALOP 有自由裁量的空间。[2] 如果日本根据《SPS 协定》第 5.5 条或第 5.6 条起诉中国,主张中国 SPS 措施超过必要限度,中国可以反驳,每个成员方均有确定自己 ALOP 的权利,而中国的 SPS 措施并没有超过 ALOP 的限制范围。根据前述《SPS 协定》附件 A(4)对风险评估的界定,"评估食品中……污染物的存在对人类和动植物健康产生不利影响的可能性",其中"可能性"(potential)是一种潜在风险性,[3]意味着可能目前无法完全预测但仍有可能发生的风险。而目前人们普遍认为无论暴露水平和有无阈值,放射性核元素的致癌风险永远不会为零,[4]即可能总是存在对人类生命健康产生不利影响的"可能性"。中国主张对进口食品中放射性核元素的致癌风险实行严格的保护,区分

---

[1] See Yuryn Rovnov, *Appropriate Level of Protection: The Most Misconceived Notion of WTO Law*, European Journal of International Law, Vol. 31:4, p. 1343 – 1377(2020).

[2] See Yoshimichi Ishikawa, *Fukushima Revisited: ALPS Water Release, China's Import Ban and the SPS Agreement at the WTO*, European Journal of International Law (2023).

[3] See European Communities-Measures Concerning Meat and Meat Products (Hormones)-Appellate Body Report, WT/DS26/AB/R, WT/DS4/AB/R, para. 184.

[4] See Wolfgang Weber, Pat Zanzonico, *The Controversial Linear No-Threshold Model*, Journal of Nuclear Medicine January, Vol. 58:1, p. 7 – 8(2017).

ALPS 处理的核污染水和其他核设备排放的水应被认为是合理的。显然,中日关于核污染水排放标准的认可程度不同,日本主张放射性核元素存在于人类日常生活的环境中,但对中国不然。中国认为的 ALOP 应当是"不接受最低的或潜在的风险",所以相应地,中国的限制进口措施应比实现 ALOP 所需要的贸易限制更为严格,是合理合法的。

其二,中国有权主张依据预防原则采取 SPS 措施。

此次争议中国还可以援引预防条款。如果日本根据《SPS 协定》第 5.1 条要求各成员国的措施应建立在风险评估的基础上,中国可以援引《SPS 协定》第 5.7 条,说明中国的 SPS 紧急措施是一种临时措施。① 根据满足该条款的四个构成要件:相关科学信息不充分、以目前可获得的信息为依据、寻求额外信息以完成客观的风险评估以及在合理期间内复审该 SPS 临时措施。中国作出的 SPS 措施均符合这四个条件。中国对日本提交 WTO 公开的文件中的排污计划存疑。② 符合《SPS 协定》科学证据原则的国际标准应当由 SPS 委员会认可的三个机构(国际食品法典委员会、世界动物卫生组织、国际植物保护公约)作出。IAEA 是负责和平利用核技术的国际组织,从职能上看并不是评估核污染水对海洋环境和生态体系长期影响的专业性环保评估机构。准确来说,目前,在国际社会上还并没有建立一个完全可靠的国际监测体系,用于评估核污染水的排放风险,或者说目前科学技术对放射性核元素的评估还不全面,因此,属于"相关科学信息不充分"的情况。在欧共体转基因案与美加继续中止转让案中,③专家组认为相

---

① See James Bacchus, *A WTO case over China's ban on Japanese seafood would reverberate beyond Fukushima*, Cato Institute (Sept. 19, 2023), https://www.cato.org/commentary/wto-case-over-chinas-ban-japanese-seafood-would-reverberate-beyond-fukushima.

② See Current Status After the Nuclear Power Plant Accident, G/SPS/GEN/1233/Rev.6/Add.1(4/September 2023).

③ See European Communities-Measures Affecting the Approval and Marketing of Biotech Products-Panel Report, WT/DS291/R, para. 7.3300.

关科学信息不充分属于纯粹的科学技术问题,与科技发展的更新和时间相关。①但其实也与作出风险评估的主体有关,日本应向全世界开放对核污染水的检测,接受其他国家合理的风险评估工作。在美欧牛肉荷尔蒙案中,欧盟认为《SPS协定》第5.7条含有防范未知风险的意思,且据此在WTO内提出了审慎原则(pre-cautionary principle),在气候变化使因果关系并不确定时,采用审慎原则可以避免事后无法拯救的损失。②后WTO采纳该观点并写入裁决,支持了欧盟诉求。根据"目前所获得信息"和人类对于放射性核元素危害的掌握,只能得出结论,放射性核元素对人类生命健康安全存在不良和潜在的危害,在彻底消除这一危害前,中国作出的SPS紧急措施旨在预防未来可能发生的难以挽回的损失,符合预防原则的要求。并且,中国承诺将一直跟踪调查日本排污情况,进一步采取风险评估工作,不断"复审SPS措施",取得更多支持SPS措施的强有力证据,更加符合《SPS协定》关于风险评估的要求。

四、《SPS协定》透明度原则的适用

GATT第10条原则性地提出各成员方制定的法律、政策等应及时公布,③也被称为"阳光原则"。④ WTO对该条款作出进一步规定,要求成员方在不能违反公共利益和特定商业利益的情况下,应迅速公布实施的所有关于对外贸易的法律、法规等文件。⑤ 为了保证国际贸易

---

① See United States-Continued Suspension of Obligations in the EC-Hormones Dispute-Panel Report, WT/DS320/R, para. 6. 141. para. 7. 84 – 7. 99.

② See Majone, G. , *What Price Safety? The Precautionary Principle and its Policy Implications*, Journal of Common Market Studies, Vol. 40:1, p. 89 – 109(2002). Segger, M. C. , & Gehring, M. W. , *The WTO and Precaution: Sustainable Development Implications of the WTO Asbestos Dispute*, Journal of Environmental Law, Vol. 15:3, p. 289(2003).

③ See GATT Article X: Publication and Administration of Trade Regulations.

④ See Petros C. Mavroidis & Robert Wolfe, *From Sunshine to a Common Agent: The Evolving Understanding of Transparency in the WTO*, 21 Brown Journal of World Affairs 117 (2015), p. 117 – 118.

⑤ 参见胡加祥、彭德雷:《WTO贸易政策的透明度要求:法律原则与中国实践》,载《时代法学》2012年第1期。

环境的公开性、稳定性,进一步推动国际贸易的自由化发展,透明度原则一直是 WTO 的重要原则之一,应用于 WTO 的整个法律体系之中。2002 年,WTO 出台了《如何实施 SPS 协定透明度条款》的手册,详细规定了透明度条款的执行规则。①《SPS 协定》第 7 条及附件 B 对成员的 SPS 措施提出了透明度的要求。根据 2008 年 SPS 委员会《实施 SPS 协定(第 7 条)透明度义务的推荐程序》,②透明度原则实质上是对成员的 SPS 措施的程序规制,旨在使成员方之间能迅速获取更多的贸易政策、条例和法规的信息,实现更高的透明度和可预见性。因为 SPS 措施可能偏离国际标准,且背离最惠国待遇,具有较大的灵活性,因此,其对透明度的要求更高。③

中国自 2001 年入世以来,在贸易制度方面的透明度有了明显提高,体现在立法、行政管理和司法实践的方方面面。中国"入世"承诺尽最大可能在实施或执行前将有关贸易、知识产权保护及外汇管制的法律、法规等翻译成 WTO 正式语言,保证其他 WTO 成员方均能在不晚于 90 日后获得这些文件,并在官方刊物上公布涉及服务活动的机构名单。④ 对于所有 WTO 要求披露的信息,中国均承诺不会保密处理,除涉及国家安全和合法商业利益的内容。例如,中国在加入 WTO 20 年时,向 WTO 提交的国内立法动态通报已经超过 1000 份,尤其是对补贴政策的通报,中国积极履行透明度义务,为 WTO 其他成员作出表率。⑤

---

① See *How to Apply the Transparency Provisions of the SPS Agreement*, *WTO*, http://www.WTO.org/english/tratop_e/SPS_e/SPS_agreement_cbt_e/c3s1p1_e.htm.

② See Recommended Procedures Implementing the Transparency Obligations of the SPS Agreement(Article 7), G/SPS/7/Rev.5(16 January 2023).

③ 参见曹建明、贺小勇:《世界贸易组织》(第 3 版),法律出版社 2011 年版,第 214 页。

④ 参见《中国入世承诺》,载中央人民政府网 2021 年 10 月 28 日, https://www.gov.cn/xinwen/2021-10/28/content_5647459.htm。

⑤ 参见《中国加入 WTO 二十周年》,载中国贸易救济信息网 2021 年 10 月 29 日, http://cacs.mofcom.gov.cn/article/flfwpt/jyjdy/zjdy/202110/171149.html。

《SPS 协定》规定的成员方透明度义务主要包括三个方面：进行通报、公布相关规定和回应合理请求。日本核污水排海后，中国实施的 SPS 措施均满足了公布相关规定、通报和回应合理请求的要求。

首先，中国暂停日本水产品进口的 SPS 措施公布了相关法规。依据《SPS 协定》附件 B，所有成员都应保证设立一处咨询点，以便答复其他成员所提出的合理问题，并提供有关文件，包括已实施或提议的所有 SPS 法规；已实施的所有控制和检查程序、生产和检疫处理方法、杀虫剂允许量和食品添加剂批准程序；风险评估的作出程序、考虑的因素以及采取的适当保护水平；还包括 SPS 规定的双边或多边协定等。在此基础上，对于已采取 SPS 措施的成员，为了便利其他有利害关系的成员知晓，应迅速公布所有已采用的卫生与植物卫生法规，包括普遍适用的法律、法令或命令等。截至 2023 年，包括中国在内的 164 位 WTO 成员方基本都设立了国家通报机关，136 个成员方通报了国家咨询点。①

中国严格按照《SPS 协定》要求，在中国质量监督检验检疫局下设立了中国 WTO/TBT-SPS 国家通报咨询中心，负责 SPS 法规的通报工作，并答复 WTO 成员的咨询。同时，设立中国 WTO/TBT-SPS 国家通报咨询网站，公布所有中国已作出的 SPS 措施以供查询和评议。此次中国海关总署的公告也于 2023 年 8 月 24 日公布于网站，所依据的《食品安全法》及其实施条例、《进出口食品安全管理办法》等规定也是公开可供查询的。《食品安全法》及其实施条例第六章食品进出口第 52 条中，明确规定了在境外发生食品安全事件可能对我国境内造成影响时，中国海关可以进行风险预警，对相关食品采取退货或销毁、有条件地限制进口、暂停或禁止进口的控制措施。日本排海行为在先，中国基于保护国民消费者生命健康安全的目的，采取暂停进口的限制措施，是对境外食品进口进行有效监督和风险防控，防止可能发生的食

---

① See *Sanitary and Phytosanitary Measures*, WTO, https://notifications.WTO.org/en/notification-status/sanitary-and-phytosanitary-measures, visited on November 26.

品安全隐患。正如《进出口食品安全管理办法》第3条所说,进出口食品安全工作必须坚持"安全第一、预防为主、风险管理、全程控制、国际共治原则"。该法也明确提到,海关有权对境外国家食品安全管理体系进行评估和审查,并采取预警和应急机制。对进出口食品安全负责,是国家承担社会责任的表现,是保障国家公民生命健康安全的国家职责所在。

其次,中国暂停日本水产品进口的SPS措施经过了通报程序。通报用于一方告知其他成员方其可能对贸易伙伴产生重大影响的新规定,是贯彻透明度原则的最主要方式,每个成员方都有义务指定一个国家机构负责实施通报,负责回答有关合理问题并提供援引的文件信息。通报的类型一般包括常规通报、紧急通报、等效性认可通报等。[1]紧急通报与常规通报相比,因情况紧急而减少了部分要求,例如,常规通报的成员方需要说明SPS措施草案拟被通过、公布和生效的时间。[2]而紧急通报的成员方只需要说明SPS措施的生效时间和预计实施期限,这表明成员方可以在SPS措施生效的同时或之后发出通报。中国暂停进口后,很快于2023年8月31日向WTO通报了这一紧急措施,[3]载明了中国SPS措施所涉及的特定对象国及产品范围是日本的水产品(包括可食用的水生动物),目的是充分防范日本核污水排海可能构成的无法控制的风险,有效保护公众生命健康,并附上咨询点的联系方式。正如《SPS协定》附件B第6条所示,中国在面临健康保护的紧急问题或面临此种威胁时,可省略B(5)中的部分通报内容,仅对援引的理由作简要说明,只要涵盖了紧急问题的性质即可。因此,中国的SPS紧急措施通报在时间、格式和内容上完全符合《SPS协定》

---

[1] 参见刘芳:《WTO框架下SPS措施的合法性问题研究》,法律出版社2017年版,第292页。

[2] 参见刘芳:《WTO框架下SPS措施的合法性问题研究》,法律出版社2017年版,第320页。

[3] See Notification of Emergency Measures, G/SPS/N/CHN/1283 (31/August, 2023).

要求。

最后，中国在通报后也及时作出相关回应。事实上，自 2021 年日本宣布排海计划后，中国就一直向 SPS 委员会提出反对，积极参与日本贸易政策审查会议等，与其他国家协商探讨解决方案。日本政府并未考虑其他国家的反对，坚持排海。在中国通报 WTO 后，2023 年 9 月 4 日，日本向 WTO 的 SPS 委员会提交了书面文件反驳中国的 SPS 措施。① 其中包括日本 2023 年 6 月 22 日发布的文件中公布的排放数据，②并称中国的 SPS 紧急措施是违背科学原则的。随后 2023 年 9 月 20 日，中国向 SPS 委员会提交了书面文件作为回应。③ 中国的回应中，强调 WTO 协定序言的"可持续发展"目标，WTO 成员依据《SPS 协定》有权采取 SPS 措施"保护生态环境"，并从时间线上列举自 2021 年开始中国不断关注并提出建议反对排海，中国政府始终在积极沟通、表达意见，日本政府不顾周边国家反对，武断排海。针对日本反驳中国"缺乏科学原则"，中国再次回应，日本排海计划本身就欠缺合法性，日本公布的核污水和净化设施数据，其真实性和准确性均存疑。现实情况表明，目前，国际社会尚未建立一个独立、客观和公平的国际监测体系，难以用科学证据原则衡量日本的排海行为。因此，中国敦促日本停止排海，履行国际义务，与各利益攸关方特别是邻国成员积极协商，共同解决核污染水处理问题。中国从公布相关法律法规，到进行 WTO 通报，回应日本质疑的整个过程，都公开、透明，致力于与日方及国际社会其他国家积极沟通，接受国际社会的监督，促进争议尽快得到解决，充分遵守了 WTO 有关透明度的要求。

---

① See Current Status After the Nuclear Power Plant Accident, G/SPS/GEN/1233/Rev. 6/Add. 1（4/September，2023）.

② See Committee on Sanitary and Phytosanitary Measures-Current status after the nuclear power plant accident, G/SPS/GEN/1233/Rev. 6（22/June，2023）.

③ See Position Paper of China Regarding Japan's Discharge of Nuclear-Contaminated Water Into the Ocean, G/SPS/GEN/2153（20/September，2023）.

五、结论

日本核污水排海事件是关系全球尤其是周边国家人类生命健康、动植物安全的重大议题,受到国际社会的广泛关注。依据 WTO 下《SPS 协定》的规定,中国全面暂停日本水产品进口的 SPS 措施具有合法性。

首先,它是符合 WTO 可持续发展理念的合法措施。可持续发展不应为发展经济而牺牲环境保护,维护核安全不应以牺牲生态环境和人类健康为代价,在保护当下生态环境的同时,应考虑人类子孙后代生存所需的有限资源。《SPS 协定》贯彻落实了 WTO 可持续发展的理念,赋予了成员方为保护人类、动植物生命健康所采取必需措施的权利。中国暂停进口日本水产品,不仅是防范受到放射性污染的日本食品输华,保护人民群众生命健康,同时,也践行 WTO 可持续发展理念,在全球环境治理中履行中国责任。

其次,它是适用《SPS 协定》风险评估原则的合法措施。参考日韩含放射性核素食品的进口限制案,WTO 赋予成员方确定本国适当保护水平的权利,中国有权主张符合中国适当保护水平的 SPS 措施,依据预防原则,在相关科学信息不充分的情况下采取防范措施。

最后,它是符合《SPS 协定》透明度原则的合法措施。中国按照《SPS 协定》规定,公布国内相关法律法规,向 WTO 进行了紧急通报程序,后续针对日本的反驳也逐一进行回应。因此,中国暂停日本水产品进口的紧急措施是正当、合法的。

随着科学技术的发展,人类对风险的探测和评估水平在不断进步。中国将持续关注日本核污水排海现况,强化监督日本进口食品安全管理,同时,持续开展对日本食品放射性污染元素的风险评估。风险评估结果能直接反映食品安全情况,也能为中国的 SPS 措施提供更有力的证据,使中国在未来可能发生的 WTO 诉讼中更有胜算。中国将不断深化调查研究工作,在可持续发展理念的指导下,遵守《SPS 协定》规则,采取一切措施守护国门安全。

Analysis on the Legality of China's Suspension of Japanese Seafood Imports under the SPS Agreement

SHI Hua   ZHAO Anyu

[Abstract] On August 24, 2023, Japan started the Fukushima nuclear sewage drainage project, and the General Administration of Customs of China immediately issued a notice to completely suspend the import of Japanese aquatic products, and notified the WTO of the emergency measures. On September 4, Japan submitted a written document to the WTO alleging China's import controls as "totally unacceptable", asking China to withdraw them and threatening to appeal to the WTO. Through the analysis of the relevant provisions of the SPS Agreement under the WTO rules, China's SPS emergency measures follow the WTO's concept of sustainable development, in line with the requirements of the SPS Agreement's risk assessment principles and transparency principles, and are completely legitimate, necessary and legal.

[Key words] SPS emergency measures; sustainable development; risk assessment; transparency

《海关法评论》稿约

《海关法评论》是上海市法学会海关法研究会与上海海关学院海关法研究中心共同主办,面向国内外公开发行的年度性海关法学类专业学术连续出版物。本评论的宗旨在于推动有海关法研究的多元学术思维,及时传播海关法领域的创造性研究成果,动态性地反映国内外海关法发展最新动态,为海关法学人和实务工作者之间建立一个交流学术思想、探讨海关法律制度理论与实践的平台。本评论设有"海关法专题研究""关税法律问题""海关刑事法律问题""国际与外国海关法""判例研究""域外视野""研究综述"等专题栏目,热忱欢迎所有海关法学研究相关的学人、实务工作者及海关法治发展的关注者赐稿!

本评论采取电子投稿的方式,来稿请以 Word 格式发送至电子邮箱为:customslawreview@126.com。来稿字数一般应在 8000 字以上 2 万字以下为宜。译文请附原文稿。本评论的用稿标准是论文的选题具有理论深度或实践价值、内容富有合理创见、分析说理透彻、文字表达通畅、注释和参考文献规范。对决定采用的稿件,本评论在尊重作者观点的前提下有权作技术性修改或处理,不同意者务请声明。本评论已被《中国学术期刊网络出版总库》及 CNKI 系列数据库、北大法宝数据库收录。如作者不同意将文章编入上述网络数据库,请在投稿时向本评论以书面形式明确声明。向上海市法学会海关法研究会所主办的海关法论坛投稿的同时也视为对本评论的投稿。**本评论尊重作者著作权,但同时反对一稿多投、学术剽窃等学术不道德行为。**

因本评论人手所限,对来稿一律不退,请作者自留底稿或做好备份。凡投稿3个月内未收到编辑部用稿通知者,可自行处理。同时,有效投稿请作者注意提供如下信息:

(一)中英文对应的论文标题

(二)中英文摘要

摘要应为论文主要内容的浓缩和提炼,要求以"[摘　要]"表示,不应使用诸如"本文认为""笔者认为"等评价性语言,字数在300字以内。

(三)中英文关键词

关键词是反映论文主题概念的词或词组,关键词前以"[关键词]"作为标识;一般每篇可选3~8个。

(四)基金项目资助的论文

如果来稿系基金项目资助的论文,请在首页论文题名后以"＊"符号标注,并链接至论文首页地脚中表明基金项目的类别、名称、项目编号。

(五)作者简介

对文章主要作者的姓名、出生年、性别、民族(汉族可省略)、籍贯、职称、学位等作出介绍,其前以"[作者简介]"作为标识,排在篇首页地脚,基金项目之下。同一篇文章的其他主要作者简介可在同一"[作者简介]"标识后相继列出,其间以分号隔开。

(六)注释与参考文献

本刊论文注释一律采用页下脚注,每篇文章注释每页重新编号。正文中标注用1.2.3等序号标注于相应语句标点后的右上角。脚注内容以小五号宋体排在每页地脚。具体格式为:责任者(责任方式)、题名/卷册,出版者,出版时间,页码。责任方式与题名之间一律用冒号。

本评论不实行注释与参考文献分离的论文格式。

1. 解释说明类注释

本类注释是对论著正文中某一特定内容的进一步解释或补充说

明,或者各种不宜列入参考文献的引文,如档案资料、内部资料,转引类文献。

2. 引证文献类注释

引证文献类注释作者在正文中直接引用或作为重要参考的文献目录,包括专著、编著、译著、论文集、学位论文、期刊文章、报纸文章、电子文献等。本评论的引证文献类注释采用实引形式,请注明引证文献的具体出处与页码。

3. 注释示例

中文文献类

(1)专著类

陈晖:《近现代法哲学的两次转型及其意义》,中国海关出版社2009年版,第19页。

(2)主编类

①中国社会科学院语言研究所词典编辑室编:《现代汉语词典》(第5版),商务印书馆2005年版,第624页。

②吕滨主编:《海关缉私业务》,中国海关出版社2008年版,第448页。

(3)外文译著类

译者作为第二责任者放在作者之后。

[美]乔治·费尼奇:《会展业导论》,王春雷译,重庆大学出版社2018年版,第1页。

(4)期刊类

①陈晖:《从"宽严相济"刑事政策看走私罪的法律修正》,载《政治与法律》2009年第1期。

②王珉:《国际海关便利通关制度最佳实践经验、发展趋势与中国因应之策》,载《太平洋学报》2017年第6期。

(5)文集析出文献类

朱秋沅:《中美自贸区知识产权边境侵权行为规制比较研究——以美国对外贸易区相关案例为视角》,载陈安主编:《国际经济法学刊》(第22卷)(2015年第3期),北京大学出版社2016年版,第197页。

(6)报纸类

屠新泉:《多哈回合步履蹒跚》,载《国际商报》2005年7月12日,第3版。

(7)电子文献类

赵春晓、李昉:《海关支持跨境电商"卖全球"》,载人民网2020年10月27日,http://fashion.people.com.cn/gb/n1/2020/1027/c1014-31907273.html。

外文文献类

原则上以该文种通行的引证标注方式为准。英文注释体例如下:

(1)期刊类

Peter K. Yu, *Currents and Crosscurrents in the International Intellectual Property Regime*, 38 Loy. L. A. L. Rev. 323, 411 (2004).

或

Kah-Wei Chong, *Legal and Regulatory Aspects of International Single Window Implementation: The ASEAN Experience* (2009) 4, Global Trade and Customs Journal, Issue 6, p. 185 – 193.

(2)著作类

Indiar Carr, *International Trade Law* (Fourth edition), Routledge-Cavendish Publishing Limited, 2010, p. 405 – 408.

(3)电子文献类

CBP, *C-TPAT 5 Step Risk Assessment Process Guide*, p. 12, http://www.cbp.gov/linkhandler/cgov/trade/cargo_security/ctpat/supply_chain/ctpat_assessment.ctt/ctpat_assessment.pdf, June 2, 2011.

本评论实行每页脚注重新编号的编排方式,所以请不要采用"同上注12"或"super note 12"之类的脚注标注方式。

上海市法学会
海关法研究会介绍

  上海市法学会海关法研究会是上海市法学会同意设立的专业研究会。上海市法学会海关法研究会是为推进依法治国、建设社会主义法治国家的进程，充分发挥海关守护国门安全作用、促进外经贸发展而设立的。上海市法学会海关法研究会整合了海关法领域的理论及实务专家和学者，通过开展专业研究和学术交流，推动海关法理论与实务水平的提高，为推进上海"五个中心"建设提供法治保障。

  上海市法学会海关法研究会在上海市法学会领导下，以中国特色社会主义理论体系为指导，坚持与发展马克思主义法学，通过组织海关法领域的专业研究与学术交流，加强海关法理论与实务的融合和海关法研究成果的及时转化，搭建国内外海关法学者研究合作与学术交流的平台，促进海关法的国际与国内相关研究的结合，促进海关法研究团体的形成和海关法研究能力的全面提升，为我国海关法治的建设做出贡献。

  上海市法学会海关法研究会及理事会于2016年12月10日成立，上海海关学院原副校长陈晖教授被推选为第一届理事会会长。2022年7月26日，在海关法研究会第二届理事会第一次会议上，中国海关管理干部学院原院长陈晖教授当选为第二届理事会会长。

上海海关学院
海关法研究中心介绍

　　海关法研究中心是上海海关学院所属的学术研究机构。其宗旨是通过组织海关法领域的学术活动，架起与国内外海关法学者相互沟通的桥梁，创造国内外海关法学者进行学术交流与研究合作的机会和环境，推动海关法研究的深入开展，加强海关法与法律实务的结合，促进中国海关法领域各项法律和制度的健全和完善，为中国法治的发展作贡献。

　　海关法研究中心主要从事的学术活动有：(1)编辑和出版《海关法评论》；(2)每年定期举办海关法论坛；(3)举办专题性学术沙龙；(4)其他各种形式的学术研讨会。同时，海关法研究中心通过组织研究课题，与国内各有关学术机构和单位开展科研合作；并与国内外学术研究机构、教育机构和其他有关机构开展各种形式的学术交流活动。

　　海关法研究中心将继续发展同相关研究机构与研究人士的交流与合作。值此，我们也期待国内外致力于海关法理论与实务研究的人士对中心的关注与参与。